ENCYCLOPÉDIE

DES

GENS DU MONDE.

———◦———

TOME VINGT-UNIÈME.

Première Partie.

★

IMPRIMÉ

PAR LES PRESSES MÉCANIQUES DE E. DUVERGER,

RUE DE VERNEUIL, N° 4.

★

ENCYCLOPÉDIE

DES

GENS DU MONDE,

RÉPERTOIRE UNIVERSEL

DES SCIENCES, DES LETTRES ET DES ARTS;

AVEC DES NOTICES

SUR LES PRINCIPALES FAMILLES HISTORIQUES
ET SUR LES PERSONNAGES CÉLÈBRES, MORTS ET VIVANTS;

PAR UNE SOCIÉTÉ

DE SAVANTS, DE LITTÉRATEURS ET D'ARTISTES, FRANÇAIS ET ÉTRANGERS.

TOME VINGT-UNIÈME.

PARIS,

LIBRAIRIE DE TREUTTEL ET WÜRTZ,

RUE DE LILLE, Nº 17;

A STRASBOURG, GRAND'RUE, Nº 15.

1844

SIGNATURES

DES AUTEURS DU QUARANTE-UNIÈME VOLUME.

MM.

ARTAUD (l'inspecteur général).	A-D.	PARIS (Henri)	H. P.
AVENEL	M. A.	PÉLIGOT.	E. P.
BERZÉLIUS (le baron de), à Stockholm.	B-z-s.	RATHERY.	R-y.
		RATIER (le docteur) . . .	F. R.
		REGNARD (Émile). . . .	E. R.
BORGHERS	A. B	RINN.	J. R.
CABANIS	C-B-s.	SAUCEROTTE (à Lunéville).	C. S-TE.
CHASLES (Philarète) . . .	PH. CH.	SCHNITZLER . . . . J. H. S. et S.	
DÉADDÉ	D. A. D.	SIMON (Max.), à Mont-	
DEHÈQUE	F.D.	mirail	M. S-N.
DEPPING	D-G.	SOYER	I. C. S.
EICHHOFF (à Lyon). . . .	F. G. E.	SPACH (Édouard).	ÉD. SP.
GALAIS.	L. G-s.	SPACH (Louis), à Stras-	
HAAG (Émile)	EM. H-G.	bourg.	L. S.
HAAG (Eugène)	E. H-G.	TAILLANDIER.	A. T-R.
HUOT (à Versailles) . . .	J. H-T.	TRAVERS (à Caen)	J. T-v-s.
LA FAGE (Adrien de) . .	J. A. DE L.	VERNY (le pasteur) . . .	E. V-Y.
LECLERC-THOUIN.	O. L. T.	VIEILLARD.	P. A. V.
LOUVET.	L. L.	VOGEL.	CH. V.

Les lettres *C. L.* indiquent qu'un article est traduit du *Conversations-Lexicon*, ou de son supplément intitulé *Conversations-Lexicon der Gegenwart*, le plus souvent avec des modifications (*m.*). *Enc. amer.* signifie *Encyclopædia americana*. Enfin la signature *Enc. autr.* se rapporte à l'*Encyclopédie nationale autrichienne*.

ADDITIONS ET ERRATA.

Tome XX.

Pag. 153, col. 1, ligne 28, *au lieu de* Cahisse, *lisez* Cahaisse.

p. 195, col. 2, ligne 30, *voy.* la rectification importante placée à la suite de l'Errata du T. XIX, au commencement du T. XX.

p. 330, col. 1, ligne 29, *au lieu de* le rôle de Joas, *lisez* le rôle de Joad.

p. 331, col. 2, ligne 12, *au lieu de* 1784, *lisez* 1685.

p. 348, col. 1, ligne 17, *au lieu de* 50, *lisez* 30.

p. 388, col. 2, ligne 24, *au lieu de* fit disparaître, *lisez* firent disparaître.

p. 398, col. 1, ligne 22, *au lieu de* 1599, *lisez* 1699.

p. 420, col. 2, ligne 28, *au lieu de* tous les arches, *lisez* toutes les arches.

p. 461, col. 1, ligne 36. La *Revue de Paris* a changé de format et de mode de publication : depuis le mois de mai 1844, elle paraît plusieurs fois par semaine, en cahiers in-4°.

p. 570, col. 1, ligne 21, *au lieu de* 1792, *lisez* 1791.

p. 625, col. 1, ligne 39, *au lieu de* Méroé, *lisez* Philes, dans le temple d'Isis (*voy.* Égypte. T. IX, p. 263).

p. 648, col. 2, ligne 3, *au lieu de* non loin de Montmorency, *lisez* dans Montmorency.

p. 649, col. 1, ligne 11, *au lieu de* 1759, *lisez* 1761.

p. 651, col. 2, ligne 52, *au lieu de* 3 juillet, *lisez* 2 juillet.

p. 677, col. 1, ligne 32, *au lieu de* seule peut-être, *lisez* presque seule.

— — ligne 40, *au lieu de* non moins que de celui du droit romain, *lisez* aussi bien que de l'héritage du droit romain.

p. 679, col. 2, ligne 1, *au lieu de* une appendice, *lisez* un appendice.

p. 685, col. 1, ligne 3 de la seconde note, *au lieu de* 340 hectol., *lisez* 340 millions d'hectol.

p. 692, col. 1, ligne 18 de la note, *au lieu de* mort en 1352, *lisez* mort en 1353.

p. 694, col. 2, ligne 33, *au lieu de* doukhorbortses, *lisez* doukhobortses.

p. 696, col. 2, ligne 24, *retranchez ces mots :* ainsi qu'en Pologne.

p. 698, col. 1, ligne 49, *au lieu de* Pavlof, *lisez* Pavlofski.

p. 732, col. 2, ligne 40. *Arvire et Évelina* ne font qu'un seul et même opéra.

Dans le présent volume (p. 61, col. 1, ligne 5), nous corrigeons tout de suite une erreur relative à M. le président Sanzet. Il est né, non pas vers 1795, mais le 2 germinal an VIII (23 mars 1800).

ENCYCLOPÉDIE

DES

GENS DU MONDE.

S *(suite de la lettre)*.

SALM (MAISON DE). Il existait autrefois deux comtés du nom de Salm : le *Haut-Salm*, dans les Vosges, entre l'Alsace et la Lorraine, non loin du Ban de la Roche, et le *Bas-Salm*, dans les Ardennes, aux confins du territoire de Liége. L'antique famille des comtes de Salm s'était divisée, en 1040, en deux lignes principales, formées par les deux fils du comte THÉODORIC, Henri et Charles.

I. Le *Haut-Salm* échut en partage à HENRI, dont la postérité se ramifia en deux nouvelles lignées. La partie du Haut-Salm qui appartenait à la première fut, dès le commencement du XVIIᵉ siècle, réunie par alliance à la Lorraine. La branche cadette s'éteignit en 1784; mais la moitié du Haut-Salm qui lui était dévolue avait passé par mariage, en 1475, à la famille des wildgraves et rhingraves (*voy.*) : de ce mariage surgit une nouvelle maison princière de Salm (ligne féminine), dont il existe encore trois branches : 1° La maison princière de *Salm-Salm*. Dépouillée de ses possessions par suite de la révolution française, elle reçut comme indemnité, en 1803, une principauté dans l'ancien évêché de Munster, et le prince de Salm-Salm prit rang parmi les membres de la Confédération du Rhin (*voy.*); mais le congrès de Vienne le plaça ensuite sous la suzeraineté de la Prusse, et il est aujourd'hui membre héréditaire du collége des princes de la province de Westphalie. Le prince actuel, FLORENTIN, est né en 1786. 2° La maison princière de *Salm-Kyrbourg* éprouva le même sort et subit les mêmes vicissitudes que la branche de Salm-Salm; elle est aujourd'hui dans la dépendance de la Prusse. Le prince FRÉDÉRIC II fit bâtir à Paris un bel hôtel occupé aujourd'hui par la grande-chancellerie de la Légion-d'Honneur ; le prince FRÉDÉRIC III, son fils, fut guillotiné en 1794. La branche de Salm-Kyrbourg est maintenant représentée par le prince FRÉDÉRIC IV, né en 1789, et qui a rempli auprès de Napoléon les fonctions d'officier d'ordonnance. 3° La maison de *Salm-Horstmar*, ainsi nommée du bailliage de Horstmar, en Westphalie, qu'elle reçut en dédommagement de ses possessions sur la rive gauche du Rhin, est également sous la suzeraineté du roi de Prusse. Le prince FRÉDÉRIC-CHARLES-AUGUSTE, né en 1799, en est le chef actuel et prend le titre de prince de Salm-Horstmar, wild et rhingrave.

II. CHARLES, second fils de Théodoric, eut le *Bas-Salm*. Cette ligne s'éteignit, en 1413, avec Henri IV, lequel eut pour héritier JEAN, comte de Reiferscheid, issu de la même famille. Comme les membres de cette nouvelle maison sont les seuls qui descendent par les mâles des comtes de Salm, ils ont pris le titre de comtes de la vieille ligne (*Altgrafen*) et l'ajoutent à leur titre de prince. La branche du Bas-Salm ou de *Salm-Reiferscheid* se partagea, en 1629, en deux branches : l'aînée posséda le comté de Salm, dans les Ardennes, avec Reiferscheid, seigneurie située dans l'Eiffel (*voy.*); la cadette, Dyck, petite ville de la province du Rhin. L'aînée s'est encore subdivisée en trois sous-branches : 1° la maison princière de *Salm-Reiferscheid-Krauthcim* (jadis *de Bedbur*) ; cette maison, dépossédée à la paix de Lunéville, reçut, comme indemnité, des biens en Franconie : elle est sous la souveraineté de Bade. 2° La maison de *Salm-Reiferscheid-Hainspach*, dont le chef, qui porte seul le titre de comte, est archi-trésorier du royaume de Bohême. 3° La maison de *Salm-Reiferscheid-Raitz**, élevée, en 1790, à la dignité princière. Les possessions de la branche cadette, *Salm-Reiferscheid-Dyck*, étaient placées sous la suzeraineté de l'électeur de Cologne. Dépouillée aussi par suite de la révolution française, elle reçut, en 1803, des compensations territoriales, et fut, en 1816, élevée par le roi de Prusse à la dignité princière : ses possessions relèvent du grand-duché du Bas-Rhin et du Wurtemberg. Le prince actuel de Salm-Dyck, Joseph, né en 1773, a servi avec honneur dans nos armées ; il a créé dans son château de Dyck, près de Dusseldorf, un magnifique jardin botanique, et publié la description d'un grand nombre de plantes rares. Il a épousé, en 1803, Constance-Marie de Théis, née le 7 nov. 1767 à Nantes, et alors veuve du chirurgien français Pipelet. La princesse de Salm a enrichi notre littérature de plusieurs productions estimables ; elle est l'auteur de l'opéra de *Sapho*, joué en 1794, de romans, de poésies, de pensées, et le talent est rehaussé chez elle par l'élévation de l'esprit et la noblesse du caractère. Ses œuvres complètes ont été publiées récemment. A. B.

SALMANASSAR, roi de Ninive, 724-712 av. J.-C., *voy.* Ninive, Assyrie et Hébreux, T. XIII, p. 570.

SALOMON**, roi d'Israël, fils de David et de Bethsabée, aux prières de laquelle il dut le trône à l'exclusion de son frère aîné, recueillit, pendant son long règne, de 1015 à 975 av. J.-C., le fruit des exploits de son père. Pour affermir la couronne sur sa tête, il fit mettre à mort son frère Adonia avec quelques grands mécontents, et il contracta des alliances avec plusieurs princes étrangers (*voy.* Hébreux, T. XIII, p. 569). La sagesse qu'il montra dans ses jugements, les perfectionnements qu'il apporta aux institutions politiques de David, révélèrent en lui une grande supériorité d'intelligence, et lui assurèrent le respect de la nation. En construisant un temple qui surpassait en grandeur et en magnificence tout ce que l'architecture avait jusque-là produit de plus beau, il donna au culte des Hébreux un éclat qui devait attacher fortement le peuple au sanctuaire national. L'habile administration des trésors conquis par son père, les profits fondés sur le commerce et la navigation qu'il favorisa de tout son pouvoir, le sage emploi des revenus publics, qu'il fit lever par douze gouverneurs, et qu'il sut accroître en augmentant les impositions, lui permirent de fournir largement aux frais énormes qu'entraînèrent l'édification de ce temple et la construction d'un grand nombre de palais, de villes, de forteresses, ainsi qu'aux dépenses d'une cour somptueuse. Mais si, d'un côté, il répandit plus de bien-être parmi le peuple, s'il fit faire des progrès à la culture des arts et à la civilisation, de l'autre, il donna l'exemple funeste d'un luxe qui ne pouvait qu'exercer la plus fâcheuse influence sur les mœurs. L'admiration, inspirée par la sagesse et la magnificence de Salomon, attira dans sa capitale une grande affluence d'étrangers ; entre autres, la visite d'une reine de Saba (*voy.*), dans l'Yémen, frappa vivement les esprits. Par sa justice, il gagna l'amour du peuple à tel point que lorsqu'il voulut assujettir à des corvées régulières les populations païennes soumises par David, il trouva à l'instant une armée de 12,000 chevaux et de 1,400 chars de guerre pour comprimer les mécontents. Les avantages matériels dont ils jouissaient firent même oublier aux Hébreux leurs anciennes libertés, et le gouvernement de Salomon put sans obstacle adopter des formes de plus en plus despotiques. L'amour des femmes étrangères qui peuplaient son harem entraîna ce prince dans sa vieillesse jusqu'à leur permettre de sacrifier aux faux dieux, et il prit

---

(*) Raitz est un domaine près de Brünn, en Moravie. S.

(**) Nom dont les Orientaux postérieurs firent *Soliman*. S.

part lui-même à leur culte idolâtre. Cette apostasie l'exposa à des dangers ; cependant elle ne put ébranler sa puissance établie sur des bases trop solides. Ce ne fut qu'après sa mort que le mécontentement du peuple éclata en révolte ouverte, et son fils Roboam ne put empêcher le partage du royaume (voy. T. XIII, p. 569).

Malgré les faiblesses qui déshonorèrent les dernières années de Salomon, son règne de 40 ans jeta tant d'éclat que, dans les légendes des Juifs et des Orientaux, ce fils de David est dépeint comme le souverain du monde des esprits et le type de la sagesse. Dans la Bible, on lui attribue divers ouvrages poétiques et philosophiques : le *Cantique des cantiques*, les *Proverbes*, l'*Ecclésiaste* (voy.) ou *Sapience*, écrits dont il est permis de révoquer en doute l'authenticité, sinon en général, du moins en ce qui concerne l'auteur supposé. La sagesse et le bonheur de Salomon ont passé en proverbe. Les contes des rabbins, les poëmes épiques et anacréontiques des Persans et des Arabes, le célèbrent comme un roi fabuleux dont la magnificence et la sagesse avaient leur source dans les sciences occultes. Son anneau était le talisman de sa sagesse et de sa puissance ; il a, comme le temple de Salomon, une signification symbolique dans les mystères des francs-maçons et des roses-croix.　　*C. L.*

SALONIQUE (*Salonichi*), l'ancienne Thessalonique, ville industrieuse et commerçante, située au fond du golfe du même nom, avec une population qui s'élève à 70,000 âmes. *Voy.* MACÉDOINE.

SALPÊTRE. Ce sel, qu'on désigne aussi sous les noms de *nitre*, *sel de nitre*, *nitrate de potasse*, *azotate de potasse*, est le résultat de la combinaison de l'acide nitrique ou azotique avec la potasse (*voy.*), ainsi que l'indiquent ces deux dernières dénominations qui seules sont conformes à la nomenclature chimique. Le mot *salpêtre*, qu'on emploie vulgairement pour désigner ce corps, exprime qu'on l'extrait de la pierre, *sal petræ*, *sal petrosum*.

Depuis la découverte de la poudre à canon, le salpêtre est l'un des corps dont la production et l'approvisionnement faciles importent le plus à la défense des nations en temps de guerre, et à leur sé-

curité en temps de paix ; on peut dire en effet qu'il est l'âme de la guerre, car c'est à lui que la poudre à canon doit son souffle puissant. Le nitrate de potasse est en outre employé dans plusieurs industries importantes ; pendant longtemps il a servi exclusivement à l'extraction de l'acide nitrique ; aujourd'hui il est en grande partie remplacé, pour cet usage, par le nitrate de soude, dont le prix est moins élevé ; il est nécessaire à la production des chrômates de potasse, dont les fabriques de toiles peintes consomment de grandes quantités.

Quoique le salpêtre ait été connu des anciens chimistes et qu'il en soit fait mention dans des ouvrages du XIIIe siècle, les remarquables phénomènes de combustion auxquels il donne naissance ne sont compris que depuis l'ère chimique nouvelle fondée par Lavoisier. C'est, en effet, cet homme illustre qui démontra le premier, par des expériences péremptoires, l'identité de l'air vital (oxygène) et du principe comburant du salpêtre ; de sorte que les actions si nombreuses que ce dernier corps exerce lorsqu'il est mis en contact avec d'autres corps sont de véritables oxydations ; elles sont d'ailleurs d'autant plus énergiques et plus rapides qu'elles n'ont lieu qu'à des températures élevées et que le nitre contient sous un petit volume une grande quantité d'oxygène condensé.

Le salpêtre est un sel incolore, cristallisable en longs prismes quelquefois transparents, le plus souvent translucides et cannelés ; sa saveur est fraîche, piquante, un peu amère ; elle est caractéristique, car on dit *saveur nitrée* pour exprimer la saveur analogue d'autres composés salins. Sa solubilité dans l'eau croît rapidement à mesure que la température de ce liquide devient plus élevée : ainsi tandis que 100 parties d'eau à 0° ne dissolvent que 13 parties de salpêtre, la même quantité d'eau à 100° ne dissout pas moins de 246 parties de ce sel, d'après les expériences de M. Gay-Lussac, qui a déterminé la solubilité de ce sel à différents degrés de température.

Soumis à l'action de la chaleur, le salpêtre fond à 350°, en perdant seulement la petite quantité d'eau interposée entre les lamelles de ses cristaux; car ce sel est anhydre, c'est-à-dire qu'il ne contient pas d'eau combinée. Lorsqu'il est en fusion, il est aussi fluide que de l'eau et il se prend par le refroidissement en une masse cassante, opaline, qu'on nommait autrefois *cristal minéral*. Chauffé plus fortement, il abandonne de l'oxygène et se transforme successivement en hyponitrate et en nitrite de potasse; il fournirait sans doute à l'état anhydre la potasse, que les chimistes ne peuvent obtenir sous cette forme par aucun procédé pratique, si les vases employés à la décomposition de ce sel n'étaient perforés, quelle que soit leur nature, bien avant qu'il soit arrivé au dernier terme de sa décomposition.

Lorsqu'on projette sur un charbon incandescent quelques fragments de nitre, celui-ci fuse ou détonne, ce qui le fait reconnaître facilement; il est alors transformé en carbonate de potasse. C'est à ce sel ainsi préparé que les anciens chimistes avaient donné le nom de *nitre fixé par les charbons*. Un mélange de 2 parties de nitre et d'une partie de fleurs de soufre introduit dans un creuset chauffé au rouge, brûle avec une si vive lumière que l'œil ne peut pas la supporter; si l'on ajoute à 3 parties de nitre 2 parties de carbonate de potasse du commerce et 1 partie de soufre, on a une poudre *blanche* qui, chauffée peu à peu dans un vase ouvert, fulmine avec la plus grande force : il est fort possible que Roger Bacon (*voy.*), à qui l'on attribue la découverte de la poudre à canon, n'ait connu que cette sorte de poudre, d'après les effets qu'il attribue au composé fulminant qu'il décrit et dont il n'a donné les doses que d'une manière énigmatique et tout-à-fait inintelligible.

Le salpêtre se forme spontanément dans la nature et se rencontre dans toutes les contrées, mais en quantité très inégales; dans les pays chauds et particulièrement dans l'Inde, la Perse, l'Égypte, l'Espagne, on le trouve en abondance dans le sol lui-même ou à sa surface; sa production dans l'Inde est si considérable, son extraction si facile, que ce pays suffit aujourd'hui à l'approvisionnement de presque toute l'Europe. Dans les localités que nous venons de mentionner, le nitre semble se produire à une petite profondeur au-dessous de la surface du sol, là où la terre conserve son humidité. Quand les pluies surviennent, ce sel est dissous et l'évaporation qui se manifeste oblige cette dissolution à remonter par l'effet capillaire dû à la porosité des terres elles-mêmes; bientôt cette dissolution cristallise, et le nitre se trouve accumulé sous forme d'efflorescences salines dans les couches superficielles du terrain. Ces efflorescences étant ordinairement récoltées à l'aide de balais ou de houssoirs, on donne le nom de *salpêtre de houssage* au sel de cette provenance : ce nitre est presque pur; il ne contient qu'une petite quantité de matières terreuses qu'on sépare facilement par l'opération du raffinage.

Dans les climats tempérés comme le nôtre, le nitrate de potasse se forme dans des proportions beaucoup moindres; mais son élément essentiel, l'acide nitrique, se rencontre néanmoins en assez grande quantité à l'état de nitrate de chaux et de nitrate de magnésie : il faut donc transformer ces deux sels en nitrate de potasse; c'est en cette opération que consiste l'*art du salpêtrier*.

Enfin dans les pays froids, il faut que l'art vienne en aide à la nature. La formation spontanée des trois nitrates est, en effet, si peu abondante et si lente, qu'elle ne compense pas les frais qu'occasione le travail d'extraction, et qu'elle ne suffit pas à la production du salpêtre nécessaire à la défense du pays. On est alors obligé d'avoir recours aux *nitrières artificielles*. On désigne sous ce nom des amas de matériaux de nature terreuse placés dans les circonstances que l'expérience indique comme les plus favorables à la formation du nitre.

Tous les anciens chimistes ont admis que l'acide nitrique des nitrates naturels prend naissance au moyen de l'oxygène de l'air et de l'azote fourni par des matières animales existant au milieu des masses qui se nitrifient : c'est en effet dans les lieux bas et humides de nos habitations, dans les étables, les écuries, les bergeries, etc., qu'on rencontre plus particulièrement les *matériaux salpêtrés*. On sait que cette formation spontanée des nitrates terreux à la surface des murs est une cause sans cesse agissante de destruction; on sait aussi combien elle est une cause d'insalubrité en maintenant dans un état permanent d'humidité l'atmosphère de ces habitations. Néanmoins, cette manière d'envisager cette formation a été révoquée en doute par plusieurs chimistes distingués : leur opinion se fonde, d'une part, sur la production de l'acide nitrique dans les pluies d'orage par le seul concours de l'oxygène et de l'azote atmosphériques; d'autre part, sur ce fait qu'on rencontre le salpêtre associé aux nitrates de chaux et de magnésie dans des cavités naturelles, comme dans les grottes calcaires de l'île de Ceylan et de La Roche-Guyon, dans lesquelles il est bien difficile d'admettre que les produits animaux peuvent se renouveler en assez grande quantité pour rendre compte de la proportion de sels qu'on en extrait journellement; ils pensent donc qu'on ne doit pas attribuer aux matières animales un rôle exclusif dans la nitrification.

Remarquons néanmoins que toutes les tentatives faites jusqu'à ce jour pour nitrifier la craie hors du contact de ces matières ayant été infructueuses, il faut supposer un concours de circonstances bien singulier pour que tout soit erroné dans les remarques qu'on a faites en tant de lieux différents et depuis un temps si long sur le rôle nécessaire des matières animales dans les nitrières artificielles. Le dégagement de carbonate d'ammoniaque qui résulte toujours de la destruction spontanée des produits animaux, et la transformation, aujourd'hui bien connue, de l'ammoniaque en eau et en acide nitrique sous diverses influences, notamment par celle des corps poreux, rendent compte d'ailleurs d'une manière satisfaisante des phénomènes de la nitrification. On peut conclure de ces faits que si les nitrates peuvent se produire sans l'intervention des matières animales, au moins celles-ci aident beaucoup à leur formation, surtout dans les climats froids et tempérés, où les causes météorologiques qui concourent à déterminer cette formation par la combinaison des seuls éléments de l'air sous l'influence de l'électricité atmosphérique, ne se manifestent que rarement.

Quelle que soit d'ailleurs la valeur de ces considérations théoriques, tout le monde est d'accord sur les conditions suivantes, qu'il faut réaliser pour la production des nitrates : 1° la présence de bases puissantes, telles que la chaux, la magnésie, la potasse ou la soude; 2° la porosité de ces substances; 3° l'humidité; 4° une température de 15 à 25°. Pour construire une nitrière artificielle, on commence par préparer un mélange intime de terre meuble ordinaire et de fumier. En Suède, par exemple, où chaque propriétaire est tenu de fournir à l'état une certaine quantité de nitre, « on dispose ce mélange sous un toit, dit M. Berzélius, en le mettant par petits tas qu'on remue fréquemment, ou dans lesquels on pratique des trous afin de donner plus d'accès à l'air. De temps à autre, il faut arroser le mélange avec de l'urine, qui contient plus d'azote qu'aucune autre substance animale. Au bout de 2 ou 3 ans, l'azote est converti en acide nitrique et le nitre est formé. On s'en assure en lessivant une petite quantité de la terre et évaporant la liqueur pour la faire cristalliser. Quand le terrain est bon à exploiter, il donne 4 onces de nitre par pied cube. » On procédait à peu près de la même manière en Prusse; mais, depuis 8 à 10 ans, cette méthode est abandonnée, parce qu'elle est trop coûteuse, et l'on y a remplacé le salpêtre indigène par celui des Indes-Orientales.

En France, l'établissement de nitrières artificielles n'est pas nécessaire; il suffit d'exploiter les matériaux calcaires qui proviennent de la démolition des vieilles maisons. Les plâtras les plus riches en nitrates se trouvent à 1 ou 2^m au-dessus du sol. On choisit ceux qui, offrant au goût une saveur piquante, attestent une notable proportion de ces sels. Arrivés à l'atelier du salpétrier, ces vieux plâtras sont concassés, puis soumis à des lavages méthodiques qui ont pour objet d'en extraire la presque totalité des sels solubles qu'ils contiennent avec la moindre quantité d'eau qu'il soit possible d'employer. Cette opération se pratique dans une série de cuviers rangés par bandes et munis d'une chantepleure à leur partie inférieure; les *eaux de cuite*, qui proviennent de ce lessivage, contiennent en dissolution environ 10 p. %/₀ de salpêtre, 70 de nitrate de chaux et de magnésie, et 20 de chlorure de potassium, de sodium, de magnésium et de calcium; on y ajoute une dissolution de carbonate de potasse (potasse du commerce), et on remue le mélange. Il se dépose sur-le-champ du carbonate de chaux et de magnésie, et il reste seulement dans la liqueur du nitrate de potasse, du chlorure de potassium, du sel marin et une petite quantité de matière organique qui la colore en brun. Le liquide clair est décanté et soumis à une évaporation, pendant laquelle il se fait divers dépôts qu'on enlève au moyen d'un petit chaudron suspendu dans le liquide bouillant à une petite distance du fond de la chaudière. Le sel marin, n'étant qu'un peu plus soluble dans une dissolution chaude de salpêtre qu'à froid, cristallise vers la fin de l'opération, et est séparé avec une écumoire. Quand la cuite marque 80° à l'aréomètre de Beaumé, on la fait cristalliser et on lave les cristaux à l'eau froide : c'est ainsi que s'obtient le *salpêtre brut*, qui renferme encore 10 à 15 centièmes de sel marin et de chlorure de potassium.

On a apporté dans ces derniers temps un changement important à ce mode de fabrication. Au lieu d'ajouter aux eaux de cuite de la potasse, produit exotique qui peut nous manquer ou revenir à un prix élevé en cas de guerre, si l'on est obligé d'avoir recours aux cendres de nos foyers, on projette dans la liqueur chaude du sulfate de soude concassé. On sait que ce sel est un produit indigène : il se forme du sulfate de chaux qui se dépose peu à peu et du nitrate de soude qu'on décompose au moyen d'un autre sel indigène, le chlorure de potassium des soudes de varech ; par la concentration, le sel marin se dépose et est séparé au fur et à mesure de la liqueur bouillante qui fournit, en se refroidissant, le salpêtre brut. Sous cette forme, ce sel ne convient nullement à la fabrication de la poudre à canon : il rendrait celle-ci très hygrométrique et d'une

conservation impossible. Il est tellement important que le nitre destiné à cette fabrication soit tout-à-fait pur, que le gouvernement s'est réservé le soin de raffiner celui qui est destiné à ses poudreries.

Cette opération du raffinage est très simple : on fait dissoudre le sel dans une petite quantité d'eau chaude, et on fait bouillir la liqueur pendant quelque temps, en ayant soin d'enlever les écumes à mesure qu'elles apparaissent à la surface de la liqueur; on retire du fond de la chaudière le sel marin, et on y ajoute une certaine quantité de colle de Flandre, à l'effet de clarifier la liqueur on laisse refroidir celle-ci jusqu'à 80° environ, et on la porte dans des cristallisoirs évasés dans lesquels on l'agite sans cesse, en y promenant des rabots. Le salpêtre se précipite en cristaux très menus qu'on sépare de leur eau-mère et qu'on arrose avec de l'eau saturée à froid de nitre pur. Cette eau, par conséquent, ne peut plus dissoudre de nitre, tandis qu'elle dissout les sels plus solubles qui le souillent, les chlorures de potassium et de sodium. Le salpêtre est réputé pur quand sa dissolution ne trouble pas celle de nitrate d'argent; il n'a plus besoin que d'être soumis à la dessiccation pour servir à la confection de la poudre. *

Après avoir été longtemps active et prospère, la fabrication du salpêtre en France a cessé tout d'un coup presque complètement, par suite de la loi des douanes de 1836, qui a baissé de 15 fr. les droits d'importation du salpêtre exotique. Cette mesure, prise en faveur de l'industrie chimique en général, n'a pas réalisé les prévisions des législateurs qui espéraient maintenir, tout en la restreignant, la fabrication indigène, jugée si utile et si importante. « Déjà, écrivait récemment un commissaire des poudres, M. Mayer, l'on a vu se réduire considérablement le nombre des 400 fabricants commissionnés en 1836 par le gouvernement ; et si ceux qui travaillent encore et qui sont tout au plus une trentaine,

(*) On peut consulter, pour connaître en détail l'art très perfectionné du salpêtrier, l'instruction si claire publiée en 1820 par le comité consultatif des poudres et salpêtres.

trouvent un bénéfice suffisant pour continuer leurs exploitations, c'est, il faut qu'on en soit convaincu, qu'ils n'ont pas eu de frais d'établissement à supporter et que mieux valait pour eux utiliser des machines et des ustensiles que de s'en défaire avec perte. » Heureusement il est facile d'avoir dans les magasins de l'état un approvisionnement de salpêtre suffisant pour parer à toutes les éventualités de la guerre pendant quelques mois au moins, et un laps de temps très court suffirait, dans tous les cas, pour rétablir une industrie bien connue, bien décrite, n'exigeant ni machines, ni appareils, puisque de vieux plâtras, de l'eau, des cendres, des tonneaux et des chaudières sont les seuls objets indispensables à l'art du salpêtrier. E. P.

SALPÉTRIÈRE (HOSPICE DE LA), voy. HOPITAUX ET HOSPICES (T. XIV, p. 235) et PARIS (T. XIX, p. 224).

SALSEPAREILLE (*smilax*, L.), nom dérivé de l'espagnol *sarza*, ronce, et qui est celui de la racine d'une plante de la famille des asparaginées, originaire de l'Amérique méridionale. On en distingue plusieurs espèces; mais la salsepareille, dite de Portugal, qui vient du Brésil, est la plus estimée. Cette plante qui fut longtemps, et qui est encore employée en médecine, fut d'abord considérée comme un excellent sudorifique; aujourd'hui on l'emploie principalement comme remède antisyphilitique, et sous ce rapport, sa vertu, quoique parfois contestée, semble cependant confirmée par l'expérience. Deux préparations pharmaceutiques dans lesquelles entre la salsepareille ont surtout le privilége d'une grande renommée: ce sont le sirop de Cuisinier et le rob de Laffecteur. Quelques praticiens en font usage, non-seulement dans le traitement des affections syphilitiques, mais aussi dans celui des maladies de la peau. Dans le premier cas, beaucoup de personnes préfèrent l'emploi des mercuriaux, parce que l'usage de la salsepareille exige un régime encore plus sévère. X.

SALSIFIS, voy. CHICORACÉES.

SALTIMBANQUE, espèce de jongleur ou de bouffon (voy. ces mots), qui sautait et gambadait devant le public sur les tréteaux (de là son nom, *saltà in banca*), en débitant des bouffonneries de mauvais aloi. Dans la hiérarchie foraine, le saltimbanque est encore au-dessous de l'histrion (voy.): c'est un bateleur criard que distingue spécialement l'accent étranger qu'il affecte, ou qui trahit son origine italienne réelle.

SALUBRITÉ, voy. POLICE SANITAIRE, INFECTION, MÉPHITISME, ATELIER, etc.

SALUCES (MARQUISAT DE), en italien *Saluzzo*, ainsi nommé de la ville du même nom, et dont les marquis, jadis indépendants, ont joué un certain rôle dans l'histoire. Voy. PIÉMONT.

SALUT, prières qui se chantent, le soir en de certains jours, après l'office, et qui se terminent par la bénédiction du saint-sacrement.

SALUTATION ANGÉLIQUE, voy. AVE MARIA.

SALUT PUBLIC (COMITÉ DE), voy. COMITÉ DE SALUT PUBLIC.

SALVANDY (NARCISSE-ACHILLE comte DE), est né à Condom (Gers), le 11 juin 1796, d'une famille d'origine irlandaise. Il fit ses études à Paris, et il était en 1813 au lycée Napoléon, lorsqu'une escapade d'écolier attira sur lui l'animadversion de son proviseur; pour se soustraire à la punition qui lui avait été imposée, le jeune Salvandy s'échappa du collége, et courut, à l'insu de ses parents, s'enrôler dans les gardes d'honneur, qu'on organisait alors. Il fit en cette qualité la campagne de Saxe et celle de France, et fut blessé trois fois: le grade d'adjudant-major et la croix de la Légion-d'Honneur, qu'il reçut à Fontainebleau des mains de l'empereur, récompensèrent ses services. M. de Salvandy quitta l'armée après l'abdication de Napoléon, et vint à Paris faire son droit; mais en même temps, pour ne pas perdre son grade, qui constituait toute sa fortune, il entra dans la maison militaire du roi, et au 20 mars il escorta Louis XVIII jusqu'à la frontière. Au mois de mars 1816, lorsque les puissances alliées pesaient de tout leur poids sur la France vaincue, M. de Salvandy poussa le premier cri contre l'occupation, en lançant, au milieu de l'étonnement général, sa brochure *la Coalition et la France*(1816,in-8°).Cette éloquente protestation d'un auteur de 20 ans, qui exprimait avec hardiesse le sentiment universel, eut un retentissement prodigieux. Les alliés, attaqués sans ménagement, se plaignirent, et demandèrent que l'auteur fût poursuivi ; mais le roi et le duc de Richelieu se refusèrent à une pareille lâcheté. Trois ans après, lorsque le territoire fut évacué, le duc de Richelieu, voulant donner à M. de Salvandy un témoignage de sa satisfaction, le nomma maître des requêtes au Conseil d'état. Mais quand un autre ministère songea à modifier la Charte, M. de Salvandy se sépara de lui, et sa destitution par M. de Peyronnet, en 1821, fut le prix de son indépendance. Il lui restait son grade de capitaine d'état-major : il s'en démit en 1823, à l'époque de la guerre d'Espagne qu'il désapprouvait.Cette même année, il publia le roman *Don Alonzo ou l'Espagne* (4 vol. in-8°). Ce livre était le fruit des observations qu'il avait recueillies pendant un voyage dans la péninsule, en 1820.Cependant, la Restauration continuant d'accumuler les fautes, M. de Salvandy se jeta dans la carrière du journalisme, et, de concert avec M. de Chateaubriand, soutint dans le *Journal des Débats* (*voy.*) une polémique vigoureuse, qui contribua puissamment à ébranler le ministère Villèle. Lorsque la censure lui eut fermé les colonnes de ce journal, il continua son opposition dans une série de brochures qui fixèrent vivement l'attention.

Sous le ministère Martignac, en 1827, M. de Salvandy fut nommé conseiller d'état et chargé de soutenir à la Chambre des pairs le projet de code militaire. Lors de l'avénement aux affaires du prince de Polignac, il n'hésita pas à donner sa démission, et résista aux instances que lui fit Charles X pour l'engager à revenir sur cette détermination ; il recommença alors à faire une guerre très vive au parti qui poussait la branche aînée à sa perte. On cite ce mot de lui prononcé au bal que le duc d'Orléans donnait, en 1830, au roi de Naples : « Nous dansons sur un volcan! » L'éruption en effet ne se fit pas attendre. M. de Salvandy accepta la révolution de juillet comme un fait accompli, mais se tint pendant quelque temps en observation, conservant sa liberté d'action tout en soutenant le nouveau gouvernement : cette disposition se manifeste surtout dans sa brochure intitulée *Seize mois, ou la Révolution de 1830 et les révolutionnaires* (1830, in-8°), qui fut réimprimée quatre mois après sous le titre de *Vingt mois*. Élu député dans le département de l'Eure, M. de Salvandy fit partie de la majorité, sans cependant se jeter dans les extrêmes. Les premières paroles qu'il prononça à la tribune furent dirigées contre la dévastation de Saint-Germain-l'Auxerrois. Nommé rapporteur de la loi dite de disjonction, il n'eut pas la satisfaction de faire prévaloir ses idées favorables au projet. Lorsque se forma le ministère du 15 avril 1837 (*voy.* MOLÉ), qui basa son programme sur des principes de conciliation, M. de Salvandy fut appelé à remplacer M. Guizot à l'instruction publique. Il accepta cette tâche difficile, et ne resta pas au-dessous de la situation. Il donna une salutaire impulsion à tous les travaux du département, et presque toutes les parties de l'enseignement reçurent des marques de sa sollicitude. Ce ministère ayant succombé à son tour sous les coups de la coalition, M. de Salvandy reprit son siége à la Chambre, où il se distingua toujours par la tendance de son caractère à concilier le pouvoir avec la liberté ; la Chambre, de son côté, en lui conférant les fonctions de vice-président, lui donna un témoignage de son estime. Vers la fin de 1841, le ministère Soult-Guizot, voulant resserrer les relations de la France avec l'Espagne, envoya M. de Salvandy comme ambassadeur à Madrid. Des intrigues étrangères paralysèrent les bonnes intentions du gouvernement français : une querelle d'étiquette s'éleva sur la question de savoir si c'était à la jeune reine ou au régent que l'ambassadeur devait remettre ses lettres de créance (*voy.* l'art.). Les parties n'ayant pu se mettre d'accord, M. de Salvandy revint à Paris. Au mois de novembre 1843, il fut nommé ambassadeur à Turin. Il avait reçu peu de temps auparavant le grand-cordon de la Légion-d'Honneur ; et depuis peu de temps aussi le titre de comte lui avait été conféré. Après avoir été prendre possession de son ambassade, M. de Salvandy revint siéger à la Chambre et vota contre l'adresse qui *flétrissait* la conduite des députés légitimistes revenus du pèlerinage de Belgrave-Square. Ce vote, précédé d'un court commentaire, ayant été improuvé en haut lieu, M. de Salvandy crut devoir se démettre de ses fonctions d'ambassadeur (2 févr. 1844). On sait que cet événement donna lieu, dans la Chambre des députés, à une discussion extrêmement animée, où l'inviolabilité de la couronne ne fut pas respectée comme elle devait l'être.

M. de Salvandy a publié un grand nombre de brochures politiques; quelque irritant que fussent souvent les sujets qu'il a traités, on lui doit rendre cette justice, que, dans ses écrits comme dans ses discours, il a toujours su allier la modération de la pensée à la vivacité de l'expression.

Outre les publications déjà mentionnées, on doit encore à M. de Salvandy des ouvrages historiques remarquables surtout par le style. Si le plus important de ces ouvrages, l'*Histoire de Pologne avant et sous le roi Jean Sobieski* (Paris, 1829, 3 vol. in-8º), a néanmoins été jugé sévèrement lors de sa publication *, c'est qu'il est précédé d'une exposition et d'un tableau historique où l'auteur, en dessinant à grands traits les différentes périodes de cette histoire, a commis de nombreuses erreurs, fruits d'une étude insuffisante; mais on ne peut contester le mérite du fond de cette composition. Le même talent d'historien se retrouve dans une *Vie de Napoléon* rédigée pour un ouvrage analogue à celui-ci ; enfin nous citerons encore de lui *Islaor ou le barde chrétien, nouvelle gauloise* (1824, in-12), etc., etc. M. de Salvandy a été élu membre de l'Académie-Française, le 19 février 1835, et reçu solennellement le 21 avril de l'année suivante. Il compte parmi les membres les plus dis-

(*) Non-seulement par M. J. H. S., mais encore par divers critiques étrangers. *Voir* par exemple l'opinion de M. Podczaszynski, dans le *Tableau de la Pologne ancienne et moderne*, par Malte-Brun et M. Léonard Chodzko, t. II, p. 390. **S.**

tingués de cette illustre compagnie. A. B.

SALVATOR ROSA, *voy.* Rosa.

SALVI (Jean-Baptiste), aussi nommé le *Sasso Ferrato* du lieu qui l'avait vu naître, dans le duché d'Urbin, en 1605. Ce fut à Rome, ville où il mourut en 1685, qu'il étudia la peinture plutôt en copiste qu'en artiste : aussi ses tableaux manquent-ils en général d'originalité. Il s'attacha de préférence aux sujets de dévotion. Ses Vierges se distinguent toutes par un cachet de simplicité et de modestie, par un coloris un peu terne et la couleur bleue de la draperie. Nous citerons *la Vierge et l'enfant Jésus*, *l'Assomption de la Vierge*, *la Vierge et l'enfant Jésus dormant sur ses genoux*. Le tableau qui décore l'autel de Monte-Fiascone est le plus grand de ses ouvrages. **X.**

SALVIEN, prêtre de Marseille, né vers 390, d'une famille considérable de Cologne, et, suivant d'autres, de Trèves, épousa Palladie, fille d'Hypace, qu'il convertit à la foi chrétienne. En 420, il persuada à sa femme de vivre dans la continence, distribua tous ses biens aux pauvres, et se retira dans l'abbaye de Lérins, d'où il passa, vers 426, dans celle de Saint-Victor à Marseille, où il fut ordonné prêtre en 430. A cette époque, il s'était déjà fait un nom célèbre dans l'Église par ses talents, sa piété et son éloquence. Il mourut vers 484, dans un âge très avancé, laissant, entre autres ouvrages, deux traités, l'un *sur la Providence*, l'autre *sur l'Avarice*, et des Lettres. Ses œuvres ont été publiées, pour la 1re fois, par J.-A. Brassicanus (Bâle, 1530, in-fol.), et souvent réimprimées depuis. L'édition de Baluze (Paris, 1684, in-8º) passe pour la meilleure et la plus complète. Nous en avons trois traductions françaises faites, l'une par le P. Bonnet (Paris, 1700, 2 vol. in-12); la 2e par le P. Mareuil (1734, in-12); et la 3e par Grégoire et Collombet (1833-34, 2 vol. in-8º). **X.**

SALZA (Hermann de), grand-maître de l'ordre Teutonique (*voy.*), de 1210 à 1239, et fondateur de son établissement en Prusse.

SALZBOURG, ancien archevêché semi-souverain de l'Allemagne méridionale, faisant partie aujourd'hui de la monarchie autrichienne, et située entre l'archiduché d'Autriche, le Tyrol et la Bavière. On y comptait une superficie de 180 milles carr. géogr., 16 villes, 23 bourgs et une population de 250,000 âmes, qui, dans la première moitié du XVIIIe siècle, tomba à 190,000 par suite de l'émigration des protestants, chassés de leurs foyers par l'archevêque L.-Ant.-Éleuthère de Firmian. Le pays de Salzbourg, montagneux comme la Suisse et le Tyrol, comprend la vallée de la Salza et un grand nombre de vallées accessoires. Il est borné au sud par les *Tauern*, prolongation de la chaîne centrale des Alpes, dont les sommets les plus élevés sont le *Venedigerspitz* (11,622 pieds), le *Grossglockner* (11,782) et l'*Ankogel* (10,290); à l'est et à l'ouest, par la *Kalkkette* (chaîne calcaire), dont le point culminant s'élève à 8,382 au-dessus du niveau de la mer, et au nord par les plaines marécageuses que forme la Salza. Il est arrosé par la Salza, la Saale, l'Ens, le Mur et un grand nombre de torrents. Le plus considérable de ses lacs est celui de Zell : il a deux lieues de long sur une demi-lieue de large. Parmi les eaux minérales, celles de Gastein (*voy.*) sont les plus renommées. On ne trouve pas dans la monarchie autrichienne de chute plus imposante que celle de la *Krimmler Ache* qui se précipite en cinq cascades d'une hauteur de plus de 2,000 pieds, et forme une courbe magnifique. Le climat est âpre, mais généralement sain. Les mines, autrefois abondantes, donnent encore du cuivre, du fer, du plomb et de l'arsenic. Les salines de Hallein, dont les longues galeries souterraines tentent souvent la curiosité des voyageurs, et les carrières de marbre de l'Untersberg, sont exploitées avec grand profit. La valériane celtique, une des nombreuses espèces de plantes qui forment la flore si riche des Alpes, est un objet de commerce important. Le sol ne produit pas assez de grain pour la nourriture des habitants; mais la récolte des fruits est considérable. La principale richesse de la population consiste dans ses troupeaux et ses chevaux. Le gibier disparaît de plus en plus, comme aussi les animaux féroces.

Les Salzbourgeois sont une race d'hommes vigoureux, actifs, laborieux, ne manquant pas d'esprit naturel, mais remplis de superstition et de préjugés. Les crétins sont nombreux dans le pays.

Les archevêques de Salzbourg jouissaient autrefois de grands priviléges; mais ils les perdirent en 1802, lorsque l'archevêché fut sécularisé et cédé au grand-duc Ferdinand en dédommagement de ses états de Toscane (*voy.* T. X, p. 680). En 1805, la paix de Presbourg fit passer le Salzbourg sous la domination de l'Autriche. En 1810, Napoléon le donna à la Bavière qui, à la paix de Paris, dut le restituer à l'Autriche presque en totalité. Aujourd'hui le cercle autrichien de Salzbourg compte, sur une superficie de 128 ¾ milles carrés, 3 villes, 19 bourgs, 1,078 villages et 141,400 habitants.

Le chef-lieu, *Salzbourg*, siége d'un archevêque, est bâti au fond d'une vallée sur la Salza; les rues en sont étroites et tortueuses, mais bien pavées; les places petites, mais régulières; les maisons à terrasse solidement bâties en marbre. La population s'élève à 14,000 âmes. Parmi les établissements les plus remarquables, on cite le lycée avec une bibliothèque de 36,000 volumes, le jardin botanique, le musée zoologique, la bibliothèque de Saint-Pierre avec 40,000 volumes, le gymnase, le théâtre, les trois hôpitaux civils et l'hôpital militaire, etc. La cathédrale est magnifique; l'église de Sainte-Marguerite est un beau monument de l'architecture du XVe siècle, et celle du couvent de bénédictines, sur le Nonnenberg, attire l'attention du voyageur par ses vitraux peints en 1480. La place de la Résidence est ornée de la plus belle fontaine de l'Allemagne, et le corps de garde est surmonté d'une tour qui renferme un carillon célèbre. La ville est dominée par le fort de *Hohensalza*. Une des portes de Salzbourg est taillée dans le roc vif. Le cimetière, à l'italienne, mérite aussi d'être visité, ainsi que le monument de Paracelse (*voy.*). Les environs de la ville sont ravissants et couverts de superbes châteaux: on vante surtout Eigen et le château de Hellbrunn. *Voir* Hacker, *Salzbourg et ses environs* (Salzb., 3e éd., 1830); Zauner, *Chronique de Salz-*

bourg, continuée par Gærtner (Salzb., 1813, 2 vol.). *C. L.*

SALZMANN(Christian-Gotthilf), écrivain populaire et pédagogiste célèbre, naquit, le 1er juin 1744, à Sœmmerda (pays d'Erfurt), où son père était pasteur, fit ses études de théologie à Iéna depuis 1761, et obtint, en 1768, la cure de Rohrborn qu'il quitta, en 1772, pour le diaconat de l'église de Saint-André, à Erfurt. Nommé pasteur de cette église peu de temps après, il se fit remarquer par la popularité et l'onction de ses sermons; mais l'indépendance de ses opinions lui attira des inimitiés. La lecture de J.-J. Rousseau et de Basedow fit une impression si grande sur son esprit qu'il résolut d'appliquer leurs idées philanthropiques à l'éducation de ses enfants; et tout en s'acquittant de ce devoir, il se convainquit de sa vocation comme écrivain pédagogique et comme instituteur. Il se mit donc à écrire, en langue allemande, ses *Entretiens pour les enfants et les amis de l'enfance* (Leipz., 1778-87, 8 vol.), et son *Krebsbüchlein, ou Exemple d'une éducation irrationnelle* (Erf., 1781; 5e éd., 1819), satire amère de l'ancienne méthode pédagogique qu'il qualifie de rétrograde (*Krebs*, écrevisse). En 1781, Salzmann accepta une place dans l'école que Basedow (*voy*.) avait fondée à Dessau, et donna sa démission de pasteur; mais frappé du défaut d'harmonie et d'ensemble qui régnait dans cet établissement, il le quitta au bout de trois années pour aller créer dans le duché de Gotha la célèbre institution de Schnepfenthal, qui n'eut d'autres élèves d'abord que ses propres fils et quelques enfants adoptés par lui. Protégé par des amis, aidé dans ses travaux par de dignes collègues, tels que André, Bechstein, Lenz, Glotz, Guts Muths, Weissenborn, Blasche, Ausfeld, il sut bientôt placer son école au premier rang parmi celles de l'Allemagne. Un grand nombre d'élèves lui furent envoyés même des pays étrangers , et l'institution de Schnepfenthal, grâce aux soins dont il entourait ses élèves, autant qu'à sa méthode pédagogique, acquit une réputation européenne. Mais les événements dont l'Allemagne fut le théâtre au commencement de ce siècle, exercèrent une fâcheuse influence sur cet établissement, et Salzmann voyait depuis longtemps son école décliner lorsqu'il mourut le 31 oct. 1811.

Parmi ses nombreux ouvrages, qui tous se distinguent par la lucidité des pensées, la clarté de l'expression et la noble simplicité du style, nous citerons : *Charles de Karlsberg, ou la misère humaine* (Leipz., 1783-86, 6 vol.); *Éléments de morale* (Schnepf., 1789); *Le ciel sur la terre* (Schnepf., 1797); *Sébastien Kluge; La vie curieuse de Constant; Conrad Kiefer, ou Exemple d'une éducation raisonnable*; le *Petit livre d'images de Conrad Kiefer; Henri Gottschalk; Ernest Haberfeld ; Joseph Schwarzmandel*, sans parler d'une foule d'autres écrits pour l'enfance qui laissent une profonde et salutaire impression chez ces jeunes lecteurs. Nous ne pouvons nous dispenser toutefois de mentionner encore son *Messager de Thuringe* (Schnepf., 1788 et suiv.), feuille populaire qui a eu le plus grand succès, et son ouvrage sur les *Péchés secrets de la jeunesse*. Ceux-là même qui blâment la direction toute pratique du système d'éducation de Salzmann, ne peuvent refuser à ses enseignements et à ses conseils le mérite de tendre directement au but qu'il se propose. *C. L.*

SAMANIDES, *voy*. Perse, T. XIX, p. 443.

SAMARCANDE, en chinois *Khang*, dans l'ancienne Sogdiane. Après avoir été la capitale de Tamerlan, elle n'est plus aujourd'hui qu'une simple ville de district dans le khanat de Boukhara. *Voy*. Boukares et Turkestan. *Voir* aussi Ch. Ritter, *Géogr. de l'Asie*, t. V, p. 657.

SAMARITAINS. Après la destruction du royaume d'Israël (*voy*. T. XIII, p. 570), il se forma, du mélange des Israélites laissés dans leur patrie et des colonies syriennes qui s'établirent autour de Samarie (en hébreu *Chomron*), l'ancienne capitale de ce royaume, une population mixte à laquelle les Juifs donnèrent le nom de *Kuthéens* et de *Samaritains*. Au retour de la captivité de Babylone, ces Samaritains voulurent coopérer au rétablissement du temple de Jérusalem; mais les Juifs refusèrent de les y admettre : de là une haine qui rompit toute relation entre la Samarie et la Judée. Depuis la conquête de la Palestine par les Turcs, les Samaritains ont tellement diminué de nombre que, non-seulement les colonies qu'ils avaient établies en Égypte, et qui étaient encore florissantes au XVIIe siècle, ont péri, mais qu'à Naplouse, l'ancienne Sichem, et à Jaffa, les deux seules villes où l'on en trouve encore aujourd'hui, il n'en existe plus qu'une trentaine de familles, comptant environ 200 individus. Selon les renseignements donnés, en 1811, à Silvestre de Sacy par Salameh, leur prêtre, on doit regarder les Samaritains, sous le rapport religieux, comme une secte voisine des Juifs, quoiqu'ils n'admettent d'autres livres saints que le Pentateuque, auquel ils attribuent une origine divine, et le livre de Josué. Ils n'observent, d'ailleurs, quant aux rites et aux institutions ecclésiastiques du judaïsme, que ce qui est formellement prescrit par Moïse; et, au lieu du temple de Jérusalem, ils estiment saint le mont Garizim, en Samarie, sur lequel ils célébraient anciennement leurs fêtes et leurs sacrifices. Ils observent, comme les Juifs, la circoncision, les purifications et les fêtes mosaïques; comme eux, ils n'adorent qu'un seul Dieu, croient aux anges, à la résurrection, à la rémunération; de même qu'eux, enfin, ils attendent un Messie, qu'ils représentent comme un prophète, d'après les paroles de Moïse. Leurs prêtres sont de la tribu de Lévi, et ils se servent pour leur culte du dialecte araméo-samaritain, dans lequel est écrit leur Pentateuque, quoique entre eux ils parlent généralement l'arabe. Ils se distinguent des autres habitants par un turban blanc, ne se marient qu'entre eux, et évitent toute relation trop intime avec ceux qui n'appartiennent pas à leur secte. La polygamie est permise en ce sens qu'un homme peut épouser à la fois deux femmes; mais si l'une vient à mourir, il ne peut la remplacer, et s'il les perd toutes les deux, il ne peut plus en prendre qu'une. Les Samaritains s'occupent du change des monnaies ou de travaux manuels. Leur littérature se borne à la traduction du Pentateuque, du livre de Josué, à quelques cantiques et à quelques lettres. *C. L.*

L'écriture samaritaine n'est autre chose que l'écriture hébraïque cursive, différente de l'écriture carrée, et sans voyelles. La *langue samaritaine* est celle du Pentateuque que Pierre della Valle fit connaître en Europe au XIIIe siècle, et qu'on a beaucoup étudiée depuis dans l'intérêt de l'hébreu et de la critique biblique. Parmi les ouvrages auxquels cette étude a donné naissance, nous citerons les suivants : Uhlemann, *Institutiones linguæ Samaritanæ ex antiquissimis monumentis erutæ et digestæ, integris paradigmatum tabulis indicibusque adornatæ; quibus accedit Chrestomathia Samaritana, notis illustrata et glossario locupletata*, Leipz., 1837, in-8°; Gesenius, *De Pentateuchi Samaritarum origine*, Halle, 1815, in-4°; Winer, *De versione Pentateuchi Samarit.*, Leipz., 1817, in-8°. S.

SAMBUQUE, *voy.* INSTRUMENTS DE MUSIQUE, T. XIV, p. 786.

SAMNITES. Ces habitants de l'ancien *Samnium*, dans la Basse-Italie, sur la plus grande partie de laquelle ils étendirent leur domination, avaient pour voisins les Péligniens, les Marses, les Campaniens, les Lucaniens et les Apuliens. Les historiens romains nous les représentent comme un peuple belliqueux et passionné pour la liberté. Pendant plus de 50 ans, ils soutinrent la guerre contre Rome, et c'est là, à vrai dire, l'âge héroïque de la république des Sept-Collines. La première de ces guerres éclata l'an 343 av. J.-C., lorsque les Campaniens, pressés par les Samnites, se mirent sous la protection de Rome. Le consul Valérius Corvus, chargé de chasser les Samnites de la Campanie, les défit dans un sanglant combat, tandis qu'une autre armée romaine pénétrait sur leur territoire et triomphait également, grâce au dévoûment héroïque du jeune P. Décius Mus. Les Samnites demandèrent la paix; mais ils ne l'observèrent que le temps nécessaire pour réparer leurs défaites. Une seconde guerre, plus sanglante encore que la première, commença en 328; elle fut d'autant plus opiniâtre, que les autres peuples de la Basse-Italie prirent parti contre les Romains. Après des succès nombreux, l'armée romaine se laissa enfermer, en 321, près de Caudium (*voy.*), dans un défilé d'où elle ne put sortir qu'en passant sous le joug. Les Fourches-Caudines sont célèbres dans l'histoire; mais cette honte, loin d'accabler les Romains, ne fit qu'exalter leur courage. Le sénat refusa de ratifier le traité ignominieux qu'avaient signé les consuls, et les livra eux-mêmes aux Samnites, en même temps qu'il confiait le commandement de l'armée à Papirius Cursor, qui fit subir aux ennemis le même affront qu'avaient essuyé les Romains. Constamment battus, les Samnites se virent à la fin (290) dans l'impossibilité de continuer la guerre; cependant, ils ne se soumirent point, ils se retirèrent dans les montagnes et ne cessèrent de faire des incursions sur le territoire romain. Ils reprirent les armes lors de la guerre contre Tarente et l'expédition de Pyrrhus (*voy.*); mais le triomphe final des Romains, dans cette nouvelle guerre, leur livra toute l'Italie inférieure. Lorsque les alliés (*voy.*) se révoltèrent contre Rome, du temps de Sylla, les Samnites reprirent les armes et combattirent avec acharnement. Sylla ne leur fit aucun quartier; 4,000 prisonniers furent égorgés sur le Champ de Mars, par ses ordres, trois jours après la victoire qu'il remporta sur eux. Le petit nombre de ceux qui échappèrent au fer, vécut dès lors tranquille. Les Samnites avaient emprunté à leurs voisins de la Grande-Grèce, non-seulement leurs arts, mais leur constitution et leurs lois. Leur forme de gouvernement était démocratique; mais lorsqu'une guerre éclatait, ils se choisissaient un général pour commander à tous. *C. L.*

SAMOGITIE (*Zmuzd*), *voy.* COURLANDE, LITHUANIE et RUSSIE.

SAMOS, île grecque de l'Archipel, sur les côtes d'Ionie, en face du promontoire de Mycale, patrie de Pythagore, de Rhœcus, architecte du temple de la Junon Samienne, de Théodore et de Téléclès, ses fils, l'un et l'autre sculpteurs célèbres. C'était, dans l'antiquité, la plus fertile, la plus riche et la plus puissante des îles Ioniennes. Habiles marins, les Samiens parcoururent de bonne heure la Méditerranée et fondèrent plusieurs colonies en Égypte, dans la Crète et sur le littoral de la Bétique; mais incapables de jouir paisiblement de la liberté, ils se divisèrent en factions qui se déchirèrent entre elles, jusqu'à ce qu'Æaque et son fils Polycrate surtout se furent emparés du pouvoir. Depuis cette époque, Samos vit décliner de plus en plus sa puissance au milieu des luttes des partis. Soumise successivement aux Perses, aux Athéniens, aux Lacédémoniens, aux Romains, elle perdit les derniers restes de sa liberté sous l'empereur Vespasien (l'an 70 de J.-C.). Au moyen-âge, elle fut tour à tour possédée par les Arabes, les Vénitiens, les Génois, et elle finit par devenir tributaire des Turcs sous un agha du capudan-pacha. Elle a une étendue de 8 $\frac{1}{4}$ milles carr. géogr., et une population de 50,000 âmes. Quoique montagneuse, elle produit en abondance du vin de Malvoisie, des raisins, de l'huile, de la soie, du coton et des fruits, dont elle fait un grand commerce. Dans les environs de Cora, sa capitale, on voit encore les ruines de l'ancienne Samos et du magnifique temple de Junon, dont le culte avait pris naissance dans l'île. *C.L.*

SAMOTHRACE (aujourd'hui *Semadrek*), une des îles de la mer Égée, dans l'éyalet de Djesaïr, non loin de Lemnos, sur les côtes de la Thrace et en face de Troie. Sa superficie est d'un mille et demi carré, et sa population de 2,000 âmes. C'était, dans l'antiquité, un lieu célèbre par ses mystères (*voy.*), dont furent prêtres, dit-on, les Cabires et plus tard les Dioscures (*voy.* ces noms). L'initiation passait pour une garantie contre les périls de la navigation : aussi raconte-t-on que les Argonautes débarquèrent à Samothrace par le conseil d'Orphée, qui était lui-même un initié. Au reste, ces mystères sont entourés d'une obscurité qui s'étend jusqu'aux noms des divinités qu'on y adorait. Il paraît certain toutefois que ce culte était un mélange de cérémonies égyptiennes et phéniciennes, altérées plus tard par des rites grecs. On dit que ce culte même, avec une modification dans les noms des dieux, fut porté chez les Étrusques. Du temps des Romains encore, Samothrace jouissait d'une certaine liberté et d'une réputation de sainteté qu'elle devait à ses mystères et qu'elle ne perdit que longtemps après la naissance du Christ. On y voit des restes de murs cyclopéens. *C. L.*

SAMOYÈDES, nom dont l'origine est inconnue et sous lequel on désigne une peuplade de nomades qui habitent les affreux déserts du nord de la Russie. Ne sachant ni lire ni écrire, les Samoyèdes ne possèdent aucun monument authentique de leur histoire primitive; tout au plus les chants populaires conservent-ils le souvenir des exploits de leurs héros. Lorsque les Russes les soumirent, ils avaient déjà été chassés de leurs demeures par les Tatars, et ne formaient plus un corps de nation. Depuis la conquête de leur pays, on ne les connaît pas mieux, aucun voyageur n'ayant encore osé s'aventurer dans leurs impénétrables solitudes. Les percepteurs des impôts vont seuls les visiter. La langue, la physionomie, la manière de vivre, prouvent cependant une parenté entre les différentes tribus dispersées sur les bords de l'océan Glacial, depuis la mer Blanche presque jusqu'à la Léna. Ils se nomment eux-mêmes *Nenetsch* ou *Khasovo*, c'est-à-dire hommes. En Asie, vers le lac Baïkal, on les connaît sous le nom de *Koïbales*, emprunté à un de leurs princes. Les Samoyèdes européens ont été rendus tributaires par les Russes dès 1525; ils habitent dans les gouvernements d'Arkhangel et de Vologda, entre le Mézen et la Petchora, et vivent sans relations avec les autres peuples. Sauf quelques centaines d'individus, tous professent le christianisme. Le Samoyèdes de la Sibérie, à l'est de l'Oural, errent dans le gouvernement de Tobolsk, autour de l'embouchure de l'Obi. *C. L.*

SAMSON, l'Hercule des Hébreux, fils de Manoah de la tribu de Dan, fut pendant 20 ans juge à Juda (*voy.* T. XIII, p. 568). C'est en se rendant auprès de sa fiancée, fille d'un Philistin de Thimnath (Thamnata), qu'il mit un lion en pièces; ayant trouvé quelque temps après un essaim d'abeilles établi dans le corps de l'animal tué, ce spectacle lui fournit le sujet d'une énigme, qu'à l'occasion de ses noces il proposa aux Philistins (*Juges*, XIV, 1 et suiv.), les défiant de la résoudre. Ils acceptèrent le défi; et la trahison de

la jeune mariée, qui avait reçu les confidences de son mari, les mit à même d'en donner l'explication. Samson, ayant ainsi perdu son pari, s'acquitta avec les vêtements pris aux Philistins qu'il tua à Ascalon. Quant à sa femme, il la quitta; et elle fut remariée par son père. Pour se venger de cet affront, Samson ayant pris 300 renards, les attacha deux à deux par la queue, fixa entre eux des torches allumées, et les lâcha dans les champs des Philistins, où ils causèrent d'horribles ravages. Livré par les Juifs à ces Gentils, Samson brisa ses liens, et tua un grand nombre de ses ennemis avec une mâchoire d'âne. Enfin, une courtisane du nom de Délila, qui avait été gagnée par les Philistins, et à laquelle il avait eu l'imprudence de confier son secret, profita de son sommeil pour lui couper les cheveux, dans lesquels résidait toute sa force. Ses ennemis lui crevèrent les yeux, le chargèrent de chaînes, et l'obligèrent à tourner la meule d'un moulin à Gaza. Au bout d'une année, ses forces lui étant revenues avec ses cheveux, il songea à satisfaire son désir de vengeance; conduit dans le temple lors d'une fête, il renversa deux colonnes sur lesquelles reposait l'édifice, et s'ensevelit avec les Philistins sous ses ruines. *C. L.*

SAMUEL, nom hébreu qui signifie *demandé à Dieu*, fils d'Elcana et d'Anne, de la tribu de Lévi, prophète et dernier juge d'Israël (*voy.* T. XIII, p. 568), naquit à Rama, 1132 ans av. J.-C. Dès son enfance, il fut confié aux soins du grand-prêtre Héli, et employé au service du temple. Il pouvait avoir une vingtaine d'années lorsqu'une vision l'appela à remplir la charge de prophète. Héli étant mort, il fut proclamé juge d'Israël après un interrègne de 20 ans. Son premier soin fut d'extirper l'idolâtrie. Il y réussit, et pendant sa judicature le peuple d'Israël jouit d'une paix et d'une prospérité auxquelles il n'était plus habitué depuis longtemps. Mais les maux qu'il avait détournés par sa sagesse et sa prudence, reparurent lorsqu'affaibli par l'âge, il partagea ses pénibles fonctions avec ses fils. Les Israélites, mécontents de leur conduite, demandèrent un roi. En vain Samuel résista-t-il d'abord à leurs vœux, qu'il leur fit envisager comme une offense faite à Dieu : il ne put les convaincre, et forcé de céder, il voulut au moins prévenir, s'il était possible, les abus de pouvoir auxquels il prévoyait que l'autorité royale ne tarderait pas à donner lieu. A cet effet, il promulgua une espèce de constitution, et, cette précaution prise, il sacra Saül (*voy.*) en 1080 ; mais il s'aperçut bientôt que ce prince n'était pas disposé à se soumettre à sa volonté avec autant d'empressement qu'il l'espérait, et dès lors il le considéra comme rejeté de Dieu. Après avoir sacré secrètement David (*voy.*), roi d'Israël, il mourut à Rama, âgé de plus de 98 ans, l'an 1057.

Pour les deux livres de l'Ancien-Testament qui, dans l'original hébreu, portent le nom de Samuel , et qui, dans les versions adoptées par l'Église catholique, portent le titre de I⁰ʳ et II⁰ livre *des Rois* (dont on admet alors IV), *voy.* BIBLE, T. III, p. 464 et 465.   E. H-G.

SAN-BENITO, *voy.* AUTO-DA-FE et INQUISITION.

SANCHE I-VII, rois de Navarre, *voy.* NAVARRE.

SANCHE I-IV, rois de Castille, *voy.* CASTILLE et ESPAGNE.

SANCHEZ (FRANÇOIS), en latin *Sanctius*, savant Portugais qui devint professeur de philosophie à Toulouse, où il mourut en 1632. Il ne faut pas le confondre avec le jésuite THOMAS Sanchez, casuiste fameux par son traité *De matrimonio* (Gênes, 1602, in-fol, souv. réimpr.), et qui mourut en 1610, à Grenade.   X.

SANCHONIATHON. Ce nom, qui dans la langue phénicienne, signifie ami de la vérité, était peut-être autrefois générique et se donnait soit aux historiens en général, soit à des prêtres chargés spécialement de rédiger l'histoire ; cependant, pour nous, c'est un nom propre servant à désigner un historien phénicien de Béryte qui écrivit, 1250 ans av. J.-C., dans sa langue nationale, une histoire de Phénicie et d'Égypte. L'auteur de cet ouvrage, composé de VIII ou IX livres, avait puisé ses documents dans les annales des temples, dans les livres de Thaut et dans les traditions des prêtres. Le grammairien Herennius Philon de Byblos fit

(100 ans av. J.-C.) une traduction grecque de l'histoire de Sanchoniathon (*voy.* T. XIX, p. 529). C'est dans cette traduction que Porphyre a trouvé ses preuves cosmogoniques contre le christianisme ; Eusèbe (*Évang. præp.*, I, 10) s'en est servi dans le but opposé. On ne connaissait cet auteur que par les citations d'Eusèbe, et l'on ignore quel usage fut fait avant lui des écrits de Sanchoniathon, dont le nom n'est mentionné nulle part avant Philon, et rarement après lui. Aussi Ursinus, Dodwell, Van Dale, Meiners et Hismann ont-ils douté de l'authenticité de cet ouvrage. Grotius, Goguet et Mignot sont de l'avis contraire, et fondent leur opinion sur l'accord qui existe entre cette histoire et les traditions bibliques. Foucher et Heyne, cherchant à concilier ces deux jugements, prétendent qui Philon a seulement fait quelques interpolations et quelques changements, soit pour le fond, soit pour la forme, mais cette opinion intermédiaire paraît inadmissible. Du reste quand même le fragment que nous possédons serait authentique, il est loin d'avoir une grande importance historique relativement à la cosmogonie et à la théogonie. Le fragment de Sanchoniathon a été traduit du grec d'Eusèbe en plusieurs langues, publié de nos jours séparément par J.-E. Orelli (Leipz., 1826). Une traduction française avec commentaires par Court de Gebelin parut à Paris en 1773, sous le titre de *Allégories orientales, ou le fragment de Sanchoniathon*, in-4°. On peut comparer avec elle la traduction allemande de Weishaupt publiée en 2 parties (Ratisb., 1789), et de plus les ouvrages suivants : *Appendix concerning Sanchoniatons phœnician history*, Lond., 1691 ; Ursinus, *De Zoroastro, Hermete et Sanchoniathone exercitationes*, Nuremb., 1661.   X.

Une polémique très curieuse s'est élevée au sujet de cet auteur phénicien dans l'année 1836 : nous en avons déjà dit un mot à l'art. GROTEFEND. A cette époque, la *Gazette de Hanovre* annonça que la traduction complète de Philon avait été trouvée dans un couvent portugais. Malheureusement, il n'existait pas dans le Portugal de couvent du nom indiqué ;

on n'avait pas entendu parler dans ce pays de la découverte en question, et tout portait à croire que c'était aussi un nom supposé que celui de la personne qui, disait-on, avait donné communication du manuscrit à un jeune Allemand, le docteur Frédéric Wagenfeld. Néanmoins, ce dernier publia encore dans la même année 1836, à Hanovre, un extrait de cette prétendue traduction complète, extrait qu'il accompagna d'une introduction de lui et d'un discours préliminaire, traité archéologique et historique fort remarquable de M. le directeur Grotefend, qui paraît avoir donné dans le piège. Bien plus, la traduction grecque elle-même parut, accompagnée d'une traduction latine (Brême, 1837, in-8°); et dans la même année, on en imprima encore une traduction allemande anonyme, mais fort bien faite. Cependant, Ottfried Müller fit voir que le commencement de ce texte grec, qu'on disait imprimé d'après un manuscrit jusqu'alors inconnu, n'était autre chose qu'une reproduction du fragment d'Eusèbe; on signala, en outre, des irrégularités de langage et des formes qui ne cadraient nullement avec celles de Philon, ainsi qu'un passage d'après lequel Eusèbe n'aurait pas dû placer au XIII° siècle av. J.-C., mais au VI°, l'auteur de cette *Histoire de Phénicie*; enfin, des difficultés de tout genre, aggravées encore par le refus péremptoire de l'éditeur d'exhiber le manuscrit d'après lequel l'impression aurait été faite. Celui-ci, du reste, n'a pas rompu le silence depuis, et jusqu'à ce jour l'énigme est restée sans solution. Qu'il y ait eu un essai de mystification, cela ne paraît pas douteux; mais la supercherie consistait-elle seulement dans la fausse origine qu'on prêtait au manuscrit, ou bien l'existence même de ce dernier est-elle de pure invention, et M. Wagenfeld serait-il l'auteur du texte grec qu'il a voulu faire passer pour ancien? Ici, nous sommes encore sur le terrain des conjectures, et nous craindrions de tomber dans l'erreur en hasardant une affirmation quelconque. S.

SANCTA-CLARA, *voy*. ABRAHAM A SANCTA-CLARA.

SANCTION (*sanctio*, du verbe *sancire*, consacrer, vouer, confirmer). C'est l'exercice d'une volonté suprême qui, en apposant sa signature à un acte, le rend valable et lui donne force de loi. En France, toute loi, même proposée par le roi, a encore besoin de sa sanction, qui seule la rend exécutoire, mais qui, comme tout autre acte rendu au nom du souverain, a besoin d'être contresignée par un ministre.

Pour la *pragmatique sanction*, *voy*. PRAGMATIQUE.

SAND (CHARLES-LOUIS), *voy*. KOTZEBUE, T. XV, p. 742.

SAND (GEORGE), *voy*. DUDEVANT.

SANDAL (BOIS DE). Ce bois, connu des anciens et originaire de l'Inde, se divise en trois espèces : 1° le *sandal citrin*, qui est d'un jaune fauve, peu dur et plus léger que l'eau; sa saveur est amère et son odeur tient le milieu entre le musc et la rose. La distillation en obtient une huile volatile excessivement légère et d'une odeur très forte : c'est le sandal du commerce; 2° le *sandal blanc*, auquel plusieurs naturalistes supposent la même origine que celle du sandal citrin, avec cette seule différence qu'il serait abattu avant d'avoir atteint sa maturité; il est beaucoup plus lourd que le premier et a une saveur plus amère encore; on l'emploie en Asie pour falsifier l'essence de rose, dont il possède aussi l'odeur; 3° enfin, le *sandal rouge*, qui vient de Ceylan et de la côte de Coromandel. Il est un peu plus léger que l'eau; brun à l'extérieur, rouge à l'intérieur; sa texture est très fibreuse; son odeur est faible, mais agréable. Il est surtout employé en teinture et en tabletterie. Les naturalistes ne sont pas tout-à-fait d'accord sur la nature des arbres qui produisent le bois de sandal. A leur exemple, on donne, dans le commerce, ce nom à différentes variétés de bois des îles, qui ne diffèrent d'ailleurs du sandal rouge que par leur plus ou moins de dureté et leur nature plus ou moins fibreuse.   D. A. D.

SANDALES, *voy*. CHAUSSURES (chez les anciens).

SANDJAK, mot turc qui signifie enseigne et qui se rapporte aux queues de cheval, symbole de la puissance d'un pacha. On comprend dès lors pourquoi ce nom est donné à des divisions administratives de l'empire Othoman ou à des portions d'une plus grande tenure, d'une province dite *eyaleth*. C'est mal à propos qu'on a fait en français le mot de *sandjacat*, qui n'exprime pas autre chose que *sandjak*, mot qui ne désignait pas l'administrateur; celui-ci prenait ou le titre de *sandjak-bey*, ou celui de pacha (*voy.*).

Le *sandjak-chérif* ou enseigne noble, sainte, est une bannière en étoffe de soie verte, à franges d'or, sans inscription ni emblème, qu'on montre à l'armée et au peuple dans les occasions solennelles ou dans des moments de grand danger. Enfermée dans une boîte garnie d'or et d'argent, elle est souvent emportée à la guerre sous la garde du grand-visir, mais jamais exposée dans la mêlée. Le peuple regarde cette bannière, réellement très ancienne, comme étant l'étendard de Mahomet; mais ce dernier ne quitte jamais le Trésor impérial, où il est conservé, couvert du manteau du prophète (*khirkaï-chérif*) et de 40 autres enveloppes en soie, et renfermé dans un étui en drap. C'est lors de l'abolition des janissaires que le *sandjak-chérif* a paru en dernier lieu aux yeux du public. Le regard d'un chrétien ou de tout autre infidèle ne doit jamais tomber sur ce palladium de l'empire; une infraction à cette loi pourrait avoir des suites fatales pour le curieux. Au contraire, c'est le devoir de tout bon musulman de s'armer aussitôt que la bannière est déployée, et de venir prendre les ordres du padichah.   X.

SANDWICH (îles), archipel situé dans la mer du Sud, auprès du tropique du Cancer, composé de 11 îles, entre 18° 30' et 22° 15' de lat. N., entre 150° 30' et 165° 28' de long. or. La principale de ces îles est *Oaihé* ou *Hawaii*, du nom de laquelle on désigne quelquefois tout l'archipel; située à l'est du groupe, elle a environ 100 lieues de tour et est hérissée de montagnes granitiques, dont la cime, élevée de 5 à 6,000^m, est toujours couverte de neige. Selon les missionnaires, toute l'île n'est qu'une masse de laves ou autres matières en décomposition, et percée d'un nombre infini d'ouvertures qui ont servi de cratères. Ce sol forme peut-être, disent-ils, « une voûte gigantesque au-dessus d'une vaste fournaise située dans le cœur d'une énorme montagne sous-marine, dont l'île d'Hawaii n'est que le sommet. » Dans les vallées et les plaines, le sol fertile produit tous les végétaux des archipels de cette mer, surtout du sucre, dont la culture y prospère. Le nombre des insulaires est d'environ 50,000; on en compte 3,000 à Karakakoua, principal village. Sur la côte de l'est, il y a un bon port, celui de Whytea. Du temps du paganisme, cette île avait plusieurs grands forts qui, destinés aux sacrifices, étaient réputés sacrés et servaient de refuge dans la guerre, d'asiles inviolables dans la paix. Après Hawaii, que les Anglais avaient nommé Owhyhée, et qui a acquis une triste célébrité par le meurtre de Cook (*voy.*), en 1779, les îles les plus peuplées sont celles de *Maouvi* ou *Mowi*, et *Atoui*, île montagneuse et dépourvue de ports. L'île la plus agréable et celle où réside le roi, est *Woahou*, *Oahu* ou *Ovahou*, que l'on a appelée le jardin de cet archipel à cause de la beauté de sa végétation, quoique le bois de construction y soit rare. Elle a environ 35,000 hab.; son chef-lieu, Hanaroura, que les Européens connaissent mieux sous le nom de Honolulu, est située sur une baie qui forme un très beau port protégé par deux forts et fréquenté surtout par les bâtiments anglais et américains, qui y vont chercher le bois de sandal et d'autres productions de l'archipel : aussi, plusieurs maisons de commerce européennes et américaines y sont établies. Parmi les 5 ou 6,000 hab. de cette ville, régulièrement bâtie et ornée du palais du roi, il y a des nègres et des mulâtres; on y trouve des églises chrétiennes de diverses sectes. Il faut encore citer la petite île d'*Onihau*, où l'on récolte beaucoup de productions intertropicales et qui, par cette raison, est bien peuplée.

L'archipel d'Hawaii avait échappé aux recherches des navigateurs, quoique les galions espagnols, allant de Manille à Acapulco, eussent toujours passé dans ces parages, lorsque Cook, dans son troisième voyage de circumnavigation, en fit la découverte, en 1778. Il y trouva une belle race d'hommes sauvages, les Kanakas, d'un teint très basané ou plutôt couleur de noisette, parlant une langue qui a de l'analogie avec d'autres langues polynésiennes[*], obéissant à des rois, pratiquant une idolâtrie grossière, faisant des sacrifices humains à ses idoles, ayant une caste sacerdotale considérable, et se divisant en *érihs* (nobles ou chefs), en hommes libres et en serfs. Ils se nourrissaient de noix de coco, de patates, de taro, de jus de canne à sucre, de bananes et d'autres végétaux de ces îles, de chair de porcs et de chiens, d'oiseaux aquatiques et de poissons : ils se tatouaient et se vêtissaient d'étoffes faites de filaments d'écorce, tissées par les femmes, qu'ils traitaient presque en esclaves. Armés de lances, de frondes et de massues, ils guerroyaient fréquemment d'une île à l'autre, ou même de hameau à hameau. Depuis la découverte des Hawaii par Cook, les navires anglais et américains fréquentèrent cet archipel, et établirent avec les insulaires un commerce de pelleteries et de sandal. Pendant ce temps, Taméhaméha, un des principaux chefs d'Oaihé, s'empara de la souveraineté de toutes les îles, devint le premier roi de l'archipel, et s'efforça de vivre en bonne intelligence avec les Européens. Son fils lui succéda en 1819, sous le nom de Taméhaméha II. Le règne de celui-ci fut remarquable par l'établissement des consuls d'Angleterre et des États-Unis, et par celui des missionnaires américains, qui convertirent les habitants, bâtirent des églises et des écoles, et organisèrent même une imprimerie à Honolulu. Malgré quelques révolutions qu'il y eut dans le gouvernement, les efforts de ces missionnaires eurent un plein succès : la civilisation fit des progrès considérables, et les insulaires, après avoir vécu pendant des milliers d'années dans un isolement complet, équipèrent une petite marine et fréquentèrent les autres archipels ; ils étendirent même leurs relations, d'une part, jusqu'à la Californie, et de l'autre, jusqu'à la Chine. Sous

[*] Un premier essai d'une grammaire et d'un vocabulaire de la langue d'Hawaii, rédigé par Stewart, missionnaire américain, a été publié dans le t. VIII du recueil géographique allemand *Hertha*. Depuis ce temps, les missionnaires ont fait paraître à Honolulu une grammaire de la langue du pays.

le roi actuel, Taméhaméha III, toutes les grandes puissances maritimes ont reconnu l'indépendance des îles Sandwich, et entretiennent des relations amicales avec elles. Les États-Unis ont conclu leur traité à cet égard en 1842, et la Grande-Bretagne a suivi cet exemple en 1843. Dans cette même année, un des officiers de sa marine, ayant voulu placer ces îles sous la souveraineté britannique, fut désavoué par son gouvernement. Dès l'année 1837, M. Dupetit-Thouars, alors capitaine de vaisseau et chargé d'un voyage de circumnavigation, avait conclu, au nom du roi des Français, avec le roi des Hawaii, un traité dans lequel il était stipulé que les Français, arrivant dans ces îles, seraient protégés et jouiraient des mêmes avantages que la nation la plus favorisée. Cependant les missionnaires catholiques, qui y voulurent travailler à la conversion des sauvages, éprouvèrent des obstacles ; et on les força de s'éloigner, à l'instigation, dit-on, des méthodistes américains établis à Honolulu depuis 16 ans. Deux ans après la conclusion du traité, une frégate française parut dans le port d'Honolulu, et le commandant exigea, au nom de son gouvernement, que le culte catholique fût déclaré libre dans toutes les îles de l'archipel, qu'un terrain fût assigné pour l'érection d'une église catholique, et que pour garantie de sa conduite, le roi des Hawaii déposât entre les mains du gouvernement français une somme de 20,000 dollars, le tout sous peine d'une attaque immédiate en cas de refus. Ces conditions furent acceptées, et le 17 juillet 1839, un nouveau traité fut conclu pour assurer le sort des Français dans ces îles. Depuis ce temps, des missionnaires français, surtout ceux de la communauté de Picpus, ont poursuivi avec activité leur œuvre de conversion, et ils assuraient, à la fin de 1842, avoir déjà 10,000 catholiques parmi les habitants de l'archipel. Les Européens ont introduit dans les îles Sandwich la culture du coton, du tabac, du maïs ; ils y ont naturalisé les chèvres, les bestiaux et les chevaux ; et cet archipel est maintenant en état de ravitailler les baleiniers qui viennent y relâcher. On évalue à 200,000 âmes la population de ces îles; elle paraît avoir été beaucoup plus forte avant leurs relations avec les blancs. Un auteur américain, J. Jackson Jarves, a publié l'histoire de cet archipel (*History of the Havaïian or Sandwich islands*, Boston, 1843, in-8°), dont il croit que les navigateurs espagnols avaient fait la découverte, mais qu'ils l'avaient tenue secrète par jalousie politique. **D-G.**

SANG. Étudié dans les animaux occupant un rang élevé dans l'échelle zoologique et en particulier chez l'homme, le sang est un liquide légèrement visqueux, d'un rouge plus ou moins foncé, d'une odeur spéciale, et dont la saveur est un peu alcaline. L'analyse la plus simple que l'on puisse faire de ce liquide important de l'économie animale consiste à le recueillir dans un vase de forme déterminée et à le laisser se refroidir spontanément. En cet état, il ne tarde point à se coaguler et à se diviser en deux parties distinctes : le *sérum* ou la portion la plus liquide, et le *caillot*. Lorsque cette séparation est complète, si l'on isole le caillot du sérum et qu'on le lave avec un soin convenable dans l'eau, on le débarrasse de la matière colorante qu'il retient et que l'on appelle *cruor*, et il se résout en une substance feutrée, blanche, qui est la *fibrine* (*voy*.). De cette analyse spontanée, il résulte que le sang est formé de trois substances distinctes, savoir le sérum, le cruor et la fibrine, auxquels il faut ajouter une petite quantité de matière grasse, qui le fait paraître légèrement visqueux au toucher.

La physiologie ne s'est point bornée à cette analyse superficielle du sang : elle a voulu pénétrer plus avant dans sa composition intime, et y a reconnu des matières animales d'une nature particulière, divers sels, des acides et du fer en nature. Le microscope a été également appliqué à l'étude de ce liquide. Étudié de cette manière, le sang apparaît comme un liquide transparent, incolore (sérum), dans lequel nagent d'innombrables corpuscules rouges, qui ont reçu la dénomination spéciale de *globules*, et qui ont une configuration assez nettement déterminée suivant les animaux chez lesquels on les observe.

Le sang, considéré dans l'état de vie, est dans un mouvement continuel : le cœur (*voy*.) est le principal agent de ce mouvement. Lorsque, après avoir servi à la nutrition des parties vivantes, aux diverses sécrétions de l'organisme, et s'être chargé de nouveaux principes alibiles au moyen de l'absorption intestinale, il est reporté au cœur par les veines (sang veineux), il en est immédiatement expulsé dans la direction de l'appareil pulmonaire, où il entre en contact avec le fluide atmosphérique et prend les caractères du sang artériel (*voy*. VEINES et ARTÈRES). Après cette transformation, qui le rend apte à entretenir la vie par la nutrition, il revient au cœur, d'où il est transporté, au moyen des artères, dans toutes les parties de l'organisme (*voy*. CIRCULATION et HÉMATOSE). Dans cette double métamorphose, le sang subit, relativement à ses qualités physiques, des modifications qui en revêtent de plus profondes dans sa composition intime. Le sang veineux est d'une couleur noire plus ou moins foncée, le sang artériel est d'un rouge intense ou, comme on dit, rutilant.

Le sang est vraiment le suc vital par excellence; il remplit dans les animaux les mêmes fonctions que la sève dans les végétaux. Tous les organes, en vertu d'une propriété analogue à l'attraction physique, ou peut-être à l'instinct animal, s'assimilent ceux de ses éléments qui ont de l'affinité avec leur composition chimique; d'un autre côté, les appareils chargés des diverses sécrétions (*voy*.), qui n'importent pas moins que la nutrition à l'harmonie de la vie, lui empruntent les matériaux nécessaires à l'accomplissement de leurs fonctions. Un savant physiologiste allemand, Burdach, résume admirablement le rôle important que le sang est appelé à jouer dans l'organisme : nous ne saurions mieux terminer ces courtes considérations qu'en citant ce passage, aussi remarquable par la justesse des idées que par la netteté de l'expression : « Le sang est la totalité de l'organisme sous forme liquide. Comme corps liquide, il est le *substratum* et l'intermédiaire du changement de substance, dans lequel consiste la vie végétative. Il opère un rajeunissement continuel en amenant aux parties organiques ce qui vient de l'extérieur, et en rejetant au dehors ce qui est mis hors de service. La vie végétative tout entière se concentre en lui; car tous ses phénomènes se réduisent en dernière analyse à la formation et à la destruction du sang, au moyen de son conflit avec les organes et avec le monde extérieur. » (*Traité de physiologie*, t. VII, p. 88). **M. S-N.**

SANG (COUP DE), *voy.* APOPLEXIE.

SANGLIER, *voy.* COCHON.

SANGSUE (*hirudo*), famille d'annélides (*voy.*), de la division des abranches sans soies, et qui, outre l'absence de ces appendices, se distingue encore des autres invertébrés de cette classe par les deux espèces d'entonnoirs ou de cavités contractiles qu'elle porte aux deux extrémités du corps, et qui, agissant à la manière d'une ventouse, permettent à l'animal d'adhérer fortement aux objets sur lesquels il s'applique. Au fond de la ventouse antérieure est la bouche armée de mâchoires denticulées en forme de scie, à l'aide desquelles ces annélides percent la peau pour en tirer le sang. Leur corps allongé, plissé transversalement, offre à la face dorsale des anneaux antérieurs un certain nombre de petites taches noires qui paraissent être des yeux rudimentaires. On voit aussi dans plusieurs espèces deux séries de pores s'étendant au-dessous du corps, et communiquant avec de petits sacs que l'on regarde comme des organes respiratoires. Les sangsues sont hermaphrodites, mais chaque individu ne peut se féconder luimême. Il en est qui rassemblent leurs œufs dans des cocons enveloppés d'une sorte de bourre ou d'excrétion fibreuse. On les désigne quelquefois sous le nom d'annélides *suceurs*, parce qu'elles ont l'habitude de s'attacher aux poissons, aux batraciens, aux bestiaux même quand ils vont boire dans les mares, pour vivre à leurs dépens. Quoique très carnassières, elles supportent cependant, pendant l'hiver, de très longs jeûnes, enfoncées dans la vase, où elles n'ont pour se nourrir que des détritus organiques ou quelques larves d'insectes. On sait que les sangsues médicinales se conservent longtemps dans de l'argile humide et même dans de l'eau que l'on renouvelle. On a observé

que leurs mouvements y correspondent aux variations atmosphériques.

On confondait naguère, sous ce nom de sangsues, un grand nombre d'espèces différentes. Les plus intéressantes à connaître sont : la *sangsue verte* ou *officinale*, la plus grosse des espèces connues, rayée de jaune en dessus; et la *sangsue grise* ou *médicinale*, ordinairement marbrée. Ce sont les espèces le plus fréquemment employées en médecine, quoique plusieurs autres du même genre *sanguisuga* (sangsues proprement dites) pourraient servir également. La première est plus commune dans le midi ; la seconde dans le nord de l'Europe. La reproduction des sangsues, par cocons, était connue depuis un temps immémorial des paysans de la Bretagne et d'autres contrées de la France, qui transportaient dans les étangs épuisés par de nombreuses pêches les cocons enfouis dans la vase ou dans les trous arrondis où on les trouve. Quant à la pêche de l'animal lui-même, elle se fait soit à la main, soit avec des filets de toile de crin tendus sur des cercles. C'est de nos jours l'objet d'un grand commerce. Paris seul en consommait, il y a quelques années, plus de 3 millions, mais ce chiffre a dû baisser par suite de la réaction qui s'est opérée contre la doctrine de l'irritation. On les tire non-seulement de plusieurs de nos départements du centre, du midi, etc., mais encore de l'Italie, de l'Espagne, de la Bohême, etc.

Il ne faut pas confondre avec l'espèce précédente la *sangsue noire* ou *sangsue de cheval* (*hœmopis*), grande espèce qui se refuse constamment à mordre la peau de l'homme. On a formé le genre *albione* de quelques espèces qui habitent la mer, et dont le corps est hérissé de tubercules. **C. S-TE.**

Les sangsues sont fréquemment employées en médecine pour opérer les émissions sanguines locales. Dans les applications qu'on en fait au traitement de nombreuses maladies, on peut les poser sur tous les points du corps; et, suivant qu'on les place près ou loin du siége du mal, elles agissent à titre de moyen déplétif ou révulsif. Aujourd'hui, la consommation des sangsues diminue d'une manière notable, tant parce que l'expérience a démontré que les émissions sanguines n'ont pas toute l'importance que leur avait attribuée la doctrine de Broussais (*voy*.), que parce que dans beaucoup de circonstances on leur substitue avec avantage les ventouses sèches et surtout scarifiées (*voy*. l'art.). M. S-N.

SANGUINE, oxyde de fer ou hématite (*voy*.) qui fournit aux dessinateurs une couleur rouge-brun (*voy*. CRAYON). Elle sert aussi à polir et à brunir. *Voy.* BRUNISSEUR.

SANHÉDRIN, mot hébreu qu'on ne trouve pas dans l'Ancien-Testament, mais auquel répond, dans le Nouveau, celui de *synedrium*, formé par les hellénistes (*voy*.) qui ont pu lui donner ainsi une étymologie grecque, sans beaucoup s'éloigner de la forme hébraïque dont l'usage était introduit de leur temps. A l'époque de Jésus-Christ, on entendait par *sanhédrin* le tribunal suprême des Juifs, à la fois civil et ecclésiastique, établi, selon les uns, déjà par Moïse, et selon les autres, seulement après l'exil, mais réorganisé dans tous les cas sous les Maccabées. Il était composé de 71 membres (prêtres, lévites, docteurs de la loi, ou anciens) présidés par le grand-prêtre, et s'assemblait tous les jours, excepté celui du sabbat, dans le temple auprès du tabernacle. Les décisions se prenaient à la majorité des voix et sur la déposition orale d'au moins deux témoins. Hérode diminua beaucoup son autorité, que les Romains restreignirent encore. Après la destruction de Jérusalem, le sanhédrin erra pendant quelque temps en divers lieux et finit par s'établir à Tibériade. Les cours subalternes, tant à Jérusalem que dans les autres villes de la Judée s'appelaient *petits sanhédrins*.

Napoléon ayant conçu le projet de régénérer les Israélites de ses états et de déterminer leurs droits et leurs devoirs, convoqua, le 30 mai 1806, sous le nom de *grand sanhédrin*, un certain nombre de rabbins et de notables, italiens et français, dans le but d'amener un rapprochement entre les juifs et les chrétiens par la réforme de leur liturgie et de leur loi cérémonielle. Mais la guerre, en appelant ailleurs l'attention de l'empereur, ne lui permit pas de faire exécuter complétement les résolutions de cette assemblée qui se sépara au mois d'avril 1807. *Voy.* JUIFS, T. XV, p. 505, et BERR (*Michel*). C. L.

SANNAZAR (JACQUES), poëte italien, plus connu peut-être par ses poesies latines d'un style vraiment classique. Né à Naples, le 28 juillet 1458, il mourut dans cette ville, le 27 avril 1530. *Voy.* ITALIENNE (*litt.*), T. XV, p. 171.

SAN-SALVADOR, *voy*. GUATÉMALA.

SANSCRITES (LANGUE ET LITTÉRATURE). On désigne sous le nom de *sanscrit* la langue littéraire de l'Inde ancienne, parlée jadis aux bords du Gange par les adorateurs de Brahma (*voy*. T. XIV, p. 623). Ce nom, qui signifie *concretus*, accompli, est opposé à celui de *pracrit*, *procreatus*, spontané, donné au dialecte vulgaire qui a produit les idiomes modernes. Le sanscrit est donc le latin de l'Inde, la langue de ses monuments les plus anciens, de ces codes vénérés, de ces poëmes gigantesques qui, écrits sur des feuilles de palmier et conservés au fond des sanctuaires, sont venus révéler, après trente siècles, l'origine de la plupart des langues, des croyances et des institutions de l'Europe. C'est en effet une vérité reconnue que la race puissante des Indiens, descendue des vallées de l'Himalaya, est la source commune des tribus persanes, celtiques, tudesques, slavonnes et pélasgiques qui ont couvert, à différentes époques, l'Asie occidentale et l'Europe tout entière; et cette vérité, que les traditions historiques avaient déjà fait pressentir à nos aïeux, acquiert de nos jours une évidence irrésistible par la comparaison de nos langues fondamentales, du grec, du latin, du gothique, du slavon, avec l'idiome sacré des Brahmanes. Riche d'un alphabet de 50 lettres classées d'après les organes de la voix et groupées avec art dans l'écriture, joignant à la variété des modulations la plus exacte symétrie et à la multitude des combinaisons la clarté la plus admirable, le sanscrit, que l'on pourrait appeler l'indien par excellence, représente et résume les idiomes de l'Europe, à travers le temps et l'espace, comme un orgue colossal dont les échos se croisent sous l'effort de vents opposés.

Les sons fondamentaux sont les mêmes dans leur expression séculaire, les syllabes radicales se correspondent d'une manière positive et complète, avec les seules modifications imposées par l'influence diverse des climats. On peut en compter plus de cinq cents qui traversent nos langues les plus usuelles où elles répandent d'innombrables dérivés, tandis que la déclinaison sanscrite, composée de trois genres, de trois nombres et de huit cas, embrasse toutes nos désinences casuelles, et que la conjugaison, régulière et complète, composée de trois voix, de six modes et de six temps, offre les augments et les redoublements grecs, les créments latins et gothiques, les intercalations slavonnes, et des flexions personnelles si bien marquées qu'on y reconnaît partout le type pronominal. Enfin, les pronoms eux-mêmes, les préfixes, les désinences, les verbes, les principaux adjectifs et substantifs, tels que les noms d'éléments, d'animaux, de parenté, de membres, d'ustensiles, se correspondent d'une manière identique dans toutes les parties du système, de telle sorte que si un même objet a des noms différents dans nos divers idiomes, tous ces noms se retrouvent sous la même forme et avec le même sens en indien.

Citons seulement quelques exemples. Dans les langues les plus anciennes et le mieux conservées de l'Europe, le nominatif masculin est marqué par une sifflante, le féminin par une voyelle, le neutre par une nasale qui disparaît quelquefois. Or, ces signes caractéristiques sont exactement ceux du sanscrit; exemple : *navas, á, am,* ou *navyas, yá, yam,* correspondant au grec νεος, α, ον; au latin, *novus, a, um;* au gothique, *nivis, ia, i;* au lithuanien, *nauias, ia, ia.* Ce mot est identique dans tous les autres idiomes : italien, *nuovo;* espagnol, *nuevo;* français, *neuf;* allemand, *neuer;* anglais, *new;* suédois, *nya;* slavon, *nov';* russe, *novyi;* polonais, *novi;* irlandais, *nua;* gallois, *neu ;* coïncidence frappante et tout-à-fait inexplicable pour quiconque rejetterait la communauté d'origine.

Les trois flexions personnelles des verbes, au singulier et au pluriel, marquées par les consonnes *m, s* ou *th, t* ou *nt,* ont pour base les pronoms personnels et démonstratifs *ma, tva, ta* (grec με, σε, το) communs à presque toute l'Europe.

Le verbe substantif est exprimé dans nos idiomes par des formes en partie analogues, en partie irrégulières et défectueuses. Le sanscrit possède quatre racines : *as, vas, bhú, sthá,* qui expriment l'existence avec des nuances diverses, mais toutes subordonnées à l'idée principale. En conjuguant la première : *asmi, asi, asti,* on retrouve l'indicatif présent grec, ειμι, εις, εστι; latin, *sum, es, est;* gothique, *im, is, ist;* slavon, *esm', esi, est';* irlandais, *is mi, is tu, is e;* ainsi que le futur, l'impératif et le subjonctif qui en dépendent. La racine *vas,* fournit l'imparfait gothique *was;* allemand, *war;* anglais, *was.* La racine *bhú* (grec, φυω), donne le parfait latin, *fui;* slavon, *byh;* gallois, *bum;* ainsi que le présent allemand, *bin;* anglais, *be.* Enfin la racine *sthá* (grec, σταω; latin, *sto*) domine dans les formes italiennes, espagnoles, françaises : *stava, estava; étais, été, être.*

L'idée de Dieu, à la fois la plus simple et la plus illimitée de toutes, a été désignée par les nations de l'Europe sous trois attributs principaux, pâles reflets de ses perfections suprêmes. Chez les peuples du midi et de l'ouest, Dieu est splendeur, lumière : grec, δις, ζευς, θεος; latin, *deus;* espagnol, *dios;* italien, *dio;* français, *dieu;* irlandais, *dia;* gallois, *duw;* ainsi que lithuanien, *dievas.* L'origine commune de tous ces mots se retrouve dans l'indien, *daïvas,* divinité, dérivé, comme les noms du ciel et du jour (grec, δαος; latin, *dies*), de la racine *div,* récréer, resplendir. Chez les peuples du nord, Dieu est pureté, vertu : gothique, *guth;* allemand, *gott;* anglais, *god;* suédois, *gud,* analogue au mot allemand *gut,* qui exprime la bonté, et qui se retrouve dans l'indien, *çudhas,* pur, dérivé du verbe *çudh,* purifier. Chez les peuples de l'est, Dieu est prospérité, bonheur : slavon, *bog;* russe, *bog;* polonais, *bog,* analogue au mot letton *bagas,* qui exprime la richesse, et qui se retrouve dans l'indien *bhágas,* fortune, dérivé du verbe *bhaj,* distribuer. Ainsi, dans cet exemple, comme dans mille autres, c'est au sanscrit qu'il faut avoir recours lorsqu'on veut pénétrer à la source des images employées, sous des influences diverses, pour peindre l'idée la plus usuelle comme la plus grande et la plus ineffable.

La littérature sanscrite, riche en ouvrages de tous genres, comprend quatre périodes principales. La plus ancienne est celle des trois premiers *Védas*, ou livres de la science, recueils d'hymnes en vers et en prose, expression mystérieuse du culte de Brahma, dont on fait remonter l'origine au xv\ siècle avant notre ère (*voy.* T. XIV, p. 618). La seconde période, postérieure de quelques siècles, s'ouvre par le *Ramayana* de Valmiki, vaste poème héroïque qui consacre la victoire du dieu Vischnou, sous les traits du héros indien Rama (*voy.*), sur les sauvages habitants de Ceylan; elle se ferme par le *Mahabharata* de Vyasa, composition non moins étendue, où le même dieu, sous les traits de Krischna, termine la lutte de deux dynasties rivales. Le *Ramayana* et le *Mahabharata* sont l'Iliade et l'Odyssée de l'Inde; ils offrent avec ces poèmes le même rapport que la nature de l'Orient, si féconde, si variée, si vague et si éblouissante, avec les purs contours de l'horizon grec. Rien n'égale la majesté et l'éclat de quelques-uns de leurs épisodes, qui reflètent les traditions les plus sublimes, souvent même les émotions les plus touchantes; mais l'immense multiplicité des personnages, le conflit des dieux, des génies et des monstres, et l'extrême diffusion des détails, les a fait comparer avec raison à ces arbres gigantesques des bords du Gange, dont chaque rameau devient une tige, dont chaque tige devient une forêt. On place à la même époque le *Dharma-sastra* de Manou (*voy.*), base fondamentale de la législation indienne, ainsi qu'un quatrième Véda, bientôt suivi des *Védangas* ou commentaires. En même temps, six grandes écoles de philosophes, types et modèles de celles de la Grèce, représentant chacune de leurs tendances, s'élèvent successivement sous les auspices de Kapila, Patanjali, Gautama, Kanada, Djemini et Vyasa, l'illustre auteur du *Mahabharata*, qui, philosophe, poëte et théolo-

gien, rédigea aussi les *Pouranas*, commentaires historiques des *Védas*. La sagesse revêt encore une autre forme dans le *Pantchatantra*, recueil de fables du brahmane Vischnou çarman, premier modèle des fabulistes de l'Europe. Dans la troisième période, qui correspond au règne d'Auguste et au commencement de notre ère, la littérature sanscrite prend une allure plus vive, une expression de grâce et d'élégance, qui se révèle surtout dans les drames de Bhavabhuti et dans ceux de Kalidasa (*voy.*), célèbre auteur de la *Sakountala*, le chef-d'œuvre du théâtre indien. Ce même poëte a laissé plusieurs chants héroïques qui se distinguent par la perfection du style, sans toutefois égaler le *Gîtagovinda*, élégie pastorale, où le poëte Djayadéva dépeint en vers charmants les amours de Krischna. La même inspiration se retrouve dans la *Ghatakarpara* et dans les odes d'Amarou, jusqu'à ce que l'érudition la remplace par les préceptes de Bhartrihari et de Panini, qui annoncent l'époque grammaticale et laborieuse du x\ siècle, dont les poëmes, tels que le *Nalodaya*, ne sont que des amplifications savantes, et dont les travaux les plus utiles sont dus à Kasinatha et Vopadéva, qui ont analysé la langue sanscrite et déterminé ses racines et ses flexions, tandis que Amarasingha rédigeait le premier dictionnaire. C'est ainsi que, pendant 2,000 ans, cette littérature n'a cessé de produire, dans une progression naturelle et parfaitement conforme à celle du génie grec, de vastes et brillantes compositions lyriques, épiques et dramatiques, suivies enfin d'une ère de décadence ou plutôt d'érudition critique, dont la tâche a été de recueillir, d'expliquer et de perpétuer toutes ces merveilles.

L'Europe les a longtemps ignorées ou imparfaitement entrevues, et ce n'est que depuis que l'Angleterre a assis sa domination dans l'Inde, c'est-à-dire depuis moins d'un siècle, que ces trésors, tirés du fond des temples, ont réveillé le zèle des savants. Anquetil-Duperron ouvrit la voie, où le suivirent bientôt William Jones, puis Colebrooke, Wilkins et Wilson, auteur d'un précieux dictionnaire. G. de Humboldt, MM. Bopp et de Schlegel en Allemagne, ainsi que leurs disciples Rosen et M. Lassen, ont étendu, par leurs traductions, leurs grammaires, leurs recherches en tous genres, la connaissance de la langue·sanscrite à toutes les universités; tandis qu'en France l'ingénieux Chézy excitait un noble enthousiasme, qui a porté ses plus beaux fruits dans les savants travaux de M. Eugène Burnouf (*voy.* la plupart de ces noms). Partout le sanscrit tend à devenir l'auxiliaire indispensable des études, la base réelle des connaissances classiques que lui seul explique complétement, puisqu'il contient le germe de toutes les langues et de toutes les littératures de l'Europe.

A côté de lui se groupent d'autres idiomes également nés près du Gange ou de l'Indus: nous en avons dit un mot à l'art. INDIENNES (*langues*).

Les principaux ouvrages à consulter pour étudier la langue sanscrite proprement dite sont, outre les traductions publiées par les indianistes que nous venons de nommer et par plusieurs autres encore, le dictionnaire sanscrit-anglais de Wilson, les grammaires de Wilkins et de Bopp, et, pour la philologie comparée, les ouvrages de MM. Burnouf, Bopp, Grimm, Pott, Pictet, et le *Parallèle des langues de l'Europe et de l'Inde* (Paris, 1836, in-4°)*.   F. G. E.

SANSONNET, *voy.* ÉTOURNEAU.

SANSOVIN (JACQUES TATTI, dit LE), grand sculpteur et architecte, naquit à Florence vers 1479. Emmené à Rome par Sangallo, il ne tarda pas à s'y faire remarquer. Jules II et Léon X lui confièrent plusieurs travaux importants; mais la prise de Rome par le connétable de Bourbon l'ayant chassé de cette capitale, il se retira à Venise, où il fut nommé premier architecte de Saint-Marc. Ce fut en

cette qualité qu'il dirigea les constructions de l'hôtel de la monnaie, de plusieurs palais et de la bibliothèque de Saint-Marc, le plus hardi de ses ouvrages. Venise (*voy.*) lui doit encore d'autres embellissements, parmi lesquels elle cite avec orgueil le groupe des quatre évangélistes dans une des chapelles de sa vieille basilique, plusieurs tombeaux d'un style admirable, les deux statues colossales de Neptune et de Mars, et surtout les portes de bronze de la sacristie de Saint-Marc. Le Sansovin mourut dans cette ville, le 27 nov. 1570.   E. H-G.

SANS-SOUCI, non loin de Potsdam (*voy.*), château royal de peu d'apparence et d'un seul étage, mais richement décoré dans l'intérieur, et qui fut le séjour favori du roi Frédéric II. Il est entouré de beaux jardins et flanqué de deux édifices dont l'un contenait autrefois la galerie de tableaux qui fait partie maintenant du musée de Berlin. Tout le monde connaît la récréative histoire du *meûnier de Sans-Souci.*

SANTA-ANNA (ANTONIO-LOPEZ DE) ou SANTANA, président actuel du Mexique (*voy.*), qui, par le commandement militaire et à la faveur des déchirements de sa patrie, est parvenu à s'emparer d'un pouvoir dictatorial, mais sans garantie de stabilité. Il se fit connaître d'abord dans la guerre de l'indépendance, sous Iturbide (*voy.*), en 1821. Après avoir pris une part active à l'expulsion des royalistes, il fut nommé gouverneur de la Vera-Cruz; mais bientôt des dissentiments avec ses chefs le poussèrent à lever dans cette même ville l'étendard de la révolte contre l'empereur improvisé du Mexique. La chute d'Iturbide et le triomphe du parti républicain ne mirent point fin au mécontentement de l'ambitieux général; il se fit le champion du fédéralisme, et parut comme tel à San-Luis de Potosi, en 1823; mais le succès ayant manqué à son entreprise, il fut obligé de se retirer dans une de ses terres, près de Jalapa, où il demeura condamné à l'inaction jusqu'en 1828. Nous avons déjà dit (T. XVII, p. 637) quelle fut alors sa conduite. Souvent énergique, sinon toujours loyal, il parvint, à travers diverses vicissitudes, au poste élevé où il se maintient aujour-

---

(*) Nous avons déjà eu l'occasion de citer cet excellent ouvrage dû à M. Eichhoff, auteur du présent article. Ceux que nous consacrons à la plupart des linguistes nommés par lui, nous dispensent de répéter ici le titre exact de leurs livres; mais il nous est impossible de passer sous silence la *Bibliotheca sanscrita* (*Literatur der Sanskrit-Sprache*, 2e éd. refondue, Pétersb, 1837, in-8°) de Frédéric Adelung (*voy.*) que la mort a récemment enlevé à ses utiles travaux et à l'affection de ceux qui, comme nous, ont eu le bonheur de connaître de près cet homme aussi aimable que savant. J. H. S.

d'hui. Récompensé par le portefeuille de la guerre et par le commandement suprême de l'armée, en 1829, de l'appui qu'il avait prêté à Guerrero contre Pedrazza, il se prononça ensuite pour ce dernier contre Bustamente (*voy.*), afin de lui succéder dans la présidence, qu'il obtint en effet en mars 1833. Favorable à son tour à la réaction aristocratique, après s'être fait un marche-pied du fédéralisme, il s'appliqua surtout à flatter l'armée et les prêtres pour raffermir son pouvoir et le rendre absolu. Il réussit dans ce projet, le 23 oct. 1835; mais s'étant mis en campagne au printemps suivant, avec un corps de 6,000 hommes, pour soumettre les insurgés victorieux du Texas (*voy.*), il fut attiré dans une embuscade et fait prisonnier à San-Jacintho par le général texien Houston, le 21 avril 1836. Profitant de la mésaventure de son rival, le général Bustamente ressaisit alors le pouvoir à Mexico, pendant que les Texiens n'épargnaient à leur captif aucune sorte d'humiliations; mais, dans la juste prévision que le retour de Santa-Anna jetterait le Mexique dans de nouveaux troubles propres à augmenter leur propre sécurité, ils finirent par le relâcher; et le 20 févr. 1837, un bâtiment des États-Unis le débarqua à la Vera-Cruz. Santa-Anna, toutefois, ne jugea pas d'abord les circonstances favorables à sa réinstallation dans le gouvernement. Il se tint donc à l'écart jusqu'à ce qu'à la fin de 1838 le différend avec la France et les vives alarmes causées par notre escadre qui venait de foudroyer Saint-Jean-d'Ulloa (*voy. prince de* JOINVILLE), lui procurèrent l'occasion de regagner son ascendant sur les troupes. La convention, signée par le général Rincon, le 28 nov., n'ayant pas été ratifiée par le gouvernement mexicain, l'amiral Baudin fit une descente à la Vera-Cruz, et mit cette ville hors d'état de défense. Au moment du rembarquement de nos troupes, Santa-Anna parut sur le môle, à la tête d'une colonne qui engagea la fusillade et nous tua quelques hommes, tandis que le général mexicain essuya une bien plus grande perte et fut lui-même très grièvement blessé. Il guérit cependant, après avoir adressé au gouvernement un faux rapport, où il prétendait avoir forcé les Français à se rembarquer, en les chargeant à la baïonnette. Cette forfanterie ne lui fit aucun tort dans l'esprit vaniteux de ses compatriotes. Au milieu des commotions sans fin qui se succédèrent avec une affligeante rapidité au Mexique, il regagna la présidence en 1839, la reperdit bientôt après contre Bustamente, puis l'emporta de nouveau, en 1841, contre ce dernier, auquel il ne resta cette fois que le parti de la fuite à bord d'un vaisseau français, qui le transporta à Cuba. Santa-Anna n'épargna point les proclamations, et sut rejeter sur son prédécesseur toutes les calamités qui avaient, depuis quelques années, frappé le pays. La guerre fut reprise contre le Texas, en 1842; mais, dans l'état d'épuisement auquel était réduit le Mexique, toute cette animosité bruyante n'aboutit qu'à des menaces et des démonstrations; elle fut de même impuissante à réduire le Yucatan (*voy.*), qui, dans le sud, s'était aussi érigé en république indépendante. Plus récemment, Santa-Anna, par des mesures tyranniques et vexatoires, dirigées contre tous les étrangers, a encore excité le mécontentement des grandes puissances maritimes, dont elles blessent les intérêts commerciaux d'une manière très sensible. Une rupture des États-Unis et de l'Angleterre avec le Mexique a même failli s'ensuivre. Il paraît avoir été porté à ces décrets impolitiques et téméraires au dernier point par l'état désespérant des finances du Mexique, ainsi que par le désir de fortifier son pouvoir par un accroissement de popularité, en flattant les préjugés nationaux et les passions aveugles de la multitude, et en créant, au dehors, à sa patrie des embarras qui relèvent l'importance de l'armée dont il est le chef. Des motifs semblables lui ont probablement aussi inspiré, vers la fin de l'année 1843, le renouvellement d'une comédie qui lui est devenue familière. Feignant une grande lassitude du gouvernement, au point de donner sa démission de la présidence, on l'a vu se retirer dans une de ses terres, près de la Vera-Cruz; mais il ne s'en est pas moins fait réélire par ses partisans, en janvier 1844, et a dû reprendre les fonctions de chef de l'état, au commencement de février dernier. CH. V.

SANTA-FÉ DE BOGOTA, capitale de la Nouvelle-Grenade, et anciennement de la Colombie (*voy.*), ville de 40,000 âmes, siége d'un archevêque et d'une université.

SANTANDER (FRANÇOIS DE PAULE), ancien président de la république de la Nouvelle-Grenade (1832), et un des libérateurs de l'Amérique du sud. Le général Santander, né à Rosario de Cucuta (N.-Grenade), le 2 avril 1782, avait, dès 1809, embrassé la cause de l'indépendance, et avait mérité d'être nommé, en 1821, vice-président de la république de Colombie. *Voy.* BOLIVAR.

SANTÉ, *voy.* VIE, FONCTIONS, HYGIÈNE, etc. Pour le *service de santé*, *voy.* MÉDECIN, OFFICIER DE SANTÉ, HÔPITAUX, LAZARET, AMBULANCES.

SANTERRE (ANTOINE-JOSEPH), brasseur du faubourg Saint-Antoine, naquit, en 1752, à Paris, où son père, riche brasseur de Cambrai, était venu s'établir. Une probité sévère, l'emploi d'un grand nombre d'ouvriers, sa fortune et sa générosité avaient acquis une certaine popularité et beaucoup d'influence à Santerre. Nommé chef de bataillon dans la garde nationale parisienne, en 1789, il contribua puissamment à la prise de la Bastille(*voy.*). Il se trouva encore mêlé aux émeutes du Champ-de-Mars, du 20 juin et du 10 août. Depuis le mois de mai, il était un des commandants généraux de la garde nationale de Paris. Santerre fut chargé de conduire Louis XVI à la prison du Temple, et il eut aussi le triste honneur de commander la force armée le jour de son exécution. Commandant de la place de Paris pendant les massacres de septembre, il avait réussi à sauver plusieurs prisonniers. Pour acquérir quelque réputation militaire qui justifiât le titre de général de division qu'il avait reçu, il accepta un emploi à l'armée de la Vendée; mais, battu à Coron, près de Chollet, il fut arrêté à son retour, et ne dut son salut qu'au 9 thermidor. Bonaparte, lui supposant encore quelque influence sur son faubourg, crut devoir le gagner après le 18 brumaire; il y réussit sans peine. Quoique la fortune de Santerre eût con-

sidérablement diminué, il était encore propriétaire de la Rotonde du Temple et du château d'Ève, sous Dammartin, lorsque des intrigants lui persuadèrent de se mettre à la tête d'une association qui le ruina. Il mourut à Paris, le 6 février 1809. Z.

SANTEUL (JEAN DE), né à Paris, le 12 mai 1630, s'est rendu célèbre par ses poésies latines, et a voué à la langue de Virgile et d'Horace un amour qui ne s'est éteint qu'avec sa vie. Après avoir achevé ses études au collége de Clermont, il prit l'habit religieux et entra à l'abbaye de Saint-Victor. Ses premières compositions latines furent des hymnes qu'il fit pour les églises. En même temps, il soutenait une dispute contre son frère Claude de Santeul, Pélisson et Bossuet, en faveur de la poésie profane. Converti peu après par Bossuet, son adversaire, il entreprit une nouvelle lutte contre Desmarets et Charpentier, au sujet des inscriptions à composer pour les monuments dont Louis XIV embellissait Paris. Santeul voulait, contre l'opinion de ses antagonistes, qu'elles fussent rédigées en latin, et il l'emporta. On admire encore une foule de distiques qu'il fit alors sur l'ordre du roi. Il eut une autre querelle avec les jésuites, à l'occasion d'une épitaphe qu'il composa pour Arnauld (*voy.*), à la prière des dames de Port-Royal; il se vit forcé de rétracter les louanges qu'il avait adressées à cet ennemi de la société de Jésus, et dès ce moment, il vécut en bonne intelligence avec elle. S'il faut en croire La Bruyère, Santeul poussa souvent l'originalité jusqu'à l'extravagance, et plusieurs de ses contemporains ont pensé que son esprit était parfois dérangé. Quoi qu'il en soit, il se reconnut toujours indigne d'entrer dans les ordres, et se contenta de vivre jusqu'à la fin dans la société des religieux de Saint-Victor. Le prince de Condé l'ayant emmené aux États de Bourgogne, qu'il allait présider, il mourut presque subitement à Dijon, le 5 août 1697.—Son frère, CLAUDE de Santeul, né le 27 avril 1629, mort le 30 déc. 1684, composa, comme lui, un grand nombre d'hymnes latines pour les églises. D. A. D.

SANTIAGO ou COMPOSTELLA (*Campus Stellæ*, en français *Saint-Jacques de*

Compostelle), chef-lieu de la province de ce nom et ancienne capitale de la Galice. Cette ville épiscopale possède une vaste cathédrale, où reposent, selon la tradition, les restes mortels de S. Jacques-le-Mineur, lesquels y attirent de tous les points de l'Espagne de nombreux pèlerins. Son université, fondée en 1532, est une des plus fréquentées de l'Espagne. Santiago fait un commerce important en toile, bas de soie, vin, fruits, chapelets et images bénites. Sa population est d'environ 28,000 âmes. Les Maures saccagèrent Santiago en 997; Charles-Quint y assembla des cortès en 1520; et les Français l'occupèrent de 1809 à 1814. **E. H-G.**

SANTIAGO, capitale de la république du Chili (*voy.*), ville de 60 à 70,000 hab., siége d'un archevêché et d'une université.

SANTIAGO DE CUBA, dans l'île de ce nom, un des plus beaux ports de l'Amérique. *Voy.* CUBA.

SANTORIN (*Thera*), *voy.* CYCLADES et GRÈCE (T. XIII, p. 12).

SANZIO (RAPHAEL), le plus grand des peintres modernes, naquit en 1483, à Urbin, capitale du petit duché d'Urbin, qui fut réuni plus tard aux états du pape. Son père, peintre assez médiocre *, lui enseigna les premiers éléments de son art; mais reconnaissant bientôt que les progrès rapides de l'enfant exigeaient une direction plus habile, il l'envoya à Pérouse, chez Pierre Vannucci, plus connu sous le nom de Pérugin (*voy.*). Le jeune Raphaël travailla chez son nouveau maître en qualité d'apprenti, selon l'usage du temps, et s'appliqua à imiter la manière du Pérugin, de telle sorte que l'élève faisait souvent une bonne partie des tableaux de son maître. A peine échappé de l'école, il peignit pour l'église de Saint-François, à Città di Castello, le *S. Nicolas de Tolentino*, et bientôt le *mariage de la Vierge* (*Sposalizio*), chef-d'œuvre

(*) Peut-être l'a-t-on jugé d'après sa modestie plutôt que suivant sa valeur réelle. Un tableau de JEAN Sanzio, qui faisait partie de la galerie de Solli et aujourd'hui conservé au Musée de Berlin, fait voir que son talent était moins médiocre qu'on ne le suppose ordinairement. Dans ce tableau, le peintre a introduit son jeune fils, Raphaël, alors âgé d'environ 5 ans. **S.**

de naïveté, qui commença sa réputation. Vers l'an 1503, il avait à peine vingt ans, lorsque un de ses condisciples plus âgé que lui, Pinturicchio, l'engagea à venir l'aider à décorer la sacristie de la cathédrale de Sienne, où le cardinal Piccolomini voulait faire représenter les principaux traits de la vie de son oncle, le pape Pie II. Raphaël composa en effet une bonne partie des dix tableaux de la sacristie de Sienne, il y exécuta des figures entières et beaucoup de détails: aussi imprima-t-il aux médiocres compositions de son ami un caractère plus grave et plus profond. Dans tous ces premiers ouvrages de Raphaël, on retrouve ce qu'on a appelé sa première manière, c'est-à-dire l'imitation du style de Pérugin avec son dessin correct, mais un peu maigre et sec. Toutefois, les ouvrages du jeune peintre se distinguaient déjà de ceux du maître par plus de pureté, par une grâce nouvelle et par la tendance à l'idéal.

C'est pendant son séjour assez long à Sienne, que les bruyants éloges donnés aux célèbres cartons dessinés par Léonard de Vinci et Michel-Ange à Florence attirèrent Raphaël dans cette ville. On s'accorde à penser que c'est à dater de l'époque où il vit ces productions des deux plus grands maîtres du temps, qu'il ouvrit les yeux sur la manière restreinte et presque mécanique de Pérugin, et qu'il sentit le besoin d'agrandir la sienne. Cette révolution qui se fit dans son style se révéla un peu plus tard dans les travaux dont il fut chargé au Vatican. Son séjour à Florence fut marqué par quelques ouvrages, entre autres la *Vierge au chardonneret*, ainsi nommée d'après l'oiseau que le petit saint Jean présente à l'enfant Jésus. Ce tableau, exécuté pour Lorenzo Nasi, a été conservé depuis dans la galerie de Florence. Vasari dit avec sagacité qu'il tient à la fois de la première et de la seconde manière de Raphaël; en effet, la composition et le charme attaché à chaque figure attestent déjà un notable progrès; mais le paysage est tout-à-fait semblable à ceux qu'on trouve dans ses premiers tableaux. Au reste, Raphaël ne fut jamais supérieur dans cette partie, qu'il ne regardait que comme accessoire. On cite encore parmi les ouvrages de cette époque *le Christ porté au tombeau*, qui se trouve maintenant à Rome dans la galerie Borghèse : il y règne un peu de sécheresse, mais le grandiose perce, et l'expression des sentiments y est admirablement rendue. La Vierge dite la *Belle Jardinière*, que possède le Musée de Paris, peut être regardée comme le type le plus élevé de ce premier style, à la fois pur, correct, et attachant par une singulière expression de naïveté. Il avait d'ailleurs mis à profit son séjour à Florence, en étudiant les beaux modèles de sculpture antique recueillis à grands frais par les Médicis, et les peintures exécutées dans la chapelle *del Carmine*, par Masaccio, qui avait eu le mérite d'imiter la nature avec une précision et une finesse de détails dont personne n'avait approché avant lui. Là aussi il connut Fra Bartolomeo di San-Marco, dont les exemples ne lui furent pas inutiles pour les procédés du coloris et l'art de draper, et auquel il enseigna en retour les règles de la perspective.

La réputation que lui valurent ces travaux dut contribuer au choix que Jules II fit de lui pour décorer les murs du Vatican, lorsque vers 1508, le Bramante, son parent, l'appela à Rome et le présenta au pape, dont il était l'architecte, et qui l'avait chargé de reconstruire l'église de Saint-Pierre. Ici, s'ouvre une nouvelle carrière pour Raphaël, qui n'avait encore que 25 ans. Les fresques peintes par lui dans les chambres du Vatican sont un de ses plus beaux titres de gloire. Il est donc à propos de s'arrêter un peu à observer la transformation que subit alors son talent, et les immenses ressources de génie qu'il déploya, soit dans la conception, soit dans l'exécution de ces chefs-d'œuvre.

Parmi ces chambres du Vatican peintes par Raphaël, les murs de la première, dite *alla Segnatura*, sont couverts par quatre grandes compositions relatives aux quatre sciences qui forment l'ensemble des connaissances divines et humaines, savoir : la Théologie, la Philosophie, la Poésie et la Justice. D'un côté est représentée la Dispute du Saint-Sacrement ; sur l'autre en face, l'École d'Athènes ; sur un troisième côté, le Mont Parnasse ; et vis-à-vis, en pendant, la Jurisprudence, qu'accom-

pagnent à droite et à gauche l'empereur Justinien donnant le digeste à Tribonien, et Grégoire IX remettant les décrétales à un avocat consistorial. Sur les compartiments de la voûte, sont figurées les quatre sciences nommées plus haut, et quatre peintures en grisaille qui rappellent les sujets principaux, tels que Adam et Ève tentés par le serpent, une Femme observant la terre, Marsyas écorché par Apollon, et le Jugement de Salomon. Sur ce premier aperçu, on est déjà frappé de la grande variété de connaissances que suppose le plan de cette vaste composition. On a peine à s'expliquer comment, âgé au plus de 25 ans, après avoir employé tout son temps à faire des tableaux de sainteté sur le patron fourni par son maître, il aurait trouvé le moyen d'acquérir toute l'érudition nécessaire pour caractériser si clairement la grande question théologique qui fait le sujet de la *Dispute*, les différentes sectes philosophiques de l'antiquité réunies dans l'*École d'Athènes*, et le concert des plus grands poëtes anciens et modernes réunis sur le *Parnasse*. Mais on sait qu'outre les secours qu'il trouva dans son oncle l'architecte Bramante, pour le tracé de l'architecture et de la perspective, les lettrés les plus fameux de ce temps, les Bembo, les Castiglione s'empressèrent de guider le jeune artiste dans la combinaison générale de ses sujets ; on sait même qu'il consulta particulièrement l'Arioste sur la manière dont il devait caractériser les grands personnages qu'il voulait mettre en scène. Mais ce qu'il faut reconnaitre avant tout, c'est que Raphaël était organisé par la nature pour être l'artiste par excellence ; c'est qu'il était doué de l'instinct sublime réservé au génie, et que le génie a le don de deviner. Là est le secret de la précision, de la finesse, de l'étonnante profondeur avec lesquelles cet artiste, ignorant et si jeune encore, a saisi dans ses premières fresques le sens des sujets qui lui ont été donnés, ainsi que le caractère de chacun des personnages historiques, dont, selon toute apparence, il n'avait pu se former une idée que dans la conversation des savants.

La *Théologie*, ou la *Dispute du Saint-Sacrement*, est un tableau symbolique partagé en deux moitiés : la partie supérieure représente le ciel ; on y voit Dieu le père, entouré d'un cercle de séraphins ; au-dessous, se déploie un autre cercle où préside Jésus-Christ, avec la Vierge et saint Jean-Baptiste, puis saint Pierre et saint Paul, avec le cortége des patriarches, des martyrs et des saints. Le Saint-Esprit plane au-dessous de Jésus-Christ, sous la forme d'une colombe. La partie terrestre représente un autel, portant un soleil d'or, au milieu duquel est maintenue l'hostie sainte. Autour de l'autel sont assis les quatre docteurs de l'Église latine, à droite saint Augustin et saint Ambroise, à gauche saint Grégoire et saint Jérôme : derrière eux sont debout d'autres docteurs et des théologiens, qui prennent part au miracle de la transsubstantiation. Parmi les assistants, le peintre reproduit les traits de Bramante, de Savonarola, de Scott et du Dante. Tous ceux qui ont vu cette grande page parlent avec admiration de la beauté ravissante dont l'exécution est empreinte. La naïveté, la grâce et la force s'y trouvent unies dans de si heureuses proportions, que toute idée de difficulté et de travail s'évanouit à la vue de ces belles têtes, les unes jeunes, les autres âgées, mais toutes pleines de candeur. On a lieu de conjecturer que ce tableau est le premier qu'il fit en arrivant à Rome; on y reconnaît encore les traces de la manière que lui avait transmise le Pérugin son maître, et qu'il n'a plus reproduite ailleurs.

Dans l'*École d'Athènes*, l'artiste, voulant représenter la philosophie antique sous toutes ses faces, a réuni dans un immense édifice tous les chefs de sectes célèbres. Sur le devant du tableau, à gauche, est Pythagore, entouré de ses disciples, Empédocle, Archytas et Épicharme: il écrit sur les proportions harmoniques, base de sa philosophie. A droite du tableau est un groupe de mathématiciens, auxquels Archimède fait une démonstration de géométrie. Près delà est Zoroastre, et derrière est le portrait de Raphaël et de son maître Pérugin. La tradition rapporte aussi que le Bramante est représenté sous la figure d'Archimède. Audelà de ce premier plan est un escalier, sur les marches duquel est couché Diogène, isolé, et ne prenant part à aucune des scènes qui l'entourent ; son mouvement, ses traits et son expression, tout dans sa personne est bizarre et hardi, comme ce que l'on connaît des opinions de ce philosophe. Au haut des degrés et au centre de la composition apparaissent deux figures vénérables : c'est Platon et Aristote qui, environnés d'auditeurs, se partagent l'empire de la philosophie. Un peu vers la gauche est un groupe où l'on distingue Alcibiade; Socrate, au milieu de ce petit auditoire, a l'air de s'entretenir familièrement et de proposer ses pensées avec modestie. L'architecture du gymnase, où sont rassemblés tous ces philosophes, a été composée et tracée par le Bramante, qui saisit l'occasion de donner au pape un avant-goût de l'effet que produirait l'intérieur de la nouvelle basilique de Saint-Pierre, dont l'exécution lui était confiée ; il en fit donc le dessin en perspective pour orner le tableau de Raphaël, et il nous a conservé ainsi la première idée de cette basilique. Mais ce qui frappe surtout ici dans l'œuvre du peintre, c'est l'art d'idéaliser des personnages dont on n'a point de portraits; c'est la manière heureuse de les caractériser par l'attitude, par la physionomie, par la place qu'ils occupent. S'il est vrai que la *Dispute du Saint-Sacrement* soit encore une production de l'adolescence de Raphaël, on peut dire que l'*École d'Athènes* marque le commencement de sa virilité.

Le troisième tableau représente le *Parnasse* : Apollon, les neuf Muses, les grands poëtes grecs et latins garnissent les sommités du mont, et, au milieu des grands écrivains de l'antiquité, le peintre a placé le Dante, Pétrarque, Boccace, Sannazar, et quelques autres poëtes de son temps. Dans le quatrième, ou la *Jurisprudence*, il montre Grégoire IX sous les traits du pape Jules II, accompagné de deux cardinaux, dont l'un était Médicis, qui fut depuis Léon X.

Une révolution remarquable paraît s'être opérée dans l'esprit de Raphaël pendant l'intervalle qui sépare l'exécution de la chambre *alla Segnatura* et les travaux qui remplissent la chambre suivante. Il importe de déterminer nettement les symptômes et les causes de cette révolution. D'abord, elle coïncide à peu près avec la mort de Jules II et l'avénement de Léon X (1513). Or, le pontificat de Léon X, avec sa passion pour l'antiquité et les progrès croissants du luxe, est presque un retour vers les idées païennes. Grâce à l'étude, devenue populaire, des monuments antiques et à la connaissance plus généralement répandue des auteurs anciens, l'art cesse d'être essentiellement catholique. C'est alors que le succès de l'Arioste sème un certain scepticisme en matière de goût ; sa fine plaisanterie mine tout doucement la théologie poétique du Dante et de Pétrarque, et y substitue une liberté d'esprit qui permet à chacun d'aborder tous les sujets et de les traiter selon son caprice. C'est alors aussi que le cardinal Bembo s'abstenait scrupuleusement de lire son bréviaire, de peur de gâter sa belle latinité cicéronienne. En même temps, Raphaël avait sous les yeux les exemples de Michel-Ange, qui, tout sincèrement dévoué qu'il était au système théologique du Dante, ne s'en montrait pas moins admirateur passionné de l'art païen, et transportait dans ses tableaux le nu de la sculpture grecque. Pendant que Michel-Ange travaillait à la voûte de la chapelle Sixtine, presque contiguë aux loges du Vatican, on accusa Raphaël d'avoir profité de l'autorité de son oncle pour pénétrer dans la chapelle, et étudier le style de son rival avant l'exposition publique. Au reste, la gloire de Raphaël ne consiste pas à n'avoir point étudié, mais à avoir réussi. Quoi qu'il en soit, de toutes ces circonstances réunies il résulte que la peinture se sécularise à son tour. Elles durent agir inévitablement sur l'esprit du jeune Raphaël, et agrandir le cercle de ses idées. Jusque-là, dans tous ses tableaux, il avait traité des sujets purement religieux ; mais en passant de la chambre *della Segnatura* à celle qu'il peignit ensuite, on commence à apercevoir une transformation notable. Ce qui frappe d'abord, c'est quelque chose de plus viril dans l'exécution ; la dimension des figures est plus grande, les formes en sont plus fortement caractérisées, les effets de lumière et d'ombre exprimés avec plus de hardiesse. On ne retrouve plus l'unité

dans les quatre sujets traités ici par l'artiste : ainsi, sur l'une des grandes travées, on voit *Héliodore chassé du temple de Jérusalem à la prière du grand-prêtre Onias* ; en face est *Attila venant pour saccager Rome et arrêté dans sa marche par le pape Léon-le-Grand* ; à l'une des extrémités de la chambre est représenté le *Miracle de Bolsène* ; et en face, la *Délivrance de saint Pierre.* Ces quatre tableaux n'ont guère de rapports entre eux que par la nature des personnages, qui appartiennent à l'histoire sacrée ou à celle des papes. Mais au lieu de la fidélité historique dans la manière de les traiter, on y trouve des complaisances d'imagination qui révèlent l'action de l'époque sur les idées de Raphaël. Les habitudes de cour se manifestent, par exemple, lorsque dans le châtiment d'Héliodore, le peintre représente le grand-prêtre Onias sous les traits de Jules II, et lorsque Léon X est substitué à Léon-le-Grand dans la retraite d'Attila. Parmi les dessins que possède le musée de Paris, il y en a un de Raphaël où le sujet d'Attila est tout autrement composé que dans la fresque du Vatican. Les soldats d'Attila garnissent presque toute la partie antérieure du tableau ; les apôtres saint Pierre et saint Paul occupent un plus grand espace, et ce n'est que dans un lointain vague qu'on aperçoit le pape saint Léon sortant de Rome, pour assister au miracle opéré par les deux apôtres.

Depuis 1514, année où fut terminée la chambre d'Héliodore, jusqu'en 1520, où Raphaël mourut, ce grand artiste peignit, outre les autres chambres du Vatican, les *sibylles* de l'église de la Paix, ouvrage où il a joint tout le grandiose de Michel-Ange à cette grâce qui lui est particulière. Un noble Siennois, Augustin Chigi, qui avait fait faire ces sibylles à Raphaël, le chargea encore de décorer un palais qu'il venait de faire bâtir à Rome, sur les bords du Tibre. Le jeune peintre, dont l'imagination avait été frappée par la découverte d'un grand nombre de statues et de peintures antiques trouvées dans les bains de Titus, saisit cette occasion pour donner à son talent, inspiré par ces modèles, un aspect tout nouveau. Ce fut alors qu'il exécuta l'*His-*

toire de Psyché, qu'on voit dans le palais Chigi, aujourd'hui la Farnesina. C'est encore dans ce palais que se trouve la *Galatée*, ouvrage dont la délicatesse demande un œil exercé pour être sentie.

Pendant que Raphaël traitait avec tant de bonheur des sujets mythologiques, il achevait ces tableaux de Madones qui firent distinguer ses Vierges de celles que jusque-là on avait toujours rapportées à un type traditionnel. Il est certain que dans ces créations innombrables, qu'il sema avec l'abondance du génie, il sortit du cercle tracé par la poétique chrétienne du Dante : toutefois, guidé sans cesse par un goût sûr, il ne se laissa jamais égarer à la recherche d'une expression exagérée, écueil ordinaire du peintre des passions. Ce qui le préserva de ces excès, ce fut le culte de l'idéal : c'est par là que ses têtes de Vierges ,quelque variés qu'en aient été les types, conservent toujours l'empreinte religieuse. C'est à elles surtout que s'applique ce mot qui nous a été transmis dans une de ses lettres, et qui donne le secret de sa théorie : « Il est vrai que je cherche le beau; mais comme il n'y a rien de si rare que les bons juges et les belles femmes, je me sers d'une certaine idée qui me vient dans l'esprit. »

Dans cette foule de chefs-d'œuvre si variés avec des données si simples, nous ne pouvons que mentionner ici quelques-uns des plus célèbres : telle est, parmi les tableaux que nous possédons à Paris, la Madone *alla seggiola*, si belle par la pureté céleste de la Vierge et par ces yeux d'enfant qu'il fut donné au seul Raphaël d'exprimer; telle est la *Vierge au poisson*, qui appartient à la couronne d'Espagne, et que nous avons vu restaurer à Paris, ouvrage où il reproduit la manière naïve de son adolescence, unie à l'expérience d'un peintre consommé dans son art; et la sublime *Sainte Cécile*, peinte d'après la *Fornarina* : surprise par les célestes concerts, elle a laissé tomber avec tant d'abandon l'orgue qu'elle tenait que deux tuyaux s'en sont détachés; et la Vierge de *Foligno ;* et l'incomparable Madone *di san Sisto*, dont l'original est dans la galerie de Dresde : que dire de son regard calme et céleste, de son attitude simple et majestueuse?

elle pose sur les nuages avec un sentiment de sécurité inaltérable; la divinité rayonne à travers ces traits si purs; l'enfant Jésus qu'elle tient entre ses bras est lui-même animé d'une vie surhumaine : c'est le prodige de l'art d'avoir fait passer tant de puissance dans les yeux d'un enfant. Jamais le sentiment de la divinité ne s'est empreint avec tant de profondeur dans une œuvre mortelle. Là est le triomphe de l'idéal ; c'est là vraiment que l'invisible se révèle dans le visible.

On sait fort peu de chose de la vie privée de Raphaël, à part ce qui concerne ses ouvrages. Doué d'une âme tendre, il paraît qu'il était fort enclin à l'amour ; on dit même que cette passion, qui occupa une grande place dans sa vie, fut la cause de sa mort prématurée. Parmi le petit nombre d'anecdotes qui peuvent jeter quelque jour sur son caractère, on cite celle-ci. Dans le temps où il peignait les noces de Psyché, dans le palais Chigi, ce seigneur, ami de Raphaël, s'aperçut que le peintre ralentissait son travail par des absences très fréquentes. Enfin, il apprit que la fameuse Fornarina était la cause de ces absences ; il prit alors le parti d'établir cette femme dans son palais avec Raphaël, qui, de ce moment, ne cessa plus de continuer ses fresques avec ardeur. Il est probable que son amour pour la Fornarina fut une des causes de l'éloignement qu'il paraît avoir eu pour le mariage. On ajoute aussi que Léon X lui avait donné l'espoir de le faire cardinal. Cependant, il est à peu près certain que le cardinal Bibbiena était parvenu à le faire consentir à épouser sa nièce, Marie Bibbiena, et déjà les fiançailles étaient faites, lorsque Raphaël mourut, en 1520, un peu avant le jour fixé pour le mariage. On lui rendit des honneurs extraordinaires; le pape et tous les cardinaux se rendirent en procession à ses funérailles. On avait exposé publiquement le tableau de la *Transfiguration*, qu'il venait d'achever, et qu'on a regardé longtemps comme son chef-d'œuvre. Bien des connaisseurs préfèrent aujourd'hui plusieurs de ses ouvrages, par exemple les sept cartons où il a représenté quelques traits de la vie des apôtres, et qui sont maintenant au château d'Hamptoncourt, en Angleterre. La cathédrale de Meaux conserve des copies assez curieuses de ces dessins. Quoi qu'il en soit, la *Transfiguration* est restée comme le type de sa troisième manière, remarquable moins encore par le charme des formes, par l'élévation des sentiments et des idées, qui distinguent ses premières productions, que par l'harmonie et l'égal emploi des qualités diverses qui forment le grand peintre.[*] A-D.

SAÔNE (*Arar*, c'est-à-dire la lente), le principal affluent du Rhône (*voy.*), et l'une des rivières les plus considérables de la France, où elle donne son nom à deux départements (*voy.* les art. suiv.). Le cours de la Saône est presque aussi long que celui du Rhône en France; car en arrivant à son confluent avec ce fleuve, à Lyon, confluent qui, par sa nature particulière, n'est pas, comme on sait, sans danger pour cette grande ville, elle a parcouru un espace de 436 kilom., dont 144 flottables et 268 navigables. Elle a sa source dans les monts Faucilles, dép. des Vosges, un peu à l'est de la source de la Meuse. Renforcée du Coney, après son entrée dans la Haute-Saône, elle traverse en faisant mille détours, de l'est au sud-ouest, ce dép., où elle arrose Gray, et celui de la Côte-d'Or, donnant le mouvement à un grand nombre de moulins, de forges, de soufflets, etc. Puis, en entrant dans le dép. de Saône-et-Loire, elle reçoit le Doubs et se dirige au sud de Châlons-sur-Saône à Mâcon, puis le long de la lisière orientale du dép. du Rhône jusqu'à Lyon. Le principal affluent de la Saône est le Doubs (*voy.* T. VIII, p. 465) : leur réunion a lieu à Verdun.

Les eaux de la Saône font partie du système du canal du Centre (*voy.* CHAROLLAIS) et de celui du canal du Rhône au Rhin.   S.

SAÔNE (DÉPARTEMENT DE LA HAUTE-), borné à l'est par celui du Haut-Rhin, au sud-est par celui du Doubs, à l'ouest par les dép. de la Côte-d'Or et de la Haute-Marne, et au nord par celui des

Vosges, est traversé dans sa partie méridionale par la Saône qui passe à Vesoul et Gray, et reçoit le Drugeon, l'Ognon et d'autres rivières du dép. La Saône, le Coney et en partie la Lanterne sont navigables. Des montagnes, dont la plus haute appelée le ballon de Lure ne dépasse pas 1,300^m, et dont la seconde appelée ballon de Servance en a 1,203, couvrent une grande partie du sol. Un chaînon partage les eaux qui se rendent, les unes dans la Saône, les autres à l'Ognon : on y distingue le mont Jarrot et la montagne de Noroy. Au nord-est, ce sont des montagnes de grès ou de pierres calcaires et marneuses, dont les crêtes sont en général arrondies et désignées, comme dans les Vosges, sous le nom de *ballons*. Il paraît exister dans les roches calcaires du sol de grandes cavités où les eaux s'amassent et d'où elles sortent quelquefois avec une abondance extrême, comme au gouffre de Frais-Puits, et au Puits-de-Corboux. D'autres sources très copieuses en tous temps font tourner des moulins et marcher des usines auprès de leur origine. Il y a des sources d'eaux salées à Saulnot et à Scey-sur-Saône, et l'on connaît l'existence d'un banc de sel gemme à Gouhenans. Luxeuil (*voy.*) est renommée pour ses sources d'eaux thermales et pour son établissement de bains. De vastes grottes ornées de stalactites s'enfoncent dans les roches calcaires, surtout à Échenoz, Fouvent, Quincey, Chaux et Frétigny. Dans d'autres localités, on trouve des roches de granit, de porphyre, de marbre; on extrait encore du sol de la houille, de bonnes pierres de taille et de la tourbe; les mines donnent beaucoup de fer qu'on apprête dans une cinquantaine d'usines, du plomb et du cuivre, et même un peu d'or et d'argent.

Ce dép., d'une superficie de 530,990 hect., ou près de 969 lieues carrées, dont 256,103 hect. de terres labourables, 68,319 de bois, 58,983 de prés et 11,769 de vignes, a de très bonnes prairies; on y cultive, outre les céréales, du chanvre et des fruits, et l'on exporte beaucoup de bois et des vins, parmi lesquels ceux de Chariez, Navenne, Quincy sont de bonne qualité. Dans les montagnes, on fait beaucoup de beurre et de

(*) On peut consulter sur Raphaël les ouvrages de Vasari, Lanzi, Fiorillo, D'Argenville, de Piles, Mengs, etc.; Quatremère de Quincy, *Histoire de la vie et des ouvrages de Raphaël* (Paris, 1824; 3e éd., 1835, in-8°); Landon, *OEuvre complet de Raphaël*, précédé d'une notice (Paris, 1800-11, 8 vol. in-4°).

fromages, et on recueille environ 1,300 quintaux métriques de laine. L'industrie manufacturière ne se borne pas aux usines de fer, dont les produits sont évalués à 14 millions de fr.; la papeterie, la tannerie, la distillerie d'eau de cerises, et quelques autres branches, ajoutent aux ressources de ce dép., qui faisait partie de la Franche-Comté (*voy.* l'art.).

Le dép. est divisé aujourd'hui dans les trois arrondissements de Vesoul, Gray et Lure, qui comprennent 28 cantons et 581 communes, ayant ensemble, en 1841, une population de 347,627 âmes. En 1836, elle était de 343,298 individus, présentant le mouvement suivant : naissances, 10,034 (5,188 masc., 4,846 fém.), dont 803 illégitimes; décès, 7,088 (3,533 masc., 3,555 fém.); mariages, 2,678. Ses quatre colléges électoraux s'assemblent à Vesoul, Jussey, Lure et Gray : au 9 juillet 1842, ils réunissaient 1,172 électeurs. Le dép. paie 1,483,861 fr. d'impôt foncier. Il est du ressort de la cour royale et de l'académie universitaire de Besançon, où est aussi le quartier-général de la 6ᵉ division militaire dont il fait partie, ainsi que l'archevêché auquel il appartient.

Vesoul, le chef-lieu, sur le Drugeon et au bas d'une montagne appelée La Motte, est une ville bien bâtie et peuplée de 5,930 hab. Elle possède un hospice civil et militaire, une salle de spectacle, un palais de justice, une maison pénitentiaire et une bibliothèque publique; le vallon arrosé par le Drugeon est couvert de belles prairies. Il en est de même de celui dans lequel est située la petite ville de Jussey (2,785 hab.), au confluent de la Saône et de l'Amance; on y a trouvé des antiquités romaines. Port-sur-Saône (2,040 hab.) et Scey-sur-Saône (1,921 hab.) sont deux petites villes assez commerçantes, à cause des exportations qui se font sur la rivière auprès de laquelle elles sont situées. Mais la ville la plus importante sous le rapport industriel est celle de Gray, sur la même rivière, et bâtie sur la pente d'une colline : un seul établissement y renferme des moulins à farine, à scie, à huile, à tan et à foulon, et ses exportations de farine sont considérables; elle a une population de 6,686 hab.; on

remarque ses fontaines publiques, le pont et la caserne de cavalerie; autrefois elle était fortifiée comme la petite ville de Lure (3,054 hab.), sur l'Ognon, et comme d'autres villes du pays. On voit un beau château à Champlitte (3,067 hab.), sur le Salon. Héricourt, sur la Luzenne, dont la population (3,518 hab.) est en majorité protestante, est une ville très industrieuse; Fougerolles, ville de 5,591 hab., sur la rivière de Combauté, se distingue par ses distilleries d'eau de cerises. — *Voir* la *Statistique minéralogique et géologique* de ce département par Thirria, Besançon, 1833, in-8°, avec carte.   D-G.

SAÔNE-ET-LOIRE (DÉPARTEMENT DE), borné à l'est par ceux du Jura et de l'Ain, au sud par ceux du Rhône et de la Loire, à l'ouest par ceux de l'Allier et de la Nièvre, enfin au nord par le dép. de la Côte-d'Or, est traversé à l'est par la Saône qui reçoit la Dheune et la Grone, et à l'ouest par la Loire, qui reçoit l'Arroux. Le canal du centre (*voy.* CHAROLLAIS), partant de Châlons et aboutissant à Digoin, unit les deux rivières dont le dép. prend son nom. Une chaîne de montagnes se prolonge entre elles en formant deux vastes bassins qui ont de beaux pâturages le long des rivières, et des vignobles importants sur les coteaux. Un immense dépôt de houille, qui s'étend du nord-est au sud-ouest, occupe le fond du nord du dép. On exploite, en outre, des mines de fer, de plomb et de manganèse (à Romanèche), ainsi que des carrières de marbre, d'albâtre, de granit et de grès. Quelques localités fournissent en petite quantité des pierres fines, telles qu'émeraudes et hyacinthes. Le dép. a une superficie de 856,472 hect., ou un peu plus de 433 lieues carrées et demie, dont plus de la moitié, c'est-à-dire 456,323 hect. sont en terres labourables, 150,694 en bois, 126,655 en prés, et 37,936 en vignes : c'est surtout dans le Mâconnais, dans le Châlonais et dans l'Autunois que celles-ci donnent des vins estimés; le premier de ces pays fournit des vins rouges de Tonins et de Moulin-à-Vent, et le second les vins rouges de Mercurey et de Givri, et les vins blancs de Buxi; en général, les vins de ce dép.

prennent rang parmi les meilleurs de la Haute-Bourgogne. On cultive aussi beaucoup de grains, fruits et chanvre, et dans les pâturages on engraisse beaucoup de bestiaux pour l'exportation. Le dép. a un des plus grands établissements manufacturiers de France, celui du Creuzot (*voy.* FONDERIES, T. IX, p. 207) auprès du village de Montcenis, qui, établi sur un sol riche en fer et en houille que l'on transporte sur un canal souterrain, réunit une grande cristallerie, des forges, des hauts-fourneaux, une fonderie et une briqueterie. En outre, le dép. a une grande verrerie, celle de Lamotte, qui fournit au commerce des vins près d'un million de bouteilles par an, des papeteries, des tanneries, des fabriques d'horlogerie, de lainages, etc.

Ce dép., que les Romains avaient pourvu de grandes routes et embelli de monuments, faisait, au moyen-âge, partie de la Haute-Bourgogne; il est divisé maintenant dans les 5 arrondissements de Mâcon, Autun, Charolles, Châlons-sur-Saône et Louhans, qui comprennent 48 cantons, 593 communes, et une population de 551,543 âmes. En 1836, elle était de 538,507 âmes, dont voici le mouvement : naissances, 17,360 (9,001 masc., 8,359 fém.), parmi lesquelles 1,145 illégitimes; décès, 12,823 (6,600 masc., 6,223 fém.); mariages, 4,820. Le dép. paie 2,873,140 fr. d'impôt foncier. Au 9 juillet 1842, il avait 3,344 électeurs, répartis en sept colléges électoraux qui se réunissent à Mâcon, Cluny, deux à Châlons, Autun, Charolles, Louhans, pour nommer chacun un député. Le département forme le diocèse d'Autun, suffragant de celui de Lyon; il est du ressort de la cour royale et de l'académie universitaire de Dijon, et fait partie de la 18e division militaire, dont le quartier-général est dans la même ville.

Mâcon, chef-lieu du dép., sur la rive droite de la Saône, dans une contrée fertile et sur un coteau couvert de vignobles, est une ville de 11,293 hab., bâtie irrégulièrement, mais ayant des édifices remarquables, tels que l'ancienne cathédrale, l'hôtel-de-ville et l'ancien évêché, et des quais très beaux. A une lieue de cette ville, était la grande abbaye de Cluny (*voy.*), dans laquelle est établi maintenant un collége. Une autre abbaye existait dans la ville de Tournus sur la Saône. Autun (*voy.*), sur la pente d'une colline auprès de l'Arroux, était déjà, du temps des Éduens (*voy.*), principale peuplade gauloise du pays, une ville considérable, et le devint encore davantage sous les empereurs romains. Dans l'article que nous lui avons consacré, nous avons parlé de ses antiquités; on y remarque deux anciennes cathédrales dont aucune n'a été achevée. Sa population est de 10,350 hab. La ville la plus peuplée du dép. est Châlons, grâce à sa situation sur la Saône et à la tête du canal du centre, marquée par un obélisque de 20ᵐ de haut : elle compte 13,465 hab.; elle rémonte à une haute antiquité; au moyen-âge elle possédait un évêché; outre un beau quai, on y voit un pont remarquable, une ancienne cathédrale gothique, un hôpital et un hospice. La petite ville de Charolles (3,271 hab.), ancien chef-lieu du comté du Charolais (*voy.*), est située entre deux coteaux au confluent de l'Arconce et de la Semonce. Une autre petite ville, celle de Louhans (3,593 hab.), au confluent de la Seille et de la Salle, était le chef-lieu d'une baronnie de la Bourgogne; enfin Bourbon-Lancy, sur une colline auprès de la Loire, est renommée par ses eaux minérales, qui sont à la fois thermales, bitumineuses et un peu sulfureuses. — *Voir* la *Statistique géographique et historique* de ce département, par J. Hacquin, Châlons, 1833. D.G.

SAPAJOU, *voy.* SINGE.

SAPEURS. Dans l'art militaire, on entend par le mot *sape* toute opération qui se fait à l'aide du marteau, du pic, de la pioche et de la hache; et spécialement certains ouvrages employés dans l'attaque des places. Ainsi, la *sape volante* se compose d'un parapet élevé avec de simples gabions vides ou pleins, de chaque côté de la tranchée. La *sape ordinaire,* que l'on emploie lorsqu'on s'approche de la place, est formée de gabions remplis de la terre extraite de la tranchée, pour offrir plus de résistance. Lorsque certaines positions exigent deux parapets, la sape est *double.* On appelle *tête de sape* l'endroit où le sapeur n'est couvert que par le gabion qu'il pousse devant lui : c'est un poste d'honneur. *Voy.* GÉNIE, ATTAQUE et DÉFENSE DES PLACES, SIÉGE, TRANCHÉE, etc.

Autrefois, il n'y avait pas dans l'armée d'emploi particulier pour les hommes chargés des travaux de sape. Chaque compagnie était abondamment fournie de haches, de pelles, de pioches et d'autres outils dont elle se servait dans l'occasion, et à tour de rôle, pour creuser des fossés, abattre des bois, etc. L'institution des *sapeurs porte-haches* dans les régiments d'infanterie française ne date que du 7 avril 1806. Un décret impérial, du 18 février 1808, les fixe à 4 par bataillon, et charge un caporal de leur commandement. Ils comptent dans les compagnies de grenadiers, et sont choisis à la force et surtout à la taille. Leur costume ne diffère de celui du régiment que parce qu'ils portent le bonnet à poil, le tablier de peau blanche, la hache et le mousqueton en bandoulière. A la guerre, les sapeurs sont chargés de couper les haies, d'aplanir les fossés et de frayer le passage aux troupes. En temps de paix, ils font le service d'ordonnance auprès du colonel, du major et du quartier-maître, et dans toutes les prises d'armes ils marchent à la tête du régiment.

En France, des compagnies de sapeurs mineurs font partie des régiments du génie. Dans quelques pays étrangers, il y a des régiments, ou au moins des bataillons de sapeurs, portant l'uniforme de l'artillerie, comme le bataillon de sapeurs de la garde russe.　　　　D. A. D.

SAPEURS-POMPIERS, *voy.* POMPIERS.

SAPHIQUES (VERS), *voy.* SAPHO, et HENDÉCASYLLABES.

SAPHIR, pierre précieuse de couleur bleue, *voy.* CORINDON.

SAPHO (ou plutôt *Sappho*). Visconti, dans son *Iconographie grecque*, a constaté historiquement que deux femmes du nom de Sapho ont existé dans l'île de Lesbos, que l'une naquit à Mitylène et l'autre à Eresus. La première vint au monde 612 ans av. notre ère, suivant Suidas; les marbres d'Oxford placent dans l'année 596 son exil de Mitylène : elle

était donc bien jeune, lorsqu'elle fut obligée de fuir sa patrie, comme complice du poëte Alcée (*voy.*), pour avoir conspiré contre la tyrannie de Pittacus. Elle y rentra plus tard pour l'illustrer par une école de poésie et par ses vers immortels. C'est de cette Sapho mitylénienne qu'Hérodote (II, 135) et Strabon (XIII, p. 424) font un si magnifique éloge; c'est d'elle que nous avons, dans un mètre qui porte son nom (*voy.* HENDÉCASYLLABE), une ode pleine de la passion la plus vraie et la plus ardente, que nous a conservée Longin (*Du sublime*, X, 2), un hymne à Vénus, rapporté par Denys d'Halicarnasse (*De l'arrangement des mots*, 23), et des fragments recueillis dans la *Sylloge* de M. Boissonade, et plus complétement dans le *Museum criticum* de Cambridge (t. Ier, p. 1-31); c'est elle enfin que l'antiquité a nommée la 10e muse, et dont les Mityléniens nous ont transmis les traits en frappant leur monnaie à son image. L'autre Sapho, celle d'Eresus, était une courtisane, poëte aussi très probablement. Telle fut la renommée que lui acquirent sa beauté, ses talents sans doute, son désespoir des dédains de Phaon, et sa fin tragique au promontoire de Leucade (*voy.*), que les habitants de sa ville natale la jugèrent digne aussi des honneurs monétaires : une médaille antique et récemment découverte offre son image et son nom. Comme elle suivit en Sicile le Lesbien Phaon, et que l'exilée de Mitylène s'y était aussi retirée (*Marm. Oxon.*, XXIII, 51), comme elles étaient compatriotes, toutes deux célèbres et honorées, ces points de ressemblance ont été la cause de l'erreur d'Ovide (*Héroïd.*, V), de Fabricius, de Bayle, de Barthélemy, de tous ceux qui de ces deux Lesbiennes n'en ont fait qu'une, en accumulant sur la même personne les talents poétiques de l'une, les égarements, les infortunes et la mort de l'autre.　　　　F. D.

SAPIEHA (PRINCES), illustre famille lithuanienne, issue de Ghédimine (*voy.*) par Narimund, et qui, après avoir joué un grand rôle dans l'histoire de Pologne, figure aujourd'hui dans les rangs de la haute noblesse russe. On la divisait en deux lignes, celle *de Koden* et celle *de Sévérie*. Le membre le plus célèbre de cette famille est Léon Sapieha, né en 1557, mort en 1633, homme éloquent et ami de la justice, qui fut grand-chancelier et grand-général de Lithuanie, et à qui l'on dut la première publication du Statut lithuanien. Pendant ses études à Leipzig, il avait adopté le culte des protestants; mais il abjura ensuite, en 1581. Comme ambassadeur à Moscou au temps de l'apparition du Faux-Démétrius, il fit prolonger de 20 ans la paix avec la république; et comme grand-général, il eut à défendre la Lithuanie contre Gustave-Adolphe. X.

SAPIENCE, LIVRES SAPIENTIAUX (de *sapiens*, sage). Le premier de ces mots (*sapientia*, sagesse, savoir) est le titre que l'on conserve quelquefois au livre biblique (*voy.*) appelé autrement la *Sagesse de Salomon*, et que les Juifs regardaient comme non canonique. On nomme *sapientiaux* certains livres de l'Écriture sainte destinés à donner aux hommes des leçons de sagesse et de morale : tels sont encore les *Proverbes*, l'*Ecclésiaste*, le *Cantique des Cantiques*, et le livre de Jésus, fils de Sirach. *Voy.* BIBLE.

L'université de Rome porte aussi le nom de *Collége de la Sapience*, à raison de cette inscription qu'on lit sur l'édifice : *Initium sapientiæ timor Domini.* Z.

SAPIN (*abies*, Tourn.). Ce genre de la famille des conifères (*voy.*) ne se sépare essentiellement des pins (*voy.*) que par les feuilles, qui ne sont jamais réunies par faisceaux dans des gaines, et par les cônes, composés d'écailles coriaces mais non ligneuses, amincies au sommet et non épaisses, inadhérentes et non entregreffées.

Le *sapin épicéa* (*abies picea*, Mill.; *pinus abies*, L.; connu sous les noms vulgaires de *pesse*, *épicia*, *épicéa*, *sapin de Norwége*, *sapin rouge*, *sapin gentil*, *faux sapin*, *pinesse*, *serente*, etc.) forme l'une des principales essences forestières du nord de l'Europe, ainsi que sur les Alpes, les Karpathes et autres chaînes de l'Europe moyenne; on le rencontre en Laponie jusqu'au 69° de lat. Il atteint 120 à 180 pieds de haut, sur 3 à 6 pieds de diamètre. Son tronc est conique, effilé vers le sommet, à écorce roussâtre ou d'un gris ferrugineux, rugueuse ou crevassée,

très épaisse sur les vieux arbres ; le bois est tendre, élastique, d'un blanc jaunâtre rayé de rouge. Les branches, plus ou moins inclinées, forment une pyramide régulière et élancée. Les feuilles sont linéaires, tétragones, pointues, imbriquées, longues de 6 à 9 lignes; elles persistent pendant 5 à 6 ans. Les cônes sont solitaires, terminaux, pendants, cylindriques, un peu renflés vers le milieu, longs de 4 à 7 pouces, d'un brun roux à la maturité.

La pesse prospère surtout dans les terres sablonneuses ou pierreuses qui ne sont ni arides, ni trop humides. Dans les sols très frais et surchargés de terreau, sa croissance est plus rapide, mais sa durée beaucoup moins longue; dans un terrain trop aride, elle reste chétive et périt facilement à la suite d'une grande sécheresse. Dans les localités propices, la vie de ce sapin peut se prolonger au-delà de 2 siècles; mais en général le terme de sa croissance s'accomplit dans l'espace d'environ 140 ans; dans un sol humide et fertile, il peut acquérir 78 à 80 pieds de haut, sur 18 pouces de diamètre, en 40 ans, mais ensuite il ne tarde pas à dépérir. Les forêts de pesse bien tenues se repeuplent sans le secours de l'homme par les graines des vieux arbres. La pesse supporte la transplantation dans sa jeunesse, pourvu qu'on évite de mutiler ses racines; une fois coupée du pied, elle ne reproduit jamais de rejets. Elle peut être soumise à la taille : on la façonnait jadis, dans les jardins, comme l'if et le buis, en toutes sortes de forme; dans le nord on a coutume d'en faire des haies et des charmilles. On peut multiplier cette espèce de boutures et de greffes herbacées. Les graines perdent promptement leur faculté germinative; les pépiniéristes les sèment en terre de bruyère, à l'ombre, et ils en repiquent le jeune plant, au printemps suivant, dans une terre franche légère.

Ce sapin est l'un des arbres les plus précieux pour le nord de l'Europe. Son bois est d'un usage universel pour la charpente, la mâture, les constructions navales et batelières, la menuiserie, l'ébénisterie commune, la boissellerie, et quantité d'autres emplois. Dans plusieurs départements de l'est de la France, les habitations rustiques sont couvertes en bardeaux de bois de pesse. Comme combustible, la valeur de ce bois, comparativement à celui du hêtre, est estimée dans la proportion de 7 à 10. Du reste, sa qualité varie beaucoup suivant la nature du sol. On a soin d'écorcer les arbres dès qu'ils ont été abattus, car sans cette précaution le bois est attaqué promptement par les insectes, et détérioré par l'humidité. Long et très droit, le tronc de la pesse est précieux pour la mâture, la charpente et les échafaudages. Dans le nord, son écorce remplace celle du chêne pour le tannage; à défaut d'une nourriture plus substantielle, les couches internes de cette écorce, qui sont douceâtres et charnues, peuvent servir d'aliment; les rameaux, coupés au mois de mai, fournissent des liens plus durables et plus tenaces que les meilleurs osiers. Les Lapons font des cordages et des paniers avec les racines de la pesse. En laissant fermenter les jeunes pousses de l'arbre dans de l'eau, on en obtient une sorte de bière dont les habitants des régions arctiques font usage à titre d'antiscorbutique. Enfin, cette espèce fournit aussi de la poix, de l'essence de térébenthine, de la colophane et du noir de fumée. Tout le monde sait que le sapin est l'un des arbres verts le plus fréquemment cultivés dans les bosquets.

Le *sapin noir* (*abies nigra*, Mich.) abonde au Canada et dans le nord des États-Unis, où on le désigne par les noms d'*épinette noire*, ou *épinette à la bière*. C'est un arbre atteignant 70 à 80 pieds de haut, sur 15 à 20 pouces de diamètre; il diffère du sapin épicéa par ses branches étalées mais non inclinées, ainsi que par ses cônes courts (longs seulement de 8 à 15 lignes) et ellipsoïdes. Cette espèce est surtout remarquable parce qu'on fait, avec ses jeunes pousses, la bière appelée par les Anglais *spruce beer*, boisson éminemment antiscorbutique, que l'on emploie habituellement dans les navigations de long cours. Le bois du sapin noir est blanchâtre, élastique, léger, et, à ce qu'on assure, plus fort que celui de toutes les autres espèces du genre. Dans les chantiers de constructions navales de tous les ports des États-Unis, les vergues sont presque toujours faites en bois

de ce sapin, qui est importé du Maine; on l'exporte aussi, pour le même usage, aux Antilles et en Angleterre. Dans le nord des États-Unis, on l'emploie fréquemment à la charpente des maisons; on le débite en planches, qui sont exportées pour les Antilles et pour l'Angleterre.

Le *sapin rouge* (*abies rubra*, Mill.; *pinus rubra*, Lamb.) croît dans les mêmes contrées que le sapin noir, dont il paraît n'être qu'une variété à bois rougeâtre.

Le *sapin blanc d'Amérique* (*abies alba*, Mich.; *pinus alba*, Hort. Kew.) se distingue facilement à la couleur glauque ou blanchâtre de son feuillage; on le désigne aussi par les noms de *sapinette blanche*, *sapinette bleue*, et *épinette blanche*. Il habite les mêmes contrées que le sapin noir, mais sans être à beaucoup près aussi commun. Cet arbre s'élève rarement à plus de 50 pieds. Son bois s'emploie, en Amérique, aux mêmes usages que celui du sapin noir, mais il est moins estimé. Les fibres des racines sont douées d'une grande ténacité; on s'en sert, au Canada, pour coudre ensemble les écorces de bouleau avec lesquelles on construit des canots. En Europe, cette espèce est très recherchée pour l'ornement des bosquets, où elle produit un effet agréable par la couleur de son feuillage et par son port régulièrement pyramidal; elle ne prospère que dans les expositions fraîches et ombragées.

Une espèce non moins importante pour l'Europe que le sapin épicéa, le *sapin commun* (*abies vulgaris*, Poir.; *abies pectinata*, D. C.; vulgairement *sapin blanc*, *sapin argenté*, *sapin des Vosges*, *sapin de Normandie*), est très répandue dans les Pyrénées, les Alpes, le Jura, les Vosges, la Forêt-Noire, les Karpathes et autres montagnes de l'Europe moyenne. Ce sapin forme un arbre magnifique, de 100 à 180 pieds de haut, sur 3 à 8 pieds de diamètre, à tronc très droit, finalement dégarni de branches jusqu'à une élévation considérable; à branches horizontales ou inclinées, ou quelquefois presque dressées, de longueur médiocre eu égard à la taille du tronc. Les feuilles sont longues de 6 à 15 lignes, planes, linéaires, échancrées, d'un vert foncé et luisantes en dessus, d'un glauque blanchâtre en dessous, disposées sur deux rangs; les cônes sont dressés, presque cylindracés, obtus, gros, longs de 5 à 8 pouces, d'un vert olive avant la maturité, puis d'un brun roux. Cet arbre se plaît dans les sols frais et fertiles; dans les localités de cette nature, sa durée est de 2 à 3 siècles, et il y acquiert une taille plus élevée que tout autre conifère d'Europe; sa croissance est aussi rapide que celle du sapin épicéa. Son bois est blanchâtre, léger, élastique, médiocrement résineux; on l'emploie aux mêmes usages que le bois d'*épicéa*, et il est même préférable à ce dernier sous le rapport de la force et de la durée; toutefois il est essentiel que les arbres dont il provient aient eu au moins cent ans, car plus jeune il se décompose plus facilement que celui de *l'épicéa* et du *pin sylvestre*; à défaut de chêne, on le recherche pour les pilotis et autres constructions destinées à séjourner sous l'eau ou sous terre; à titre de combustible, il est moins avantageux que celui d'épicéa, mais ses cendres fournissent une quantité plus considérable de potasse. Les troncs de longueur suffisante sont fort recherchés pour la mâture. Le sapin commun n'est pas assez résineux pour l'exploitation de la poix; mais c'est de lui qu'on obtient, en faisant des incisions dans son écorce durant l'été, la substance connue dans le commerce sous le nom de *térébenthine de Strasbourg*; cette térébenthine fournit, à la distillation, un quart de son poids d'essence. Cette espèce s'accommode beaucoup moins que l'*épicéa* des terres médiocres et des expositions découvertes; on en a même vu périr des forêts entières, à la suite d'un été très sec et très chaud. Lorsque cet arbre vient à perdre sa pousse terminale, il se couronne et cesse de croître en hauteur; mais on peut lui retrancher sans aucun péril beaucoup de ses branches inférieures. Le jeune plant ne résiste ni à la sécheresse, ni aux excès de froid et de chaleur, et il exige une situation ombragée : aussi n'est-il pas facile de repeupler une forêt de ce sapin,

à moins qu'on n'ait laissé subsister assez de grands arbres pour abriter les semis.

Le *sapin baumier* (*abies balsamea*, Mill. ; *pinus balsamea*, L.), appelé vulgairement *baumier de Giléad*, est une espèce extrêmement voisine du sapin commun; mais elle s'élève rarement à plus de 40 pieds. Cet arbre habite toute l'Amérique boréale, jusqu'au-delà du 68° de lat. On ne tire guère parti de son bois, même dans les localités où il abonde le plus; mais on en obtient la térébenthine qu'on appelle fort improprement *baume de Giléad*. Cette substance a une odeur plus agréable que la térébenthine de Strasbourg; elle est en vogue chez les Anglo-Américains comme remède anticatarrhal. Ce sapin se cultive depuis longtemps en Europe comme arbre vert d'ornement, et, à ce titre, il est préférable au sapin commun, à cause de son port plus régulièrement pyramidal.　　　　　Ed. Sp.

SAPONIFICATION, *voy.* Savon.

SAPOR ou Chah-Pour I-III, rois sassanides, *voy.* Perse, T. XIX, p. 442.

SARA ou Sarah, nom qui signifie maîtresse, princesse, et qui reçut un grand éclat de la fille de Tharah, belle-sœur et femme de l'un des patriarches juifs. *Voy.* Abraham, Abimélech et Agar.

SARAGOSSE (*Zaragoza*), capitale de l'ancien royaume d'Aragon (*voy.*) en Espagne, et aujourd'hui chef-lieu de la province qui porte son nom, ville de 43,000 âmes, sur l'Èbre. Quoiqu'elle n'ait pas de fortifications régulières, elle est célèbre par le siége héroïque que les Espagnols y soutinrent contre les Français, du 23 nov. 1808 au 20 févr. 1809, après huit mois d'investissement ou d'attaques interrompues (*voy.* Palafox et Lannes). L'église de Notre-Dame *del Pilar* est le but de nombreux pèlerinages.　　　　　X.

SARASIN, *voy.* Sarrasin.

SARCOCÈLE (de σὰρξ, chair, et χήλη, tumeur). Ce mot s'emploie exclusivement pour désigner une affection chronique des testicules, dans laquelle ces organes glandulaires ont pris un accroissement plus ou moins considérable, en même temps que les tissus qui entrent dans leur composition sont plus ou moins profondément lésés. Pendant longtemps, ces diverses altérations ont été confondues avec la dégénérescence squirrheuse ou cancéreuse, et on les combattait par le traitement qui convient à cette affection. Une étude plus attentive des parties malades a appris à distinguer les unes des autres ces différentes lésions, en même temps qu'une appréciation plus exacte des causes sous l'empire desquelles celles-ci se développent, a permis de leur opposer une thérapeutique plus rationnelle. Quelle que soit l'origine du mal, il est utile de commencer le traitement par des antiphlogistiques. Sous l'influence de ces moyens, la tumeur perd ordinairement de son volume, et l'action des médicaments résolutifs ou des spécifiques est heureusement préparée. Lorsque ces diverses médications ont été épuisées, que le mal persiste, et que des signes positifs d'une dégénérescence fatale se manifestent, il n'y a plus qu'un moyen qui ait des chances de succès, ce moyen c'est l'ablation de l'organe (*voy.* CASTRATION). M. S-N.

SARCOPTE, *voy.* CIRON et GALE.

SARDAIGNE (ILE DE). Cette île, une des principales de la Méditerranée, est la seconde en importance, à l'ouest de l'Italie, dont elle dépend. Elle est entourée de la mer Tyrrhénienne à l'est, de la mer de Sicile au sud, et de celle de Sardaigne à l'ouest; au nord, le canal ou détroit de Bonifacio la sépare de la Corse. Les montagnes qui la couvrent sont en général de formation granitique, et divisées en cinq branches principales. Le Genargento, haut de 5,600 pieds, en est le sommet le plus élevé. L'île abonde en sel marin; on y trouve de l'argent, du fer, du plomb, du marbre et diverses pierres fines. Le sol, dans les vallées, est très fertile en blés, surtout en froment d'une excellente qualité, en vin, huile, figues et autres fruits du sud. Mais l'agriculture n'est pratiquée qu'avec des instruments grossiers, et se trouve encore dans un état voisin de l'enfance. Les contributions perçues tour à tour par l'état, l'Église et les communes, à titre de capitation, de dîmes féodales, etc., pèsent

d'un tel poids sur les campagnes, que l'on se borne à ensemencer les champs les plus fertiles; la majeure partie des terres propres au labourage restent en friche et servent de pâturages. Le bois ne manque pas dans les montagnes, mais la difficulté du transport, par suite du défaut de chemins, oblige en partie les villes maritimes à s'en approvisionner en Corse. La première route construite, route qui traverse toute l'île, ne date que de 1804. Les chevaux sont à l'état sauvage dans quelques districts; ils sont petits, ainsi que le bétail, mais agiles et robustes. Les troupeaux de moutons, les chèvres et les porcs sont nombreux. Le fromage forme un article d'exportation notable. La pêche du corail et celle du thon, sur les côtes, sont très productives; mais elles ne sont, en général, exploitées que par des étrangers, auxquels le gouvernement et les grands propriétaires de l'île afferment leurs droits respectifs.

La population de la Sardaigne ne doit pas excéder beaucoup 500,000 âmes sur une étendue de 438 milles carr. géogr.[*] L'insalubrité du climat et l'état de la propriété qui est peu divisée expliquent la faiblesse de ce chiffre. Les Sardes, ainsi que les Corses, sont vindicatifs, et font un abus funeste de la loi du talion. Naturellement laborieux et doués d'une grande vivacité, ils ne manquent pas d'un certain esprit d'invention; mais les priviléges exorbitants de la noblesse et du clergé rendent le pays misérable. La majeure partie des terres appartiennent aux familles nobles, dont les plus riches mangent leurs revenus à Turin ou à Barcelone. La plupart des paysans ne sont que fermiers; leurs cabanes, réunies en gros villages, sont souvent fort éloignées des champs qu'ils ont à cultiver, et dont l'absence de chemins praticables rend fréquemment l'abord très pénible. Leurs vêtements sont en cuir, et il n'est pas rare d'en voir qui se couvrent uniquement de peaux de mouton. Ils parlent différents idiomes qui sont, en général, des mélanges d'italien, de catalan et d'arabe. Dans les villes, les classes supérieures se servent néanmoins d'un italien

(*) Ou 24,000 kilom. carr., ce qui est près de trois fois la grandeur de la Corse. ■

plus pur. Des améliorations ont eu lieu dans la condition des populations rurales, par suite de la réforme de l'organisation communale introduite dans l'île, en vertu d'un décret rendu le 10 nov. 1836, pour remédier à l'irritation qui, l'année précédente, avait menacé d'y produire de sanglants désordres. Cette mesure a conduit, en 1838, à l'abolition partielle de l'ancien système féodal, ou au moins des charges les plus onéreuses qui en dérivaient, et tend à fixer la propriété entre les mains des cultivateurs. Une partie des seigneurs domaniaux ont cédé leurs droits au gouvernement qui a réparti les terres vacantes entre les communes, contre la redevance d'un impôt foncier. L'industrie, dans cette île, se borne encore à la fabrication des gros draps, qui se font avec la laine du pays, et à quelques établissements fondés avec des capitaux génois à Cagliari. Cette capitale, au sud du pays, et Sassari, par son port de Porto-Torres, au nord, sont les seules places qui s'adonnent au commerce extérieur. L'exportation des produits de l'île a présenté, en 1834, un chiffre de 6 millions de *lire*, dans lequel les grains figurent pour un cinquième. Les transports maritimes, en n'y comprenant pas le cabotage, se font presque exclusivement par navires génois ou étrangers. Il est resté à l'île de Sardaigne, de la domination espagnole, une constitution féodale de cortès en trois États (*stamenti*), dont la convocation, tombée en désuétude pendant le siècle dernier, vient d'être de nouveau régularisée. Les États sont formés par le clergé, par la noblesse et par les représentants des communes dites royales, c'est-à-dire de celles qui ne dépendent ni de l'Église ni d'un seigneur. Les députés ont le droit de prononcer sur l'impôt; mais la part qui leur est accordée dans l'exercice du pouvoir législatif est extrêmement limité. Un gouverneur et capitaine général de l'île, résidant à Cagliari, remplit les fonctions de viceroi. Depuis 1828, le pays est régi par un code particulier, et son organisation judiciaire est pareillement distincte de celle des états de terre ferme. La division administrative comprend dix provinces; trois archevêques, à Cagliari, à

Sassari et à Oristano, sont à la tête du nombreux clergé. Les revenus royaux, dans l'île, étaient autrefois si peu considérables, qu'ils ne suffisaient pas même pour les dépenses de l'administration et pour l'entretien des troupes nécessaires à l'occupation des places fortes. En 1835 encore, ils n'atteignaient que 2,800,000 *lire*, somme composée en partie des subsides fournis par les États, à titre de dons, en partie du produit des différents impôts indirects; mais en revanche la dette ne représente également qu'un capital de 860,000 *lire*. Le contingent que la Sardaigne fournit à l'armée active est peu considérable et ne se recrute que par des enrôlements volontaires; car le Sarde, ainsi que le Sicilien, a une aversion très prononcée pour le service militaire. Une milice nationale est organisée pour la défense du pays : elle est fixée à 16,493 hommes sur le pied de paix, et à 22,363 hommes sur le pied de guerre, tant infanterie que cavalerie. La capitale, *Cagliari*, compte près de 30,000 hab.; Sassari environ 23,000. Ces deux villes possèdent des universités, dont l'organisation néanmoins est très incomplète, et l'état peu florissant.

Histoire. La Sardaigne, que les Grecs et les Romains ont désignée par les noms d'*Ichnusa*, de *Sardaliotis* et de *Sardo*, paraît avoir été très anciennement peuplée par des colonies d'origine pélasgienne. Les Carthaginois et les Romains, dans l'antiquité, les Vandales, les Grecs de Byzance, les Sarrazins, les papes, les empereurs, les républiques rivales entre elles de Pise et de Gênes, et enfin les Espagnols, au moyen-âge, se succédèrent tour à tour dans la domination de l'île, au sujet de laquelle on vit se renouveler souvent des luttes opiniâtres et sanglantes. Érigée en royaume, l'an 1154, par l'empereur Frédéric Ier Barberousse, le pape Boniface VIII la donna, en 1295, au roi d'Aragon; mais celui-ci ne parvint à la soumettre définitivement qu'en 1324.

En 1335, aux fêtes de Pâques, don Pierre d'Aragon, pour concilier les droits de sa couronne avec la garantie des libertés du pays, donna à la Sardaigne une constitution qui fut acceptée par les États.

A côté des cortès, un conseil suprême, le *justiciat* fut établi, à l'exemple de l'Aragon, comme une espèce d'organe arbitral du droit entre le roi et ses sujets; mais sous le règne de Philippe II, la constitution cessa d'être observée. L'île continua de faire partie de la monarchie espagnole, jusqu'à ce qu'en 1708 les Anglais la conquirent pour la maison d'Autriche, qui se la fit céder à la paix d'Utrecht, en 1713, mais la reperdit déjà, en 1717, contre Philippe V, roi d'Espagne; puis, deux années plus tard, le duc de Savoie fut obligé de la prendre en échange de la Sicile. Les anciennes lois et coutumes de l'île furent respectées par le nouveau gouvernement, le bien-être y reparut même sous le règne de Charles-Emmanuel III; mais, sous l'administration de son successeur, des ambitieux firent régner l'arbitraire à la place de la justice. En 1793, le mécontentement fit éclater une révolte que le gouvernement apaisa par la promesse de rétablir les anciens États, dont il reconnut formellement les droits, en 1796. Trois années plus tard, la Sardaigne, par suite des conquêtes de nos armées républicaines en Italie, devint et resta pendant quinze ans, jusqu'à la chute de l'empire Français, le refuge et l'unique possession de ses souverains. Néanmoins, les assemblées des États, qui devaient être convoquées de 10 en 10 ans, n'ont encore été tenues depuis lors que d'une manière très irrégulière.

Pour l'ensemble de la monarchie, *voy.* plus loin SARDE (*royaume*). Ch. V.

SARDANAPALE, nom qui paraît signifier grand roi, mais qui est donné en particulier à celui en qui finit la première monarchie assyrienne, l'an 888 av. J.-C. Toujours renfermé dans son harem, à la manière des Orientaux, et livré, dit-on, à un honteux libertinage, ce roi trouva cependant, lors du siége de Ninive, le courage de se mettre à la tête de son armée. Il repoussa d'abord les satrapes rebelles, Arbace et Bélésis; mais le siége fut repris et dura trois ans. A la fin, dans l'impossibilité de se défendre plus longtemps, et ne voulant pas tomber vivant au pouvoir de ses ennemis, Sardanapale monta sur un bûcher et s'y fit brûler, lui, ses femmes et ses trésors. *Voy.* ASSYRIE.

Au reste, Wesseling et d'autres ont pensé qu'il devait y avoir eu plusieurs souverains assyriens de ce nom, dont l'histoire aurait confondu les règnes, ainsi que les traditions relatives à chacun; d'autres ont rejeté cette supposition. Voir *Disputatio historico-critica de Sardanapale, quam præside Van Lennep proponit* W.C. Koopmans, Amst., 1819, in-8°.   X.

SARDE (ROYAUME), le plus étendu des états de l'Italie (*voy.*) après celui des Deux-Siciles. Il emprunte son nom à l'île de Sardaigne, dont nous avons donné séparément la description et qui en dépend; mais le principal noyau de sa domination consiste dans son territoire continental formé de toute la partie occidentale de la Haute-Italie, et dont voici les bornes : la France, à l'ouest; au nord, la Confédération suisse, ou en particulier le canton de Genève, le lac Léman, et les cantons du Valais et du Tessin; à l'est, le gouvernement de Milan, partie du royaume Lombardo-Vénitien, le duché de Parme, la Lunigiane toscane, et le ci-devant duché de Massa, dépendant de celui de Modène; la Méditerranée le baigne au sud.

Dans ces limites sont renfermées six provinces distinctes, dont chacune est, dans cet ouvrage, l'objet d'une notice particulière. Ces divisions sont : le duché de Savoie (chef-lieu Chambéry), le Piémont, avec la capitale Turin, le duché de Montferrat (chef-lieu Casal), le Milanez sarde (chef-lieu Alexandrie), le duché de Gênes et le comté de Nice, avec la petite principauté de Monaco, régie par un prince mi-souverain soumis à l'autorité du roi de Sardaigne. Cet ensemble de pays, en y ajoutant la Sardaigne proprement dite, présente une superficie totale de 1,363 milles carr. géogr. (dont 925 appartiennent aux provinces continentales) et renferme une population de 4,300,000 âmes*, répartie

---

(*) M. Balbi, auquel nous empruntons ce chiffre, donne pour celui de l'étendue 72,016 kilom. carr. [D'après un dénombrement de 1838, la population était de 4,650,368 hab., ce qui en ferait près de 65 par kilom. carr. S.]

dans 95 villes, 302 bourgs et 3,424 villages. Dans ce nombre, 30 villes ont au-dessus de 10,000, 8 au-dessus de 20,000, et 2, Turin et Gênes (*voy.*), au-dessus de 80,000 habitants.

Les Alpes, dont la branche la plus haute, les Alpes-Pennines, couvre toute la Savoie, contournent le Piémont, du côté de l'ouest, et forment, au sud, la branche appelée les Alpes-Maritimes qui domine le comté de Nice et se relie ensuite à l'Apennin, au nord du duché de Gênes. Les Alpes présentent des sommets d'une élévation prodigieuse, tels que le Mont-Blanc (14,764 pieds de Paris), le Mont-Rosa (14,222 p.), le Mont-Cenis (11,058 p.) et le Mont-Viso (11,808 p.). Le grand Saint-Bernard et le Simplon (*voy.* tous ces noms), que gravit une route célèbre construite de 1801 à 1805 par Napoléon, sont remarquables, moins par leur hauteur, que comme passages ordinaires des voyageurs qui descendent du Valais en Italie. La monarchie n'offre qu'un seul grand fleuve, le Pô (*voy.*), qui jaillit des flancs du Mont-Viso, traverse tout le Piémont et poursuit ensuite son cours vers l'est, dans le royaume Lombardo-Vénitien. Sur les confins de ce dernier et de la Suisse s'étend le lac Majeur, où l'on remarque les délicieuses îles Borromées (*voy.* ces noms). Le sol, dans les vallées et dans les plaines, est généralement gras et fertile; il offre en abondance les productions de tout genre de la péninsule. L'agriculture, dans les provinces continentales, est florissante; elle y a fait, dans les derniers temps surtout, de notables progrès, ainsi que l'industrie manufacturière. On peut évaluer le produit brut annuel de l'éducation des vers à soie à au moins 30 millions de *lire*, qui équivalent au franc. Les meilleures filatures de soie sont établies à Gênes, qui possède en outre, de même que Nice et plusieurs villes du Piémont, des manufactures d'étoffes et surtout de velours de soie très estimés. Les routes laissent encore en partie à désirer des améliorations dont le commerce intérieur et de transit profiteraient. Cependant un chemin de fer est projeté entre Turin et Gênes. M. Schubert, en se basant sur des chiffres publiés par le comte Serristori,

estime approximativement, pour tout le royaume, la valeur des importations à environ 50 millions de *lire* par an, et celle des exportations à environ 52. Le commerce maritime est presque tout entier concentré à Gênes. Les ports de Nice, de Villefranche, d'Oneille, de Savone, de Porto-Mauritio, de San-Remo et de Spezzia, n'ont d'importance que pour le cabotage. Une grande activité règne dans la navigation en général, qui occupe plus de 4,000 navires et loue en grande partie ses services au commerce étranger.

Les habitants du continent sarde parlent ou le français, comme dans la Savoie, séparée par les Alpes du reste de la monarchie, et qui, par sa situation géographique, se rattache plutôt à la France; ou l'italien, qui néanmoins, au Piémont et dans le comté de Nice, est aussi fortement imprégné de français. Ajoutons que dans les villes notre langue est d'un usage général parmi la haute classe. La religion catholique est celle de la presque totalité de la population; les rapports de l'Église avec Rome sont réglés par le concordat de 1817. Le clergé, très influent, possède dans toute la monarchie 7 archevêchés, 32 évêchés, plus de 300 couvents d'hommes et près de 100 couvents de femmes. Le zèle apostolique du gouvernement, qui a rappelé l'ordre des Jésuites dans les États sardes, en 1815, n'accorde à tous les autres cultes qu'une tolérance entourée de restrictions. Cependant, il existe encore environ 22,000 religionnaires vaudois (*voy.*) dans le Piémont, où plusieurs vallées des Alpes en sont peuplées, et 6 à 7,000 juifs, répartis dans quelques villes du continent et du littoral. Les premiers n'ont obtenu que depuis peu d'années l'autorisation d'établir des écoles primaires dans leurs communes, ne peuvent acquérir de terres au dehors de celles-ci, et sont exclus de la plupart des emplois civils et militaires; les seconds sont obligés d'habiter des quartiers séparés, dans les villes où l'établissement leur est permis.

La Sardaigne est une monarchie héréditaire de mâle en mâle par ordre de primogéniture. Le roi exerce un pouvoir à peu près illimité dans toutes ses possessions continentales. Le consentement des délégués de la province, pour l'impôt, ne lui est nécessaire que dans le seul duché de Gênes. Les priviléges considérables de la noblesse ont surtout de l'importance dans ce même duché et dans l'île de Sardaigne, régie par une constitution à part. Cinq secrétaires d'état dirigent les départements ministériels. Un nouveau code civil, basé sur le Code Napoléon, dont les dispositions sont néanmoins beaucoup modifiées, a été promulgué, le 20 juin 1837, et mis en vigueur dans les états de terre ferme depuis le 1er janvier 1838*. La fondation de nouveaux majorats est beaucoup favorisée dans certaines conditions. Une révision de la législation pénale, et des réformes nombreuses dans l'organisation judiciaire, ont été poursuivies depuis la publication du code civil. L'état judiciaire se compose, dans les provinces de terre ferme, de 5 cours supérieures, appelées sénats, de 40 tribunaux de 1re instance ou tribunaux de préfecture, de 8 tribunaux de commerce et de 416 judicatures d'un ordre inférieur, administrées par des officiers nommés *juges de mandements*. L'instruction publique a fait peu de progrès dans la monarchie sarde, et le haut enseignement souffre aussi beaucoup du contrôle gênant qui entrave la presse et toutes les manifestations de la pensée. Sur le continent, Turin et Gênes possèdent des universités complètes; dans quelques autres villes, il y a en outre des écoles secondaires pour le droit et pour la médecine. Sous le rapport administratif proprement dit, les États de terre ferme se partagent en 8 *divisioni* ou intendances générales, subdivisées en 40 petites provinces ou intendances; les 8 *divisions* sont : Turin, Coni, Alexandrie, Novare, Aoste, Savoie, Nice et Gênes; deux autres se rapportent à l'île de Sardaigne. Les finances sont aujourd'hui très bien réglées. On évalue le revenu public annuel à 84 millions de fr., la dette au capital d'environ 140 millions de fr.** L'armée, fixée à 84,376 hommes pour le

pied de guerre, n'en compte que 46,857 sur le pied de paix. Il existe en outre des cadres de bataillons provinciaux, espèce de milice de réserve, susceptible d'être portée à un effectif de 40,000 hommes. Dans les provinces de terre ferme, l'armée se recrute par la conscription. L'État sarde, en vertu de sa position géographique, non moins que par suite du caractère de ses habitants et de la nature de ses traditions, est depuis longtemps l'état militaire le plus considérable de l'Italie. Le nombre des forteresses sur le continent est de 10 : au premier rang il faut placer Alexandrie. Les forces maritimes se composent de 12 bâtiments de haut-bord, sans compter les bâtiments légers, les bateaux à vapeur et les navires de petites dimensions. Les ordres de chevalerie du royaume sont : 1° l'ordre suprème de l'Annonciation ou *de l'Annonciade* (*voy.* ce mot), créé, en 1355, par le comte Amédée VI; 2° l'ordre militaire de Saint-Maurice et Saint-Lazare (*voy.*), fondé en 1434; 3° l'ordre royal et militaire de Savoie, institué, le 14 août 1815, par Victor-Emmanuel; 4° l'ordre royal civil, institué par le roi Charles-Albert, le 11 déc. 1831; 5° enfin la médaille d'honneur à l'effigie de Saint-Maurice, décernée après 50 ans de services militaires, instituée par lettres-patentes de Charles-Albert, du 17 juillet 1839. — On peut consulter sur cette partie de notre sujet, l'ouvrage du comte Serristori, *Statistica del regno di Sardegna*, Flor., 1835, in-4°., et N.-M. Troche, *Coup d'œil historique, topogr. et religieux sur le royaume de Sardaigne*, Paris, 1844, in-8°.

Histoire. C'est à la dynastie régnante dans les États sardes, à l'illustre maison de Savoie, que nous devons rattacher l'histoire de la monarchie, qui n'est plus seulement celle de l'île, à laquelle un art. spécial est consacré. Fief de l'empire d'Allemagne dès son origine, la Savoie suivit un instant le sort de la Bourgogne transjurane (*voy.* ARLES); mais à la mort de Rodolphe III, en 1032, elle passa sous l'autorité de Conrad-le-Salique. Cet empereur, pour récompenser Humbert-aux-Blanches-Mains, premier comte de Maurienne, du secours qu'il venait de lui pré-

(*) *Voir le Code civil du royaume de Sardaigne,* précédé d'un travail comparatif avec la législation française, par M. le comte Portalis (mémoire lu à l'Acad. des Sc. mor. et pol.), dans la *Collection des lois des états modernes,* de V. Foucher, Paris, 1844. 1 vol. en 2 part. in-8°. S.
(**) D'après le *Coup d'œil* de M. Troche.

ter contre un compétiteur à cet héritage, lui donna, en 1034, le comté de Savoie et du Chablais qui, outre son étendue actuelle, comprenait alors le Bas-Valais et les rives du lac de Genève jusqu'à la Vevaise. Ce fief de l'Empire était toutefois partagé entre différents vassaux, tels que les comtes et l'évêque de Genève, l'archevêque de Tarentaise, d'autres prélats, les barons de Faucigny, etc. Cependant les comtes de Maurienne, tige de la maison de Savoie, se placèrent au premier rang, et Humbert Ier régna, si l'on peut se servir de ce terme, de 1023 à 1048. Il transmit son autorité héréditairement à ses successeurs, dont seize, de 1048 à 1391, portèrent le titre de comte. Des mariages, beaucoup de prudence et d'habileté déployées dans la lutte des Guelfes avec les Gibelins, où ils restèrent toujours attachés aux intérêts de leur suzerain, l'empereur d'Allemagne, des achats et des échanges de provinces, déterminèrent l'accroissement de leur puissance, et leur valurent d'importantes concessions territoriales. La France, l'Espagne et l'Autriche étaient aux prises en Italie : la politique adroitement variée des successeurs de ces comtes amena plus tard la consolidation de la monarchie naissante et l'éleva progressivement à son importance actuelle.

Amédée Ier, successeur de Humbert Ier (1048), en épousant l'héritière des comtes de Suse, acquit, en 1050, la majeure partie du Piémont avec Turin et Aoste. A Thomas (m. 1233) fut conférée l'autorité de vicaire de l'Empire en Lombardie et dans le Piémont. Amédée VI (m. 1383), afin de prévenir le retour des partages qui, sous ses prédécesseurs, avaient plus d'une fois fractionné la domination de sa maison, consacra par testament l'indivisibilité de ses états, et y régla définitivement l'ordre de succession. Son fils Amédée VII, dit le Rouge (m. 1391), agrandit son territoire, en 1388, du comté de Nice (*voy.*); et son petit-fils Amédée VIII, qui réunit à ses possessions tout le Genevois, à l'exception pourtant de la ville de Genève (1401), et la seigneurie de Verceil (1427), fut aussi le premier qui se para du titre de duc de Savoie, que portèrent 13 de ses succes-

seurs, titre que l'empereur Sigismond lui conféra en 1416. Le mariage de son fils Louis avec Anne de Lusignan, fille du roi Janus de Chypre, en 1438, transmit à la maison de Savoie des prétentions aux deux couronnes de Chypre et de Jérusalem, dont elle a continué de se prévaloir jusqu'à nos jours dans l'énonciation de ses titres *in extenso*. Pendant les guerres de Charles-Quint avec François Ier, le duc Charles III (m. 1553), auquel se rattache en dernier lieu la généalogie de tous les souverains postérieurs de la Savoie jusqu'au roi de Sardaigne actuel, perdit le Valais et Genève, entrés en alliance avec la Suisse, et tout le pays de Vaud, dont les Bernois s'emparèrent. Son fils, le duc Philibert-Emmanuel, surnommé Tête-de-Fer, après s'être vu dépouiller de ses états par les Français, servit contre eux avec la plus grande distinction, comme général de Philippe II, roi d'Espagne et rentra victorieusement dans son patrimoine, dont la possession lui fut de nouveau garantie à la paix de Cateau-Cambrésis, en 1559. Dans l'intervalle, le protestantisme avait gagné ces contrées : excité par le pape, Philibert essaya de la force pour amener la conversion des religionnaires, parmi lesquels se trouvaient beaucoup de Vaudois, secte répandue dans le Piémont depuis le XIIIe siècle; mais plusieurs fois battu par eux dans les montagnes, il fut à la fin obligé de leur accorder le libre exercice de leur culte. Ce prince, actif et belliqueux, ne fit d'ailleurs pas moins pour relever le bien-être matériel de ses sujets, plongés dans la paresse et ruinés par la guerre, que pour fortifier la puissance de sa maison. Il encouragea largement l'industrie, et introduisit dans ses états l'importante culture de la soie, en même temps qu'il s'occupait de faire élever des forteresses, entre autres la citadelle de Turin. Après avoir agrandi son territoire par l'acquisition de la principauté d'Oneille et du comté de Tende, il mourut en 1580.

Ses successeurs immédiats, généralement fidèles à sa politique dévouée aux intérêts de la maison de Habsbourg dans tous ses démêlés avec la France, furent Charles-Emmanuel Ier, dit le Grand (m.

1630), qui, pendant un règne de 50 ans, se fit un nom comme guerrier et comme négociateur, et réunit définitivement à ses états le marquisat de Saluces, en 1588; Victor-Amédée Ier (m. 1637), François-Hyacinthe (m. 1638), enfant qui ne fit que paraître sur le trône, et Charles-Emmanuel II (1638-75). Le fils de ce dernier, Victor-Amédée II, obtint en 1703, par le traité de Turin, pendant la guerre de la succession d'Espagne, le duché de Montferrat et la majeure partie de la fraction du Milanez appelée depuis Milanez sarde. La paix d'Utrecht, en 1713, lui valut de plus la cession de la Sicile, avec le titre royal; mais ayant renoncé à l'alliance avec l'Autriche, si profitable à sa maison, pour s'attacher à la cause des Bourbons d'Espagne, il fut contraint, en 1720, d'accepter, en échange de cette île, celle beaucoup moins importante de Sardaigne. Depuis cette époque (10 janv. 1720), les ducs de Savoie s'intitulèrent rois de Sardaigne *.

À Victor-Amédée Ier (comme roi), qui résigna le pouvoir en 1730, succéda son fils Charles-Emmanuel Ier (IIIe de toute la série), qui occupa le trône pendant 43 ans, et mérita la réputation d'un prince guerrier, en même temps que celle d'un excellent administrateur. La paix de Vienne, en 1735, où il figura comme allié de la France et de l'Espagne, et la convention de Worms, par laquelle il se rapprocha de Marie-Thérèse, en 1743, lors de la guerre de la succession d'Autriche, lui procurèrent de nouveaux agrandissements, par la cession de Novare et de quelques autres districts du Milanez. Ce prince, à qui sa sagesse mérita en Europe une grande considération politique, éleva ses états à une prospérité remarquable. Un nouveau code, connu sous le nom de *Corpus Carolinum*, fut publié par ses soins, en 1770. Le pape lui-même dut respecter la fermeté du roi, jaloux de ses droits de souverain, et lui reconnaître celui de nommer à toutes les dignités ecclésiastiques, de soumettre le clergé à l'impôt et de subordonner à sa sanction l'exécution des bulles pontificales.

Autant le règne de Charles-Emma-

(*) Roi de Sardaigne, de Chypre et de Jérusalem, duc de Savoie.

nuel Ier fut prospère, autant celui de son fils, Victor-Amédée II (1773-96), fut rempli de désastres et d'infortunes. Enveloppé, en 1792, dans la lutte de l'Autriche contre la France révolutionnaire, il perdit, dès la fin de cette année, la Savoie et le comté de Nice, envahis par les troupes françaises. Son fils, Charles-Emmanuel II, qui lui succéda en 1796, fut d'abord obligé de se prêter (1797) à une alliance avec la République contre l'Autriche; mais le Directoire, profitant du mécontentement que de criants abus, le lourd fardeau des impôts et les priviléges oppressifs de la noblesse avaient soulevé dans les États sardes, n'en déclara pas moins la guerre à ce prince, et le força, le 10 déc. 1798, à faire abandon de toutes *ses possessions de terre ferme*, qui furent incorporées à la France et formèrent 8 départements. Le monarque vaincu ne conserva que l'île de Sardaigne, où il s'était réfugié avec sa famille : et las de lutter contre les orages du temps, il abdiqua la couronne, le 4 juin 1802, entre les mains de son frère Victor-Emmanuel; puis il se retira comme simple particulier à Rome, où il se fit recevoir, en 1817, dans l'ordre des jésuites, et mourut deux années après.

Le triomphe final des alliés, à la suite des grands désastres qui avaient frappé Napoléon, rouvrit à Victor-Emmanuel le chemin de ses états de terre ferme. Il rentra à Turin le 20 mai 1814; et le congrès de Vienne, suivant le principe qui le poussait alors à fortifier les états intermédiaires pour en faire des boulevards solides contre la France, agrandit encore la monarchie sarde, en la reconstituant. L'ancienne république de Gênes avec son territoire y fut incorporée vers la fin de cette année, sous le titre de duché, et, après les Cent-Jours, la moitié de la Savoie, qu'on avait d'abord laissée en possession de la France, fut également rendue à ses anciens souverains. Le roi de Sardaigne fut, en outre, investi du droit de haute souveraineté sur la principauté de Monaco; seulement il dut, en revanche, céder au canton de Genève les districts de Carouge et de Chesne (23 oct. 1816). Cependant la fermentation et les symptômes de troubles qui se manifestaient partout menaçaient le pouvoir restauré. Le gouvernement s'était montré inhabile à reconnaître et à satisfaire les besoins du peuple, et ses mesures, sous l'influence de mauvais conseils dont le roi s'inspirait, avaient semé dans le pays les germes d'une irritation qui prit un caractère de plus en plus alarmant. Le mouvement des esprits s'organisa peu à peu sous l'influence clandestine du carbonarisme (*voy.*), dont le réseau s'étendait alors sur toute l'Italie. La révolution qui éclata à Naples, en 1820, eut du retentissement dans le Piémont. Une conjuration se forma, et beaucoup d'hommes considérables, dans l'armée surtout, y prirent part. Les régiments donnèrent le signal de l'insurrection, et la constitution espagnole fut proclamée à Alexandrie, foyer principal du mouvement. Le but ultérieur des conjurés était la reconstitution de l'unité italienne. La révolution gagna Turin et Gênes. Le roi Victor-Emmanuel, pour ne point céder, abdiqua le 13 mars 1821, et, en l'absence de son frère et héritier Charles-Félix, le prince Charles-Albert, de la branche collatérale de Savoie-Carignan (*voy.* ces noms), fut chargé de la régence. Ce dernier prêta serment à la constitution, nomma un nouveau ministère et institua une junte suprême. Mais déjà une armée autrichienne (*voy.* BUBNA) s'était rassemblée dans la Lombardie, dont ce soulèvement compromettait la tranquillité. Le roi Charles-Félix, réfugié à Modène, protesta contre tous les actes et tous les événements qui venaient d'avoir lieu, et le régent lui-même, abandonnant la cause de l'insurrection, passa dans le quartier-général des Autrichiens. Ceux-ci, réunis à l'armée royale, battirent, le 8 avril, l'armée des fédérés piémontais à Novare. Le 10, la junte se trouvait dissoute, et le gouvernement absolu rétabli. Les plus compromis dans la révolution, et parmi eux le ministre de la guerre, comte Santa-Rosa (m. en Grèce en 1825), purent en partie se sauver par la fuite ; d'autres eurent à subir toute la rigueur des jugements d'une commission spéciale; les régiments qui avaient passé du côté des insurgés furent licenciés, et des mesures dictées par le plus inquiet obscurantisme furent prises contre l'enseigne-

ment et même contre les sectateurs des cultes dissidents. Le roi s'était obligé au paiement annuel d'une somme de 6 millions de *lire* envers l'Autriche, dont les troupes continuèrent d'occuper les États sardes jusqu'au mois de sept. 1823. Telles étaient les craintes que la presse et les idées de réforme inspiraient au gouvernement, qu'en 1825 un édit royal défendit d'apprendre à lire et à écrire à quiconque n'avait pas au moins pour 1,500 *lire* de fortune, et interdit les études supérieures à tous ceux qui ne pouvaient justifier d'une rente annuelle de la même somme.

L'ex-roi Victor-Emmanuel était mort en 1824. Avec Charles-Félix qui le suivit dans la tombe, le 27 avril 1831, sans laisser de postérité, s'éteignit dans les mâles la branche directe de la maison de Savoie. En vertu du droit de succession qui lui avait été reconnu par le congrès de Vienne, Charles-Albert monta sur le trône de Sardaigne. Ce prince a déjà rendu de grands services à l'administration du pays, quoique sa conduite fît, dès le début, évanouir toutes les espérances que les patriotes italiens, se rappelant ses anciennes relations avec le parti libéral, avaient un moment fondée sur son avénement. L'agitation qui se manifesta en Italie, à la suite de notre révolution de juillet, s'étendit naturellement aux états sardes, et une grande conspiration, qui avait, dit-on, des ramifications dans l'armée, fut découverte à la fin de 1833. Un coup de main sur la Savoie, tenté des frontières de France et de Suisse, dans la nuit du 2 au 3 févr. 1834, par une troupe de réfugiés italiens, polonais et allemands, sous les ordres du général Ramorino, et qui devait se combiner à l'intérieur avec les plans d'insurrection de la jeune Italie, avorta faute d'être secondé par les populations. Parmi les conjurés impliqués dans ces événements, les uns se dispersèrent, d'autres furent pris, jetés dans les cachots et en partie fusillés. Le gouvernement ordonna en même temps la fermeture de l'université de Turin. Nous avons déjà parlé, dans un article précédent, d'autres troubles qui auraient aussi éclatés dans l'île de Sardaigne en 1835. On peut dire que, dans sa politique extérieure non moins que dans son régime intérieur, le cabinet de Turin s'est réglé en grande partie sur le système de l'Autriche. Ce cabinet a dans le temps protesté contre notre occupation d'Alger. La protection qu'il doit au commerce génois lui a plusieurs fois déjà fait prendre une attitude hostile vis-à-vis des États Barbaresques. Des démêlés avec le Maroc provoquèrent, en 1836, quelques armements de la Sardaigne, et, à l'heure qu'il est, un nouveau différend avec le bey de Tunis vient de déterminer l'envoi d'une escadre pour appuyer ses réclamations auprès de la régence, contre laquelle des démonstrations énergiques avaient déjà eu lieu à l'occasion de griefs antérieurs, au mois de juin 1822. — *Voir* baron Manno, *Storia di Sardegna* (Turin, 1825, 3 vol. in-8°; 2ᵉ éd., 1833); L. Cibrario, *Recherches sur l'histoire et sur l'ancienne constitution de la monarchie de Savoie*, trad. en fr. par M. Boullée (Paris, 1833); Frézet, *Histoire de la maison de Savoie* (Turin, 1826 et ann. suiv., 3 vol. in-8°). CH. V.

SARDES, *voy.* LYDIE.

SARDINE, *voy.* CLUPES, CLUPÉES, poisson de mer qui ressemble au hareng, mais qui est plus petit et plus effilé; on le prépare de la même manière en le salant et le fumant. Les sardines figurent comme hors-d'œuvre (*voy.*) sur nos tables. Elles sont pour Riga et d'autres contrées du Nord un objet de commerce assez considérable. On les expédie fumées en petites barriques, ou confites dans des boîtes de fer-blanc.

SARDOINE (*sardonyx*), *voy.* CALCÉDOINE, ONYX et AGATE.

SARIGUES, *voy.* DIDELPHES et MARSUPIAUX.

SARMATES, nom d'un ancien peuple de l'Asie et de l'Europe orientale, qui habita d'abord au-delà du Don, mais qui ensuite le passa, subjugua les Scythes (*voy.*) et se répandit dans le pays où parurent bientôt après les Slaves. Les Grecs, chez lesquels la forme usitée de ce nom était *Sauromates* (Σαυρομάται), l'expliquaient par *œil de lézard*, en le dérivant de σαυρός et ὄμμα. Ils étaient en cela fidèles à leurs habitudes étymologiques sur lesquelles il faut bien se garder de rien fonder en ethnographie. Au reste, ils avaient peu de notions de ce peuple, et même Hérodote ne nous apprend rien de bien sérieux sur son compte. On les regarde généralement comme les ancêtres des Slaves, et M. Schafarik, dans un de ses premiers ouvrages, a même donné leur nom comme identique par sa racine avec celui du peuple slavon des Serbes. Mais aujourd'hui, ce savant est d'un avis très différent. Dans ses *Antiquités slavonnes*, t. Iᵉʳ, il présente les Sarmates comme étant d'origine médoperse, opinion qu'on trouve déjà recueillie par Pline qui dit : *Sarmatæ Medorum, ut ferunt, soboles* (*H.N.*, VI, 7, 19); et il dérive leur nom, évidemment composé, de *sara*, steppe, et *mat*, peuple. La Médie aurait été leur berceau; mais ensuite c'est dans les steppes renfermées entre le Caucase, la mer Caspienne, la mer d'Azof et le Don, qu'ils auraient établi le siége de leur puissance; de là ils fondirent sur les Scythes, puis, dans le siècle qui précéda la naissance de J.-C., ils s'avancèrent vers le Dnieper, le Dniester et le Danube, sous les noms de *Roxolans*, d'*Alanes* ou *Alains* (*voy.*), de *Iazyghes* (M. Schafarik ajoute même sous celui des Iatchvinghes de la Podlaquie), répandant en Europe la terreur de leur nom. Ce que les Byzantins nomment encore Sarmates dans la suite jusqu'au xᵉ siècle, ce n'est plus ce même peuple médo-perse, mais toute la population inconnue aux Grecs de la Russie et de la Pologne actuelles, mélange de Slaves, Lithuaniens, Germains, Finnois, Turcs et même Mongols. Les noms indiqués plus haut et qui appartenaient réellement aux Sarmates disparaissent de l'histoire à partir de l'invasion des Huns.

Au reste, les Sarmates étaient un peuple belliqueux, sauvage, et chez qui les femmes même avaient l'habitude de la guerre. Quoique Ptolémée nomme plusieurs villes dans leur pays, ils n'avaient guère d'habitations fixes, et se servaient de chariots couverts de feutre, comme moyens de transport pour eux et leur famille. Ils se firent redouter des Romains, qui néanmoins triomphèrent d'eux en plusieurs circonstances, nommément l'empereur Marc-Aurèle, l'an 180 de J.-C. S.

SAROS ou *période chaldéenne*, *voy.* CHALDÉE, T. V, p. 316, et LUNE, T. XVII, p. 54.

SARPI (PIERRE), plus connu sous la dénomination de FRA PAOLO, parce qu'il entra dans l'ordre des servites sous le nom de Paul, était né à Venise en 1552. Doué d'une aptitude et d'une mémoire excessives, il voulut approfondir toutes les sciences, apprit le grec, l'hébreu, les mathématiques, l'astronomie et même l'anatomie, et se distingua surtout par ses travaux sur l'histoire et sur le droit public. Après un voyage à Milan, où il connut S. Charles Borromée, il vint occuper à Venise une chaire de philosophie qu'il conserva jusqu'en 1577. Deux ans après, il devint provincial de son ordre, et en 1585 procureur général. Les devoirs de sa charge l'appelèrent souvent à Naples et à Rome; mais il ne sut pas gagner les bonnes grâces de la cour pontificale, et deux fois sa nomination aux évêchés de Caorle et de Nona fut différée par suite des scrupules du Saint-Siége. Fra Paolo ne tarda pas à trouver l'occasion de se venger : dans une querelle survenue entre la république de Venise et la cour de Rome, à l'avénement de Paul V, il attaqua vigoureusement le souverain pontife, et reçut en récompense, de ses concitoyens, le titre de théologien *consulteur* de la république, avec 200 ducats de traitement. A compter de cette époque (28 janvier 1605) il redoubla ses attaques contre Rome; mais ses ennemis ne lui répondirent qu'en attentant deux fois à sa vie. Une cotte de mailles, qu'il portait sous ses vêtements, ne le garantit pas une troisième fois, et le 5 oct. 1607, il fut blessé dangereusement. A peine rétabli, il reprit la plume et écrivit l'*Histoire du concile de Trente* (édité par de Dominis, Londres, 1619, souv. réimpr.; trad. en franç. par Diodati, Genève, 1621, in-4°; par Amelot de La Houssaye, sous le nom de La Mothe Josseval, Amst. [Paris], 1683, in-4°, et par le P. Le Courayer, avec des notes critiques, historiques et théologiques, Londres, 1736, 2 vol. in-fol. : toutes ces trad. ont été plus. fois réimpr.), dans un esprit contraire à celui de la cour pontificale. Il alla si loin qu'il fut soupçonné (et Bonnet a depuis ré-

pété cette accusation) d'avoir voulu introduire le protestantisme à Venise. Une autre accusation beaucoup mieux fondée, c'est que Fra Paolo fut quelquefois le conseiller du terrible conseil des Dix. Il mourut avec une piété remarquable, le 14 janvier 1623, et le sénat lui fit rendre de grands honneurs. Ses travaux immenses ont été recueillis en 2 vol. in-fol. (Helmst., 1750), en 8 vol. in-4° (*ibid.* [Vérone], 1761-68), et en 24 vol. in-8° (Naples, 1790). Un de ses ouvrages, adressé à la noblesse de Venise, qu'il prétend instruire de la manière de gouverner la république pour conserver éternellement le pouvoir, a été traduit en français par l'abbé de Marsy, sous ce titre : *Le prince de Fra Paolo*, Berlin, 1751, in-12.

On doit en outre à Sarpi une *Histoire de l'inquisition*, et son origine, 1637, in-4°; abrégée en franç. par Amelot de La Houssaye; un *Traité des Bénéfices*, trad. par le même, sous le nom de l'abbé de Saint-Marc. Il a paru une vie de Fra Paolo, en italien, à Leyde, 1646, in-12 (trad. en franç., Leyde, 1662). On pourra consulter la *Storia arcana della vita di Fra Paolo*, par Juste Fontanini (1805); et des *Memorie anedote spettanti alla vita ed agli studi di Fra-Paolo*, par F. Grisellini, Lausanne, 1760, in-8° : cet ouvrage a été corrigé par Lebret et réfuté par le P. Buonafede. D. A. D.

SARRASIN (agric.). Le sarrasin (*polygonum fagopyrum*) est une plante à grains nourrissants classée par quelques agronomes parmi les céréales, quoiqu'elle appartienne à l'ordre des polygonées et non à celui des graminées. Quelques auteurs ont supposé que nous le devions à l'Arabie; mais on a su depuis qu'il est originaire de Perse, où Olivier l'a rencontré sous le nom de *hadrasin*, qui signifie blé rouge.

Aujourd'hui sa culture est fort répandue en Europe, surtout dans les pays pauvres et les terres médiocres. Quoique sa farine soit impropre à la panification, il est des contrées dans lesquelles il fait encore la principale nourriture des populations fermières et villageoises. Cependant il est à remarquer qu'il recule de plus en plus, devant chaque progrès des assolements, pour faire place aux blés. A mesure que la terre s'améliore par l'effet de bonnes façons et de riches engrais, le seigle et le froment prennent successivement sa place, et probablement il arrivera une époque où l'on cessera de le cultiver en grand partout ailleurs que dans les localités sablonneuses, où les céréales de printemps réussissent mal.

On connaît en France deux espèces bien distinctes de sarrasin, l'espèce ordinaire ou *blé noir* (*polygonum fagopyrum*), et le *sarrasin de Tartarie* (*polygonum tataricum*). Celui-ci diffère de l'autre autant par la disposition de ses tiges, la couleur, la grandeur de ses fleurs, que par la forme de ses graines. Les premières sont remarquablement plus rameuses et plus touffues; les secondes ont des pétales tellement petits qu'ils sont à peine apparents, et que la plante est déjà en graine avant qu'on se soit aperçu de l'épanouissement. La corolle est d'ailleurs verdâtre au lieu d'être blanche. Les semences, enfin, présentent sur leurs trois angles des membranes proéminentes; elles sont raboteuses sur leurs faces. Le sarrasin de Tartarie a le double avantage d'être plus rustique et plus précoce que le blé noir ordinaire. Il est aussi plus abondant, mais il donne une moins bonne farine, et on le considère comme plus dangereux pour les bestiaux, lorsqu'on le distribue à trop fortes doses. Il a sur les marchés une valeur moindre.

Le sarrasin est précieux, non-seulement parce que, sans le concours de fortes fumures, il peut donner d'assez abondants produits en des terrains même de faible valeur, mais parce qu'il puise une bonne partie de sa nourriture dans l'atmosphère, et parce qu'il accomplit en très peu de temps toutes les phases de sa végétation. Grâce à ces propriétés, après l'avoir semé sur un champ, parfois sans destination bien précise, on peut l'utiliser de différentes manières. Si la récolte des céréales n'a pas été abondante, on emploie son grain comme substance alimentaire; si les fourrages ont été rares, on applique ses tiges, au moment de la floraison, à la nourriture des bestiaux; et, si l'on croit pouvoir se passer de l'une et l'autre de ces ressources, on enfouit la plante entière au moment où se forment ses premières graines, pour ajouter à la fécondité de la couche labourable. Sur divers points de la France, on peut atteindre ces mêmes buts en semant le sarrasin immédiatement après la moisson des seigles sur le sol même qu'ils couvraient.

Dans plusieurs de nos départements du nord-ouest, le sarrasin occupe, dans les rotations, l'année de jachère; lorsqu'on le fume bien, il couvre si complétement le sol, qu'il étouffe parfaitement les mauvaises herbes, et qu'on le considère comme une excellente préparation pour la céréale d'automne. Néanmoins il faut pour cela que la terre qui l'a porté ait été labourée plus profondément et mieux qu'on ne le fait ordinairement. Si l'on savait combien cette simple précaution augmente le produit des deux récoltes, on ne la négligerait jamais.   O. L. T.

SARRASIN (Jean-François), littérateur français, né à Caen en 1605. Il vint de bonne heure à Paris pour y chercher fortune, et à son retour d'un voyage en Allemagne où il se rendit agréable à la princesse de Bohême, il se concilia la protection du coadjuteur et l'amitié de Ménage. Le premier le plaça auprès du prince de Conti en qualité de secrétaire des commandements. Trafiquant de son crédit, Sarrasin s'attirait souvent les mauvais traitements du prince, mais il parvenait toujours à le désarmer par quelque bouffonnerie. Tallemant prête à Sarrasin une fin assez dramatique. Il mourut, dit-il, en 1655, empoisonné par un mari espagnol, qui avait pris l'habitude de se défaire ainsi de tous les amants de sa femme. Les titres littéraires de Sarrasin sont en réalité assez peu de chose, et ainsi que l'a pensé Voltaire, tout son éloge se réduit à dire qu'*il a écrit agréablement en prose et en vers*. Cependant Sarrasin, qu'il ne faut pas confondre avec les beaux-esprits de l'hôtel de Rambouillet, puisa dans la société du coadjuteur cette teinte satirique qui fut son principal mérite et qui le conduisit une fois à la Bastille. Il prit parti dans toutes les querelles des gens de lettres de son époque. Il défendit Balzac et Voiture contre le P. Goula et contre Benserade. Il se moqua de la manie des bouts-rimés; il disserta avec habileté sur le jeu d'échecs, et formula à la louange de Voiture un jugement intitulé : *la pompe funèbre*, qu'on pourrait tout aussi bien prendre pour une épigramme. Sarrasin s'est élevé jusqu'à l'ode en célébrant *la prise de Dunkerque* et *la bataille de Lens*. Il s'est aussi essayé dans le genre historique en composant l'*histoire de la conspiration de Walstein* qu'il a laissée inachevée. Tous ces écrits d'ailleurs forment à peine un volume qui fut pour la 1re fois édité par son ami Pélisson. D. A. D.

SARRAZINS, nom sous lequel on désigne soit les Arabes en général, soit en particulier ceux d'Afrique mêlés aux Maures. Mais c'est abusivement qu'on lui a donné une si grande extension, car, ainsi qu'il a été dit à l'art. ARABES (T. II, p. 128), il paraît avoir appartenu en propre à des tribus établies dans la Mésopotamie et connues par les guerres des Romains contre les Parthes et les Perses. « Le mot *Sarrazin*, dit notre savant collaborateur, M. Reinaud, auteur des *Invasions des Sarrazins en France, et de France en Savoie*, *en Piémont et dans la Suisse* (Paris, 1836, in-8°, p. 229), ayant toujours été inconnu aux Arabes eux-mêmes, quelle est l'origine de cette dénomination? Le mot *Sarrazin*, dérivé du latin *Saracenus*, lequel à son tour provenait du grec, se montre pour la première fois dans les écrivains des premiers siècles de notre ère. Il sert à désigner les Arabes Bédouins, qui occupaient l'Arabie-Pétrée et les contrées situées entre l'Euphrate et le Tigre, et qui, placés entre la Syrie et la Perse, entre les Romains et les Parthes, s'attachaient tantôt à un parti, tantôt à un autre, et faisaient souvent pencher la victoire. On a écrit un grand nombre d'opinions sur l'origine de ce nom; mais aucune ne se présente d'une manière tout-à-fait plausible; celle qui a réuni le plus de suffrages fait dériver le mot Sarrazin de l'arabe *Scharky* ou oriental[*]. En effet, les Arabes nomades de la Mésopotamie et de l'Arabie-Pétrée bornaient à l'orient l'empire Romain. Un écrivain grec, qui pénétra en Arabie dans le VIe

siècle de notre ère, parlant des divers peuples qu'il avait eu occasion de rencontrer, a soin de distinguer les Homérites ou habitants de l'Yémen des Sarrazins proprement dits. Quant à l'opinion des chrétiens du moyen-âge qui, d'après l'autorité de S. Jérôme, faisaient dériver le mot Sarrazin de Sara, épouse d'Abraham, il n'est pas besoin de s'y arrêter. Les Arabes n'ont jamais rien eu de commun avec Sara, mère d'Isaac. »

Voici quelques autres hypothèses sur l'origine de ce nom. Selon les uns, il viendrait de l'hébreu *sarak* (vide, pauvre), et selon d'autres, de l'arabe *sarax* (brigand); quelques-uns le font dériver du nom de la ville de Saraka, qu'ils placent dans la contrée ci-dessus indiquée dans le passage emprunté à M. Reinaud. Toujours est-il qu'ensuite le nom de Sarrazin fut appliqué, en général, à tous les mahométans auxquels les chrétiens firent la guerre en Espagne, en Afrique et en Asie; que plus tard on comprit également sous cette dénomination les Turcs, et enfin tous les peuples infidèles contre lesquels furent prêchées des croisades. C'est ainsi que, dans le moyen-âge, on appelait Sarrazins jusqu'aux païens de la Prusse. S.

SARTE (ANDRÉ DEL), *voy.* VANNUCCHI.

SARTHE (DÉPARTEMENT DE LA). Limité à l'est par les dép. d'Eure-et-Loir et de Loir-et-Cher, au midi par ceux de Maine-et-Loire et d'Indre-et-Loire, à l'ouest par le dép. de la Mayenne, et au nord par celui de l'Orne, il est traversé par la rivière de Sarthe, qui vient du dép. de l'Orne et qui reçoit un grand nombre de petites rivières, telles que : l'Huisne, le Geay, la Vègre, l'Erve, etc., et au midi par le Loir. Plusieurs chaines de collines se prolongent entre ces rivières; les plus considérables s'élèvent dans le nord-ouest, en continuant les chaines du dép. de la Mayenne. Il y a des mines de fer limoneux d'une exploitation facile, d'anthracite, produisant annuellement plus de 150,000 quintaux métriques employés à la fabrication de la chaux; des carrières de marbre, de grès, d'ardoises, de kaolin. Sur une superficie de 621,600 hect., ou un peu plus de 314 $\frac{1}{2}$ lieues carrées, ce dép. a **393,456 hect. de terres**

[*] *Scharkyoun*, on les Orientaux, serait alors l'opposé de *Magharibé*, les Occidentaux (*voy.* MAGHREB).

labourables, 68,319 de bois, 58,120 de prés et 10,081 de vignes. Naguère il y restait encore plus de 45,000 hect. de landes; mais chaque année on en convertit une portion en terres labourables ou en *pignières*, dont le bois est employé aux usines. On cultive beaucoup de chanvre; on engraisse des bestiaux de la race mancelle et des volailles; on fait plus de 220,000 hectol. de cidre et de poiré, et l'on récolte beaucoup de cire. Le fer s'apprête dans 5 hauts-fourneaux et une dizaine de forges; on exporte une grande quantité de graines de trèfle pour l'Angleterre et la Hollande, et environ 3 millions de kilogr. de chanvre brut et préparé, dont une partie est destinée pour les corderies des ports. Le tissage et l'apprêt des toiles est la principale industrie du pays, surtout de Fresnay-le-Vicomte, qui occupe environ 2,000 ouvriers, y compris les femmes et les enfants, et fournit 12,000 pièces par an, de la valeur de 1,890,000 fr. On porte à 92 millions de mètres la quantité moyenne de toiles de toutes qualités et de canevas d'emballage, qui se vendent chaque mois sur les marchés du dép. Il faut citer encore la grande verrerie de Coudrecieux, une douzaine de papeteries, des scieries pour le marbre, plus de 150 poteries, briqueteries et tuileries, plusieurs filatures de laine et de coton, et 4 fabriques de couvertures de laine, ainsi qu'une fabrique de cachemire à La Ferté.

Ce dép., qui était anciennement habité par les *Cenomani*, et qui a formé ensuite le Haut-Maine et une partie de l'Anjou et du Perche(*voy.* ces noms), se divise maintenant en 4 arrondissements, savoir : le Mans, Mamers, Saint-Calais et La Flèche, subdivisés en 33 cantons et 392 communes, dont la population totale était, en 1841, de 470,535 âmes. En 1836, on y comptait 466,888 hab., présentant le mouvement suivant : naissances, 11,542 (5,967 masc., 5,575 fém.), dont 852 illégitimes; décès, 8,420 (4,175 masc., 4,245 fém.); mariages, 3,940. Ses 2,598 électeurs nomment 7 députés, dans sept collèges électoraux qui se réunissent, 3 au Mans, les autres à Saint-Calais, La Flèche, Mamers et Beaumont. Le dép. paie 2,196,222 fr. d'impôt foncier. Il fait partie de la 4e division militaire, dont Tours est le quartier-général; ses tribunaux sont du ressort de la cour royale d'Angers, et ses écoles de l'académie universitaire de la même ville; avec le dép. de la Mayenne, il forme le diocèse du Mans.

Le Mans, chef-lieu du dép., est situé sur une colline au confluent de la Sarthe et de l'Huisne; cette ville a une cathédrale gothique, un hôtel de préfecture d'un style moderne, des halles, une salle de spectacle, un musée d'histoire naturelle, une bibliothèque publique, un séminaire, un collège et des promenades très agréables. Sa population, qui est de 22,393 âmes, se livre au commerce des toiles et du chanvre, des bougies, des volailles grasses et des couvertures de laine. A 19 kilom. de là est la petite ville de Monfort-sur-Huisne, ou le Rotrou (1,243 hab.), dominée par une montagne qui porte un château-fort. La ville de La Flèche, dans un joli vallon sur le Loir, est remarquable par son école militaire, ancien collège de jésuites qui possède une bibliothèque considérable. La population de La Flèche est de 6,207 hab. Sablé, sur la Sarthe, auprès de sa réunion avec la Vaige et l'Erve, a 4,348 hab.; elle possède un beau château qui occupe la plateforme d'un rocher. Mamers, sur la Dive, est une ville mal bâtie avec 5,700 hab. La Ferté Bernard, ville de 2,550 hab., sur l'Huisne, a une jolie église gothique. Saint-Calais, sur l'Anille, a 3,719 hab. Il faut y joindre Château-du-Loir, au confluent du Loir et de l'Ive, et la Châtre, située également sur le Loir, avec 2,697 hab. Parmi les châteaux se distingue celui de la Tournerie; l'abbaye de Persaigne est tombée en ruines; dans celle de Solesme, sur une colline du bord de la Sarthe, s'est installée récemment une petite communauté d'hommes voués à la vie religieuse et studieuse. D-G.

SARTINES (ANTOINE-RAYMOND-JEAN-GUALBERT-GABRIEL DE), mort le 7 sept. 1801 à Taragone en Espagne, dans la province où il était né de parents français, s'est fait un nom comme lieutenant général de police, fonctions importantes qu'il a remplies de 1762 à 1774. On lui doit un grand nombre d'améliorations dans Paris. *Voy.* POLICE, T. XIX, p. 781.

SAS, sorte de grand tamis, de crible, formé d'un cercle de bois traversé d'un tissu de crin, de soie, etc., et qui sert à passer de la farine, du plâtre, etc. De là vient l'expression figurée de *sasser* et *ressasser*.

Dans l'art hydraulique, on nomme *sas* un bassin ménagé dans la longueur d'un canal de navigation, pour y retenir les eaux qu'on verse, suivant le besoin, dans la chambre de l'écluse au-dessus de laquelle il est situé. *Voy.* ÉCLUSE, T. IX, p. 79. Z.

SASSAFRAS (*laurus s.*), arbre de la famille des laurinées qu'on cultive en France, mais qui vient de l'Amérique du Nord, et dont le bois, ainsi que la racine, est employé en médecine, en parfumerie et en tabletterie. *Voy.* LAURIER, T. XVI, p. 278.

SASSANIDES, *voy.* PERSE, T. XIX, p. 442.

SASSO FERRATO, *voy.* SALVI.

SATAN, mot hébreu qui signifie *adversaire*, et qui désigne un être résistant à Dieu et au bien. On en a fait l'être malfaisant par excellence, le génie du mal, l'ange des ténèbres; on lui a donné mille formes différentes, depuis celle du serpent qui tenta la mère du genre humain, jusqu'à celle de l'homme et de l'ange, mais avec le caractère de la révolte et de la réprobation qu'elle lui a fait encourir. Le talent de Milton a mis son sceau sur toute cette mythologie chrétienne.

SATELLITES, du latin *satelles*, mercenaire employé à la garde d'un prince, et de là homme d'escorte, garde-du-corps. *Voy.* PLANÈTES, T. XIX, p. 699 et suiv.

SATIN, *voy.* SOIERIES. — SATIN DE LAINE, étoffe croisée qui s'emploie pour meubles et dans l'habillement.

SATIRE et SATYRE, deux genres de poëmes dont le premier seul est resté chez les modernes. La *satyre* était une pièce de théâtre qui tirait son nom de ses principaux personnages, les satyres (*voy.*), divinités champêtres, aux propos lestes, aux gestes peu décents, et qui, dans leurs dialogues entre eux ou avec d'autres personnages, des dieux et des héros (*quicunque deus, quicunque adhi-*

bebitur heros, etc., Hor.), lançaient leurs brocards, parodiaient des scènes nobles, et exécutaient dans les chœurs des danses joyeuses propres à remettre les spectateurs des émotions tragiques. Cette satyre fut imitée dans les atellanes (*voy.*) par les Romains, qui tirèrent de la satyre théâtrale une autre sorte de composition destinée à la lecture, la *satire*, que la plupart des savants dérivent de *satura*, mélangé, parce qu'Ennius employa un mélange de vers de toute longueur dans cette espèce de poëme. Cette satire fut inconnue des Grecs, dit Horace : *Græcis intacti carminis auctor*, et Quintilien la revendique du ton le plus tranchant : *Satira tota nostra est*. Améliorée par Lucilius, elle fut portée par Horace, par Perse, par Juvénal (*voy.* ces noms), à un degré de perfection que n'ont point surpassé les modernes.

Dans sa forme latine, adoptée par toutes nos littératures européennes, la satire est une pièce de vers où l'auteur attaque les vices et les ridicules. Mais cette forme, imitée en Italie par l'Ariote, Alamanni, Bentivoglio ; en Espagne, par Torres Naharro, les d'Argensola, Gerard d'Iberlas; en Angleterre, par le comte de Roscommon, le duc de Buckingham, Dryden, Pope, Byron ; en Allemagne, par Liscov, Hagedorn, Rabener, Kæstner, Lichtenberg, Wieland ; en France, par Régnier, Boileau, Voltaire, Gilbert, M.-J. Chénier (*voy.* la plupart de ces noms) et tant d'autres; cette forme, disons-nous, n'est pas la seule qu'ait su prendre l'esprit satirique. Partout, en tout temps, qu'il fût l'œuvre de la jalousie qui s'inquiète, s'irrite et lance avec art ses traits perfides, ou le cri de la vertu qui s'indigne, éclate et tonne, il a semé ses traits dans les compositions les plus opposées. Il n'a pas seulement dicté les iambes d'Archiloque, les comédies d'Aristophane, les dénonciations directes des hommes et de leurs vices dans les formes consacrées par la muse; cet esprit se trouve dans la prose comme dans les vers, dans les monuments littéraires les plus graves aussi bien que dans les écrits les plus frivoles. Parcourez la Bible, Homère, les tragiques grecs ; ouvrez les orateurs et les grands historiens, à côté de l'approbation, de l'éloge, de l'admiration, vous trouverez le juste blâme, l'énergique invective, la solennelle accusation qui équivaut à la flétrissure d'un jugement*. C'est que l'improbation à la vue des travers sociaux, l'indignation à l'aspect de faiblesses coupables ou d'éclatantes insultes à l'opinion publique, ne partent pas d'un principe moins louable que la reconnaissance réfléchie et l'admiration involontaire, sources de tant d'apothéoses chez les anciens, de tant d'honneurs populaires chez les modernes; c'est que l'impassibilité n'est pas dans notre nature et qu'elle serait avilissante pour l'homme; c'est enfin que la vertu est la mesure de tout ici-bas, et qu'un historien ne cesse pas d'être impartial pour faire à propos des apologies et ressembler parfois à un satirique. En effet, dit Tacite, son principal devoir est de préserver les vertus de l'oubli, et d'attacher aux paroles et aux actions perverses la crainte de l'infamie et de la postérité : *præcipuum munus annalium reor, ne virtutes sileantur, utque pravis dictis factisque ex posteritate et infamiâ metus sit.*

En vain contesterait-on la légitimité de la satire : on doit savoir d'autant plus de gré aux écrivains qui l'exercent noblement, qu'elle n'est pas sans danger pour eux. Mais aussi l'on ne peut trop flétrir ceux qui, poussés par des jalousies littéraires ou par des haines politiques, s'arment de la calomnie et se font un jeu cruel d'inventer les anecdotes les plus scandaleuses sur les hommes les plus honorables; de déchiqueter, scalpel en main, des actions héroïques; de faire expier prématurément une gloire posthume. Honte à ces détracteurs du talent, à ces bourreaux du génie et de la vertu ! Pour que la satire se renferme dans ses limites, il faut que le poëte satirique ait autant de modération que de verve, autant de probité que de courage. Il exerce une magistrature; que ce soit toujours sous le contrôle de sa conscience! qu'il ait constamment le but sous les yeux! Or, ce but, écrivait Dusaulx, « c'est de perfectionner la société, soit en lui présentant

(*) *Voy.* en particulier les art. RABELAIS, CERVANTES, BUTTLER, Séb. BRANDT, HUTTEN, FISCHART, etc.

ses ridicules finement rassemblés dans des portraits piquants, soit en lui inspirant des goûts honnêtes par des maximes conformes à ses vrais intérêts, soit enfin en l'excitant par des animadversions plus ou moins vigoureuses, selon que l'exigent les circonstances et la nature des vices : celle qui ne fait rien de tout cela, quelque mérite qu'elle ait d'ailleurs, s'écarte du genre, et c'est improprement qu'on l'appelle satire. » Peut-être le champ s'est-il agrandi depuis le traducteur de Juvénal, peut-être la satire a-t-elle à remplir désormais une mission plus haute que dans les siècles passés. C'est trop peu pour elle que d'*assaisonner le plaisant et l'utile*, d'élever des digues temporaires contre le torrent du mauvais goût,

De venger la raison des attentats d'un sot (Boil.).

Nos révolutions lui ont ouvert des horizons plus vastes : qu'elle se fasse l'écho de passions généreuses ! qu'armée du fouet de Némésis contre les perturbateurs de la société, elle inflige ses vigoureuses corrections à ces admirateurs d'institutions flétrissantes, lesquels

Au char de la raison s'attelant par-derrière,
Veulent à reculons l'enfoncer dans l'ornière !
(Andrieux).

Qu'elle les inflige à ces utopistes incendiaires qui ne rêvent qu'à jeter dans leur creuset toute la société contemporaine pour refaire l'œuvre de Dieu sur le bizarre modèle qu'ils ont conçu ! Que toujours protectrice des idées saines, toujours enthousiaste des grandes choses qu'accomplit et que doit accomplir l'humanité, elle écarte quiconque s'oppose aux progrès; que hardie auxiliaire de la tribune, mais indépendante des partis, elle rappelle tour à tour aux principes et le pouvoir et l'opposition! qu'elle sache à propos chanter un hymne et flétrir de ses anathèmes! Nous ne demandons pas qu'elle soit nécessairement jetée dans le moule consacré par les Latins, qu'elle ait telle ou telle forme admise par tel ou tel peuple : nous lui laissons toute liberté, pourvu que sérieuse et grave, ou plaisante et légère, organe d'une raison passionnée ou d'un bon sens plein de finesse, elle soit toujours au service de la vérité et de la vertu contre l'astucieux mensonge et le crime audacieux. J. T-v-s.

SATRAPE, gouverneur de province dans l'ancienne Perse. Choisis le plus ordinairement dans la famille royale ou dans les familles les plus distinguées du royaume, les satrapes réunissaient presque toujours entre leurs mains le pouvoir civil et le pouvoir militaire. Darius, fils d'Hystaspe, divisa la Perse en 20 gouvernements ou satrapies. Quelquefois plusieurs satrapies étaient administrées par un seul satrape, d'autres fois, au contraire, il y avait deux satrapes dans une satrapie. La vie voluptueuse et le luxe effréné de ces petits despotes a rendu le mot de *satrape* synonyme d'homme puissant et corrompu.   X.

SATURNALES, *voy.* l'art. suiv.

SATURNE (myth.), ancienne divinité italienne, que l'on confondit plus tard avec le Kronos des Grecs. Uranus et Géa avaient donné le jour aux six Titanides. Le plus jeune, Kronos (plus tard ce nom devint *Chronos*, le Temps), excité à la vengeance par sa mère, qui était indignée contre Uranus parce qu'il retenait ses enfants en prison, trancha d'un coup de faux les parties génitales de son père, le dépouilla de son autorité, délivra ses frères de prison et s'empara du pouvoir souverain. Il épousa ensuite Rhéa qui lui donna plusieurs fils et plusieurs filles; mais sachant qu'un de ses fils le détrônerait, il dévorait tous ses enfants. Zéus (*voy.* JUPITER) seul fut sauvé: Rhéa le cacha dans l'île de Crète où Géa promit de l'élever. Pour tromper la voracité de Kronos, Rhéa lui présenta une pierre emmaillottée qu'il avala; mais un vomitif que lui firent prendre Géa et Métis le força à rendre non-seulement cette pierre, mais encore tous les enfants qu'il avait dévorés; avec leur secours, Zéus vainquit son père, ainsi que les Titans (*voy.*), et le détrôna après dix ans de guerre. Kronos et les Titans furent enfermés dans les enfers, d'où ils finirent par être délivrés, selon quelques poëtes d'un âge postérieur, et Zéus accorda à son père le gouvernement des îles Fortunées dans l'océan occidental. L'Hespérie fut, dit-on, le pays où régnèrent Kronos et les Titans. Lorsqu'on connut mieux cette contrée, on transporta Kronos et l'âge d'or en Italie, et confondant Kronos et Saturne, on prétendit que ce dernier, chassé par son fils, avait cherché un asile dans le Latium, dont l'on dériva le nom de *latere*, cacher. Janus (*voy.*) y partagea son autorité avec lui, et Saturne bâtit la ville de *Saturnia* sur le Mont Capitolin, appelé d'abord *mont Saturnin*. Le règne de Saturne est resté dans la mémoire des hommes comme l'âge d'or, et les prêtres l'ont célébré à l'envi. Ce dieu avait dans le Forum un temple où l'on gardait le trésor public. Les Romains célébraient en son honneur une fête, les *Saturnales*, destinée à rappeler cet âge heureux où la liberté et l'égalité régnaient sur la terre, où la confiance et l'amour unissaient tous les hommes, où l'oppression et la révolte étaient inconnues. D'un seul jour d'abord, puis de trois, de cinq, et enfin de sept sous les Césars, cette fête se célébrait du 17 au 23 décembre. On enlevait le bandeau de laine qui entourait toute l'année le pied de la statue du dieu, et on allumait dans son temple une multitude de cierges, en réjouissance de ce que les sacrifices humains étaient abolis. Pendant les sept jours que durait la fête, il n'était permis de traiter aucune affaire: c'était un temps de réjouissances et de liberté. Les esclaves portaient le chapeau pour signifier qu'ils étaient libres, ainsi qu'une robe ornée de pourpre et une toge blanche. Ils changeaient de rôle avec leurs maîtres, au point que ces derniers les servaient à table et se soumettaient à des châtiments comiques, s'ils commettaient quelque faute. Partout régnait la joie. On s'envoyait réciproquement des présents, consistant en petites images des dieux, en cachets, d'où le nom de *sigillaires* donné aussi à ces jours de fête, et l'on se saluait par ces mots : *Io saturnalia! Bona saturnalia!* On rendait aussi la liberté à certains prisonniers, qui alors consacraient leurs fers au dieu.   *C. L.*

SATURNE (astr.), *voy.* PLANÈTES.

SATURNE (EXTRAIT DE), *v.* PLOMB.

SATURNIN (VERS), *voy.* LATINE (*litt.*), T. XVI, p. 250.

SATYRE. Sous le nom de Satyres, comme sous celui de Silènes et de Faunes (*voy.*), la mythologie grecque comprenaît une espèce d'êtres qui se rapprochaient plus ou moins de la nature animale, particulièrement du bouc. C'étaient dans l'origine des divinités sylvestres adorées par les Péloponnésiens. On les représentait anciennement avec des oreilles pointues, la tête chauve, de petites excroissances derrière les oreilles; plus tard, les artistes leur donnèrent les cornes et les pieds de bouc de Pan. Dans les peintures qu'on en fait, les uns se rapprochent davantage de la nature animale; d'autres conservent davantage la forme humaine, et ne trahissent leur nature animale que par de longues oreilles pointues, une queue et de petites cornes. Toute leur face d'ailleurs rappelle la bête, les pommettes des joues, la barbe, la peau qui leur pend sur le cou, etc. Quelquefois cependant on les représente seulement sous la forme d'un rustre épais et lourd, forme que les artistes ont su poétiser pour en faire l'idéal de la nature agreste. Ordinairement on donne aux Faunes des oreilles pointues et de petites queues, et aux Satyres des pieds de bouc, et on regarde les Silènes comme d'anciens Faunes. Mais c'est une erreur : les Satyres des Grecs n'étaient pas différents des Faunes des Romains. Toute la race des Satyres, des Silènes, des Faunes, des Pans, désignaient chez les anciens les divinités des forêts et de la vie champêtre, sous différents points de vue. Bacchus est constamment accompagné de Satyres et de Silènes, mais il est impossible de dire quand s'établit le culte de ces dieux champêtres, ni quelle en fut l'origine. Peut-être faut-il la chercher dans l'usage de s'habiller de peaux d'animaux; peut-être aussi ne faut-il voir dans ces divinités que le symbole de l'homme grossier et sauvage. Les uns font descendre les Satyres de Mercure et de la nymphe Iphtimé; d'autres de Bacchus et de la naïade Nicæa. Ils aimaient beaucoup les plaisirs des sens. Dans les fêtes de Bacchus, on les représente toujours jouant de quelque instrument et dansant. *C. L.*

SAUGE (*salvia officinalis*, L.), plante aromatique qui appartient à la famille des labiées, et qui renferme beaucoup d'huile volatile. Aussi est-elle employée dans la pharmacie.

SAUL, premier roi des Israélites, était fils de Cis, homme distingué de la ville de Gabaa, dans la tribu de Benjamin, et non moins remarquable par sa beauté et sa haute stature que par son courage et son talent poétique. Samuël (*voy.*), sollicité par les Juifs de leur donner un souverain et ne pouvant plus résister à leurs instances, le sacra roi d'Israël dans l'assemblée du peuple à Mitspa, environ 1100 ans av. J.-C. Les premières années du règne de Saül furent signalées par des victoires sur les Ammonites, les Philistins, les Moabites, les Iduméens et les Amalécites. Ayant, malgré l'ordre des prophètes de Jéhova, épargné Agag, roi de cette dernière nation, il excita la colère de Samuël, déjà irrité de la désobéissance de Saül dans une autre circonstance. Le prophète s'attacha dès lors à lui susciter des embarras de toute espèce, et sacra même pour roi le jeune David (*voy.*), alors âgé de 16 ans. L'opposition qu'il rencontrait à chaque instant aigrit le caractère de Saül et le jeta dans une noire mélancolie, dont la musique seule avait le pouvoir de calmer les accès. Après avoir tenté plusieurs fois de tuer David, à qui il avait donné une de ses filles en mariage, il périt avec quatre de ses fils à la bataille du mont Ghilboa, après un règne de 40 ans. *Voy.* HÉBREUX, T. XIII, p. 568. E. H-G.

SAULE ou OSIER (*salix*, Tourn.), genre de la famille des amentacées, et très voisin des peupliers (*voy.*). Il comprend au moins cent espèces, dont la plupart habitent les régions extra-tropicales de l'hémisphère septentrional. Les saules (à l'exception de quelques espèces des hautes Alpes) se plaisent dans les lieux humides ou marécageux; ce sont des arbres ou des arbrisseaux à racines rampantes, à rameaux cylindriques, alternes, à feuilles très entières ou dentelées, simples, alternes, accompagnées de stipules persistantes ou caduques, à fleurs petites, dioïques, dépourvues de calice et de corolle, disposées en chatons allongés et ordinairement soyeux. L'utilité des saules, dans l'économie domestique et rurale, est des plus variées. Au moyen de leurs longues racines traçantes, ils fixent ou affermissent les sables mobiles ou la vase des rivages. La qualité assez médiocre de leur bois est compensée par la rapidité de leur croissance dans les terrains même les plus ingrats ou inapplicables à toute autre culture; du reste, comme combustible, le bois des saules est supérieur à celui des peupliers, et son charbon est l'un des meilleurs pour la fabrication de la poudre à canon. Personne n'ignore que les rameaux tenaces et flexibles de certaines espèces s'emploient journellement comme liens, et sont indispensables à beaucoup d'autres usages; on en tire parti surtout pour la vannerie et pour lier les cercles des tonneaux : aussi ces espèces font-elles l'objet d'une culture très lucrative dans les localités convenables; les terrains consacrés à cette exploitation sont appelés vulgairement des *oseraies*. L'écorce des saules est astringente et amère : elle sert au tannage et à la teinture; celle de plusieurs espèces jouit en outre de propriétés fébrifuges très efficaces. Les feuilles fournissent un bon fourrage. Les fleurs, en général très précoces, offrent aux abeilles la première nourriture au retour du printemps. Enfin, le coton qui enveloppe les graines des saules peut servir à la confection de coussins, de matelas, et autres objets de même nature. Plusieurs espèces, grâce à l'élégance de leur port, trouvent place dans les bosquets et autres plantations d'agrément. La plupart des saules sont remarquables par la facilité avec laquelle ils reprennent de boutures, soit de racines, soit de branches, soit de rameaux ou de ramules : aussi n'a-t-on guère recours aux graines pour la propagation.

Les espèces qui méritent d'être signalées de préférence sont les suivantes :

Le *saule blanc* (*salix alba*, L.), vulgairement *saule pliant, osier blanc, osier vert, osier noir*. Une variété *à rameaux jaunes* est connue sous les noms d'*osier jaune, saule-osier, bois jaune* et *amarinier*. Ce saule, extrêmement commun dans toute l'Europe aux bords des fleuves et des rivières, est susceptible de s'élever jusqu'à 80 pieds, sur 3 à 5 pieds de diamètre; on le reconnaît facilement à ses feuilles couvertes d'un duvet satiné et de couleur argentée. C'est l'espèce le plus fréquemment cultivée en oseraies; car, sous le rapport de la ténacité, ses rameaux ne le cèdent à aucune congénère. L'écorce a des propriétés fébrifuges bien avérées; elle sert en outre à teindre en brun et en rouge, ainsi qu'au tannage de certains cuirs fins. Le bois de ce saule est d'un blanc rougeâtre ou tirant sur le jaune, très léger, et d'un grain uni; il sert à faire des solives pour les constructions légères, des douves, de la menuiserie, etc. Coupé en lanières minces, on en confectionne des chapeaux qui imitent ceux de paille.

Le *saule fragile* (*salix fragilis*, L.), vulgairement *saule cassant, osier cassant*, arbre de 40 à 50 pieds de haut, sur 3 à 5 pieds de diamètre, commun dans toute l'Europe. On le plante communément autour des prairies et au bord des eaux. Ses usages sont à peu près les mêmes que ceux du saule blanc; toutefois ses rameaux sont trop cassants pour servir de liens; son bois, au contraire, est plus solide. La racine fournit une teinture pourpre. Parmi ses congénères, c'est l'espèce dont l'écorce paraît posséder les propriétés fébrifuges les plus efficaces.

Le *saule pourpre* (*salix purpurea*, L.), vulgairement *osier rouge, osier bleu*. Commun dans toute l'Europe, il ne forme qu'un buisson de 3 à 6 pieds, ou un petit arbre de 8 à 12 pieds. Il est cultivé fréquemment en oseraies. On le choisit de préférence pour l'affermissement des digues et des rivages, parce qu'il pousse une grande quantité de longues racines traçantes. L'écorce et les feuilles sont excessivement amères.

Le *saule marceau* (*salix cuprea*, L.), vulgairement *marceau, marsault, malsault*, arbre de 25 à 30 pieds, ou buisson ayant des feuilles en général beaucoup plus larges que celles des autres saules. Cette espèce est commune dans toute l'Europe, surtout dans les bois; du reste elle prospère en toute sorte de sol, et dans les terrains les plus secs de même que dans les localités humides ou marécageuses. Son bois est blanc, mêlé de brun ou de roux au centre, plus pesant et plus solide que celui de ses congénères; il s'emploie pour la menuiserie commune, et comme il se fend facilement en lames minces, on en fait des boîtes, des cribles, des ruches, etc. Les rameaux sont assez tenaces pour servir de liens. L'écorce sert au tannage des cuirs fins, ainsi qu'à la teinture du chanvre et du coton en noir.

Le *saule pleureur* (*salix babylonica*, L.), auquel ses branches pendantes impriment un caractère si pittoresque, paraît indigène de Chine; mais c'est de l'Afrique septentrionale ou de l'Orient, où il n'est pas moins fréquemment cultivé que dans nos jardins, qu'il a été introduit en Europe, vers la fin du xviie siècle. Ed. Sp.

SAUMAISE (Claude de), un des grands humanistes du xviie siècle, naquit à Semur, en Auxois (Côte-d'Or), le 15 avril 1588. Élevé par son père, Benigne de Saumaise, conseiller au parlement de Bourgogne, il composait dès l'âge de 10 ans des vers grecs et latins. Il alla compléter ses études à l'université de Heidelberg, et embrassa de bonne heure la réforme. La publication des deux livres de Nilus, *De primatu papæ*, marqua le début littéraire de Saumaise, dont la renommée ne fit dès lors que grandir de jour en jour. De retour en France, il manifesta l'intention de s'attacher à la carrière de la magistrature; mais trouvant que sa religion était un obstacle à son avancement, il se retira en Hollande, où l'université de Leyde (1631) lui donna le titre de professeur honoraire, que Scaliger avait porté avant lui, et lui assigna un traitement. Richelieu et Mazarin lui offrirent successivement de brillants avantages pour l'engager à revenir dans sa patrie; mais Saumaise ne voulut jamais se séparer de ses coreligionnaires de Hollande. Il composa, à la demande de Charles II, sa *Defensio regia pro Carolo I* (1649), docte mais inutile protestation contre le jugement et l'exécution de cet infortuné roi. Milton se chargea de lui répondre. Saumaise céda, dans ses dernières années, aux pressantes instances de la reine Christine de Suède, qui lui écrivait qu'elle ne pouvait vivre contente sans lui; mais l'université de Leyde le réclama bientôt, en disant qu'il lui était nécessaire comme le soleil au monde. Cet illustre savant, dont les décisions étaient regardées comme des oracles, mourut à Spaa, le 6 sept. 1653. Son caractère était estimable et indépendant, son érudition immense et universelle. Les plus célèbres de ses ouvrages sont ses *Historiæ Augustæ scriptores VI*; les *Plinianæ exercitationes in Solinum Polyhistora* (Paris, 1629, 2 vol. in-fol.), véritable encyclopédie des connaissances de l'époque, et *De re militari Romanorum* (Leyde, 1657, in-4°). A. B.

SAUMON (*salmo*), genre de poissons servant de type à la famille des *salmones*, de l'ordre des malacoptérygiens-abdominaux, et qui comprend un grand nombre de groupes, parmi lesquels nous citerons, outre les *saumons proprement dits*, les *éperlans*, auxquels on a déjà consacré un article, et les *ombres*.

Les *saumons* ont le corps plus ou moins fusiforme, arrondi vers le ventre, écailleux, et presque toujours tacheté. On les reconnaît facilement à la nature de leurs nageoires dorsales, dont la première est garnie de rayons, la seconde adipeuse, et qui de plus sont situées en avant des ventrales, ce qui est le contraire chez les éperlans. Ce sont de tous les poissons ceux dont la mâchoire est la mieux armée. Ils nagent avec la plus grande facilité, remontent même les courants les plus rapides, à l'époque du frai. Leur chair est très bonne. On désigne sous le nom de *saumons* les grandes espèces qui viennent de la mer, et sous celui de *truites* celles qui sont plus petites, et qui habitent les eaux douces.

La plus grande espèce de ce genre, le *saumon commun*, atteint plus d'un mètre et pèse plus de 10 kilogr. Elle a le dos noir, les flancs bleuâtres, le ventre argenté, la chair rouge. Elle habite les mers arctiques d'où elle entre, chaque printemps, dans les fleuves qu'elle remonte jusqu'à leur source pour déposer ses œufs. Ces émigrations se font en troupes nombreuses, et dans un ordre régulier. On s'est même assuré qu'elles avaient lieu chaque année dans les mêmes lieux. L'animal voyageur rencontre-t-il un obstacle? il se ploie en arc, puis se débandant tout à coup comme un ressort, il s'élance hors de l'eau, et va retomber plusieurs mètres au-delà. Les saumoneaux quittent le haut des rivières et gagnent la mer quand ils ont acquis une certaine croissance. La pêche de cet excellent poisson, très productive dans les rivières du nord de l'Europe, se fait le plus ordinairement avec des filets de diverses formes. Quelquefois on établit des barrages pour l'arrêter. Le *bécard*, espèce voisine, est moins estimé. La *truite de mer*, de plus petite taille que le saumon, s'en distingue par de petites taches en forme de croissant sur un fond argenté, et par la couleur jaune de sa chair. La *truite saumonée*, tachetée de noir, se tient dans les lacs élevés, dans les eaux vives des régions montagneuses. Sa chair rougeâtre est extrêmement délicate. La *truite commune*, plus petite que toutes les espèces précédentes, tachetée de noir et de rouge, habite les ruisseaux limpides. Les truites qu'on pêche dans le lac de Genève sont renommées pour leur goût exquis.

Les *ombres* (*coregonus*) ont la bouche très peu fendue, les dents très petites; elles ont les mêmes habitudes que les espèces précédentes, et sont aussi très recherchées pour la délicatesse de leur chair. A ce groupe se rapportent: l'*ombre commune* (*marène de rivière*) qui a près d'un demi-mètre de long, le corps rayé en long de noirâtre; le *lavaret*; la *grande marène*, etc. L'*ombre chevalier* appartient au groupe précédent. C. S-TE.

SAUMUR, *voy.* MAINE-ET-LOIRE et MILITAIRES (*écoles*).

SAURIENS (de σαῦρος, lézard), *voy.* REPTILES, LÉZARD, IGUANE, CROCODILE.

SAURIN (JACQUES), le plus célèbre prédicateur de l'Église française réformée, naquit à Nîmes, le 6 janv. 1677. La révocation de l'édit de Nantes ayant forcé son père à émigrer, le jeune Saurin le suivit à Genève, et entra quelques années après en qualité d'enseigne dans un régiment de réfugiés. Cependant il ne tarda pas à renoncer à la carrière militaire, et après avoir fait des études de théologie à Genève, il fut nommé, en 1700, pasteur de l'Église wallonne à Londres. Appelé à La Haye, en 1705, avec le titre de ministre extraordinaire des nobles, il édifia pendant 25 ans son nombreux auditoire, et se plaça par son éloquence au premier rang des orateurs sacrés. Ses *Sermons* (La Haye, 1749, 12 vol. in-8°; nouv. éd., Paris, chez Treuttel et Würtz, 1835, 8 vol. in-8°) ne sont pas sans doute exempts de taches, mais la profondeur des pensées, la vi-

gueur du raisonnement, la simplicité et la noblesse de l'expression, font oublier les fréquentes longueurs, la sécheresse de la forme et l'abus de l'érudition. J.-J. Chenevière en a publié un choix sous le titre de *Chefs-d'œuvre de Saurin* (Genève, 1824, 4 vol. in-8°). Nous avons encore de Saurin des *Discours historiques, théologiques et moraux sur les événements les plus mémorables du V. et du N.-T.* (Amst., 1720-35, 6 vol. in-fol.), et quelques autres écrits moins connus. Il mourut à La Haye, le 30 déc. 1730.

Plusieurs personnages remarquables ont encore porté le nom de Saurin : ÉLIE, théologien protestant, né, en 1639, à Usseaux (frontière du Dauphiné), d'un ministre de ce village, et mort, en 1703, à Utrecht, où il était pasteur depuis 1671, est connu pour ses discussions théologiques avec Jurieu. Outre les livres qu'il a écrits contre les doctrines de ce dernier, on lui doit un *Traité de l'amour de Dieu* (Utrecht, 1701, in-8°), et un *Traité de l'amour du prochain* (1704). —JOSEPH Saurin, frère du précédent, naquit en 1659 à Courtaison dans la principauté d'Orange. A 24 ans, il devint ministre à Eure en Dauphiné, puis il fut obligé de se retirer à Genève, et de là dans le canton de Berne. Des circonstances qui ne sont pas bien connues le déterminèrent à rentrer en France, et à y faire abjuration du calvinisme, en 1690. Il se livra alors à l'étude de la géométrie, devint collaborateur du *Journal des Savants*, en 1702, et entra à l'Académie des Sciences, en 1707. C'est lui qui eut avec J.-B. Rousseau (*voy.*) un procès pour des couplets scandaleux que celui-ci lui attribuait. On sait que Rousseau fut exilé comme calomniateur. Saurin mourut d'une fièvre léthargique, le 29 déc. 1737. Fontenelle a prononcé son Éloge. — BERNARD-JOSEPH Saurin, fils de Joseph, né à Paris en 1706, devint avocat, secrétaire du duc d'Orléans, membre de l'Académie-Française, travailla pour le théâtre, et mourut le 17 nov. 1781. De tous ses ouvrages, on ne cite guère que *Spartacus*, trag. en 5 actes (1760, in-12). Ses œuvres ont été recueillies en 2 vol. in-8° (Paris, 1783, avec une notice). Z.

SAUSSURE (HORACE-BENEDICT DE),

naturaliste et physicien célèbre, naquit à Genève le 17 févr. 1740. Une éducation bien dirigée et surtout les conseils de son oncle Charles Bonnet (*voy.*) lui donnèrent de bonne heure le goût de l'observation. A 20 ans, il disputait la chaire de mathématiques au savant Louis Bertrand, et, à 22 ans, il était nommé professeur de physique et de philosophie. Il se voua tout entier, dès ce moment, à la double carrière de l'enseignement et de l'étude de la nature, ne négligeant aucun des travaux nécessaires pour agrandir la sphère de ses connaissances. Après avoir entrepris quelques recherches heureuses dans le domaine de la physiologie végétale, il résolut d'aller étudier sur les lieux mêmes la constitution des montagnes. Il avait déjà, en 1760, essayé de gravir les glaciers de Chamouni, alors peu fréquentés. Cette première tentative eut pour résultat de diriger toutes ses idées vers ce but, auquel se rattachèrent dès lors tous ses travaux et ses nombreux voyages dans les Alpes. « J'ai traversé, dit-il, quatorze fois la chaîne entière des Alpes, par huit passages différents; j'ai fait seize autres excursions jusqu'au centre de cette chaîne; j'ai parcouru le Jura, les Vosges, les montagnes de la Suisse, d'une partie de l'Allemagne, celles de l'Angleterre, de l'Italie, de la Sicile et des îles adjacentes. J'ai visité les anciens volcans de l'Auvergne, une partie de ceux du Vivarais et plusieurs montagnes du Forez, du Dauphiné et de la Bourgogne. J'ai fait tous ces voyages le marteau du mineur à la main, gravissant sur toutes les sommités accessibles, et emportant toujours des échantillons, afin de les étudier à loisir. » De Saussure couronna ces travaux par l'ascension du Mont-Blanc, qu'il exécuta le 21 juillet 1786. C'est par ces études pratiques et persévérantes qu'il a pu substituer des notions positives sur la structure de la croûte du globe aux hypothèses qui avaient eu cours jusqu'alors, et qu'il est devenu le fondateur de la véritable géologie (*voy.* T. XII, p. 323). Il a eu, à la vérité, la sagesse de s'abstenir de tout système; mais son *Voyage dans les Alpes* (1779-96, 4 vol. in-4°, réimpr.) est et restera un dépôt précieux de faits bien observés : aussi l'a-t-on nommé le premier

peintre des Alpes. De Saussure publia un *Projet de réforme pour le collège de Genève* (1774, in-8°), et prit part aux délibérations des assemblées politiques de son pays. Mais les commotions produites par le contre-coup de la révolution française lui causèrent des inquiétudes et des chagrins auxquels vint se joindre la perte de sa fortune; il tomba malade et mourut le 22 janv. 1799. On lui doit d'utiles travaux sur plusieurs parties de la physique (*voy.* T. XIX, p. 593); outre l'hygromètre (*voy.*) à cheveu qui a mérité de conserver son nom, il a encore imaginé différents instruments propres à mesurer la force du vent, à apprécier la température de l'air, l'intensité du bleu de l'atmosphère : l'anémomètre, le diaphanomètre, le cyanomètre, etc. Il a fait des recherches sur les ballons, l'électricité, la température des eaux, l'emploi du chalumeau, la décomposition de l'air, etc. Indépendamment d'un grand nombre de mémoires insérés dans divers recueils, il a encore publié plusieurs Éloges, des dissertations en latin, un *Essai sur l'hygrométrie* (Neufchâtel, 1783, in-4°); des *Observations sur l'écorce des feuilles et des pétales* (Genève, 1762, in-8°); *Relation abrégée d'un voyage à la cime du Mont-Blanc*, en août 1787 (Gen., 1787, in-8°). Son compatriote, J. Senebier, et G. Cuvier ont laissé l'éloge de Saussure.

Son fils, Nicolas-Théodore de Saussure, correspondant de l'Institut de France, né à Genève, le 14 oct. 1767, a su répondre à la gloire de son nom par ses travaux sur la chimie végétale. Nous avons déjà parlé de sa sœur à l'art. Necker. A. B.

SAUT, *voy.* Jambe et Tendon.

SAUTERELLES (*locusta*), insectes de l'ordre des orthoptères, de la famille des sauteurs, caractérisés par des élytres et des ailes en toit, une lèvre supérieure grande, presque circulaire; une lèvre inférieure à quatre divisions dont celles du milieu plus petites; deux antennes très longues, à articles nombreux; un corselet comprimé sur les côtés; l'abdomen terminé par une tarière chez les femelles; des pieds postérieurs très longs et disposés pour le saut; des cuisses renflées, qui, étant frottées contre les élytres, produisent un son qu'on appelle leur chant; des tarses sans pelote entre les crochets ; et une tête grande, verticale. Les femelles pondent à la fois un assez grand nombre d'œufs qu'elles déposent dans la terre. Les larves qui en sortent ne diffèrent de l'insecte qu'en ce qu'elles n'ont point d'ailes ; mais on aperçoit déjà ces organes dans les nymphes. Sous ces différentes formes, les sauterelles se nourrissent de végétaux; elles sont très voraces. On en connaît plusieurs espèces ; les plus communes, en Europe, sont la *sauterelle verte*, la *grise*, et la *ronge-verrue*. On a souvent confondu la sauterelle avec le criquet (*voy.* ce mot). X.

SAUVAGES (de l'italien *selvagi*, mot dérivé lui-même du latin *silva*, *silvestris*, des bois). Les premiers hommes durent en effet habiter les forêts. On a souvent agité la question de savoir si l'état sauvage est plus naturel à l'homme que la civilisation, et des esprits supérieurs ont plaidé avec la même éloquence le pour et le contre (*voy.* BARBARIE T. III, p. 20). Si l'existence libre et nomade de l'Arabe, si les habitudes capricieuses et indépendantes des peuplades du Nouveau-Monde semblent plaider en faveur de l'état sauvage, il faut faire aussitôt la part du climat sous lequel le hasard les a fait naître. Dans nos contrées, qui ne doivent leurs richesses qu'à la main industrieuse de l'homme, que deviendraient les populations, si le travail et la propriété ne procédaient pas de principes civilisateurs? Chez nous surtout, selon la parole d'Aristote, l'homme est un être essentiellement social (ζοὸν πολίτιχον). Il est d'ailleurs bien démontré aujourd'hui que, sous le rapport physique, l'homme civilisé l'emporte de beaucoup sur l'homme sauvage, en raison sans doute de la régularité de son existence, et qu'en même temps, sous le rapport intellectuel et moral, ses avantages dérivent naturellement de sa façon de vivre. Si parfois le sauvage se montre plus intrépide et sait mieux défier la mort, c'est qu'il sent moins le prix de la vie que l'homme civilisé. Il en est de même de toutes les impressions physiques et morales que notre nature reçoit si aisément, et qui glissent sur celle du sauvage sans y laisser de traces. Il ne nous reste plus alors qu'à déplacer la question, et à nous demander lequel est le plus heureux, du sauvage qui a moins de peines, mais aussi moins de plaisirs, qui passe une grande partie de sa vie dans l'isolement, dans les privations, ou de l'homme social qui, s'il emploie les deux tiers de sa vie au travail, a pour dédommagement des soins moraux, des douceurs physiques et des jouissances intellectuelles?

Quoi qu'il en soit, et malgré les efforts de la civilisation qui marche tous les jours de conquête en conquête, nous sommes forcés de convenir que l'état sauvage est loin encore de se voir entièrement extirpé de notre globe. Nous comptons d'abord en Afrique de nombreuses peuplades nègres, sans lois, sans organisation raisonnable et dont quelques-unes ne connaissent ni les liens du mariage, ni ceux de la paternité : ce sont eux qui fournissent la plus ample pâture à l'infâme trafic connu sous le nom de traite. Après eux viennent les Caffres (*voy.*), que le voisinage des Européens a dotés de quelques principes de civilisation. Leurs usages et leurs mœurs dénotent déjà une intelligence un peu plus développée. Au même degré, ou à peu près, nous voyons les sauvages de la mer du Sud, qui reconnaissent des chefs et ont quelques notions des échanges commerciaux, ainsi que certaines tribus de l'Amérique méridionale. Le climat plus froid de l'Amérique septentrionale a rendu les tribus sauvages qu'elle recèle plus robustes et plus industrieuses, mais en même temps plus indomptables et plus féroces (*voy.* INDIENS). C'est chez elles que se conserve encore de nos jours les horribles traditions de l'anthropophagie. Beaucoup de peuples de la Sibérie orientale et des îles voisines vivent également à l'état sauvage. Un jour viendra sans doute où , suivant l'exemple de leurs aînés en civilisation , eux aussi dépouilleront complétement les langes de la barbarie, et se souviendront des hautes destinées promises à notre espèce et que l'homme ne peut atteindre que par des efforts incessants et des luttes courageuses. D. A. D.

SAUVEUR , ou RÉDEMPTEUR DU

MONDE, *voy.* JÉSUS-CHRIST, MESSIE et RÉDEMPTION.

SAUZET (JEAN-PIERRE), fils d'un habile médecin de Lyon, est né dans cette ville vers l'année 1795. Il était, en 1830, l'un des plus célèbres avocats du barreau lyonnais, lorsque M. de Chantelauze (*voy.*), du dernier ministère de Charles X, traduit en jugement devant la cour des Pairs avec ses collègues, le choisit pour son défenseur. M. Sauzet était alors compté au nombre des partisans de la branche déchue des Bourbons, et ce fut le souvenir du procès de 1830 qui lui fit obtenir, aux élections de 1834, les voix de la majorité légitimiste de Lyon, et de celle de Villefranche. Il opta pour sa ville natale, et vint s'asseoir à la Chambre auprès de M. Berryer. Mais peu à peu, il se rapprocha du centre, et une année ne s'était pas écoulée qu'il était devenu l'un des plus fermes appuis du ministère. Nommé rapporteur de la loi de sept. 1835 sur la presse, il concluait à l'adoption en ajoutant encore à la rigueur de ses dispositions. Ce rapport lui valut la vice-présidence de la Chambre (30 déc.), et moins de deux mois après, le 22 février 1836, il fit partie du ministère de M. Thiers, en qualité de garde-des-sceaux. Le 26 mars suivant, il montait à la tribune, et, dans un discours d'apparat, il développait, au nom de ses collègues, les principes qui devaient désormais devenir la base d'une politique toute nouvelle de conciliation et de rapprochement des partis. C'est là qu'il faut aller chercher la profession de foi personnelle de M. Sauzet, politique modéré et parfois indécis. « Nous voulons, « disait-il alors, la stabilité des lois, et « avec leur stabilité, nous voulons leur « franche et loyale exécution, avec mo- « dération, mais avec confiance. » M. Sauzet quitta le pouvoir avec M. Thiers, le 6 septembre 1836, pour faire place à M. Persil, garde-des-sceaux du ministère Molé. Il employa une partie de l'année 1838 à voyager en Belgique et en Prusse, afin de se familiariser avec l'étude des questions industrielles. L'année suivante, le 14 mai, une majorité de 213 voix le porta à la présidence de la Chambre, en remplacement de M. Dupin, et

en opposition avec M. Thiers, qui, au 2ᵉ tour de scrutin, avait eu 206 voix. Cette position exceptionnelle ne l'empêcha pas de prendre part à la célèbre coalition de 1838-39, qui renversa M. Molé. Depuis cette époque, M. Sauzet a toujours conservé la présidence de la Chambre ; il en a dirigé les délibérations pendant la discussion du projet de loi concernant la régence, et a eu souvent l'occasion, dans les compliments du jour de l'an ou de la fête du roi, ainsi que dans les discours adressés à ses collègues au moment de prendre possession du fauteuil, de manifester son attachement à la famille régnante, à la liberté parlementaire et aux institutions libérales qui nous régissent. Relativement à sa nuance d'opinion, on le classe avec MM. Dufaure, Passy et un petit nombre d'autres hommes politiques, dans la fraction du centre gauche qui s'est séparée de M. Thiers en 1839, mais qui paraît réconciliée aujourd'hui avec ce chef d'un des grands partis qui divisent l'assemblée.   D. A. D.

SAVANES, grandes plaines couvertes d'herbes qui s'étendent sur les bords des affluents du Mississipi (*voy.*), dans la confédération des états du nord de l'Amérique. C'est particulièrement dans l'état d'Illinois que ces prairies naturelles ont une étendue immense ; elles occupaient naguère les deux tiers de sa superficie, laquelle était évaluée à environ 4,600 lieues carr.; elles se prolongent également dans les états d'Ohio et d'Indiana, et on en voit de non moins considérables depuis le haut Missouri jusqu'aux montagnes Rocheuses, dans le Nouveau-Mexique, et sur le territoire de l'Orégon (*voy.*). On distingue les *hautes* savanes des *basses* : le sol marécageux des dernières ne produit que des joncs et des herbes, tandis que les hautes savanes sont entrecoupées de bouquets d'arbres et souvent bordées de forêts. Une terre végétale de quelques pieds d'épaisseur couvre la plupart des savanes, et dans cette terre poussent des herbes de diverses espèces, ainsi que la folle avoine, qui donne lieu, comme on sait, à des récoltes considérables utiles à la subsistance des tribus sauvages. Les savanes offrent des pâturages naturels aux troupes de bisons et de buffles, du moins dans les contrées où l'agriculture n'a pas encore pénétré. Des essaims de mousquites les infestent en été. Ces plaines disparaissent peu à peu sous la bêche des colons le long des rivières navigables, et déjà ce n'est plus que de tradition que l'on connaît, dans la confédération américaine, les déserts d'autrefois, qui avaient plusieurs journées de long, et dans lesquels on ne découvrait pas la trace d'un être humain. On est obligé de traverser maintenant la chaîne des montagnes Rocheuses pour retrouver des solitudes de cette étendue. Il n'est pas rare en été que les herbes sèches des savanes, allumées soit par le feu du ciel, soit par les sauvages qui veulent s'emparer du gibier fuyant, s'embrasent, et donnent lieu à des incendies effrayants qui, la nuit, éclairent tout l'horizon et ne cessent que lorsque tout est réduit en cendres.

Les *pampas* de l'Amérique du Sud ne sont pas autre chose que de vastes savanes.   D-G.

SAVANTS (JOURNAL DES), *voy.* REVUE, T. XX, p. 459.

SAVARY (ANNE-JEAN-MARIE-RENÉ), duc DE ROVIGO, lieutenant général, grand-croix de la Légion-d'Honneur, etc., naquit à Marc, canton de Vousiers (Ardennes), le 26 avril 1774. Fils de l'ancien major du château de Sédan, il fut, comme ses deux frères, morts depuis au service, destiné de bonne heure à l'état militaire. Après avoir achevé ses études, en qualité d'élève du roi, au collège de Saint-Louis, à Metz, il entra, en 1789, comme volontaire dans le régiment de cavalerie Royal-Normandie, où, après un an d'épreuve, il passa sous-lieutenant. La guerre aidant, ainsi que l'émigration d'une partie de ses camarades, il fut nommé capitaine à 19 ans. Il servait alors sous Custine, à l'armée du Rhin. Forcé de se rendre à Paris pour se justifier de certaines imputations qui venaient de coûter la vie à son général en chef, il laissa passer le danger avant de retourner à son poste. Il assista aux désastres de l'armée du Rhin, et fut désigné pour aller prévenir l'armée de Sambre-et-Meuse de l'état des choses. Lorsque Pichegru, auquel Savary avait été quelque temps attaché comme officier d'ordonnance, céda son commandement à Moreau, celui-ci, au passage du Rhin, chargea Savary d'opérer une diversion. Sa conduite brillante à Friedberg lui valut les félicitations du Directoire, et l'honneur de commander une compagnie d'arrière-garde, pendant la célèbre retraite d'Allemagne. Au second passage du Rhin, ce fut lui encore qui dirigea les troupes de débarquement, et il trouva sur l'autre rive le grade de chef de bataillon. Arrêté dans sa course par les préliminaires de Léoben, il suivit Desaix à Paris, et s'attacha de plus en plus à sa fortune. Pendant toute la campagne d'Égypte, il l'accompagna en qualité d'aide-de-camp, soit en Syrie, soit aux conférences d'El-Arisch; puis il revint avec lui en France, et reçut son dernier soupir à Marengo. A la suite de cette catastrophe, l'aide-de-camp de Desaix devint celui du premier consul, qui, pendant plusieurs années, ne l'employa qu'à des voyages politiques en Italie, dans la Vendée et aux Pyrénées Orientales.

Peu à peu, Bonaparte prit Savary en affection et se reposa sur lui du soin de sa sûreté; il le nomma colonel, commandant la légion de gendarmerie d'élite chargée spécialement de sa garde, et général de brigade. En 1804, chargé du commandement des troupes réunies à Vincennes, il présida à l'exécution de l'infortuné duc d'Enghien (*voy.*), qui, malgré la demande du prince de voir le premier consul, fut hâtée avec une impatience dont Savary chercha vainement à se défendre dans la suite. Cependant il fut loin d'encourir la disgrâce de Napoléon, qui, peu de temps après, l'avança au grade de général de division. Savary fit alors plus d'un jaloux par sa position auprès du maître. Pour la justifier, toutefois, il ne recula pas devant sa part de travaux et de dangers. En 1805, Napoléon, avant et après Austerlitz, lui confia une mission secrète auprès de l'empereur Alexandre. En 1806, il lui donna à commander deux régiments de cavalerie légère pour empêcher la réunion de divers corps prussiens dispersés par la victoire d'Iéna. Envoyé ensuite à Hamelin, en qualité de général en chef, afin d'en faire le siége, il fut rappelé à Varsovie pour recevoir, à la place de Lannes, le commandement du 5e corps. Après la bataille d'Eylau, il fut chargé de couvrir la position de Varsovie contre les Russes, et remporta sur eux une brillante victoire à Ostrolenka, le 16 févr. 1806. Ce beau fait d'armes lui mérita le grand-cordon de la Légion-d'Honneur et le brevet d'une pension de 20,000 fr. Heilsberg et Friedland lui valurent le titre de duc de Rovigo. Envoyé à Kœnigsberg pour gouverner la vieille Prusse, il en fut rappelé à la suite de la paix de Tilsitt, et il partit pour Saint-Pétersbourg avec la triple mission d'opérer un rapprochement entre la Russie et la Porte, de faire déclarer la guerre à la Suède pour la détacher de l'alliance anglaise et, s'il était possible, d'armer les Russes eux-mêmes contre l'Angleterre.

De retour à Paris, en janvier 1808, il partit immédiatement pour l'Espagne, dans le but de décider les princes de la maison de Bourbon (*voy.* CHARLES IV et FERDINAND VII) à venir à Bayonne accepter la médiation de l'empereur. Pour compléter cette œuvre de déchéance, il reçut, en remplacement de Murat, le commandement de l'armée chargée de l'intronisation du roi Joseph. Une fois ce résultat obtenu, il retourna auprès de l'empereur, l'accompagna à Erfurt, en oct. 1808, puis à Madrid, et enfin à Wagram, le 9 juillet 1809. En mai 1810, il suivit Napoléon, nouvellement uni à Marie-Louise, dans leur voyage des Pays-Bas. Au retour, il fut désigné pour remplacer le duc d'Otrante dans le ministère de la police générale (3 juin 1810). Son passage aux affaires fut principalement marqué par la conspiration du général Malet (*voy.*), qui vint mettre son dévouement à l'épreuve. Nous avons raconté ailleurs comment le duc de Rovigo, surpris à sept heures du matin dans son lit par Lahorie et Guidal, fut conduit à la Force. Il n'y resta que peu de temps; on sait le dénouement sanglant de cette échauffourée. Plus heureux que ses confrères du pouvoir, il conserva son ministère au retour de l'empereur, et ne le quitta qu'en 1814, après la dissolution du conseil de régence, dont il faisait partie, et l'entrée des alliés à Paris.

Pendant les Cent-Jours, le duc de Rovigo fut créé pair de France, et reçut le commandement de la gendarmerie. Toujours fidèle à la personne de l'empereur, il voulut l'accompagner à Sainte-Hélène; mais, saisi par les Anglais sur le *Bellérophon*, il fut conduit à Malte, où, pendant une captivité de sept mois, il traça le plan de ses Mémoires. Il parvint enfin à s'évader, se réfugia à Smyrne et de là en Autriche; mais, placé sous le coup d'une condamnation par contumace, et inquiété à ce sujet, il revint à Smyrne; et en janvier 1819, il s'embarqua pour l'Angleterre. Si près de sa patrie, il voulut la revoir, et le 27 déc. suivant, il vint à Paris purger sa contumace. Défendu par M. Dupin aîné et acquitté, il fut rétabli dans ses grades et honneurs, mais sans être employé. Il profita des loisirs de sa retraite pour mettre au jour, en 1823, la brochure sur la mort du duc d'Enghien à laquelle nous avons déjà fait allusion (*voy.* aussi T. IX, p. 537). Cet écrit, qui contenait de graves imputations contre le prince de Talleyrand, alors en faveur, compléta sa disgrâce; et désormais, il n'eut plus d'autre soin que celui de rédiger ses *Mémoires*, qui parurent en 1828, et causèrent quelque sensation dans le monde politique.

Le duc de Rovigo s'était retiré à Rome avec sa famille, lorsque éclata la révolution de 1830, à la suite de laquelle il fut rétabli sur le cadre d'activité. Appelé, le 1er déc. 1831, au commandement en chef de l'armée d'Afrique, il déploya, pendant sa courte administration de notre nouvelle colonie, un zèle qui, par malheur, n'eut pas le temps de porter ses fruits. Le climat algérien lui fit contracter une maladie qui le força de repasser en France, où il mourut le 2 juin 1833, laissant une nombreuse famille et une fortune médiocre.   D. A. D.

SAVE, grande rivière de la Carniole et de la Croatie (*voy.* ces noms et ILLYRIE) qui, après un cours de 85 milles géogr., se réunit au Danube (*voy.*) près de Semlin, en Esclavonie.

SAVIGNY (FRÉDÉRIC-CHARLES DE), professeur de droit romain, ministre privé d'état et de justice en Prusse, naquit à Francfort-sur-le-Mein, en 1779. Après avoir terminé ses études et pris à Marbourg, en 1800, le bonnet de docteur, il se mit à voyager en Allemagne, en France et dans le nord de l'Italie, à la recherche des monuments encore inédits ou peu connus de l'histoire littéraire et du droit romain. De retour à Marbourg avec un riche butin, il ne tarda pas à obtenir une chaire de droit. Ce fut dans cette ville qu'il écrivit, en 1803, son excellent ouvrage sur *Le droit de propriété* (5e éd., Giessen, 1827). En 1808, il fut appelé à la faculté de droit de Landshut, et lorsque l'université de Berlin s'ouvrit, en 1810, il y obtint un des premiers une chaire. Nommé successivement membre de l'Académie des Sciences, du conseil d'état, réorganisé en 1817, et de la cour de révision, instituée pour les provinces rhénanes, il n'en continua pas moins avec une assiduité rare ses leçons sur les institutes, sur l'histoire du droit romain et sur les pandectes, leçons qui se distinguaient autant par la clarté, la précision et la pureté du débit, que par la richesse et la nouveauté des aperçus. M. de Savigny est compté parmi les chefs de l'école historique des jurisconsultes, quoiqu'on ne puisse pas l'en regarder comme le fondateur sans injustice envers J.-G. Schlosser et M. Hugo (*voy.* T. Ier, p. 475); il est vrai qu'il a été le premier à accepter pour lui et ses disciples cette dénomination. Selon lui, il ne faut chercher les fondements du droit ni dans le caprice des hommes, auteurs de la législation positive, ni dans la législation de la raison. Il a développé cette opinion dans un traité spécial, à l'occasion du vœu émis par Thibaut, Schmid, Gœnner et d'autres jurisconsultes, que l'on promulguât pour l'Allemagne entière un code civil, un code de procédure et un code pénal uniformes. Dans cet écrit, intitulé *De la mission de notre siècle relativement à la législation et à la science du droit* (Berlin, 1814), il cherche à prouver que de nouveaux codes ne sont ni nécessaires ni possibles, que les codes de la France, de l'Autriche et de la Prusse, ne peuvent être adoptés en tous pays, qu'enfin la langue allemande n'est pas mûre pour servir à formuler une législation. Cet ouvrage renferme sans doute beaucoup

de paradoxes; mais il est précieux pour la foule de recherches historiques qu'il contient. M. de Savigny en a inséré une partie dans son grand travail sur l'*Histoire du droit romain au moyen-âge* (Heidelb., 1815-31, 6 vol.; 2e éd. in-8°, 1834 et ann. suiv.; trad. en franç. par Ch. Guenoux, avec une introduction du même, Paris, 1830 et suiv., t. I-III); le reste, il l'a fait imprimer dans les Mémoires de l'Académie des Sciences et dans le Journal de jurisprudence historique que, depuis 1815, il publie à Berlin, avec MM. Eichhorn et Gœschen. Une érudition rare, un talent singulier à rapprocher et à combiner les faits, beaucoup de sagacité et de critique, une élégance de style peu commune en Allemagne, telles sont les qualités qui distinguent les écrits de ce savant et leur donnent un grand prix, même aux yeux de ceux qui n'appartiennent pas à son école. Dans ces derniers temps, M. de Savigny a été appelé à partager avec M. Muhler la direction du ministère de la justice, où il est spécialement chargé du département de la révision des lois. Il est associé étranger de l'Académie des Sciences morales et politiques de l'Institut de France.   *C. L.*

SAVOIE. Cet ancien duché, formant aujourd'hui l'une des divisions du royaume sarde (*voy.*), est situé entre 45° 4' et 46° 24' de lat. N., et 3° 16' et 4° 48' de long. or. de Paris : sa plus grande longueur, du nord au sud, est de 33 lieues, et sa plus grande largeur d'environ 25 *. Bornée au nord par la Suisse et le lac de Genève, à l'ouest et au midi par la France, à l'est par la Suisse et le Piémont, la Savoie occupe cette partie des Alpes que les anciens comprenaient sous la dénomination d'Alpes *Pennines*, *Grecques* ou *Graïes* et *Cottiennes*. Les sommités les plus hautes de cette chaîne se trouvent sur son territoire : le géant des Alpes, le Mont-Blanc (*voy.*), s'y élève à une hauteur de 14,700

(*) M. Paul Chaix, auteur d'une excellente carte de la Savoie, en évalue la superficie, y compris les lacs d'Annecy, du Bourget et Aiguebelle, à 1,086,724 hect., ou à 10,867 kilom. carr., ce qui ne dépasse pas de beaucoup l'étendue de la Gironde, le plus grand des départements de la France. Sur ce chiffre, 2,018 kil. carr. reviennent à la Maurienne et seulement 634 à Carouge.   **S.**

pieds, et le point le plus bas de la Savoie, Saint-Génin d'Aoste, est encore à 612 pieds au-dessus du niveau de la mer. Les principales rivières sont la Drance, l'Arve, les Usses, le Fier, la Laine, le Guier, l'Isère; elles se jettent toutes dans le Rhône ou dans le lac de Genève. La Savoie peut se diviser, sous le point de vue géologique, en trois zones bien distinctes : la zone primitive, qui passe par le Mont-Blanc; la zone des terrains de transition, qui s'étend en largeur jusqu'aux montagnes sur la limite de la Savoie et du Piémont, et la zone secondaire, dont le Jura forme la chaîne principale. On retrouve sur presque toute l'étendue de ces trois zones des dépôts de terrain diluvien, de gypse, et des blocs erratiques. Le sol bouleversé de la Savoie porte la trace de toutes les révolutions physiques qui se sont succédé sur notre globe, et l'on peut, en un jour, parcourir tous les degrés de l'échelle géologique. Ses eaux charrient de l'or, et ses montagnes recèlent de l'alun, du soufre, de la magnésie, du plomb, du fer, du cuivre et de l'argent. Le voyageur qui parcourt la Savoie rencontre à chaque pas des curiosités naturelles et des beautés pittoresques dignes de fixer son attention : il suffira de citer le magnifique lac de Genève, ceux d'Annecy, du Bourget, de Morion, de Haute-Luce et du Mont-Cenis, et les eaux souterraines de la grotte de Bauge. Ajoutez à cela des glaciers, des cascades, des fontaines intermittentes, des eaux thermales, de riantes vallées et des gorges sauvages, des montagnes boisées comme celles du Chablais, et des cimes nues et arides comme celles qui avoisinent le Mont-Blanc. Il n'est aucune contrée en Europe où la propriété territoriale soit plus morcelée qu'en Savoie, parce qu'on y compte peu de grandes fortunes : aussi le pays est-il bien cultivé. Comme la Savoie possède peu de terrains propres à la culture, les habitants y suppléent à force de travaux et de persévérance : rien de plus intéressant que cette lutte de l'industrie humaine contre l'âpreté de la nature. Les céréales de tout genre, les fruits les plus variés, les pâturages, le mûrier, composent, avec la vigne, que l'on rencontre jusque dans les

hautes vallées qui se rapprochent des glaciers, la principale richesse du pays. Cependant la Savoie, quoique essentiellement agricole, n'est pas sans industrie : on y trouve des fabriques de tissus, des papeteries, des tanneries, des fonderies de métaux, etc. Le pays exporte aussi des bêtes à cornes, des mulets, des fruits, des fromages, des pelleteries, du chanvre, de la soie, des arbres, des cristaux. Le duché de Savoie a été divisé, par un édit du 10 nov. 1818, en 8 provinces, subdivisées en 51 mandements. Les 8 provinces sont la Savoie propre, la Haute-Savoie, Carouge, le Chablais, Faucigny, le Genevois, la Maurienne, la Tarentaise. Chambéry, ville de 14,000 âmes, est la capitale de la Savoie, et la population totale du pays était, en 1830, de 527,000. La Savoie a un gouverneur militaire, un sénat pour la justice, et un intendant général pour l'administration civile et les finances. Elle est libéralement dotée sous le rapport de l'instruction publique : l'enseignement primaire y est depuis longtemps organisé; l'enseignement secondaire, répandu avec profusion, y est entièrement gratuit. Près de 30,000 Savoyards émigrent chaque année et vont passer l'hiver en France, en Suisse, en Italie et en Espagne, pour y exercer différentes industries.

Pour l'histoire de la Savoie, *voy.* SARDE (*royaume*).　　　　　　　A. B.

SAVON. Ce corps est le résultat de l'action d'une base, le plus souvent alcaline, sur un corps gras d'origine végétale ou animale. Le savon paraît avoir été connu des Égyptiens et des Hébreux. Pline en fait mention sous le nom de *sapo*, et attribue sa découverte aux Gaulois. Celui que fabriquaient les Germains était très recherché à Rome du temps des empereurs. Les Romains pratiquaient aussi cette industrie, car on a découvert dans les ruines de Pompéïa, ensevelie en 79 sous les cendres du Vésuve, un atelier complet de savonnerie avec ses différents ustensiles et des baquets pleins de savon, dans un très bon état de conservation, bien que sa préparation remontât à plus de 17 siècles.

On peut partager les savons en deux grandes classes: les savons solubles dans l'eau, ce sont ceux de potasse, de soude et d'ammoniaque; et les savons insolubles, qui sont formés par les autres oxydes métalliques. Les premiers sont seuls employés dans l'économie domestique; on sait qu'ils servent au nettoyage des vêtements, au dégraissage des tissus ou des fils de laine, au décreusage de la soie, enfin aux soins de la propreté.

Les savons solubles sont de deux sortes.

Les *savons durs* ont pour base la soude; ils se préparent avec l'huile d'olives, le suif et diverses graisses; en France, en Italie et en Espagne c'est l'huile d'olives de qualité inférieure qu'on emploie le plus souvent; on y ajoute toujours une certaine quantité d'huile de graines qui rend, comme on dit, la coupe du savon douce en diminuant sa consistance. Pour la préparation du savon blanc, on emploie les huiles les moins colorées. En Angleterre, dans le nord de l'Europe et de l'Amérique, à défaut d'huile d'olives, on emploie le suif ou les graisses animales. Les *savons mous* se préparent au moyen des huiles de graines, telles que celles de chènevis, de lin, de colza, de sésame, etc. On fait aussi, au moyen de l'axonge, un savon mou pour l'usage de la toilette. Les huiles de graines se distinguent en huiles chaudes et huiles froides, ce qui signifie que les premières se figent à une température moins basse que les secondes. Dans le nord de la France, on emploie les huiles froides à la préparation des savons mous, lesquels sont généralement colorés en vert ou en noir soit à l'aide de l'indigo, soit au moyen du sulfate de fer et de la noix de galle.

Les savons à base de soude et de potasse sont très solubles dans l'alcool bouillant, qui est leur véritable dissolvant; l'eau pure les dissout aussi, surtout à chaud, pourvu que la quantité d'eau ne soit pas trop considérable. Lorsqu'on ajoute en effet un grand excès d'eau à leur dissolution, le savon est décomposé : il se précipite une matière nacrée, douée de beaucoup d'éclat; c'est un savon avec excès d'acide gras, tandis qu'une portion de l'alcali reste libre. On sait que les eaux calcaires et les eaux séléniteuses, c'est-à-dire celles qui contiennent du carbonate et du sulfate de chaux

en dissolution, comme l'eau des puits de Paris, l'eau d'Arcueil, etc., forment avec le savon des dépôts blancs, floconneux et comme caillebotés : ces eaux sont, par suite, impropres au savonnage; on dit vulgairement qu'elles ne prennent pas le savon; ces dépôts sont des savons calcaires, résultant de la combinaison des acides gras avec la chaux. On rend ces eaux propres au savonnage en y ajoutant une petite quantité de cristaux de soude (carbonate de soude cristallisé), lesquels précipitent la chaux à l'état de carbonate calcaire; l'eau claire qui surnage au bout d'un certain temps prend le savon et peut servir même, à défaut d'une eau plus pure, à la cuisson des légumes.

L'acte de la formation d'un savon, comme résultat du contact d'une matière grasse avec un alcali, est désigné sous le nom de *saponification*. La théorie de cette opération a été pendant bien longtemps erronée. C'est à M. Chevreul qu'on doit d'avoir dissipé les épaisses ténèbres qui la cachaient aux yeux des anciens chimistes; c'est lui qui dans une série d'admirables mémoires, qui n'exigèrent pas moins de 12 années de travaux assidus, dévoila la véritable nature des corps gras et celle des savons. Exposons d'une manière sommaire la théorie de la saponification, telle qu'on la conçoit aujourd'hui.

Les huiles fixes et les graisses peuvent être considérées comme des mélanges en proportions variables de certaines substances organiques neutres, d'une composition définie et invariable. Les plus communes de ces substances, celles qui constituent la plupart des corps gras, sont la *stéarine*, la *margarine* et l'*oléine* (*voy.* GRAISSE) : la première se rencontre particulièrement dans les corps gras d'origine animale; les deux autres constituent la plupart des matières grasses végétales, et elles existent aussi, conjointement avec la stéarine, dans celles qui proviennent des animaux. Or, lorsqu'on fait agir un alcali caustique sur l'une de ces matières, elle est décomposée, surtout si l'action s'accomplit à la température de l'ébullition de l'eau; elle éprouve un véritable dédoublement et elle se transforme d'une part en un acide gras qui s'unit à l'alcali pour former un savon, d'autre part en une substance particulière, qui reste en dissolution dans l'eau au milieu de laquelle la saponification s'accomplit. Cette dernière substance se distingue par une saveur sucrée qui lui a fait donner par Scheele, qui l'a découverte, le nom de *principe doux des huiles* : on la désigne maintenant sous celui de *glycérine* (*voy*.). L'acide gras qui s'est formé est l'*acide stéarique*, l'*acide margarique* ou l'*acide oléique*, selon qu'il provient de la stéarine, de la margarine ou de l'oléine. Ainsi le savon de Marseille, fait avec l'huile d'olives et la soude, est un mélange d'oléate et de margarate de soude ; le savon de Windsor, qu'on fabrique avec le suif, contient, outre ces deux sels, du stéarate de soude ; de plus, les savons, même les plus secs, renferment toujours une forte proportion d'eau.

Les principales opérations d'une fabrique de savon, sont les suivantes : 1° préparation des lessives caustiques ; 2° empâtage de l'huile ; 3° relargage de la pâte saponifiée ; 4° coction du savon ; 5° madrage (ou moyen de marbrer le savon) ; 6° coulage du savon dans les mises ou caisses ; 7° division du savon en gros pains et subdivision de ces derniers en barres. Dans le cas où l'on fabrique du savon blanc, le madrage se trouve supprimé.

On emploie, dans le courant de la fabrication, deux sortes de lessives : l'une est caustique et ne contient que de la soude pure ; elle sert à l'*empâtage de l'huile* ; l'autre contient du sel marin, et s'emploie pour le *relargage* et la *coction du savon*. La première s'obtient en ajoutant à la soude artificielle, aussi exempte que possible de sel marin, le tiers de son poids de chaux éteinte et en lessivant le mélange dans des bassins en maçonnerie appelés *barquieux* ; l'autre en remplaçant une partie de la soude ordinaire par de la *soude salée*, contenant au moins 50 centièmes de sel marin.

Le savon se fabrique à Marseille dans de grandes chaudières à parois inclinées en briques et à fond de cuivre, pouvant contenir jusqu'à 12,000 kilogr. de savon qu'on y fait à chaque opération. L'huile d'olives, toujours mélangée d'une certaine quantité d'huile de moindre valeur, étant versée dans la chaudière, on procède à l'empâtage en agitant avec de la lessive faible portée à l'ébullition : on obtient ainsi une pâte molle, une émulsion, et le mélange se trouve convenablement préparé pour la saponification ; on en sépare l'eau qui a été employée en trop grande quantité (relargage) ; puis on ajoute à diverses reprises des lessives fortes, et on procède à la coction, qui dure 10 à 18 heures ; c'est pendant ce temps que la saponification a lieu. Lorsque le savon est parfaitement cuit, la pâte devient dure par le refroidissement ; sa couleur est d'un gris bleuâtre foncé, uniforme, due à un mélange de sulfure de fer et de savon alumino-ferrugineux ; on a eu soin, en effet, d'ajouter à la lessive, lors de l'empâtage, une certaine quantité de sulfate de fer, destinée à produire la couleur bleue qui caractérise le savon marbré dit *de Marseille*. Pour produire une coloration en veines bleues tranchées sur un fond blanc, on procède au *madrage* ou à la *madrure* ; pour cela, *on épuise*, c'est-à-dire on soutire la lessive qui reste, puis on mouve la pâte dans toutes les parties de la chaudière et on y verse de temps en temps de la lessive faible ; la liquéfaction du savon se produit et la partie colorée, par suite de l'agitation, se répand dans la masse et détermine les veines bleuâtres qu'on cherche à produire dans le savon marbré. Enfin on enlève le savon des chaudières de cuite en le puisant avec des poches à long manche, et en le jetant dans un canal incliné en bois qui le conduit dans les caisses ou mises destinées à le recevoir ; au bout de 8 ou 10 jours, il a acquis assez de consistance pour supporter le poids d'un homme qui, au moyen d'un long couteau, le débite en pains de la dimension exigée par le commerce.

Ces détails sont à peine suffisants pour donner une idée de cette importante fabrication ; ajoutons que cette industrie, pratiquée sur une immense échelle à Marseille, s'exécute dans cette ville comme dans plusieurs localités par des procédés qui varient très peu, et qui ne paraissent guère susceptibles de recevoir des progrès de la science des perfectionnements importants, quoiqu'ils soient aujourd'hui ce qu'ils étaient il y a un siècle, bien avant que la théorie exacte des opérations que nous venons de décrire fût établie.

Outre le savon marbré et le savon blanc de Marseille, on fabrique plusieurs autres sortes de savon que nous devons mentionner. Les *savons mous*, comme nous l'avons dit, se préparent en général avec des huiles de graines et de la potasse; le *savon de résine*, qui est employé maintenant en grande quantité, surtout en Angleterre, s'obtient en ajoutant à du savon de suif, pendant sa préparation, le tiers ou le quart de son poids de résine.

Les *savons de toilette* constituent une branche d'industrie spéciale qui depuis quelques années a pris une grande extension. Ces savons présentent la même composition que les savons ordinaires, seulement ils sont préparés avec plus de soin, et on les parfume le plus souvent; les uns sont fabriqués avec de l'axonge (graisse de porc) ou du suif; les autres avec les huiles d'olives, d'amandes ou de palmier. Ces savons, mélangés en proportions convenables et parfumés suivant le goût du consommateur par l'addition de diverses huiles essentielles, constituent les variétés infinies des savons de toilette. Le *savon de Windsor*, par exemple, est un savon d'axonge et d'huile d'olives aromatisé avec les essences de carvi, de lavande et de romarin. Les *savons légers* se préparent en ajoutant à la pâte saponifiée un septième ou un huitième de son volume d'eau, et en agitant le mélange sans interruption jusqu'à ce que la masse en moussant ait doublé de volume; on la verse alors dans les mises. Pour les *savons transparents*, on dissout du savon de suif coupé en copeaux et bien desséché à l'étuve dans un poids d'alcool égal à son propre poids; quand la masse est bien liquide, on laisse déposer et on coule dans des mises en ferblanc disposées de manière à donner des formes et des reliefs divers aux pains. Enfin, dans ces derniers temps on a inventé le *savon ponce*, qui est du savon additionné de pierre ponce pulvérisée, et le savon dit *hydrofuge*, qui a la pro-

priété précieuse de rendre imperméable à l'eau une étoffe qu'on trempe dans sa dissolution bouillante : c'est du savon ordinaire auquel on a ajouté une forte portion d'alun.　　　　E. P.

SAVONAROLE (JÉRÔME) naquit à Ferrare en 1452. Destiné par sa famille à l'étude de la médecine, il abandonna cette carrière que son grand-père avait parcourue avec éclat, s'enfuit de la maison paternelle, et alla s'enfermer, à l'âge de 14 ans, dans un couvent de l'ordre de Saint-Dominique. Quelques années après, ayant échoué comme orateur, il fut envoyé à Bologne, où il professa la métaphysique et la physique avec beaucoup de succès. Laurent de Médicis l'ayant appelé à Florence, il reparut dans la chaire et y déploya une éloquence si entraînante que l'église était trop petite pour contenir les auditeurs. Bientôt, prenant les vœux de son âme ardente et un peu ambitieuse pour des révélations du ciel, il se mit à jouer le rôle de prophète et à annoncer une régénération complète de l'Église et de l'État. Traité par les uns de fanatique, et par les autres d'imposteur, mais respecté de la foule comme un saint, il rompit tous les liens qui l'attachaient à Laurent de Médicis, et, s'il consentit à aller visiter ce prince sur son lit de mort, ce fut pour le sommer de rendre la liberté à sa patrie.

Après le bannissement des Médicis (*voy.*), Savonarole se trouva en quelque sorte le chef de la république, laquelle fut reconstituée selon ses idées. Tant qu'il ne s'occupa que de réformes politiques, son crédit alla toujours croissant; mais lorsqu'il voulut toucher à l'Église, lorsqu'il accusa le pape de ne pas être un véritable évêque, de n'être même pas un chrétien, lorsque surtout il entreprit de ramener à l'observance de leurs règles le monastère de Saint-Marc, dont il était prieur, et les autres couvents de Florence, il rencontra une opposition formidable. Alexandre VI l'excommunia; les moines, principalement les franciscains, l'anathématisèrent du haut de la chaire comme un hérétique. Il se forma contre lui une ligue entre les amis des Médicis, les partisans du pape, les ordres religieux jaloux de celui de Saint-Dominique, et les libertins qui supportaient avec peine le changement salutaire qui s'était opéré dans les mœurs corrompues de Florence. L'opinion publique, travaillée par ses ennemis, commença à s'éloigner peu à peu de lui, et le résultat ridicule de l'épreuve du feu à laquelle il avait fini par consentir à se soumettre, à la demande du franciscain François de Pouille, dissipa le reste d'enthousiasme des Florentins. Savonarole fut arrêté, le jour même, et conduit en prison au milieu des huées de la populace. La torture le força à confesser tout ce qu'on voulut. Le 23 mai 1498, il fut brûlé avec deux de ses disciples, et ses cendres jetées dans l'Arno. On montre encore aujourd'hui avec vénération la cellule qu'il occupa dans le couvent de Saint-Marc. Il nous reste de Savonarole, outre de nombreuses lettres et des sermons, un traité intitulé *Triumphus crucis* qui a été publié avec ses autres écrits ascétiques à Florence, en 1492, in-fol.; une édition de ses ouvrages a aussi été publiée à Lyon, 1633-40, 6 vol. in-8°. Sa vie, écrite en allemand par M. Rudelbach (Hamb., 1835), vient de l'être aussi en français par M. l'abbé Carl.   E. H-G.

SAXE, contrée allemande qui a reçu son nom des *Saxons*, en allemand *Sassen, Sachsen*. Quant à ce dernier nom, quelques-uns le font venir de *sitzen*, être assis (à l'imparf. *sass*), en adoptant le sens d'hommes établis, propriétaires terriens; d'autres l'expliquent, comme le nom des Francs, par l'arme que portait ce peuple, espèce d'épée appelée *saxe, sahe*. Pfister, qui se range à ce dernier avis (*Histoire d'Allemagne*, or., t. I, p. 185), fait remarquer que dans le premier sens on ne disait pas *Saxen*, mais *Saten*, par exemple *Holsaten*, habitants du Holstein, contrée dépendante de la Chersonèse cimbrique où les Saxons avaient leurs premiers sièges en Europe. De là, ils se répandirent vers le sud jusqu'au pays des Chérusques, et, lorsque les Francs avancèrent vers la Gaule, ils allèrent occuper le pays par eux abandonné.

Réunis aux Angles du Jutland, les Saxons s'emparèrent, au ve siècle, de la principale île britannique, qu'ils dominèrent à peu près seuls jusqu'à la con-

quête des Normands, sous Guillaume Ier: de là le sobriquet de *Saxons* que les Irlandais donnent encore aujourd'hui aux habitants de la vieille Angleterre. *Voy.* ANGLO-SAXONS.

Ils avaient, dès les plus anciens temps, leur droit spécial connu sous la dénomination de *loi saxonne*, et qui fut écrit plus tard, notamment dans le *Sachsenspiegel* (*Speculum saxonicum*), dont la plus ancienne rédaction remonte aux années 1215 à 1218. Cette loi a été imprimée à plusieurs reprises : l'édition la plus récente est celle de Homeger, Berlin, 1827.

Le nom de Saxe est aujourd'hui attaché à un royaume qui jusqu'en 1806 avait porté le titre d'électorat, puis au grand-duché de Saxe-Weimar-Eisenach, et aux duchés de Saxe-Altenbourg, Saxe-Cobourg et Gotha, et Saxe-Meiningen. Nous traitons de ces pays saxons sous leur nom spécial : ici, c'est du royaume que nous avons à nous occuper; mais auparavant il convient de dire quelques mots de l'ancienne signification beaucoup plus étendue du nom saxon.

Dans le sens le plus large, la Saxe embrassait anciennement tous les pays compris entre le Bas-Rhin et l'Oder; mais le duché de Saxe, dont le possesseur, Henri-l'Oiseleur, en sa qualité du plus puissant prince allemand, devint, en 919, empereur d'Allemagne, était loin d'avoir des limites si vastes. Son étendue varia suivant les époques, ainsi qu'on le verra dans l'aperçu historique que nous donnerons plus loin. Cependant dans la division de l'Empire en cercles, ceux de la *Haute* et de la *Basse-Saxe* embrassaient presque tout le nord de l'Allemagne; car au premier appartenaient comme subdivisions l'électorat et les principautés de Saxe avec la Thuringe, l'évêché de Mersebourg, le Brandebourg avec toutes ses Marches, la Poméranie, et une foule de principautés, comtés et autres demi-souverainetés; au second, le duché de Magdebourg, l'électorat de Brunswic-Lunebourg, le duché de Brême, la principauté de Lunebourg-Celle, celles de Wolfenbüttel et de Halberstadt, les duchés de Mecklenbourg et de Holstein, les villes libres anséatiques, et une multitude d'autres petits territoires.

Une bien faible partie de ces divers pays appartient au royaume de Saxe, moins étendu même que n'était l'électorat à l'époque où Napoléon lui fit changer son titre.　　　　　　　　　　　　　**S.**

1º *Géographie et statistique.* Seul des grands états de l'Allemagne, le royaume de Saxe, au lieu de s'agrandir à la chute de l'empire Français, est tombé au rang d'un état du 4ᵉ ordre. Le congrès de Vienne ne lui a laissé que la moitié environ de sa superficie, ou 271 milles carr. géogr. *. Compris entre 50° 48′ 30″ et 51° 29′ de lat. N., et 29° et 32° 44′ de long. or., il est borné à l'est et au sud-est par la Bohême; à l'est, au nord-est et au nord par la Saxe prussienne; à l'ouest par le duché de Saxe-Altenbourg; au sud-ouest par les possessions de la maison de Reuss et le cercle bavarois du Haut-Mein. Ce pays n'a de frontières naturelles que du côté de la Bohême, dont il est séparé par une chaîne de montagnes en grande partie formée par l'Erzgebirge. Il n'a ni lacs ni canaux importants; mais outre l'Elbe (*voy.*), beau fleuve qui le traverse en se dirigeant vers le nord-ouest, il est riche en cours d'eau tels que l'Elster, la Mulde, la Saale, la Pleysse. Les sources minérales y abondent. Le climat est sain et tempéré; le sol, en général, médiocrement fertile. On trouve assez souvent des paillettes d'or dans les rivières; on extrait des montagnes de l'argent, du fer, du cobalt, du cuivre, de l'étain, du plomb, du mercure, du zinc, de l'antimoine et de l'arsenic. On y rencontre aussi le cinabre naturel, le bismuth solide, la plombagine, la mine de fer arsenicale, le véritable émeri, le feldspath, le marbre, la serpentine, le basalte, le charbon minéral, le quartz, et plusieurs espèces de pierres précieuses: la topaze, l'agate, l'onyx, l'améthyste, etc. Les forêts, qui couvrent presque le quart du pays, sont exploitées avec intelligence, et constituent une branche importante de la richesse publique. L'agriculture est portée à un haut degré de perfection; et l'éducation des bestiaux, surtout des bêtes à laine, est l'objet constant des soins

(*) Cela fait environ 14,900 kilom. carr., ou la superficie de trois de nos départements de grandeur moyenne.　　　　　　　　**S.**

et des encouragements du gouvernement. Sous le rapport de l'industrie, la Saxe se place à côté des états les plus avancés. Elle comptait, en 1837, 2,899 fabriques plus ou moins considérables; grâce à sa position centrale, à l'excellent état de ses routes, aux facilités qu'offre l'Elbe à la navigation, son commerce, quoique déchu, est encore dans un état florissant; l'impulsion donnée d'en haut à tous les pays de l'association douanière prussienne dont la Saxe fait partie (*voy.* T. VIII, p. 462), et les chemins de fer déjà en pleine activité de Dresde à Leipzig, et de Leipzig à Berlin et à Magdebourg, de même que celui qui est proposé de Leipzig à la frontière bavaroise, ne peuvent manquer de l'animer de plus en plus. La population totale du royaume s'élevait, le 1ᵉʳ février 1841, à 1,709,880 habitants d'origine teutonique et vénède, dont 831,870 du sexe masculin et 878,010 du sexe féminin, professant la religion protestante, à l'exception de 1,830 réformés, 30,100 catholiques, 84 grecs et 856 juifs. La Saxe est un des pays d'Allemagne où la culture intellectuelle est le plus développée. Leipzig (*voy.*) est toujours le centre de la librairie allemande. Le nombre des écoles élémentaires du royaume s'élève à 2,039; elles ont été fréquentées, en 1833, par 274,305 enfants de 6 à 14 ans, et même au-delà; 7 écoles normales, avec environ 230 élèves, sont chargés de former de bons instituteurs. L'instruction supérieure est donnée dans les écoles royales de Meissen et de Grimma, et dans 12 gymnases ou écoles supérieures fréquentées par environ 1,900 élèves. En 1840, 910 étudiants, dont les deux neuvièmes étaient étrangers, suivaient les cours de l'université de Leipzig. Parmi les écoles spéciales, on doit citer celle des mines de Freiberg, l'école forestière de Tharand, près de Dresde, avec une institution d'économie rurale, l'école de médecine et l'institut technique de cette résidence, l'école de commerce de Leipzig.

Depuis 1831, le royaume de Saxe est un état constitutionnel. La couronne est héréditaire dans les mâles jusqu'à extinction de tous les princes de la maison de Saxe, et ne peut passer qu'en pareil cas à une ligne féminine Les États se divisent en deux chambres : la première composée de 41 membres, non compris les princes du sang, et la seconde de 75 députés de l'ordre équestre, de la bourgeoisie, des paysans et de celle du commerce et des fabriques, pour lesquels la possession d'un bien fonds n'est pas, comme pour les autres, une condition essentielle. Les États s'assemblent tous les trois ans seulement ; mais, à chaque session, la Chambre des députés se renouvelle par tiers. L'initiative appartient au roi seul. Aucun impôt ne peut être levé sans le consentement des Chambres. La dette publique diminue d'année en année : en 1838, elle n'était plus que de 10,926,456 thalers. Le budget a été arrêté à 5,500,297 thalers pour les années 1840-42 ; la liste civile du roi et de la reine y figure pour 542,667 thalers, les apanages des princes pour 154,191 th., l'armée pour 1,360,498 th., et le service des intérêts de la dette publique pour 484,663 th. Le reste se répartit entre les départements de l'intérieur, de l'agriculture, des finances, de la justice, des cultes et de l'instruction publique. La Saxe entretient une force armée de 12,193 hommes. Son contingent fédéral, fixé à 12,000 hommes, forme le noyau du 9e corps d'armée. Elle a la quatrième place à la diète, et quatre voix dans le *plenum*.

Sous le rapport administratif, elle est divisée en quatre cercles (*Kreisdirections-Bezirke*) qui prennent leurs noms de leurs chefs-lieux, Dresde, Leipzig, Zwickau, Bautzen, et se subdivisent chacun en plusieurs bailliages. On compte dans le royaume entier 139 villes, dont deux seulement, la capitale, Dresde et Leipzig (*voy.* ces noms) ont plus de 40,000 habitants, et 3,269 communes rurales.

2° *Histoire*. Ptolémée est le premier écrivain qui fasse mention des Saxons comme d'un peuple établi dans la Chersonèse cimbrique, le Holstein actuel et les pays voisins. Dès le IIIe siècle de l'ère chrétienne, ils se rendirent redoutables par leurs pirateries aux habitants des côtes de la Belgique, de l'Armorique, de la Bretagne et des bords du Rhin ; en sorte que

les empereurs se virent forcés de nommer un comte spécialement chargé de protéger le littoral, sous le nom de *comes littoris saxonici*. Plusieurs fois déjà ils avaient tenté de s'établir dans la Bretagne, mais sans succès, lorsque les troupes romaines ayant été appelées pour la défense des Gaules, ils y débarquèrent de nouveau, vers 449, sous la conduite d'Hengist et de Horsa, et y fondèrent l'heptarchie (*voy.* ces mots) anglo-saxonne. Leur domination s'y maintint jusqu'à la conquête de l'Angleterre par Guillaume-le-Bâtard en 1066. Les Saxons, qui étaient restés dans la Germanie, parurent avec éclat, comme alliés des Romains, à la fameuse bataille de Châlons, où Attila fut défait en 453. Plus tard, ligués avec les Francs, ils aidèrent Thierry à renverser, l'an 528, le royaume de Thuringe, et obtinrent en récompense de leurs services la partie du pays qui touche au Harz. Toutefois, les Saxons et les Francs se disputèrent plus d'une fois cette conquête jusqu'à ce que Charlemagne, après une lutte acharnée de plus de 30 ans (*voy.* WITEKIND), eut forcé les premiers à reconnaître sa suzeraineté et à embrasser le christianisme, en leur laissant cependant leurs anciens droits et en ne leur imposant aucun impôt, sauf la dîme qu'ils durent payer au clergé. Le pays soumis, Charlemagne travailla à le civiliser. Il fonda un grand nombre d'évêchés et d'écoles à Osnabrück, Minden, Brême, Werden, Paderborn, Münster, Hildesheim, etc.; mais ces établissements utiles dépérirent au milieu des agitations intérieures et extérieures qui troublèrent le règne de ses successeurs immédiats. Lorsque l'Allemagne, en vertu du traité de Verdun (843), eut été séparée pour toujours de l'empire des Francs, les Saxons, tout affaiblis qu'ils étaient par leurs guerres contre Charlemagne et les mesures terribles de cet empereur, formèrent une des nations les plus puissantes des six qui composaient la fédération germanique. Gouvernés par des comtes depuis la conquête, ils furent soumis à un duc par Louis-le-Germanique en 845. Le premier qui fut élevé à cette dignité fut le comte Ludolphe. Il eut pour successeur, en 859, son fils aîné, Brunon, qui bâtit

Brunswic (861), et périt (880) dans un combat contre les Normands. La couronne ducale passa à son frère puîné, Othon-l'Illustre, qui combattit vaillamment en plusieurs rencontres contre les Normands, et qui refusa la couronne d'Allemagne à l'extinction de la famille carlovingienne dans la personne de Louis-l'Enfant (911). Par reconnaissance, Conrad qu'il avait fait élire, proposa, en mourant, pour son successeur, le fils d'Othon, l'énergique Henri de Saxe. *Voy.* HENRI 1er, *l'Oiseleur*.

En montant sur le trône impérial, ce prince ne renonça pas à ses états héréditaires; mais son fils, l'empereur Othon Ier (936-973) donna le duché de Saxe à un de ses parents nommé Hermann Billung, qui s'était distingué dans les guerres civiles du commencement de son règne. Il le chargea de réprimer les révoltes des Slaves contre lesquels ses successeurs eurent aussi constamment à combattre. Lorsque la maison de Billung (*voy.*), après avoir donné cinq ducs à la Saxe, s'éteignit, en 1106, en la personne du duc Magnus, l'empereur Henri V investit du duché de Saxe Lothaire, comte de Supplinbourg et de Querfurt. Ce duché s'étendait alors à l'orient jusqu'à la Poméranie et au Mecklenbourg, au sud jusqu'à l'Unstrut, à l'ouest jusqu'au Rhin, et au nord jusqu'à l'Eider, frontière des Danois. Lorsqu'il se fut assis sur le trône d'Allemagne, Lothaire abandonna la Saxe à son beau-fils, le duc de Bavière Henri-le-Superbe, qui descendait par sa mère de Magnus, et qui eut pour successeur son fils Henri-le-Lion (*voy.* ce nom et GUELFES, T. XIII, p. 222). Ce prince ayant recouvré la Bavière, qui avait été enlevée à son père, se trouva un des princes les plus puissants; mais la haine des hauts prélats du nord de l'Allemagne, qu'il s'était attirée en les forçant à recevoir de lui l'investiture, et la politique de l'empereur Frédéric Ier, qui tendait à l'affaiblissement des grands vassaux de l'Empire, concoururent à le dépouiller de la plus grande partie de ses états. A peine le Brunswic put-il être conservé à sa maison; la Bavière passa à la famille de Wittelsbach, et Bernard d'Ascanie (*voy.*), qui était petit-fils du duc Magnus

par sa mère, épouse du margrave de Brandebourg, Albert *l'Ours*, obtint, en 1180, le duché de Saxe, mais considérablement amoindri. Lubeck, qui en avait été jusqu'alors la capitale, fut déclarée ville libre; l'archevêque de Cologne s'empara du duché de Westphalie; plusieurs princes ecclésiastiques et séculiers, vassaux jusqu'à ce moment du duc de Saxe, furent soumis immédiatement à l'Empire, comme les princes de Mecklenbourg et de Poméranie. Ainsi, bien qu'il eût le titre de duc de Saxe et qu'il fût revêtu de la dignité de grand-maréchal de l'Empire, qui y était attachée, de même que le droit d'électeur de l'Empire, Bernard d'Ascanie régna sur des contrées d'Allemagne autres que celles qui avaient porté le nom de Saxe jusqu'en 1180. Le centre de ses états était sur la moyenne Elbe, à Wittenberg, dans un pays que son père, Albert l'Ours, avait arraché aux peuples slaves, après plusieurs années de combats et qu'il avait repeuplé en y transplantant des colons des Pays-Bas.

Bernard eut pour successeur dans le duché de Saxe (1211), son second fils, Albert Ier, et dans ses biens patrimoniaux son fils aîné Henri, souche de la maison d'Anhalt (*voy.* ce nom). A la mort d'Albert, ses états furent partagés entre ses fils (1260) : l'aîné, Jean, obtint le pays de Lauenbourg, et le plus jeune, Albert II, celui de Wittenberg. Depuis ce partage, ces pays n'ont plus été réunis. Lorsque la ligne de Saxe-Lauenbourg s'éteignit en 1689, ses possessions passèrent à la maison de Brunswic. La ligne de Saxe-Wittenberg, dans laquelle la dignité électorale, longtemps disputée entre les deux branches, fut confirmée par la Bulle d'or (1356), s'éteignit avec le duc Albert III (1422). Le duché passa après lui à Frédéric-le-Belliqueux, margrave de Misnie et landgrave de Thuringe, qui en fut investi par l'empereur Sigismond en 1423, quoiqu'il n'y eût d'ailleurs aucun droit, et malgré les prétentions élevées sur l'héritage d'Albert III par la maison de Saxe-Lauenbourg, ainsi que par Jean, fils de Frédéric de Brandebourg, qui avait épousé la fille de Rodolphe III, l'avant-dernier électeur ascanien. Ce fut ainsi que la maison de Wettin (*voy.*), qui possédait la Misnie à titre héréditaire depuis 1127, arriva à l'électorat de Saxe et au grand-maréchalat de l'Empire. La *réunion de la Saxe, de la Misnie et de la Thuringe sous un seul sceptre augmenta* considérablement l'influence de l'électeur sur les affaires politiques de l'Allemagne. La maison d'Autriche elle-même resta, à l'égard de la maison de Wettin, dans une position inférieure jusqu'au moment où elle parvint à la dignité impériale, et ajouta à ses états héréditaires la Bourgogne (1477), la Hongrie et la Bohême (1527). Frédéric-le-Belliqueux combattit avec courage, mais avec peu de succès, les Hussites, qui ravagèrent impitoyablement la Saxe sous son règne et sous celui de son successeur, Frédéric-le-Débonnaire (1428-1464). Ce dernier prince eut à soutenir une lutte non moins funeste contre son frère Guillaume (mort en 1482) qui avait obtenu la Thuringe dans le partage de la succession de son père, mais qui, se croyant lésé dans ses droits, prit les armes, et pendant plusieurs années, lui fit une guerre, dont un des *épisodes les plus notables fut l'enlèvement des princes de Saxe* (*voy.* KAUFUNGEN). A Frédéric-le-Débonnaire succédèrent ses deux fils, Ernest et Albert. Conformément à la volonté de leur père, ils régnèrent conjointement jusqu'en 1485 sur les domaines héréditaires de leur famille autres que le duché qui fut laissé à l'aîné avec la dignité électorale. Leur oncle, Guillaume de Thuringe, *étant mort sans enfants*, ils conclurent l'accord de Leipzig, en vertu duquel Ernest obtint la Thuringe, et Albert la Misnie; le pays de l'est (*Osterland*) fut partagé également entre eux.

L'électeur Ernest ne survécut que quelques mois à ce partage: il mourut en 1486 et eut pour successeur Frédéric-le-Sage (1486-1525). C'est avec raison que le siècle de Frédéric lui a donné cet honorable surnom. On sait combien ce prince favorisa la réforme, née dans l'université de Wittenberg, qu'il avait fondée en 1502. Sans la *considération personnelle* dont il jouissait auprès des empereurs Maximilien et Charles-Quint, sans les services qu'il avait rendus en qualité de vicaire de l'Empire, sans son adresse et sa pru-

dence enfin, Luther aurait eu vraisemblablement le sort de Huss. Son frère, Jean-le-Constant, qui lui succéda en 1525, se montra non moins partisan que lui des idées nouvelles, et, par leurs soins, l'Église protestante jeta en peu de temps de si profondes racines que ni les foudres du Vatican, ni le ban de l'Empire, ni la guerre de Smalkalde, ni même celle de Trente-Ans, ne purent la renverser. Après la bataille de Mühlberg (1547), la capitulation de Wittenberg put bien enlever la couronne électorale de la tête de Jean-Frédéric-le-Magnanime, qui avait succédé à son père Jean en 1532, mais le protestantisme fut sauvé par celui-là même qui l'avait le plus compromis, par le duc Maurice de Saxe, petit-fils d'Albert. Tombé entre les mains de l'Empereur et cédant à ses menaces, Jean-Frédéric dut renoncer pour lui et les siens à l'électorat, qui fut donné, avec la majeure partie de ses possessions, au chef de la branche albertine. Charles-Quint ne lui laissa qu'un petit territoire dans la Thuringe, d'un revenu de 50,000 florins. Quelques années plus tard, en 1554, ses possessions s'augmentèrent, grâce à la médiation du Danemark, de la principauté d'Altenbourg, que lui céda l'électeur Auguste. En 1566, ses fils, Jean-Frédéric II et Jean-Guillaume, se partagèrent l'héritage de leur père et fondèrent les branches de Weimar et de Cobourg. De semblables partages eurent lieu fréquemment dans la suite; mais comme nous en avons parlé ailleurs, il est inutile d'y revenir ici. Aujourd'hui la ligne ernestine (*voy.*) se divise en trois branches : celle de Saxe-Meiningen-Hildburghausen, celle de Saxe-Altenbourg et celle de Saxe-Cobourg-Gotha.

La ligne albertine (*voy.*), qui, dans le partage de 1485, avait obtenu la Misnie et une partie de l'Osterland, n'étendit ses possessions ni sous son fondateur, le duc Albert (mort en 1500), ni sous ses fils Georges (1500-1539) et Henri (1539-1541). Mais Maurice, fils et successeur de Henri, prince habile et brave, se vit élever, par la convention de Wittenberg, à la dignité électorale, en récompense des services qu'il avait rendus à Charles-Quint, et fut mis en possession du duché et des autres terres de la maison ernestine. Il eut pour successeur son frère Auguste (1553-1586), le premier économiste de son siècle, qui a laissé une mémoire chère à la Saxe, malgré son intervention dans la controverse religieuse du crypto-calvinisme (*voy.*), à cause dés excellentes institutions dont il la dota. Il accrut considérablement ses possessions par des traités, par des achats et par l'inféodation impériale, tout en restituant à la maison albertine la principauté d'Altenbourg. Son successeur, le faible et débile Christian Ier (1586-1591), abandonna les rênes du gouvernement au chancelier Crell, qui, sous le règne suivant (1601), périt victime de la noblesse qu'il avait offensée.

Pendant la minorité de Christian II (1591-1611), la régence fut remise à Frédéric-Guillaume de Weimar, qui l'exerça jusqu'en 1598. Indolent, pusillanime, absorbé par les querelles religieuses, Christian II laissa non-seulement se perdre presque entièrement l'influence politique de la Saxe; mais il négligea même de faire valoir, à la mort du dernier duc de Juliers, en 1609, les droits de sa maison sur l'héritage de ce prince, qui devint ainsi la proie des familles de Brandebourg et de Neubourg. Pour se venger de cette espèce de spoliation, Jean-Georges Ier, frère et successeur de Christian II (1611-1656) se rapprocha de l'Autriche et finit par s'unir intimement à l'empereur Ferdinand pour le compte duquel il soumit les deux Lusaces et la Silésie. Cependant la bonne intelligence entre eux fut détruite lorsque Ferdinand promulgua l'édit de restitution, et Jean-Georges (1631) s'allia au roi de Suède, Gustave-Adolphe. Après la mort de ce dernier, la mésintelligence éclata entre l'électeur et Oxenstierna (*voy.* ces noms), qui n'avait pas voulu rendre à la Saxe la direction des affaires des protestants. Jean-Georges ouvrit, avec l'Autriche, des négociations qui amenèrent la paix de Prague (30 mai 1635), en vertu de laquelle l'électeur obtint de l'Autriche la cession des deux Lusaces, et pour son fils Auguste l'administration de l'archevêché de Magdebourg. Cette défection irrita les Suédois, qui commirent en Saxe d'horribles ravages, et ce ne fut pas sans peine que l'électeur obtint, à la paix de Westphalie (1648), la confirmation des avantages qu'il devait à la paix de Prague. Jean-Georges, sous le règne duquel la Saxe atteignit à l'apogée de sa puissance, mourut le 8 octobre 1652, à l'âge de 72 ans. Il laissa quatre fils entre lesquels il partagea ses états : l'aîné, Jean-Georges II, eut l'électorat; Auguste, Christian et Maurice devinrent les fondateurs des trois lignes de Mersebourg, Weissenfels et Zeitz. Heureusement, ces branches collatérales ne tardèrent pas à s'éteindre, et leurs possessions furent successivement réunies à l'électorat : celles de la ligne *de Zeitz*, en 1618, celles de la ligne *de Mersebourg*, en 1738, celles de la ligne *de Weissenfels*, en 1746.

Les règnes de Jean-Georges II (1656-1680), de Jean-Georges III (1680-1691) et de Jean-Georges IV, n'offrent aucun événement important. Ce dernier laissa ses états à son frère Frédéric-Auguste Ier (1694-1733), qui, à la mort de Sobieski, acheta la couronne de Pologne au prix de plusieurs millions et de l'abandon de la foi luthérienne, qu'il quitta pour le catholicisme. Son ambition attira les plus grands maux sur la Saxe, en la jetant dans l'alliance de la Russie et du Danemark, et en l'exposant à la terrible vengeance de Charles XII. Déposé par les Suédois, Auguste (*voy.*) fut rétabli par les Russes après la bataille de Poltava; toutefois, la guerre n'en continua pas moins sans aucun avantage pour la Saxe ni même pour la Pologne. Dresde dut à ce prince quelques embellissements; il se montra protecteur éclairé des arts; mais son goût pour la magnificence et ses innombrables maîtresses l'entraînèrent dans des dépenses énormes, et il se vit forcé d'engager ou de vendre à plusieurs de ses voisins des parties importantes de son territoire. Frédéric-Auguste eut pour successeur son fils Frédéric-Auguste II (Auguste III en Pologne, 1733-1763), qui eut à défendre le trône de Pologne contre les prétentions de Stanislas (*voy.*) Leczinski appuyées par la France. Cette guerre fut décidée en sa faveur par l'entrée des Saxons et des Russes dans les murs de Dantzig. Dans la guerre de succession d'Autriche, Auguste III se déclara d'abord contre Marie-Thérèse; mais la paix de Berlin (1742) ne lui ayant pas procuré les avantages qu'il espérait, il se tourna du côté de l'Autriche, en 1745. Battu en plusieurs rencontres par les Prussiens, il fut trop heureux de conserver, lors de la paix de Dresde (1745), l'intégrité de la Saxe, en payant à Frédéric 1 million de thalers comme contribution de guerre. Cependant, dominé par son favori, le comte de Brühl, Auguste ne tarda pas à renouer ses rapports avec l'Autriche, et pendant sept ans, ses malheureux états héréditaires devinrent le théâtre d'une guerre sanglante.

La paix de Hubertsbourg (15 févr. 1763) rétablit, il est vrai, les choses sur l'ancien pied; mais il fallut de longues années à la Saxe pour cicatriser toutes ses plaies. Le digne électeur Frédéric-Christian y travailla avec ardeur pendant son règne de deux mois (du 6 oct. au 17 déc. 1763). Son œuvre fut poursuivie avec persévérance par le régent Xavier durant la minorité de Frédéric-Auguste III, son neveu (jusqu'en 1768). Avec le règne de ce dernier prince (voy. FRÉDÉRIC-AUGUSTE Ier), dont la justice et la sagesse furent généralement reconnues par ses contemporains, commença une ère de prospérité presque inouïe pour la Saxe. L'industrie et le commerce furent protégés et développes; l'agriculture fit des progrès notables; le bien-être se répandit dans toutes les classes de la société; les obligations de l'état furent ponctuellement remplies; la torture abolie (1770); de nouvelles maisons de correction et de travail (1770 et 1772) établies à Torgau et à Zwickau; une maison de refuge pour les mendiants et les vagabonds fondée à Kolditz (1803); des hôpitaux créés; l'institut des sourds-muets de Leipzig puissamment protégé; la gendarmerie introduite en 1809; la Saale rendue navigable depuis 1790; une commission de jurisconsultes chargée de rédiger un nouveau code de lois (1791); l'instruction publique mieux organisée; des écoles créées pour l'instruction de l'armée; les arts enfin et les sciences encouragés

par le gouvernement. Et toutes ces réformes utiles s'opérèrent au milieu des guerres qui ébranlèrent l'Europe entière. Malgré son amour pour la paix, l'électeur se trouva entraîné, par des rapports politiques, à prendre une part active à la guerre de la succession de Bavière (1778), comme allié de la Prusse contre l'Autriche. Cette alliance se resserra encore lorsque, en 1785, il entra dans la ligue formée par Frédéric II pour le maintien de l'indépendance des princes allemands. Fidèle à ses principes de modération, il ne voulut point accepter, en 1791, la couronne de Pologne, parce que Catherine II refusait de reconnaître la nouvelle constitution de ce royaume. Il ne voulut point davantage entrer dans l'alliance de l'Autriche et de la Prusse (voy. PILLNITZ) contre la révolution française; il se borna à fournir son contingent comme prince de l'Empire. Cependant il se laissa entraîner plus tard par la Prusse à entrer dans la confédération que cette puissance voulait opposer à la Confédération du Rhin, et un corps de 22,000 Saxons combattirent à Iéna, sous les ordres du prince de Hohenlohe. Après le désastre de l'armée prussienne, l'électeur s'empressa d'accepter la neutralité que lui offrit Napoléon; et quelques mois après (11 déc. 1806), il conclut à Posen un traité qui lui garantit l'indépendance et l'intégrité de son territoire, lui conféra la dignité royale, l'admit dans la Confédération du Rhin (voy.) et fixa le contingent de la Saxe à 22,000 hommes. L'année suivante, la paix de Tilsitt ajouta à ses états le nouveau duché de Varsovie. La campagne de 1809, dans laquelle les Saxons combattirent avec les Français, accrut le duché de Varsovie de la Galicie occidentale et de Cracovie; mais la Saxe elle-même gagna à peine quelques villages de la Lusace, dont le roi dédaigna de prendre possession. En 1812, le sang saxon coula de nouveau dans la campagne de Russie, sous les drapeaux de Napoléon; mais après la retraite de Moscou, Frédéric-Auguste crut qu'il était temps de songer à ses propres intérêts et au salut de son royaume. Il quitta sa capitale et se retira d'abord à Plauen, puis à Ratisbonne, enfin à Prague, bien résolu à contribuer de tous ses moyens à l'exécution des mesures que croirait devoir adopter la cour d'Autriche pour le rétablissement de la paix, renonçant d'avance, en cas de succès, au duché de Varsovie. Mais la bataille de Lutzen (2 mai 1813) ayant rendu Napoléon maître de tout le pays jusqu'à l'Elbe, il se vit obligé de rentrer dans son royaume, qu'il était menacé de perdre, et de joindre ses troupes aux troupes françaises. Après la bataille de Leipzig, le roi de Saxe, qui avait refusé de suivre Napoléon, devint prisonnier des alliés, et ses états furent administrés par les Russes jusqu'au 10 nov. 1814, puis par les Prussiens. Une nombreuse armée saxonne passa le Rhin et prit part à la campagne de France jusqu'à l'abdication de Fontainebleau. Quant au sort de la Saxe elle-même, il ne fut décidé qu'au congrès de Vienne, qui, au mois de févr. 1815, en résolut le partage. Le roi de Saxe, qui avait protesté avec énergie contre la réunion de ses états à la Prusse, consentit enfin à signer, le 18 mai 1815, la paix avec cette puissance, et à lui abandonner la plus grande partie de son royaume. Il adhéra, en outre, à l'acte de la Confédération germanique, fournit son contingent contre la France, après le retour de Napoléon de l'île d'Elbe, et rentra dans sa capitale le 7 juin 1815.

Dès lors le roi ne s'occupa plus qu'à réparer les pertes immenses que la guerre avait fait éprouver à la Saxe. Les efforts de son gouvernement ne furent pas sans succès; et le pays commençait à ressentir les fruits de salutaires réformes, lorsque Frédéric-Auguste mourut, le 5 mai 1827, regretté de tous ses sujets. Il eut pour successeur son frère Antoine (voy.). L'avénement au trône de ce prince, déjà âgé de 72 ans, ne fut pas vu sans quelque méfiance de la part du peuple, et quoique rien d'essentiel n'eût été changé d'ailleurs dans le système du gouvernement, il se forma peu à peu une opposition qui finit par éclater en révolte ouverte à la suite de la révolution de Juillet. Le 13 sept., le roi Antoine, pour calmer l'irritation populaire, consentit à associer à la couronne son neveu Frédéric-Auguste II (voy.), appela au ministère M. de Lin-denau, et promit de donner au royaume une constitution libérale. Cette constitution fut proclamée en effet le 4 sept. 1831, et les États, élus d'après la nouvelle loi fondamentale, s'assemblèrent pour la première fois le 27 janvier 1833. Antoine étant mort le 6 juin 1836, Frédéric-Auguste II resta seul souverain de la Saxe : son père Maximilien avait renoncé en sa faveur à ses droits au trône à l'époque de la révolution. Fidèle au serment qu'il a prêté à la constitution, cet excellent prince évite avec soin tout ce qui semblerait y porter atteinte, et se montre toujours empressé d'adopter les mesures que son gouvernement, aussi éclairé que libéral, croit propres à développer le bien-être et la prospérité de la Saxe. *C. L. m.*

SAXE (MAURICE comte DE), né à Dresde le 19 oct. 1696, était fils naturel d'Auguste II, roi de Pologne, électeur de Saxe, et d'Aurore, comtesse de Kœnigsmark (*voy.* ces noms), d'une ancienne et illustre maison de Suède, femme douée d'une remarquable beauté et d'un esprit capable des grandes affaires. Élevé pour le métier des armes, la vocation du jeune Maurice ne faillit pas à l'avenir qu'on lui destinait. Il avait à peine 12 ans qu'il s'échappa de la maison de sa mère pour se rendre au siége de Lille (1708) où le roi son père servait comme volontaire. Auguste confia cet enfant au général de ses troupes, le comte de Schulenbourg, qui passait pour un homme de guerre habile. L'année suivante, il donna de nouvelles preuves de bravoure au siége de Tournai, et surtout à Malplaquet où il combattait dans les rangs des ennemis de la France. Il était, en 1710, devant Riga qu'assiégeait Pierre-le-Grand. La place prise, il se hâta de revenir en Flandre chercher de nouveaux périls et les leçons du prince Eugène. Bientôt il suivit son père en Poméranie, où il se distingua à la prise de Treptow. Le roi Auguste lui permit alors de lever un régiment de cavalerie. Le jeune comte de Saxe conduisit contre les Suédois ce régiment qui fut presque entièrement détruit à Gadelbusch, dans une triple charge, où ce colonel de 15 ans montra une rare intrépidité. La campagne finie, et de retour à Dresde où il était occupé à refaire son régiment (1713), sa mère le maria à la comtesse de Lœben, jeune fille du même âge que lui, qu'il épousa sans amour, et dont les grâces aimables ne parvinrent pas à le distraire de sa passion pour la guerre. Il retournait en Poméranie, au commencement de 1715, accompagné de cinq officiers et de douze valets, lorsque surpris dans une espèce d'auberge du village de Crachnitz par une troupe de 800 hommes, il parvint à leur échapper, après une audacieuse défense qui fut célèbre en Europe. Au siège de Stralsund où il se rencontra en face de Charles XII, à Belgrade où il alla retrouver le prince Eugène, partout où il y avait de l'expérience à gagner et de la gloire à conquérir, le jeune Maurice était toujours le premier. La guerre finie, il trouva la discorde dans son ménage, où l'humeur jalouse de la comtesse poursuivait de reproches amers et de plaintes sans fin l'humeur volage de son mari. Ces ennuis, aigris encore par les dégoûts que lui faisaient éprouver, à la cour de son père, l'inimitié d'un ministre favori d'Auguste, le bannirent de Dresde, et il vint à Paris, où il se laissa séduire par les offres du régent qui lui proposa le grade de maréchal-de-camp.

Après avoir été à Dresde pour obtenir le consentement de son père à ce qu'il prît du service en France, et le consentement de sa femme pour un divorce qu'il souhaitait vivement (1720), il revint en France, et profita des loisirs d'une paix de plusieurs années pour se livrer à l'étude sérieuse des mathématiques et de toutes les sciences utiles à la profonde connaissance du métier de la guerre (1721-1726). Parmi les amitiés qu'il contracta en France, celle de Folard (*voy.*) lui fut chère. Celui-ci travaillait alors à son *Commentaire sur Polybe*, et dès ce temps-là il prédit ce que fut depuis l'illustre général.

En 1726, la Courlande, dont le souverain n'avait pas d'héritier, et qui se voyait menacée d'une réunion à la Pologne, voulant échapper à ce péril, nomma le comte de Saxe duc éventuel (*voy.* T. VII, p. 149). Maurice était appelé à cette souveraineté par les vœux secrets d'un père, qui, roi de Pologne, le repoussait ostensiblement;

il avait l'appui d'Anne Ioannovna, douairière de Courlande, princesse vivement éprise de lui, et qui devait l'épouser s'il parvenait à se faire reconnaître. Il reçut alors 40,000 liv. de la célèbre actrice Adrienne Lecouvreur (*voy.*), qui engagea, pour aider son amant, une partie de ce qu'elle possédait. Infidèle à toutes deux, le comte de Saxe noua avec une fille d'honneur de la duchesse une intrigue que révéla une aventure bizarre. De ce moment, la duchesse douairière lui retira sa protection; la politique lui suscita d'ailleurs de redoutables concurrents : la Russie et la Pologne lui disputaient, et se disputaient entre elles, cette souveraineté. Maurice lutta vainement; de ce duché, il ne conserva qu'un vain titre, et la gloire d'une action d'intrépidité qui rappela celle de Crachnitz. Vers ce temps, il perdit sa mère, et revint à Paris (1729), où il se livra, avec son ardeur accoutumée, à des études nouvelles dont bientôt il trouva l'occasion de faire l'application.

Son père venait de mourir; son frère consanguin, devenu roi de Pologne et électeur de Saxe, lui offrit le commandement de ses armées; mais Maurice était attaché à la France, et la France avait déclaré la guerre à l'Empereur (1733). Le comte de Saxe fut désigné pour servir sous les ordres du maréchal de Berwick. Alors commença réellement pour lui cette carrière de gloire qui avait fait l'ambition de toute sa vie, et dans laquelle nous ne pouvons ici le suivre. La paix fut signée à Vienne, en 1736; dès 1734, il avait été nommé lieutenant général. Le comte de Saxe profita de cet instant de repos pour renouveler quelques tentatives sur la Courlande; mais l'influence d'Anne Ioannovna, devenue impératrice de Russie, fit élire son favori Biren (*voy.*), lorsque le duc mourut sans postérité (1737). Maurice, qui étudiait toujours la guerre quand il ne pouvait la faire, revint alors à cette étude favorite, et composa, ou plutôt termina ses *Rêveries* (1738). Mais bientôt, à la mort de Charles VI (1740) s'ouvre la succession de l'Empire, et l'Europe est en armes. La France prit parti pour l'électeur de Bavière contre Marie-Thérèse, et le comte de Saxe eut un commandement dans la puissante armée qui marcha sur le Danube. C'est à lui que, dans cette campagne, l'armée française dut la prise de Prague, ainsi que celle d'Égra l'année suivante (1741-1742). La première de ces villes, emportée d'assaut et par surprise, est un des beaux faits d'armes qui honorent notre histoire militaire. Lui-même, dans une lettre à Folard, en a fait le récit avec cette simplicité qui convient aux grands hommes et aux grandes choses. Durant cette guerre, le cabinet de Versailles, voulant susciter aux Anglais de nouveaux embarras, résolut de favoriser l'invasion du prince Édouard, et ce fut sur le comte de Saxe qu'on jeta les yeux pour l'exécution de cette difficile entreprise. Il se rendit à Dunkerque vers la fin de 1743. Une tempête détruisit la flotte avant de sortir du port, et, l'expédition manquée, le général revint à Paris. Au commencement de l'année suivante, la guerre de la succession de l'Empire se développa sur un plus vaste théâtre : plusieurs armées furent mises sur pied ; Louis XV prit le commandement de l'armée des Flandres, et voulut que le maréchal de Saxe, car il venait d'élever Maurice à cette dignité, se mît à la tête de l'armée d'observation. « Ce fut alors, dit l'historien du comte de Saxe, historien qui avait été témoin avant d'être narrateur, que le maréchal commença à se servir avantageusement des partis d'infanterie ; il en inspira le goût aux officiers. » Il faut lire, dans cette histoire, le récit détaillé de ces trois campagnes successives (1745 , 1746 , 1747) où Maurice de Saxe se plaça au niveau des hommes de guerre les plus célèbres. Nous, nous ne pouvons ici que tracer trois mots : Fontenoi, Rocoux, Lawfeld. Ils suffisent à l'éloge du grand capitaine. Nous ne voulons ni discuter les fautes qu'on a reprochées au vainqueur de Fontenoi (voy.), ni rechercher l'exacte part de gloire qui lui revient ; mais nous ne saurions oublier que le maréchal, durant toute cette campagne, et surtout le jour même de la victoire, était la proie d'une maladie qui pouvait être mortelle, qui en aurait jeté bien d'autres sur un lit de douleur, tandis que lui était sur le champ de bataille ;

« et jamais , dit son historien, son âme ne fut plus ferme, son jugement plus sain et son sang-froid plus admirable. » Le roi, sous les yeux duquel le maréchal commandait, lui accorda, pour lui et l'aîné de ses fils, les honneurs des personnes titrées, lui donna la jouissance du château de Chambord (voy.) avec 40,000 livres de revenu ; enfin déjà naturalisé par tant de victoires, selon l'expression de Voltaire, le roi le déclara Français par des lettres-patentes dont les termes ne sont pas moins honorables qu'étaient glorieuses les actions qui les méritèrent. L'admiration du peuple s'associa aux honneurs que le roi décernait au maréchal. Après la campagne, qui fut terminée d'une manière si brillante par la prise de Bruxelles, dessein aussi audacieusement conçu qu'habilement exécuté (1745), le retour du maréchal à Paris fut une véritable ovation.

Les batailles de Rocoux et de Lawfeld (voy.) avaient signalé les campagnes de 1746 et de 1747 ; la campagne de 1748 s'ouvrit aussi par une conquête, la prise de Maestricht ; mais elle fut interrompue par un armistice que suivit la paix signée à Aix-la-Chapelle, le 18 octobre. Dès ce moment, la carrière militaire du comte de Saxe fut terminée. Décoré du titre de maréchal général des camps et armées du roi, qui rappelait la vieille dignité de connétable, et que le roi lui avait donné après la campagne de Rocoux ; il marchait alors à la tête des maréchaux de France. Il était encore dans la vigueur de l'âge et du génie lorsqu'une fièvre pernicieuse l'emporta, le 30 novembre 1750.

Placé entre les grands capitaines du siècle de Louis XIV et le héros de la guerre de Sept-Ans, le maréchal de Saxe brille encore, et a jeté beaucoup d'éclat sur la France entre ces deux époques de gloire militaire. Le roi de Prusse, qu'il avait été visiter en 1749, écrivait à Voltaire : « Je me suis instruit par ses discours dans l'art de la guerre ; ce général paraît être le professeur de tous les généraux de l'Europe. » Humain pour ses soldats et aussi pour les ennemis, le maréchal de Saxe avait l'amour des uns et l'estime des autres. Peu de généraux ont su inspirer une si grande confiance aux troupes qu'ils menaient aux combats; quoiqu'il fût étranger, peu ont mieux compris le caractère du soldat français, mieux su tirer parti de son intelligence, mieux ménagé les susceptibilités de l'honneur. On se souvient que, dans son camp, les plaisirs frivoles se mêlaient aux travaux de la guerre, et les refrains de la troupe de Favart (*voy*.) annonçaient la bataille et chantaient la victoire. Le maréchal de Saxe était de haute taille; il avait les yeux bleus, le regard noble et martial; un sourire aimable et gracieux corrigeait un peu la rudesse que son teint basané et ses sourcils noirs et épais donnaient à sa physionomie; son humeur naturellement fière souffrait mal la contradiction, mais il revenait vite, et jamais la haine n'approcha de son âme bienveillante. Tels sont les traits sous lesquels le peint son historien, qui vécut longtemps près de lui. La force physique du maréchal de Saxe est célèbre; on assure qu'il brisait un fer à cheval, et transformait un gros clou de maréchal en tirebouchon en le tortillant entre ses doigts. Le choix qu'on avait fait de lui pour régner sur la Courlande lui laissa je ne sais quelle fantaisie de souveraineté qui le tourmenta toute sa vie; et lorsqu'après plusieurs tentatives inutiles, il vit la Courlande lui échapper définitivement, il obtint du roi de France l'île de Tabago; mais l'Angleterre et la Hollande s'opposèrent à ce qu'il y fît un établissement. Cette manie et son goût excessif pour les femmes, furent les deux faiblesses de ce caractère, et lorsqu'on voit cette dernière passion aller jusqu'aux violences qui furent exercées contre Mme Favart (*voy*.), emprisonnée par lettres de cachet, il en reste une tache que tous les panégyristes s'efforceraient en vain d'effacer.

Dans son château de Chambord, Maurice avait une existence de prince; son régiment de cavalerie légère y faisait le service comme dans une place de guerre et lui servait de garde d'honneur; six pièces de canon, choisies parmi celles qu'il avait conquises sur l'ennemi, ornaient la principale entrée du château, et, suspendus aux murailles, les étendards des armées qu'il avait vaincues étaient là des témoignages constants d'une gloire

dont il ne jouit pas assez longtemps. Sa religion (il était luthérien) ne permit pas qu'on ouvrît à sa dépouille mortelle les caveaux de Saint-Denis ou des Invalides : on transporta son corps à Strasbourg, au milieu d'une pompe funèbre qui fut encore un long triomphe. Le ciseau de Pigalle (*voy*.) a sculpté son mausolée, et Thomas lui a élevé un autre monument dans l'éloge qui remporta le prix d'éloquence proposé par l'Académie-Française, en 1759 (*voy*. aussi l'art. BLESSIG). Le grand Frédéric, dans l'*Histoire de mon temps*, a jugé rapidement les opérations militaires du comte de Saxe, et son histoire a été écrite sans beaucoup de talent, mais avec une louable exactitude, par le baron d'Espagnac (*voy*.), qui avait servi longtemps sous lui et avait eu toute sa confiance (1773, 2 vol. in-12; 1775, 3 vol. in-4°, dont le dernier se compose de plans). Le maréchal de Saxe s'est fait connaître lui-même dans le livre qu'il intitula *Mes Rêveries*, 1757, 5 vol. in-4°, où, parmi des pages qui justifient assez bien le titre, on en trouve d'autres toutes remplies de son génie militaire. M. A.

SAXE-ALTENBOURG, *voy*. AL-TENBOURG.

SAXE - COBOURG ET GOTHA, *voy*. KOBOURG-GOTHA.

SAXE - COBOURG - SAALFELD, *voy*. KOBOURG-GOTHA.

SAXE - GOTHA, *voy*. KOBOURG-GOTHA et GOTHA.

SAXE-GOTHA-ALTENBOURG, *voy*. GOTHA, KOBOURG-GOTHA et AL-TENBOURG.

SAXE-HILDBURGHAUSEN, *voy*. MEININGEN.

SAXE-LAUENBOURG, *v*. LAUENBOURG.

SAXE-MEININGEN, *voy*. MEININGEN.

SAXE-SAALFELD, *voy*. MEININGEN.

SAXE-TESCHEN (DUC DE), *voy*. ALBERT et TESCHEN.

SAXE - WEIMAR - EISENACH, *voy*. WEIMAR.

SAXO GRAMMATICUS, épithète qui signifie le Savant, était aussi appelé *Longus*, peut-être à cause de la hauteur de sa taille. Il naquit d'une famille distinguée de la Sélaude. Ce fut à la demande de l'archevêque de Lund (*voy.* ABSALON), dont il était secrétaire, qu'il entreprit ses *Historiæ Danicæ*, ouvrage non moins curieux qu'instructif, où sont consignés une foule de chants nationaux, d'aventures héroïques, de contes populaires, racontés dans un style vif, animé, plein d'images, mais sans grande critique et sans aucun ordre chronologique. Le contenu des *sagas* y est souvent dénaturé. On ne peut lui accorder une entière confiance que pour les événements contemporains ou très rapprochés du temps où il vécut. Son histoire s'étend jusqu'en 1186. Il mourut doyen de Rœskilde (Jutland) en 1204, et non pas en 1201, comme quelques écrivains l'ont avancé. Son épitaphe, gravée sur bois, en lettres d'or, se voit encore dans l'église de Rœskilde. L'Histoire de Danemark de Saxo Grammaticus a été publiée pour la première fois par Christen Pendersen ou Pétri, sous le titre : *Danorum regum heroumque historiæ* (Paris, 1514, 1 vol. in-fol.). Parmi les éditions postérieures, nous mentionnerons seulement celle de Soroe (1644, in-fol.), à cause des notes pleines d'érudition dont elle a été enrichie par S.J. Stephanius, et celle de Copenhague, (t. Ier 1839, in-8°), qui est due à l'évêque Müller. On sait que Shakspeare a emprunté à Saxo le sujet de sa célèbre tragédie de *Hamlet*. Langebek a inséré l'éloge de l'historien danois dans ses *Scriptores rerum Danicarum*. X.

SAXONS, *voy.* SAXE, p. 69, et ANGLO-SAXONS.

SAY (JEAN-BAPTISTE), né à Lyon, le 5 janvier 1767, débuta de bonne heure dans la carrière des lettres par sa coopération au *Courrier de Provence*, de Mirabeau. A l'époque de la révolution, il devint secrétaire de Clavière (*voy.*), le ministre de la justice, et échangea ses prénoms contre le nom romain d'Atticus. La *Décade philosophique, politique et littéraire* venait de se fonder sous l'inspiration de Chamfort et de Ginguené (*voy.* ces noms). Say en fut l'un des plus actifs rédacteurs, et y développa ses premiers essais d'économie politique, qui n'étaient que le germe des grands travaux auxquels il doit sa célébrité A cette

époque, le nom d'Adam Smith (*voy.*) était peu connu en France; il voulut le populariser en analysant son système, et dans ce but, il publia le *Traité d'économie politique*, qui n'est qu'une refonte des théories d'Adam Smith. Le succès qu'obtint ce livre au commencement du siècle attira l'attention des nations étrangères, qui le traduisirent et le comprirent au nombre de leurs ouvrages d'enseignement. Après le 18 brumaire, Say fut nommé tribun. Partageant avec la plupart de ses collègues leurs principes d'opposition, il partagea aussi leur disgrâce : comme eux, il fut éliminé du tribunat. Dès ce moment, il s'effaça pour toujours de la scène politique et consacra tout le reste de sa vie à l'étude et à l'enseignement d'une science qui, jusque-là, avait été par trop négligée en France. Son cours public au Conservatoire des Arts et Métiers attira jusqu'à la fin une foule empressée d'applaudir aux connaissances et au zèle de ce savant professeur, que personne n'avait précédé dans cette chaire, créée tout exprès pour l'exposition de ses principes. On a dit que Say n'avait jamais rien inventé et que sa doctrine n'était que la reproduction de celle d'Adam Smith. Mais lors même qu'il n'aurait fait que donner une idée juste de l'école anglaise, et inspirer à la jeunesse le goût des études économiques, ses titres à la reconnaissance publique seraient encore suffisants (*voy.* ÉCONOMIE POLITIQUE, T. IX, p. 116). Outre son *Traité d'économie politique, ou simple exposition de la manière dont se forment, se distribuent et se consomment les richesses* (Paris, 1803, 2 vol. in-8°; 6e éd., 1827), Say a publié un *Catéchisme d'économie politique* (Paris, 1815, in-12; 4e éd., revue et augmentée de notes et d'une préface, par Ch. Comte, son gendre, 1834, in-12); des *Lettres à Malthus sur différents sujets d'économie politique* (1820, in-8°), réimpr. dans les *Mélanges et correspondance d'économie politique*, ouvrage posthume publié par Ch. Comte, avec une notice historique sur la vie et les ouvrages de Say (Paris, 1833, in-8°); *Esquisse de l'économie politique moderne, de sa nomenclature, de son histoire et de sa bibliographie,* insérée dans l'*Encyclopédie progressive* (1826, in-8°) ; enfin un *Cours complet d'économie politique* (Paris, 1828-30, 6 vol. in-8°, réimpr. en 2 vol. gr. in-8°, par les soins de M. Horace Say, son fils, Paris, 1842). On doit encore à J.-B. Say plusieurs productions imprimées séparément ou dans des recueils littéraires ; il a de plus annoté différents ouvrages d'économie politique. Il est mort à Paris, le 16 nov. 1832.

Deux frères de J.-B. Say se sont aussi fait connaître par des écrits : l'aîné, Horace Say, chef de bataillon du génie et membre de l'Institut d'Égypte, mort à Césarée par suite d'une amputation du bras droit emporté au siége de Saint-Jean d'Acre, avait eu part à la Décade philosophique et a fourni un *Cours de fortification* au *Journal de l'École polytechnique* (1794) ; le plus jeune, Louis Say, négociant à Nantes, a fait paraître différents ouvrages se rapportant à l'économie politique. D. A. D.

SAYANS (monts) ou Sayanes, *voy.* Altaï et Russie, T. XX, p. 680.

SAYN (comté de), dans la contrée de la Prusse Rhénane et du duché de Nassau connue sous le nom de Westerwald, *voy.* Wittgenstein.

SCÆVOLA, *voy.* Mucius.

SCALA (della), famille gibeline (*voy.*) de Vérone (*voy.*), célèbre au moyen-âge dans les luttes intérieures de l'Italie.

SCALDES, *voy.* Islandaises (*lang. et litt.*), T. XV, p. 110 et suiv.

SCALIGER (Jules-César), un des savants les plus célèbres du xvi⁰ siècle, prétendait descendre des Scala, princes souverains de Vérone, et avait composé à ce sujet tout un roman : il est aujourd'hui avéré que son père était un peintre en miniature de Padoue, nommé Benoît Bordoni. Le jeune Scaliger, né le 23 avril 1484, étudia à Padoue sous Cœlius Rhodiginus, et s'adonna avec succès aux lettres, aux sciences et particulièrement à la médecine. Choisi pour médecin par l'évêque de la Rovère, qui l'amena avec lui à Agen en 1525, il se fit naturaliser sous le nom de Jules-César de Lescalle de Bordonis. En 1529, il épousa Andiette de Roques-Lobejac, qui n'avait alors que

16 ans, et en eut une nombreuse famille : il passa à Agen le reste de ses jours, et y mourut le 21 oct. 1558. Scaliger était extrêmement vain, tranchant et irritable. Comblé d'éloges hyperboliques par ses contemporains, il ne se montra véritablement supérieur que comme prosateur et comme grammairien. Il a donné une traduction latine de l'*Histoire des animaux* d'Aristote, et du livre des *Insomnies* d'Hippocrate ; il a aussi annoté le *Traité des plantes* de Théophraste, et celui qu'on attribue à Aristote. Mais les deux ouvrages qui contribuèrent le plus à sa réputation furent 1° *De causis linguæ latinæ libri XIII* (Lyon, 1540, in-4°), le premier traité de grammaire qui soit écrit dans un esprit philosophique ; 2° *Poetices libri VII* (*ib.*, 1561, in-fol.), où l'on trouve plus d'érudition que de goût.

Joseph-Juste Scaliger, dixième fils du précédent, célèbre surtout comme chronologiste, naquit à Agen, le 4 août 1540. Ses études, commencées à Bordeaux, furent continuées sous la direction de son père. Scaliger alla ensuite à Paris, où il consacra deux années à la lecture des classiques grecs ; il apprit également par lui-même les langues orientales et la plupart des langues de l'Europe, et acquit des connaissances générales fort étendues. Il ne donnait que quelques heures au sommeil et, dans l'ardeur du travail, oubliait souvent de prendre ses repas. Sa mémoire était prodigieuse. En 1562, il embrassa la religion réformée. L'année suivante, Louis de La Roche-Posay, qui devint ambassadeur de France près de la cour de Rome, lui confia l'éducation de ses enfants, et cette position lui permit de visiter les principaux pays de l'Europe. En 1578, il enseignait la philosophie à Genève ; mais il ne tarda pas à revenir se fixer au château de la Roche-Posay, près de Tours, où il composa la plupart de ses ouvrages. Il céda, en 1593, aux sollicitations des États de Hollande, et alla occuper à Leyde la chaire devenue vacante par la retraite de Juste-Lipse. Une lettre à Jean Dousa, dans laquelle il prétendit établir l'ancienneté de sa famille, lui suscita des attaques qui l'irritèrent vivement et auxquelles il ne put répondre que par des injures. Il mourut peu de temps après, le 21 janvier 1609, d'une hydropisie de poitrine. Joseph Scaliger était un homme vain, mais d'un caractère droit et d'un commerce facile et agréable. Ses conversations ont donné naissance à deux recueils intitulés *Scaligerana prima* et *Scaligerana secunda*. Il a commenté un grand nombre d'auteurs anciens et donné plusieurs traductions en vers latins et en vers grecs; mais son principal titre de gloire est d'avoir, le premier, posé les bases de la science chronologique dans ses deux grands ouvrages: 1° *Opus de emendatione temporum* (Paris, 1583, in-fol.; la meilleure édition est celle de Genève, 1629); 2° *Thesaurus temporum complectens Eusebii Pamphilii chronicon cum isagogicis chronologiæ canonibus* (Leyde, 1606, in-fol.; éd. augm., Amst., 1658, in-fol.). A. B.

SCAMANDRE, fleuve de la Troade, *voy.* TROIE et MYSIE.

SCANDALE (σκάνδαλον, achoppement, mot qu'on a dérivé de σκάζω, je boite, mais qui n'est usité que dans le grec helléniste de l'Écriture sainte), ce qui est occasion de tomber dans l'erreur, dans le péché; et plus souvent, occasion de chute que l'on donne par quelque mauvaise action, par quelque discours corrupteur; puis, l'indignation qu'on a des actions et des discours de mauvais exemple; puis, l'éclat que fait une action honteuse : telles sont les principales acceptions de ce mot reconnues par l'Académie, et les dernières sont d'un grand usage. Il faut en effet parler souvent de ce qui se produit sans cesse. Molière dit que le scandale est ce qui fait l'offense, et que ce n'est pas pécher que pécher en silence. Cette morale est inadmissible; mais la distance de la faute cachée à la faute connue est indiquée. De l'éclat seul naît le scandale*. Une arme est chargée dans l'ombre, c'est un fait; on se sert de cette arme pour tuer un innocent, c'est un crime; le scandale, c'est l'impression produite sur le public, c'est le coupable osant marcher tête levée et imposant

(*) Cette vérité n'est pas contredite par le sens de *chronique scandaleuse* (*voy.*); les anecdotes secrètes que publie cette chronique ne doivent leur titre de scandaleuse qu'à l'éclat qui résulte de leur production au jour.

par l'audace à la justice des hommes. De tout temps le scandale piqua vivement la curiosité, et l'Évangile a de justes anathèmes pour ceux qui le causent (Matth., XVIII, 6; Marc., IX, 42; Luc, XVII, 1). Les scandales sont les épisodes les plus curieux de l'histoire; mais on peut observer que des actes qui feraient scandale à une époque n'en font point à une autre, et réciproquement. Ainsi le servage de l'homme au moyen-âge, les priviléges odieux de certains nobles, l'insolence de certains pontifes, ont pu s'exercer sans scandale; et mille abus qui vivent en sécurité de nos jours, mille actions coupables que semble légitimer leur fréquence, eussent excité l'indignation de nos aïeux. Voulez-vous un moyen sûr d'apprécier la moralité d'un peuple? Examinez ce qui est ou n'est pas pour lui sujet de scandale. Si l'or est ce qu'il prise le plus; si ce métal est le terme de tous les vœux, parce qu'il est la condition des seules jouissances convoitées; s'il aplanit tout obstacle à l'ambition; s'il s'ouvre accès jusque dans le sanctuaire de la justice; s'il éveille la turbulence des sujets, s'il endort la vigilance des chefs, s'il allume le courroux des orateurs, s'il fait épanouir en basses flatteries la verve des poètes; s'il asservit les historiens, les philosophes et jusqu'aux ministres des autels; s'il pénètre dans le foyer domestique, et que des fils vendent leurs pères, des époux leurs femmes, des mères leurs filles, quelles que soient les institutions, les lois, la religion de ce peuple, il est profondément corrompu. Le plus éclatant symptome de sa démoralisation, c'est sa criminelle apathie : il ne sait plus s'indigner. Quoi! rien ne le *scandalise!* On lui révèle une dilapidation, et il se tait; on lui montre un prévaricateur condamné par les tribunaux, et il dit : Un de pris! On lui cite des pamphlets incendiaires, et il ne s'émeut point de ces tentatives contre l'état! Ce sont pour lui de simples aliments de curiosité, des nouvelles du jour qu'effacent celles du lendemain. Il est endurci par l'habitude : *ab assuetis non fit passio;* et cette indifférence pour des actes *scandaleux* est le plus grand, le plus triste, le plus inquiétant des scandales. J. T-v-s.

SCANDERBEG, *voy.* Skanderbeg.

SCANDINAVE (littérature). On
verra plus loin l'explication du nom de
Scandinavie. Sous celui de littérature
scandinave, on comprend tous les monuments littéraires du Nord païen, poétiques ou historiques, depuis les temps les
plus reculés jusqu'à la disparition des derniers restes du paganisme. Cette littérature n'est pas abondante, mais elle ne
laisse pas d'avoir de l'importance. Non-
seulement elle nous offre une versification particulière, une mythologie qui ne
peut se comparer sans doute à la mythologie grecque sous le rapport de l'invention, mais qui ne lui est guère inférieure sous celui de la richesse (*voy.* l'art.
suiv.), et quelques monuments intéressants pour l'histoire des siècles qui ont
précédé l'introduction du christianisme;
mais elle nous a conservé en outre des
fragments précieux d'une législation dont
les traces se reconnaissent encore aujour-
d'hui dans les lois des âges postérieurs.

Nous ne parlerons pas ici de la littérature islandaise, dont on a traité dans
un art. spécial. Ce qu'on appelle plus
particulièrement la littérature scandinave ne date que du VIIIe siècle de notre
ère. Le Lombard Paul Diacre (*voy.*
Warnefried), qui vivait sous le règne de
Didier, et qui fut employé plus tard par
Charlemagne, publia un *Dialogue entre
Wodan et Frea* (Odin et Freya), puisé
dans les traditions de son peuple. Environ 300 ans après, Adam (*voy.*) de Brême, dans son ouvrage *De situ regnorum
septentrionalium*, parla assez longuement de la Suède encore païenne en partie, du temple d'Upsal, de Thor, de Wodan et de Frey, qu'il appelle Fricco. Il
nous raconte comment le culte de ces
dieux s'est établi, quelles sont leurs attributions, pourquoi on leur offre des
sacrifices; il connaît même la grande fête
des morts que les Suédois célébraient tous
les neuf ans. Nous retrouvons les mêmes
renseignements dans Éric Olai qui vécut
vers 1440, et dans la Chronique rimée
de la Suède. Nous devons également de
curieux détails sur la mythologie du Nord
au Danois Saxo Grammaticus (*voy.*),
quoique les traditions soient fort altérées

dans son récit; cependant il nous a rendu
moins de services sous ce rapport que les
Islandais Sæmund-le-Sage, Ari Frodi et
Snorri Sturluson (*voy.*), dont les ouvrages sont d'autant plus précieux qu'ils
sont écrits dans l'ancienne langue du
Nord.

Les magnifiques restes du paganisme scandinave demeurèrent inconnus à
l'Europe jusqu'au XVIIe siècle. Resenius
le premier publia, en 1665, les deux Edda (*voy.*) qu'on venait de découvrir. Quelques années après, Thomas Bartholin fit
paraître, dans ses trois livres d'*Antiquités danoises* (Copenh., 1689) un grand
nombre de chants scandinaves; mais l'attention fut à peine éveillée par ces publications. Ce ne fut que quand Macpherson eut imprimé sous le nom d'Ossian
(*voy.* ces noms) un recueil de poésies
conçues dans un tout autre esprit que les
véritables chants des peuples du Nord,
que l'on commença à étudier sérieusement et avec suite, principalement en
Allemagne, la littérature scandinave. Toutefois la réputation d'Ossian éclipsa longtemps encore les dieux de l'Edda. La
publication des *Nibelungen* (*voy.*) par
M. Von der Hagen, et celle d'une grammaire et d'un vocabulaire islandais par
Rask (*voy.*) ouvrirent enfin une nouvelle époque caractérisée par le commentaire de l'Edda, de Finn Magnusen;
les recherches sur les Sagas, de Érasme
Müller, et les recherches sur les runes
(*voy.*), de Nyerup.　　　　*C. L.*

SCANDINAVE (mythologie). La
mythologie des anciens Scandinaves et
Islandais offre des analogies frappantes
avec celle des Germains. Les idées qu'ils
se faisaient du monde avaient leur type
dans l'organisme humain et dans les phénomènes de l'existence. Ils prêtaient à la
terre une espèce de vie animale. Ils regardaient comme ayant existé de toute
éternité la chaleur, le froid et l'eau, et à la
place qu'occupent le ciel, la terre et la
mer, il y avait, selon eux, un abîme ouvert. Au midi se trouvait le monde lumineux et brûlant de Mouspell; au nord,
le monde brumeux et glacé de Niflheim
(région des brouillards), dont plusieurs
âges avaient précédé la création. C'était
là pour eux un monde primordial. La

création proprement dite commence à la formation de la mer, de la terre et du ciel. La cosmogonie des Scandinaves, ainsi que l'histoire de la naissance du géant Ymir et des différentes générations de Hrimthoursen, est très compliquée : il serait trop long d'en exposer ici tout le détail.

On se représentait aussi la terre et le ciel comme un arbre sous lequel s'étend la mer. L'eau était regardée comme l'élément primitif, et l'on croyait que la terre était sortie de la mer. Les ténèbres avaient précédé la lumière, opinion qui était aussi celle des anciens Germains. Le géant Narfi, qui habitait le Iotounheim, espèce de paradis ou de patrie primitive, eut une fille, nommée Nott (la Nuit). Elle était noire et brune comme ses ancêtres, et épousa successivement Naglfari, dont elle eut Audour, Anar et Dellingour (le Crépuscule). Avec ce dernier, qui était de la race des Ases, ou anciens dieux établis au centre du monde, dans l'Asgard, elle donna naissance à Dagour (le Jour), aussi beau que son père. Le Père de l'univers prit la Nuit et le Jour son fils, leur donna deux chevaux et deux chars et leur ordonna de parcourir le ciel et de faire le tour de la terre en 24 heures.

Les Ases, dont le principal est Odin (*voy.* ces mots), sont fils de Bor, issu lui-même des Hrimthoursen. La mythologie des Germains ne met pas ses dieux en dehors du monde; elle n'en fait pas des êtres éternels et tout-puissants, et elle n'a pas à expliquer par conséquent pourquoi des dieux tout bons ne rendent pas les hommes parfaitement heureux. Les Ases sont des êtres bienfaisants, bienveillants (*Regin*), opposés aux dieux géants ou dieux méchants. Ymir et ses fils sont mauvais; les fils de Bor sont bons. Cette opposition est exprimée par la différence de leur origine : Ymir naît de la glace formée par la source empoisonnée de Hvergelmir (ancienne source); Bouri, père de Bor, de la pierre de sel. Tout ce qui fait souffrir l'homme, le froid, les ténèbres, la tempête, l'ouragan, etc., était représenté sous l'aspect d'un géant; tandis que tout ce qui le charme ou lui procure des jouissances, la lumière du soleil, la fertilité, etc., venait des Ases. Mais comme les éléments utiles à l'homme peuvent lui devenir nuisibles en certaines circonstances, il fallut admettre une lutte continuelle des géants et des Ases. Les Ases passent les premières années de leur vie de la manière la plus heureuse; ils jouent galment aux dés, et ne manquent jamais d'argent, jusqu'à l'arrivée de trois Thourses qui viennent les trouver du Iotounheim. Ces trois Thourses sont ou les trois principales Nornes (*voy.*), qui leur annoncent que le sort les condamne à mourir (car les géants étaient plus experts en magie que les Ases), ou plutôt trois filles de géants qui enlèvent aux dieux les merveilleuses tables d'or. Quoi qu'il en soit, à compter de ce moment, les Ases manquent d'or, et ils cherchent à en préparer au moyen du feu. Cet art magique, contre leur volonté, est communiqué aux hommes. Odin irrité fond sur le peuple : de là la première guerre. Les Wanes (*Vanir*) renversent les murs d'Asgard ou Asabiorg (forteresse des Ases); cependant la paix se rétablit après une lutte acharnée. Une nouvelle guerre s'élève avec les géants qui veulent s'emparer des pommes de Freya et d'Idoun que possédaient les Ases et qui avaient la propriété de rajeunir.

L'exploit des Wanes eut des résultats importants. Les Ases promettent Freya à un géant qui s'engage à rendre Asabiorg inexpugnable. Il y réussit en effet par les conseils de Loki, et les Ases sont en grand danger de devoir tenir leur promesse; mais Loki, par ses ruses, parvient à l'empêcher de terminer son ouvrage au temps convenu. Loki, ou le feu, joue un des plus grands rôles dans la mythologie du Nord, et cela se conçoit dans ces contrées septentrionales, où le feu est si nécessaire. Mais en même temps cet élément perfide est la cause des plus terribles malheurs. Aussi l'Ase Loki, quoique beau comme tous ses frères, est un être sournois qui jette les dieux dans les plus pénibles perplexités d'où il les tire cependant le plus souvent quand les Ases emploient à son égard la contrainte. Ayant mangé le cœur à moitié consumé d'une méchante femme, il devint astucieux, et procréa dans le Iotounheim, avec la géante Angourbodi, des monstres effroyables, le loup Fenrir, le serpent Iormoungandour et d'autres êtres malfaisants. Comme les dieux savaient par une prédiction que ces rejetons d'un méchant père et d'une méchante mère leur causeraient beaucoup de mal, Odin les fit appeler. Le serpent fut jeté dans la mer profonde (Océan); il entoure de ses anneaux toute la terre. Hel, géant hideux, moitié bleu, moitié couleur de chair, fut précipité dans le Niflheim et reçut la domination sur neuf mondes (neuf divisions du monde inférieur ou de l'enfer). Tous les hommes morts de vieillesse ou de maladie deviennent sa proie. Sa demeure s'appelle Elvidnir (construit de glace). Quelle différence avec le Walholl ou Walhalla (*voy.*) où sont reçus les guerriers morts en combattant! Les dieux gardèrent auprès d'eux le loup; mais effrayés de la taille prodigieuse qu'il acquit et des prédictions qui leur annonçaient qu'il ferait leur malheur, ils résolurent de l'enchaîner. Ils n'y réussirent qu'à la troisième tentative et au moyen d'une chaîne magique forgée par les nains appelés Alfes (*voy.* ELFES), personnification des forces mystérieuses de la nature, qui jouent un grand rôle dans cette mythologie. Tyr, le plus intrépide des Ases, eut seul le courage de lui donner sa nourriture, et pour lui montrer de la confiance, il lui mit sa main dans la gueule, mais Fenrir la dévora. Les dieux l'enchaînèrent alors à un rocher et lui enfoncèrent un glaive dans sa gueule béante, d'où il s'échappa un torrent.

De mauvais rêves annoncent la mort de Balldour. En vain Frigg, sa mère, veut sauver ce bon génie: il est écrasé, et ce fut une perte irréparable pour les dieux et les hommes. Il est vraisemblable que Balldour est le soleil d'été jusqu'au solstice; car Wali, qui n'est âgé que d'une nuit, venge la mort de son frère sur son meurtrier. L'épouse de Balldour, Nanna, mourut de douleur. Leurs deux corps furent brûlés ensemble, et Balldour tomba au pouvoir de Hel, à qui les dieux envoyèrent Hermoden pour le prier de le délivrer. Hel y consentit pourvu que tout l'univers pleurât Balldour. La géante Tok (méchanceté) seule refusa de le pleurer, et Balldour resta dans l'empire de Hel. Cette Tok n'est autre chose

que Loki sous une forme de femme.

Au festin d'Ugir, Loki injuria les dieux; mais cette fois son châtiment fut terrible. Il fut saisi et garrotté avec les intestins de son fils Kari. Skadi lui attache un serpent venimeux sur le visage. Sa femme Sigyn reçoit le venin dans un baquet, et lorsqu'elle s'éloigne pour le vider, le poison lui dégoutte sur la face. Alors il se retourne, et son mouvement cause un tremblement de terre. Les dieux l'ont donc vaincu, c'est-à-dire qu'ils ont renfermé dans la terre les feux souterrains qui s'en échappaient; mais la méchanceté de Loki leur a coûté Balldour, et le monde a besoin d'être rajeuni. Après trois années de guerre civile, pendant lesquelles règnent le meurtre et l'impureté, l'action de la chaleur solaire est détruite par trois épouvantables hivers. Mais comme le monde ne s'est pas formé de lui-même, il ne périra pas non plus par lui-même. C'est au monde méridional qu'il doit sa naissance: c'est donc du monde méridional que viendra Sourtour avec la flamme dévastatrice; Loki gouvernera l'esquif des fils de Mouspell; le loup Fenrir rompra ses liens. Bifrost, le pont des dieux ou l'arc-en-ciel, dont les feux (couleurs) défendent aux géants l'entrée du ciel, s'écroule. Les dieux et les Einheriar soutiennent un grand combat contre les géants et les fils de Mouspell. Le soleil et la lune sont dévorés par deux loups. La terre retombe dans la mer. L'arbre du monde s'enflamme, et les dieux sont consumés par les flammes de Sourtour. En dépouillant ce mythe de ses images, nous trouvons l'idée suivante: le monde, ou le ciel et la terre, qui doit son existence à l'action de la chaleur sur l'eau, périra par un tremblement de terre et par le feu; cependant il ne sera pas détruit entièrement, il sera seulement régénéré. Les Ases s'assemblent de nouveau sur l'Ida-vollour, et retrouvent les merveilleuses tables d'or. Balldour et Hodour habitent le palais d'Odin. Modi (courage) et Magni (force) sont armés de la foudre, et remplacent Thor, de même que Balldour remplace Odin. Avant d'être dévoré par le loup, le soleil a eu une fille. La terre remonte du fond des mers. Les champs donnent des fruits sans culture. C'est donc un monde meilleur; cependant la mort n'est pas détruite; elle conduit même à une plus triste existence, c'est-à-dire que de la demeure de Hel on s'enfonce plus profondément dans le Niflheim. Les hommes vertueux reçoivent leur récompense dans le Gimli (*Himmel*) ou troisième ciel. Les assassins, les parjures et les séducteurs de femmes étrangères subissent leur châtiment dans le Nastrond (plage des cadavres), contrée perdue dans le nord loin du soleil. La nouvelle terre ne reste pas sans habitants. Pendant ces temps effroyables, en effet, Lif (vie) et Lifthrasir (force vitale) se tiennent cachés dans le bois de Hoddmimir, se nourrissant de la rosée. Ils donnent le jour à une nouvelle race d'hommes, qui, par conséquent, tirent comme les premiers leur origine de deux arbres. Il ne paraît pas que les demeures des dieux aient été détruites, puisque Hodour et Balldour habitent le palais d'Odin, et que les Ases s'établissent de nouveau dans l'Idavollour (champ des affaires). Ces demeures sont au nombre de douze. Le *Throudheim* (monde de la force), quoique le premier en rang, n'est pas compté; car ce n'est point une demeure céleste, il est trop près de la terre: c'est là qu'habite Thor, le dieu du tonnerre. Ainsi la 1re demeure céleste est l'*Y-dalir* (vallée de l'humidité, ou aussi de la flèche), où habite Oullour (le laineux), fils de Sif, beau-fils de Thor, l'excellent archer, le patineur, qu'on invoque dans les duels et par l'anneau duquel on jure. La 2e est l'*Alfheim* (monde des Elfes), habité par Freyr (le semeur), fils de Niord, qui règne sur la pluie et le beau temps, et la fécondité de la terre, qu'on invoque pour obtenir la paix ou une année fertile, à qui est consacré le sanglier par les soies duquel on jure, et qui montait lui-même un sanglier à soies d'or. La 3e, le *Vala-Skialf* (tour de Wali), au toit d'or, où habite Wali, fils d'Odin et de Rind, guerrier audacieux et tireur adroit. Dans la 4e, la *Saucqua-Beckour* (ruisseau de profondeur), autour de laquelle bruissent des eaux froides, où Odin et Saga (l'histoire) vont chaque jour se désaltérer. La 5e, le *Glads-Heimour* (monde de la joie), est le Walhalla étincelant d'or. La 6e, le *Thrym-*

Heimour (monde des soupirs), est habitée par le géant Thiassi, et le sera, après sa mort, par sa fille Skadi, la déesse des pasteurs et de la chasse. Dans la 7e, le *Breida-Blik* (brillant au loin), habite Balldour, le meilleur des dieux, celui que tous louent, si beau de forme qu'il resplendit, le plus sage et le plus éloquent des Ases. La 8e, le *Himin-Biorg* (palais céleste), aux extrémités du ciel, près du Bifrost, le pont des dieux (arc-en-ciel), sert de demeure à Heimdall, le sage Ase, le gardien des dieux, dont le cor *Giallar* retentit à travers tous les mondes, qui n'a pas besoin de plus de sommeil qu'un oiseau, dont l'œil voit aussi distinctement la nuit que le jour, qui entend l'herbe et la laine croître: il est fils de neuf sœurs et le symbole d'un phénomène céleste, vraisemblablement de l'aube matinale qui précède l'aurore. La 9e, le *Folknvangr* (champ des combattants), sert d'habitation à Freya (*voy.*), qui partage avec Odin les guerriers restés sur le champ d'honneur, la même originairement que Frigg, épouse d'Odin ou la terre. Il est bon d'invoquer cette déesse dans les affaires d'amour. Elle aime aussi le chant. Son époux est Oddour (imitation d'Odin). Il voyagea; Freya pleura son absence et se mit à sa recherche parmi des peuples inconnus. Voilà pourquoi elle a un grand nombre de noms. Dans la 10e, le *Glitnir* (le brillant), orné de colonnes d'or et couvert d'un toit d'argent, habite Forseti (qui préside), lequel accommode toutes les querelles, divinité adorée aussi à Helgoland, d'où était venu à cette île le nom de Forsetesland. La 11e, le *Noa-Tun* (cour neuve), est la demeure de Niord, qui n'est pas de la race des Ases, mais de celle des Wanes qui l'ont donné en otage. Un grand nombre d'autels et de temples lui étaient consacrés néanmoins. Il apaise la mer et le feu : aussi était-il invoqué par les marins et les pêcheurs. Il donne à ceux qui lui font des vœux des domaines et des trésors, avec Skadi, père de Freyr et de Freya. Enfin, dans la 12e demeure céleste, le *Landvidi* (étendue de pays) couvert de hautes herbes, habite Widar, le dieu silencieux, le dieu le plus fort après Thor, qui venge Odin son père en tuant le loup Fenrir, et qui, après l'embrasement des dieux, se retire avec son frère Wali sur l'Idavollour.

Nous avons parlé d'Odin et de Thor; un article spécial a d'ailleurs été consacré au premier : nous n'avons donc plus qu'à ajouter quelques mots sur certains Ases masculins (*Aesir*) et féminins (*Asynior*) dont il n'a point encore été question. Le mot *As* ou *Ans* signifie dieu, et les dieux sont appelés ainsi par opposition aux géants, aux nains, aux Wanes et aux hommes. Dans les Sagas(*voy.*)d'une époque postérieure, où les mythes divins sont pris historiquement et les dieux changés en hommes, les Ases sont un peuple asiatique, ainsi qu'ils ont été présentés dans le petit art. dont ils sont l'objet dans cet ouvrage. Les Ases descendent d'Odin et de Frigg. Cette dernière déesse sait lire dans l'avenir; *mais* elle ne révèle pas ce qu'elle sait, elle ne rend point d'oracles. Après Frigg et Freya, la principale divinité est Iduna ou Idoun, la gardienne des pommes qui donnent aux dieux une jeunesse éternelle. Son époux, Braghi, est célèbre par sa sagesse et son éloquence ; il est, en outre, un maître en poésie, laquelle est appelée de son nom, *brayour*. Lorsqu'on entrait en possession d'un héritage ou qu'on faisait vœu d'accomplir quelque haut fait, on vidait le *bragafull* (corne pleine de Braghi). Tyr (dieu) était aussi un Ase plein de sagesse; aussi un proverbe disait-il : *sage comme Tyr*; il était en même temps le plus hardi des dieux et faisait pencher la victoire dans les batailles. Les braves lui faisaient donc des vœux. Cyr (contentement ou ménagement) est le meilleur médecin. Gefion est une vierge, servie par toutes les filles mortes vierges. Une autre Gefion, aidée de ses fils, enleva au roi de Suède Ghylfi une portion de son territoire, dont elle forma l'île de Selound (Seeland). Fulla ou Fylla (plénitude), jeune fille aux cheveux flottants et le front ceint d'un bandeau d'or, porte la cassette de Frigg, et connaît, comme cette dernière, les résolutions secrètes. Hnoss, fille de Freya et d'Oddour, est si belle que l'on appelle de son nom *hnossir* toutes les choses remarquables par leur beauté; elle a pour sœur Ghersemi (bijou). Siofn est la déesse de l'amour : aussi l'amant s'appelle-t-il *siafni*. Lofn

(amour) est si douce et si bonne pour ceux qui l'invoquent, qu'elle obtient du Père universel ou de Freya la permission d'unir par le mariage des hommes et des femmes qui ne l'auraient pu auparavant. War ou Wor (la circonspection) écoute les serments des hommes, préside aux contrats entre hommes et femmes, et punit ceux qui violent leurs engagements ; elle connaît l'avenir, et rien ne peut lui être caché. Syn (le refus) garde les portes et les ferme à ceux qui n'ont pas le droit d'y entrer; elle assiste aux jugements et veille à l'administration de la justice. Hlin (qui chauffe) est préposée à la protection des hommes que Frigg veut défendre contre les dangers. Gna est la messagère de Frigg; elle parcourt les airs et la mer sur son cheval Hofwarpnir (qui lance des étincelles de ses sabots). Snotra (l'élégante) est pleine de prudence et d'élégance : aussi appelle-t-on *snotour* ceux qui ont des manières agréables et polies. On voit que plusieurs de ces Ases femelles ne sont que des personnifications de sentiments moraux, et qu'elles n'ont rien de commun avec les idées fondamentales de la mythologie, idées qui se résument en quatre mots : naissance, vie de lutte, mort et renaissance.

Dans la partie héroïque de cette mythologie, les *Helgilieder*, qui ont été traduits en allemand par M. Wachter et insérés dans le *Forum de la critique historique* (Altenb., 1827-30, 2 vol.), présentent ces quatre idées fondamentales en des individus qui vivent, meurent et renaissent, mais sous une forme humaine. Dans les *Niflungenlieder*, Loki enlève au nain Andwari tout son or et l'anneau au moyen duquel on peut produire à volonté de ce métal. Dans l'*Ynglinga-Saga*, un collier maudit par une magicienne, et dans la *Hervarar-Saga*, une épée chargée de malédictions par un mourant, tuent tous ceux qui les portent. La vengeance héréditaire du sang joue aussi un grand rôle dans les légendes des Scandinaves, de même que dans leur histoire; mais il ne faut pas en conclure que tous leurs mythes soient des faits historiques, comme l'ont fait Saxo Grammaticus, Snorri Sturluson, et surtout l'historien Suhm. *Le seul mode d'interprétation applicable aux mythes de* la mythologie du Nord est l'interprétation symbolico-naturelle ou philosophico-naturelle; mais il est facile de s'égarer en suivant cette route. Ainsi Trautvetter accorde aux anciens Normands des connaissances en chimie aussi avancées que les nôtres. D'autres, comme Finn Magnusen, veulent tout expliquer d'une manière symbolico-naturelle, tandis qu'il entre évidemment des éléments éthiques dans la mythologie scandinave, et que beaucoup de choses ne sont que des ornements ajoutés par des mythographes d'un âge postérieur. Il n'est pas possible non plus d'interpréter les symboles jusque dans leurs moindres détails : ce serait peine perdue, par exemple, que de discuter si telle demeure céleste représente tel ou tel mois, tel ou tel signe du zodiaque; on peut dire seulement que les douze demeures du ciel désignent les douze mois ou les douze signes.

La mythologie du Nord n'a pas beaucoup inspiré les artistes, et cela se comprend, puisqu'elle est plus l'œuvre de l'esprit que de l'imagination. Cependant nulle autre mythologie n'unit à un égal degré l'aimable au terrible. Aussi les poëtes ont-ils apprécié depuis longtemps les précieuses ressources qu'elle leur offrait; mais on doit reconnaître que toutes les tentatives qu'ils ont faites jusqu'ici pour se les approprier, n'ont guère été couronnées de succès.

Les principales sources de cette mythologie sont les deux *Edda* (voy.), le *Landnamabok*, la *Heimskringla* et d'autres sagas, dont il a été parlé à l'art. de la littérature islandaise. *Voir* Muller, *Bibliothèque des Sagas* (Copenh., 1817-1819, 3 vol.); Suhr, *Des croyances, des connaissances et de la poésie des anciens Scandinaves* (Cop., 1815); Nierup, *Lexique des mythes scandinaves* (Cop., 1816) ; Katterfeld, *Sur la doctrine des Ases* (Rudolst., 1819); Mone, *Histoire du paganisme dans le nord de l'Europe* (Heidelb., 1822-23, 2 vol.); Berger, *Mythologie du Nord* (1834, 2e éd.); Legis, *Mines du Nord* (Leipz., 1829, 2 vol.); Finn Magnusen, *Eddalaeren og dens oprindelse* (Cop., 1824-26, 4 vol.), et *Lexicon mythologicon* (Cop., 1828, in-4°).　　　　　*C. L. m.*

SCANDINAVIE. On comprend aujourd'hui sous cette dénomination les trois royaumes du Danemark, de la Norvège et de la Suède (voy. ces noms). Les anciens, au contraire, ainsi que nous l'apprennent Mela, Pline, Solin et Ptolémée, n'entendaient par *Scandia* ou *Scandinavia* que la péninsule de la Suède et de la Norvège, qu'ils considéraient comme une île. Selon Pline, on appliquait aussi la dénomination de Scandia à une île d'un archipel formé par les îles de Dumna, de Bergi et de Nerigen ou Norvège, la plus considérable du groupe, d'où l'on se rendait à Thulé. Ptolémée désigne également sous le nom de Scandia un groupe de quatre îles, dont la plus grande le portait plus particulièrement. Les auteurs que nous venons de citer, et d'autres historiens de l'antiquité distinguent la Scandinavie de Thulé; mais Procope les confond, et appelle Scandinaves les Thuliens. Parmi les six peuples mentionnés par Ptolémée comme habitant l'île de Scandia, nous trouvons les *Danciones* et les *Gutæ*, dans lesquels il est facile de reconnaître les Danois et les Goths. Tacite cite déjà les *Sveones* ou les Suédois dans l'acception la plus restreinte. Jornandès, qui, lui aussi, regarde la Scandinavie comme une île, compte au nombre de ses habitants les *Dani* et les *Svethani*, qu'il appelle ailleurs *Svethidi*. Il peint les Finnois (*voy.*), que connaissait aussi Ptolémée, comme la moins farouche de toutes ces peuplades. Avant l'arrivée des Germains, toute la Scandinavie proprement dite était vraisemblablement habitée par les Finnois, sous le nom de Iotes, ou sous un autre quelconque. Les trois invasions des peuples germains, et nommément celle des Ases, remontent aux temps mythiques. Trois tribus s'établirent dans la Scandinavie propre : les Normans en Norvège, les *Sviar* ou Suédois dans la Suède orientale, et les *Gantar* ou Goths dans la partie occidentale. Les Danois, mentionnés par Ptolémée sous le nom de *Pharodani*, prirent possession de la Scanie; Procope les appelle Daces, et dit que l'on s'embarquait chez eux pour Thulé ou la Scandinavie. Grégoire de Tours, en 516, parle des ravages des pirates danois sur les côtes de France. Venantius Fortunatus nous apprend qu'ils s'allièrent aux Saxons contre le roi des Francs Sigebert Ier, et nous les retrouvons plus tard combattant avec eux contre Charlemagne. Depuis cette époque, ils se montrèrent ennemis des Francs et ravagèrent plusieurs fois les côtes de la Frise et de la France. Ils devinrent bien plus redoutables encore lorsque Harald aux beaux Cheveux eut réuni toute la Norvège sous son sceptre. Les chefs qui ne voulurent pas se soumettre à lui, portèrent leurs brigandages depuis l'Elbe jusqu'en Espagne, en Angleterre, en Écosse, en Irlande, où ils fondèrent un royaume, en Bretagne, dont ils conquirent une partie; en Normandie, où ils se fixèrent et d'où ils allèrent en Italie établir le royaume de Naples. Les Francs nomment ces aventuriers *Normands* (*voy.*), les Anglo-Saxons *Easterlingas* et les Jutlandais *Ostmans*. Au nord et à l'ouest, ils portèrent leurs armes jusqu'à la Biarmie. Sous le nom de Varèghes, ils fondèrent des royaumes en Russie et formèrent une garde fidèle aux empereurs de Constantinople. Ils parurent à plusieurs reprises aussi sur les bords de la Baltique, en Esthonie, en Livonie, en Courlande; et un grand nombre de pays encore déserts, comme celui des Iames, celui de Helsing, les Orcades, les Hébrides, les îles Faroër et l'Islande, reçurent d'eux leurs premiers habitants. Après plusieurs tentatives infructueuses des missionnaires francs et saxons, les Allemands forcèrent enfin les Danois à embrasser le christianisme, et Olaf Tryggvason brisa les idoles de la Norvège. L'Islande, dernier refuge du paganisme scandinave, ne tarda pas à se convertir également.   C. L.

SCANIE, en suédois *Skæne*, en allemand *Schonen*, la plus belle partie de la Suède, dans le Gothland. *Voy.* ce mot.

SCAPIN, valet intrigant et fripon qui, de l'ancien théâtre italien, fut importé en France, où Molière en fit un type dans une comédie bien connue. Le costume appartenant à ce rôle est la livrée avec le manteau court : Scapin est d'ailleurs coiffé d'une toque et porte une dague à son côté.

SCAPULAIRE, du latin *scapula*, omoplate, est le nom que l'on donne à une certaine partie du vêtement de quelques ordres religieux, et qui consiste en deux bandes d'étoffe descendant depuis les épaules jusqu'en bas, tant par-devant que par-derrière. Le scapulaire le plus commun est formé de deux petits morceaux d'étoffe bénite, qui sont joints ensemble, et qu'on porte sur la poitrine à l'aide d'un ruban passé autour du cou. Dans l'origine, le scapulaire paraît avoir eu pour but de rendre les fardeaux moins lourds aux religieux, pendant leurs heures de travail; mais pour ce vêtement, consacré comme la plupart des autres qui concernent le culte, la légende s'est chargée d'expliquer le premier emploi qui en fut fait. On rapporte que la Vierge offrit elle-même le scapulaire à Simon Stock, général des carmes, en lui promettant sa protection spéciale pour tous les gens pieux qui, le portant, garderaient la virginité, la continence ou la chasteté conjugale, selon leur état, et réciteraient le petit office de Notre-Dame. Le scapulaire, adopté par plusieurs communautés, eut à subir diverses variations dans sa forme. S. Benoît l'ayant imposé dans sa règle, ses religieux l'ont toujours conservé.   D. A. D.

SCARABÉE, mot de la même origine latine que escarbot, *voy.* Coléoptères et aussi Glyptique.

SCARAMOUCHE, personnage de la comédie italienne, dont le nom, *scaramuccio* ou *scaramugio*, signifie *escarmouche*. Les lèvres ornées d'épaisses moustaches, tout habillé de noir, à la fois fanfaron et lâche, Scaramouche faisait consister une partie de son rôle en contorsions et en grimaces, et finissait toujours par être battu. On assure que ce personnage, d'origine espagnole, existait déjà dans la troupe que Charles-Quint emmena en Italie, où il ne tarda pas à se naturaliser. Parmi les acteurs qui furent appelés pour la première fois de ce pays à Paris, en 1640, il y avait un Scaramouche, dont le vrai nom était Fiurelli, né à Naples en 1608, et qui a attaché une espèce de célébrité à ce personnage. Il était reçu à la cour, faveur due, dit-on, au singulier bonheur qu'il eut de faire rire le dauphin, fils de Louis XIII, au milieu d'un de ses petits accès de colère enfantine. Plus tard, Louis XIV le prit en affection, et il joua plusieurs fois devant le roi jusqu'à sa retraite, arrivée en 1691. Il avait alors 83 ans, et ne mourut qu'en 1696. Du théâtre italien, le Scaramouche passa à la Foire, où il s'est maintenu dans ce rôle jusqu'à la dispersion de la troupe italienne, en 1780.   D. A. D.

SCARIFICATION, opération chirurgicale qui consiste en plusieurs incisions faites à la peau avec une lancette ou un bistouri. Autrefois, on employait à cet usage une espèce de boîte, dans laquelle étaient renfermées dix ou douze pointes de lancettes qui en sortaient par la détente d'un ressort, en faisant autant de scarifications à la peau. Les scarifications très superficielles sont nommées *mouchetures*. *Voy.* Ventouses.   Z.

SCARLATINE, *voy.* Exanthèmes.

SCARLATTI. Trois musiciens distingués ont porté ce nom. Le premier, Alexandre Scarlatti, est un des compositeurs les plus célèbres, surtout pour la musique d'église. Né à Naples, en 1650, il voyagea en Italie et en Allemagne, écrivit, pour les théâtres de Rome, de Vienne et de Munich, plusieurs opéras qui obtinrent beaucoup de succès. *La principessa fidele* passait pour son chef-d'œuvre dans ce genre. A. Scarlatti fut l'auteur d'une heureuse révolution dans la musique (*voy.* ce mot, T. XVIII, p. 307), qu'il débarrassa de tous ces ornements qui éblouissaient les yeux sans parler à l'âme. Il mourut en 1725. On a de lui jusqu'à 400 messes et une foule de motets. — Dominique Scarlatti, son fils, né en 1683, fut le premier harpiste de son temps. Il se fixa en Espagne, et mourut à Madrid, en 1757, maître de musique de la reine. — Joseph Scarlatti, fils du précédent, et dernier rejeton de cette famille, naquit à Naples, en 1718. Compositeur distingué, il fut aussi un habile maître de clavecin. Il mourut à Vienne, en 1776. On a des trois Scarlatti un grand nombre de compositions musicales, dont la majeure partie est restée inédite et se trouve au conservatoire de Naples.   X.

SCARPA (Antoine), chirurgien et anatomiste célèbre, né le 13 juin 1747, à la Motte, petite ville du Frioul, obtint, jeune encore, la chaire de clinique et d'opérations chirurgicales à l'université de Pavie ; mais ayant refusé le serment lors de l'établissement de la république cisalpine, il perdit sa place que Napoléon lui rendit en 1805. Il fut nommé plus tard directeur de la faculté de médecine, et mourut, le 31 oct. 1832, membre de l'Institut royal des sciences, belles-lettres et arts du royaume lombardo-vénitien; associé étranger de l'Académie des Sciences de Paris, chevalier de la Légion-d'Honneur et de l'ordre de Léopold. Il est auteur de plusieurs ouvrages qui sont regardés comme classiques en Italie, et cités avec éloge même en Angleterre, en Allemagne et en France. Nous rappellerons parmi les plus remarquables : *Anatomicæ disquisitiones de auditu et olfactu* (Pavie, 1789, in-fol.); *Anatomicæ annotationes de gangliis et plexubus nervorum et de organo olfactûs præcipuo* (ibid., 1792, av. pl.); *Tabulæ nevrologicæ ad illustrandam historiam cardiacorum nervorum* (ibid., 1794); *Commentarius de penitiori ossium structurâ* (Leipzig, 1799, in-4°; trad. en franç. par M. Léveillé, avec d'autres opuscules, sous le titre de *Mémoires de physiologie et de chirurgie pratique*, Paris, 1804, in-8°); *Sull' ernie* (Milan, 1809-10, in-fol., av. pl. ; trad. en franç. par Cayol, Paris, 1812, in-8°; av. un suppl. trad. par Ollivier, Paris, 1823, in-8°); *Reflessioni ed osservazioni anat. chir. sull' aneurisma* (Pavie, 1804, in-fol., av. pl. ; trad. en franç. par M. Delpech, Paris, 1809, in-8°, av. atl.); *Trattato delle principali malattie degli occhi* (5e éd., Pavie, 1816, 2 vol. in-8°; trad. en franç. par MM. Bousquet et Bellanger, ainsi que par MM. Fournier-Pescay et Begin); *Memoria sulla ligatura delle principali arterie degli anti* (Pavie, 1816); *Mem. chir. su i piedi torti congeniti*, etc. (3e éd., Pavie, 1817); *Memorie sull' ernia del perinea* (Pavie, 1822, av. pl. ; trad. par Ollivier, Paris, 1823, in-8°).   X.

SCARRON (Paul), dont le nom réveille aussitôt l'idée du burlesque, naquit vers la fin de 1610. Son père, conseiller au parlement, jouissait d'une assez belle fortune; mais ayant perdu sa femme, il se remaria, et cette seconde union ne fut pas favorable aux intérêts du jeune Scarron. Celui-ci s'aperçut de bonne heure que sa belle-mère dénaturait les biens de son époux, et s'en plaignit. Son père l'envoya alors à Charleville, chez un de ses parents, où il demeura deux ans. Il prit ensuite le petit collet, mais sans s'engager dans les ordres; puis, il parcourut l'Italie, menant joyeuse vie et prodiguant gaîment sa jeunesse et l'argent de son père : mais celui-ci mourut, lui laissant pour tout patrimoine un procès. Pour comble de malheur, Scarron fut tout à coup frappé d'une cruelle infirmité : à la suite d'une folie de carnaval, au Mans, il se trouva perclus de ses membres; ses cuisses se replièrent sous son corps, qui contracta la forme d'un Z. Scarron avait alors 28 ans. Il prit bravement son parti, et résolut de se venger en riant des disgrâces de la nature. Privé de moyens d'existence, il eut recours à la poésie, et se livra au genre burlesque (*voy.*), merveilleusement adapté à la tournure bouffonne de son esprit. Ce genre nouveau surprit le public et fit fortune : les comédies de Scarron eurent bientôt la vogue; et comme ce genre l'amusait, il continua d'écrire par goût non moins que par nécessité. Scarron resta 22 ans cloué sur sa chaise, ne conservant que l'usage de ses doigts, de sa langue et de son estomac, mais se dédommageant amplement de la perte de ses autres facultés par l'exercice de celles qui lui restaient. Sa chambre fut bientôt le plus gai des salons de Paris : on venait voir Scarron comme une chose curieuse. Cependant il devait chercher dans le travail les moyens de faire face à des besoins sans cesse renaissants. Le produit de ses pièces, de la vente de ses livres et de leurs dédicaces, lui suffisait à peine; il recevait de toutes mains, et ne dédaignait pas de flatter des sots pour en tirer des gratifications. Quelques amis lui vinrent en aide. L'évêque du Mans lui donna un bénéfice; on lui obtint une pension, avec le brevet de *malade de la reine*. Mais il eut l'imprudence de se mêler de politique, et sa pension fut supprimée. Scarron épousa, en 1652, Mlle d'Aubigné, que le hasard lui avait fait connaître, et qui était alors dans l'indigence. Il conçut, vers la même époque, l'idée d'aller en Amérique, où il espérait faire fortune : les circonstances l'empêchèrent de donner suite à ce projet. Les dernières années de sa vie furent adoucies par les bienfaits de Fouquet et surtout par la société d'une femme aimable et spirituelle. Il mourut le 16 oct. 1660, âgé de 50 ans, conservant sa gaîté jusqu'au bout, et laissant dans la misère sa veuve, à qui la fortune réservait toutes ses faveurs (*voy.* Mme *de* MAINTENON). Capricieux, gourmand, paresseux, Scarron ne fut guère, pendant toute sa vie, qu'un grand enfant; mais ces vices n'avaient pas étouffé chez lui la bonté naturelle du caractère, et il faisait le bien avec empressement. Comme écrivain, Scarron n'est pas sans mérite : son *Roman comique* (1662, 2 part. in-12, souv. réimpr.) malheureusement resté inachevé, et ses *Nouvelles* seront toujours lus; ses *Comédies*, bien qu'écrites avec négligence, renferment des traits heureux, de la verve et des situations comiques. Mais Scarron est surtout connu comme le créateur du style burlesque : son *Énéide travestie*, ou, pour parler plus exactement, sa parodie de sept chants de l'Énéide (1648, in-4°, continuée par Moreau de Brascy, 1706, et P. Brussel, 1767), est le modèle du genre. La meilleure édition de Scarron est celle de Paris, 1786, 7 vol. in-8°. A. B.

SCEAU. Ce mot (anciennement *scel*), qui est formé par contraction du latin *sigillum*, désigne une lame de métal qui a une face plate, ordinairement de figure ronde ou ovale, dans laquelle sont gravées en creux la figure, les armoiries, la devise d'un roi, d'un prince, d'un état, d'un corps, d'une communauté, d'un seigneur particulier, et dont on fait des empreintes avec de la cire ou autrement sur des lettres, des diplômes, des actes publics, etc., pour les rendre authentiques. Il se dit aussi de l'empreinte même faite par le sceau.

L'emploi des sceaux dans les actes remonte à la plus haute antiquité. A l'exemple des Égyptiens et des Grecs, les Romains adoptèrent l'usage des sceaux, et le transmirent aux Barbares. La coutume de signer et de *sceller* en même temps les actes est la plus ancienne. Selon le droit romain, les testaments devaient être munis des sceaux et des signatures des témoins (loi 21, Cod. *de testamentis*); mais dans la suite, on se servit des sceaux pour suppléer aux signatures. L'apposition du sceau est l'une des principales marques de la solennité des diplômes; toutefois, dans une multitude de chartes données depuis le VIIIe siècle jusqu'après le milieu du XIIe, on ne trouve ni le sceau ni la formule qui annonce que l'acte présente ce caractère de certitude. Ajoutons que l'usage de sceller ne fut pas généralement adopté par la noblesse et le clergé avant le milieu du XIIe siècle.

Le *contre-sceau* (*contra sigillum*) était apposé au revers du sceau. Il avait pour but de prévenir les abus que pouvaient entraîner la perte, la falsification ou l'emploi frauduleux des sceaux. Lorsque le revers d'un sceau était marqué d'une empreinte particulière, il devenait impossible de détacher ce sceau d'un diplôme authentique et de l'appliquer sur un acte faux. Le *sceau de majesté* (*sigillum majestatis*) était ainsi nommé parce qu'il représentait le prince assis sur un trône et revêtu de tous les attributs de la souveraineté. Henri Ier est le premier roi de France qui s'en soit servi.

Les *sceaux royaux* de France portaient tous les armes de France, excepté le *grand sceau*, qui représentait le roi dans ses habits royaux. Le *grand sceau dauphin* était destiné à sceller les expéditions concernant la province de Dauphiné. Le *petit sceau* était celui des chancelleries des parlements. Le *sceau secret* était placé au-dessous du grand sceau. L'ordonnance du roi Jean, du 14 mai 1358, portait que les lettres-patentes ne seraient point scellées du sceau secret, à peine de nullité, si ce n'était en cas de nécessité ou lorsqu'il s'agirait du gouvernement de l'hôtel du roi. Elle ne permettait de sceller du sceau secret que les lettres closes, que l'on désigna longtemps après sous le nom de *lettres de cachet*. Le sceau secret était souvent employé comme contre-sceau.

A la mort des princes et des prélats, on brisait leurs sceaux, afin qu'on ne délivrât pas en leur nom des actes supposés. C'était aussi une ancienne coutume de placer les sceaux et les anneaux des morts dans leur tombeau.

D'après une ordonnance du 13 août 1830, le sceau de l'état devait représenter les armes d'Orléans surmontées de la couronne fermée, avec le sceptre et la main de justice en sautoir, et des drapeaux tricolores derrière l'écusson, et pour exergue, *Louis-Philippe, roi des Français*; mais une ordonnance du 16 février 1831 a remplacé les armes d'Orléans par un livre ouvert portant à l'intérieur ces mots : *Charte de* 1830. Quant aux sceaux et cachets des autorités judiciaires et administratives et des officiers publics, ils portent pour toute légende, dans l'intérieur du médaillon, le titre du corps, du fonctionnaire ou de l'officier public, sur les actes desquels ils doivent être apposés (ord. du 1er sept. 1830).

Ceux qui contrefont le sceau de l'état ou font usage du sceau contrefait sont punis des travaux forcés à perpétuité (Cod. pénal, art. 139).   E. R.

GARDE-DES-SCEAUX, *voy.* GARDE.

SCELLÉ. Ce mot désigne la cire empreinte d'un sceau qu'un magistrat a apposé sur les ouvertures d'un appartement ou d'un meuble, afin d'assurer la conservation de ce qu'il renferme.

Les scellés peuvent être mis sur les effets mobiliers d'une personne dans un grand nombre de cas, tels que ceux d'absence, de faillite, de mort civile ou naturelle. Les formalités prescrites par le Code de procédure ne paraissent concerner que l'apposition des scellés après décès; elles doivent cependant s'appliquer, comme l'enseigne Favard de Langlade, à tous les cas dans lesquels, en matière civile, la loi permet cette mesure. Les scellés sont mis par les juges de paix ; ils se servent, pour cette opération, d'un sceau particulier qui reste entre leurs mains, et dont l'empreinte est déposée au greffe du tribunal de première instance.

En matière criminelle, les scellés sont aussi apposés, mais par les officiers de police judiciaire, sur tous les objets qui peuvent servir à la constatation du délit. Le Code pénal prononce des peines contre les auteurs de bris de scellés (art. 249 à 253).   E. R.

SCÈNE, *voy.* THÉÂTRE, DRAMA-

TIQUE (*art*), ACTES, AVANT-SCÈNE.

SCEPTICISME (σκέψις, et non pas σκῆψις, de σκέπτομαι, je considère, réfléchis, hésite), disposition de l'esprit à tout révoquer en doute, même l'évidence, et qui est le dissolvant le plus actif de toute conviction forte. On a bien dit que le doute est le commencement de la sagesse; mais poussé à l'extrême, il est aussi l'ennemi de la vertu, parce qu'il la nie comme toutes choses. Il est surtout destructif de toute religion. *Voy.* DOUTE, PYRRHONISME, VOLTAIRE, ENCYCLOPÉDISTES, etc. **S.**

SCHADOW (JEAN-GEOFFROY), directeur de l'Académie des beaux-arts de Berlin et sculpteur du roi, naquit en cette ville, dans l'année 1764. Son talent précoce eut d'abord à lutter avec les difficultés que le manque de fortune lui opposait. Cependant un mariage d'amour conclu à Vienne, lorsqu'il n'avait encore que 21 ans, le mit en état de faire le voyage d'Italie. Il travailla à Rome de 1785 à 87, et fut ensuite nommé sculpteur à Berlin. Un de ses premiers ouvrages fut le mausolée du jeune comte de la Mark, dans l'église Dorothée de cette ville. On a en outre, de lui, un grand nombre de statues monumentales, entre autres celle de Luther à Wittenberg, celle du général de Ziethen et celle de Léopold de Dessau à Berlin, celle du général de Tauentzien à Breslau, celle de Blücher à Rostock, etc. C'est encore à Schadow qu'on doit le modèle du quadrige en bronze qui surmonte la porte de Brandebourg, à l'entrée de Berlin. Il est aussi auteur de plusieurs ouvrages relatifs à son art, écrits en allemand.

Ses deux fils se sont également distingués dans les arts. L'aîné, RODOLPHE, après avoir fait ses études de statuaire à Rome, sous la direction de Thorwaldsen et de Canova, fut enlevé par une mort prématurée, en 1822. Le second, FRÉDÉRIC-GUILLAUME, peintre d'histoire et de portraits, est devenu chef d'une école dont sont sortis beaucoup d'hommes de talent, entre autres M. Lessing, l'auteur du *Prêche des Hussites*. Né à Berlin, le 6 sept. 1769, il annonça d'abord peu de goût pour les arts; mais son père persista dans son projet, et après l'avoir fait

étudier sous sa direction à l'Académie des sciences et des arts, il le fit voyager en Italie. M. Schadow avait alors 22 ans; il était temps que sa vocation se décidât : le séjour de Rome opéra ce miracle. Au bout de sept ans, en 1818, il reparut à Berlin, avec un talent déjà consommé, qui lui ouvrit les portes de l'Académie, où il fut nommé professeur. Comme MM. Overbeck et Cornélius (*voy.*), il prit une part active à la réforme artistique de l'Allemagne. Voulant prêcher d'exemple, il peignit, pour l'église du Werder, ses belles figures des *Évangélistes*. L'Académie de Dusseldorf, privée de M. Cornélius, passa, en 1826, sous la direction de M. Schadow, qui reçut en même temps du roi de Prusse des titres de noblesse et des décorations. La méthode de M. Schadow est plus large que celle de MM. Cornélius et Overbeck; il recherche avant tout l'ordonnance et le style, et attache une grande importance à la richesse du coloris. **D. A. D.**

SCHÆFFER (GEOFFROY-HENRI), philologue d'un grand mérite, qui fut longtemps professeur de littérature grecque et conservateur de la bibliothèque de l'université de Leipzig, naquit en cette ville le 27 sept. 1764, et y mourut le 14 mars 1840. Outre la révision des petites éditions stéréotypes d'auteurs grecs du libraire Tauchnitz, on lui doit des éditions critiques et avec commentaires, comme celles d'Hérodote, de Démosthène, de Tryphiodore, des *Argonautiques* d'Apollonius de Rhodes, du *Plutus* d'Aristophane. De plus, il a donné de grands soins à plusieurs ouvrages lexicologiques ou grammaticaux : c'est ainsi qu'il a publié le *Thesaurus criticus novus* (Leipz., 1802); Denys d'Halicarnasse, *De compositione verborum* (ibid., 1808); Lambertus Bos, *Ellipses græcæ* (*ibid.*, 1809); Ammonius, *De differentiis verborum affinium* (ibid.,1822); Sylburg, *Etymologicum magnum* (ibid., 1816, in-4°); et qu'il a pris une part importante à l'édition que Valpy, à Londres, entreprit du *Trésor* de Henri Estienne. **Z.**

SCHAFFHOUSE (*Schaffhausen*), un des plus petits cantons de la Suisse, le 12° en rang dans la Confédération, est situé sur la rive droite du Rhin, et entouré presque de toutes parts du grand-duché de Bade. Sa superficie est de 6 milles carr. géogr., et sa population de 29,000 hab., qui professent la religion réformée, à l'exception de 600 catholiques. Le sol est coupé par des collines qui forment de larges vallées très fertiles. Le Randerberg, la plus haute montagne du canton, s'élève à 4,000^m au-dessus du Rhin. Les collines renferment de nombreuses pétrifications et d'excellent minerai de fer. La culture de la vigne, l'agriculture et l'éducation des bestiaux, forment la principale occupation des habitants. Les fabriques sont peu importantes ; mais le commerce de transit et d'expédition est considérable. La constitution, aristocratico-démocratique, a été révisée en 1831. Le pouvoir législatif appartient à un grand conseil composé de 74 membres, et le pouvoir exécutif à un petit conseil de 24 membres, qui est en même temps la cour suprême de justice. Deux bourguemestres président alternativement pendant un an les deux conseils. Le contingent fédéral du canton est de 466 hommes, et ses contributions annuelles, pour les frais de guerre et autres dépenses de la Confédération, de 9,320 fr. — La capitale, *Schaffhouse*, sur la rive droite du Rhin, est une vieille ville bâtie en amphithéâtre sur une colline entourée de montagnes ; elle a trois faubourgs et 7,000 âmes de population. Un pont en bois de 120 pas de long traverse le fleuve et unit la ville au canton de Zurich. Un autre pont, beaucoup plus remarquable, qui était regardé à juste titre comme un chef-d'œuvre, a été détruit, en 1799, par les Français sous Oudinot. Le vieux fort d'Unnoth ou Munoth couronne l'Emmersberg, à l'extrémité de la ville. Schaffhouse possède un collége pour les humanités et un gymnase ; sa bibliothèque publique s'est augmentée de celle de Jean de Müller (*voy.*), l'une des principales gloires de Schaffhouse. A une lieue de la ville est la célèbre chute du Rhin (*voy.* l'art.). — Ville impériale jusqu'en 1330, époque où Louis de Bavière la donna en gage à l'Autriche ; ville municipale autrichienne jusqu'en 1415, où

l'empereur Sigismond lui rendit les droits de ville impériale, Schaffhouse entra, en 1501, dans la Confédération suisse, et adopta, en 1530, la réforme. *C. L.*

SCHAH, *voy.* Chah.

SCHAKO, *voy.* Coiffure.

SCHALL ou *shawl*, *voy.* Chale.

SCHARNHORST (Gebhard-David de), le créateur de la landwehr (*voy.*) prussienne, naquit à Hæmelsee, dans le Hanovre, le 10 nov. 1756. Son père, dont la fortune était compromise par un procès, voulait en faire un fermier ; mais le jeune Scharnhorst, électrisé par la lecture de quelques ouvrages historiques et par les récits d'un vieil invalide, obtint la permission d'entrer dans l'armée, et parvint à se faire admettre dans l'école militaire que le comte de Schaumbourg-Lippe avait établie à Steinhude. Ses progrès furent rapides ; au bout de cinq ans, il était conducteur d'artillerie. Le général Estorf le plaça comme enseigne dans son régiment, et le chargea de l'instruction des sous-officiers. A cette époque déjà, Scharnhorst se fit connaître par l'invention de lunettes micrométriques appropriées à l'art de la guerre et par des tableaux statistiques. En 1780, il fut nommé lieutenant d'artillerie à Hanovre et, peu de temps après, professeur à l'école militaire. En 1792, il fut élevé au grade de capitaine d'état-major, et, en 1793, il obtint une compagnie d'artillerie légère. Il avait déjà publié plusieurs écrits remarquables sur l'art militaire, entre autres un *Manuel pour les officiers* (Han., 1787 et suiv., 2 vol.; nouv. éd., avec une continuation de Hoyer, Han., 1814, 3 vol.), un *Journal militaire* (1788-1805), et bientôt après, il fit paraître son *Almanach militaire* (1794; nouv. éd., 1816). Les guerres de la révolution lui fournirent de nombreuses occasions d'appliquer ses théories. Le général Hammerstein, qui s'illustra par sa belle défense de Menin, n'hésita pas à reporter une partie de la gloire qu'il avait acquise sur Scharnhorst, qui reçut un sabre d'honneur du roi d'Angleterre et fut élevé rapidement au grade de lieutenant-colonel. A la recommandation du duc de Brunswic, le roi de Prusse le nomma lieutenant-colonel du 3ᵉ régiment d'artillerie prussienne. Placé, en 1801, dans l'état-major général avec le grade de lieutenant quartier-mestre, il fut chargé de l'instruction des officiers à Berlin. En 1804, le roi lui accorda le grade de colonel et des lettres de noblesse. En 1806, il fut attaché en qualité de quartier-mestre général au principal corps d'armée. Quoique deux fois blessé à Auerstædt, Scharnhorst suivit Blücher dans sa retraite sur Lubeck, comme chef de son état-major général. Après l'échange des prisonniers, il se hâta de retourner en Prusse, et il prit part à la bataille d'Eylau. La paix ayant été signée à Tilsitt, le roi de Prusse, dont il possédait la confiance, le nomma major général et président de la commission de la réorganisation de l'armée. Il occupa aussi pendant quelque temps le poste de chef du corps des ingénieurs, et fut même chargé de toute l'administration de la guerre. Ce fut vers cette époque qu'il conçut le plan d'une réserve destinée à coopérer avec l'armée à la défense du pays, et lorsque le moment arriva de secouer le joug de la France, il travailla avec ardeur à sa réalisation. En 1813, nommé lieutenant général, il accompagna Blücher en Saxe comme chef de l'état-major général; mais blessé à Lutzen, il mourut, le 28 juin 1813, à Prague, où il avait voulu suivre son roi. On lui a élevé une statue en marbre à Berlin, sur la place Royale. — *Voir* sa biographie dans les *Héros de la Prusse* (Weimar, 1830 et suiv.).   *C. L.*

SCHAUMBOURG, *voy.* LIPPE.

SCHAUMBOURG-BUCKEBOURG (GUILLAUME, comte DE LIPPE-), né en 1724 à Londres, fut élevé à Genève et s'appliqua à l'étude des sciences militaires, spécialement de l'artillerie. Il entra comme enseigne dans l'armée anglaise et se distingua à la bataille de Dettingen, ainsi que dans la campagne d'Italie en 1745. Trois ans plus tard, il prit le gouvernement de ses états. Lorsque la guerre de Sept-Ans éclata, il fournit un contingent à l'armée alliée où il remplit la charge de grand-maître de l'artillerie. Il contribua activement à la levée du siége de Minden, en 1758, et à la victoire de Todtenhausen, en 1759. Chargé de conduire le siége de Cassel, il fut forcé de le lever par le maréchal de Broglie. Sur ces entrefaites, l'Espagne ayant déclaré la guerre au Portugal pour le contraindre à entrer dans l'alliance contre l'Angleterre, Pombal appela le comte de Schaumbourg à Lisbonne et lui confia la réorganisation de l'armée portugaise avec le grade de maréchal. Après la paix de Fontainebleau, le comte retourna à Bückebourg, comblé d'honneurs par le roi Joseph, qui avait voulu que le fort construit par son généralissime, près d'Elvas, portât le nom de Fort-Lippe. Il mourut le 10 sept. 1777. On a de lui un traité en 6 vol. sur l'art de la défense des places; mais cet ouvrage est extrêmement rare : il n'en avait fait tirer que dix exemplaires. X.

SCHEELE (CHARLES-GUILLAUME), savant chimiste, était né à Stralsund, le 19 déc. 1742. Il passa six ans en apprentissage chez un pharmacien de Gothenbourg, et utilisa ses loisirs en apprenant, sans maître, à dessiner et à peindre. Guidé en même temps par l'ouvrage de Kunkel, intitulé *le Laboratoire*, il employait une partie de ses nuits à se perfectionner, par des expériences, dans l'étude de la chimie. En 1765, Scheele quitta Gothenbourg. Après avoir passé quelque temps dans une pharmacie à Malmoe, il alla à Stockholm, et de là, en 1773, à Upsal. Dans cette dernière ville, il eut la faculté de travailler dans le laboratoire chimique de l'académie, ce qui lui procura l'occasion d'exécuter quelques expériences importantes en présence du prince Henri de Prusse et du duc de Sudermanie. Ces illustres voyageurs prirent Scheele sous leur protection, et le recommandèrent fortement aux professeurs de l'académie devant lesquels il eut bientôt à subir un examen pour obtenir la place de pharmacien à Köping. En 1777, devenu possesseur de son établissement, par son mariage avec la veuve du dernier titulaire, il se signala par une foule d'essais nouveaux sur l'acide carbonique, le manganèse, à l'aide duquel il découvrit la baryte, le gaz oxygène, etc. (*voy.* CHIMIE, T. V, p. 709 et suiv., et OXYGÈNE, T. XIX, p. 93). En 1777, il publia, à Upsal, son traité *sur l'air et le feu*, que son célèbre ami Bergman (*voy.*) enrichit d'une préface, et qui fut imprimé plusieurs fois et traduit dans presque toutes les langues de l'Europe. Les principales découvertes de ce savant chimiste ont porté sur l'oxygène, le chlore, le manganèse, le molybdène (*voy.* ces mots), l'hydrogène arsénique, l'hydrure de soufre, le principe doux des huiles (*voy.* GLYCÉRINE); les acides arsénique, urique, lactique, mucique, gallique, oxalique, hydrocyanique et malique. Le premier, il obtint et fit connaître une foule de procédés chimiques des plus importants. Les archives de l'Académie royale de Stockholm, dont il était membre ordinaire, contiennent une quantité de ses traités et mémoires. L'Angleterre lui faisait des offres importantes pour l'attirer à Londres, lorsque la mort l'enleva le 24 mai 1786. Le baron de Dietrich a publié une traduction française de son *Traité de l'air et du feu*, 1785, in-8°.   D. A. D.

SCHEFFER (ARY), peintre d'histoire, né à Dordrecht en 1795, eut pour premier précepteur son père, qui exerçait la peinture avec distinction et fut un de ceux qui contribuèrent à ranimer l'art dans son pays. Ses progrès furent rapides : à 12 ans, il avait déjà produit un tableau qui fit sensation à Amsterdam; il représentait Annibal recevant la tête de son frère Asdrubal, et les figures étaient de grandeur naturelle.

Vers 1809, après la mort de son père, sa mère le conduisit à Paris, avec ses deux frères, Arnold, né en 1796, et Henri, en 1799; tous trois reçurent une éducation brillante. L'aîné et le plus jeune suivirent leur vocation pour la peinture, sous la direction de Pierre Guérin, ce spirituel interprète de l'antique; le second cultiva la littérature, et partagea avec son ami et co-religionnaire politique Carrel, la rédaction du *National* (*voy.*), jusqu'à la mort malheureuse de ce dernier. Dans l'école française de peinture, M. Ary Scheffer appartient à cette fraction qui, n'étant ni classique ni romantique, ne répudie aucune des beautés de l'art, et les combine selon son sentiment propre. Ainsi, il admet l'alliance intime de la forme et de l'effet, autrement dit du dessin et de la couleur, et, sans être chef de parti, il prend part à la ré-

volution qui s'opère et qui tend à donner enfin à l'école française un cachet national. D'un esprit solide et brillant, d'une imagination vive et réglée, M. Ary Scheffer peint comme son frère Arnold écrit, avec profondeur et distinction; il fait plus, il montre, par la progression incessante de son talent, que l'horizon d'un artiste consciencieux et bien organisé s'agrandit à mesure que la réflexion et l'étude mûrissent ses idées et perfectionnent sa pratique. A son début, M. Scheffer aîné a cédé à l'empire du vague qui caractérise la poétique allemande dont il s'est fait l'interprète. Depuis, il a senti la nécessité de préciser les formes, de mieux calculer les effets; aujourd'hui, il est parvenu, à force de persévérance et d'intelligence, à exprimer nettement, dans une langue pure, élégante et riche, ces mêmes idées tristes et gracieuses, mélancoliques et sombres qui caractérisèrent les productions de sa jeunesse. Chez lui, l'expression des sentiments de l'âme l'emporte sur les autres parties essentielles de l'art; elle l'entraîne parfois à lui faire oublier que le modelé, la beauté des formes, la disposition des lignes, des plans, du clair-obscur, de la perspective, et même l'exécution matérielle, concourent à la valeur de l'ensemble, et veulent être en harmonie avec le caractère du sujet. On reproche aussi à M. Ary Scheffer d'affecter sans nécessité les tons jaunes et brûlés qui, en ôtant la vie aux figures, donnent à l'ensemble du tableau une teinte sombre simulant la vétusté.

L'œuvre de M. Scheffer est très nombreux et très varié; l'histoire et le genre y dominent. A l'opposé des autres peintres en réputation de l'époque, le portrait n'en est que la moindre partie; non que l'artiste manque d'aptitude pour ce genre, car personne n'atteint mieux que lui la ressemblance physique et intellectuelle de ses modèles et ne s'est plus approché des beaux ouvrages des peintres allemands du XVe et du XVIe siècle, mais afin de consacrer plus de temps à ce besoin d'exprimer les pensées que lui suggère incessamment son imagination active.

Resserré par l'espace, nous citerons seulement quelques-uns des tableaux sur lesquels se fondent la réputation de

M. Ary Scheffer: *la Mort de saint Louis:* elle lui valut, en 1817 (il avait alors 22 ans), une médaille d'encouragement; *le Dévouement patriotique des six bourgeois de Calais*, tableau plein de sentiment et d'expression, mais faible de couleur et manquant de profondeur de plan; *saint Thomas d'Aquin prêchant la confiance dans la bonté divine pendant la tempête*, du Salon de 1824, ouvrage supérieur; *Jeunes Grecques en prière devant la statue de la Vierge pendant que leur père, leur mari sont aux prises avec les Turcs*, trésor d'expression; plusieurs sujets variés tirés de Gœthe, aussi délicieusement rendus que peints: *Faust apercevant Marguerite pour la première fois; Marguerite à l'église; Mignon exprimant le regret de la patrie; Mignon aspirant au ciel; le Roi de Thulé;* d'après le Dante: *l'Ombre de Françoise de Rimini et son Amant apparaissant au Dante et à Virgile;* d'après Schiller: *Eberhard pleurant la mort de son fils*, ouvrage dans lequel l'artiste a développé toute la force de son talent comme peintre d'expression, et légitimé le reproche qu'on lui a souvent adressé de négliger l'observation des distances entre les plans, et d'affectionner les tons à la Rembrandt. En revanche, dans son *Christ refuge des cœurs brisés*, du Salon de 1837, il a montré qu'il pouvait réunir en un même ouvrage toutes les beautés de l'art, élévation de pensée, sagesse de composition, correction de dessin, style grandiose, couleur savante, pinceau soigné. Enfin, dans la 3ᵉ salle du Conseil d'état, au Louvre, M. Scheffer aîné a peint *Charlemagne présentant les capitulaires à l'assemblée des Francs.*

Pressé de produire, cet habile peintre donne rarement la dernière main à ses ouvrages; après avoir exprimé le poétique de sa pensée, il en néglige le matériel: on en peut voir des exemples au Musée historique de Versailles, où se trouvent de lui grand nombre de tableaux capitaux, par exemple, *la Bataille de Tolbiac gagnée par Clovis* (Salon de 1837). Étranger à toute coterie, n'appartenant à aucune Académie, M. Scheffer aîné n'a point ouvert d'école; ses seuls élèves sont les princes de notre famille royale. A lui appartient l'honneur d'avoir développé les heureuses dispositions de la princesse Marie (*voy.* ORLÉANS, T. XVIII, p. 792) pour un art dans lequel elle a obtenu des succès non contestés. Par sa position à la cour, M. Ary a joui de tous les honneurs dus à son mérite. En 1835, il a été promu au grade d'officier de la Légion-d'Honneur, dont il était chevalier dès 1828. Lors de l'expédition d'Anvers, il a accompagné le duc d'Orléans; et, depuis la mort de ce prince si regrettable, on a rendu publique une lettre où il honorait l'artiste du nom de *son ami.* Chaque jour M. Scheffer reçoit les témoignages précieux d'une considération acquise à bon titre.

HENRI Scheffer, dont nous avons déjà fait mention, doit autant sa célébrité au nom qu'il porte qu'à la force de ses ouvrages. Élève de Pierre Guérin et ensuite de son frère Ary, les préceptes et les exemples de famille ont eu plus d'influence sur son talent que les enseignements du maître essentiellement classique. Riche en idées heureuses, il les exprime avec aisance; il réussit dans l'expression des sentiments internes, principalement dans ceux qui proviennent des souffrances du cœur. Ses idées, généralement spirituelles, pèchent assez souvent par leur mise en scène; son dessin, sans être fort, a de la correction; son coloris, un peu conventionnel, n'a pas toute l'énergie, toute la transparence désirables; en revanche, son pinceau est soigné jusqu'à jeter parfois du froid sur des inspirations qui auraient gagné à être traitées avec plus d'abandon et de franchise. Une *Étude de jeune fille*, exposée au Salon de 1834, a été considérée, par les amis des arts, comme une création de premier ordre, à laquelle il ne manquait, pour être parfaite, comme la *Medora voyant s'éloigner pour la dernière fois le navire du corsaire*, de M. Ary, qu'un modelé plus accusé et une couleur plus solide. Les premiers succès de M. Henri Scheffer datent de 1824, année où il obtint une médaille d'encouragement sur trois tableaux de chevalet que lui avait commandés la Société des Amis des arts. Depuis, cet artiste a mérité l'attention du public par des productions empreintes d'un vrai talent, parmi lesquelles sa *Charlotte Corday*, qu'on voit au Luxembourg, tient un rang distingué. Ses portraits d'A. Carrel et de M. Arago rappellent la brillante époque de l'art hollandais. · L. C. S.

SCHEIDECK (MONT), *voy.* HASSLI (*vallée de*), et BERNE (*canton de*).

SCHEIK, *voy.* CHEIKH.

SCHELLING (FRÉDÉRIC-GUILLAUME-JOSEPH DE), célèbre métaphysicien allemand, est né à Leonberg en Souabe, le 27 janv. 1775. Après de fortes études de théologie et de philosophie à l'université de Tubingue, et à celles de Leipzig et d'Iéna, il essaya de l'enseignement public, d'abord à titre gratuit, puis, à partir de 1798, comme professeur extraordinaire et dans la chaire même que Fichte (*voy.*), son maître, avait occupée jusqu'alors. A son début, il n'avait que 23 ans : Kant régnait encore dans les écoles d'Allemagne, et Fichte, son disciple, était déjà écouté avec une haute faveur. Malgré sa jeunesse, Schelling ne craignit pas d'entrer en concurrence avec ce dernier et de le contredire, en affirmant que loin d'être obligé de prendre toujours pour point de départ le moi quand on veut arriver à la connaissance du monde objectif, l'étude de celui-ci pouvait aussi bien conduire à la connaissance des lois intérieures ou de la conscience. Son succès égala tout d'abord son audace; mais après avoir consulté ses forces, il ne se sentit pas suffisamment préparé, et il résolut d'étudier la nature physique comme il avait étudié la nature intellectuelle. Il quitta donc sa chaire pour redescendre sur les bancs de l'école, suivit avec assiduité plusieurs cours scientifiques, et se fit recevoir médecin en 1802. L'année suivante, il reprit ses leçons et reçut le titre de professeur ordinaire de philosophie. Bientôt sa réputation s'étendit avec rapidité dans toute l'Allemagne. La même année, il fut appelé à l'université de Wurtzbourg, où il professa pendant 4 ans les branches diverses de la philosophie. Nommé en 1808 secrétaire général de l'Académie des beaux-arts de Munich, il fut en même temps anobli par le roi de Bavière. Dans cette position, il consacra une partie de son temps à l'étude toute nouvelle pour lui des arts et de la poésie. Mais des discussions survenues entre lui et le président de l'Académie, en 1820, le décidèrent à quitter Munich pour Erlangen, où il reprit son professorat de philosophie, après dix ans d'intervalle. Depuis cette époque, il n'a plus interrompu ses leçons, qui sont aujourd'hui les plus célèbres de toute l'Allemagne; seulement, en 1827, il a transporté sa chaire à Munich, et là, son mérite éclatant, apprécié par le roi de Bavière, lui a attiré une foule de distinctions. Indépendamment de ses fonctions de professeur de philosophie, il devint président de l'Académie des sciences, conservateur des collections scientifiques, conseiller intime actuel, etc. Néanmoins tant d'honneurs ne purent le fixer à Munich, terrain peu favorable, ce semble, à la philosophie spéculative. Après la mort (1832) de Hegel (*voy.*), son ancien condisciple et ami, avec lequel il avait autrefois (1802-3) publié le *Journal critique de philosophie*, mais dont il n'adopta pas le système, il rompit le long silence qu'il s'était imposé, comme écrivain, par suite de ce dissentiment; et au bout de quelques années, il accepta la chaire de philosophie à l'université de Berlin, où il compte maintenant parmi les professeurs les plus brillants et les plus respectés.

On a tout lieu d'espérer qu'il ne tardera pas à dissiper complétement l'obscurité qui règne encore sur quelques points de sa doctrine, et qui, la première admiration passée, ont fait douter de sa puissance créatrice, quoique personne ne contestât ni son savoir ni son génie.

Pour bien comprendre son système, il faut avant tout se rendre compte non-seulement de l'état de la philosophie contemporaine en Allemagne, mais de celui de la philosophie au temps de Kant, dont celle de Schelling ne fut d'abord qu'une modification. Ne pouvant le suivre dans toutes les transformations de sa pensée, nous nous contenterons de dire que, contrairement à l'opinion de Fichte, son rival, qui arrivait au réalisme par l'idéalisme, il déduit l'idéalisme du réalisme. Le point de départ a été indiqué par lui dans ses *Idées sur une philosophie de la nature* (Tub., 1795), ouvrage qui fut suivi en peu de temps de trois autres, savoir : *Idées d'une philosophie naturelle, comme base future d'un système général de la nature* (Leipz., 1797) ; *De l'âme du monde, hypothèse de physique spéculative pour l'explication de l'organisme général* (Hamb., 1798) ; et *Première esquisse d'une philosophie de la nature* (Iéna, 1799). Pour rendre plus claire-ment sa pensée contenue dans ces ouvra-ges, l'auteur a joint au dernier une *Introduction* dont le but est de bien dé-terminer l'idée de sa *Physique spécu-lative et l'organisme intérieur d'un sys-tème de cette science.* Enfin, il a achevé d'opérer sa séparation d'avec la doc-trine de Fichte, en publiant un livre in-titulé *Système de l'idéalisme transcen-dental* (Tub., 1800), où il se propose pour tâche de subordonner le réel à l'i-déal. Au fond, il attachait la même im-portance aux deux sciences, à l'idéalisme ou philosophie transcendentale et à la philosophie de la nature ; mais comme il développa celle-ci avant la première, et avec une plus grande originalité, on s'habitua à désigner son système sous le nom de philosophie naturelle. Selon lui, elles ont toutes deux la même tendance, et doivent être sujettes aux mêmes lois, attendu que l'idéal et le réel ne font qu'un dans l'idée de l'absolu, sont absolument identiques et s'expliquent l'un par l'au-tre : de là le nom de doctrine *de l'iden-tité* que l'on donna encore à ce système, si l'on peut appeler système un enseigne-ment qui n'a pas reçu son développement complet et n'a point entrepris la solution de toutes les questions ; on l'a aussi nommé *philosophie de l'absolu*, lequel est Dieu en qui s'unissent les deux prin-cipes ; et quelques-uns l'ont désigné sous le nom de système *de l'indifférence* (ou pour mieux dire, de non-différence) *du différent* (*voy.* Philosophie, T. XIX, p. 543, et Cousin, T. VII, p. 178).

Accusé, lors de la première exposition de ses principes, d'avoir ressuscité le pan-théisme, M. de Schelling paraît avoir fait un retour sur lui-même, au point qu'on a proclamé son orthodoxie et son catholi-cisme. Depuis 1812, il a cessé d'écrire

sur la philosophie, et, comme nous l'a-vons déjà dit, c'est seulement après la mort de Hegel qu'il se montra dis-posé à rompre le silence qui l'avait fait descendre du haut rang où il s'était mo-mentanément placé. Hegel avait pour ainsi dire éclipsé la gloire de son ancien maître et ami. Mais ses plus sérieux an-tagonistes ont toujours été les disciples de Kant et de Fichte. Quoi qu'il en soit de ce temps d'arrêt, sa doctrine, telle qu'elle a été exposée par lui, n'en a pas moins exercé une puissante influence, en Alle-magne, sur la théologie, la médecine, le droit, la littérature, les sciences et les arts. Outre les ouvrages que nous avons déjà signalés, M. de Schelling a fait succes-sivement paraître : *Bruno, ou Dialogue sur le principe divin et naturel des cho-ses* (Berlin, 1802) ; *Leçons sur la mé-thode à suivre dans les études acadé-miques* (Tub., 1803) ; *Philosophie et religion* (*ibid.*, 1804) ; *Sur le rapport du réel et de l'idéal dans la nature, ou des Principes de la pesanteur et de la lumière* (Hamb., 1806) ; *Des rapports de la philosophie de la nature avec la doctrine perfectionnée de Fichte* (Tub., 1807) ; *l'Anti-Sextus, ou de la Connais-sance absolue* (Heid., 1807) ; *OEuvres philosophiques* (Landsh., 1809) ; *Des écrits de Jacobi sur les choses divines et révélées, ainsi que sur l'accusation d'a-théisme qui aurait pour but de tromper et de mentir sciemment* (Tub., 1812). Le célèbre philosophe a encore écrit sur les arts deux ouvrages intitulés : *Sur le rapport des arts plastiques avec la na-ture* (Landsh., 1808) ; *Sur le compte ren-du par Wagner relativement aux mo-numents éginétiques de la collection du prince royal de Bavière* (*ibid.*, 1817) ; et sur la mythologie, les deux suivants : *Sur les mythes, traditions historiques et opinions philosophiques de l'antiquité*, dans le recueil du docteur Paulus, inti-tulé *Memorabilien* (1793) ; *Sur les divinités de Samothrace* (Stuttg. et Tub., 1815). Il a de plus enrichi de mor-ceaux remarquables des journaux de phi-losophie et de médecine, créés par lui ou dirigés par ses amis, tels que le *Journal* et le *Nouveau journal sur la physique spé-culative*, le *Journal de philosophie*, le

Journal de physique de Niethammer, et le *Journal de médecine* de Marcus (Tub., 1805). Il a aussi donné plusieurs morceaux de poésie, sous le pseudonyme de *Bonaventure*, dans le *Musen-Almanach* de MM. Tieck et Schlegel.

En 1834, il reprit la parole sur la philosophie, en accompagnant d'une préface la traduction allemande d'un fragment de M. Cousin (*voy.* T. VII, p. 179), et en se constituant le défenseur de ce dernier contre ses adversaires. Cet écrit, le seul du philosophe qui ait été traduit, que nous sachions, en français, a été publié dans notre langue par notre collaborateur, M. Willm, sous ce titre : *Jugement de M. de Schelling sur la philosophie de M. Cousin*, Strasb., 1835. Enfin M. de Schelling a depuis longtemps promis au monde savant une grande composition historique, intitulée : *Les quatre âges du monde*, dont quelques parties, dit-on, avaient déjà été mises sous presse, et qui est attendue avec une égale impatience par ses partisans et par ses adversaires.   D. A. D.

SCHEMNITZ, ville de la Basse-Hongrie (cercle en-deçà du Danube), remarquable par ses mines d'or et d'argent, et par sa célèbre école de minéralogie ou des mineurs. Cette ville royale n'a plus aujourd'hui, d'après M. Balbi, que 8,400 hab. Il ne faut pas confondre Schemnitz en Hongrie, avec Chemnitz (*voy.*) en Saxe.   X.

SCHÉRER (BARTHÉLEMY-LOUIS-JOSEPH), général français sous la république, naquit à Delle, près de Belfort, vers 1740. Nommé, en 1792, aide-de-camp de Despretz-Crassier, il assista à la bataille de Valmy, et lorsque ce général fut suspendu, Beauharnais, qui commandait l'armée du Rhin, s'attacha Schérer et le fit nommer adjudant général ; mais destitué presque aussitôt lui-même, son aide-de-camp, présumé modéré, fut relégué à 20 lieues des frontières. Cependant il fut bientôt renvoyé à l'armée avec le grade de général de brigade, et se fit remarquer sur le Rhin, où il reçut le titre de général de division. Il joignit alors l'armée de Sambre-et-Meuse, prit le commandement d'une division, combattit à Fleurus, (1er juillet 1794), emporta Mons, enleva

le mont Palisell, et vint mettre le siége devant Landrecies. Après la reddition de cette ville, il entra dans le Quesnoy, puis à Condé et à Valenciennes (27 août). Vers le milieu de septembre, Schérer rejoignit, avec 15,000 hommes, l'armée commandée par Jourdan, et contribua aux victoires remportées sur les bords de l'Ourthe et à Aldenhoven. Nommé, peu de temps après, commandant de l'armée des Alpes, il remplaça, au mois de mai 1795, le général Pérignon à l'armée des Pyrénées-Orientales. Ces armées désorganisées manquaient de tout ; Schérer se tint sur la défensive, exécutant des marches et des contre-marches, évitant le combat. Il eut cependant avec les Espagnols une affaire heureuse sur la Fluvia, qui lui procura des approvisionnements (13-14 juin). A la paix de Bâle (22 juillet), il fut rappelé au commandement de l'armée d'Italie, et remporta la victoire de Loano (21 nov.), dont la gloire revint surtout à Masséna ; mais n'ayant pas su profiter de ces avantages, il fut remplacé par le général Bonaparte, le 23 février 1796. Le 23 juillet de l'année suivante, le Directoire lui confia le ministère de la guerre, qu'il quitta le 21 février 1799, accusé de malversations. Il partit alors pour reprendre le commandement de l'armée d'Italie à la place de Joubert. Ses attaques contre le général Kray, pour s'emparer de Vérone, furent infructueuses. Les combats de Castel-Nuovo (26 mars 1799), de Villa-Franca n'aboutirent qu'à la perte de la bataille de Magnano (4 avril), et la jonction de Souvorof avec les Autrichiens (17 avril) ayant rendu sa position des plus critiques, Schérer envoya sa démission et résigna le commandement de l'armée à Moreau. La révolution du 18 brumaire arrêta les poursuites qu'on parlait de diriger contre lui ; il se retira ensuite dans sa terre de Chauny, où il mourut le 19 août 1804. On doit au général Schérer des *Comptes-rendus au Directoire exécutif pour l'an VI et les 5 premiers mois de l'an VII* (Paris, 1799, in-8º), et le *Précis des opérations militaires de l'armée d'Italie, depuis le 21 ventôse jusqu'au 7 floréal de l'an VII* (Paris, 1799, in-8º).   X.

SCHÉRIFF, *voy.* CHÉRIF et SHÉRIF.

SCHERZO, mot qui en italien et en allemand signifie badinage, et qui désigne la partie sémillante et pour ainsi dire narquoise d'une symphonie (*voy*.) qui a remplacé le menuet et forme un élément indispensable de ces compositions de musique instrumentale. *Voy*. MENUET.

SCHIAVONE (ANDRÉ), peintre d'histoire distingué, de l'école vénitienne, né à Sebenico en 1522, mort à Venise en 1582, et dont le vrai nom était *Medola*.

SCHIKANEDER (EMMANUEL), comédien et poëte allemand, auteur d'un grand nombre d'opéras bouffes ou merveilleux, mais qui ne devra l'immortalité qu'à son poëme de *la Flûte enchantée*, qu'il fit pour Mozart (*voy*.), auquel, dit-on, il suggéra même quelques-uns des airs populaires et des mélodies qui abondent dans ce charmant opéra, naquit à Ratisbonne en 1751, et mourut à Vienne, peu de temps après s'être démis de la direction du théâtre du faubourg de Léopoldstadt qu'il avait fondé, le 21 septembre 1812.   X.

SCHILLER (FRÉDÉRIC DE [*]). Vers les premiers jours de nov. 1759, une jeune femme avait quitté, dans un état avancé de grossesse, la petite ville de Marbach, sur le Neckar, en Wurtemberg, pour visiter son mari, attaché en qualité de chirurgien militaire au camp du major général Romann. Au milieu de ces hommes de guerre, elle fut saisie des douleurs de l'enfantement, et n'eut que le temps de regagner son domicile à Marbach, où elle donna le jour, le 10 du mois, à un enfant destiné à charmer et à instruire l'Allemagne, — il est permis de dire l'Europe, — par ses créations poétiques.

La mère de Schiller, car c'est lui qui venait de naître, aimait la poésie, et même faisait des vers; c'est par elle que l'enfant studieux fut initié à la lecture des poëtes allemands qu'il devait tous laisser si loin derrière lui; c'est aussi de la bouche de cette digne femme qu'il reçut la première instruction religieuse et qu'il recueillit les naïfs récits de l'histoire biblique.

Frédéric Schiller passa une partie de son enfance à Lorch (près de Gmünd), en face du Stauffen, dans une vallée mélancolique, couronnée de sombres sapins. Il aimait à se perdre dans ces belles forêts et à rêver dans l'église d'architecture romane de Lorch, près des pierres sépulcrales des Hohenstauffen. Les souvenirs de l'histoire nationale enrichissaient ainsi sa mémoire; une nature romantique ouvrait son âme aux impressions de la solitude, et la vie morale de la famille ne laissait arriver à son cœur que des impressions pures et bienfaisantes. Son père traitait une épouse chérie et trois filles avec une délicatesse exquise; nul doute que cet exemple n'ait exercé une heureuse influence sur le poëte qui a prêté aux femmes créées par lui un éclat idéal et une auréole de sainteté. Tout jeune, Schiller dévorait les relations de voyage; il comprenait instinctivement les mœurs, les tendances des peuples lointains. Ainsi se révélait déjà en lui ce caractère de cosmopolitisme dont ses œuvres porteront plus tard l'empreinte.

Vers 1768, le père de Schiller échangea le séjour de Lorch contre celui de Ludwigsbourg, où le duc régnant, Charles de Würtemberg, lui avait confié la direction d'une belle pépinière. Deux ans plus tard, il fut transféré au château de la Solitude avec une mission pareille. Le jeune Schiller demeura à Ludwigsbourg entre les mains d'un scholarque pédant, dont il se souvint pourtant avec reconnaissance et amour. À cet enfant précoce qui lisait avec ardeur les psaumes, les prophètes, les hymnes de Gellert et de Luther, on refusait bravement le sentiment religieux! Schiller se destinait à la théologie, lorsqu'un ordre du duc Charles, qui recrutait tous les enfants distingués pour sa fondation académique et militaire, dite *Karlsschule*, vint intimer au directeur des jardins de la Solitude que son fils serait élevé aux frais du gouvernement. Il fallut obéir. Dans cette école, d'abord établie à la Solitude, mais qui fut transférée plus tard à Stuttgard, on donnait à 400 élèves une éducation encyclopédique. Le jeune Schiller se décida d'abord pour la jurisprudence (1773); plus tard, pour la médecine; il devait traverser

[*] C'est ainsi que son nom se trouve inscrit sur ses œuvres; mais ses noms et prénoms primitifs étaient JEAN-CHRISTOPHE-FRÉDÉRIC Schiller.

toutes les facultés sans s'arrêter dans aucune.

La discipline pédante qui régnait dans l'académie de Charles ne pouvait guère convenir à un esprit aussi indépendant que l'était celui de Schiller ; mais ce qui le révoltait plus que le régime du bâton et du tambour, c'était le joug d'une censure intellectuelle qui proscrivait, même pendant les heures de récréation, tout ouvrage étranger aux leçons de la journée. Il paraît que de fréquents conflits eurent lieu entre le jeune élève en médecine et quelques-uns de ses maîtres. Les premiers essais poétiques dont il donnait lecture en cachette à ses amis, loin de porter le caractère sentimental de l'époque, respiraient la haine de l'arbitraire et des convenances sociales. Il essayait ses forces dans quelques esquisses dramatiques (*l'Étudiant de Nassau ; Côme de Médicis*), et provoquait les railleries de G. Cuvier, qui était loin de deviner la gloire future de ce frêle jeune homme, dont la tournure peu élégante et la prononciation souabe frappaient désagréablement ceux qui n'étaient pas ses amis. Mais autour de lui s'était formé un petit cercle qui aimait l'inépuisable bonté de son caractère, et qui respectait les éclairs de son génie. « Je ferai un livre qui sera brûlé par le bourreau ! » disait-il en riant dans cette société intime, et il tint en quelque sorte parole ; car *les Brigands*, conçus et écrits à l'infirmerie de l'académie de Charles, répondaient un peu à ce programme. Nous croyons avoir indiqué déjà la source de cette inspiration révolutionnaire. La serre chaude pédagogique dans laquelle Schiller se trouvait renfermé contre son gré, devait lui inspirer un insurmontable dégoût. Nourri de la lecture de Rousseau et de Shakspeare, galvanisé par *Werther* et *Gœtz de Berlichingen*, irrité à toute heure du jour par le monde tyrannique et factice du collége, qui devenait pour lui l'image du monde réel, il exhala sa colère dans le drame informe qui allait révéler à l'Allemagne qu'elle nourrissait dans son sein un grand mécontent et un grand poëte. De plus, cette pièce fut écrite en 1780, l'année même où Schiller quitta l'école en qualité de médecin du régiment Augé

avec 18 florins d'appointements par mois. L'auteur fit imprimer son premier ouvrage à ses frais, sur papier gris, à l'instar des vieux almanachs populaires ; il en envoya quelques feuilles d'épreuve à Schwan, libraire à Manheim. Ce brave homme, enthousiasmé à la lecture des pages éloquentes qui lui brûlaient la main, s'empressa de porter l'œuvre à Héribert de Dalberg (*voy.* T. VII, p. 448), intendant du théâtre électoral ; et en même temps il conseilla à Schiller de se mettre en rapport avec ce grand seigneur. Sur les observations de Schwan, le poëte docile refondit son drame, qui fut représenté, le 13 janvier 1782, sur le théâtre de Manheim. La renommée avait précédé la mise en scène des *Brigands* : de 15 et 20 lieues à la ronde les spectateurs avaient afflué, et un succès immense répondit à ces bruits avant-coureurs de la victoire. Le pauvre chirurgien militaire qui, pour assister à la 1re représentation de son œuvre, avait dû emprunter de l'argent et quitter furtivement Stuttgart, y revint transformé en homme célèbre par les acclamations d'un millier de voix. Dans ce succès, rien qui ne soit naturel : le drame des *Brigands*, c'est le cri d'un prisonnier qui réclame la liberté ; or, le monde, en 1780, croyait languir dans les chaînes, l'ordre social était ruiné partout. A entendre cette fanfare, qui sonnait le jugement dernier d'une société décrépite, on oubliait les exagérations du langage, des caractères, de l'action. Schiller, en écrivant *les Brigands*, avait pressenti la Révolution ; ses bandits ne sont que les précurseurs des terroristes, le métier des uns et des autres était la vengeance. Aussi la république française n'oublia pas d'accorder au jeune poëte les droits de citoyen (1792).

Après quelques représentations, la police, qui devine vite les symptômes d'un malaise social sans se mettre en peine de le guérir, la police intervint : *les Brigands* furent mis à l'index, et, en raison même de cette défense, la pièce imprimée se répandit comme une maladie épidémique. Une espèce de vertige s'empara de la tête des jeunes gens, et les gouvernements durent s'alarmer et voir dans ce drame excentrique une déclaration de guerre contre l'état social.

Schiller fut mandé devant le duc Charles, et reçut l'ordre de soumettre à l'avenir à S. A. S. chacune de ses productions poétiques avant de les publier. La haute société de Stuttgart vouait l'impertinent roturier à l'exécration publique, et lui montrait d'un doigt menaçant la forteresse où languissait Schubart (*voy*.). Pour échapper à cette curatelle tyrannique, Schiller supplia le baron de Dalberg de lui trouver de l'occupation à Manheim ; mais l'intendant du théâtre électoral ne se mit pas en frais pour lui, sans doute par la crainte de déplaire au duc de Wurtemberg s'il accueillait à son insu la supplique du jeune poëte. Celui-ci finit par ne prendre conseil que de lui-même. Résolu à tout braver et à suivre la route ardue que lui montrait son génie, il fit en secret les préparatifs d'un départ qui ne ressemblait pas mal à une fuite ; car Schiller, nous l'avouons à regret, était criblé de dettes, et sans l'assistance d'un ami dévoué (Streicher), il n'aurait pu réaliser ses projets. Le 17 sept. 1782, au moment où l'arrivée du grand-duc Paul de Russie était fêtée à Stuttgart, il se mit en route de nuit, et accompagné de son fidèle Streicher. Dans le lointain, le château de la Solitude brillait illuminé comme un palais de fée en l'honneur du prince moscovite. Schiller, au moyen de cette clarté, reconnut la demeure paternelle : « O ma mère ! » s'écria-t-il, et il se rejeta au fond de la voiture en versant un torrent de larmes.

L'accueil qu'il reçut à Manheim ne répondit point à son attente ; ses amis se montrèrent effrayés de le voir sans ressources pécuniaires, et sous le coup de la disgrâce ducale. Schiller passa quelques mois à Oggersheim, dans un dénûment extrême, à mettre la dernière main à *Fiesque*, et à méditer *Louise Miller*, (premier titre d'*Intrigue et Amour*). C'est alors qu'une noble protectrice, Mᵐᵉ de Wollzogen, la mère d'un de ses amis, lui offrit un asile à Bauerbach (Saxe). Schiller s'y rendit, vers la fin de 1782, et séjourna six mois dans cette demeure écartée, au milieu des forêts et des montagnes, donnant tout son temps à l'étude, aux travaux littéraires et à l'ami-

tié. Rappelé à Manheim, en juillet 1783, et attaché au théâtre, comme auteur dramatique, avec de fort modestes appointements, il fit représenter, dans le cours de l'année suivante, ses deux nouvelles tragédies. *La conjuration de Fiesque* fut peu goûtée du public ; mais le succès d'*Intrigue et Amour* égala presque celui des *Brigands*. En même temps, il méditait *Don Carlos*, et entreprit la publication d'une revue littéraire et esthétique intitulée *Thalie*. Vers cette époque, il fut aussi présenté au duc de Weimar, qui avait fait quelque séjour à Darmstadt ; cette entrevue lui valut le titre de conseiller, et l'espérance d'un avenir dans les états de ce prince, ami et protecteur de Gœthe. Schiller commençait à se dégoûter de son séjour à Manheim et de la carrière dramatique. Les exigences mesquines des acteurs exaspéraient son génie irascible ; il était d'ailleurs peu flatté des succès que lui avaient valu des pièces révolutionnaires, et il sentait la nécessité de se régénérer par de longues méditations, par des études philosophiques et historiques. Une liaison s'était établie entre lui et le père de Théodore Kœrner (*voy*.) ; à la suite de ces rapports, Schiller se dirigea vers Leipzig et Dresde (1785). Dans les pittoresques environs de la capitale de la Saxe, il composa *Don Carlos* et plusieurs poésies lyriques ; puis il sembla renoncer, pendant une série d'années, à l'emploi de ses puissantes facultés poétiques, pour se plonger dans l'étude de la philosophie de Kant, et pour chercher dans l'histoire le secret des grands caractères tragiques. En 1787, il s'établit à Weimar, au centre du mouvement intellectuel, sans que sa position fût encore définitivement arrêtée ; on paraissait nourrir quelque méfiance contre l'écrivain dont la verve révolutionnaire avait failli incendier l'Allemagne. Dans le monde intellectuel, les fautes s'expient ni plus ni moins que dans le monde moral.

A cette époque de pénible transition, un événement heureux vint interrompre la monotone existence du poëte. Il apprit à connaitre, à Rudolstadt, la famille de Mᵐᵉ de Lengenfeld, et passa quelques heureuses journées dans ce cercle charmant, où il vit pour la première fois la jeune fille que le ciel lui avait destinée pour compagne. Charlotte de Lengenfeld réunissait toutes les qualités qui pouvaient donner le bonheur à un époux tel que Schiller : elle était simple, pieuse, aimante; à la faculté de comprendre un homme de génie, elle unissait une puissance de dévouement qui dut être inappréciable pour Schiller durant ses fréquentes maladies, et qui a sans contredit prolongé de dix ans cette existence à la fois frêle et précieuse. Le mariage fut conclu le 20 février 1790, quelques mois après que le duc de Weimar eut nommé Schiller à une chaire d'histoire à l'université d'Iéna. Les leçons du jeune professeur eurent un succès dû plutôt à son éloquence et à son imagination brillante qu'à son érudition, quoiqu'il fût un travailleur infatigable. Les études commandées par sa nouvelle position et la rédaction de l'*Histoire de la Guerre de Trente-Ans** contribuèrent à miner sa santé. En 1791, une maladie de poitrine le mit à deux doigts du tombeau; on avait même répandu la nouvelle heureusement fausse de sa mort. Du fond du Danemark, le duc de Holstein-Augustenbourg et le comte de Schimmelmann écrivirent au poëte convalescent une lettre qui dut hâter sa guérison : par cette missive on offrait au poëte une pension pour lui donner le temps de réparer ses forces délabrées. Schiller refusa, mais l'effet moral de cette démonstration bienveillante fut incalculable. Le coadjuteur de Dalberg (*voy.*) et d'autres amis haut placés prenaient d'ailleurs un intérêt actif à la situation du poëte; de plus, ses travaux historiques et littéraires étaient convenablement rétribués. Un voyage qu'il entreprit dans le beau pays de Souabe (1793) contribua à rasséréner son esprit. De cette époque datent aussi ses relations avec Guillaume de Humboldt et avec Gœthe (1794**), qui exercèrent sur

son développement poétique une salutaire influence. C'est ici que finit, dans la vie de Schiller, l'époque de transition dans laquelle il était entré lors de la composition de *Don Carlos* (1787). La philosophie, qui pendant dix années avait subjugué son imagination créatrice, céda maintenant le pas à cette noble faculté, désormais réglée et mise au service des grandes idées de liberté légale, des droits imprescriptibles de l'homme, de la civilisation du genre humain par l'art. Pendant cette dernière période, chaque année sera marquée par des créations immortelles. Le poëte confie aux *Heures* (*Diehoren*) et à l'*Almanach des muses* (1795 et ann. suiv.) ses belles inspirations lyriques, ses ballades, ses traductions libres de Virgile et d'Euripide, ses beaux traités sur des questions d'esthétique ou de philosophie, traités qui ont, à vrai dire, popularisé en Allemagne les théories de Kant sur le beau*. En même temps, Schiller composait sa vaste trilogie de *Wallenstein*, résumé poétique de ses longues études sur la guerre de Trente-Ans (les trois pièces ne furent pas représentées simultanément, mais dans le courant d'une année, 1799 à 1800). Enfin de 1800 à 1804, ce fut le tour de *Marie Stuart*, de *la Pucelle d'Orléans*, de *la Fiancée de Messine*, de *Guillaume Tell*, et d'une série d'ébauches dramatiques, qui toutes promettaient des chefs-d'œuvre, lorsqu'une mort précoce vint arrêter les battements de ce noble cœur.

C'est à la fois un triste et beau tableau que celui des dernières années de Schiller, à voir cette haute intelligence emprisonnée dans un corps rebelle et faisant des efforts surhumains pour imposer à de frêles organes le pesant fardeau du travail nocturne, les ébranlements de l'inspiration, les soucis rongeurs de l'amour paternel. Il faudrait, pour donner un récit digne et fidèle de cette lente agonie, grouper autour de Schiller tous les noms célèbres de Weimar, où il était établi depuis 1799; montrer l'affection tendre de Gœthe pour cet ami plus jeune, mais

(*) Elle parut d'abord dans l'*Almanach pour Dames* (1790-93). Antérieurement déjà, il avait publié l'*Histoire du soulèvement des Pays-Bas unis* (Leipz., 1788).
(**) Sa première entrevue avec le plus grand poëte de l'époque avait eu lieu en 1788, à Rudolstadt. Ce fut ce dernier qui présenta Schiller à la duchesse Amélie; cependant l'auteur de *Don Carlos* ne se sentit pas d'abord attiré vers Gœthe qui jugeait le monde tout autrement que lui.

(*) Nous nous contenterons de citer : les *Lettres sur l'éducation esthétique de l'homme*; le traité *Sur la poésie naïve et sentimentale*; celui sur le *Sublime*, celui *Sur la grâce et la dignité*, etc.

marqué du sceau fatal de la destruction ; peindre la touchante amitié de sa belle-sœur, Mme de Wollzogen*, qui avait pénétré le plus avant dans les profondeurs de cette intelligence, où s'élaboraient tant de grandes et ingénieuses pensées ; femme dévouée, qui recueillit le dernier soupir de Schiller, et raconta avec une inimitable simplicité ses derniers moments.

Lorsque le 9 mai 1805 le bruit de la mort de Schiller se fut répandu dans la ville de Weimar, ce fut un deuil public ; le théâtre ferma ses portes ; on n'apercevait dans les rues que des physionomies attristées ; et lorsque Gœthe, malade lui-même, eut deviné au silence morne de ses amis la fatale nouvelle, les sanglots de cet homme, qui ordinairement maîtrisait toutes ses impressions et toutes ses douleurs, éclatèrent avec force. Quelle vie ! quelle mort ! et quel panégyrique ! Pas plus de 45 ans d'existence ; mais quelle existence remplie ! et quelle semence jetée sur le sol de l'Allemagne, nous nous trompons, sur le sol des deux hémisphères !

Une appréciation sommaire des écrits de Schiller justifiera cette dernière assertion.

Schiller est à la fois poëte, historien, philosophe et critique. Nous avons déjà signalé une partie de ses travaux historiques et philosophiques ; mais quoique l'*Histoire de la guerre de Trente-Ans* (trad. franç. par d'Arnay, Paris, 1794, 2 vol. in-8°, et plusieurs autres plus récentes) et celle du *Soulèvement des Pays-Bas* (trad. franç. de l'Héritier, Paris, 1833) conservent une haute valeur dans le monde littéraire, quoique les nombreuses compositions philosophiques, esthétiques, critiques de Schiller, montrent avec quelle facilité ce brillant génie savait se plier aux exigences de la spéculation, à laquelle il prêtait le secours de son imagination riante et de son langage coloré, nous ne saurions, dans une esquisse rapide, nous arrêter au développement de cette portion de son activité intellectuelle. Il faut, avant tout, envi-

sager le poëte lyrique et le poëte dramatique ; car c'est par les deux volumes de poésies, improprement appelées fugitives, et par ses tragédies, qui sont dans toutes les mémoires, que Schiller a agi sur ses contemporains, et qu'il agira sur la postérité. Depuis Kant et son poétique disciple de Weimar, la philosophie allemande a déjà traversé quatre ou cinq révolutions nouvelles. L'étude plus approfondie des sources a éclairci, mieux que ne pouvait le faire Schiller, plusieurs points des guerres religieuses d'Allemagne ; mais ses œuvres poétiques brillent aujourd'hui, à quarante ans de distance, du même éclat que le jour où l'Allemagne enthousiaste applaudissait à leur première apparition. Les lecteurs du poëte se sont multipliés chaque année dans une proportion incroyable ; de nombreux ouvrages de critique ont commenté les vers que la jeune fille devine, que l'homme médite et que le vieillard retrouve intacts dans sa mémoire appauvrie ; ces œuvres, qui remuent la fibre populaire en Allemagne, ont trouvé grâce devant l'aréopage suprême du bon goût, devant les salons de Paris ; l'Anglais et l'Américain utilitaires commencent à les goûter ; et chez les peuples du midi, plus d'un jeune poëte accorde sa lyre sur celle de Schiller. D'où vient cet accord des tempéraments les plus variés, des tendances les plus diverses ? C'est qu'il existe dans toute intelligence, non subjuguée par les jouissances matérielles, une aspiration vers l'infini, vers l'idéal, irrésistible chez les uns, plus faible chez d'autres, mais à l'état de disposition innée, intuitive chez tous. C'est cette opération, ce sont ces élans, que Schiller explique et satisfait. Il est poëte idéaliste ; il transforme tout ce qu'il touche de sa baguette magique ; on dirait qu'il emporte dans la région des nuages les formes créées par lui, et qu'il les renvoie parées de toutes les couleurs de l'arc-en-ciel ; les sentiments qu'il effleure à peine prennent sous cet attouchement passager une teinte éthérée ; il ennoblit les passions, même celles qui tiennent du crime ou qui y conduisent ; il purifie l'amour et lui rend son innocence première ; il jette, jusque sur la laideur morale, un

(*) C'était la sœur aînée de Charlotte de Lengenfeld ; elle avait épousé le fils de la vieille protectrice de Schiller.

vernis qui, sans l'excuser, la rend supportable à la vue. Et le secret de ces métamorphoses, il le trouve dans son propre cœur. Schiller a été anobli par l'empereur d'Allemagne (1802), et certes jamais titres de noblesse n'ont été mieux mérités; car Schiller est le noble créateur de pensées pures et consolatrices. Schiller a découvert, comme Raphaël, le secret du beau dans l'art. Et ce qui donne à toutes ces créations idéales un charme inexprimable, c'est leur vérité relative, leur vie organique, leur existence presque rationnelle. Ces êtres purs, ces filles angéliques, ces femmes pieuses et résignées, écloses de son cerveau et réchauffées dans son cœur, vivent pour le lecteur d'une vie réelle; car tout en elles concorde et forme harmonie, les pensées, les paroles, les actions et la physionomie. Seulement, l'homme qui a bu à la coupe de l'expérience sait fort bien que ces plantes éthérées ne vivraient pas un jour, pas une heure, dans notre atmosphère sociale. Le poëte l'a bien senti lui-même; car ces êtres, revêtus d'un corps presque diaphane, il les met aux prises avec l'influence hostile du monde; et ils sont broyés impitoyablement par ce choc meurtrier.

La tendance idéaliste de Schiller n'expliquerait cependant pas à elle seule cet assentiment universel que son œuvre a rencontré dans tous les pays du monde civilisé; car, à l'exception de W. Scott et de lord Byron, il n'existe, que nous sachions, pas un seul auteur moderne qui ait trouvé autant de traducteurs et d'imitateurs. Nous croyons trouver le motif de cette prédilection instinctive dans le cosmopolitisme, ou le caractère *humanitaire* de l'auteur de *Don Carlos*. Schiller a fait vibrer avant tout toutes les fibres de la nature allemande; mais par son attachement exalté aux droits du genre humain, il sympathise avec toutes les nations. Si nous ne devions craindre d'évoquer de pénibles souvenirs et de donner lieu à de fausses interprétations, nous dirions qu'il est le prêtre de la raison et de la vérité; poëte-philosophe dans la plus pure acception du mot, il parle un langage qui a dû être compris par tous les cœurs généreux, sans acception de nationalité. Ce langage, on peut souvent lui reprocher un peu de déclamation oiseuse; mais par combien de beautés Schiller ne rachète-t-il pas ces hors-d'œuvre lyriques épars dans ses tragédies, et trop servilement amplifiés dans la suite par le troupeau des imitateurs !

Examinez une à une ses tragédies: vous trouverez dans chacune d'elles une idée générale, qui doit intéresser l'habitant des rives de la Seine au même titre que l'habitant des bords de l'Elbe. Dans *les Brigands*, c'est la haine de l'arbitraire; dans *Fiesque*, la lutte du républicanisme et de l'usurpation monarchique; dans *Intrigue et Amour*, la haine de la bourgeoisie contre l'aristocratie d'une petite cour, la lutte de l'amour avec les combinaisons machiavéliques; dans *Don Carlos*, c'est, par un heureux anachronisme, le XVIIIe siècle avec ses idées de réforme en présence du despotisme royal et des traditions tyranniques du vieux monde, c'est l'illuminisme ou la franc-maçonnerie en face de l'inquisition, la philosophie en face de l'Église; dans *Wallenstein*, c'est la haute ambition d'une individualité puissante, qui veut exploiter à son profit exclusif et égoïste les embarras d'une guerre civile, allumée pour de graves intérêts politiques et religieux; Wallenstein, c'est Bonaparte en miniature; dans *Marie Stuart*, vous vous trouverez encore une fois en présence de deux cultes hostiles, symbolisés par deux reines rivales; dans *Jeanne d'Arc*, dans *Guillaume Tell* et dans le beau fragment du *Faux-Démétrius*, c'est l'amour du sol natal qui se dresse contre l'invasion étrangère. La moins acceptée des pièces de Schiller, *la Fiancée de Messine* (avec des chœurs d'une facture admirable), est précisément celle qui ne met point en relief une de ces idées cosmopolites qui, depuis la révolution de 1789, sont en quelque sorte dans l'air que nous respirons. Enfin, dans tous ces drames apparaissent des caractères d'une angélique pureté, des êtres qui se dessinent avec des ailes blanches sur le sombre fond de la politique et de l'histoire, ce sont: la comtesse de Fiesque, Ferdinand et Louise, Max et Thecla, Élisabeth de France, la vierge de Domrémy, la prisonnière de

Fotheringhay, Béatrice de Sicile, Marfa; enfin ce noble et brave Guillaume Tell, à la main si pure que le meurtre même ne parvient pas à la souiller; à l'intelligence si droite, à la conscience si haute, que la torture morale la plus violente que puisse subir un père ne parvient pas à la courber. Honneur immortel au poëte qui a porté dans son cœur de tels caractères, et qui les a revêtus de formes visibles, comme firent les statuaires grecs des dieux de l'Olympe! De semblables créations équivalent aux actes les plus nobles; car, autant et plus que les exemples de l'histoire, elles engendrent les grandes actions; grâce à elles, l'habitant du palais apprend à chérir la vertu, et l'habitant des chaumières à respecter la grandeur.

Nous ne donnerions qu'une idée imparfaite de l'influence exercée par Schiller, si nous ne jetions un coup d'œil sur l'ensemble de ses poésies romantiques et lyriques.*

Les premières, ses ballades et romances, ont été presque toutes composées à Iéna et à Weimar, c'est-à-dire dans la dernière partie de sa trop courte carrière : aussi portent-elles toutes, dans la facture et dans l'idée-mère, le cachet de la perfection. Comme dans les drames, la tendance idéale du poëte prédomine dans ces compositions plus restreintes. Dans la ballade du *chevalier de Toggenbourg*, c'est l'amour désintéressé, l'abnégation chrétienne qui est mise en relief; dans *Fridolin*, c'est la naïve piété, l'innocence d'un cœur pur; dans *le Chevalier de Rhodes*, c'est l'obéissance passive à la règle; dans *Héro et Léandre*, la fidélité jusqu'à la mort. *Le Plongeur* symbolise la lutte de l'amour héroïque avec les monstres de l'abîme; *la Caution* rajeunit le lien commun de l'amitié; *Polycrate* prêche l'humilité dans la grandeur et la fortune. Dans un seul de ces tableaux de genre, Schiller déroge à ses habitudes sérieuses, et se donne le passe-

temps de l'ironie (*le chevalier Delorges* ou *le Gant*). Parmi ses poésies lyriques, nous rejetons celles qui émanent de la première période : ce sont, pour la plupart, des morceaux emphatiques. Il faut excepter toutefois de cette condamnation un tableau plein de mouvement : la *Bataille*, et le chant sauvage *des Brigands*, cette marseillaise de la populace allemande et des étudiants tapageurs. La passion qui avait inspiré les *vers à Laure* n'était ni pure ni sincère; aussi les chants érotiques de cette première période ont-ils dû s'en ressentir.

A l'époque de transition appartiennent : 1° l'ode sublime *à la Joie* (*an die Freude*), qui a valu peut-être autant de partisans enthousiastes à Schiller que sa plus belle tragédie; 2° *Résignation*, cette élégie du désespoir, où le poëte flotte indécis entre la foi et le néant; enfin 3° les *dieux de la Grèce*, protestation poétique, mais impie, contre le monothéisme rationaliste. Il faut bien dire toute la vérité : Schiller, pendant une dizaine d'années (1780-1790), a été, comme tous les hommes à forte imagination, en proie à des doutes cruels. L'étude de la philosophie ne l'avait jeté que plus avant dans cette voie fatale. Plus tard, le bonheur domestique, les souvenirs vivaces de l'enfance et les épreuves de la vie, le ramenèrent sinon aux croyances dogmatiques de ses premières années, du moins à la foi inébranlable en un avenir au-delà des tombeaux.

Beaucoup de poésies de la dernière époque de Schiller ont un caractère philosophique et didactique. Le poëte, fort de la régénération qui s'est opérée en lui, sait condenser en quelques vers sublimes, en quelques images frappantes de vérité, les convictions qu'il a conquises. Tels sont *les Paroles de foi*, *les Paroles de l'illusion*, *les Artistes*, cette noble profession de foi par laquelle le poëte revendique pour l'art le privilége d'avoir civilisé le monde; *la Cloche*, cette revue poétique des principales phases de la vie humaine; l'incomparable pièce intitulée : *l'Idéal et la vie*, ou *le Royaume des ombres*, parallélisme ingénieux et profond entre l'existence terrestre et cette vie tant rêvée, tant désirée, « où résident

(*) L'espace nous manque pour parler avec détail de Schiller romancier. Son *Geisterseher* ou *Visionnaire*, publié en 1789, à Leipzig, comme un t. Ier (trad. fr. par A. de M., Paris, 1822, in-12, et autres), n'est d'ailleurs qu'un beau fragment. — L'*Aubergiste au soleil* est une curieuse étude psychologique, etc.

les formes pures, où l'ouragan de la douleur ne courbe plus les âmes. »

D'autres pièces de ce recueil sont du domaine élégiaque. Nous ne citerons, dans cette catégorie, que la belle épitre *A un ami à l'entrée du nouveau siècle*, où le poëte retrace en quelques vers l'état de l'Europe en 1800, et arrive à cette conclusion, « que le beau ne fleurit que dans la poésie; » puis les *Illusions (die Ideale)*, élégie ou ode pleine de verve, de candeur et de tristes vérités.

Bon nombre de ces vers de la troisième période ont le caractère épigrammatique ou gnomique; ce sont les produits des conférences de Schiller avec le créateur de Méphistophélès et de Faust. Dans beaucoup de pièces, l'auteur rajeunit les sujets usés de la mythologie et de l'âge héroïque des Grecs (*Cassandre; la Plainte de Cérès; les Grecs après la prise de Troie*, etc.). Si nous ajoutons que d'autres vers chantent l'amour, mais un amour qui n'a plus rien de commun avec les inspirations dues à une Laure würtembergeoise, nous aurons indiqué les principales rubriques sous lesquelles peuvent se répartir les productions lyriques de Schiller. Comme l'auteur des *Méditations*, Schiller serait immortel, même s'il n'avait livré au monde que ces deux modestes volumes, qui ne renferment guère plus de 200 morceaux. Car, nous le répétons, la belle âme du poëte est là tout entière; et l'âme de Schiller c'est celle d'un ange, rebelle d'abord, puis repentant, et attiré vers le sein de Dieu, pour entonner au milieu des élus le chant triomphal de la vertu, l'hymne de la liberté, et pousser les mélodieux soupirs d'un amour sans fin et sans tache.* L. S.

SCHILLING (Frédéric-Gustave), conteur allemand d'une extrême fécondité, né à Dresde le 25 mars 1766, et mort en août 1839. Parmi ses nombreux romans, en partie comiques, on cite *Guy*

(*) Les œuvres de Schiller, dans l'édition de Stuttgart, forment 12 vol. in-8°; l'édition de Carlsruhe se compose de 18 vol. in-18; celle de Paris (1835 et ann. suiv.), 2 gros vol. gr. in-8°. Les ouvrages dramatiques de Schiller ont été traduits par M. de Barante (1821, 6 vol. in-8°), et par plusieurs autres écrivains français, tels que Benjamin Constant (*voy.*), MM. Merle d'Aubigné, Marmier, etc. La *Marie Stuart* de M. Lebrun (*voy.*) est une pâle imitation de celle de Schiller.

de Sohnsdom comme le plus intéressant. Il existe trois éditions de ses œuvres: la dernière se compose d'environ 60 vol. in-8°, Dresde, 1828 et ann. suiv.

SCHIMMELPENNINCK (Rutger Jan), homme d'un grand savoir et d'un noble caractère, naquit à Deventer en 1761, et se voua au barreau, après avoir défendu, pour obtenir le grade de docteur en droit, une thèse inaugurale intitulée *De imperio populari caute temperato*, où l'on trouve déjà toute la modération de ses principes jointe à un grand amour de la liberté légale. Après l'entrée des Français en Hollande, sous Pichegru (*voy.*), il devint membre de l'assemblée nationale de la république Batave, puis, en 1798, ministre de cette république à Paris. Il assista aux conférences d'Amiens, où il fit valoir avec succès les intérêts de sa patrie; et, après la paix conclue, il fut nommé ambassadeur à Londres. Accrédité ensuite de nouveau à Paris, il obtint toute la confiance de Bonaparte, dont l'influence le plaça, au mois de mars 1805, à la tête de la république Batave, en qualité de pensionnaire du conseil et avec un pouvoir presque monarchique. Mais l'affaiblissement graduel de sa vue le força au bout d'un an de temps à la retraite. Alors Napoléon parla d'une royauté batave qu'on créerait en faveur de son frère Louis et chercha à faire accepter ce projet au pensionnaire. Cependant Schimmelpenninck, loin de l'accueillir, aima mieux se condamner à une retraite absolue. Néanmoins il reparut sur la scène après la réunion de la Hollande à l'empire Français. A cette époque, l'empereur le nomma sénateur et lui conféra le titre de comte. Schimmelpenninck mourut à Amsterdam, le 15 févr. 1825, laissant un fils unique qui devint conseiller d'état en service ordinaire et à qui le roi Guillaume Ier conféra, en 1834, le titre de comte du royaume des Pays-Bas.   Z.

SCHINDERHANNES. Sous ce nom, Jean Buckler, chef d'une bande de brigands qui avait pris les bords du Rhin pour théâtre de ses exploits, s'est rendu fameux vers la fin du siècle dernier. Né d'une famille respectable, mais pauvre, le jeune Jean manifesta de bonne heure son penchant pour le vol. Devenu grand, il entra au service d'un exécuteur des hautes œuvres. Un vol qu'il commit lui ayant attiré un châtiment corporel, ce traitement décida de son avenir : il s'enfuit, et se fit voleur de moutons. On l'arrêta ; mais il réussit à s'échapper, et se joignit à la bande de Fink Barberousse. Arrêté de nouveau, il s'enfuit encore, et entra dans la bande de Pierre-le-Noir ; puis, il devint lui-même chef d'une bande, à la tête de laquelle il répandit la terreur sur les bords du Rhin. On parvint enfin à s'emparer, en 1803, de ce redoutable bandit, qui fut exécuté à Mayence.   X.

SCHINKEL (CHARLES – FRÉDÉRIC), architecte prussien distingué, professeur à l'Académie des beaux-arts de Berlin et membre de son sénat, né à Neu-Ruppin, le 13 mars 1781, mort à Berlin, le 14 oct. 1841. Cette ville lui doit le corps de garde du château, le monument du Kreutzberg, en dehors de ses portes, le second Théâtre, le beau pont du château, au bout de la magnique rue des Tilleuls, le musée royal et beaucoup d'autres constructions remarquables. *Voy.* BERLIN.

SCHIRAS, *voy.* CHIRAZ.

SCHIR-KOUH ou CHIR-KOUH, oncle de Saladin, *voy.* ce nom, ÉGYPTE (T. IX, p. 283), FATIMIDES et NOUR-EDDYN.

SCHISCHKOW, *voy.* CHISCHKOF.

SCHISME (σχίσμα, division, séparation, de σχίζω, fendre). Ce mot s'applique, dans son sens propre, à toute division religieuse, provenant du refus d'un certain nombre d'églises ou d'un certain nombre d'individus de rester en communion avec la société à laquelle ils appartenaient jusqu'alors, pour faire corps à part. D'après la constitution de l'Église catholique romaine et son principe de soumission à l'autorité, il n'y a pas dans son sein d'hérésie obstinée qui n'engendre un schisme. L'unité de foi est absolue chez les catholiques. Les protestants (*voy.* ces mots) sont loin d'être aussi rigoureux. Ils admettent des articles de foi fondamentaux et des articles non fondamentaux : l'accord relativement aux premiers, formulés avec une largeur qui les a souvent fait accuser de *latitudina-*

risme, leur suffit pour se reconnaître les uns les autres comme membres d'une même Église. Pour les catholiques, tout ce qui a été décidé par les conciles généraux est article de foi obligatoire au même degré ; sur les sujets non discutés, l'opinion est libre, ce que l'on a exprimé ainsi : « *In necessariis, unitas ; in dubiis, libertas*[*]. » Ceux qui rejettent un article de foi ou qui refusent de se soumettre à l'autorité de l'Église, sont retranchés de sa communion et considérés comme *schismatiques*. Paul recommande fortement de se tenir attaché à l'Église, lorsqu'il dit dans sa 1re *épître aux Corinthiens* (I, 10 et suiv.) : « Or, je vous prie, mes frères, au nom de N. S. Jésus-Christ, de tenir tous le même langage, et qu'il n'y ait point de divisions parmi vous ; mais que vous soyez bien unis dans une même pensée et dans un même sentiment ; car, mes frères, j'ai été informé qu'il y a des contestations entre vous. Voici ce que je veux dire, c'est que parmi vous l'un dit : Pour moi, je suis disciple de Paul ; l'autre : Et moi, je le suis d'Apollos ; et un autre : Et moi, je le suis de Céphas ; et un autre : Et moi, je le suis de Jésus-Christ. Christ est-il divisé ? Paul a-t-il été crucifié pour vous ? ou avez-vous été baptisés au nom de Paul ? » Malheureusement, l'ambition des hommes leur a fait oublier ces sages préceptes. Les uns ont voulu étendre leur puissance spirituelle jusqu'à la suprématie temporelle ; les autres, sous prétexte d'affranchir la religion de toute oppression, l'ont quelquefois fait servir à leurs vues intéressées ; ou bien des passions et des intérêts humains sont venus envenimer une dissension d'abord légère et sur laquelle, avec plus de bonne foi, on eût pu facilement s'entendre ; et de cette manière, l'Église s'est vue démembrer en plusieurs grandes fractions, dont l'une, à son tour, s'est fractionnée à l'infini, et qui toutes auraient besoin peut-être de se retremper dans l'unité pour trouver la vigueur qui leur manque et qui semblerait pouvoir se concilier avec une grande diversité dans les dogmes secondaires.

Sous le mot *schisme*, très différent du

[*] On a ajouté avec raison : *In omnibus caritas*. S.

mot *hérésie* (*voy.*), on entend particulièrement une séparation d'obédience, laquelle n'a pas nécessairement pour conséquence une division en matière de foi. C'est la sévérité de principes de l'Église catholique romaine qui a donné lieu à toutes les séparations de cette nature qu'on pourrait énumérer, depuis le schisme des *donatistes*, dont nous avons parlé au mot DONAT, jusqu'à celui de la petite église française ou celui des hermésiens (*voy.*), qui, prêt à éclater plus récemment, fut cependant heureusement étouffé. Le schisme des donatistes fut suivi de celui *d'Antioche*. La prétention à l'épiscopat de cette ville élevée par plusieurs évêques ayant chacun de nombreux partisans donna lieu à ce dernier ; mais après avoir été quelque temps séparé de la communion de l'Église latine, Flavien s'y réunit de nouveau l'an 393. Au mot INVESTITURE, nous avons parlé d'une autre querelle qui divisa l'Église, aussi bien que le peuple laïc, entre le pape et l'empereur. Henri IV, excommunié, fut obligé de s'humilier devant le premier ; mais bientôt après, Rodolphe de Souabe, son compétiteur, étant mort, les affaires de Henri se rétablirent : il fit nommer, en 1080, un antipape (*voy.*), et donna ainsi lieu à un schisme qui dura 40 ans (*voy.* GRÉGOIRE VII). Sous Alexandre III, en 1159, la majorité des cardinaux ayant nommé pape le cardinal Roland, qui prit le nom d'Alexandre III, quelques autres élurent Victor II, que soutenait l'empereur Frédéric II, et qui chassa de Rome le pape légitime. Ce schisme se termina, en 1178, par la réconciliation de Frédéric avec Alexandre III.

Le schisme le plus important de tous est celui qu'on désigne sous le nom de *schisme d'Orient*. On en peut voir les commencements à l'art. PHOTIUS, car ce patriarche y préluda dès l'année 866 par son encyclique ; mais il n'éclata qu'en 1057, sous le patriarcat de Michel Cérularius. Nous avons donné un court historique de cette séparation entre les Églises latine et grecque au mot ORIENTALE (*Église*). Ses conséquences subsistent, comme on sait ; et même la réunion partielle dont nous aurons à nous occuper au mot UNION, n'eut point des effets durables pour une grande partie des populations auxquelles cette mesure réparatrice se rapportait.

On nomme *grand schisme*, ou *schisme d'Occident*, la division d'obédience qui résulta de la nomination de différents papes dont les uns siégeaient à Avignon, les autres à Rome. Les seigneurs de l'Italie ayant voulu forcer les cardinaux à donner à l'Église un pape italien, ceux-ci eurent la faiblesse de céder, tout en déclarant que l'élection forcée serait nulle. En effet, devenus plus libres, ils déposèrent Urbain VI nommé en 1378, et, joints à d'autres cardinaux qui n'avaient pas voté dans le premier conclave, ils élirent Clément VII. Chacun de ces papes ayant ses partisans, il s'ensuivit un schisme qui dura 50 ans. Nous nous bornerons à indiquer les noms des papes des deux côtés. Ce sont, à Rome : Urbain VI, Boniface IX, Innocent VII, Grégoire XII déposé en 1409 par le concile de Pise ; à Avignon, Clément VII, puis Benoît XIII, pareillement déposé par le même concile, qui nomma pape Alexandre V, à qui succéda Jean XXIII. Alors paraissent simultanément trois papes, les déposés refusant d'abord de se soumettre. Cependant Grégoire XII abdiqua en 1415 ; Jean XXIII et Benoît XIII furent déposés par le concile de Constance (*voy.*) qui nomma Martin V. Jean XXIII fit sa soumission à ce pape, et à la mort de Benoît XIII, le schisme s'éteignit.

Au xve siècle, Eugène IV (*voy.*) ayant été déposé par le concile de Bâle, Amédée VIII, duc de Savoie, qui s'était fait moine, fut nommé pape sous le nom de Félix V, et engendra un nouveau schisme ; mais bientôt il abdiqua, et se soumit à Nicolas V, successeur d'Eugène IV.

Le schisme d'Angleterre qui eut lieu sous Henri VIII, appartient à l'histoire de la réformation. Nous dirons un mot de celui de Hollande ou d'Utrecht. En 1702, un bref vint de Rome, qui enlevait à Pierre Codde, archevêque de Sebaste, vicaire apostolique, accusé de jansénisme par les jésuites, toute juridiction dans l'Église de Hollande. Le prélat résista, et entraîna avec lui le clergé séculier. Les États-Généraux le soutinrent, et défendirent à Théodore de Cock, nommé pour le remplacer, d'exercer en aucune manière son vicariat apostolique. Une assemblée du clergé hollandais, en 1703, en appela «au pape mieux informé,» puis «au futur concile.» Cependant les évêques hollandais, tout en résistant, faisaient des protestations d'orthodoxie. Elles ne furent point accueillies, et les actes du concile provincial de Hollande, tenu en 1763, furent condamnés. Ce schisme dure encore de nos jours.

L'affaire des *appelants* (*voy.*) n'eut point des conséquences si graves; cependant la France fut aussi un moment séparée de la communion romaine par suite de la déclaration de la constitution civile du clergé (*voy.*). En 1790, l'Assemblée constituante, qui s'occupait de réformer l'état, mit la main à l'organisation ecclésiastique. Elle changeait la circonscription des diocèses, faisait choisir les évêques par les électeurs de département, et les curés par ceux de district, entourait l'évêque d'un conseil qu'il devait consulter sur toutes les questions de juridiction, etc. Tous les membres fonctionnaires du clergé qui ne voulurent pas faire le serment de maintenir cette constitution, eurent à céder leurs places aux évêques et aux curés dits *constitutionnels* ou *assermentés*, lesquels furent traités d'intrus et considérés comme schismatiques. Ceux-ci, pourtant, représentaient qu'ils n'avaient rien innové en matière de foi ni dans la liturgie, déclarant qu'ils étaient prêts à rendre leurs siéges aux évêques dépossédés, aussitôt que ceux-ci auraient fait acte de soumission aux lois de leur pays. Et, de fait, les évêques constitutionnels se démirent de leurs fonctions dès que le concordat (*voy.*) de 1801 eut été signé. Un autre schisme, dit des *louisets*, ou de *la petite Église*, eut lieu alors. Parmi les évêques qui avaient quitté leurs siéges plutôt que d'accepter la constitution civile du clergé, plusieurs blâmèrent, à l'époque du concordat, la conduite du pape à l'égard du premier consul de la république française et des évêques constitutionnels. Aussi lorsque, pour la combinaison nouvelle que réclamaient la pru-

dence et l'intérêt de l'Église de France, le souverain pontife eut besoin qu'ils renonçassent à leurs titres, il y en eut qui le retinrent obstinément, et se mirent en opposition avec l'autorité papale qu'ils avaient pourtant préconisée eux-mêmes dans leur lutte contre les constitutionnels; résistance qui leur fit perdre le mérite de longues souffrances antérieures. Plusieurs, cependant, changèrent de sentiment au lit de mort, et ce schisme, appuyé sur la vie de quelques hommes seulement, doit s'éteindre avec eux.   X.

SCHISTE. On donne ce nom, qui vient de l'allemand *Schiefer*, à une roche d'apparence homogène, à texture terreuse, à structure feuilletée, souvent terne, quelquefois luisante, se divisant fréquemment en polyèdres rhomboédriques, enfin ne se délayant jamais dans l'eau.

D'après cette définition, le schiste, pour nous, constitue parmi les roches une espèce dont les variétés sont très nombreuses. Des minéralogistes fort estimables font du schiste un genre qu'ils divisent en plusieurs espèces; mais la nature est tellement riche et variée dans ses produits que, lorsqu'il s'agit de les étudier, il y a toujours avantage, selon nous, à en restreindre le nombre de groupes au lieu de le multiplier. Nous dirons donc que toutes les variétés de schistes sont des silicates d'alumine plus ou moins mélangés de fer. La plupart perdent leur cohérence par l'influence des agents atmosphériques, et se transforment à la longue en argile.

Nous divisons l'espèce *schiste* en cinq sous-espèces. La première est le *schiste argileux* que plusieurs auteurs français nomment *phyllade*, et que les Allemands appellent *Thonschiefer*. C'est une roche ordinairement tendre, et qui répand, par le contact de l'haleine, l'odeur de l'argile. Elle présente un grand nombre de variétés : ainsi, lorsqu'elle contient du mica disséminé en paillettes distinctes, ou bien lorsque le mica y est en paillettes tellement multipliées qu'elle prend le brillant du satin, ou bien encore lorsque le quartz y est parsemé en petits grains, on donne à ces variétés les noms de schiste argileux pailleté, saliné et quartzeux. Lorsque cette roche renferme des cristaux de feldspath, elle prend le surnom de *porphyroïde*; enfin, si elle contient ou des cristaux de l'espèce minérale appelée *mâcle*, ou du fer sulfuré, on lui donne les noms de *schiste argileux maclifère* et *pyriteux*.

La seconde sous-espèce est le *schiste tégulaire* ou *ardoisier* qui présente des variétés *compactes* et *feuilletées*, mais qui ne mérite le nom d'*ardoise* (*voy*), que lorsqu'elle se divise en feuillets minces et planes.

La troisième sous-espèce, appelée *coticule*, est une roche à texture *schisto-compacte* présentant ordinairement à la fois la couleur jaunâtre et la couleur bleuâtre qui partage régulièrement un même morceau. Cette roche se laisse entamer par une pointe de fer; mais cependant, par le frottement, elle use ce métal et même l'acier: aussi l'exploite-t-on pour en tailler des morceaux de différentes grandeurs sous le nom de *pierres à rasoirs*.

Les deux autres sous-espèces ne présentent que des variétés de texture: l'une est le *schiste bitumineux* qui est toujours plus ou moins imprégné de bitume; l'autre est le *schiste marneux* qui, contenant en quantité très variable des parties de marne plus ou moins calcaire, fait toujours effervescence avec les acides. J. H-t.

SCHLAGUE. On désigne en France sous le nom de *la schlague* la coutume qui règne encore dans les armées allemandes, de punir le soldat en lui administrant des coups de bâton, comme on a maintenu en Angleterre l'usage de lui infliger des coups de fouet. Le cornouiller du caporal (*Gefreyter*) autrichien jouit d'une réputation imposante. Mais le mot de *schlague* n'a rien d'officiel: seulement, en allemand, *Schlag*, au plur. *Schlæge*, signifie *coup*; l'instrument est le *Haselstock*. Dans le Nord, il fonctionne aussi au civil, et nous l'avons vu servir, comme moyen disciplinaire, même dans la solennité des foires, où un juge improvisé faisait infliger cette peine, au moment même du délit, à de pauvres paysans lettons ou russes qui semblaient s'y résigner

comme à une chose tout-à-fait naturelle. S.

SCHLANGENBAD, lieu connu par ses eaux thermales, dans le voisinage de Schwalbach, duché de Nassau. L'eau du Schlangenbad a une teinte d'azur; son degré de chaleur ne dépasse pas 22° R.; elle est calcaire et argileuse et forme une espèce de graisse qui y surnage. On s'en sert comme de remède contre les maladies de la peau, surtout les dartres, contre la pierre et la gravelle, etc. Par sa nature savonneuse, elle assouplit la peau, lui donne quelque chose d'onctueux, et guérit les roideurs et les contractions. Aussi a-t-elle la réputation de rajeunir.

SCHLEGEL. C'est le nom d'une famille saxonne qui a produit plusieurs générations de frères également distingués et célèbres.

L'illustration de cette famille commence à JEAN-ÉLIE Schlegel, poëte et le premier peut-être en Allemagne dont le théâtre mérite d'être compté pour quelque chose. Né à Meissen, le 28 janv. 1718, mort le 13 août 1749 à Soroe, où Holberg l'avait fait nommer professeur à l'Académie noble, place faiblement rétribuée et qui l'obligea à multiplier ses travaux littéraires pour suffire à son existence. Il appartenait à l'école de Gottsched (*voy*), et ses meilleures tragédies sont *Hermann* (Arminius) et *Knut* (Canut). On pourrait aussi citer de lui quelques comédies passables, indépendamment de ses épitres et d'autres essais poétiques.

Son frère, JEAN-ADOLPHE Schlegel, également poëte, mais plus connu comme orateur de la chaire, était né à Meissen, le 18 sept. 1721, et mourut le 16 sept. 1793, à Hambourg, où il était pasteur et conseiller consistorial. On lui doit des fables, des cantiques et d'autres poésies, un recueil de sermons et une traduction du traité de Le Batteux.

Un troisième frère Schlegel, JEAN-HENRI, né à Meissen en 1724, devint professeur d'histoire à Copenhague, où il mourut, le 18 oct. 1780, conseiller de justice et historiographe du roi. Il est auteur d'une *Histoire des rois de Danemark de la maison d'Oldenbourg*, Copenh. et Leipz., 1777, 2 vol. in-8°.—Son fils, JEAN-FRÉDÉRIC-

GUILLAUME Schlegel, conseiller de conférences et professeur en droit à l'université de Copenhague, où il est né en 1765, s'est aussi fait connaitre par des travaux de statistique et de droit public relatifs à sa nouvelle patrie, dont il a adopté la langue.

Mais ce sont deux fils du pasteur Jean-Adolphe Schlegel qui ont donné le plus de célébrité au nom qu'ils portaient. Ce prédicateur distingué avait cinq fils, tous hommes de mérite, et tous connus par des travaux littéraires. Nous ne dirons qu'un mot de l'aîné, CHARLES-AUGUSTE-MAURICE, né à Hanovre en 1756, mort, le 29 janv. 1826, prédicateur et surintendant général ecclésiastique à Harbourg (Lunebourg), et qui a laissé des ouvrages de théologie; du second, JEAN-CHARLES-FURCHTEGOTT, né à Zerbst en 1758, mort conseiller consistorial à Hanovre le 13 nov. 1831, à qui l'on doit différents ouvrages d'histoire et de droit ecclésiastiques; et du troisième, né en 1760, qui, ayant fait un séjour aux Indes-Orientales comme officier dans l'armée anglaise, a composé un ouvrage sur le Karnatik, dont on conserve le manuscrit à la bibliothèque de Gœttingue. Ce sont les deux plus jeunes frères qui doivent nous occuper particulièrement, à raison de la haute influence qu'ils ont exercée sur la littérature allemande et sur le développement des idées en général. Ils ont été tous les deux anoblis.　　　　S.

AUGUSTE-GUILLAUME de Schlegel*, professeur à l'université de Bonn, est né à Hanovre le 8 sept. 1767. Il étudia d'abord la théologie à Gœttingue; mais il la quitta bientôt pour se livrer exclusivement à la philologie; et dès 1787, une excellente dissertation latine sur la Géographie d'Homère prouva les progrès qu'il avait faits dans cette branche de la science. En 1788, il accepta la place de gouverneur des enfants d'un banquier d'Amsterdam. De retour dans sa patrie, trois ans après, il se fixa d'abord à Iéna et prit une part active à la rédaction des *Heures* et de l'*Almanach des Muses* de Schiller, ainsi

(*) Guillaume est, comme on sait, la traduction du nom allemand Wilhelm: aussi M. de Schlegel a-t-il signé W. de S. ses articles dans le *Journal des Débats.*　　　　S.

qu'à celle de la *Gazette littéraire générale* de cette ville. Ce fut vers la même époque qu'il entreprit la traduction de Shakspeare (Berlin, 1797-1810, 9 vol.), qui a exercé sur l'art dramatique en Allemagne une influence salutaire, mais qui malheureusement n'a pas été terminée. Nommé conseiller et professeur à Iéna, Schlegel fonda, avec son frère Frédéric, l'*Athenæum* (Berlin, 1796-1800, 3 vol.), espèce de revue esthétique et critique qui, malgré son ton aigre, presque arrogant, a beaucoup contribué à animer d'un esprit plus libre la littérature allemande. Il publia en outre la 1re édition de ses *Poésies* (Tub., 1800), et la *Porte d'honneur pour le président de théâtre de Kotzebue* (1800), réponse amère à l'*Ane hyperboréen* de cet auteur dramatique, ainsi qu'un recueil d'articles insérés déjà dans différents journaux sous le titre de *Charakteristiken und Kritiken* (Kœnigsb., 1801, 2 vol.). Peu de temps après, il se chargea, avec M. Tieck, de la publication de l'*Almanach des Muses* pour 1802, où règne un esprit mystico-symbolique. Une courte maladie lui ayant enlevé sa femme, fille du professeur Michaëlis (*voy.*), de Gœttingue, M. Schlegel quitta Iéna et se rendit à Berlin où il donna des leçons sur la littérature et les arts. En 1803, il fit paraître son *Ion*, drame imité des anciens, qui donna lieu, dans la *Gazette pour le monde élégant*, à une intéressante polémique entre Bernhardi, Schiller et M. Schlegel. A cette publication succéda immédiatement celle du *Théâtre espagnol* (Berlin, 1803-9, 2 vol.), où le traducteur surmonta avec un bonheur inouï les plus grandes difficultés, et où il sut rester fidèle au sens, tout en observant les lois de la mesure, de la rime et des assonances. La réputation qu'il s'acquit par cette traduction et celle de Shakspeare, reçut un nouvel éclat de la publication de ses *Bouquets de fleurs cueillies dans les littératures italienne, espagnole et portugaise* (Berlin, 1804). M. Schlegel n'eût-il pas rendu d'autre service que de faire bien connaître à ses compatriotes les chefs-d'œuvre de Shakspeare et de Calderon, cela seul suffirait pour lui assigner une place distinguée dans l'histoire littéraire moderne.

En 1805, M. Schlegel fit la connaissance de Mme de Staël (*voy.*); cette femme célèbre exerça sur lui une grande influence en l'arrachant à la sphère étroite où il vivait. Il l'accompagna en Suisse, en Italie, en France. Ce fut pendant le séjour qu'il fit dans ce dernier pays, qu'il composa en langue française son *Parallèle de la Phèdre d'Euripide et de celle de Racine* (1807), qui produisit une vive sensation dans le monde parisien. En 1808, nous le retrouvons à Vienne, donnant des *leçons d'art dramatique et de littérature*, lesquelles ont été imprimées plusieurs fois (Heid., 1809-11, 3 vol.; 2ᵉ édit. 1817) et traduites dans presque toutes les langues (trad. fr., sous ce titre : *Cours de littérature dramatique*, par Mme Necker de Saussure, Genève et Paris, 1804, 3 vol. in-8°), honneur que, malgré quelques défauts, elles méritaient du reste par la justesse des aperçus, la sagesse des jugements, la grâce et la clarté de l'expression *. Le nouveau recueil de ses *Œuvres poétiques* (Heid., 1811-15, 2 vol.) offre la plus grande variété de formes rehaussée par un style étincelant et d'une pureté irréprochable. Son *Arion*, son *Pygmalion*, son *S. Luc*, ses *Sonnets* et sa magnifique élégie de *Rome*, dédiée à Mme de Staël, justifient ses prétentions à la couronne de poëte. En 1813, subjugué par l'esprit du temps, il se fit écrivain politique, et accompagna, en qualité de secrétaire, le prince royal de Suède qu'il avait connu en 1812 à Stockholm. Les services qu'il rendit lui valurent, entre autres honneurs, des lettres de noblesse. Après la chute de Napoléon, il retourna auprès de Mme de Staël, et lorsqu'elle fut morte, il accepta, en 1818, une chaire de professeur à l'université prussienne de Bonn. Ses leçons sur l'histoire des arts et des sciences, ne suffisant pas à son infatigable activité, il s'occupa avec ardeur de l'étude des langues orientales, surtout du sanscrit. Il publia une *Bibliothèque indienne* (Bonn, 1820-26, 2 vol.) et établit une imprimerie pour la publication de la grande épopée *Râmâyana* (voy.

(*) Cette appréciation est textuellement traduite de l'allemand ; nous n'avons pas besoin de dire que ce n'est certes pas aux jugements de M. Schlegel sur l'art dramatique en France que ces éloges peuvent se rapporter. S.

RAMA). Au retour d'un voyage qu'il fit en France et en Angleterre, dans l'année 1823, afin d'examiner les manuscrits indiens qui se conservent dans les bibliothèques de Paris, Londres, Oxford, Cambridge et dans celle de Hayleybury pour les Indes-Orientales, il se chargea de la surveillance du Musée des antiquités nationales. En 1827, il donna à Berlin, sur les beaux-arts, des cours qui ont été imprimés sous le titre de *Leçons sur la théorie et l'histoire des arts plastiques* (Berlin, 1827). En 1828, il fit paraître dans la même ville ses *Critiques*, et en 1832, ses *Réflexions sur l'étude des langues asiatiques*. Accusé de cryptocatholicisme, il s'en défendit dans une excellente brochure intitulée *Explications de quelques malentendus* (Berlin, 1828). M. A.-G. de Schlegel est membre de la Légion-d'Honneur et chevalier de plusieurs autres ordres. Il écrit le français presque avec autant de facilité que sa langue maternelle, et plusieurs de nos journaux l'ont compté au nombre de leurs collaborateurs. On assure qu'il fut aussi, avec B. Constant, celui de Mme de Staël pour la composition du célèbre ouvrage *De l'Allemagne*, et il prit part à la publication de son ouvrage posthume *Considérations sur la Révolution française*.

CHARLES-GUILLAUME-FRÉDÉRIC de Schlegel, frère du précédent, né à Hanovre le 10 mars 1772, passa son enfance auprès de son oncle et de son frère aîné, tous deux pasteurs protestants, vivant alors à la campagne. Quoiqu'il le destinât au commerce, son père lui fit donner des leçons de toute espèce. Avec de l'esprit naturel et une intelligence vive, le jeune Frédéric n'annonçait pas de grands talents; cependant, une fois placé dans un comptoir de Leipzig, il éprouva une telle répugnance pour le négoce, que son père, cédant à ses instances, consentit à le laisser suivre la carrière des lettres. Il se décida pour la philologie et se livra avec tant de zèle à cette étude, qu'après quelques années passées à l'université de Gœttingue et à celle de Leipzig, il put se vanter de connaître tous les auteurs grecs et latins de quelque valeur. Le premier ouvrage considérable qu'il publia sous le titre de *Grecs et Romains* (Hamb., 1797) lui mérita des éloges de la part de Heyne lui-même. L'*Histoire des Grecs et des Romains* (Berlin, 1798) peut en être regardée comme la suite. La profonde érudition, l'originalité des pensées, et la force de la critique qui distinguent ces deux ouvrages, font regretter que ni l'un ni l'autre n'aient été terminés. Schlegel renonça également à la publication de Platon, dont il avait entrepris une traduction allemande avec Schleiermacher (*voy.* ce nom). Nous avons déjà parlé de l'*Athenæum* auquel il travailla avec son frère. Son roman de *Lucinde* (Berlin, 1799) est aussi resté inachevé, peut-être à cause du reproche d'immoralité qu'on lui adressa. En 1800, Frédéric Schlegel quitta Berlin, où il vivait depuis quelques années, pour aller s'établir à Iéna et y donner des cours de philosophie qui réunirent un auditoire nombreux. Ce fut vers cette époque qu'il s'essaya pour la première fois dans la poésie; mais de tous ses essais, le seul qui mérite, à cause de son originalité, une mention spéciale, c'est sa tragédie d'*Alarcus* (Berlin, 1802), imitée d'Eschyle. En 1802, après un séjour de quelque temps à Dresde, où une de ses sœurs était mariée, il partit pour Paris, avec sa femme, fille de Mendelssohn. En même temps qu'il y donnait des leçons de philosophie, il étudiait les langues du midi de l'Europe et de l'Inde, et s'occupa d'un *Recueil de poésies romantiques du moyen-âge*, ainsi que de divers autres travaux littéraires, nommément une *Histoire de la Pucelle d'Orléans* (Berlin, 1802). De retour en Allemagne, il publia ses *Poésies* (Berlin, 1809), remplies, comme son *Almanach poétique* (*ib.*, 1806), des sentiments du plus pur patriotisme. Ce fut pendant un séjour à Cologne que Frédéric Schlegel changea de religion avec sa femme; il se fit catholique malgré les traditions de sa famille dont tant de membres s'étaient distingués comme pasteurs protestants. Placé en qualité de secrétaire auprès de l'archiduc Charles, il rédigea d'énergiques proclamations qui agirent vivement sur l'opinion publique; mais lorsque la guerre prit une tournure fâcheuse pour l'Autriche, il retourna à ses travaux littéraires et ouvrit un cours qui a été imprimé sous les titres d'*His-toire moderne* (Vienne, 1811), et d'*Histoire de la littérature ancienne et moderne* (*ib.*, 1815, 2 vol.; trad. fr., par M. W. Duckett, Paris, 1829, 2 vol. in-8°). Il publiait en même temps le *Musée allemand* (Vienne, 1812-13, 2 vol.). Ayant gagné la confiance du prince de Metternich par différents écrits diplomatiques, il fut attaché comme secrétaire de légation à l'ambassade autrichienne auprès de la diète germanique; mais dès l'année 1818, il retourna à Vienne, où il fonda, sous le nom de *Concordia* (1820-21), un journal destiné à concilier les opinions divergentes sur l'Église et l'État; en même temps il s'occupa de la publication de ses *OEuvres complètes* (1822 et suiv., 12 vol.). Les cours qu'il fit dans la capitale de l'Autriche depuis 1827, et qui ont été imprimés sous le titre de *Philosophie de la vie* (1828; trad. fr. par M. l'abbé Guenot, Paris, 1837, 2 vol. in-8°), renferment une philosophie populaire qui, malgré le piquant de certaines observations, ne saurait exercer d'influence fâcheuse sur la philosophie scientifique, tant elle est arriérée. L'auteur s'était proposé pour but dans cet ouvrage de prédisposer les esprits à la recherche et à la connaissance de la vérité. Dans sa *Philosophie de l'histoire* (Vienne, 1829, 2 vol.; trad. fr. par M. l'abbé Lechat, Paris, 1836, 2 vol. in-8°), il entreprit, dit-il, de régénérer dans l'homme l'image de Dieu. Vers la fin de 1828, Frédéric de Schlegel (il avait été anobli pour ses services) partit pour Dresde, où il commença *Sur la philosophie des langues et de la parole* (Vienne, 1830) un cours que sa mort, arrivée le 12 janvier 1829, ne lui permit pas d'achever. M. Windischmann a publié à Bonn, en 1836, un volume de *Fragments philosophiques* tirés des leçons que Schlegel avait données de 1804 à 1806.

La révolution opérée dans la littérature par les deux Schlegel a donné lieu à de grands abus, moins par leur faute que par celle de leurs disciples qui, sans savoir leurs talents, se sont toutefois approprié leurs défauts, en les exagérant. La prose d'Auguste-Guillaume méritera toujours l'admiration par sa clarté et sa grâce; mais dans ses poésies, surtout dans les dernières, il tombe souvent dans l'afféterie. Les productions de son frère sont peut-être moins remarquables; cependant à l'un comme à l'autre la postérité tiendra compte des services qu'ils ont rendus à la critique. Au milieu des luttes continuelles où ils se sont trouvés engagés, ils ont constamment fait preuve d'une rare impartialité, louant ce qui leur semblait digne de l'être, et blâmant sans ménagement le mauvais et le médiocre, distinguant avec soin les limites de l'art classique et du romantisme, précisant les différentes formes de la poésie, ayant toujours en vue l'idéal et renvoyant sans cesse à Gœthe comme à un modèle, se préservant enfin de toute pédanterie et restant purs de toute corruption intellectuelle.   C. L.

SCHLEIERMACHER (Frédéric-Daniel-Ernest), un des plus grands théologiens de l'Allemagne protestante et de l'Église chrétienne en général, était né à Breslau le 21 nov. 1768. Son père lui fit faire ses premières études au gymnase des frères Moraves à Niesky; puis, destiné à la carrière ecclésiastique, il fut envoyé à Barby, au séminaire de la même communauté. Mais quelques douces impressions qu'il reçût de la piété des frères, son esprit bientôt se sentit à l'étroit dans leur théologie et il se rendit à l'université de Halle, où Semler, déjà vieux, continuait son influence par quelques-uns de ses disciples, et où commençait l'activité académique du grand philologue Wolf (voy. ces noms). Après avoir achevé ses cours, il fut successivement précepteur dans une famille noble, vicaire à Landsberg sur la Wartha, et de 1796 à 1802 aumônier de l'hospice de la Charité à Berlin, où il se lia intimement avec les Schlegel et fut leur collaborateur au recueil célèbre qu'ils y publiaient sous le nom d'*Athenœum.* En 1802, il fut nommé pasteur à Stolpe en Poméranie; mais il n'y resta que peu de mois, et, la même année, il fut appelé à Halle comme professeur de philosophie et de théologie et comme prédicateur de l'université. La profondeur de sa science, l'élévation et la nouveauté de ses idées y agirent puissamment sur l'esprit des jeunes gens, vivement impressionnés, d'un autre côté, par les leçons de Steffens (voy.), un des plus enthousiastes et des plus éloquents organes de la philosophie de la nature. La bataille d'Iéna, la réunion de Halle au royaume de Westphalie, et la suppression de l'université mirent fin à cette brillante époque. Schleiermacher revint à Berlin, où il vécut pendant quelque temps sans position officielle; mais en 1809, il y fut nommé prédicateur à l'église de la Trinité; en 1810, professeur de théologie à l'université nouvellement créée; en 1814, secrétaire de la section philosophique de l'Académie des sciences, dont il était déjà membre depuis 1811; et il remplit ces diverses fonctions avec une activité prodigieuse et une influence toujours croissante jusqu'à l'époque de sa mort, arrivée le 12 févr. 1834.

Les travaux de Schleiermacher, ses cours, aussi bien que les écrits qu'il a publiés, se sont étendus à presque toutes les branches de la philosophie et de la théologie. Comme philosophe, il n'a point été créateur : son activité sur ce terrain a été plus exclusivement historique et critique; elle a porté principalement sur la dialectique, qui, comme pour Hegel la logique, était pour Schleiermacher la métaphysique même; sur l'éthique, sur l'esthétique, et sur l'histoire de la philosophie grecque. Mais c'est dans son système théologique qu'il faut chercher sa grandeur et son originalité véritables. Pour saisir le caractère propre de ce système, il est nécessaire de se faire une juste idée des éléments inconciliables en apparence qui se combinaient de la manière la plus intime dans l'individualité de Schleiermacher. Son éducation chez les frères Moraves avait développé en lui à un haut degré le besoin et l'habitude de la piété, et lui avait fait comprendre combien ce sentiment trouvait de nourriture substantielle dans l'ancienne et simple foi évangélique, combien, au contraire, le rationalisme (voy.), tel qu'il se formulait alors en Allemagne, était impuissant à le satisfaire. D'un autre côté, il ne pouvait pas se dissimuler le bon droit du rationalisme contre l'orthodoxie dans les questions de critique historique et philologique, et l'impossibilité de défendre sur ces points les solutions traditionnellement admises. Enfin, la spéculation philosophique lui paraissait une activité légitime de l'esprit humain, et si, d'une part, il refusait absolument d'y voir la source de la vérité religieuse, il comprenait, de l'autre, qu'entre la spéculation et cette vérité, qu'entre les exigences de la conscience dialectique et celles de la conscience religieuse on ne pouvait admettre une contradiction fondamentale qui n'eût été autre chose que la négation même de l'unité de la nature humaine. L'effort, à la fois critique et dogmatique, de Schleiermacher, a donc consisté à dépouiller la substance de la foi chrétienne de ceux de ses vêtements historiques qui lui paraissaient ne plus pouvoir se maintenir en présence des travaux de la science moderne, et à exposer cette substance sous une forme contre laquelle la spéculation ne pût pas élever d'opposition fondée. Nous ne pouvons entrer ici dans le détail du système que Schleiermacher établit d'après ces conditions; il faut nous contenter d'en avoir indiqué le point de départ et d'ajouter les indications suivantes.

L'essence de la religion, aux yeux de Schleiermacher, n'est ni la pensée ni la volonté, ni la pensée, la volonté et le sentiment dans leur unité, mais le sentiment seul. Tout ce qui, dans le domaine religieux, relève de la pensée ou de la volonté, tout ce qui est notion, conception, formule, dogme ou acte n'est que revêtement, conséquence, expression plus ou moins pure, plus ou moins nécessaire de la religion, mais n'est point la religion elle-même. La religion est, selon l'expression primitive de Schleiermacher, le sentiment, l'impression que l'univers, non point l'ensemble des choses finies, mais l'univers infini, produit sur l'homme; ou bien, selon les termes auxquels Schleiermacher s'est arrêté plus tard, le sentiment de dépendance absolue de l'homme à l'égard de Dieu; sentiment qui, devenu absolu, c'est-à-dire élevé au-dessus de toute opposition, constituerait une entière unité entre Dieu et l'homme, ferait résider dans la conscience humaine la plénitude de la conscience divine. Cette unité, cette plénitude de la conscience divine n'a été réalisée qu'une fois, en Jésus-Christ, et c'est par lui, par l'impression de sa personnalité, par la communion avec lui, qu'elle est reproduite en germe et qu'elle se développe dans les autres hommes. On voit que Schleiermacher ramène toute la religion dans les limites de la subjectivité humaine, et que c'est d'après les besoins de cette subjectivité qu'il apprécie les dogmes. Toute conception religieuse qui n'a pas pour but de réveiller ou de développer dans la conscience ce qui, à ses yeux, est l'essence de la religion, c'est-à-dire le sentiment de dépendance ou la piété, lui paraît tout-à-fait indifférent. Ainsi, dès l'entrée de sa dogmatique, il range dans cette catégorie le dogme de la création en tant que distinct de celui de la conservation du monde par Dieu; c'est ce dernier dogme seul qui a de l'importance pour la conscience religieuse. La piété a besoin de savoir que rien dans le monde n'agit ni ne subsiste autrement que par l'action de Dieu; mais il lui est absolument indifférent de savoir si le monde a commencé ou si Dieu l'a créé de toute éternité. Schleiermacher considère de même toute la partie miraculeuse de l'histoire du Sauveur, sa conception surnaturelle, sa résurrection, son ascension et la prédiction de son retour pour le jugement.

Le système de Schleiermacher a été l'objet des plus graves attaques et a donné naissance à toute une littérature. On l'a accusé de panthéisme, d'épicuréisme; les rationalistes y ont vu du mysticisme, les orthodoxes du rationalisme. S'est-il justifié de ces reproches? a-t-il effectivement opéré cette conciliation des contraires qui était le but de son auteur? Pour se sentir autorisé à répondre négativement, il suffira de considérer que Schleiermacher n'a pas laissé d'école, que son influence s'est éteinte avec lui, ou plutôt qu'au lieu de concilier les tendances opposées, son action a eu pour résultat de les pousser l'une et l'autre vers leurs points extrêmes. En effet, une observation très remarquable, et bien propre à faire ressortir à la fois et les défauts du système et la puissance de l'homme, c'est que de Schleiermacher sont partis les deux mouvements directement contraires qui se divisent aujourd'hui la théologie allemande. Il a réveillé chez les uns le besoin d'une piété vivante, et les a par là ramenés à l'orthodoxie; il a aiguisé chez les autres le regard critique, et les a par là détachés du christianisme historique. MM. Nitzsch et Tholuck, d'une part, MM. Baur et Strauss de l'autre sont également procédés de lui; mais malgré le peu de succès de ses efforts, la question, telle qu'il se l'était posée, n'en reste pas moins désormais l'inévitable problème auquel est attaché l'avenir de la théologie chrétienne et du christianisme lui-même.

Les ouvrages dans lesquels on peut suivre le développement successif des idées religieuses et morales de Schleiermacher sont : ses *Discours sur la Religion*, adressés aux hommes cultivés d'entre ceux qui la dédaignent (*Ueber die Religion. Reden an die Gebildeten unter ihren Veræchtern*),1799,4ᵉ édit., 1831; *Lettres intimes sur le roman de Lucinde*, de Frédéric Schlegel, publiées originairement dans l'*Athenæum*, puis en un volume séparé, 1800; ses *Monologues*, 1800, 5ᵉ édit., 1836; *Esquisses d'une critique de la morale telle qu'elle a été systématisée jusqu'à présent*, 1803, 2ᵉ édit., 1834; *La veille de Noël*, dialogue (*Die Weihnachtsfeier*),1806, 3ᵉ édition, 1837; *Exposé succinct de la science théologique* (*Kurze Darstellung des theologischen Studiums*), 1810, 2ᵉ édit., refondue, 1830; et enfin *La foi chrétienne exposée dans son ensemble, d'après les principes de l'Église évangélique* (*Der christliche Glaube nach den Grundsætzen der evangelischen Kirche im Zusammenhange dargestellt*), 2 vol. in-8º, 1821-1822, 2ᵉ éd., 1830. A ses ouvrages dogmatiques, il faut joindre ses deux dissertations sur la prédestination et sur la Trinité, et ses deux lettres à M. Lücke, publiées dans des Revues théologiques; à ses travaux sur l'éthique, ses dissertations sur les notions de la nature de la vertu, du devoir, de ce qui est licite et du souverain bien. Dans le domaine de la critique du Nouveau-Testament, ses deux principaux ouvrages sont:

la *Dissertation sur la prétendue première Épître de saint Paul à Timothée* (*Ueber den sogenannten ersten Brief des Paulos an den Timotheos*), 1807, et le livre *sur les écrits de saint Luc*, 1817. Lors de son premier séjour à Berlin, il avait commencé, avec Fr. Schlegel, et il reprit et continua seul ensuite une traduction des *OEuvres de Platon* (*voy.*), dont il a paru 6 volumes (1804-10; 2ᵉ édition, 1817-28), mais qui n'est pas encore achevée; et il a, en outre, enrichi l'histoire de la philosophie ancienne d'un travail étendu sur Héraclite d'Éphèse, publié d'abord dans le premier volume du *Musée* de Wolf et Buttmann, et d'un grand nombre de dissertations lues à l'Académie. — La connaissance exacte de son système dogmatique suppose aussi l'étude des nombreux sermons qui ont été publiés de lui, et qui portent le double et singulier cachet d'une sensibilité profonde et d'une dialectique souvent subtile et pénible. Enfin, Schleiermacher a pris une part active à toutes les questions qui ont agité l'Église de sa patrie, et a publié sur ces questions plusieurs brochures remarquables. Il était grand partisan de l'indépendance de l'Église et s'est honoré par son opposition courageuse aux empiétements du pouvoir politique, notamment dans l'affaire de la liturgie. Après sa mort, ses amis ont commencé une édition complète de ses œuvres et de ceux de ses cours que la plume de ses élèves avait recueillis. Cette édition n'est pas encore terminée. E. V-y.

SCHLEISSHEIM, château de plaisance à trois lieues de Munich, construit de 1684 à 1700 par l'électeur Maximilien-Emmanuel, et dont on admire surtout le grand escalier en marbre. Il doit principalement sa célébrité à une galerie de tableaux qui sous Maximilien-Joseph s'éleva jusqu'à 2,000 toiles, et à laquelle on ajouta encore depuis la collection des frères Boisserée (*voy.*), composée surtout de tableaux appartenant à l'école allemande. Mais, ainsi qu'on l'a dit à l'art. MUNICH, les principaux chefs-d'œuvre de la galerie de Schleissheim ont été récemment réunis, dans la Pinacothèque, aux autres trésors de ce genre que possédait la capitale de la Bavière. S.

SCHLESWIG, *voy.* Sleswig.

SCHLŒZER (Auguste-Louis de), un des historiens les plus érudits et un des meilleurs critiques de l'Allemagne, naquit, le 5 juillet 1735, à Jagghausen, village de la principauté de Hohenlohe-Kirchberg, où son père était pasteur. En 1751, il partit pour l'université de Wittenberg afin d'y étudier la théologie. Le désir de visiter l'Orient, rêve de presque toute sa vie, l'engagea à s'occuper avec ardeur des langues orientales. De Wittenberg, il se rendit à Gœttingue, en 1754, et, ses études terminées, il accepta, en 1756, une place de précepteur dans une famille suédoise. Ce fut pendant les trois années et demie qu'il passa en partie à Stockholm et en partie à Upsal, qu'il composa son *Essai d'une histoire du commerce* (Stockh., 1758). En 1759, il retourna à Gœttingue toujours dominé par sa passion des voyages, et à l'étude des langues orientales, il joignit celle de la médecine qu'il croyait nécessaire à la réussite de ses projets. Il était sur le point de partir, en 1761, lorsque des propositions fort avantageuses qu'il reçut de Russie vinrent changer complétement ses idées. Le savant historiographe de Russie Gerh.-Fréd. Müller lui offrit d'entrer chez lui comme précepteur et secrétaire, en lui montrant en perspective un fauteuil dans l'Académie des Sciences de Saint-Pétersbourg. A peine arrivé dans la capitale du Nord, Schlœzer se mit à apprendre le russe et à compulser les vieilles chroniques de l'empire avec une ardeur qui excita la jalousie de son patron, et qui finit par le brouiller avec lui. Mais Schlœzer pouvait déjà se passer de sa protection : depuis 1762, il était membre adjoint de l'Académie et professeur à l'institution de Razoumofski. Ces places, il est vrai, étaient peu lucratives, et il n'aurait pas hésité à accepter une chaire qu'on lui offrit à Gœttingue en 1764, si le sénat n'avait empêché son départ en exigeant que ses collections russes fussent mises sous le séquestre. Il resta donc à Saint-Pétersbourg, fut nommé professeur d'histoire ancienne de Russie près de l'Académie, et n'alla s'établir à Gœttingue qu'en 1767, lorsqu'il fut appelé à la chaire de politique. Il ne tarda pas

à y mûrir les fruits de ses longues recherches : d'abord il publia, pour faire partie de la grande Histoire universelle de Halle (*voy.* T. XIII, p. 63 et 88), sa remarquable *Histoire générale du Nord* (Halle, 1771, 1 vol. in-4°), un des ouvrages qui ont le plus avancé nos connaissances historiques sur ces régions; puis son *Histoire de Lithuanie*, dans le même grand ouvrage de Halle (t. L, 1785); plus tard, *Nestor, Russische Annalen* (Gœtt., 1802-9, 5 vol. in-8°), le texte slavon original avec la trad. en regard (mais n'arrivant malheureusement que jusqu'à l'année 980), et un savant commentaire assez riche pour défrayer à lui seul plusieurs de ses successeurs ; enfin la traduction du russe d'un bon petit *Manuel de l'histoire de Russie* (Gœtt., 1802). Schlœzer ne s'occupa pas avec moins de zèle de la statistique (*voy.*), dont il donna le premier une théorie complète. Il chercha aussi à répandre de la vie dans l'histoire universelle, comme le prouvent son *Histoire générale en extraits coordonnés* (Gœtt., 1792-1801, 2 vol.) et son *Introduction à l'histoire universelle pour les enfants* (3e éd., Gœtt., 1790). Cependant ce fut principalement comme écrivain politique qu'il exerça de l'influence sur l'Allemagne : sa *Correspondance* (Gœtt., 1776-82, 10 vol.) et ses *Annonces politiques* (1782-93, 18 vol.), publications périodiques qui ont eu du retentissement, le placent parmi les publicistes les plus courageux; mais il se montre quelquefois un peu trop ami du paradoxe, et son style pèche souvent contre le bon goût. A l'âge de 70 ans, il renonça aux affaires pour vivre au sein de sa famille. En 1804, l'empereur de Russie l'avait anobli. Il mourut conseiller privé de justice le 9 sept. 1809. — Sa fille Dorothée, née en 1770 et morte à Avignon le 12 juillet 1825, unissait à toute l'amabilité de son sexe le savoir d'un érudit. Elle avait pris, en 1787, le grade de docteur en philosophie. Cependant unie à un sénateur de Lubeck, de Rodde, elle remplit avec zèle ses devoirs d'épouse et de mère. — Le fils de Schlœzer, Christian, né à Gœttingue, le 1er déc. 1774, fut d'abord professeur à Dorpat et à Moscou, ville où il enseigna le droit naturel, et depuis 1828 à Bonn ; il s'est fait un nom par ses *Principes des sciences politiques* (Riga, 1804-6, 2 vol.). On lui doit beaucoup d'autres ouvrages, parmi lesquels il faut remarquer la *Vie* de son père (Leipz., 1828, 2 vol. in-8°). Outre cette biographie rédigée par le fils, on peut consulter sur le père : *Schlœzer, Ein Beitrag zur Literaturgeschichte des XVIII Jahrhunderts*, opuscule dû à M. A. Block (Hamb., 1844, in-8°). *C. L.*

SCHLOSSER (JEAN-GEORGES), écrivain allemand plein d'énergie et de bon sens, ami ardent de la vérité et penseur ingénieux. Né à Francfort-sur-le-Mein en 1739, il fut l'ami d'enfance de Gœthe ; après avoir exercé des fonctions administratives à Montbéliard, qui appartenait alors à la famille de Wurtemberg, et à Carlsruhe, il revint dans sa ville natale, y fut élu syndic et mourut le 10 oct. 1799. On lui doit différentes traductions du grec et du latin, et des écrits originaux sur le droit public et privé allemand ; mais celui de ses ouvrages qui trouve encore le plus de lecteurs, ce sont ses Opuscules, *Kleine Schriften*, qui, dans l'éd. de Bâle, 1787-94, forment 6 vol. in-8°.

SCHLOSSER (FRÉDÉRIC-CHRISTOPHE), historien allemand contemporain, non moins célèbre par l'étendue de son savoir et la puissance de son intelligence que par l'indépendance, la profondeur, la sévérité de ses jugements. Il est né à Jever (Oldenbourg), le 17 nov. 1776 ; le dernier de 12 enfants, il perdit son père à l'âge de 6 ans. Cependant il reçut une bonne éducation, et après avoir parcouru toutes les classes de l'école de Jever, il fut envoyé, en 1793, à l'université de Gœttingue, où il fit marcher de front l'étude de la théologie et celle de la physique, des mathématiques, de l'histoire, des littératures italienne, espagnole, anglaise; il y joignit ensuite celle de la philosophie, dont son ami Fr. Kœppen lui fit sentir l'importance. Ces études si variées, il les continua lorsqu'il fut placé en qualité de précepteur chez le comte de Bentinck. Désirant obtenir une place de pasteur dans sa ville natale, il accepta, en 1798, une cure de village ; mais il la quitta au bout de six mois, se chargea encore d'une éducation d'abord à Othmarschen, près

d'Altona, puis à Francfort-sur-le-Mein, et en 1806 il renonça définitivement à la carrière pastorale, pour embrasser celle des lettres et de l'enseignement. Nommé, en 1808, co-recteur de l'école de Jever, il ne garda qu'un an une place qui ne lui permettait guère de se livrer à ses études historiques, et il partit pour Francfort. Lorsque le lycée de cette ville fut organisé, en 1812, le prince primat choisit M. Schlosser pour un des professeurs. Deux ans après, ce lycée ayant été supprimé, il fut mis à la tête de la bibliothèque publique ; enfin, en 1817, une chaire d'histoire lui fut offerte à Heidelberg : il accepta, et depuis il compte parmi les professeurs les plus distingués de cette université. La France l'occupa beaucoup : aussi fit-il plusieurs fois le voyage de Paris pour travailler dans les archives et les bibliothèques. En 1824, au retour d'un de ces voyages, il obtint du grand-duc de Bade le titre de conseiller privé. Ses principaux ouvrages sont : *Abeilard et Dulcin* (Gotha, 1807) ; *Vies de Bèze et de Pierre Martyr Vermili* (Heid., 1809) ; *Histoire des empereurs iconoclastes de Constantinople* (Francf., 1812) ; *Histoire universelle en récits continus* (Francf., 1817-41, 4 vol.), ouvrage encore inachevé, et dont on annonce maintenant la continuation par un autre auteur, mais avec la coopération de M. Schlosser ; *Histoire du XVIIIe siècle* (Heid., 1823, 2 vol. ; 3e. éd., t. I-III, 1836 et ann. suiv.; c'est sur la première que M. de Golbéry (*voy.*) a fait sa trad. en fr.) ; *Aperçu de l'histoire de l'ancien monde et de sa civilisation* (Francf., 1826-34, 3 vol. ; également trad. en fr. par M. de Golbéry) ; *Archives historiques* (Heid., 1830 et suiv.) ; *Jugement sur Napoléon et sur ses dépréciateurs et ses admirateurs* (Francf., 1832-35, 3 parties), essai critique resté inachevé, mais qu'on peut recommander à l'attention des futurs historiens du grand homme. *C. L.*

SCHLUTER, architecte et statuaire allemand d'un mérite éminent, à qui l'on doit une grande partie du château royal de Berlin (*voy.*), la statue équestre du grand Électeur, les masques des guerriers mourants dans la cour de l'Arsenal, etc.

Né à Hambourg en 1662, il mourut à Berlin en 1714, privé de son titre d'architecte de la cour, étant tombé en disgrâce par suite du mauvais succès de la construction d'une Monnaie. X.

SCHMALKALDEN, voy. SMAL-KALDE.

SCHMID (l'abbé CHRISTOPHE), auteur de tant de contes religieux et pleins de charme que la mère de famille ne peut trop s'empresser de mettre entre les mains de ses enfants, *les OEufs de Pâques, Henri d'Eichenfels, Geneviève, le bon Fridolin et le méchant Thierry, la Corbeille de fleurs,* etc. (*voy.* PEUPLE, T. XIX, p. 483), est né à Dinkelsbühl en Bavière, le 15 août 1768, et fit ses études à Dillingen, sous la direction du digne professeur Sailer. D'abord engagé dans la carrière scolaire, il se voua avec passion à l'éducation de la jeunesse; puis, en 1816, il fut nommé curé à Stadion, par la faveur du comte de ce nom; enfin, en 1827, la recommandation de Sailer lui fit obtenir la dignité de chanoine à la cathédrale d'Augsbourg. Outre ses excellents petits contes, si appropriés aux besoins de l'enfance, et qui ont été traduits dans la plupart des langues (trad. fr.; Strasb. et Paris, 1832 et suiv., 22 petits vol. in-18; et souvent depuis, aussi dans le format in-8°; mais le 1ʳᵉ, publiée par la maison Levrault, est la seule avouée de l'auteur *), M. le chanoine Schmid a fait paraître, en 1801, une *Histoire de la Bible pour les enfants* (6 vol. in-12), dont il a été fait en Allemagne plus de 20 éditions, et qui a été traduite également en fr. (Haguenau, 1828, 3 vol. in-18). X.

SCHMIDT (MICHEL-IGNACE), historien allemand, naquit à Arnstein (Bavière) en 1736. Ayant étudié la théologie, il fut reçu dans les ordres, et devint, en 1771, bibliothécaire de l'université catholique de Würtzbourg, ville où il remplit diverses autres fonctions et s'occupa notamment de l'instruction publique. Il passa de là à Erfurt, puis à Vienne, où il fut nommé directeur des archives impériales, avec le titre de conseiller aulique; il fit aussi partie du collège de censure et

(*) *Voir* Quérard, *La France littéraire,* t. VIII, p. 532.

fut appelé à donner des leçons d'histoire à l'archiduc, depuis empereur François II. Il mourut à Vienne, le 1ᵉʳ nov. 1794. Dès 1778, Schmidt commença, à Erfurt, la publication de son Histoire des Allemands, divisée en deux sections, comme suit : *Ældere Geschichte der Deutschen* Ulm, 1778-85, 5 vol. in-8°); et *Neuere Geschichte der Deutschen (ibid.,* 1785-1808, 17 vol. in-8°). Sur ces 22 vol., les 11 premiers seulement sont de Schmidt; les suivants sont une continuation faite, à l'aide de ses papiers, par Joseph Milbiller. Une autre continuation plus récente, par Dresch, donne l'histoire de l'Allemagne sous le régime de la Confédération du Rhin, et forme les t. XXIII-XXVII de l'éd. d'Ulm. Celle de Vienne (1783 et ann. suiv.) se compose de 30 vol. La trad. franç., par Laveaux (Liége, Reims et Paris, 1784 et ann. suiv., 9 vol. in-8°), ne se rapporte qu'aux 6 premiers vol. de l'édition d'Ulm. L'Histoire des Allemands par Schmidt, ouvrage aujourd'hui dépassé, méritait la haute réputation dont il a longtemps joui : disposé avec ordre, écrit avec goût et simplicité, empreint de critique, il s'attachait particulièrement à faire connaître la marche suivie par le développement de la nation, et s'écartait ainsi complétement des principes d'après lesquels l'histoire avait été écrite jusqu'alors. Dans le récit des événements relatifs à la réformation, on peut lui reprocher quelque partialité; son style manque aussi parfois de correction, mais en général ce livre est encore bon à consulter même aujourd'hui, et il assure à son auteur une place distinguée parmi les meilleurs historiens allemands. S.

SCHMIDT (ISAAC-JACQUES), conseiller d'état russe d'origine allemande, membre de l'Académie imp. des Sciences de Saint-Pétersbourg, et le premier savant mongoliste de nos pays d'Occident, *voy.* MONGOLS.

SCHNEIDER (EULOGE, ou plutôt JEAN-GEORGE), un des plus furibonds révolutionnaires et accusateur public près le tribunal du Bas-Rhin, poste où il se montra altéré de sang, était né à Wipfeld (évêché de Würtzbourg), le 20 oct. 1756, et parcourut d'abord la carrière ecclésiastique. Reçu parmi les récollets de

Bamberg, un sermon qu'il prêcha sur la tolérance le fit renvoyer; mais l'électeur de Cologne, qui l'estimait pour son talent poétique, le plaça à Bonn en qualité de professeur de grec. Comme tel, il publia une traduction d'Anacréon. La révolution française exerça une vive influence sur lui : ne pouvant plus résister au désir d'y prendre part, il courut à Strasbourg, où il devint, en 1791, vicaire de l'évêque constitutionnel. Mais le sacerdoce n'était point pour lui une véritable vocation : aussi s'empressa-t-il de le quitter à la première occasion. Il devint alors commissaire civil près l'armée d'Alsace, et enfin accusateur public. En cette dernière qualité, il fit régner la terreur dans le pays; il le parcourut dans différents sens, suivi de la guillotine, où il fit monter des hommes de tous les âges et de l'un et l'autre sexe, le plus souvent innocents. Mais ayant bravé l'autorité de Saint-Just, commissaire de la Convention, celui-ci prêta l'oreille aux accusations qu'on porta contre lui. De concert avec Lebas, il fit arrêter Euloge Schneider, le 21 déc. 1793, et l'envoya à Paris, où il reçut, sur l'échafaud, la juste punition de ses crimes, le 1er avril suivant. Ce monstre était poëte : ses productions (*Gedichte*, Francf., 1790) eurent plusieurs éditions (la 5e en 1813). Voici la liste de ses autres ouvrages, tous écrits en allemand : *Homélies de S. Chrysostôme sur l'évangile selon S. Mathieu*, Augsb., 1786, 4 vol. in-8°; *et sur l'évangile selon S. Jean*, 1787, 3 vol.; *Sermons*, 1790; *Les premiers principes des beaux-arts*, Bonn, 1790. X.

SCHNEIDER (Jean-Gottlob), philologue célèbre qui avait coutume de prendre le surnom de *Saxo*, était né à Kolm, près de Wurzen (Saxe), en 1750. Après avoir passé trois ans à Strasbourg, travaillant sous la direction de Brunck (*voy.*), il fut appelé, en 1776, à l'université de Francfort-sur-l'Oder, pour remplir la chaire des langues anciennes et de l'éloquence. Dans cette ville et à Breslau, où l'université fut transférée en 1811, Schneider passa la plus grande partie de sa vie, remplie de travaux utiles et d'un grand mérite. Le plus connu est son *Dictionnaire grec et allemand*, perfec-

tionné depuis par Passow (*voy.*), mais remarquable dès la 1re éd., qui parut en 1797 (Leipz., 2 vol. in-4°; 2e éd., ibid., 1820, 2 vol. in-4°, et 1 vol. suppl., 1821) : depuis H. Estienne, la langue grecque n'avait été l'objet d'aucun ouvrage lexicologique de cette importance. Outre ce dictionnaire, le professeur Schneider publia de nombreuses éditions d'auteurs grecs et latins (*voy.* Xénophon, Élien, Orphée, Vitruve, etc.); nous ne citerons ici que les suivants : *Aristotelis Historia animalium*, Leipz., 1811-15, 4 vol. in-8°; *Scriptores rei rusticæ veteres latini*, ib., 1794-97, 4 vol.; *Aristotelis Politica*, Francf., 1809, 2 vol., etc., etc. Il mourut à Breslau, le 12 janv. 1822. X.

SCHŒFFER (Pierre), *voy.* Gutenberg et Typographie.

SCHŒLL (Maximilien-Samson-Frédéric), homme d'un vaste savoir et d'une finesse d'esprit remarquable, naquit, le 8 mai 1766, dans un bourg de la principauté de Nassau-Saarbruck, où son père, originaire de Strasbourg, remplissait les fonctions de bailli. Il perdit son père à l'âge de sept ans, et fut envoyé au gymnase de Bouxwiller, puis à l'université de Strasbourg, où Koch (*voy.*) le traita comme un fils. Après avoir terminé ses études en droit, il entra en qualité de gouverneur dans une famille livonienne, avec laquelle il visita, en 1788 et 1789, l'Italie et le midi de la France. S'étant trouvé à Paris au moment où éclatèrent les premiers mouvements révolutionnaires, l'enthousiasme de la liberté le gagna; il refusa les offres les plus brillantes, quitta Pétersbourg, où il avait accompagné ses élèves, et revint à Strasbourg dans l'intention de se consacrer à la carrière du barreau. Koch, son ancien protecteur, ayant été accusé, à cette époque, d'avoir fait décréter la conservation des biens des églises et des écoles protestantes, Schœll le défendit avec succès; mais ses illusions au sujet du régime de liberté qu'on espérait voir s'établir ne tardèrent pas à s'évanouir. Il allait être arrêté, lorsque prévenu à temps, il s'enfuit de Strasbourg et se cacha dans les environs de Colmar. De là il se réfugia dans les Vosges, puis à Mulhouse, d'où il gagna la Suisse déguisé en boucher. Il était à Bâle, tout occupé de l'étude des sciences commerciales, lorsque, en 1794, il fut appelé à Weimar. Peu de temps après, Decker de Berlin lui offrit de le placer à la tête de l'imprimerie qu'il venait d'établir à Posen; mais la chute de Robespierre lui rouvrant les portes de la France, Schœll préféra la direction de la librairie et de l'imprimerie que le même Decker possédait à Bâle. Après la paix de Lunéville, ce libraire lui ayant cédé sa part de la maison, Schœll la transféra à Paris, où il fut, jusqu'en 1806, associé avec les frères Levrault, qu'il quitta ensuite pour conserver seul la direction des affaires. Ce fut lui qui publia d'abord le *Voyage de M. Al. de Humboldt.* Mais des entreprises trop hasardeuses, jointes à la stagnation du commerce, le mirent, en 1812, à deux doigts de sa ruine : sa maison ne put se soutenir. Après l'entrée des alliés à Paris, il fut admis dans le cabinet du roi de Prusse, à la recommandation de M. de Humboldt, avec le titre de conseiller de cour; et au départ de ce monarque, il resta attaché à l'ambassade prussienne. Le retour de Napoléon le décida à quitter la France. Le prince de Hardenberg, grand-chancelier, l'appela à Vienne, où il séjourna jusqu'à la fin du congrès. Il revint ensuite à Paris avec le titre de conseiller de légation. Après le congrès d'Aix-la-Chapelle, il fut appelé à Berlin par le grand-chancelier, qu'il accompagna à Tœplitz, à Troppau, à Laybach et en Italie. Plus tard, il fut nommé membre du conseil de censure. A la mort du prince, son protecteur, il renonça aux affaires publiques pour se livrer tout entier à des travaux littéraires, et fit à Berlin, devant un auditoire brillant, le cours d'histoire qu'il fit imprimer ensuite. Cette impression l'amena, peu de jours avant la révolution de 1830, à Paris, où il mourut le 6 août 1833.

Les ouvrages les plus importants de F. Schœll, tous écrits en français, sont : *Histoire abrégée de la littérature grecque* (Paris, 1813, 2 vol.; 2ᵉ éd. entièrement refondue, 1824, 8 vol. in-8°) : il existe de cet ouvrage plein d'érudition une traduction allemande faite sous les yeux de l'auteur par M. Schwartz; *Histoire de la littérature romaine* (Pa-

ris, 1815, 4 vol.); *Recueil de pièces officielles destinées à détromper les Français sur les événements qui se sont passés depuis quelques années* (Paris, 1814-16, 9 vol.); une autre publication où sont réunis tous les principaux documents relatifs au *Congrès de Vienne* (Paris, 1816-18, 6 vol. in-8°); *Histoire abrégée des traités de paix entre les puissances de l'Europe, depuis la paix de Westphalie*, ouvrage publié d'abord par son maître Koch (1796, 2 vol.), mais entièrement refondu par Schœll, augmenté et continué jusqu'au congrès de Vienne et au traité de Paris de 1815 (Paris, 1817-18, 15 vol. in-8°, dont un de tables); *Archives politiques et diplomatiques*, ou recueil de pièces officielles, mémoires et morceaux inédits relatifs à l'histoire des xviiiᵉ et xixᵉ siècles (Paris, 1818, 3 vol.); et surtout le grand ouvrage intitulé *Cours d'histoire des états européens, depuis la chute de l'empire romain d'Occident jusqu'en* 1789 (Paris, 1830-36, 46 vol. in-8°). Enfin Schœll a raconté lui-même, en allemand (*Zeitgenossen*, 2ᵉ série, n° 2), les principales circonstances de sa vie si agitée, si pleine, et dont il reste des fruits précieux qui témoignent de son ardeur pour la science et de son infatigable activité. *C. L. m.*

SCHŒN (MARTIN), ou plutôt SCHOEN-GAUER, dont on a fait *Schœn* par abréviation. La dénomination du *Beau Martin*, qu'on lui a donnée en France, et celle de *Buon Martino*, en italien, paraîtrait être plutôt la traduction de *Schœn* qu'une épithète qu'on aurait donnée à l'artiste en considération de son beau talent. Né à Kulembach en 1445, mort à Colmar en 1499, ce peintre et graveur de l'école de la Haute-Allemagne, jouit de son vivant d'une haute réputation, et il passe pour un des inventeurs de l'art du burin. *Voy.* GRAVURE, T. XII, p. 791.

SCHŒNBOURG (COMTES ET PRINCES DE), famille allemande puissante et ancienne, mais qui n'exerça jamais, comme tant d'autres d'une importance bien moindre, les droits de souveraineté. Elle est possessionnée en Bohême et dans la Misnie, et en jouissance de divers privilèges, tels que le droit d'entretenir une garnison, de se qualifier d'altesse (*Durch-*

laucht), etc. La branche aînée ou princière se subdivise en trois rameaux dont celui de Bohême professe la religion catholique ; la branche cadette , investie du titre de comte, a également différentes subdivisions. X.

SCHŒNBRUNN (nom qui signifie belle fontaine), vaste et splendide château impérial, à peu de distance de Vienne, avec un parc célèbre sur la rive droite de la Vienne, affluent du Danube. L'entrée principale, ornée de deux obélisques, conduit dans une cour décorée de deux bassins. Schœnbrunn a reçu son nom d'une source, appelée aussi Fontaine impériale, qui fournit d'excellente eau ; c'était déjà un rendez-vous de chasse du temps de l'empereur Mathias. Marie-Thérèse le fit restaurer , et depuis cette époque, la cour y passe une partie de l'été. On y compte 1,400 pièces indépendamment du théâtre. La chapelle, la grande salle, dont les murs sont tout garnis de glaces, la salle des cérémonies, la galerie d'Hamilton et les trois salles des États sont les parties de ce vaste château qui attirent plus spécialement l'attention des visiteurs. Le parc renferme une orangerie de 200^m de long, trois grands bassins, un parterre orné de 32 statues ou groupes en marbre blanc du Tyrol. La partie occidentale contient de magnifiques allées, des statues et des vases, de petites faisanderies, une ménagerie et un jardin botanique avec six serres gigantesques et une quantité de plantes rares. Dans la partie orientale, outre la Fontaine impériale, on voit une ruine romaine artificielle et un obélisque. La gloriette, sur une hauteur, en face du château, est d'un style plein de grandeur, et a été construite en 1775. Au-delà, on arrive à la faisanderie. *C. L.*

SCHŒPFLIN (Jean-Daniel), historien et antiquaire célèbre, naquit, le 8 sept. 1694, à Sulzbourg*, dans le Brisgau, où son père était employé à la cour du margrave de Bade-Durlach. Il étudia à Bâle et à Strasbourg, et obtint, en 1720, dans l'université de cette dernière ville, la chaire d'éloquence latine. Plusieurs princes et universités voulurent

(*) Dans Hermann , *Notices sur Strasbourg ,* t. II, p. 299, nous lisons Sultzbach , et pour l'année de la naissance 1695. S.

le posséder ; mais il refusa toutes leurs offres. En 1726, il visita la France, l'Italie et l'Angleterre, et à son retour, il fut nommé membre du chapitre de Saint-Thomas, fondation protestante dont on lui dut, dans la suite , la conservation. Louis XV, près duquel il jouissait d'une haute considération, lui conféra le titre de conseiller et d'historiographe. Schœpflin s'occupa principalement de l'histoire de l'Alsace, et pour se procurer tous les matériaux nécessaires, il parcourut les Pays-Bas, l'Allemagne et la Suisse. L'*Alsatia illustrata* (Colmar, 1751-61, **2** vol. in-fol.), ouvrage encore aujourd'hui fort estimé, est le fruit de ses recherches et de ses travaux. Après sa mort, Koch publia (*voy.*), comme supplément à l'Alsace illustrée l'*Alsatia diplomatica* et l'*Alsaticarum rerum scriptores*, que Schœpflin avait laissés manuscrits avec un grand nombre d'autres travaux précieux ; il a continué aussi l'*Historia Zaringo-Badensis* (Carlsr., 1763-66, 7 vol. in-4°), dont le 1er vol. seul est dû à la plume de Schœpflin. Parmi les autres ouvrages de cet homme éminent, érudit infatigable et judicieux historien, nous citerons les *Vindiciæ celticæ* (Strasb., 1754, in-4°), où il prouve un fait, aujourd'hui vulgaire, mais alors inconnu, savoir : que les Celtes avaient une tout autre origine que les Germains; et les *Vindiciæ typographicæ* (Strasb. , 1760, in-4°), ouvrage important à consulter sur la question des origines de la typographie. Schœpflin jouissait d'une estime générale. Ses cours attiraient à Strasbourg des auditeurs appartenant aux principales familles de tous les pays de l'Europe. Après une carrière bien remplie, il y mourut le 7 août 1771. Il légua à la ville sa belle bibliothèque et son riche musée, dont Oberlin a donné la description sous le titre de *Museum Schœpflinianum*. On voit son mausolée à l'église de Saint-Thomas. *C. L.*

SCHOLASTIQUE, Scholiaste, Scholies, *voy.* Scolastique, Scoliaste.

SCHOMBERG (Henri, comte de), maréchal de France, né à Paris, en 1583, d'une ancienne famille de la Misnie, mais établie en France depuis quelque temps. Nommé, en 1608, lieutenant pour le roi dans le Limousin, il apaisa les troubles religieux de cette province. Il fut envoyé ensuite comme ambassadeur en Angleterre et en Allemagne où il leva des troupes pour le compte de la France. A son retour, en 1617, il servit dans le Piémont, sous les ordres de Lesdiguières. En 1619, il contribua, en qualité de grand-maître de l'artillerie, à la prise des places de sûreté que possédaient les calvinistes. Élevé à la dignité de maréchal de France en 1625, il chassa les Anglais de l'île de Ré en 1627, battit Buckingham, et entra le premier dans La Rochelle. Deux ans après, il fut renvoyé dans le Piémont où il força le Pas-de-Suze, s'empara de Pignerol en 1630, et contraignit le duc de Savoie à lever le siége de Casal. Chargé, un peu plus tard, de combattre les rebelles dans le Languedoc, il gagna sur eux, en 1632, la bataille de Castelnaudary où le duc de Montmorency (*voy.*) fut fait prisonnier. En récompense de ses services, il reçut le titre de gouverneur du Languedoc, et mourut en 1633. Il a écrit une *Relation de la guerre d'Italie* (Paris, 1630, in-4°).

Son fils, CHARLES, duc de Schomberg, connu d'abord sous le nom de duc D'HALLUYN, naquit en 1601 à Nanteuil, et combattit aux côtés de son père dans le Languedoc et le Piémont. Louis XIII, qui l'avait pris en affection, lui donna la survivance du gouvernement de son père; il défit les Espagnols, en 1636, devant Leucate, fut créé peu après maréchal de France, et, poursuivant le cours de ses succès, il prit Perpignan, en 1642. A la mort de Louis XIII, il perdit le gouvernement du Languedoc; mais il reçut en dédommagement celui de Metz. Chargé malgré lui du commandement de l'armée de Catalogne, il emporta d'assaut Tortose, en 1648. Ce brillant fait d'armes ne l'empêcha pas d'être rappelé. Il mourut à Paris, le 6 juin 1656.

ARMAND-FRÉDÉRIC de Schomberg, aussi maréchal de France, mais d'une autre branche que les précédents, naquit vers 1619, dans le pays de Clèves. Ayant eu le malheur de perdre son père lorsqu'il n'avait encore que quelques mois, il resta sous la tutelle de l'électeur palatin. A l'âge de 16 ans, il combattit à Nœrdlingen, et se signala quelque temps après, sous les ordres de Rantzau, par la prise de Nordhausen. L'Empereur ayant confisqué ses biens, il alla offrir ses services au prince d'Orange. En 1650, il revint en France où il acheta la compagnie des gardes écossaises. Le cardinal de Mazarin, en récompense de la valeur qu'il montra en diverses occasions, lui fit expédier le brevet de lieutenant général de l'armée de Flandre. Envoyé en Portugal en 1661, il contraignit l'Espagne, par la victoire de Villaviciosa, de faire la paix et de reconnaître la maison de Bragance comme souveraine du Portugal; de nouveaux succès remportés en Catalogne lui valurent, en 1675, le bâton de maréchal. La même année, il entra dans les Pays-Bas et fit lever les siéges de Maestricht et de Charleroi. La révocation de l'édit de Nantes l'ayant obligé de sortir de France, il se retira à la cour de l'électeur de Brandebourg, qui le nomma ministre d'état et généralissime. Cependant il quitta bientôt ce prince pour suivre Guillaume d'Orange en Angleterre. Le maréchal de Schomberg perdit la vie à la bataille de la Boyne, en 1690.   X.

SCHOPENHAUER (JEANNE TROSINA), romancière allemande, né à Dantzig en 1770, montra de bonne heure beaucoup de goût pour le dessin et la peinture, et un grand talent pour les langues. Devenue l'épouse du banquier Schopenhauer, elle visita avec lui l'Allemagne, les Pays-Bas, la France, l'Angleterre, l'Écosse, la Suisse, et à sa mort, arrivée en 1806, elle fixa son séjour à Weimar où elle se vit bientôt le centre d'une société d'élite. Elle débuta dans la carrière littéraire par une description des portraits de Gœthe, Wieland, Herder et Schiller, peints par Kügelgen. A la demande du libraire Cotta, elle écrivit la *Vie de Fernow* (Tub., 1810) qu'elle fit suivre à peu d'intervalle du *Voyage en Angleterre et en Écosse* (3° édit., Leipz., 1826), d'un volume de *Nouvelles* (Rudolst., 1816), du *Voyage dans le midi de la France jusqu'à Chamouni* (2° édit., Leipz., 1824, 2 vol.). De fines observations, jointes à un style facile et attachant, valurent à ces ouvrages une vogue méritée. Mais ce qui fonda surtout la réputation de l'auteur, ce fut son roman de *Gabrielle* (Leipz., 1819-20, 3 vol.; 2ᵉ éd., 1826), véritable chef-d'œuvre où le caractère de la femme est saisi et tracé avec une supériorité incontestable, et où la peinture du grand monde charme par sa variété et par sa finesse. On cite encore parmi les écrits les plus remarquables de Mᵐᵉ Schopenhauer le roman *la Tante* (Leipz., 1823, 2 vol.; trad. fr., par Mᵐᵉ de Montolieu, Paris, 1825, 4 vol. in-12); *Sidonie* (Leipz., 1828), et un grand nombre de nouvelles. Une édition complète de ses œuvres a été publiée en 24 volumes à Leipzig et Francfort, 1830 et ann. suiv. Mᵐᵉ Schopenhauer est morte à Iéna, le 17 avril 1838. *C. L.*

SCHOPPE (Amélie-Emma-Sophie Weisse), née en 1792 dans l'île danoise de Fehmern, et qui, depuis son mariage avec le docteur Schoppe (1811), a fondé une institution de jeunes filles à Hambourg, s'est fait connaître en Allemagne et au dehors par une longue série de nouvelles et de romans, la plupart destinés à la jeunesse. Parmi ceux qui sont traduits en français, nous citerons *Les émigrants au Brésil*, Paris, 1837, in-12, et *Pierre et Claudine, ou les deux petits Savoyards*, 1835, in-12. **X.**

SCHOUTEN, *voy.* Lemaire. —Il ne faut pas confondre le collègue de Lemaire avec Gautier Schouten, voyageur né à Harlem, qui a publié un intéressant *Voyage aux Indes-Orientales*, etc. (Amst., 1676, in-4°; trad. en franç., 1708, 2 vol.); ni avec Josse Schouten, résident à Siam, qui donna une description hollandaise de ce royaume, en 1636. **Z.**

SCHRÉVÉLIUS, *voy.* Grecque (*langue*), T. XIII, p. 56.

SCHRŒCK (Jean-Matthias), théologien protestant allemand, et, de 1767 jusqu'à sa mort, arrivée le 2 août 1808, professeur à l'université de Wittenberg. Il était né à Vienne, le 26 juillet 1733. Indépendamment de ses propres ouvrages historiques, il eut une part importante à l'*Histoire universelle* de Guthrie et Gray (*voy.* T. XIII, p. 63 et 88); mais ce qui rendra son nom immortel, c'est sa grande

Histoire de l'Église chrétienne (*Christliche Kirchengeschichte*, Leipz., 1768-1802, 35 vol. in-8°), avec la continuation qu'il en donna sous un titre spécial (*Kirchengeschichte seit der Reformation, ibid.*, 1804-11, 10 vol. in-8°, dont le dernier est dû aux soins du célèbre prédicateur Tzschirner). Une nouvelle édition qui fut entreprise de cette publication colossale (continuée par le même Tzschirner, 1772-1825), n'arriva pas au-delà du 14ᵉ vol.; mais les historiens de l'Église de toutes les confessions chrétiennes puisèrent à pleines mains dans cet inépuisable trésor de science, monument d'une remarquable érudition et d'une persévérance qui devient tous les jours plus rare. **X.**

SCHRŒDER (Frédéric-Louis), artiste et poëte dramatique allemand d'un grand mérite, naquit à Schwerin, le 3 nov. 1744. Il n'avait que trois ans lorsqu'il parut pour la première fois sur le théâtre de Saint-Pétersbourg. Sa mère ayant épousé en secondes noces Conrad Ackermann (*voy.*), il suivit ses parents à Dantzig et à Kœnigsberg, où il joua des rôles de garçon et de jeune fille. En 1759, son oncle, négociant à Lubeck, lui offrit une place dans sa maison; mais le jeune Schrœder n'avait aucun goût pour le commerce, et sa paresse, jointe à sa mauvaise conduite, le fit bientôt renvoyer à sa mère, qui se trouvait alors en Suisse. Ce fut vers cette époque que Schrœder tenta le premier pas dans la carrière littéraire par la traduction d'une comédie française. La troupe de son beau-père s'étant rendue à Hambourg en 1764, il débuta dans la tragédie sur le théâtre de cette ville, et il obtint tant de succès qu'il fut regardé bientôt comme le premier tragédien de l'Allemagne. A la mort d'Ackermann, en 1771, il entreprit, avec sa mère, la direction du théâtre de Hambourg, pour lequel il écrivit plusieurs comédies et traduisit différentes pièces de Shakspeare. En faisant ainsi connaître à toute l'Allemagne le grand poëte dramatique anglais, Schrœder exerça une influence réelle sur la littérature de son pays. Si l'on ne tient compte d'un voyage à Paris et à Vienne, il continua de diriger ce théâtre jusqu'en 1798, où il se retira dans une terre dont il avait fait l'acquisition. Il y vécut tout occupé de travaux dramatiques jusqu'en 1811, époque à laquelle il consentit à se charger de nouveau de la direction du théâtre de Hambourg, tombé de plus en plus en décadence depuis sa retraite; mais ses efforts, ses sacrifices furent inutiles, il ne put le relever, et il mourut le 3 sept. 1816.

Comme auteur dramatique, il excellait dans le dialogue et dans la peinture des caractères; personne aussi ne savait plus habilement que lui saisir les nuances des passions. Son style est généralement noble et pur, et presque toutes ses pièces ont un but moral. Les meilleures sont les suivantes : *le Cousin de Lisbonne*, *le Portrait de la Mère*, *le Bailli Graumann*, *Stille Wasser sind tief* (proverbe allemand qui équivaut au proverbe français : *C'est l'eau qui dort qui noye*), *l'Enseigne*, *le Testament*, etc.; Bulow en a donné une édition complète avec une préface de Tieck (Berlin, 1831, 4 vol. in-8°). Schrœder laissa aussi de bons souvenirs dans la franc-maçonnerie: la loge de Hambourg le reconnut longtemps pour son chef.   *C. L.*

SCHRŒDER (Sophie Bürger, femme), une des tragédiennes les plus célèbres de l'Allemagne, naquit en 1781 à Paderborn, et suivit, en 1793, à Saint-Pétersbourg la troupe de Tylli, dans laquelle sa mère était engagée. Elle avait douze ans lorsqu'elle monta pour la première fois sur le théâtre, dans le rôle de Lina du *Petit Chaperon rouge*, opéra de Dittersdorf. A 14 ans, elle épousa l'acteur Stollmers. La connaissance de Kotzebue qu'elle fit à Reval, lui valut un engagement au théâtre de la cour de Vienne. Jusqu'en 1801, elle continua à jouer les rôles d'ingénues; mais ayant été appelée à Hambourg à des conditions très avantageuses, elle s'essaya sur le théâtre de cette ville dans la tragédie, et obtint un immense succès. En 1804, elle épousa le célèbre acteur Schrœder (*voy.* l'art. précéd.). Les événements de 1813 l'ayant forcée de quitter Hambourg, elle se rendit à Prague, puis à Vienne, et rentrée au Théâtre de la cour, elle y brilla au premier rang jusqu'en 1829. Dans l'intervalle, elle se remaria avec l'acteur

Kunst dont toutefois elle ne tarda pas à se séparer. Appelée à Munich, elle continua à jouer avec éclat la haute tragédie jusqu'en 1836 où elle prit sa retraite. Elle vit aujourd'hui à Vienne. Les principaux rôles de Sophie Schrœder étaient Phèdre, Médée, Lady Macbeth, Mérope, Sapho et Jeanne de Montfaucon. Elle possédait un organe puissant et sonore, un regard plein d'expression, un talent perfectionné par un long exercice; mais elle se nuisait par des intonations trop fortes et une pantomime outrée. *C. L.*

SCHRŒDER - DEVRIENT (Mme Minna ou Wilhelmine), fille aînée de la célèbre tragédienne dont il a été parlé dans l'art. précédent, est elle-même une des cantatrices les plus célèbres de l'Allemagne. Née à Hambourg, le 6 octobre 1805, elle n'avait pas plus de 5 ans lorsqu'elle parut sur la scène sous les dehors d'un petit Amour naissant. Lorsque sa mère se rendit plus tard à Vienne, la petite Minna entra au ballet d'enfants qui y était organisé. Cependant formée pour le haut drame par les leçons de sa mère, elle s'y essaya lorsqu'elle eut atteint l'âge de 15 ans, et joua successivement au Théâtre impérial les rôles d'Aricie, de Mélitta dans *Sapho*, de la Fiancée de Messine, d'Ophélia, et tous ces essais réussirent de la manière la plus brillante.

Néanmoins sa belle voix l'appela bientôt à une nouvelle carrière. Elle l'aborda en jouant le rôle de Pamina dans *la Flûte enchantée*, celui de Marie dans *la Barbe-Bleue*, et son succès ayant été complet, elle se voua définitivement à la musique. Elle accompagna sa mère dans plusieurs voyages, et se fixa enfin à Dresde, où elle débuta par le rôle de Fidelio, le chef-d'œuvre de l'immortel Beethoven, et son triomphe à elle-même. Une taille élégante et majestueuse, une figure expressive, une magnifique chevelure blonde, beaucoup de noblesse et de grâce dans son port, beaucoup de goût dans sa mise, toutes ces qualités appelaient alors sur Mlle Schrœder le plus vif intérêt du public, et elle captiva d'autant plus promptement sa faveur, qu'elle alliait le talent de l'actrice à celui de la chanteuse. Elle devint l'idole de la population de Dresde. C'est elle qui créa le rôle touchant d'Euryanthe, sous les yeux de Weber lui-même, et celui de Rezia, dans *Obéron*, sous l'inspiration des souvenirs du maître défunt. Ceux qui, du temps de cette première fraîcheur de son talent l'ont vue peindre la mélancolie tendre d'Emmeline, dans la gracieuse idylle de Weigl, les pressentiments sinistres de la fiancée du *Freyschütz*, la douleur pathétique de dona Anna, doivent regretter qu'une condescendance malentendue aux caprices de la mode l'ait portée à abandonner le chant allemand, ces sons graves et cadencés qui s'adaptaient si bien à sa voix sonore, mais trop peu flexible pour se plier aux roulades et aux tours de force de l'école rossinienne.

Bientôt après son arrivée à Dresde, Mⁱˡᵉ Schrœder épousa Charles Devrient (*voy.*); mais peu d'années après, leur mariage se rompit. Depuis ce temps, elle a pris le nom de Mᵐᵉ Schrœder-Devrient, sous lequel elle s'est fait connaître dans les pays étrangers. C'est elle qui, appuyée de Haitzinger, brilla la première, en 1830, à l'opéra allemand à Paris, et c'est encore le rôle de Fidelio qui y fonda sa renommée. Plus tard, elle s'est consacrée exclusivement à l'opéra italien, tant sur les théâtres de Paris et de Londres, que sur celui de Dresde, qui lui sert de pied-à-terre dans les intervalles de ses fréquentes excursions. Mais quoique l'abandon fougueux avec lequel elle se livre à l'inspiration momentanée de son génie ne manque jamais de lui attirer les acclamations bruyantes de la foule, dans ses rôles favoris de Desdemona, de Roméo, d'Anna Bolena, de Norma, les vrais connaisseurs, ainsi que les vrais amis de son beau talent, n'en souhaitent pas moins parfois à la comédienne un peu plus de délicatesse et de réserve, à la cantatrice plus de goût pour cette simplicité grandiose et chaste des Milder-Hauptmann et des Schechner-Waagen, qui lui aurait acquis la gloire de donner un nouveau lustre à la musique nationale des Gluck et des Hændel, des Haydn et des Mozart, musique dont l'Allemagne court le danger de perdre toutes les belles traditions, faute de cantatrices qui sachent la chanter. H. P.

SCHUBART (Christian-Frédéric-Daniel), poëte allemand, moins remarquable peut-être par ses talents que par ses aventures singulières, ses erreurs et ses folies, naquit à Obersontheim en Souabe, le 20 mars 1739. Il montra d'abord peu de capacité; mais tout à coup son intelligence se développa, et son génie musical prit un tel essor qu'assis encore sur les bancs de l'école, il composait des chants populaires qu'il mettait lui-même en musique. En 1758, il fut envoyé à l'université d'Iéna, que ses dettes et sa santé délabrée par les excès le forcèrent bientôt de quitter pour retourner dans sa famille. Il abandonna alors la théologie afin de se livrer exclusivement à son art de prédilection. Successivement instituteur privé, maître d'école, organiste, il épousa, en 1764, une femme qui sut se plier à tous ses caprices, et supporter avec résignation les chagrins qu'il lui causa. Nommé, en 1768, directeur de musique à Ludwigsbourg, il se livra à un tel libertinage qu'on le mit en prison, et qu'on finit par le chasser du pays. Il se rendit à Heilbronn, puis de là à Heidelberg et à Manheim, où, ayant eu l'occasion de se faire entendre de l'électeur palatin, et le bonheur de lui plaire, il allait en obtenir une place avantageuse, lorsque ses imprudences lui attirèrent le mécontentement du prince. Des protecteurs puissants le menèrent à Munich, et lui conseillèrent de se faire catholique; mais il n'en avait pas encore eu le temps, lorsqu'il lui fallut quitter cette résidence. Il se retira à Augsbourg, et entreprit la publication de la *Chronique allemande* (1774 et suiv.); en même temps il donnait des leçons, écrivait, tenait des cercles de lecture, et gagnait ainsi beaucoup d'argent lorsqu'un ordre du bourguemestre vint encore l'obliger à partir. Il transporta alors sa *Chronique* à Ulm; mais comme à Augsbourg, il s'y fit beaucoup d'ennemis par ses extravagances et son humeur satirique. Ayant annoncé dans son journal que Marie-Thérèse avait été frappée d'apoplexie, il fut arrêté dans le Wurtemberg, où on l'avait attiré dans un piége, et enfermé dans la forteresse de Hohen-Asperg en 1777. Pour le distrairé, le commandant lui prêta des livres de piété, et Schubart, énervé par ses débauches, accablé par ses souffrances, enclin à l'hypocondrie, tomba dans un profond mysticisme et se livra à tous les écarts d'une imagination brûlante et fougueuse. En 1778, les rigueurs de sa détention furent un peu adoucies; cependant ce ne fut qu'au bout de dix ans qu'il fut rendu à la liberté sur les instances de Frédéric-le-Grand, à qui il avait adressé un hymne du fond de sa prison (1786). Nommé directeur de la musique du duc de Wurtemberg et du théâtre de Stuttgart, il publia une édition complète de ses *Poésies* (Francf., 1787, 2 vol.; réimprimée en 1825 en 3 vol.), une autobiographie (Stuttg., 1791-92, 2 vol.), un recueil de ses compositions musicales, tout en continuant sa *Chronique*, véritable feuille populaire où il passait en revue la politique, la littérature, les arts, les mœurs, présentant toutes les questions qu'il abordait sous un jour si attrayant, semant à pleines mains des observations si fines et si spirituelles, et jugeant toujours avec tant d'indépendance les hommes et les choses qu'on s'explique aisément le succès de cette publication. Ses poésies sont pleines de feu; personne mieux que lui ne sait faire vibrer la fibre populaire; mais il tombe trop souvent dans l'enflure et le pathos. Il mourut à Stuttgart, le 10 oct. 1791, avant d'avoir pu terminer sa biographie qu'acheva son fils, LOUIS, né à Geislingen en 1766, secrétaire de légation au service de la Prusse, éditeur des *Mélanges* de son père (Zurich, 1812, 2 vol.) et de ses *Idées sur l'esthétique de la musique* (Vienne, 1806), traducteur des *Saisons* de Thomson (3ᵉ éd., Berlin, 1805), de l'*Othello* de Shakspeare (Leipz., 1802), de l'*Ossian* de Macpherson (Vienne, 1808, 2 vol.), et mort en 1812.   *C. L.*

SCHUBERT (GOTTHILF-HENRI DE), conseiller aulique, membre de l'Académie des sciences et professeur d'histoire naturelle à Munich, écrivain ingénieux et extrêmement fécond, naquit le 26 avril 1780, à Hohenstein, petite ville de la Saxe, où son père était pasteur. Destiné à l'état ecclésiastique et envoyé, en 1800, à l'université de Leipzig, il ne tar-

da pas à se dégoûter de la théologie; dès l'année suivante, il alla étudier la médecine à Iéna. Après avoir pris ses degrés, il se fixa à Altenbourg, où il eut bientôt une nombreuse clientelle, ce qui ne l'empêcha pas de quitter cette ville, au bout de deux ans, pour se rendre à Freyberg et à Dresde, dans l'intérêt de ses travaux littéraires et de ses études minéralogiques. A Dresde, il donna, sur la philosophie naturelle, des cours qu'il a publiés sous le titre de *Points de vue nocturnes des sciences naturelles* (Dresde, 1808; 3ᵉ éd., 1827), et il y commença la publication, toujours inachevée, de ses *Pressentiments d'une histoire générale de la vie* (Leipz., 1806-20, t. I et II). Nommé, en 1809, directeur du *Real-Institut* de Nuremberg, il resta à la tête de cet établissement jusqu'à sa dissolution, en 1816; il accepta alors la place d'instituteur des enfants du grand-duc de Mecklembourg-Schwerin; mais le climat et le genre de vie qu'il menait, nuisant à sa santé, il retourna en Bavière, où il occupa successivement la chaire de professeur des sciences naturelles à Erlangen et à Munich, et fut anobli par le roi. La tendance piétiste et mystique du protestantisme en Bavière ne pouvait manquer d'exercer de l'influence sur un homme tout occupé de recherches sur l'absolu comme le professeur Schubert, et chez qui le sentiment prédominait à un si haut degré. Aussi ses écrits se divisent-ils en deux classes distinctes : la première comprend ses ouvrages scientifiques, tels que *Le monde primitif et les étoiles fixes* (Dresde, 1822); l'*Histoire de la nature* (2ᵉ éd., Erl. 1835 et suiv., 3 vol.); ses manuels de minéralogie, d'histoire naturelle (12ᵉ éd., Erl., 1840), etc.; l'ouvrage célèbre de la *Symbolique des rêves* (nouv. éd., Leipz., 1836), et surtout l'*Histoire de l'âme* (Stuttg., 1830, 2 vol.; 2ᵉ éd., 1833), fruit de vingt années de recherches sur les questions les plus mystérieuses de la psychologie et de la pneumatologie; dans la seconde classe se rangent ses traités ascétiques, parmi lesquels nous citerons seulement les *Recherches anciennes et nouvelles dans le champ de la psychologie interne* (Leipz. et Erlang., 1817 et ann. suiv., 5 vol.), et sa *Vie du pasteur Oberlin* (4ᵉ éd., Munich, 1832). Nous ne pouvons nous dispenser de mentionner, en outre, la description de ses voyages dans le pays de Salzbourg, le Tyrol et la Lombardie (Erlang., 1823), dans le midi de la France et l'Italie (Erlang., 1827-31, 2 vol.), et dans l'Orient (1838 et ann. suiv., 2 vol.), qu'il visita avec sa femme, dans les années 1836 et 37. Sa dernière publication est un recueil de *Contes* (1840 et suiv., 2 vol.). Un grand talent d'induction et, pour trouver les analogies, des connaissances extraordinaires en chimie, en anatomie comparée, en histoire naturelle, en astronomie mathématique et en minéralogie, une profonde connaissance des langues, un génie remarquable pour la spéculation, font certainement de M. de Schubert un des écrivains les plus distingués et les plus influents de l'Allemagne. *C. L.*

SCHUBERT (Français), auteur de chants ou *mélodies* qui jouissent d'une grande réputation, naquit à Vienne en 1795. Ses parents désiraient qu'il étudiât la philosophie, mais son goût le portait vers la musique; il y fit de rapides progrès, et le patronage du chanteur Vogel lui ouvrit les salons les plus distingués de la capitale. L'accueil que ses chants y reçurent déterminèrent la direction de son talent. Ses compositions mélancoliques et graves comme son caractère, se répandirent peu à peu dans le reste de l'Allemagne et de là en France, où elles jouissent d'une grande vogue depuis quelques années et où elles ont même fait adopter leur nom natif de *Lieder**. Parmi ses *mélodies* les plus estimées, on cite *le roi des Aunes, la Trinité, l'Ave Maria, l'Attente,* etc. Schubert s'est aussi essayé dans la symphonie, mais avec moins de succès. Enfin on a de lui quelques quatuors pleins de pensées heureuses, malgré leurs singularités. Il mourut à Vienne en 1830. *C. L.*

SCHULENBURG (von der), nom d'une famille allemande très ancienne, qui s'établit, au xiiᵉ siècle, dans la Vieille-Marche, où elle possède, ainsi

que dans la Saxe prussienne, des domaines considérables. Elle se divise aujourd'hui en deux branches principales et en plusieurs branches collatérales. Parmi les hommes d'état et d'épée que cette famille a produits, nous citerons en première ligne Jean-Matthias, comte de Schulenbourg, feldmaréchal au service de la république de Venise, né à Emden, le 8 août 1661. De 1702 à 1706, il combattit Charles XII en Pologne, en qualité de lieutenant général d'un corps saxon. Défait par le roi de Suède, le 12 oct. 1704, près de Punitz, il opéra une brillante retraite jusqu'en Silésie. En 1706, il perdit la bataille de Fraustadt. De 1707 à 1711, il servit dans les Pays-Bas, sous les ordres de Marlborough et du prince Eugène; mais lorsque Flemming (*voy.*) prit le commandement de l'armée, il donna sa démission. En 1713, il fut chargé d'aller soutenir à La Haye et à Londres les prétentions de la maison de Hanovre au trône d'Angleterre. Nommé, en 1715, feldmaréchal des troupes vénitiennes, il s'illustra par sa belle défense de Corfou contre les Turcs en 1716, et la république reconnaissante lui fit élever une statue. Il mourut à Vérone, le 14 mars 1747. Charles VI l'avait élevé à la dignité de comte de l'Empire. Sa vie a été écrite (Leipzig, 1834, 2 vol.) par un de ses descendants, le comte Frédéric-Albert, né le 18 juin 1772, à Dresde, plénipotentiaire au congrès de Rastadt et au congrès de Vienne, puis chargé d'affaires à la cour de Vienne, poste qu'il occupa jusqu'en 1830. — Les autres membres de cette famille qui méritent une mention spéciale, sont : le comte Achaz, né en 1669, mort en 1731, qui se distingua par sa valeur dans la guerre de la succession d'Espagne, et par les améliorations qu'il introduisit dans les écoles d'enfants de troupe ; le comte Adolphe-Frédéric, né en 1685, qui servit avec honneur sous Frédéric-Guillaume Iᵉʳ et Frédéric II, et fut tué à Molwitz, en 1741 ; enfin le comte de Schulenbourg-Wolfsbourg, qui fut chargé de l'administration du Brunswic après la mort du duc Frédéric-Guillaume, et mourut le 25 déc. 1818. *C. L.*

(*) Il ne faut pas oublier toutefois que ce mot est le pluriel de *Lied,* chant, et que c'est faire un barbarisme que de parler d'*un Lieder.* Tout au plus peut-on dire : *les Lieder de Schubert.* S.

SCHULTENS (ALBERT), célèbre orientaliste du XVIIIe siècle, naquit à Groningue en 1686. Destiné au ministère évangélique, il fit ses études aux universités de Leyde et d'Utrecht, mais de toutes les branches de la théologie, aucune ne lui offrit plus d'attraits que la philologie. Il s'appliqua avec ardeur à l'étude des langues orientales et y fit de rapides progrès. Nommé, en 1711, pasteur de l'église de Wassenaar, il quitta cette place deux ans après pour la chaire des langues orientales à Franeker. En 1732, il fut appelé à l'université de Leyde, et il resta dans cette position jusqu'à sa mort, arrivée le 26 janv. 1750. On a de lui un grand nombre d'ouvrages dont les plus importants sont : *Origines hebrææ sive hebrææ linguæ antiquissima natura et indoles* (Franeker, 1724, et Leyde, 1733, 2 part. in-4°) et *Institutiones ad fundamenta linguæ hebrææ* (Leyde, 1737, in-4°). — Le fils et le petit-fils d'Albert Schultens ont dignement porté son nom et continué ses travaux.   X.

SCHULZE (GOTTLOB-ERNEST), philosophe distingué qui professa la philosophie d'abord à Helmstædt et ensuite à Gœttingue, était né à Heldrungen dans la Thuringe, le 23 août 1761, et mourut le 14 janv. 1833. On a de lui un très grand nombre d'ouvrages de philosophie où il se montre l'adversaire de l'école critique et partisan d'un scepticisme fondé sur le sentiment intime des bornes imposées à la raison humaine. Outre Kant et Reinhold, contre lesquels était dirigé le fameux livre anonyme intitulé *Ænesidemus* (Helmst., 1792), Schulze s'est aussi attaqué à M. de Schelling dont il a cherché à parodier la doctrine de l'identité.   X.

SCHULZE (ERNEST), poëte plein de talent, moissonné avant l'âge, naquit à Celle en 1789. Vif et turbulent dans son enfance, il manifestait plus de dispositions naturelles que de goût pour l'étude. Son génie poétique se développa de bonne heure par la lecture de romans de chevalerie et de contes de fées. En 1806, il alla étudier à Gœttingue la théologie qu'il quitta bientôt pour la philologie, dans l'intention de se consacrer à la carrière de l'enseignement. Ce fut vers cette époque qu'il composa son poëme de *Psyché* (Leipz., 1819), qui renferme de fort beaux morceaux et annonce une connaissance profonde de toutes les ressources de la langue. Jusque-là Schulze n'avait aperçu que le beau côté de la vie, l'amour ne devait pas tarder à la lui présenter sous un autre aspect. Son imagination était à la recherche de l'idéal du beau : il le trouva dans l'aimable Cécile à qui il se dévoua avec tout l'enthousiasme d'un poëte de 20 ans. Malheureusement la mort lui enleva son idole. Lorsque sa douleur se fut un peu calmée, il conçut le projet d'immortaliser son amante par un poëme où il mettrait tout ce qu'il avait de talent poétique, et en trois ans il acheva *Cécile*, poëme romantique en 20 chants et en *ottave rime*, rappelant le genre de Wieland (nouv. éd., Leipz., 1822, 2 vol.). Les fatigues et les privations qu'il éprouva dans la campagne contre les Français en 1814, raffermirent sa santé et lui firent oublier ses chagrins ; mais à son retour à Gœttingue, il retomba dans le même état qu'auparavant. Dans l'automne de 1816, il entreprit sur les bords du Rhin un voyage pendant lequel il composa son charmant poëme de *la Rose enchantée* (5e éd., Leipz., 1832), qui remporta le prix proposé par l'éditeur de l'Almanach *Urania*. Pressentant sa fin prochaine, Schulze partit pour Celle dans le printemps de 1817, et y mourut le 26 juin. Ses œuvres complètes, accompagnées de sa biographie, ont été publiées par son ami Bouterwek (nouv. éd., Leipz., 1822, 4 vol.).   C. L.

SCHUMLA, ou mieux CHOUMLA, quelquefois *Choumna*, la clef du Balkan (*voy.*), ville de plus de 30,000 hab., dans la Boulgarie, à 9 journées de Constantinople. Fortifiée par une citadelle et un vaste camp retranché, Choumla est située sur la pente septentrionale de la chaîne, et a souvent arrêté les armées victorieuses des Russes, jusqu'à Diebitsch (*voy.*) qui la franchit en 1829. « C'est une des plus fortes positions de l'Europe, dit M. A. Balbi, par les difficultés qu'oppose son territoire et par sa position au centre où viennent aboutir toutes les routes des forteresses du Danube et d'où partent celles qui, à travers le Balkan, se dirigent sur la mer Noire et la Thrace. »   X.

SCHUTTERY, espèce de garde bourgeoise hollandaise, *voy.* MILICE.

SCHUWALOW, *voy.* CHOUVALOF.

SCHWAB (GUSTAVE), que nous avons déjà nommé (T. Ier, p. 473) parmi les meilleurs poëtes allemands contemporains, est le fils aîné de Jean-Christophe Schwab, connu comme ardent adversaire de la philosophie de Kant, qu'il combattit jusqu'à sa mort, arrivée le 15 avril 1821, et qui, après avoir été professeur de philosophie, devint membre du conseil supérieur de l'instruction publique, à Stuttgart. Gustave Schwab, le poëte, naquit en cette ville, le 19 juin 1792, et fit des études de théologie à Tubingue. Dans l'été de 1815, il visita l'Allemagne du nord et se lia à Berlin avec Lamothe-Fouqué et Horn qui l'engagèrent vivement à poursuivre la carrière poétique où il s'était déjà fait connaître par quelques productions, sous le patronage de J. Kerner et d'Uhland, le plus remarquable des poëtes allemands actuels. De retour dans le Wurtemberg, il fut nommé répétiteur au séminaire théologique de Tubingue; puis, en 1817, il fut appelé à remplir la chaire de professeur de littérature ancienne au gymnase de Stuttgart. On a de lui, outre des descriptions pittoresques des Alpes de la Souabe (Stuttg., 1828) et des bords du lac de Constance (Stuttg., 1827) un recueil complet des *Romances* et des *Légendes* (Stuttg., 1823 et suiv., 2 vol.) qu'il avait insérées dans différentes publications périodiques sous les titres de *Romances tirées de la jeunesse du duc Christophe,* et de *Légendes des trois rois,* et qui se trouvent aussi en partie reproduites dans le recueil de *Poésies* (1829-30, 2 vol. in-8°); de plus, un *Livre d'histoire et de légendes pour l'âge mûr et la jeunesse* (Stuttg., 1836, t. Ier), des traductions des *Méditations* de M. de Lamartine (Stuttg., 1826), et du *Napoléon en Égypte* de MM. Barthélemy et Méry (Stuttg., 1829), etc. Depuis 1828, M. Schwab est attaché à la rédaction du *Morgenblatt.* On lui doit enfin des Morceaux choisis de littérature allemande, en prose

et en vers (1842, 2 vol.), des éditions des œuvres de Dalp, de W. Müller et de W. Hauff, ces deux dernières accompagnées de notices biographiques sur les auteurs.   C. L.

SCHWABBACH, ville industrieuse de la Bavière, d'environ 7,000 hab., connue par une vaste fabrication d'aiguilles, et par les *articles de Schwabbach,* de 1528 et de 1529, qui servirent de base à des transactions dans la lutte religieuse suscitée par la réformation. C'est en vertu des premiers de ces articles que la doctrine nouvelle fut établie à Nuremberg. On appelle *lettres de Schwabbach* les caractères simplement écartés qui tiennent lieu d'italiques dans les impressions allemandes. —Le nom de cette ville ne doit pas être confondu avec SCHWALBACH, lieu célèbre par ses eaux minérales, dans le duché de Nassau, non loin du Schlangenbad (*voy.*). Le nom complet de cet endroit est *Langenschwalbach.*   X.

SCHWARZBOURG (PRINCIPAUTÉ DE). Ce petit pays de la Confédération germanique, autrefois un simple comté, se compose de deux parties disjointes : le Haut-Comté, arrosé par la Gera, l'Ilm et la Saale, entre les duchés saxons et la régence prussienne d'Erfurt; et le Bas-Comté, tout entier enclavé dans la province prussienne de Saxe, plus uni, fertile et baigné par l'Unstrut. Le premier est riche en bois et renferme des mines; le second est surtout agricole. Ils sont, l'un et l'autre, partagés entre les deux lignes de la maison qui porte leur nom (*voy.* l'art. suiv.), et contiennent ensemble 36 milles carr. géogr. (près de 2,000 kilom. carr.), avec 116,000 hab., presque tous protestants. Le titre de chaque prince est emprunté au chef-lieu où il réside.

La branche de *Sondershausen* possède un territoire de 17 milles carr. géogr., avec 54,000 hab., répartis dans 5 petites villes, 7 bourgs et 83 villages. Le revenu annuel de sa principauté se monte à 200,000 florins, chiffre qu'égale à peu près celui de la dette. Il est tenu de fournir à la Confédération un contingent armé de 451 hommes. Une constitution existe pour ses sujets depuis le 29 déc. 1830; mais elle n'a pu encore recevoir d'exécution à cause de la résistance des États. Au château de Sondershausen, on remarque un cabinet d'histoire naturelle, avec de curieuses antiquités teutoniques. Le prince actuel, Gunther-Frédéric-Charles, né le 24 sept. 1801, règne depuis le 19 août 1835, par suite de l'abdication de son père. C'est un administrateur sage et éclairé.

La branche de *Rudolstadt* possède un territoire de 19 milles carr. géogr., avec 62,000 âmes, réparties dans 7 petites villes, un bourg et 155 villages. Les revenus de ce petit état s'élèvent à 325,000 florins; la dette y est réduite à 200,000 florins. Le contingent militaire est fixé à 539 hommes. Les États, d'après la constitution octroyée le 8 janvier 1816, se composent de 6 députés de la noblesse, de 6 des villes et de 6 des propriétaires ruraux, élus chaque fois pour 6 ans. Le prince actuel, Frédéric-Gunther, né le 6 nov. 1793, a commencé son règne sous la tutelle de sa mère, de 1807 à 1814. Il est possesseur de riches domaines privés dans le Holstein.

Les troupes des deux principautés sont comptées dans le 11e corps de l'armée fédérale. En matière d'appel, elles ont une juridiction commune avec les duchés d'Anhalt, confiée au tribunal de Zerbst, dans le pays d'Anhalt. *C. L. m.*

SCHWARZBOURG (MAISON DE), famille princière souveraine de l'Allemagne, en possession de domaines considérables en Thuringe. On fait remonter sa souche jusqu'à un prince mérovingien du nom de Gunther (Gonthier ou Gondahar) [*], établi dans cette province dès le milieu du VIIIe siècle. Sizone III, un de ses descendants, prit le premier le titre de comte de Schwarzbourg, d'un château qu'il avait fait élever près de Blankenbourg, et où son fils, Henri Ier, fixa sa résidence vers 1160. Ce dernier mourut sans postérité, en 1484 : aussi son neveu, le comte Henri III, est-il proprement regardé comme l'auteur de la dynastie qui règne encore. Le comte Gunther, XXIe du nom, né en 1304, et connu spécialement dans l'histoire sous le nom de Gunther de Schwarzbourg,

fut l'homme le plus remarquable de sa race. Après avoir été le brave et fidèle serviteur de l'empereur Louis de Bavière, il mérita d'être élu lui-même empereur, en 1349, à la diète de Francfort, qui l'opposa à Charles IV, de la maison de Luxembourg; mais une mort, attribuée au poison, l'enleva la même année. Tout l'héritage de sa maison échut à son frère aîné Henri. Un autre Gunther introduisit, vers 1541, la réforme dans ses états, qui furent ensuite partagés, sous ses fils, entre les deux lignes d'*Arnstadt*, puis *Sondershausen*, et de *Rudolstadt*, encore florissantes. Élevées à la dignité princière, la première en 1697, la seconde en 1710, toutes les deux obtinrent, en 1754, siège et voix dans le collège des princes, à la diète de l'Empire. L'hérédité, qui n'appartient qu'aux mâles, par ordre de primogéniture, les rapports de succession réciproque entre les deux branches, et l'indivisibilité future de leurs territoires, avaient déjà été réglés par un contrat de 1713. Dans l'une et dans l'autre, le chef prend le titre d'écuyer héréditaire du Saint-Empire. En 1807, les princes de Schwarzbourg entrèrent dans la Confédération du Rhin; et en 1815, ils devinrent membres de la Confédération germanique. A la diète de Francfort, leurs principautés participent à la 15e place avec les duchés d'Anhalt et d'Oldenbourg; mais dans l'assemblée plénière, elles ont chacune une voix. *C. L. m.*

SCHWARZENBERG (LES PRINCES DE)[*], branche de la maison de *Seinsheim*, une des plus anciennes familles de la Franconie, doivent leur origine à ER-KINGER DE SEINSHEIM, qui, en 1420, acheta la seigneurie de Schwarzenberg, en Bavière, dont il prit le nom, et fut élevé, en 1429, par l'empereur Sigismond à la dignité de baron de l'Empire, avec voix et séance parmi les comtes de la Franconie. La baronnie de Schwarzenberg passa, après lui, à son second fils SIGISMOND; mais à l'extinction de cette ligne cadette, en 1646, elle retourna à la branche aînée, fondée par MICHEL Ier, fils aîné du baron Erkinger. Cette bran-

[*] La plupart des princes de cette maison ont porté le même nom.

[*] On écrit quelquefois *Schwartzenberg*, à cause de la prononciation, toujours dure, du s allemand.

che s'était déjà divisée, en 1510, dans les arrière-petits-fils de Michel, EDMOND et GUILLAUME. Le premier fonda la ligne des Schwarzenberg de Liége, éteinte en 1674. Guillaume fut la souche de la ligne de Franconie qui subsiste encore. Son fils, GUILLAUME II, mourut des blessures qu'il reçut à la bataille de Saint-Quentin, en 1557, laissant pour héritier un enfant de dix ans, ADOLPHE de Schwarzenberg, que l'empereur Rodolphe créa plus tard comte de l'empire, en récompense des services qu'il avait rendus dans la guerre contre les Turcs. Son petit-fils, JEAN-ADOLPHE, agrandit considérablement les possessions de sa famille, et obtint de l'empereur Léopold Ier, en 1670, pour lui et les aînés de ses descendants, la dignité princière, qui, en 1746, fut étendue à toute la maison. Après la dissolution de l'empire d'Allemagne, en 1806, le comté princier de Schwarzenberg fut médiatisé et soumis à la souveraineté de la Bavière.

Les possessions de la maison de Schwarzenberg comprennent en tout 42 milles carr. géogr., avec 115,000 hab., et forment deux majorats, composés, l'un, de la principauté de Schwarzenberg et d'une vingtaine de seigneuries en Bohême et en Styrie ; l'autre, des baronnies de Worlik, Sedletz, Zbenitz, Bukowan, en Bohême, Klingenberg et Mariathal, en Hongrie. Le premier de ces majorats, dont les revenus s'élèvent à 600,000 florins, est possédé aujourd'hui par le prince JEAN-ADOLPHE de Schwarzenberg, né le 22 mai 1799, qui a succédé à son père Joseph, en 1833, et a épousé la princesse de Liechtenstein, en 1830. Ce fut sa mère, la princesse Pauline d'Aremberg, qui périt à Paris d'une manière si fatale, à la fête que son beau-frère, le prince Charles de Schwarzenberg (voy. plus loin), donna, le 1er juillet 1810, pour célébrer le mariage de Napoléon avec l'archiduchesse Marie-Louise. Le second majorat, d'un revenu de 100,000 florins, fut fondé en 1703. Le prince actuel, FRÉDÉRIC de Schwarzenberg, est né le 30 septembre 1800.

La famille de Schwarzenberg ne compte que deux de ses membres dont la réputation soit devenue européenne. L'un,

ADAM, né en 1587, ministre de l'électeur de Brandebourg Georges-Guillaume, fut tout-puissant pendant la guerre de Trente-Ans, et attira de grands malheurs sur les états de ce prince, en le détournant de l'alliance suédoise pour le pousser dans le parti de l'Autriche. Lorsque le grand-électeur prit les rênes du gouvernement, il dépouilla le ministre de son père de tout son pouvoir ; et ne tarda pas à le faire emprisonner dans la forteresse de Spandau, où il mourut, au bout de 4 jours, d'une attaque d'apoplexie.

L'autre membre de cette famille, qui mérite une place dans l'histoire, est le prince CHARLES de Schwarzenberg, duc DE KRUMAU et feldmaréchal des armées autrichiennes. Né à Vienne, le 15 avril 1771, il fit ses premières armes sous les ordres de Loudon, dans la guerre contre les Turcs, et déploya un courage qui ne se démentit pas dans les premières campagnes de la révolution. Il se distingua particulièrement, le 26 avril 1794, à l'affaire de Cateau-Cambrésis, où, à la tête d'un régiment de cuirassiers et de 10 escadrons anglais, il enfonça l'armée française forte de 27,000 hommes. La part décisive qu'il prit à la bataille de Wurtzbourg, en 1796, lui valut le grade de major général. En 1799, il fut nommé feldmaréchal-lieutenant, et devint propriétaire du régiment de hulans qui porte encore son nom. Dans la guerre de 1805, il commanda une division sous les ordres du général Mack. A la bataille d'Ulm, lorsqu'il vit que tout était perdu, il passa, avec l'archiduc Ferdinand, à travers l'armée française (voy. ESTE, T. X, p. 80), et se retira à la tête de quelques régiments à Eger, en Bohême. Ce fut contre son avis que la bataille d'Austerlitz fut livrée avant l'arrivée de Benningsen et de l'archiduc Charles. Chargé de l'ambassade de Saint-Pétersbourg, à la demande de l'empereur Alexandre lui-même, le prince de Schwarzenberg dut quitter cette capitale en 1809, lorsque la guerre éclata de nouveau entre la France et l'Autriche. Il prit une part brillante à la bataille de Wagram, et commanda l'arrière-garde dans la retraite de Znaïm. Après la paix de Vienne, ce fut à lui qu'on confia les négociations qui précédèrent le mariage de l'archiduchesse Marie-Louise avec l'empereur des Français. Pendant son ambassade à Paris, il sut gagner à tel point l'estime et la confiance de Napoléon, que, sur la demande expresse de ce dernier, le gouvernement autrichien le nomma général en chef de l'armée de 30,000 hommes qui devait coopérer à la campagne de Russie. Ces forces se rassemblèrent dans la Galicie, passèrent le Boug ou Boh, remportèrent d'abord quelques avantages, mais se virent bientôt forcées de se replier sur le grand-duché de Varsovie. Schwarzenberg prit position à Pultusk, et conclut avec les Russes un armistice qui assura la retraite des Français. A la demande de Napoléon, cette campagne lui valut le bâton de feldmaréchal général. Le prince se rendit à cette époque à Paris, et y fit un court séjour (1813). A son retour, il fut chargé du commandement de l'armée d'observation qui se concentrait dans les montagnes de la Bohême; puis après la jonction des Autrichiens avec les Prussiens et les Russes, il fut nommé généralissime des armées coalisées. Nous ne reviendrons pas ici sur cette célèbre campagne, qui commença sous les murs de Dresde (*voy.*) et finit sous les murs de Paris; nous nous bornerons à dire que rien ne se décida, rien ne s'exécuta, sans l'intervention du prince de Schwarzenberg. Après le retour de Napoléon de l'île d'Elbe, le feldmaréchal repassa le Rhin à la tête des Russes et des Autrichiens, et déjà il avait pénétré en Alsace et en Lorraine, lorsque les événements de Paris vinrent suspendre sa marche. A son retour à Vienne, il reçut la présidence du conseil supérieur de la guerre, qu'il garda jusqu'à sa mort. Ce fut peu de temps après, le 13 juin 1817, qu'il éprouva les premiers symptômes de l'apoplexie dont il devait mourir à Leipzig, le 15 oct. 1820, le même jour où, sept ans auparavant, il avait conduit les armées alliées sur les hauteurs environnantes. Il expira dans la même chambre où le roi de Saxe avait été fait prisonnier; son cercueil sortit de Leipzig le 19, anniversaire de son entrée dans cette ville. — *Voir* Prokesch, *Denkwürdigkeiten aus dem Leben des Feldmarschalls Für-*sten *Schwarzenberg*, Vienne, 1823, in-8°.

Le frère du feldmaréchal, prince JOSEPH-JEAN de Schwarzenberg, se distingua surtout comme membre d'un grand nombre de commissions ou d'institutions de bienfaisance. Pendant son séjour à Paris, en 1810, il eut la douleur de perdre son épouse, Pauline, née princesse d'Aremberg, dans l'incendie de la salle en bois construite pour la fête que donnait, en l'honneur du mariage de Marie-Louise, son frère l'ambassadeur. Lui-même mourut à Frauenberg, en Bohême, le 19 déc. 1833.

Nous avons déjà parlé de son fils, le prince JEAN-ADOLPHE de Schwarzenberg, duc de Krumau, chef actuel de la maison et détenteur du premier majorat. Il est conseiller intime actuel et chambellan de l'empereur d'Autriche; mais il vit habituellement à Naples. Il a un fils et une fille.

Son frère FÉLIX, né le 2 oct. 1800, vient d'être nommé ministre d'Autriche à Naples. Un plus jeune frère, FRÉDÉRIC prince de Schwarzenberg, né le 6 avril 1809, prince-archevêque de Salzbourg, a été élevé, en 1842, à la dignité de cardinal.

Le fils du feldmaréchal, FRÉDÉRIC-CHARLES, prince de Schwarzenberg, landgrave-princier à Sulz et Kleggau, lieutenant colonel autrichien, né le 30 sept. 1800, est en possession du second majorat de la famille, et réside à Presbourg, en Hongrie. *Enc. autr. m.*

SCHWEIDNITZ (SIÉGE DE), pendant la guerre de Sept-Ans, *voy.* cet art. et GRIBEAUVAL. Schweidnitz est une ville de la Basse-Silésie, qui, de 1278 à 1378, fut le chef-lieu d'une principauté indépendante.

SCHWEIGHÆUSER (JEAN), un des plus grands philologues des temps modernes. Il était fils d'un ministre protestant, et naquit à Strasbourg le 26 juin 1742. Étant passé du gymnase de cette ville à son université, il fut initié par de savants professeurs à toutes les branches des connaissances qu'il étudia avec une ardeur infatigable. Le latin, le grec, l'histoire, les mathématiques, l'hébreu, le syriaque, l'arabe, la théologie, la botanique, l'histoire naturelle et l'anatomie, occupèrent son vaste esprit. Ce fut en

1767 qu'il soutint sa thèse intitulée *Systema morale hujus universi*, et l'on admira, outre la justesse et la clarté des idées, la couleur tout-à-fait antique de sa latinité. Son père étant mort vers cette époque, Schweighæuser résolut de voyager pour mûrir ses connaissances. La France, l'Allemagne, l'Angleterre, la Hollande, lui ouvrirent leurs bibliothèques; il se mit en rapport avec les principaux savants de tous ces pays, et s'il gagna au contact de ces hommes, il les étonna eux-mêmes par la profondeur de son savoir auquel une modestie candide ajoutait un prix infini. De retour à Strasbourg, en 1769, Schweighæuser fut nommé professeur-adjoint à la chaire de logique et de métaphysique. Il préluda à son entrée en fonctions par une belle dissertation latine sur cette question : *Quelle est la connaissance de l'homme qui a pour lui le plus de certitude, de celle des choses corporelles, ou de celle qu'il a de sa propre essence?* Plusieurs autres dissertations philosophiques, entre autres celle *De Sensu morali*, rédigées par lui pour l'usage des étudiants qui avaient des thèses à soutenir, portent l'empreinte de cette lucidité d'idées qui caractérisait éminemment Schweighæuser. La chaire de professeur de grec et de langues orientales, qu'il obtint en 1778, le reporta vers les travaux philologiques, dans les intervalles desquels il trouva moyen de composer, en allemand, un livre de lectures (*Lesebuch*), véritable petite encyclopédie de la jeunesse, où il fit entrer un chapitre original sur la nature de l'homme, qu'il avait traité avec soin, et auquel il attachait beaucoup de prix. Mais ce qui mit le sceau à sa renommée, et la rendit européenne, ce fut son édition d'Appien (*voy.*). Élimination des choses faussement attribuées à l'auteur (par exemple l'histoire des Parthes), restitution de morceaux complétant l'histoire d'Illyrie et les récits des guerres Puniques, épuration du texte avec notes justificatives, classification dans un ordre meilleur des fragments des livres perdus, traduction latine élégante et fidèle, rien ne manqua aux soins que Schweighæuser donna à cette édition (Leipz., 1785, 3

vol. in-8°). Bientôt après, il rendit à Polybe (*voy.*) des services du même genre, qui attestèrent au monde savant la puissance de sa critique (Leipz., 1789-95, 8 tom. en 9 vol. in-8°), et il compléta l'ouvrage de l'écrivain achéen par un glossaire où il explique avec sagacité les expresions particulières à cet auteur.

Ce fut pendant que ce travail occupait sa plume que la Terreur s'étendit sur la France. La liaison de Schweighæuser avec Dietrich, maire de Strasbourg, le caractère ferme qu'il avait montré dans ses fonctions publiques, le firent exiler de sa ville natale. Il se retira à Baccarat (dép. de la Meurthe), où ses veilles laborieuses, qui se prolongeaient fort avant dans la nuit, faillirent le faire passer pour un conspirateur. A sa rentrée à Strasbourg, il reprit sa place dans les établissements d'éducation qui succédèrent à l'ancienne université; et lorsque l'Institut de France fut organisé, Schweighæuser fut nommé membre correspondant de la 3e classe. Les Monuments de la philosophie d'Épictète furent recueillis par lui et publiés en 5 vol. in-8° (Leipz., 1799-1800, 5 tom. en 6 vol.). Auparavant avaient paru le *Manuel d'Épictète* et la *Table de Cébès*, que Schweighæuser regardait comme également utiles aux jeunes étudiants en philosophie. Ensuite, une édition nouvelle du *Banquet d'Athénée* sortit de ses mains, enrichie d'une longue préface qui est un chef-d'œuvre (Strasb., chez Treuttel et Würtz, 1801-7, 14 vol. in-8°). En 1806, il fit paraître, sous le titre de *Opuscula academica* un recueil de dissertations philosophiques reproduisant celles dont nous avons fait mention plus haut. Si la critique littéraire avait fondé sa renommée, la philosophie avait toujours été son étude de prédilection. Les *Épîtres de Sénèque le philosophe à Lucilius* furent revues par Schweighæuser, qui en donna une édition fort améliorée (Strasb. et Deux-Ponts, 1809, 2 vol. in-8°). Enfin Hérodote fut l'objet de ses travaux; le texte du père de l'histoire fut purgé par notre savant philologue d'une foule d'erreurs qui s'y étaient glissées; et une discussion approfondie sur l'emploi des dialectes dont l'auteur grec s'est servi porta beaucoup de jour sur cette matière (Strasb. et Paris, chez Treuttel et Würtz, 1816, 6 tom. en 12 vol. in-8°). Le texte grec est accompagné d'une traduction presque nouvelle, et qu'on a regardée comme un chef-d'œuvre. Le *Lexicon Herodoteum*, que Schweighæuser publia en 1824 (2 vol. in-8°) compléta son travail d'une manière heureuse. Ce ne fut que par une grande assiduité au travail que Schweighæuser put mener à bonne fin de si vastes entreprises. La nature l'avait doué d'une grande force à cet égard. Il pouvait impunément se livrer à de longues veilles, et elles ne l'empêchaient pas de commencer de bonne heure ses journées. Si quelquefois il se sentait fatigué, une promenade dans la campagne retrempait sa vigueur. Pratiquant avec une religion scrupuleuse le culte du devoir, il savait être ferme sans cesser d'être indulgent. Successivement professeur de littérature ancienne (langue grecque et arabe) à l'école centrale du dép. du Bas-Rhin, et professeur de littérature grecque à la faculté des lettres de l'académie de Strasbourg, faculté dont il fut doyen pendant environ quinze ans, il était en outre professeur de la même langue au séminaire protestant, débris précieux de l'ancienne université protestante dont il avait également été un des ornements, d'abord, ainsi que nous l'avons dit, en qualité de professeur-adjoint pour la philosophie, et depuis 1777 en qualité de professeur titulaire. Vers 1824, il prit sa retraite comme professeur à la faculté des lettres; mais malgré son grand âge, il continua encore quelque temps ses fonctions au séminaire, et ne les cessa que lorsque sa vue affaiblie lui commanda impérieusement le repos. Il montra encore toute la vigueur d'une verte et noble vieillesse le jour où ses collègues de toutes les facultés et les étudiants se réunirent autour de lui pour célébrer son jubilé de 50 ans de professorat. Ce fut seulement à cette occasion que, bien tardivement, la croix de la Légion-d'Honneur lui fut conférée. Entouré de l'estime universelle, il poussa sa carrière jusqu'à l'âge de 87 ans, et mourut le 19 janvier 1830. — Nous avons pris pour base de cette notice une autre plus étendue, rédigée par M. Schnitzler, un des élèves de prédilection de Schweighæuser, dans la *Revue encyclopédique*, août 1830, t. XLVII, p. 297-319. L. G-s.

Ce vénérable Nestor de la philologie eut un digne successeur dans la personne de son fils, JEAN-GEOFFROY Schweighæuser, connu surtout comme archéologue. Né à Strasbourg, le 2 janv. 1776, il ne put achever ses études : la révolution l'entraîna sous les drapeaux, et il s'enrôla dans l'armée du Rhin, en 1792, comme simple volontaire. Cependant, dès 1796, il put venir à Paris, où il collationna des manuscrits grecs pour son père, traduisit un fragment des commentaires de Simplicius sur le Manuel d'Épictète, dont ce dernier venait de faire la découverte, et en donna lecture à la 3e classe de l'Institut, qui l'inséra dans ses Mémoires. Rappelé à Strasbourg, où il remplaça quelque temps le célèbre helléniste dans sa chaire de langues grecque et latine à l'école centrale, il dut bientôt reprendre le chemin de la capitale, afin de collationner pour lui d'autres manuscrits, et plusieurs années se passèrent ainsi sans qu'il pût se fixer définitivement. Il consacra ce temps soit à faire une éducation particulière, soit à écrire dans le *Publiciste*, sous la direction de Suard, soit à composer des vers dont le jeune littérateur strasbourgeois enrichissait divers recueils allemands, car la nature l'avait fait poète; puis il fut chargé, en 1802, par le comte prussien de Schlaberndorf, grand ami des lettres et de l'humanité, de publier une édition stéréotype des *Caractères* de La Bruyère joints à ceux de Théophraste (*voy.*). A ces derniers, il ajouta des notes nombreuses et un Essai sur l'histoire de la philosophie depuis les temps primitifs jusqu'au moraliste grec dont il s'occupait. Vers la même époque, sur les conseils du baron de Sainte-Croix (*voy.*), Schweighæuser fils traduisit les *Indiques* d'Arrien, que Barbié du Bocage devait publier augmentées d'une dissertation et enrichies d'une carte : la faillite du libraire s'opposa malheureusement à la réalisation de ce projet. En outre, il rédigea pour Visconti le texte du *Musée Napoléon* et prit part à la rédaction des *Archives littéraires* (*voy.* SUARD). Tous ces travaux annonçaient que Schweighæuser porterait dignement le poids d'un nom déjà glorieux : aussi, lors de la formation de l'Université de France, en 1810, fut-il nommé professeur-adjoint à la faculté des lettres, pour suppléer son père dans le cours de littérature grecque, devoir qu'il remplit presque constamment dans les semestres d'été. Deux ans après, il fut aussi nommé professeur de littérature latine au séminaire protestant. Lorsque son père prit sa retraite, en 1824, il lui succéda à l'académie comme titulaire de la chaire de langue grecque, ainsi que dans les fonctions de bibliothécaire de la ville et du séminaire; et au bout de quelques années, ses services furent récompensés par la décoration de la Légion-d'Honneur. Malheureusement une maladie nerveuse, qui tourna en paralysie, vint enchaîner son activité et affaiblir ses hautes facultés : pendant environ douze ans, il ne quitta plus son cabinet, et rien n'égale le dévouement que lui prodigua une épouse chérie, fille du célèbre anatomiste Thomas Lauth, pendant toute cette triste période et jusqu'à sa mort, arrivée le 14 mars 1844.

Il nous reste à mentionner les titres à la renommée littéraire que J.-G. Schweighæuser acquit en qualité d'archéologue. L'Institut ayant demandé, en 1819, aux départements des notices sur leurs antiquités locales, le savant professeur, depuis longtemps livré à ces études, se mit à l'œuvre, et obtint la première médaille que l'Académie des Inscriptions et Belles-Lettres décerna pour cet objet. Ayant déclaré d'avance que la médaille ne serait donnée qu'une fois à la même personne, elle ne put lui accorder itérativement cette récompense; mais, plusieurs années de suite, elle proclama que les mémoires de Schweighæuser étaient les meilleurs qu'elle eût reçus, et, en 1823, elle l'inscrivit au nombre de ses membres correspondants. A la même époque, il commença, de concert avec son ami M. de Golbéry (*voy.*), la publication des *Antiquités d'Alsace*, réunies depuis en un vol. in-fol. orné de lithographies par Engelmann, et dont nous avons parlé T. Ier, p. 516. Même pendant le cours de sa maladie, son zèle se réveilla à plusieurs reprises : ayant fait, en 1832, l'acquisition d'une collection d'antiquités gallo-romaines et de poteries trouvées à Rheinzabern (Bavière rhénane), il fut constamment occupé de leur étude et en fit dessiner et lithographier les pièces les plus curieuses. Enfin, à l'occasion du congrès scientifique qui fut tenu à Strasbourg en 1842, avec beaucoup d'éclat, Schweighæuser se ranima pour publier, en faveur des hôtes nombreux que cette solennité attirait, une *Énumération des monuments les plus remarquables du dép. du Bas-Rhin*, orné de pl. lith.

Ainsi sa carrière, comme la carrière de son père, comme celle de ses devanciers, les Oberlin et les Koch (dont il a écrit la biographie en 1814), et celle de ses collègues, les Blessig, les Haffner (*voy.*)*, etc., était pleine au moment où il la termina; que n'eût-elle été sans cette longue maladie qui l'arrêta avant le temps et coupa court à tant de projets utiles mûris par vingt années d'études, et dont il regardait l'accomplissement comme un devoir qui lui était imposé par le nom qu'il portait!
J. H. S.

SCHWERIN, *voy.* MECKLENBOURG-SCHWERIN.

SCHWERIN (CHRISTOPHE, comte DE), feldmaréchal prussien, né en 1684 dans la Poméranie suédoise, fit ses premières armes sous les drapeaux hollandais dans la fameuse campagne de 1704. Nommé capitaine l'année suivante, il quitta le service de la Hollande pour entrer à celui du duc de Meklenbourg, qui le fit colonel, en 1708, puis général de brigade à son retour de Bender, où il avait été envoyé, en 1712, chargé de dépêches secrètes pour Charles XII. Il signala sa valeur, en 1719, à Walsmühlen, où il battit l'armée impériale, et il entra, en 1720, au service de la Prusse avec le grade de major général. Élevé successivement au rang de lieutenant général et de général de l'infanterie, il obtint, en 1740, à l'avénement au trône de Frédéric II, le bâton de feldmaréchal avec le titre de

(*) N'oublions pas, parmi les morts, les Dahler, les Emmerich, les Redslob, les Lachenmeyer, hommes d'un grand mérite, bien qu'ils aient jeté peut-être moins d'éclat, et que même le dernier, philologue plein de goût et d'érudition, n'ait point laissé d'ouvrage imprimé.

comte. L'année suivante, il remporta la victoire de Molwitz, qui assura aux Prussiens la possession de la Silésie. En récompense de ses services, il fut nommé gouverneur de Neisse et de Brieg. Chargé du commandement d'un corps d'armée en Bohême, en 1744, il s'avança jusqu'à Prague et força cette ville à capituler. Les fatigues des camps ayant altéré sa santé, il se retira dans ses terres à la conclusion de la paix; mais il reparut sur les champs de bataille au commencement de la guerre de Sept-Ans, et périt devant Prague en 1757.   X.

SCHWYTZ * (CANTON DE). Berceau de l'indépendance de la Suisse, ce canton occupe aujourd'hui le cinquième rang dans la Confédération helvétique. Il est situé entre Uri, Glaris, Saint-Gall, Zurich, Zug, Lucerne et Unterwalden, et compte 38,353 habitants d'origine allemande, sur une superficie de 16 milles carr. géogr. Le sol est montagneux; cependant on n'y trouve ni glaciers, ni montagnes couvertes de neiges éternelles. Du haut du Righi (*voy.*), élevé d'environ 5,700 pieds au-dessus du niveau de la mer, on jouit d'une vue magnifique sur les lacs des environs. Les habitants, presque tous pasteurs, ont conservé les mœurs simples et patriarcales de leurs ancêtres, de même que leur entier dévouement à la religion catholique, et leur horreur de toute innovation. La constitution, revue en 1833, est purement démocratique. Le canton est divisé en 7 districts électoraux qui nomment les 36 membres du petit conseil. Ce dernier, qui exerce le pouvoir exécutif, s'assemble quatre fois par an. Le grand conseil, élu également par le peuple et composé de 108 membres, prépare les projets de lois et dirige la haute police. A la tête de la commission du gouvernement, formée de 5 membres, est placé un landamman qui a sous lui un gouverneur cantonnal et un trésorier. Chaque district a son conseil et son tribunal de première instance. Le pouvoir suprême réside dans l'assemblée

(*) Proprement *Schwytz*; mais on écrit Schwytz pour se rapprocher de la prononciation. C'est le même mot que Suisse, car ce canton donna son nom à toute la Confédération; seulement, dans cette dernière acception, l'allemand littéraire l'a depuis transformé en *Schweis*.

du peuple qui se tient en plein air tous les deux ans, à Ibach, près de Schwytz. C'est elle qui nomme les hauts fonctionnaires du canton et qui accepte ou rejette les lois proposées par le grand conseil. La nomination des 14 membres du tribunal cantonnal appartient aussi aux 7 districts. Ces districts sont : 1° *Schwytz*, principal bourg au pied du Myten, haut de 5,868 pieds, avec 6,000 hab. Dans le voisinage se trouve le village de Steinen où habitait Werner Stauffacher; 2° Gersau; 3° March, sur les bords du lac de Zurich, avec le bourg de Lachen; 4° Maria-Einsiedeln (*voy.* SAINTE-MARIE-AUX-ERMITES); 5° Küssnacht, au pied du Righi, sur le lac des Quatre-Cantons, avec le chemin creux où Tell (*voy.*) tua Gessler; 6° Wolrau, sur le lac de Zurich; 7° Pfeffikon. Le bourg de Brunnen (*voy.*), sur le lac des Quatre-Cantons, est célèbre par l'alliance qu'y contractèrent, en 1315, après la bataille de Morgarten, les trois cantons de Schwytz, Uri et Unterwalden. Le 2 sept. 1806, un éboulement du Ruffi ensevelit les villages de Goldau, Büsingen, Ober-Rœthen et Unter-Rœthen, avec 450 hab., dont on ne parvint à sauver que 14. Le canton de Schwytz a une abbaye, cinq couvents, 30 cures, 6 bourgs et 27 communes. Son contingent fédéral est de 602 hommes.   *C. L.*

SCHYPETARS, ou SKIPETARS, *voy.* ALBANIE, pays dont la langue s'appelle le *skipe.*

SCIAGRAPHIE, mot d'origine grecque (σκιά, ombre, et γράφω, je décris, dessine) et qui désignait l'art de bien distribuer le jour et l'ombre. Aujourd'hui on pourrait donner ce nom à l'art des silhouettes ou des contours marqués par les ombres.

SCIAMANCIE, *voy.* DIVINATION, T. VIII, p 336.

SCIATÉRIQUE, *voy.* GNOMONIQUE.

SCIATIQUE, GOUTTE SCIATIQUE, NÉVRALGIE SCIATIQUE, maladie douloureuse et tenace, de nature et de forme variable, occupant le membre inférieur et n'ayant pas son analogue dans les autres parties du corps. Elle affecte plus ordinairement les adultes et les personnes du sexe masculin; mais la nature de ses causes prédisposantes n'est pas connue, et sa manière d'être la différencie d'avec les névralgies, auxquelles son siége oblige pourtant de la rapporter. Les causes occasionnelles sont les coups et les contusions sur le trajet du gros nerf *sciatique*[*], le froid humide, la goutte, la répercussion des exanthèmes aigus ou chroniques.

Une douleur avec un engourdissement tout particulier, continu, mais augmentant par accès, s'exaspérant par les variations de température et par la marche, et occupant la totalité ou quelques parties seulement du nerf sciatique et de ses ramifications, fait le caractère principal de la sciatique à laquelle se joignent très ordinairement des symptômes généraux et de la fièvre, phénomènes beaucoup plus rares dans les autres névralgies essentiellement intermittentes et apyrétiques de leur nature. Cette douleur est cruelle, lancinante, brûlante, déchirante ; elle ne laisse point de repos aux malades, qu'elle jette dans l'épuisement lorsqu'elle se prolonge et qu'elle résiste au traitement, ce qui est le cas le plus ordinaire. Elle dure en effet de deux à six et huit mois ; souvent même on la voit affecter le même sujet pendant plusieurs années, mais avec des intervalles.

Cependant ce n'est point une maladie mortelle par elle-même, et l'on n'a pu observer l'état du nerf affecté que chez des sujets ayant succombé à d'autres maladies. Alors, plus constamment que dans les autres névralgies, on a pu constater la rougeur, l'engorgement ou l'infiltration du tronc du nerf sciatique et de ses principales branches. On trouve aussi quelquefois des tumeurs de différente nature développées dans l'épaisseur du nerf ou dans les parties voisines et lui faisant subir une compression ou une distension permanentes.

Le grand nombre de moyens employés contre la sciatique montre d'une part que cette maladie est opiniâtre, et de l'autre que la cause dont elle dépend est loin d'être toujours la même : le traitement doit donc varier suivant les circonstances

(*) Proprement *ischiatique*, de ἰσχίον, hanche ; ἰσχίας, sous-entendu νόσος, maladie des reins. S.

de l'âge, du sexe, du tempérament, comme aussi de l'aspect des symptômes. La saignée tant générale que locale, les bains généraux et locaux, les fumigations, les cataplasmes et les fomentations émollientes, joints aux calmants, doivent commencer l'attaque, et même rendent souvent des services signalés à une époque avancée. Après ces moyens, les révulsifs de tout genre tant sur la peau que sur le canal intestinal ont été mis en œuvre : vésicatoires, cautères, sétons, ustion, électricité, galvanisme, et tout l'appareil des agents douloureux qui souvent ne font qu'ajouter des souffrances nouvelles à celles que supportent déjà les pauvres malades. L'excision du nerf, opération cruelle et chanceuse, a été proposée et pratiquée. On peut placer au même rang les médicaments d'un goût détestable et d'un effet violent, tels que l'huile essentielle de térébenthine. Il ne faudrait pas perdre de vue que la sciatique est une maladie de longue durée et dans laquelle il est sage de ménager les forces du patient et les ressources de l'art. Le repos absolu du lit est un moyen très puissant auquel on n'accorde pas assez de confiance.   F. R.

SCIENCE. La science (*scientia*, de *scire*, savoir) est un ensemble de principes, de faits, de conséquences, certains, évidents et reconnus comme tels. Dans un sens plus large, on appelle *savoir*, *savoir humain*, toutes les connaissances d'un intérêt général, plus ou moins éloigné ; surtout celles qui sont la propriété de l'humanité entière et non de l'individu. En français, on fait une distinction entre *la science*, mot dont nous venons de donner la définition, et *les sciences* par lesquelles on entend toutes les branches du savoir susceptibles d'une démonstration rigoureuse. Ainsi, dans ces deux locutions : *La science est longue et la vie courte* (*Ars longa*, *vita brevis*), et *Il se livra de bonne heure à l'étude des sciences*, le mot est employé dans des acceptions très différentes. Dès lors, l'histoire, par exemple, n'est plus une science, mais simplement une branche de littérature (*voy.*), et la *science de la vie* ne mérite pas non plus cette dénomination. Cependant on accorde le titre de science aux différentes branches de l'histoire naturelle (*sciences naturelles*), non susceptibles toujours de démonstration rationnelle, mais seulement sujettes à une disposition méthodique à laquelle l'histoire, à la rigueur, peut également être astreinte ; et cet exemple prouve que c'est moins la rigueur de la démonstration que l'enchaînement, la forme méthodique sous laquelle les connaissances sont présentées, qui constitue la science. Aussi les autres langues sont-elles à cet égard moins sévères que la nôtre : pour elles, le domaine de la science s'étend à toutes sortes de notions (*omne scibile*), avec cette restriction toutefois qu'il y a dans la science des parties exactes ou susceptibles d'une démonstration mathématique (*sciences exactes*), et d'autres parties formées seulement par une agrégation méthodique de connaissances, classées suivant un certain plan (sciences naturelles, philologiques, historiques, belles-lettres, en allemand *belles-sciences*, etc.). Cependant il y a encore une autre distinction à faire. Incontestablement, la science ne se compose pas de toutes les notions, de toutes les connaissances quelconques que possède l'homme, et dès lors, où commence la science, qu'est-ce qui mérite d'y figurer? En ne considérant que leur objet, il est sans doute difficile de fixer la limite précise entre les connaissances dignes du nom de science et les connaissances vulgaires, simples objets de curiosité. Mais cette distinction est plus aisée à établir lorsqu'on porte son attention sur la forme ou sur la manière dont est traitée la science. Or ce dernier point de vue est essentiel ; car le but réel de la science étant d'arriver à la vérité (*voy.*) et de la manifester, et l'intelligence n'étant que le sentiment du vrai développé, la forme de la science est le produit de l'intelligence seule. Sans la forme (*voy.* MÉTHODE), la matière scientifique ne serait qu'une agrégation confuse de connaissances ; c'est elle qui en fait un édifice *scientifique*, et un édifice semblable, construit régulièrement, conformément aux lois de la logique, s'appelle un système (*voy.*). Ainsi la science exige nécessairement une construction systématique.

Cette construction peut se faire de plus d'une manière : de là différentes classes. L'intelligence procède : 1° par *compréhension* ou par *invention*, selon que l'objet de la science est donné ou purement abstrait ; elle sépare ce qui est essentiel de ce qui n'est qu'accidentel, ce qui est important de ce qui ne l'est pas, ce qui est vrai de ce qui est faux ; 2° par *disposition*, n'établissant aucune proposition qui n'ait sa cause dans une proposition antécédente : dans ce cas, comme dans le précédent, elle est dirigée plutôt par un tact sûr que par la réflexion, et c'est dans ces deux opérations que se rencontrent les qualités du génie ; 3° par *preuves*, en démontrant les propositions émises : ici la connaissance devient une science proprement dite, pourvu que la critique préside à l'opération. Nous avons ainsi caractérisé les travaux d'abstraction ou spéculatifs, les travaux d'érudition (*voy.* ces mots) et les travaux scientifiques proprement dits. *

Selon qu'on travaille à poser les fondements d'une science ou qu'on en fait l'application, la science est *théorique* ou *pratique*. A proprement parler, toute science est à la fois théorique et pratique, puisque toutes les sciences ne sont que les parties de la science générale, et que chaque science en particulier, n'eût-elle aucun rapport à la vie, sert à compléter et à expliquer une autre science. Tel est le cas, par exemple, pour l'archéologie, science complémentaire et explicative de l'histoire : on l'appelle une science *auxiliaire*. Comme il est impossible à l'esprit humain, quel que soit son degré de développement, d'embrasser le savoir humain dans toute son étendue, on a dû diviser le champ de la science en plusieurs portions que les savants se chargent de cultiver, chacun dans sa spécialité, en employant tous les moyens qui leur sont offerts par les travaux de leurs devanciers. De même que le talent, l'érudition est donc une condition de la science. Mais comme

(*) A la distinction expliquée plus haut se rapporte aussi celle qu'on fait communément entre un *savant* et un *érudit*. Dans le fait, est savant tout homme qui sait beaucoup ; mais en français on accorde spécialement cette dénomination aux *hommes* qui cultivent les sciences exactes et naturelles.

les limites de chaque science ne sont pas tellement bien marquées que l'une puisse se passer absolument du secours de l'autre, on ne peut s'appliquer exclusivement à une seule science ; il faut au moins connaître les bases et les principes généraux des sciences analogues à celle qu'on cultive de préférence ; il faut posséder des connaissances encyclopédiques (*voy.* Encyclopédie), et encore, sous peine de rester dans une médiocrité subalterne, ne doit-on pas se contenter de quelques notions vagues et superficielles. Les anciens déjà avaient senti cette nécessité, et ils exigeaient du savant qu'il étudiât les autres branches de la science pour développer et présenter convenablement celle dont il s'occupait d'une manière plus spéciale. On la sentit mieux encore dans le moyen-âge, où l'on enseignait les sept arts libéraux sous les noms de *trivium* et de *quadrivium*, rattachant ainsi d'un côté la dialectique et la rhétorique à la grammaire, et de l'autre, la géométrie, l'astronomie et la musique à l'arithmétique. La dénomination d'universités (*voy.*), appliquée dans le xiie siècle aux écoles supérieures, n'indiquerait-elle pas aussi qu'on considérait les sciences diverses comme formant un faisceau, un tout ? Quoi qu'il en soit, à la théologie, à la jurisprudence et à la médecine, les trois sciences qui concernaient plus directement la vie pratique, et qu'on a quelquefois désignées sous le nom de *sciences de facultés*, on ajouta plus tard la philosophie, la poésie, l'éloquence et l'histoire, comprises toutes quatre sous le nom d'*humanités* (*voy.* ce mot).

A cette division des sciences, on en a depuis substitué beaucoup d'autres. Le premier qui essaya de les classer systématiquement fut Bacon (*voy.*) de Vérulam. Dans son ouvrage *De dignitate et augmentis scientiarum* (Leyde, 1645), il les divisa, d'après les trois facultés de la mémoire, de l'imagination et de la raison, en *histoire*, *poésie* et *philosophie*. Sa classification fut adoptée, avec quelques changements, par D'Alembert dans son discours préliminaire de l'Encyclopédie. A peu près vers la même époque, Sulzer, Buhle, Eschenburg, et d'autres écrivains de l'Allemagne imaginèrent des divisions nouvelles. Les uns partagèrent les sciences en sciences *nominales* et en sciences *réelles*, selon qu'elles s'occupent de l'expression par la parole de nos idées et de nos connaissances, ou qu'elles traitent de nos idées et de nos notions dans leurs rapports avec les objets eux-mêmes. D'autres admirent des sciences *empiriques*, dont les éléments sont fournis par l'expérience, et des sciences *rationnelles*, qui ont uniquement leur source dans les facultés supérieures de l'âme. Dans sa nouvelle division des sciences (Zullich., 1805), Krug tenta une autre classification, et divisa les sciences en sciences *libres* ou *naturelles*, dont la matière ne dépend que de la libre activité de l'esprit, et en sciences *positives* ou empruntées aux faits de la réalité. Il subdivisa les premières en sciences *philologiques* et *historiques*, dont les éléments sont empiriques, en sciences *mathématiques* et *philosophiques*, dont les éléments sont rationnels, et en sciences *anthropologiques* et *physiques*, dont la matière primitive est à la fois empirique et rationnelle. Dans sa seconde classe, il comprit la théologie et la jurisprudence positives. Mais comme il existe des sciences, par exemple celles dites camérales (*voy.*) ou administratives et la médecine, qui sont à la fois libres théoriquement et positives en pratique, il en fit une troisième classe sous le nom de sciences *mixtes*. Cette classification, qui peut paraître juste ou inexacte, complète ou insuffisante selon le point de vue où l'on se place, a eu beaucoup de succès en Allemagne. En France, un savant illustre, Ampère, en a proposé une autre d'après une méthode analogue à celle que Jussieu a appliquée à la botanique. Sans s'arrêter aux éléments de la science, il s'attacha surtout au progrès de la connaissance en nous. Il posa en principe que, dans l'étude que nous faisons d'un objet, il y a quatre *points de vue* distincts, selon que nous nous contentons d'une observation externe et générale de l'objet, que nous recherchons ce qu'il renferme de plus caché, que nous en étudions les altérations, ou que nous essayons de découvrir les causes les plus mystérieuses des phénomènes ; puis il divisa toutes les connaissances humaines en deux règnes : sciences *cosmologiques* (χόσμος, monde) et sciences *noologiques* (νοῦς, esprit, intelligence), et, prenant chacune des sciences qui rentrent sous ces deux grandes rubriques, il les divisa et les subdivisa selon les quatre points de vue de l'observation scientifique. .

Dans l'impossibilité de faire connaître en détail tous les systèmes qui ont été inventés, nous devons nous en tenir à un seul, et nous donnons la préférence à celui qui est exposé dans l'*Encyclopédie* d'Ersch et Gruber; non pas qu'il nous semble plus à l'abri de la critique que les autres, mais parce qu'à notre avis il est plus simple et moins artificiel.

Supposons l'homme, dans la pleine jouissance de ses facultés, placé en face du monde. La première question qu'il s'adressera ne sera-t-elle pas celle-ci : Qu'est-ce que tout ce que je vois ? et la seconde : Que suis-je moi-même? Il sentira donc le besoin d'apprendre à connaître le monde et à se connaître lui-même. L'expérience, qui lui servira de guide et d'institutrice, lui fera en même temps sentir les rapports réciproques qui l'unissent au monde et l'influence qu'ils exercent sur son bonheur. Il étudie donc *la nature du monde, sa nature propre* et *les rapports* qui les lient l'une à l'autre. Il ne tarde pas à s'apercevoir des modifications successives que subissent certains objets ; il en voit plusieurs disparaître, et il s'en inquiète. Pourquoi cette disparition, cette mort ? Quelle est donc la destination du monde et de l'homme ? Avant de pouvoir répondre à ces questions, il aura encore à passer par de rudes épreuves. Il a le désir d'être heureux, mais la nature oppose souvent à ses vœux des obstacles qu'il ne peut vaincre. Pour en triompher, il s'unit à des êtres de son espèce ; mais si sa puissance s'en augmente, il paie cet accroissement de pouvoir d'une partie de sa liberté. Ses penchants, ses besoins, ses passions se trouvent dès lors en contact avec les penchants, les besoins, les passions de ses semblables ; et pour éviter des disputes, des collisions continuelles, il doit s'imposer le frein du devoir. Ses désirs, sa volonté ne s'y soumettent pas toujours sans murmure. Au lieu de com-

battre la nature, il doit combattre ses propres instincts, et dans cette lutte douloureuse, il s'écrie : Quand cette lutte cessera-t-elle? Qui est l'auteur de tout cela ?

Il n'est pas un homme bien organisé qui ne se soit posé ces questions ou qui n'ait senti le besoin de les résoudre. Ainsi, *nature, homme, rapports de l'un avec l'autre, destination et but final de l'humanité, institutions sociales, causes de la nature et de l'homme*, tels sont les objets de la science, lesquels peuvent se ramener à trois grandes divisions, correspondant aux idées de *nature*, d'*homme* et de *Dieu*, d'où la division des sciences en trois classes : *Sciences naturelles, sciences anthropologiques* et *sciences transcendentales*.

I. *Sciences naturelles*. Les sciences naturelles s'occupent des objets de la nature: 1° d'après leurs classes et leurs espèces. La *minéralogie* traite des corps inorganiques; et quant à la nature organisée, la *botanique* traite des plantes, la *zoologie* des animaux. La *géographie physique* étudie la terre en général et sa constitution extérieure; la *météorologie*, les phénomènes atmosphériques; l'*astrognosie*, la disposition générale des corps célestes*. 2° D'après leur composition, la disposition de leurs parties, leur forme. L'*oryctognosie* traite des corps inorganiques relativement à leurs gisements; la structure des corps organiques fait l'objet de l'*anatomie des plantes* et *des animaux;* la *géognosie* considère le globe terrestre en général. 3° D'après leurs principes. La *chimie* compose et décompose les corps, soit dans un but industriel, soit dans un but médical; dans son application à la médecine, cette science prend les noms particuliers de *matière médicale*, de *pharmacologie*, de *pharmaceutique*, etc. 4° Enfin les sciences naturelles étudient la nature selon les lois de son activité, et dans ce cas encore, elles se divisent en plusieurs branches. La *physique* s'occupe de la nature inorganique; la *physiologie*, de la nature organique; la *géologie*, des corps terrestres; l'*astrono-*

(*) Nous reproduisons les noms nouveaux qui figurent dans cette classification, sans en discuter le mérite et sans les adopter tous pour notre propre usage.

mie, des corps célestes; la *cosmologie*, de l'univers *.

La plupart de ces sciences exigent absolument les secours d'une autre qui, bien qu'accessoire en apparence, est dans le fait véritablement fondamentale. Nous voulons parler des *mathématiques* pures ou appliquées, ou de la science de l'étendue en tant qu'elle peut être déterminée dans le temps et l'espace. Sous le nom de mathématiques, on comprend l'*arithmétique*, l'*algèbre*, le *calcul analytique*, la *géométrie* et la *trigonométrie*. L'application des principes mathématiques aux phénomènes de la nature a donné naissance aux sciences physico-mathématiques. La *dynamique* et la *statique*, qui, dans leurs diverses applications, portent les noms de *mécanique*, *hydraulique*, *aérostatique*, *optique*, *acoustique*, rentrent dans cette classe, ainsi que la *géographie mathématique* et la *chronologie* ou art de déterminer la durée du temps par le mouvement de la terre et des astres. Cette nomenclature est loin d'être complète. Les physiciens s'occupent activement de la théorie physico-mathématique du calorique, de l'électricité, du magnétisme, et il est très vraisemblable qu'ils arriveront à des résultats curieux, nommément dans les sciences qui s'occupent des émigrations, des transplantations, des dégénérescences des êtres organiques, objet de l'*histoire naturelle*, ou de recherches sur la formation de la terre, but de la *géogénie*.

Nous n'avons point classé parmi les sciences naturelles l'*astrologie*, la *chiromancie*, l'*alchimie* (voy.), et toutes ces prétendues sciences qui n'offrent tout au plus aujourd'hui qu'un intérêt historique.

II. *Sciences anthropologiques*. Ainsi que leur nom l'indique (voy. ANTHROPOLOGIE), ces sciences considèrent l'homme comme un être particulier, digne d'être étudié en lui-même, abstraction faite du milieu où il se trouve; elles recherchent

(*) Des articles spéciaux sont consacrés à tous ces noms et aux suivants : parmi les plus importants, nous citerons PHYSIQUE, CHIMIE, GÉOLOGIE, HISTOIRE NATURELLE, BOTANIQUE, DROIT (jurisprudence), PHILOSOPHIE, PHILOLOGIE (avec LANGUE et LINGUISTIQUE), HISTOIRE (avec HISTORIOGRAPHIE), CHRONOLOGIE (avec ANNÉE), ARCHÉOLOGIE, MYTHOLOGIE, POÉSIE, etc., etc.

quelle est sa destination, quelles conditions il doit remplir pour y atteindre, et la manière dont il doit les accomplir. Quelque nombreuses qu'elles soient, elles appartiennent toutes à une souche commune : elles sont comme les branches d'un seul arbre, et cet arbre est l'*anthropologie*, science que l'on pourrait aussi appeler l'histoire naturelle de l'homme, et qui l'étudie : 1° comme corps organique, comprenant ainsi la *somatologie*, la *physiologie* et l'*histoire naturelle* de l'espèce humaine, de ses races, de ses variétés; 2° comme être spirituel : dans ce cas, elle prend le nom de *psychologie*; 3° d'après les rapports qui constituent l'individualité : c'est alors l'*anthropologie pragmatique* qui embrasse la *physiognomique*, la *pathognomique* et la *mimique**; 4° d'après l'organisme spirituel et les résultats qu'il fournit sur le but et les limites de toute tendance humaine : c'est l'*anthropologie philosophique*.

En étudiant l'organisation physique de l'homme, il est naturel de se préoccuper de son état de santé ou de maladie. Les recherches sur son état de santé font l'objet de l'*hygiène* et de la *diététique*; celles sur son état de maladie rentrent dans la *pathologie*, la *nosologie*, l'*œtiologie*, la *symptomatologie* ou la *sémiotique*. Nous ne parlons pas de la *chirurgie* qui se rattache à l'anatomie.

Comme être spirituel, l'homme est doué d'instincts, de capacités, de facultés dont l'action constitue sa vie psychique. Sous ce rapport, il nous apparaît comme un être intellectuel, moral, esthétique. La psychologie nous apprend tout cela, mais elle ne nous l'apprend qu'empiriquement, et ce n'est pas assez pour satisfaire l'esprit humain qui en ceci surtout veut *savoir*, et non pas seulement *conjecturer*, puisque de cette connaissance dépend la solution de l'importante question de la destination de l'homme. Les recherches sur cette matière sont l'objet de la *philosophie théorique*, de la *philosophie pratique* et de l'*esthétique*. La première de ces sciences développe les lois auxquelles est soumis l'esprit humain

(*) On peut comprendre tout cela sous la dénomination plus usitée de *phrénologie*. Voy. ce mot.

lorsqu'il pense et raisonne pour arriver à la connaissance : on l'appelle aussi *logique*. La *grammaire générale* ou la théorie philosophique des langues (*voy.* ces mots et tous les suiv.) s'y rattache de la manière la plus intime. La philosophie pratique développe les principes du droit et du devoir, et se divise en *droit naturel* et en *morale* ou *éthique*. L'esthétique enfin dirige l'esprit humain dans ses jugements sur le beau, lui apprend à le connaître et à le produire ; et comme le beau est toujours une œuvre d'art, la *théorie des beaux-arts* ne saurait en être séparée (*voy.* Arts, Beaux-Arts, Poésie).

L'étude de ces différentes branches de la science a appris à l'homme ce que c'est que le vrai, le bien, le beau. Est-ce assez pour lui ? Notre existence est-elle bornée à cette vie terrestre ? Ici se présentent naturellement les idées de Dieu et de l'immortalité, les deux fondements de la *religion*, qui, considérée comme science, devient la *théologie*.

La destination terrestre de l'homme étant le développement harmonique de toutes ses facultés, il doit, pour atteindre son but, vivre avec les autres hommes, et non pas seulement avec ceux qui sont avec lui en contact immédiat, mais avec les hommes de tous les pays et de tous les temps. La *géographie anthropologique*, l'*ethnographie* * et les *sciences politiques* dans le sens le plus large du mot, lui en fournissent les moyens. Ces sciences nous montrent l'homme à tous les degrés de la civilisation et dans tous les rapports où il a pu être placé par la nature, par les circonstances ou par son propre choix. Et quoique les facultés humaines soient partout les mêmes, nous rencontrons autant d'opinions, de mœurs, d'usages, de coutumes, d'institutions différentes que de climats ou de productions naturelles. Cette variété infinie durera-t-elle toujours ? La question est résolue par l'*histoire* : celle-ci se divise en *histoire générale, histoire particulière* et *biographie*, selon qu'elle a pour objet l'humanité entière, une nation ou un individu.

Le caractère essentiel de l'histoire est la vérité (*voy.* Certitude et Critique).

(*) Avec ce mot, *voy.* Homme et Races humaines.

Pour approcher le plus possible de ce caractère, elle a besoin des secours de la *linguistique* et de la *philologie*, de la *bibliographie* et de la *littérature*, de l'*archéologie* et de la *mythologie*, de la *numismatique*, de l'*épigraphique*, de la *diplomatique*, de la *héraldique*, et de la *généalogie*, de la *chronologie*, de la *géographie historique et politique*.

A l'histoire se rattachent encore, par plus d'un point, les sciences politiques, qui se divisent en deux classes, selon qu'elles s'occupent du but des institutions politiques ou des moyens de le réaliser. A la première appartient le *droit politique*, qui fixe les limites du pouvoir souverain et en détermine les droits ; à la seconde, le *droit administratif*. Toute institution politique a pour but la sûreté, le bien-être des citoyens et leur culture : de là, la triple division du droit administratif. Pour garantir la sûreté des citoyens, l'état doit prendre des mesures intérieures et extérieures : il doit protéger les droits de chacun contre toute atteinte de la part des autres membres de l'état, de même que contre les attaques des étrangers. Il y a donc une politique de sûreté intérieure qui comprend la *jurisprudence*, la *législation civile* et *criminelle*, et la *police* ; et une politique de sûreté extérieure qui se divise en *politique de paix* et *politique de guerre*. A la politique de paix, qui garantit la sûreté des citoyens par des traités, appartiennent le *droit des gens* et la *diplomatie* ; à la politique de guerre, toutes les sciences militaires, telles que *science des fortifications, artillerie, pyrotechnie, tactique*, etc., ainsi que le *droit de la guerre*.

Ce n'est point assez pour l'état de protéger les citoyens, il doit encore veiller à leur bien-être, créer, conserver, multiplier, répartir également la richesse nationale. Cette branche importante de la science s'appelle *économie politique* ; elle embrasse l'*agriculture*, la *science forestière*, l'*exploitation des mines*, les *sciences technologiques*, les *sciences commerciales*, en un mot, toutes les sciences qui traitent de la production et de la circulation de la richesse nationale, en sorte que l'*architecture*, la *nautique*, etc., rentrent également dans cette catégorie.

Mais pour avoir une idée exacte de la richesse d'un pays, il est indispensable d'en suivre les variations au moyen de la *statistique* et de la *géographie politique*. La fortune nationale connue, il s'agit de déterminer quelle portion en réclament les besoins de l'état : c'est le but de la *science financière*. Le bien-être de toutes les classes de la population est le but essentiel de toute société politique : de là encore, une *police des pauvres* et une *hygiène publique*, embrassant les hôpitaux, les hospices, les lazarets et autres établissements semblables (*voy.* ces mots).

Enfin, l'homme n'a pas seulement des besoins physiques, il a aussi des besoins plus relevés auxquels l'état doit satisfaire à plus forte raison; il est de son intérêt comme de son devoir d'éclairer et de moraliser le peuple. La *science de l'éducation* ou *pédagogie* comprend tous les moyens de culture physique, intellectuelle, morale, esthétique et religieuse, depuis la *gymnastique* jusqu'à la *religion*; elle s'occupe, par conséquent, de l'organisation des établissements d'instruction publique, des écoles élémentaires, des écoles spéciales, des écoles scientifiques, des académies, des sociétés des sciences et des arts, des bibliothèques, des musées, des cabinets, des galeries, des établissements religieux, de l'imprimerie, de la librairie.

III. *Sciences transcendentales.* Les sciences naturelles mènent en dernière analyse à l'idée d'un Dieu; il ne peut y avoir d'effet sans cause, et cette cause première est l'absolu. Les sciences anthropologiques y conduisent de même; la liberté de la volonté fait concevoir à l'homme l'idée d'une volonté supérieure à la sienne, qui lui apparaît avec le caractère de la nécessité, et qui est encore l'absolu. Ainsi, toute la science humaine aboutit à Dieu. La science de Dieu ou de l'absolu a été appelée *métaphysique*, et divisée en *ontologie*, science des propriétés générales des choses; *cosmologie*, résultat de la spéculation sur le monde sensible; *psychologie rationnelle* ou *pneumatologie* et *théologie rationnelle*, résultats de la spéculation sur le monde invisible. Kant a substitué à l'expression de métaphysique celle de *philosophie transcendentale*, expression que M. de Schelling à son tour a abandonnée pour celle de *système de l'identité*, par laquelle il désigne la science de l'absolu. ***

Telle est, d'après la grande Encyclopédie allemande à laquelle nous faisons quelquefois des emprunts, la classification qu'on peut donner de la science; resterait à parler de l'intérêt qu'elle doit inspirer, de son utilité, de ses bornes, de la part que différentes classes d'hommes y ont prise, et qui faisait des uns des *savants* et des *érudits*, des autres de simples *lettrés* ou même des hommes tout-à-fait *illettrés*, des ignorants; mais il a déjà été question de tous ces différents points aux mots ENCYCLOPÉDIE, LETTRES et LITTÉRATURE, ÉRUDITION, etc.

Autrefois réservée à certaines castes, comme elle l'est encore dans l'Orient, la science est aujourd'hui l'apanage de tous, et c'est à la divulguer que consiste la principale utilité des encyclopédies. Mais ces ouvrages cherchent encore à satisfaire un autre besoin de notre époque, celui de purifier, de simplifier la science, de la décharger de cet énorme bagage dont elle est encombrée, et qui ne permet pas d'en tirer tout le parti possible. Ce qu'on a appelé le *farrago*, la matière scientifique, n'est pas utile à tous les moments, ni nécessaire à tout le monde; et c'est pour en éviter l'embarras à beaucoup d'hommes avides de lumières, mais économes de leur temps, tout en le revendiquant pour nous-même aux heures des laborieuses investigations, que nous consacrons nos faibles moyens à cet abrégé de la science, malheureusement encore trop au-dessous de notre idée, malgré l'aide que nous prêtent tant d'hommes éminents ou distingués. Que les hommes de science n'y voient pas avant tout le danger d'abaisser le niveau de la science afin de la rendre abordable à chacun : ses intérêts nous sont chers comme à eux-mêmes; mais à côté de ce danger, nous voyons l'avantage d'élever à la science, en leur en donnant le goût, ceux que ses formes sévères et ses inextricables longueurs effaroucheraient inévitablement. De plus, à quoi la science est-elle bonne si elle n'est pas au service de la civilisation ? Doit-on jamais oublier que celle-ci est véritablement l'objet qu'il s'agit d'atteindre, et qu'au contraire celle-là n'est que l'instrument dont on se sert à cet effet? Une seule science, celle des vérités morales et religieuses, porte son but en elle-même; toutes les autres n'ont de valeur que comme auxiliaires, soit qu'elles forment pour ainsi dire la gymnastique de l'esprit, soit qu'on ne leur reconnaisse d'autre avantage que celui de remplir utilement et dignement un temps enlevé dès lors aux passe-temps vulgaires et grossiers. Le but final est la moralisation de l'homme, laquelle est la tâche et le terme de la civilisation. C'est aussi cette dernière, beaucoup plus que la science, que nous avons eu en vue dans toute cette publication, qui touche maintenant à sa fin; et si le suffrage des savants nous flatte, nous sommes encore infiniment plus sensible à celui des hommes de bien en général, amis de l'humanité et pleins de respect pour les vérités éternelles qui doivent avant tout fixer son attention.

En terminant, nous indiquerons comme pouvant compléter cet aperçu, les art. ÉCOLES, INSTRUCTION, PEUPLE, LIVRES, LITTÉRATURE, THÉATRE, etc. J. H. S.

SCIENCES (ACADÉMIE DES), ACADÉMIE DES SCIENCES MORALES ET POLITIQUES, *voy.* ACADÉMIE, INSTITUT, etc.

SCIENCES OCCULTES, *voy.* MAGIE.

SCIERIES, usines où plusieurs scies, mises en mouvement par un moteur mécanique, comme l'eau, la vapeur ou le vent, scient le bois en long pour en faire des planches. De semblables usines existent de temps immémorial; mais elles ont été singulièrement perfectionnées. Dans ces dernières années, on a imaginé des scies circulaires qui, dans une planche d'un pouce d'épaisseur, scient jusqu'à 12 feuilles de placage. Le plus bel établissement de ce genre est celui que M. Brunel a formé auprès de Londres. X.

SCINDIAH, *voy.* SINDIAH.

SCIO, *voy.* CHIOS.

SCIOMANCIE, *voy.* DIVINATION, T. VIII, p. 336.

SCION, *voy.* GREFFE, T. XIII, p. 86.

SCIPIONS (LES) étaient une branche de la célèbre famille patricienne des Cornéliens (*Cornelia gens*) * : aussi tous ses membres portaient le nom de Cornélius. Quant au surnom de Scipion, il leur fut donné, parce que l'un d'eux avait servi de bâton (en lat. *scipio*) à son père aveugle (Macrobe, *Saturn.*, I, 6). Nous ne parlerons ici que des Scipions qui se sont le plus illustrés par leurs dignités et leurs services.

L. CORN. SCIPION BARBATUS fut consul l'an 298 av. J.-C.; il s'empara de plusieurs places dans le Samnium et conquit toute la Lucanie.

L. CORN. SCIPION, son fils, consul en 259, et censeur l'année d'après, enleva la Corse et la Sardaigne aux Carthaginois pendant la 1re guerre punique. C'est de lui et de son père Barbatus qu'en 1780, on a découvert à Rome les tombeaux qui figurent parmi les plus précieuses antiquités du Musée Pio-Clémentin.

CNÉUS CORN. SCIPION ASINA, deux fois consul, en 260 avec Duillius (*voy.*), et en 254, tomba au pouvoir des Carthaginois au combat de Lipara; rendu à la liberté par les victoires de Régulus (*voy.*), il se signala contre ces mêmes Carthaginois par d'éclatants succès en Sicile. Il leur prit, entre autres villes importantes, Panorme, le centre et le point d'appui de leurs opérations.

PUB. CORN. SCIPION et CNÉUS CORN. SCIPION CALVUS, fils du conquérant de la Corse et de la Sardaigne, furent tous les deux consuls, l'un en 218, l'autre en 222. Le premier perdit, cette même année de son consulat, la bataille du Tésin contre Annibal (*voy.*), y fut blessé et ne dut la vie qu'à son fils. L'année suivante, il prit, comme proconsul, le commandement d'une armée en Espagne, et opéra de concert avec son frère Cnéus, qui s'était précédemment illustré dans une guerre contre les Gaulois de la Cisalpine, et que Rome envoya aussi, avec le même titre de proconsul, en Espagne. Il y eut entre eux une étroite fraternité de gloire et de malheurs. Vainqueurs dans quatre combats acharnés où périrent plus de 40,000 Carthaginois, ils crurent devoir diviser leurs forces pour

(*) *Voy.* SYLLA, LENTULUS, et T. VII, p. 16, la note.

S.

terminer plus tôt la guerre ; cette fausse manœuvre les perdit. Accablés séparément par les armées réunies d'Asdrubal, de Magon et de Masinissa (*voy.*), Publius et Cnéus furent battus et périrent en héros (212 ans av. J.-C.).

Pub. Corn. Scipion Africanus, fils du Publius qui précède, naquit à Rome l'an 235 av. J.-C., et reçut une éducation à la fois grecque et romaine. Dès l'âge de 17 ans, il se fit un nom dans l'armée en sauvant son père sur le champ de bataille du Tésin. A 22 ans, Rome lui dut peut-être son salut, lorsque après la fatale journée de Cannes, il menaça de mort les officiers romains qui, désespérant de la patrie, avaient formé le projet d'abandonner l'Italie. A 24 ans, il brigua un commandement en Espagne où son père et son oncle avaient péri, afin de venger leur mort et d'y rétablir la domination romaine. L'enthousiasme militaire, qui l'anima dans sa candidature, fit une vive impression. Malgré sa jeunesse, il fut élu proconsul, et bientôt la province fut reconquise, la nouvelle Carthage emportée d'assaut ; les alliés rentrèrent sous la protection de Rome, et les peuples soumis aux Carthaginois se soumirent aux Romains. C'est dans cette campagne que Scipion rendit à son fiancé une jeune Espagnole que le sort des armes avait fait sa prisonnière. Il renvoya également sans rançon tous les captifs, pratiquant ainsi des vertus qui n'étaient pas dans les mœurs romaines, mais dont la Grèce lui avait donné l'exemple. Au reste, cette générosité même contribua au succès de ses armes. De retour dans sa patrie, le pacificateur de l'Espagne sollicita le triomphe, mais on lui objecta que la loi ne l'accordait qu'aux généraux revêtus du consulat. Il sollicita cette suprême magistrature et l'obtint (104 av. J.-C.) avec la direction de la guerre contre Annibal. Sa grande pensée était d'en porter le théâtre en Afrique même. Par cette manœuvre hardie, il força le général carthaginois d'abandonner enfin l'Italie et de venir au secours de sa patrie menacée. Les deux généraux se rencontrèrent à Zama, où l'armée romaine remporta la plus éclatante victoire. Scipion put alors dicter à Carthage ces conditions humiliantes qui détruisirent sa force politique, qui firent donner au vainqueur le surnom glorieux d'*Africain*, et laissèrent Rome désormais sans rivale. Quelques années après, une coalition formidable que devait commander Annibal se forma en Orient contre la république ; mais cette coalition fut promptement vaincue, et Annibal forcé de se retirer en Arménie, grâce à la rapidité des marches, au courage, aux talents militaires de Lucius, frère de Scipion, alors consul, et surtout du grand Scipion qui servait sous ses ordres comme son lieutenant. Tant de succès et tant de gloire excitèrent à Rome la jalousie des chefs du peuple et de membres mêmes du sénat. L'inimitié de Fabius et de Caton vinrent en aide aux tribuns. Ils cherchèrent querelle à Scipion sur les contributions de guerre qu'il avait versées dans le trésor, et une accusation formelle de péculat lui fut intentée devant le peuple. Scipion dédaigna de se justifier. Dans la première assemblée, il fit lui-même son éloge ; dans la seconde, il rappela que, à pareil jour, il avait vaincu Annibal, et il s'écria : « Allons au Capitole en rendre grâces aux dieux. » Tout le peuple l'y suivit, moins les tribuns. A l'époque du troisième ajournement, Scipion avait quitté Rome et s'était retiré à sa campagne de Liternum en Campanie. C'est là que, après 4 ans d'un exil volontaire, dont il consacra les loisirs aux lettres grecques et que charmèrent le génie et l'amitié d'Ennius (*voy.*), il mourut dans sa 52ᵉ année, gardant jusqu'à sa mort le ressentiment de tant d'ingratitude, à ce point qu'il défendit de rapporter ses cendres dans Rome.

Lucius Corn. Scipion Asiaticus fit, avec son frère Scipion l'Africain et comme son lieutenant, les guerres d'Espagne et d'Afrique. Ses services le firent nommer préteur en 194, puis consul en 191, à l'époque de la guerre contre Antiochus-le-Grand et contre Annibal. Chargé du commandement de l'armée d'Asie, il eut à son tour, pour lieutenant, le vainqueur de Carthage, et il eut le bon esprit de faire d'un tel lieutenant son guide et son conseil. Cependant la gloire de la bataille de Magnésie lui appartient tout entière ; car il y battit, seul et en l'absence de son frère, le roi de Syrie. L'année suivante, il força ce prince à signer une paix avantageuse à la république, et termina ainsi une guerre qui en reculait les limites. Rome lui décerna les honneurs du triomphe et le surnom d'*Asiatique*. Après la mort de Scipion l'Africain, Lucius qui avait été accusé, comme lui, de s'être laissé corrompre par l'or d'Antiochus, fut de nouveau et avec plus de violence en butte aux poursuites des Caton et des Pétilius. Les tribuns le firent condamner à une si forte amende qu'il ne put la payer. Ses biens furent vendus et il eût été mis en prison, si Gracchus ne se fût opposé à ce qu'on jetât dans les fers un général qui avait tant honoré les armes romaines. Le vainqueur d'Antiochus passa le reste de sa vie dans l'obscurité.

Pub. Corn. Scipion Nasica, fils de Scipion Calvus, tué en Espagne, et cousin germain des deux Scipions, l'Africain et l'Asiatique, fut proclamé, par un sénatus-consulte, le plus homme de bien de la république, et conformément à l'oracle de Delphes, chargé à ce titre de recevoir la statue de la mère des Dieux, *Idæa mater*, qu'on fit venir de Pessinunte à Rome pour le salut de la république (207 av. J.-C.). Un tel début lui promettait un rapide avancement. Après avoir exercé l'édilité curule et la préture, il partit pour l'Espagne en qualité de propréteur et fit, avec succès, la guerre aux Lusitaniens. L'année suivante (193), élevé au consulat, il se signala par une victoire décisive contre la formidable tribu gauloise des Boïens. Aux talents militaires, Scipion Nasica unissait la connaissance approfondie des lois, et passa pour un des plus habiles jurisconsultes de son temps.

Son fils, P. Corn. Scipion Nasica, surnommé Corculum, à cause de la bonté de son cœur, dut à sa piété héréditaire, à son mérite personnel, le choix que fit de lui Scipion l'Africain pour gendre. Bien jeune encore, puisque Tite-Live l'appelle *egregius adolescens*, il se distingua à la bataille de Pydna, où Paul-Émile vainquit Persée (168 av. J.-C.). Ce fut lui qui, le premier, plaça dans Rome une horloge d'eau (*voy.* Clepsydre). En 155, vainqueur des Dalmates, pendant son second consulat, il eut la

modestie de refuser le titre d'*imperator*, et les honneurs du triomphe.

P. Corn. Scipion Nasica Sérapion, fils du précédent, fut un des plus implacables ennemis des Gracques (*voy.*), et tua, de sa propre main, Tib. Gracchus (133 av. J.-C.). Il eut ainsi le malheur d'être le premier Romain qui eût fait couler le sang dans une sédition. Le parti populaire regardait ce meurtre comme un sacrilège, à cause du souverain pontificat dont Scipion était alors revêtu; et ce fut pour le soustraire à la vindicte populaire que le sénat l'envoya en Asie, sous prétexte d'une mission. Il y mourut près de Pergame (131 av. J.-C.), accablé, dit-on, du remords d'avoir méconnu la modération que lui imposait sa dignité pontificale.

Pub. Corn. Scipion Æmilianus Africanus Numantinus, fils de Paul-Émile (*voy.*), naquit à Rome l'an 185 av. J.-C. Selon l'usage des grandes familles romaines qui souvent échangeaient entre elles les héritiers de leur gloire, il fut adopté par un fils de Scipion l'Africain. Après avoir servi en Macédoine sous son père Paul-Émile, et fait à son école l'apprentissage de la guerre, après s'être distingué comme tribun légionnaire en Espagne, Scipion Émilien partit pour l'Afrique, et là, auxiliaire de Masinissa, l'allié de Rome, il prit une part glorieuse à la longue et sanglante bataille entre ce prince et les Carthaginois, prélude de la campagne où il devait donner à Rome l'empire du monde. A son retour, il fut élu édile, puis consul, quoiqu'il n'eût pas l'âge légal. Les hostilités de la 3e guerre punique (*voy.*) venaient de commencer; Scipion Émilien passa en Afrique, prit le commandement des armées, et s'inspirant de l'exemple de son aïeul, des conseils de Lælius et de Polybe (*voy.*), après 3 ans de siège et la plus héroïque défense, se rendit maître de Carthage (146 av. J.-C.). Exécuteur des ordres impitoyables du sénat, il mit le feu à la ville, il en rasa les remparts, non sans verser des larmes généreuses sur le sort d'une cité si longtemps florissante. Le retour d'Émilien à Rome fut celui d'un second vainqueur d'Annibal : il y rentra en triomphe, et le titre d'*Africain* lui fut décerné. Douze ans après (134), élu de nouveau consul, il fut envoyé en Espagne au siège de Numance (*voy.*), siège terrible qui ne finit que par la destruction de cette ville et de ses défenseurs (133). Un second triomphe fut la récompense de cette nouvelle victoire, et le titre de *Numantin* fut ajouté à celui d'Africain. La popularité que tant d'exploits lui acquirent ne fut pas de longue durée : il avait eu le courage de la compromettre en approuvant le meurtre du tribun Gracchus, son beau-frère. Les autres tribuns ameutèrent le peuple contre lui, et des sifflets accueillirent le vainqueur de Carthage et de Numance. Comme son aïeul, dégoûté des affaires publiques par l'ingratitude populaire, il se retira à Caïete où, avec son ami Lælius et quelquefois avecTérence(*voy.*), il passa presque tout le reste de sa vie dans les doux loisirs des lettres et de l'amitié.Malgré ses goûts pour la retraite, il fut rappelé aux affaires par les instances de la noblesse et du sénat (129 av. J.-C.). Le vœu de tous les bons citoyens était de lui décerner la dictature pour qu'il pût rétablir l'ordre et défendre la constitution; mais ce vœu ne put se réaliser. Au grand étonnement de Rome et du monde, Scipion fut trouvé mort dans son lit (128 av. J.-C.). Des soupçons d'assassinat s'élevèrent; mais on ne fit pas d'enquête, dans la crainte, a dit l'histoire, de trouver parmi les coupables, Sempronie, sa propre femme, sœur des Gracques et C. Gracchus lui-même.   F. D.

SCLÉROTIQUE, *voy.* OEIL.

SCOLASTIQUE, de *schola*, école, enseignement philosophique qui se donnait dans les écoles savantes chrétiennes du IXe au XVIe siècle. *Voy.* PHILOSOPHIE, T. XIX, p. 538 et suivantes, RÉALISME, DUNS SCOT, *Scot* ÉRIGÈNE, etc.

SCOLIASTE ou SCHOLIASTE, interprète, commentateur, mot grec formé du verbe σχολιάζω, et dérivé de σχολὴ, loisir, parce que, sans doute, dans l'origine, les *scholies* (σχόλια, plur. de σχόλιον), étaient de petites notes ou explications que les lecteurs, hommes de loisir, consignaient sur la marge de leurs manuscrits. Plus tard et lorsque survinrent l'altération du langage et l'appauvrisse-

ment des lettres, la besogne des scoliastes acquit une telle importance, que l'un d'entre eux, Didyme d'Alexandrie, mérita le surnom de χαλκέντερος (aux entrailles de fer). En effet, la patience des commentateurs, jalouse de conserver les saines traditions au milieu de la dégénérescence générale, s'appliqua à une foule de détails portant sur le sens et l'étymologie des mots, leur véritable prononciation, sur l'explication de certains faits d'histoire ou de géographie tombés en oubli, etc. Alexandrie (*voy.*), le dépôt des sciences et des arts de l'antiquité, vit naître les premiers et les plus célèbres scoliastes, dont les études furent d'abord dirigées sur les nombreux textes d'Homère. Ptolémée Évergète ne dédaigna pas de descendre dans cette lice nouvelle, et devint l'un des commentateurs de l'immortel poëte. Après lui, Didyme, de l'école d'Aristarque (*voy.* ces noms), et une foule d'autres savants, à défaut de l'inspiration qui désormais abandonnait la Grèce, firent preuve d'une vaste et utile érudition, dont les débris sont parvenus jusqu'à nous. Plusieurs villes de l'Asie payèrent leur tribut à ce besoin d'interprétations, dont l'un des derniers représentants a été, au XIIe siècle, Eustathe (*voy.*), le plus célèbre commentateur d'Homère. Le règne des scoliastes, qui n'a pas été indifférent pour l'histoire de la grammaire, de la prononciation, de la prosodie ancienne, et qui nous a valu la conservation de passages précieux d'une foule d'écrits perdus, atteste pourtant à quelles minuties s'attachaient alors les savants les plus notables. Parmi les Grecs du Bas-Empire, on rencontre, en effet, à travers leurs recherches, tant de critiques puériles, tant d'étymologies forcées ou de mauvais goût, que bien peu d'entre eux résistent à une étude approfondie.   D. A. D.

SCOLOPENDRE,*voy.*MYRIAPODES.

SCOPAS, général étolien, *voy.* ÉTOLIE, T. X, p. 197. — Pour le statuaire, *voy.* SCULPTURE.

SCOPS, *voy.* HIBOU.

SCORBUT, maladie plus particulière aux gens de mer parmi lesquels elle faisait jadis de grands ravages, mais qui a pour ainsi dire disparu devant les progrès de la navigation. Son nom, en allemand *Scharbock*, en anglais *scurvy*, vient, dit-on, de *scorbeck*, mot d'origine septentrionale, et qui signifierait déchirement, sans doute parce qu'on voyait tomber en lambeaux les chairs des malheureux scorbutiques.

Le scorbut est une affection essentiellement épidémique, susceptible de se développer partout où agissent les causes déterminantes : aussi le voit-on survenir dans les hôpitaux, les prisons et dans toutes les réunions possibles aussi bien qu'à bord des bâtiments, sous l'influence d'un mauvais régime tant pour la nature que pour la quantité des aliments, de l'humidité, soit chaude, soit froide, de l'encombrement, des fatigues et du découragement. C'est à l'action de chacune des causes en particulier, lorsqu'elle est portée à un haut degré, mais plutôt encore à leur influence simultanée et pendant un temps assez long, qu'on doit attribuer le développement de la maladie, qui jamais, dans aucun cas, n'a pu être contagieuse.

. L'invasion ne saurait donc être que lente et successive, et, dans les épidémies, elle a lieu plus tôt ou plus tard, suivant la disposition individuelle. Le début s'annonce par un sentiment de lassitude, d'abattement et de tristesse avec lequel coïncident le refroidissement et la décoloration de la peau. Le visage prend une teinte plombée, les gencives deviennent bientôt tuméfiées, rougeâtres, douloureuses, saignantes, et parfois même laissant couler une matière sanieuse et fétide. Dès lors aussi quelques ecchymoses commencent à se montrer sur la peau. Tel est le premier degré. Si alors les malades sont secourus avec intelligence, on les voit bientôt recouvrer la santé; dans le cas contraire, ils perdent rapidement ce qui leur reste de forces physiques et morales; leurs gencives s'ulcèrent, se gangrènent et donnent lieu à des hémorragies quelquefois très considérables; toute la peau devient sèche et rugueuse, et les membres, s'infiltrant de sang et de sérosité, prennent une couleur rouge-brunâtre, marbrée de toutes sortes de nuances, de bleu, de jaune et de violet. Plus tard enfin, les hémorragies se mul-

tiplient, les dents tombent, les os de la mâchoire se carient, et une salive abondante et mêlée de sang s'écoule sans cesse; des ulcérations gangréneuses naissent sur les membres et deviennent de nouvelles occasions d'hémorragies et même de carie des os. A ces affreux symptômes se joignent des douleurs cruelles, que la persistance des facultés intellectuelles et sensoriales rend plus pénibles encore. Le typhus vient souvent terminer cette scène digne de compassion; mais souvent les malades se voient périr, pour ainsi dire, par morceaux, au moyen des hémorragies et des suppurations. Les fonctions digestives se maintiennent longtemps, la respiration et la circulation ne s'altèrent qu'à une époque avancée. Tout enfin montre que la nature lutte et résiste avec énergie au mal dont la cause intime paraît être l'appauvrissement graduel du sang. Transportés à terre, ou mis dans des conditions salubres d'habitation et de régime, les malades, mêmes ceux dont l'état semblait désespéré, se rétablissent promptement et complétement.

Le scorbut est facile à distinguer de toute autre maladie, tous ses symptômes sont essentiels; quant aux distinctions en *aigu* et en *chronique*, en *chaud* et en *froid*, enfin en scorbut *de terre* et en scorbut *de mer*, elles n'ont que peu d'importance pour la pratique.

Le prognostic est funeste tant qu'on ne peut pas soustraire le scorbutique aux influences qui le tuent. Aussi a-t-on vu autrefois des équipages *tout entiers* détruits par cette affreuse maladie, dont on ne rencontre plus maintenant que de rares exemples, à mesure que l'hygiène publique et l'hygiène privée se sont enrichies des applications des sciences physiques.

C'est donc à l'hygiène seule qu'on doit demander le traitement du scorbut: tous les médicaments les plus *antiscorbutiques* sont un secours illusoire, quand on ne peut soustraire les malades à des influences toujours agissantes; et dans les cas où l'on ne peut disposer d'un air plus pur et d'une alimentation plus convenable, on sera réduit à une désespérante impuissance. Il s'est trouvé des gens assez mal inspirés pour vouloir combattre le scorbut par la saignée, ou par les toniques et par les excitants. Mais les médecins qui ont navigué savent bien que les végétaux frais et en nature valent mieux que les sirops et les décoctions qu'on·en peut faire. Ils ont constaté l'utilité des acides végétaux, l'acide citrique en particulier qui maintenant fait partie des approvisionnements de tous les équipages au long cours, ainsi que les avantages des liqueurs spiritueuses prises en proportion modérée chaque jour. **F. R.**

SCORIES, voy. Fer, T. X, p. 652.

SCORPION (*scorpio*), genre d'arachnides (*voy.*), de la famille des pédipalpes, et dont le corps très long se termine, en avant, par deux palpes très grands armés d'une pince didactyle ; en arrière, par une queue noueuse composée de six anneaux, dont le dernier se recourbe en une sorte de dard ou de crochet aigu. Ce dard est percé en dessous de plusieurs ouvertures qui communiquent avec une glande venimeuse : aussi la piqûre de ces animaux a-t-elle des effets très redoutables pour l'homme, au moins dans les pays chauds; car en Europe elle n'est jamais mortelle : il en résulte seulement une inflammation locale assez vive, accompagnée de fièvre et de symptômes spasmodiques que l'on combat par l'usage de l'ammoniaque liquide (alcali volatil) administré intérieurement à la dose de quelques gouttes dans un verre d'eau sucrée, et instillé extérieurement dans la plaie pour détruire le venin. Les scorpions vivent dans les parties chaudes des deux continents, cachés sous les pierres, dans des troncs d'arbres, et même dans l'intérieur des maisons. Ils courent très vite en tenant leur queue relevée au-dessus du dos, et la dirigeant à leur gré contre leurs ennemis ou contre les animaux dont ils veulent faire leur proie. Extrêmement voraces, ils détruisent une grande quantité d'insectes qu'ils saisissent avec leurs serres. Ils sont ovovivipares; la femelle porte pendant quelque temps ses petits sur son dos. On en connaît plusieurs espèces. Le *scorpion d'Europe* est long d'environ 0^m.03, de couleur brune. Sa piqûre n'est pas à beaucoup près aussi dangereuse que celle du *scorpion d'Afrique*, que l'on trouve en Bar-

barie et même dans le midi de l'Europe ; celui-ci est plus grand, roussâtre, sa queue est plus longue que le reste de son corps.

On donne vulgairement le nom de *scorpions de mer* à des poissons de mer de la famille des *trigles* ou *grondins*, et que les naturalistes désignent sous le nom de *scorpènes.* **C. S-te.**

SCORPION, voy. Constellation et Zodiaque.

SCOT, voy. Erigène et Duns Scot.

SCOTS, voy. Pictes, Calédonie et Écosse.

SCOTT (sir Walter), le grand romancier écossais, naquit à Édimbourg le 15 août 1771. Il était le 3e fils de Walter Scott, écrivain du sceau *, et d'Anne Rutherford, fille d'un professeur de médecine très distingué de l'université de cette ville. Les Scott de Harden étaient une ancienne famille du Teviotdale, dont le nom avait été mêlé aux vieilles luttes du *Border* (lisière, confins), et aux guerres civiles des derniers temps. Envoyé à la campagne par suite d'un accident à la jambe droite, dont il resta boiteux, le futur auteur de *Waverley* respira dès son enfance la poésie des sites et des souvenirs. Sa bonne tante Janet le berçait avec des chansons jacobites ; les fermiers des environs redisaient encore avec terreur les cruautés de l'armée de Cumberland ; enfin une notoriété populaire s'attachait à la mémoire du vieux Beardie, son arrière grand-père, qui avait laissé croître sa barbe en signe de regret de la chute des Stuarts. Son infirmité avait développé chez lui le goût de la lecture et des promenades solitaires, goût qui le suivit soit à la ville, où il retourna à l'âge de 8 ans, soit à Kelso, où il passait ordinairement ses vacances. Il étudia successivement à l'école supérieure d'Édimbourg, puis au collége, où, comme il le dit lui-même, il ne fit pas grande figure, et brilla plus, ce sont ses expressions, à la cour qu'à la classe. A l'exception du docteur Adam, excellent humaniste, qui sut reconnaître et cultiver en lui quelques dispositions heureu-

(*)*Writer to the signet.* Ce sont, ainsi que nous l'avons dit à l'art. Édimbourg (T. IX, p. 181), des hommes de loi ayant seuls le droit de rédiger les actes soumis au sceau royal.

ses, ses maîtres n'avaient pas une très haute opinion de sa capacité ; son professeur de grec le déclara stupide un jour qu'il l'entendit mettre l'Arioste au-dessus d'Homère. Mais son talent pour le récit l'avait rendu populaire parmi ses camarades, qui, en hiver pendant les heures de récréation, faisaient cercle autour de lui pour l'écouter. L'auteur a donné lui-même sur ce talent de sa jeunesse, qui devait faire un jour sa gloire, des détails pleins de charmes soit dans l'autobiographie qui se trouve en tête des *Mémoires* donnés par M. Lockhart, soit dans la *préface générale* de ses *OEuvres*, morceaux qui sont eux-mêmes des modèles de narration intime et familière.

Au sortir du collège, le jeune Walter Scott mena de front la cléricature et le stage ; il n'opta définitivement pour le barreau qu'en 1792. Tantôt grossoyant des actes dont le produit lui servait à acheter des livres, tantôt, comme ce jeune légiste qu'il a peint dans son roman de *Redgauntlet*, balayant de sa robe le parquet du tribunal, médiocre avocat, mais bon vivant et joyeux confrère, il semble n'avoir pris de la vie judiciaire que ce qu'il lui en fallait pour tracer d'après nature ses types d'hommes de loi. Le théâtre, les clubs, les sociétés littéraires, la lecture, absorbaient une bonne partie de son temps ; mais il s'attachait avec une prédilection marquée aux œuvres d'imagination en tout genre, et, quand il eut épuisé le répertoire romanesque de l'Angleterre, ce fut pour connaître ceux des autres pays qu'il étudia les littératures étrangères, surtout le français et l'allemand. Bien que parlant assez mal notre langue [*], il connaissait bien nos auteurs, notamment nos historiens et nos romanciers. La muse romantique de Bürger et de Gœthe fut le premier attrait qui lui inspira l'envie d'écrire. Ces essais, consistant en une traduction de Lénore, de *Gœtz de Berlichingen*, en imitations de ballades allemandes, reçurent une publicité restreinte ou furent envoyés à

[*] « Mon Dieu ! comme il estropiait, entre deux vins, le français du bon sire de Joinville, » disait à ce sujet un des gentilshommes de Charles X, avec qui il essaya de converser en français, lors du séjour de celui-ci à Édimbourg, en 1830.

Lewis pour être insérés dans ses *Tales of Wonder* (1796-99). Pendant les vacances, voyageur infatigable, le jeune Walter Scott parcourait les *Highlands*, le *Border*, poussait même parfois jusqu'aux comtés du nord de l'Angleterre, observant les localités, dont les moindres détails se gravaient dans sa mémoire avec une fidélité merveilleuse, recueillant des traditions, des ballades, des traits de mœurs qui devaient défrayer plus tard et ses vers et sa prose. Ce fut dans une excursion de ce genre aux lacs du Cumberland qu'il connut miss Carpenter, fille d'un protestant royaliste de Lyon, réfugiée avec sa mère en Écosse, à la suite de la révolution française. Il l'épousa en décembre 1797 et en eut 4 enfants, 2 fils et 2 filles. Cependant les faibles revenus de sa profession d'avocat n'auraient pas longtemps suffi aux charges du ménage, s'il n'y avait joint ceux d'une place de shériff du comté de Selkirk (1799), et de clerc de session (1806), doubles fonctions qu'il remplit, l'une pendant plus de 20 ans, l'autre jusqu'à sa mort, avec une régularité exemplaire.

Mais la littérature devait bientôt devenir pour lui une source bien autrement féconde de fortune et de gloire. Sans parler de *Glenfinlas*, de *La maison d'Aspen*, de *Sir Tristrem* et de quelques publications qui n'eurent pas un grand retentissement, ses *Chansons du Border écossais*, 1800-1803, œuvre à la fois d'antiquaire et de poëte, furent remarquées, grâce à ce mélange de science et d'imagination qui devait rester le principal caractère de son talent. « Ce fut ainsi, dit-il, que le succès de quelques ballades eut pour effet de changer le plan et l'avenir de ma vie, et de métamorphoser un laborieux légiste de quelques années de stage en un poursuivant littéraire. » Bientôt les trois grands poëmes du *Lai du dernier ménestrel*, 1805, de *Marmion*, 1808, et de *la Dame du lac*, 1810, suivis d'autres de moindre importance, la *Vision de don Rodrigue*, 1811, *Rokeby*, 1813, *le Lord des Iles*, 1815, etc., vinrent placer le nom de Walter Scott, comme poëte, immédiatement après celui de Byron, et leur succès prodigieux ne put être surpassé plus tard que par celui des romans sortis de la même plume. Tout en donnant à ces compositions poétiques la plus grande partie du loisir que lui laissaient ses fonctions, il s'occupait d'articles pour l'*Edinburgh* et le *Quarterly Review*, de publications historiques et littéraires, telles que d'excellentes éditions des œuvres de Dryden, 1808, 18 vol. in-8°, et de Swift, 1824, 19 vol. in-8°; avec notes, introductions, biographies, les *Somers Tracts*, les *Sadler's Papers*, etc.; il enrichissait la *Novelists Library* d'ingénieuses notices, qui ont été réunies en français sous le titre de *Biographie des romanciers célèbres, depuis Fielding jusqu'à nos jours* (Paris, 1825, 4 vol. in-12). A cette prodigieuse activité littéraire, le démon de la propriété avait ajouté un nouveau stimulant depuis l'acquisition d'Abbotsford (1811), château romantique situé sur les bords de l'abbaye de Melrose, où Scott, à partir de cette année, passa l'intervalle des sessions, et dont le produit considérable de ses ouvrages suffisait à peine à payer les bâtisses, les plantations, l'hospitalité somptueuse.

Cependant l'auteur, malgré le mérite de ses poëmes, n'avait pas encore rencontré la forme qui convenait le mieux à son talent. Il a raconté lui-même comment il fut amené à choisir celle du roman. « Mes peintures des sites et des mœurs des Highlands, dit-il, tracées d'après mes souvenirs de jeunesse, avaient été accueillies si favorablement dans mon poëme de *la Dame du lac*, que je dus songer à essayer quelque chose de semblable en prose. J'avais fait de nombreuses excursions dans nos montagnes, à une époque où elles étaient beaucoup moins accessibles et moins explorées qu'elles ne l'ont été depuis quelques années; j'y avais connu plusieurs vieux combattants de 1745, qui, comme la plupart des vétérans, se laissaient facilement persuader de recommencer leurs batailles pour le plaisir d'auditeurs bénévoles tels que moi. L'idée me vint naturellement que les anciennes traditions et l'esprit exalté d'un peuple qui portait dans un siècle et dans un pays civilisés une si forte empreinte des mœurs primitives, devaient offrir un sujet favorable pour le roman, si le conte, comme on dit, n'était pas gâté par le con-

teur. » C'est dans cette pensée que, dès 1805, il avait esquissé le commencement de *Waverley;* mais, détourné de son entreprise par un ami, il avait relégué cet essai dans le tiroir d'un vieux meuble, où le hasard le lui fit retrouver en 1814. Il se remit à l'ouvrage; le roman parut cette année sous le voile de l'anonyme, mais avec un immense succès. La veine était rencontrée : on sait avec quel bonheur l'auteur la suivit d'abord. C'est ainsi qu'on vit se succéder rapidement *Guy Mannering* * et *l'Antiquaire*, 1814; la 1re série des *Contes de mon hôte* (*Tales of my Landlord*), renfermant *le Nain noir* et *le Vieillard des tombeaux* (*les Puritains d'Écosse*), 1816; *Rob Roy* et la 2e série des *Contes*, renfermant *Le cœur de Mid Lothian* (*la Prison d'Édimbourg*) 1818; enfin (1819-1820), la 3e série, renfermant *la Fiancée de Lammermoor* et *une Légende de Montrose* (*l'Officier de fortune*), puis, pour couronner cette suite de chefs-d'œuvre, *Ivanhoë*, à qui il faut faire une place à part entre l'épopée, dont il a l'intérêt grandiose, et l'histoire qu'il a inspirée si heureusement sous la plume d'un de nos plus brillants écrivains. Tous ces romans, qui ne portaient pour la plupart d'autre indication que ces mots magiques : *par l'auteur de Waverley*, valurent au *grand inconnu* (*the great unknown*), c'est ainsi qu'on l'appelait, une réputation plus qu'européenne. Contrefaits, traduits, reproduits par la scène, par la peinture, embellis du prestige de la musique, ils semblèrent pendant quelque temps être en possession de défrayer seuls la littérature comme les beaux-arts de tous les pays civilisés. Partout on s'intéressa aux scènes et aux mœurs d'un pays presque

(*) Ce roman de Walter Scott fut le premier qu'on traduisit en français : il parut en 1816 (trad. par M. Joseph Martin) et fut suivi, à un an d'intervalle, de l'*Antiquaire* (trad. par Mme Maraise). A partir de 1818, le traducteur français, du romancier écossais, fut Defauconpret qui nous fit connaître successivement toutes ses productions et les publia souvent en même temps que l'original anglais. On sait que ce dernier offrait toujours beaucoup de difficultés à cause des nombreuses expressions et locutions écossaises mêlées au texte anglais. Defauconpret est mort près de Paris, en mars 1843: son fils, qui a souvent été son collaborateur, est directeur du collége Rollin. **S.**

inconnu jusqu'alors, parce que, sous l'étrangeté de la couleur locale, on reconnut bientôt les traits généraux et saisissants qui caractérisent le cœur humain.

Cette époque marqua pour l'auteur l'apogée de sa fortune et de sa réputation. Ses ouvrages lui assuraient un revenu de 10,000 liv. st. par an. Accueilli dans un voyage à Londres, à Bruxelles et à Paris, en 1815, par les têtes couronnées et par les notabilités de tout genre, créé baronnet en 1819, visité à Abbotsford par une foule de pèlerins littéraires et par des altesses royales, sir Walter Scott vit ses traits reproduits par le pinceau de Lawrence et par le ciseau de Chantrey. Parmi les ouvrages qui suivirent (1821-24), quelques-uns soutinrent au moins, s'ils ne l'augmentèrent pas, la réputation de l'auteur : tels furent l'*Abbé*, proclamé par un ingénieux critique « plus vrai que l'histoire, » le *Château de Kenilworth, Quentin Durward*, heureuses excursions dans les chroniques étrangères; d'autres, le *Monastère*, le *Pirate, les Aventures de Nigel, Péveril du Pic*, surtout les *Eaux de Saint-Ronan et Redgauntlet*, accusaient une décadence plus sensible. Vers le même temps, les embarras toujours croissants des maisons d'imprimerie et de librairie Ballantyne et Constable, avec lesquelles Walter Scott avait depuis longtemps contracté des liaisons d'intérêt plus étroites qu'il ne convenait à la prudence du père de famille et à la dignité de l'homme de lettres, aboutirent, par suite de la crise du commerce anglais en 1825, à une ruine complète. « L'auteur de *Waverley* ruiné! s'écria à cette nouvelle le comte de Dudley; que chaque homme à qui il a procuré des mois de plaisir lui donne seulement six *pence*, et demain matin il se lèvera plus riche que Rothschild. » Pour lui, avec une résolution qui honore l'homme, mais qui malheureusement enchaînait la liberté de l'écrivain, il songea aussitôt à dévouer le reste de sa vie au service de ses créanciers. Malgré des infirmités douloureuses, malgré des chagrins domestiques, la mort de sa femme et d'un petit-fils, il se remit au travail avec une activité fébrile. C'est à cette période que se rapportent les *Contes du temps des croisades* (*Tales of the Crusaders*, 1825), la 1re série des *Chroniques de la Canongate*, et des *Contes d'un grand-père à son petit-fils sur l'histoire d'Écosse*, cadre familier, où il retrouva son talent gracieux et facile; enfin les travaux préparatoires de l'*Histoire de Napoléon*. Il se rendit à Londres pour consulter les archives des ministères, qui lui furent ouvertes, et à Paris où la conversation de quelques personnages éminents du temps de l'empire, notamment des maréchaux Macdonald et Marmont, devait lui fournir des renseignements pour la partie anecdotique de son ouvrage. La réception flatteuse qu'il reçut dans les deux capitales, et la solennité littéraire où, pour la première fois, à son retour en Écosse (23 fév. 1827), il se reconnut officiellement pour l'unique auteur des romans publiés sous le nom de *l'auteur de Waverley*, tempérèrent quelque peu la tristesse de ces mauvais jours. La *Vie de Napoléon* (1827) fut accueillie, même en Angleterre, avec peu de faveur; la France y retrouva la plume hostile des *Lettres de Paul* et toutes les préventions de 1815. Cette publication attira à l'auteur des critiques et des réfutations fort vives, surtout de la part du général Gourgaud (*voy.*) et de Louis Bonaparte. De 1828 à 1830, il publia encore *la Jolie fille de Perth*, la suite des *Contes d'un grand-père*, et des *Chroniques de la Canongate, Anne de Geierstein*, l'*Histoire d'Écosse*, les *Lettres sur la démonologie*, sans compter un *Essai sur l'ornementation des jardins*, un autre *sur les plantations*, et les soins qu'il donna jusqu'à sa mort à ce qu'il appelait son *Opus magnum*, c'est-à-dire la réimpression générale de ses romans avec introductions, préfaces et notes, qui parut en 1834, 48 vol. in-12.

L'année 1830 fut triste pour sir Walter. Deux attaques d'apoplexie et de paralysie le frappèrent dans sa constitution physique, et la révolution de juillet dans ses sympathies politiques. Une seconde fois il revit à Holyrood, comme aux jours de sa jeunesse, les Bourbons exilés, et fit en leur faveur un touchant appel à la générosité de ses compatriotes. Il fut moins heureux lorsqu'il voulut opposer au grand mouvement de la réforme parlementaire les derniers efforts d'une voix éteinte et d'une plume affaiblie. Habitué à vivre par l'imagination dans les régions du passé, le grand romancier n'avait pas toujours compris les nécessités politiques de son époque. L'insuccès d'un pamphlet pseudonyme, et d'indignes outrages à l'occasion d'un discours anti-réformiste prononcé par lui à Jedburgh dans ses fonctions de shériff, répandirent l'amertume sur la fin de cette carrière entourée jadis de si éclatantes sympathies. En même temps *Robert de Paris* et *le Château dangereux*, les derniers et les plus faibles de ses romans, révélaient, dans son talent, un déclin semblable à celui de sa popularité et de sa santé. Effrayés des progrès du mal, les médecins conseillèrent un voyage dans le midi de l'Europe. Sur la demande du capitaine Basil-Hall, une frégate de l'état fut mise à la disposition de l'illustre malade, vers la fin de l'année 1831. Il s'arrêta successivement à Malte, à Naples, à Rome, etc., presque insensible à ce qui l'entourait. Une nouvelle attaque d'apoplexie vint le frapper à Nimègue et hâter son retour. Le 11 juillet 1832, il revit son château, ses arbres, ses livres chéris, mais ce fut pour leur dire bientôt un éternel adieu : le 21 septembre suivant, il rendit le dernier soupir en présence de tous ses enfants réunis autour de lui. L'un de ses fils était major de hussards, l'autre attaché à l'ambassade de Naples. L'aînée de ses filles avait épousé M. Lockhart, éditeur du *Quarterly Review*, et auteur de *Mémoires sur la vie de sir Walter Scott* (1837, 4 vol. in-8°), qui nous ont principalement servi à rédiger cette notice. Les œuvres de Walter Scott peuvent se diviser en 4 séries distinctes : 1° *Romans*, 2° *OEuvres poétiques*, 3° *OEuvres historiques*, 4° *Mélanges*. Les traductions de ses œuvres n'ont guère fait connaître au public français, plus ou moins complétement, que les trois premières. Celle de Defauconpret a été le plus souvent réimprimée sous tous les formats. On assure qu'en 1830 il s'en était déjà débité plus de 1,400,000 exemplaires. La traduction de M. Albert de Montémont, 14 vol. in-8° à 2 colonnes, est moins recherchée. M. Louis

Vivien entreprit en 1837 d'en donner une plus exacte, qui devait comprendre en 24 vol. gr. in-8° les ouvrages de l'auteur en tout genre ; mais il n'a paru qu'une partie des romans.   R-y.

SCRIBE, *scriba*, écrivain, *voy.* Copiste. — Dans les traductions françaises du Nouveau-Testament, on a rendu par ce mot le grec γραμματεύς, qui répond à l'hébreu *sopher* (ספר). Les scribes étaient les théologiens des juifs, assesseurs du sanhédrin (*voy.*), docteurs de la loi, ses interprètes et ses gardiens. On les nomme le plus souvent avec les pharisiens, et comme ceux-ci, Jésus-Christ les a souvent signalés à ses disciples et au peuple comme des *sépulcres blanchis*, hypocritement attachés à la lettre du Code sacré, mais infidèles à son esprit, et hostiles aux innovations les plus heureuses et les plus désirables.   S.

SCRIBE (Augustin-Eugène), le plus fécond de nos auteurs dramatiques, est né à Paris, le 24 déc. 1791, de parents voués au commerce. Après avoir fait ses études au collège Sainte-Barbe, et remporté plusieurs prix aux concours généraux, le jeune Scribe se trouva orphelin à l'âge de 15 ans, et possesseur d'une modeste fortune, à laquelle la nécessité d'acheter un remplaçant vint faire une assez large brèche. Confié à la tutelle de l'avocat Bonnet (*voy.*), son penchant pour le théâtre l'emporta bientôt sur les attraits de l'École de droit, et il se laissa doucement aller à sa vocation. *Les Dervis*, vaudeville en un acte, composé en société avec G. Delavigne, son compagnon de classes, et donné en 1811 au théâtre du Vaudeville, fut son premier essai. La vérité nous force d'ajouter que ce début ne fut pas heureux. Pendant les dix années qui suivirent, M. Scribe donna à ce même théâtre, la plupart du temps, avec le concours de quelques-uns de ses amis, une foule de pièces légères, d'un caractère plus ou moins éphémère, et parmi lesquelles nous citerons seulement, comme les plus connues, *le Comte Ory* (1816), *le Nouveau Pourceaugnac* (1817), et *une Visite à Bedlam* (1818), toutes les trois en société avec Delestre-Poirson. De 1815 à 1821, M. Scribe, déjà en possession d'une certaine popularité, étendit ses travaux aux scènes de l'Odéon, de la Porte-Saint-Martin et surtout des Variétés. La plupart de ses ouvrages, composés presque toujours en collaboration, réussirent, et ont eu les honneurs de l'impression; il suffira de mentionner, parmi ceux qui furent joués aux Variétés, *le Solliciteur* (1817), *Les deux Précepteurs* (1817), *l'Ours et le Pacha* (1820). Le Gymnase s'étant fondé en 1821, M. Scribe fut attaché, par un traité fort avantageux pour lui, à la fortune de ce théâtre, et y exerça pendant longtemps une sorte de monopole dont le public n'a eu qu'à se féliciter. Parmi les pièces de cette période, qui lui appartiennent en propre, on peut citer *la Maîtresse du Logis* (1823), *la Haine d'une Femme* (1824), *Malvina ou un Mariage d'inclination* (1828), etc.; parmi celles, beaucoup plus nombreuses, qui ont été faites en société, *le Parrain, le Mariage enfantin, le Secrétaire et le Cuisinier, Michel et Christine* (1821), *la Demoiselle et la Dame, les Mémoires d'un Colonel de hussards, le Vieux Garçon* (1822), *Rodolphe* (1823), *l'Héritière, le Coiffeur et le Perruquier* (1824), *Le plus beau jour de la vie* (1825), *la Demoiselle à marier, Simple Histoire, le Mariage de raison* (1826), *une Faute* (1830), etc. Créateur d'un genre nouveau, M. Scribe donna beaucoup d'éclat à la scène du Gymnase par ces petits drames, nécessairement superficiels, mais pétillants de grâce et d'esprit, remarquables en général par le bon goût, par la finesse de l'observation, par la peinture légère, mais fidèle, des mœurs contemporaines*, et surtout par une parfaite entente de la scène. Joués par d'excellents acteurs, ils furent applaudis par la société la plus élégante de Paris. Tout en faisant la fortune du Gymnase, M. Scribe trouvait encore le loisir de composer, seul ou en participation, une foule de charmants opéras-comiques, tels que *la Neige* (1823), *le Concert à la cour* (1824), *le Maçon, la Dame blanche* (1825), *la Fiancée, les Deux Nuits* (1829), *Fra-Diavolo* (1830), *le Chalet, l'Estocq* (1834), *l'Ambassadrice* (1837),

la *Sirène* (1844), etc. Ces travaux intelligents, poursuivis pendant plus de 30 ans avec une infatigable activité, lui ont valu la plus belle fortune littéraire de nos jours. M. Scribe avait reçu, en 1827, la décoration de la Légion-d'Honneur; en 1836, il fut appelé à occuper, à l'Académie-Française, le fauteuil d'Arnault. Depuis lors, M. Scribe a abandonné à de plus jeunes concurrents les scènes inférieures qui avaient été pendant si longtemps le théâtre de ses triomphes. Son talent, plus mûr et plus sérieux, s'est consacré plus exclusivement au grand opéra, à l'opéra-comique et à la haute comédie. L'énumération de ses travaux nous mènerait trop loin, et serait nécessairement incomplète, parce que son répertoire s'enrichit sans cesse de nouvelles productions; mais nous ne pouvons nous dispenser d'indiquer, parmi les pièces représentées sur la scène française, *Valérie* (1822), composée avec Mélesville, *le Mariage d'argent* (1828), *Bertrand et Raton* (1833), *la Camaraderie* (1837), *une Chaîne* (1841), *le Verre d'eau* (1842). On doit à M. Scribe les opéras suivants : *la Muette de Portici, le Comte Ory* (1828), *le Dieu et la Bayadère, le Philtre* (1830), *Robert le Diable* (1831), *le Serment* (1832), *Gustave III, Ali-Baba* (1833), *la Juive* (1835), *les Huguenots* (1836), *le Lazzarone* (1844), etc. M. Scribe a aussi écrit quelques *nouvelles*. La collection de ses œuvres (non complète) a été imprimée in-18 et in-8°, et a eu un grand succès. Ses pièces elles-mêmes sont jouées sur tous les points du globe où il existe un théâtre. M. Scribe est, pour les étrangers, le représentant de Paris, et restera, pour la postérité, un des meilleurs peintres des mœurs de notre époque. A. B.

SCROFULE, Maladie scrofuleuse, Écrouelles (du latin *scrophulæ*, mot dérivé de *scrofa*, truie*), maladie du système lymphatique, consistant dans l'engorgement et la dégénération tuberculeuse des ganglions sous-cutanés ou intérieurs, et souvent des uns et des autres à la fois. Elle est extrêmement ré-

---

(*) Quoi qu'on en ait dit, ses *colonels de l'empire* n'ont point ennuyé le public.

(*) Par la raison sans doute qu'on voit souvent les porcs atteints d'engorgements glanduleux.

S.

pandue et règne d'une manière endémique dans les pays froids; mais surtout bas et humides, dans les gorges de montagnes, dans les quartiers malsains des villes, où s'entasse une population misérable, mal nourrie, et dont l'ignorance aggrave encore la triste position. Ce n'est pas qu'elle ne se manifeste aussi dans des conditions meilleures au premier abord; mais généralement, elle est bien moins commune dans la classe aisée. L'enfant et la jeunesse y sont plus particulièrement exposées, quoique les exemples de scrofules ne soient pas rares chez des sujets d'un âge avancé déjà et qui ne semblaient pas y être prédisposés.

La cause intime et immédiate échappe à toute investigation; mais les causes prédisposantes, dont l'influence individuelle ou simultanée est admise par la généralité des médecins, sont : l'hérédité, le tempérament lymphatique, l'enfance, le sexe féminin, l'alimentation purement végétale, jointe au défaut d'air, de lumière et de mouvement, aux affections morales tristes et aux excès. La contagion n'a jamais été constatée et ne saurait être admise.

Il est rare que cette maladie soit rapide dans son invasion : le plus souvent, les ganglions (*voy.*) lymphatiques du col s'engorgent les premiers et deviennent volumineux et durs, quoique la sensibilité y soit à peine augmentée. Peu à peu, on voit la maladie envahir les ganglions axillaires et inguinaux, et même ceux qui sont imperceptibles dans l'état de santé. Déjà, les ganglions mésentériques ont participé au mouvement maladif, et le ventre présente une disparate choquante de volume avec le reste du corps, qui s'amaigrit plus ou moins rapidement. Quelquefois, c'est par le ventre que commencent les scrofules (*carreau*). Quand le mal est arrivé à ce degré, le sujet présente un aspect caractéristique : pâleur et bouffissure du visage, surtout sensible aux lèvres et au nez; yeux souvent affectés d'inflammation opiniâtre; écoulement purulent par les oreilles, haleine fétide et acide, altération des dents, maigreur générale, affaiblissement, déformation du tronc et des membres, fièvre hectique. Pendant que ces phénomènes ont lieu ,

des abcès se forment dans différentes parties du corps, et laissent après eux des ulcères de mauvais aspect, et auxquels succèdent des cicatrices difformes; les articulations s'engorgent, les poumons se farcissent de tubercules, et toutes ces causes réunies ne peuvent manquer d'amener dans un court délai une terminaison fatale.

Mais ce n'est pas là, tant s'en faut, la marche exclusive des scrofules. Tel sujet n'en présente que de légères atteintes qui se dissipent par les progrès de l'âge ou sous l'influence du traitement; mais souvent aussi, plus tard, voit-il revenir la maladie sous forme de phthisie pulmonaire. D'autres, plus heureux, continuent leur carrière sans accidents et, unis à un conjoint sain et robuste, donnent naissance à des enfants intacts. Il n'en est pas ainsi malheureusement lorsque les deux époux sont plus ou moins entachés d'affection scrofuleuse, et cette considération devrait avoir plus de poids dans les mariages.

La marche des scrofules est généralement lente; elle est plus rapide chez les pauvres enfants abandonnés, privés de soins et soumis sans relâche à l'action des causes prédisposantes et déterminantes. Chez ceux-là , tous les symptômes se groupent et s'accumulent; l'économie, envahie tout entière, ne saurait faire une longue résistance.

Le diagnostic est facile dans les cas dont nous venons de parler; mais il est plus délicat quand il s'agit de donner des conseils dans un cas de mariage, relativement à une personne suspectée de scrofule. Quant au prognostic il est fâcheux : en effet, la disposition scrofuleuse qui survit à la disparition des symptômes doit toujours laisser de l'inquiétude sur l'avenir.

A l'ouverture des corps de ceux qui succombent, on trouve des tubercules crus ou ramollis dans presque tous les organes, mais plus particulièrement dans les poumons et dans le mésentère. Une foule d'autres désordres phlegmasiques (*voy.*) viennent se grouper autour de l'affection principale, qui, à elle seule, suffit presque toujours pour expliquer la mort.

On a cherché longtemps contre les scrofules un spécifique, c'est-à-dire un remède capable de contrebalancer et de vaincre l'action multiple des causes productrices. Le progrès de la science consiste à bien prouver qu'un pareil remède est introuvable, et que tous les efforts de la médecine administrative et privée doivent avoir pour but de soustraire les populations aux influences funestes qui les ont décimées jusqu'ici, et qui prélèvent encore sur elles un trop large tribut. Le traitement hygiénique est donc celui qui doit passer le premier, tant comme préservatif que comme curatif. Donnez de l'air pur, de la lumière, de la chaleur et des aliments généreux, dans une juste proportion, suivant les besoins individuels et locaux ; établissez de judicieuses compensations là où vous ne serez pas le maître absolu des circonstances, et vous ferez disparaître la prédisposition scrofuleuse, partant vous guérirez facilement le petit nombre de cas qui auront échappé à votre surveillance. C'est alors que les médicaments toniques et excitants vous fourniront d'utiles secours, tandis que, dépourvus de cette base, les remèdes appelés *antiscrofuleux* ne comptent que des succès rares et douteux. On ne se fait pas une idée des mauvais effets que produisent ces médicaments administrés sans mesure, et dans les cas où les organes digestifs, déjà malades, en reçoivent une irritation fâcheuse. Dans l'état actuel des choses, on fait, en général, passer les malades trop rapidement au régime substantiel et aux médications toniques : le régime doux et le traitement émollient sont souvent indiqués. On ne saurait donc trop inviter les parents à ne pas s'empresser, sur de vagues soupçons, d'administrer à leurs enfants un traitement dit antiscrofuleux sans prendre l'avis du médecin.

De nombreux essais ont été faits avec presque toutes les substances connues contre les scrofules. Les substances minérales les plus vénéneuses ont été administrées avec des espérances qui ne se sont pas réalisées : l'or, le mercure, l'hydrochlorate de baryte, le soufre, les alcalis, ont été tour à tour préconisés. Dans ces derniers temps, c'est l'iode seul ou combiné avec diverses matières qui est plus particulièrement recommandé, tant à l'intérieur que pour l'usage externe.

Aux phénomènes locaux des médications locales sont applicables. Les tumeurs réclament, suivant leur état plus ou moins inflammatoire, les émollients, les excitants, les caustiques ou l'incision. Les ulcères et les fistules, qui leur succèdent, ont besoin d'être traités par les pansements appropriés, les agglutinatifs et les cathérétiques. Les frictions avec les pommades iodurées ou mercurielles sont employées avec avantage pour favoriser la résolution des engorgements survenus dans les diverses parties du corps. F. R.

SCRUTIN, du latin *scrutinium*, examen, visite que l'on fait. Le scrutin est l'opération de recueillir les votes d'une assemblée délibérante ou électorale, exprimés en secret, soit avec une boule blanche ou noire, lorsqu'il s'agit de voter par oui ou par non, soit au moyen d'un bulletin sur lequel on inscrit un ou plusieurs noms propres (scrutin simple ou scrutin de liste). Les personnes chargées de recueillir les votes, de les compter et de veiller à leur dépouillement sincère, s'appellent *scrutateurs*. Ils se servent pour cela d'un tronc ou d'une urne, où les membres de l'assemblée sont successivement admis à déposer leur vote, aussi longtemps que le scrutin n'est pas déclaré fermé par le président. Dans nos assemblées politiques, toutes les lois sont votées au scrutin secret, après que les articles ont été adoptés ou rejetés par assis et levé. Pour l'urne électorale, *voy.* ÉLECTIONS. S.

SCUDÉRI (GEORGES DE), littérateur français, naquit au Havre en 1601. Jeté, presqu'au sortir de l'enfance, dans le métier des armes, il donna en plusieurs circonstances, notamment au Pas-de-Suze, des preuves de bravoure. Cependant il abandonna de bonne heure la carrière militaire et se mit à écrire pour le théâtre. On lui fit obtenir, comme une sorte de retraite honorable, le gouvernement du petit fort de Notre-Dame-de-la-Garde, bâti sur un rocher près de Marseille. Les soins de cette charge ne l'occupaient pas tellement qu'il ne pût vaquer en toute liberté à ses travaux littéraires ; mais jugeant, avec cette vanité qui lui était propre, que son éloignement compromettait les intérêts de l'état, il quitta bientôt son poste pour revenir à Paris. Scudéri avait, en effet, la plus haute opinion de sa capacité, et se croyait un homme universel et indispensable. Ces prétentions, bien supérieures à son mérite, le rendirent ridicule ; mais de nobles qualités rachetaient chez lui ce travers de l'esprit. Ainsi, il n'abandonna pas son ami Théophile dans le malheur, et se montra, pendant les vicissitudes de la Fronde, fidèle à la fortune du prince de Condé son bienfaiteur ; il refusa aussi à la reine Christine de retrancher du poëme d'*Alaric* des vers en l'honneur d'un courtisan disgracié. Scudéri balança pendant quelque temps la réputation de Corneille : les suffrages du public se partageaient, en 1636, entre *le Cid* et *l'Amour tyrannique*. La postérité en a jugé autrement. On trouve cependant dans les tragédies de Scudéri, notamment dans *la Mort de César*, dans *Lygdamon*, dans *l'Amour tyrannique*, du mouvement, une certaine facilité de versification, des scènes bien faites, des vers dont la pensée est belle et la facture noble ; mais, comme il ne savait ni chercher, ni choisir, les beautés qui ont pu lui échapper sont noyées dans un fatras aujourd'hui illisible. Son poëme d'*Alaric* offre le même exemple de l'abus du talent et de la négligence d'un écrivain qui, plein de confiance en son génie, jette sur le papier tout ce qui lui vient à l'esprit. Scudéri passa longtemps pour l'auteur des romans de sa sœur (*voy.* plus loin) qui parurent d'abord sous son nom, et ne fit rien pour détromper le public ; il profita même de cette erreur pour épouser une femme d'esprit, Mlle de Martin Waast, qui s'était éprise de lui à la lecture du *Cyrus* et de la *Clélie*. Scudéri vécut dans une honorable médiocrité de fortune, et sa renommée littéraire dura autant que lui. Il fut élu membre de l'Académie-Française, en 1650, à la place de Vaugelas, et mourut à Paris, le 14 mai 1667.

MADELEINE de Scudéri, sœur du précédent, née au Havre le 15 juin 1607, mourut à Paris le 2 juin 1701. Peu de noms, dans notre littérature, ont été l'objet de plus d'épigrammes banales que celui de Mlle de Scudéri, et peu d'ouvrages sont moins lus que les siens. Laissant de côté toutes ces critiques lancées sur la parole de Boileau, l'impartialité nous fait un devoir de déclarer que la lecture des romans de Mlle de Scudéri, si elle n'inspire pas une vive admiration, ni même beaucoup d'intérêt, laisse toutefois une impression moins défavorable. On aura surtout plus d'indulgence si l'on considère qu'à l'époque où Mlle de Scudéri dut chercher dans son travail des moyens d'existence que la fortune lui avait enlevés, le roman n'existait pour ainsi dire pas, l'analyse du cœur et des passions était encore inconnue. Mlle de Scudéri comprit la première que la passion devait être l'âme du roman, que les événements devaient être, jusqu'à un certain point, subordonnés aux passions. Malheureusement, à force de chercher à approfondir le cœur humain, elle s'égara dans cette étude. Elle joignait aussi à beaucoup d'imagination un esprit qu'elle a prodigué sans mesure ; il en est résulté qu'elle n'est parvenue le plus souvent qu'à peindre un monde factice et à exprimer dans un langage sans naturel des sentiments sans vérité. Mais au milieu de ces fadaises prétentieuses et de mauvais goût, dont Molière s'est moqué dans ses *Précieuses ridicules*, on ne saurait contester à Mlle de Scudéri le mérite d'un style assez pur, d'une politesse exquise, et bon nombre de pages détachées qui, partout ailleurs, pourraient passer pour excellentes. Ses principaux romans sont *Ibrahim, ou l'illustre Bassa* (Paris, 1641, 4 vol. in-8°) ; *Artamène, ou le grand Cyrus* (1650, 10 vol. in-8°); *Clélie* (1656, 10 vol. in-8°) ; *Almahide, ou l'esclave reine* (1660, 8 vol. in-8°), etc. Ces romans durent une partie de leur immense réputation à ce qu'ils offrent une galerie de portraits des principaux habitués de l'hôtel Rambouillet (*voy.*) et des personnages les plus distingués de l'époque. Ils sont, du reste, interrompus à chaque instant par des épisodes, dont la multiplicité fatigue l'attention du lecteur et jette beaucoup de confusion dans l'ouvrage ; mais l'introduction de ces hors-d'œuvre permettait à Mlle de Scudéri de se rendre l'écho de toutes les anecdotes, de toutes les frivolités du jour, et la société élégante de l'époque dévorait ces pages avec avidité. La magistrature, la noblesse, le clergé exaltaient à l'envi le talent de Mlle de Scudéri, et les femmes les plus distinguées par leur esprit renchérissaient encore sur ces louanges. Elle fut pendant toute sa vie l'objet de ces hommages empressés : la cour et la ville s'occupaient de ses moindres actions. L'affabilité de ses manières, son commerce aimable et poli rehaussaient son talent littéraire. Elle inspira, malgré sa laideur, plusieurs passions violentes ; mais elle, qui avait passé sa vie à écrire sur l'amour, voulut toujours rester étrangère à ce sentiment. Lorsqu'elle mourut, l'hospice des Enfants-Rouges et la paroisse de Saint-Nicolas-des-Champs se disputèrent l'honneur de lui donner la sépulture. Son discours de *la Gloire*, quoique fort médiocre, lui fit remporter, en 1671, le prix au premier concours d'éloquence française fondé à l'Académie par Balzac. Un éloge de Mlle de Scudéri, composé par l'abbé Bosquillon, a été inséré dans le *Journal des Savants*, du 11 juillet 1701. A. B.

SCULPTURE (du latin *sculpere*, graver, puis découper, lui-même probablement formé par transposition du grec γλύφω, je creuse, grave). C'est l'art de donner à différentes matières la forme de corps organisés, soit en taillant, à l'aide du ciseau, le bois, la pierre, soit en façonnant une pâte molle, soit en coulant des métaux. La sculpture embrasse le bas-relief aussi bien que la ronde-bosse (*voy.* ces mots).

De tous les arts, la sculpture est celui où l'imitation est le plus sensible. Dans son œuvre, le sculpteur reproduit la nature d'une façon pour ainsi dire toute matérielle : elle s'y trouve, en effet, non-seulement visible, mais palpable ; la main même peut la sentir, en apprécier, en reconnaître la vérité. Cependant ce que la reproduction gagne en fidélité, sous le rapport des contours, elle le perd à l'œil par l'absence des couleurs : aussi paraît-il probable que les anciens coloraient leurs statues. Quoi qu'il en soit, c'est l'œuvre du statuaire qui brave le mieux

l'injure du temps. Nous connaîtrions à peine l'art antique, si la sculpture ne nous avait fait parvenir ces chefs-d'œuvre qu'on a pu exhumer des entrailles de la terre où ils étaient ensevelis. Le statuaire donne la vie aux matières inertes, non-seulement en leur faisant prendre la forme des êtres organisés, mais surtout en les pénétrant du feu créateur de l'inspiration, en les animant du souffle du génie. Privé généralement de la ressource des grandes scènes, car à peine peut-il mettre deux ou trois individus en groupe, si ce n'est dans le bas-relief, c'est principalement dans le développement des types que le sculpteur doit exercer son talent : amoureux de sa statue, comme Pygmalion (*voy.*), il lui donnera toutes les formes idéales qu'il a rêvées, en recherchant la véritable beauté dans vingt modèles, comme Praxitèle, qui, pour sa statue de Vénus, emprunta, dit-on, aux plus belles Athéniennes ce que chacune avait de plus beau. Ou bien le statuaire s'élèvera plus haut ; il trouvera des beautés de forme et d'expression inconnues aux hommes : on n'aura pas seulement l'Apollon du Belvédère, l'Hercule Farnèse, la Junon d'Argos, Phidias parviendra à représenter le maître des dieux, Michel-Ange fera descendre l'inspiration divine sur la figure de Moïse. Ou bien encore le sculpteur, groupant ses héros, pourra se servir des contrastes : alors le malheur de deux jeunes enfants ajoutera à l'admirable expression de douleur résignée du Laocoon.

Les procédés dont on fait usage en sculpture sont plus simples qu'on ne l'imagine généralement. Et d'abord, il ne faut pas croire que la difficulté réside dans la taille du marbre. Ce qu'il y a de délicat, c'est la composition du modèle en matière molle ; c'est là que le génie se déploie ; c'est là qu'il faut avoir dans la main même le sentiment exquis de l'expression du jeu de l'âme par l'addition ou le retranchement d'une parcelle de la matière, par telle dépression ou tel relief plus ou moins prononcés. Mais une fois le modèle achevé au gré de l'artiste, le reste n'est plus qu'un procédé presque entièrement mécanique. On fixe bien solidement sur une base, en l'y scellant avec du plâtre, le bloc de marbre qu'on veut travailler ; on fait de même du modèle. Au-dessus de celui-ci, on place horizontalement un châssis carré de manière qu'il soit invariable. Ce châssis a sur ses quatre côtés des divisions en intervalles égaux, et ces divisions portent des numéros. On établit au-dessus du bloc de marbre un châssis absolument pareil ; puis, à l'aide de fils à plomb qui en descendent, et aussi du compas, on détermine, sur le bloc, des points de repère placés exactement comme les points correspondants du modèle. On a enfoncé dans le plâtre de celui-ci de petits clous en cuivre dont la tête porte à son centre un trou pour loger la pointe du compas qui mesure les distances obliques. Les points les plus saillants sont déterminés les premiers et de telle sorte qu'ils fixent, trois à trois, la position de plans enveloppant la statue. Établir ces plans s'appelle *épanneler*, et ce travail de dégrossissement est abandonné à un manœuvre qu'on nomme *praticien*. Pour atteindre ces premiers points, qui sont d'abord à une certaine profondeur dans le marbre, on perce celui-ci avec un foret, puis on enlève des éclats jusqu'à ce que le fond du trou soit à découvert. Les points principaux servent ensuite à la fixation d'autres points que l'on multiplie au fur et à mesure que l'œuvre avance, et qui, dans certains endroits, ne sont pas à plus d'un centimètre l'un de l'autre. Quand l'ouvrier a mis au jour ces points, dont l'ensemble forme la surface de la figure représentée, survient alors le sculpteur qui enlève comme le rideau de marbre, derrière lequel est la statue avec toute son expression. Les Italiens, au lieu de châssis, emploient un instrument en bois qui a la forme d'une double croix, et qui sert comme de compas à trois pointes. Gatteaux père a inventé un procédé à l'aide duquel on peut rendre le modèle avec une exactitude mathématique, et même, si l'on veut, le copier dans une position inverse, c'est-à-dire mettre à droite ce qui est à gauche, et réciproquement (*voy.* T. XII, p. 181).

Il est un autre genre de sculpture dans lequel les anciens Grecs ont pareillement excellé, celui qu'on appelle la *toreuti-*que, qui consiste à former une statue par l'assemblage de diverses parties : elle s'appliquait généralement aux statues colossales. C'est ainsi que le *Jupiter Olympien* de Phidias, lequel avait 60 pieds de haut, était composé d'or et d'ivoire. On façonnait des feuilles de métal en les battant comme font nos chaudronniers. Les Grecs connurent pareillement l'art du fondeur. Le moulage (*voy.* ces mots) fut aussi en usage; Pline nous apprend que les statues des athlètes qui avaient remporté trois fois le prix étaient moulés sur les membres du vainqueur (*ex membris ipsorum similitudine expressâ*). Enfin la ciselure (*voy.*) rentre encore dans la sculpture, et Phidias ne dédaigna pas de s'occuper des travaux de la ciselure, où il ne se montra pas moins admirable que dans ses grands ouvrages. X.

Histoire. L'art de la sculpture remonte à la plus haute antiquité; on en trouve déjà des traces dans la Genèse : ainsi Laban, plus de 2,000 ans avant J.-C., avait des dieux domestiques, sculptés probablement en bois, et appelés en hébreu *téraphim*. On trouve aussi des statues dans les anciennes grottes sacrées des Hindous, ainsi que dans leurs temples taillés dans le roc à une époque inconnue; dans la pagode d'Éléphantine, près de Bombay, par exemple, on voit une statue colossale de Brahma. Cependant les reliefs, peints pour la plupart, qui sont ciselés à une profondeur étonnante dans le porphyre argileux des parois de la caverne, paraissent remonter encore à une antiquité plus reculée. Les Indiens ont une grande richesse d'imagination; mais leur prédilection pour les symboles et les allégories ne leur a jamais permis d'arriver à la pureté du style en sculpture. Si leurs travaux en ce genre sont d'une haute importance, ce n'est point pour la beauté des formes, mais uniquement pour les idées dont ils sont en quelque sorte la traduction. Les Perses, amis du luxe et de la magnificence, eurent aussi leurs sculpteurs, et les monuments qui l'attestent, par exemple les ruines de Persépolis (*voy.*), offrent de l'intérêt sous le rapport technique; mais ces sculpteurs, n'ayant jamais eu à s'occuper du nu, et ne produisant que des figures enveloppées de draperies, ne purent chercher à représenter les beautés des formes humaines. La sculpture fleurit en Assyrie sous Sémiramis. Les historiens parlent de statues en bronze de cette reine, de Bélus et de Ninus. Les restes de figures taillées dans le roc vif, que le professeur Schultz a découverts près du lac Van, en Arménie, annoncent également beaucoup d'habileté. D'autres voyageurs ont vu, dans les montagnes du Kourdistan, d'antiques statues qui représentent, au dire des habitants, le roi Khosroès et sa chère Chirine, et qui doivent avoir été faites par Ferhad, aussi célèbre comme poëte que comme sculpteur. Les Égyptiens furent les premiers à adopter un style soumis à des règles fixes. Tous les ouvrages d'art de ce peuple se distinguent par un caractère sombre, grave, mais profond; ils se rattachent, par les hiéroglyphes qui les couvrent, à la poésie et à l'histoire, de même qu'en prenant pour type la momie, ils symbolisent la croyance à l'immortalité de l'âme. Mais il résulte aussi de cette dernière circonstance que l'art égyptien tient plus de la mort que de la vie. Ses figures sont raides et immobiles, caractère qui se retrouve même dans les statues d'Isis, lesquelles paraissent avoir servi de types à l'ancienne Diane d'Éphèse, comme en général aux plus anciennes productions de la statuaire grecque; tandis que, d'un autre côté, les caryatides qui surmontent les colonnes du temple de Denderah, la taille bizarrement allongée des corps de femmes, et le mélange des formes de l'homme et de l'animal dans les sphinx, les Anubis, etc., rappellent évidemment le style indien.

Si de l'Égypte nous passons en Grèce, nous y rencontrons d'abord des figures symboliques grossières où la piété reconnaissait cependant l'image des dieux. Là aussi, la sculpture en relief avait certainement précédé la ronde-bosse. Bientôt, pour attirer davantage l'attention sur ces emblèmes informes, on y ajouta une tête, des bras, et le plus souvent le phallus (voy.), symbole de la puissance créatrice : telle fut l'origine des hermès (voy.) qui restèrent longtemps l'unique objet de la sculpture des Grecs. Cependant les sculpteurs en bois firent un pas de plus, en taillant des images qui furent, pendant des siècles, regardées avec un saint respect; car les ornements dont on les couvrit faisaient passer sur la grossièreté de la forme. Avec Dédale (voy.) s'ouvrit une ère nouvelle. Dans leur langage symbolique, les Grecs disent de lui qu'il fit marcher, voir et parler les statues. Mais on ne décorait pas les temples exclusivement avec des statues; on y consacrait encore, soit des trônes richement ornés, soit des cassettes, des boucliers, des trépieds ou des vases. La cassette de Cypselus, qu'on admirait à Olympie, était de bois de cèdre avec des incrustations d'or et d'ivoire. Le trône d'Apollon à Amyclée, chef-d'œuvre de Bathyclès de Magnésie, qui vivait du temps de Solon, n'était pas moins célèbre. Il offrait, à l'extérieur, 28 panneaux et à l'intérieur 14, sur lesquels étaient représentés tous les dieux et les héros de la fable. Dipœnus et Scyllis, l'un et l'autre de l'île de Crète, perfectionnèrent l'art de travailler le marbre. Les artistes d'Égine, de Samos, d'Argos et de Sicyone s'illustrèrent par leur habileté à couler en bronze les statues des dieux, des héros et des athlètes; toutefois il paraît qu'à cette époque encore, il était plus ordinaire de faire les statues de plaques métalliques embouties au marteau et rivées par des clous. Plusieurs ouvrages de cette époque reculée, arrivés jusqu'à nous, prouvent les progrès qu'avaient déjà faits la sculpture. Elle en fit de plus sensibles encore sous les Pisistratides; cependant ce fut pendant les guerres médiques, et sous le gouvernement de Périclès (voy.) qu'elle atteignit au plus haut point de perfection. Dans ce court espace de temps, Athènes s'enrichit de plus de chefs-d'œuvre que Rome, la maîtresse du monde, ne put en conquérir pendant sept cents ans. Les grands poëtes de ce siècle exercèrent, sans contredit, une puissante influence sur les arts plastiques. Cette époque fut celle du style idéal. Le génie de Phidias (voy.) créa deux types d'une beauté surnaturelle, la Minerve du Parthénon et le Jupiter Olympien d'Élis, statues colossales en ivoire incrusté d'or. Depuis Phidias prévalurent les formes idéales appliquées à la représentation des dieux, des demi-dieux et des héros. Dans celles des déesses régna dès l'abord plus de variété : les artistes adoptèrent celle de la jeune fille dorienne-crétoise, à la tunique retroussée, à la double ceinture, pour représenter Diane, les amazones, les nymphes et les bacchantes, ou de la jeune fille athénienne-ionienne pour les muses, les canéphores et les prêtresses ; une figure de matrone servit de modèle pour la Junon d'Argos, Cérès, Cybèle, et plus tard pour Némésis, la Fortune, la Pudeur, la Piété, ainsi que pour les impératrices romaines et les vestales ; c'est aux plus fameuses hétères ou courtisanes que fut emprunté le modèle de la Vénus Anadyomène ; et quelque virago, admirée pour ses membres nerveux, devint le type de la Pallas athénienne, déesse de la guerre et des arts. D'autres formes viriles furent empruntées au gymnase et à la palestre, à l'exemple de Polyclète (*voy.*) qui en établit le type par son Diadumène occupé à se ceindre lui-même le front de la couronne du vainqueur, et par son Doryphore qui s'avance hardiment la lance en arrêt. Il est aussi l'auteur du célèbre *canon*, le modèle consacré de toute proportion. Avec Polyclète, il faut nommer Myron comme auteur du genre athlétique ; ses lutteurs sont célèbres, surtout son Discobole, et son Hercule est la perfection de ce genre. On lui doit aussi les formes typiques de tout le règne animal.

Cent ans après Phidias, le haut style ou le style idéal fut abandonné pour la beauté des formes. Alors parurent les statuaires en marbre proprement dits, à leur tête Scopas et Praxitèle (*voy.* ce nom et les suiv.). Ils s'attachèrent spécialement au genre des danses bachiques ou thyases, unissant les formes les plus délicates de la beauté à un délire des sens fortement exprimé. La nature animale elle-même fut alors comprise dans toute son étendue, témoin la vache de Myron ; on s'appliqua à donner une expression spirituelle à la vie sensuelle s'abandonnant aux transports de la joie la plus vive, comme dans les Bacchus, les Amours et les Vénus de Praxitèle. Ce dernier artiste fut le chef d'une école nombreuse ; mais après lui, vint le genre gracieux :

le style s'affadit et gagna en expression et en mollesse ce qu'il perdait en grandeur. Dès lors, on s'attacha de préférence aux proportions et à la symétrie. Ce fut le siècle d'Alexandre, où Lysippe choisit une route nouvelle en sculptant un grand nombre de statues en portrait. Il fut le seul à qui le conquérant macédonien permit de le représenter en marbre, comme il avait permis au seul Apelle de le peindre sur la toile. Cette période, qui commença l'an 336 avant notre ère, fut la dernière où fleurit la sculpture grecque. Elle ouvrit la dernière phase possible de l'art, celle de la représentation idéale des rois et des guerriers. Lysippe observa scrupuleusement le canon de Polyclète ; mais il fit les corps plus élancés, les têtes plus petites, et il mit un soin particulier à travailler les cheveux. La sculpture apprit de la peinture à rendre jusqu'à un certain point les sentiments, comme le prouve le groupe de Laocoon (*voy.*), le chef-d'œuvre du genre sous ce rapport. Le goût du colossal se répandit alors et contribua beaucoup à la décadence de l'art, qui se mit aussi à charger outre mesure ses productions.

Avec les guerres de Macédoine et de Syrie, 200 ans av. J.-C., commencèrent les déprédations des Romains. Paul-Émile orna son triomphe d'une multitude de chefs-d'œuvre enlevés à la Grèce. A plusieurs reprises, le Forum fut tendu de tapis précieux et converti en un théâtre décoré d'au moins 3,000 statues. Le Capitole seul en renfermait 12,000. Les artistes grecs suivirent à Rome les trésors enlevés à leur patrie ; mais ils ne purent y naturaliser les beaux-arts. Cependant, depuis Sylla, l'amour de l'art devint une fureur. La sculpture jeta un dernier éclat sous le règne d'Adrien ; elle se distinguait alors par une élégance, un poli, un fini extrêmes. Ce goût persista sous les Antonins, quoique légèrement altéré déjà ; puis, la sculpture déchut entièrement sous S. Sévère et ses successeurs : elle avait disparu avant le règne de Constantin. Les images des anciens chrétiens se rattachent à un type particulier. *Voir*, outre l'excellent ouvrage de Winckelmann (*voy.*), le *Manuel de l'archéologie de l'art*, par Müller (Breslau, 1830).

La sculpture moderne s'appuya sur l'architecture. Pendant des siècles, faute de documents suffisans, on n'en peut suivre les modifications. Tout ce qui nous reste sont quelques diptyques, quelques croix, quelques colonnes ou quelques sarcophages, qui prouvent toutefois que toutes les branches de l'art ne s'étaient pas perdues. On travaillait la pierre, on ciselait et on coulait le métal. L'Italie, surtout Pise, peut encore aujourd'hui produire des preuves de l'habileté de ses artistes, entre lesquels se distingua Nic. Pisano (voy. PISAN). L'Allemagne aussi s'enorgueillit à juste titre du maître-autel de Marbourg, ouvrage de Kœln (vers 1290) et de la belle fontaine de Nuremberg (vers 1360). Ce ne fut qu'à partir du xv⁰ siècle que la sculpture commença à s'émanciper de la tutelle de l'architecture; et cet avantage, elle le dut au talent de Ghiberti (voy.). Dès l'année 1482, Milan posséda une Académie des beaux-arts; les sculpteurs apprirent à mieux connaître l'objet qu'ils devaient avoir en vue, et d'importantes découvertes vinrent leur faciliter le travail. Toutes les branches de la plastique (voy.) avaient fait déjà des progrès essentiels, lorsque l'art moderne célébra sa renaissance au commencement du xvi⁰ siècle. La passion qui avait saisi l'Italie pour les débris de l'antiquité se communiqua à toute l'Europe; la découverte de précieux monuments l'excita encore, et ne resta pas sans influence sur la sculpture. L'étude approfondie de l'anatomie permit à Michel-Ange de donner à ses statues une grande vérité de mouvement et d'expression. A cette époque, cependant, les orfèvres, qui s'occupaient principalement de sculpture, comme Benvenuto Cellini (voy.), imaginèrent de donner à leurs grands ouvrages ce faux brillant qui semblait plaire dans l'orfèvrerie, en sorte que la sculpture s'éloigna de plus en plus de cette noble simplicité qui distingue les beaux monuments de l'art antique. La France, restée fidèle à la sculpture du moyen-âge jusqu'à la fondation de l'école de Fontainebleau, fut entraînée par le Primatice dans les voies nouvelles, et ses artistes se laissèrent aller, comme les élèves de Michel-Ange, à une imitation trop ser-

vile de la nature. Ainsi, même dans les meilleurs ouvrages de Jean Goujon (voy. tous ces noms) et de ses contemporains, on rencontre parfois une représentation maniérée de la forme humaine, et des détails d'une richesse souvent surabondante, mais du plus précieux fini. En Italie, nous nommerons, parmi les plus habiles imitateurs de Michel-Ange, Francavilla. La Lombardie compta plusieurs fondeurs de mérite, qui ont produit des bas-reliefs, des arabesques et des statues fort estimables. Comme Orvieto l'avait été dans une époque antérieure, Lorette devint une espèce de musée des productions de celle-ci. Torregiano porta le style italien en Angleterre et en Espagne. L'Allemagne aussi suivit l'exemple de l'Italie; mais elle ne sut pas se garantir d'une exagération qui permet à peine de reconnaître le modèle dans la copie; il faut excepter, cependant, les bas-reliefs dont Matthieu Kollin orna le tombeau de l'archiduc Maximilien, à Salzbourg.

Le besoin de nouveauté fit dégénérer de plus en plus l'architecture et la sculpture avec elle. On s'habitua à voir des bâtiments surchargés d'ornements, sans aucun égard à leur distribution ou à leur destination, des colonnes accouplées, des frontons brisés et d'autres choses aussi bizarres. Finalement, on trouva tout cela charmant: aussi n'eut-on point d'objections contre les monuments de Bernini (voy.), qui ne tenait aucun compte ni de la nature des matériaux ni des lois de l'art. Les services que cet artiste célèbre rendit sous le rapport technique suffirent pour le justifier aux yeux de ses contemporains, habitué qu'on était, depuis Jean de Bologne et Fiamingo, à priser par-dessus tout ce genre de mérite. L'orgueil des artistes, qu'une critique sévère ne contenait pas, alla si loin qu'ils osèrent porter la main sur les chefs-d'œuvre antiques pour les approprier au goût corrompu de l'époque; et les Français, qui donnaient alors le ton à l'Europe pour tout ce qui concernait les sciences et les arts, vantèrent comme un triomphe de l'art moderne sur l'art antique les corps nus de Paul Ponce Trebati, les statues voilées de Corradini et d'autres semblables productions d'une imagination maladive. Il fallut les travaux de Winckelmann (*voy.*) sur les monuments de l'antiquité, des idées plus justes sur l'ancienne architecture, idées développées par une étude plus approfondie des ruines de la Grèce, ainsi que par les recherches de la société des dilettanti, les épigrammes de Milizia et finalement l'exemple de quelques habiles artistes, pour faire sentir jusqu'à quel point la sculpture était déchue au milieu du XVIIIe siècle. Les ouvrages de Sergell, qui auraient pu le faire toucher au doigt, ne fixèrent l'attention que d'un bien petit nombre de personnes. Canova fut plus heureux; et quoiqu'il n'eût pas secoué entièrement la poussière de l'école à laquelle il s'était formé, il exerça une puissante influence sur la sculpture, en lui gagnant de nouveau l'estime publique. Il fut assez favorisé par la fortune pour vivre au moment même où la France républicaine protégeait la sculpture comme l'art le plus monumental; et la rivalité de Thorwaldsen le contraignit à faire les plus grands efforts. Comme à l'époque de la renaissance, ce fut l'Italie qui eut la gloire de remettre en honneur la sculpture, de lui prescrire les limites où elle doit se renfermer, de faire connaître les grands moyens dont elle dispose, ainsi que ses rapports avec l'antique (*voy.* ce mot). La sculpture et l'architecture ont renoué leurs relations fraternelles; la première a su profiter de toutes les découvertes récentes de la science, surtout en ce qui concerne la fonte et le jet des métaux; et par le rang qu'elle a reconquis, elle est redevenue digne de préparer des matériaux à l'histoire et des sujets d'étude à la postérité.

L'ère nouvelle de la sculpture date, comme nous venons de le dire, des travaux de Winckelmann. Il fut heureux que quelques artistes, comme Gavin Hamilton, Julien et Cavaceppi, se montrassent disposés à appliquer ses théories. Cependant l'art resta vacillant longtemps encore entre l'idéal et la nature; il manquait de caractère, laissait froid, et servait tout au plus à satisfaire les fantaisies du luxe. Mais Canova, par le charme et la grâce qu'il sut mettre dans ses grands ouvrages, parvint à attirer l'inté-

rêt général. Il forma une école que soutinrent ou soutiennent encore en Italie d'Este, Marchesi, Ricci, Finelli, Pozzi et une foule d'autres artistes qui jouissent d'une réputation justement méritée, tandis que Tenerani, Luigi Bienaimé et Galli ont pris Thorwaldsen pour modèle. Ce dernier a contribué, plus que Canova peut-être, à faire remonter son art au rang dont il était déchu. De nos jours, en effet, grâce aux efforts de ces deux hommes de génie, la sculpture est cultivée avec succès dans l'Europe entière. La France cite avec orgueil des noms tels que Bridan, Cortot, Bosio, Lemoine, David, Flatters, Fessard, Lemaire, Dumont, Duret, Pradier, Étex, Foyatier, Gechter, etc., dignes successeurs des Dupaty, des Lemot, Cartellier, Houdon, Chaudet, Falconet, Bouchardon, G. Pillon, Pigalle, et surtout des Girardon et des Puget (*voy.* la plupart de ces noms). L'Allemagne lui oppose des noms non moins célèbres, tels que: Fernow, Zauner, Schadow, Rühl, Rauch, Tieck, Wichmann, Eberhardt, Schwanthaler, Dannecker, Ohmacht, Schaller, Haller, Rietschel, Stiglmaier, Schœpf, etc.[*] L'Angleterre aussi compte un grand nombre de sculpteurs, comme Cibber, Rysbrack, Sheemaker, Roubiliac, Wilton, Nollekens, Flaxman, Westmacott, Chantrey, Bailey, Wyatt, Gibson, Cotteril[**]; mais aucun d'eux ne jouit d'une réputation européenne, malgré leur talent incontestable. Dans le Nord, l'école de Thorwaldsen se continue par Freund, Salmson, Blunck, Bystrœm, Fogelberg. Au grand sculpteur danois se rattache aussi le plus célèbre sculpteur belge, Kessels, sur les traces duquel marche avec succès Geefs. Le sculpteur hollandais Gabriel appartient, au contraire, à l'école de Canova. En Espagne, Alvarez peut passer à juste titre pour un des plus illustres sculpteurs de ce siècle; sans oser prétendre à un rang aussi élevé, Ginès, Agreda, Alberis et Sola, tiennent

---

(*) Parmi eux, Dannecker, Ohmacht, Rauch, Schadow, Tieck, ainsi que Schlüter, ont des articles dans cet ouvrage. La France pourrait réclamer le second qui a vécu à Strasbourg, où il est mort. Stiglmaier vient de mourir (mars 1844) à Munich, au moment où il terminait la statue colossale de Gœthe.   S.

(**) *Voy.* FLAXMAN et CHANTREY.

une place encore fort distinguée. Le sculpteur portugais Machado de Castro a été surnommé avec emphase le Canova lusitanien ; il fonda une école dont est sorti Rodrigues, et eut pour rival Garcia. La Hongrie ne possède qu'un seul sculpteur de renom, c'est Ferenczy, l'élève de Thorwaldsen, dont l'influence s'est étendue jusqu'en Russie par un autre de ses élèves, Orlowski (mort en 1837), qui, né serf, avait d'abord eu pour maître Martos, le plus célèbre sculpteur russe (mort en 1835).— On peut consulter : Cicognara (*voy.*), *Storia della scultura* (nouv. éd., Prato, 1824 et suiv., 7 vol., avec atl.), l'histoire la plus complète, sinon la plus impartiale de la sculpture; puis, en outre, Émeric-David, *Recherches sur l'art statuaire, considéré chez les anciens et chez les modernes*, ouvrage couronné par l'Institut de France (Paris, 1805, in-8°). *C. L. m.*

SCUTARI ou Iskudar, ville de 35,000 âmes, qui est comme un faubourg de Constantinople (*voy.*), en Asie, de l'autre côté du Bosphore, détroit qui sépare les deux continents.

SCYLAX, de Caryande, en Carie, géographe de l'antiquité sur lequel nous n'avons point de données certaines. On peut même supposer qu'il y eut plusieurs personnages du même nom, et qui acquirent le même genre de célébrité. Hérodote parle d'un Scylax qui fut chargé par Darius, fils d'Hystaspe, d'explorer les côtes de l'océan Indien. Aristote et plusieurs autres auteurs citent un Scylax qui a raconté des faits plus ou moins extraordinaires sur l'Inde, mais qui n'a que ce rapport-là avec celui d'Hérodote. Malgré l'extrême difficulté de les faire concorder tous les deux, quelques écrivains moins anciens ont essayé de prouver qu'il n'a existé qu'un seul Scylax. Quoi qu'il en soit, et qu'il y ait ou non nécessité de reconnaître un ou plusieurs géographes nés à Caryande, et appelés Scylax, il existe, sous ce nom, un *Périple*, ou relation d'une circumnavigation le long de la Méditerranée. Cette description, assez succincte, embrasse les contrées et cités littorales du détroit de Gadès, suit les côtes de l'Ibérie, remonte vers l'Italie qu'elle parcourt en détail, pour visiter

ensuite le littoral de la Grèce, de la Thrace, du Pont-Euxin, de l'Asie-Mineure, de la Syrie, de la Phénicie, de l'Égypte et de tout le côté septentrional de l'Afrique. Quelque incomplet que soit ce *Périple*, il jette cependant quelques lumières utiles sur la géographie des anciens, et semble même avoir été composé pour l'instruction de la jeunesse d'Athènes, ou de quelque autre ville de la Grèce. Il est compris dans le recueil des petits Géographes (*voy.* ce dernier mot); Hœschel (Augsb.,1600) et Gronovius (Leyde, 1697) en ont donné des éditions séparées. D. A. D.

SCYLLA et Charybde. La mer qui est resserrée entre la Sicile et l'Italie, *Siculum fretum*, ou détroit de Messine, avait, selon les anciens, deux écueils épouvantables, Charybde sur la côte de la Calabre et Scylla sur celle de Sicile. C'était la personnification des brisants et des tourbillons de cette mer féconde en naufrages. Tel était le danger qu'offrait jadis le passage de ces deux écueils, qu'on dit encore proverbialement *tomber de Charybde en Scylla*. D'après la fable, Scylla était une nymphe aimée de Glaucus qu'aimait Circé, et que cette magicienne par jalousie étreignit d'une ceinture hurlante de chiens et de loups. Frappée de délire à la vue de cette métamorphose, Scylla se précipita dans la mer. Là, ses chiens épouvantaient les nochers de leurs aboiements, et par leurs bonds formaient un tourbillon immense. Pour Charybde, c'était une femme sicilienne qui vola des bœufs de Géryon à Hercule; Jupiter la foudroya et la changea en un gouffre. Charybde et Scylla ne sont depuis longtemps que des tourbillons fort ordinaires et peu dangereux. *Voy.* Sicile. F. D.

SCYMNUS de Chios, géographe grec, auteur d'une périégèse (*voy.*) en vers, qui vécut environ 90 ans av. J.-C. On a plusieurs éditions de ce poëme, et l'on doit à Dodwell une dissertation *de Scymno*.

SCYTHES. Les anciens géographes donnent ce nom tantôt à un peuple unique, tantôt aux tribus nomades qui habitaient dans les immenses plaines au nord de la mer Caspienne et de la mer Noire jusqu'au fond de l'Asie orientale. Hérodote, celui de tous les historiens grecs qui a pu le mieux les connaître, assure que, dans leur propre langue, ils s'appelaient *Skolotes* (IV, 6) et qu'ils se divisaient en Scythes proprement dits, dont la principale tribu étaient les Scythes *royaux* (la Horde d'or?), et en Scythes agriculteurs. Les premiers, généralement nomades, occupaient la steppe au nord de la Tauride; les autres s'étendaient de leurs confins jusque dans les régions septentrionales de la Russie d'aujourd'hui. On savait avec certitude qu'ils étaient venus de l'Asie, et les Perses leur donnaient le nom de Saces (Σάκοι). Ils avaient des rois, et quelquefois ils étaient réunis sous l'autorité d'un seul. On les a tour à tour regardés comme les ancêtres des Slaves, des Finnois et des Turcs, Komans (*voy.*) ou autres; mais Schafarik croit qu'ils appartenaient à la famille mongole, comme les Huns et les Avares. Peut-être les Slaves les comprenaient-ils sous le nom de *Tchoudes*, dont les Grecs auraient alors formé celui de *Scythes*. On ne tarda pas à confondre sous ce nom les peuples les plus divers, de telle sorte que la dénomination de *Scythie* s'étendit à tout le nord-est de l'Europe, depuis le Pont-Euxin jusqu'au-delà des sources de l'*Hypanis*. La confusion augmenta encore lorsque les Sarmates (*voy.*) eurent soumis les Scythes. Après Hérodote, c'est Hippocrate qui nous donne les notions les plus exactes sur les Scythes. Th.-S. Bayer (*Opusc. ad histor. antiq.*, Halle, 1770, in-8°) et Niebuhr (*Kleine historische Schriften*, t. Ier, Bonn, 1828) ont écrit sur eux des choses excellentes; nous citerons en outre la savante dissertation de M. Brandstæter (*Scythica*, Kœnigsb., 1837); mais ce qu'on peut lire de plus satisfaisant sur leur compte se trouve dans les *Antiquités slavonnes* de M. Schafarik, t. Ier, p. 267 et suiv.   S.

SEAPOYS ou **CIPAYES**, fantassins indigènes de l'Inde, dont les Anglais, à l'exemple du gouvernement colonial de Pondichéry, jadis plus puissant qu'aujourd'hui, ont formé de nombreux régiments d'infanterie généralement commandés par des officiers européens. Ces hommes à la fois dociles, sobres et acclimatés, sont pour eux de précieux auxiliaires. Le nom vient de *sip*, arc; mais depuis longtemps les Cipayes sont armés d'un fusil et d'un sabre. *Voy.* aussi SPAHI.

SÉBASTIANI (HORACE-FRANÇOIS-BASTIEN, comte) DE LA PORTA, maréchal de France, né à la Porta, bourg du voisinage de Bastia en Corse, le 11 nov. 1775, entra de bonne heure au service, et obtint un avancement rapide pendant les premières campagnes de la révolution. Sa belle conduite à la bataille d'Arcole lui fit donner le grade de chef de bataillon par Bonaparte, et il fut fait colonel par Moreau sur le champ de bataille de Vérone (1799). Prisonnier des Russes à Verderio, il ne tarda pas à être échangé, et fut appelé à Paris avec son régiment afin d'en réparer les pertes. Ses démêlés avec la société républicaine du Manége, lui donnèrent des droits à la confiance de Bonaparte, qui, à son retour d'Égypte, en fit un des principaux instruments de sa fortune, au 18 brumaire. En effet, les dragons de Sébastiani secondèrent activement ce célèbre coup d'état, et la présence de leur colonel au conseil des Cinq-Cents et au palais du Directoire, décida du succès de la journée. L'année suivante, il combattit à Marengo, et fut chargé, avec Marmont, de présenter les bases de l'armistice de Trévise. A la suite de la paix d'Amiens, Bonaparte l'envoya en mission à Constantinople, pour remettre au sulthan Sélim des propositions de paix. De grandes difficultés s'opposaient à l'accomplissement de ce projet : l'envoyé français eut à lutter non-seulement contre le mauvais vouloir du divan, mais contre les dispositions hostiles des ambassadeurs étrangers. Cependant il réussit, et le premier consul lui témoigna sa satisfaction en le chargeant bientôt après d'une seconde mission non moins importante que la première. Il s'agissait en apparence d'aller exiger l'évacuation d'Alexandrie par les Anglais, en exécution du traité d'Amiens, mais en réalité, le premier consul qui prévoyait la possibilité du retour des Français en Égypte, faisait sonder le terrain par son envoyé, et dirigeait en même temps son attention sur les îles Ioniennes, occupées alors par les Russes. Les projets de la France éventés par le pacha de Saint-Jean d'Acre hâtèrent la rupture avec l'Angleterre. Le premier consul rappela son représentant, et après lui avoir donné le grade de général de brigade, il lui confia l'inspection des côtes de l'Océan, depuis la Vilaine jusqu'à Brest. En 1804, il fut envoyé en Suisse et en Franconie, pour observer les mouvements de l'armée autrichienne, et ses avis, parvenus à propos, décidèrent la campagne d'Autriche à laquelle il prit une part active. Commandant l'avant-garde de la cavalerie aux ordres de Murat, il entra l'un des premiers dans Vienne. Après s'être distingué à Hollabrünn, il fit une charge heureuse à Austerlitz, mais y fut grièvement blessé. Cette action d'éclat lui valut le grade de général de division, et le 2 mai 1806, l'empereur lui confia le poste important de l'ambassade de Constantinople, où il devait se couvrir d'une gloire immortelle.

Cette fois encore, il avait à lutter contre l'influence anglaise, et contre la frayeur qu'inspirait à la Porte othomane la prévision d'une guerre avec la Russie. Après avoir obtenu l'alliance de Sélim III (*voy.*), il le décida à se déclarer contre les Russes, mais en même temps il protégea l'ambassadeur du tsar contre les Turcs, qui voulaient l'enfermer au château des Sept-Tours. Alors l'Angleterre donna l'ordre à sa flotte de franchir les Dardanelles, et d'aller forcer, dans Constantinople même, le sulthan à se replacer sous son influence. A cette nouvelle, le général Sébastiani essaya, mais en vain, de triompher de l'apathie othomane : il ne put obtenir que le détroit et la ville fussent mis en état de défense, et lorsque l'amiral Duckworth parut, la menace à la bouche, le divan effrayé envoya signifier à l'ambassadeur français, que le peuple le considérait comme la seule cause de cette guerre, et qu'il eut à quitter Constantinople. Le général Sébastiani refusa de se soumettre à cette décision, et ajouta en congédiant l'envoyé du sulthan : « Dites à votre prévoyant monarque, qu'il ne voudrait pas descendre du haut rang où l'ont placé ses glorieux ancêtres, en livrant une ville de 900,000 âmes, qui a des armes, à quelques vaisseaux anglais. » Sélim, honteux de sa faiblesse, songea dès lors à se défendre, et

confia à l'ambassadeur français le soin de diriger les négociations à l'aide desquelles on devait tromper l'amiral Duckworth, et d'armer en même temps les remparts de la ville. Tout réussit au gré du général Sébastiani, et lorsque le commandant des forces britanniques s'aperçut que les négociations entamées n'étaient qu'un moyen de gagner du temps, il était trop tard pour assurer le succès de son entreprise, et sa flotte eut grand' peine à repasser le détroit des Dardanelles à travers les batteries othomanes qui lui firent éprouver des pertes sérieuses. Le général Sébastiani, à qui revint tout l'honneur de cette belle défense, reçut les remercîments de Sélim au nom de la nation othomane, et Napoléon lui envoya le grand-cordon de la Légion-d'Honneur (7 avril 1807).

Quelque temps après la révolution qui renversa Sélim du trône, le général Sébastiani revint en France, et fut bientôt dirigé sur l'Espagne, à la suite de la honteuse capitulation de Baylen. Nommé général en chef du 4e corps, après la prise de Madrid, il força le passage de la Guadiana, et gagna la bataille de Ciudad-Réal et de Santa-Cruz. Il défit à Almonacid l'armée espagnole qui marchait sur Madrid, enleva les retranchements d'Ocana et de Montisson, où il fit une multitude de prisonniers ; et, après un engagement à Alcala-Réal, il entra dans Grenade. Maître de cette ville, ainsi que des provinces de Jaën et de Malaga, il s'efforça d'y ramener la tranquillité, en faisant poser les armes aux débris des armées espagnoles, et notamment à deux bataillons de moines. Puis il fit réparer les fortifications de Grenade, construisit un pont, une salle de spectacle, des places publiques, des fontaines, etc., et s'occupa sous tous les rapports de l'administration du pays placé sous son autorité. Inquiété par les Anglais, il reprit sur eux le fort d'Estapona, et fit prisonnier un régiment entier. Mais les fatigues de la guerre le décidèrent à demander son rappel, et il rentra en France, en août 1811. Malgré l'altération de sa santé, il voulut faire partie de l'expédition de Russie, et fut placé à l'avant-garde. Il combattit avec éclat à Smolensk et à la Moskva, et entra, des premiers, dans la vieille capitale de la Russie. Pendant la retraite, il lutta sans relâche contre l'ennemi qui ne put lui enlever qu'une partie de son artillerie, et qui lui fit moins de mal que le climat. Blessé à Leipzig, il retrouva assez de force pour contribuer à la défaite du général de Wrède à Hanau. Il fit la campague de France à la tête du 5ᵉ corps, chargé de la défense du Bas-Rhin, puis, avec trois régiments de cavalerie de la garde impériale, il se distingua à Reims, à Arcis et à Saint-Dizier.

Resté sans emploi pendant la première Restauration, il fut envoyé dans les Cent-Jours à la Chambre des représentants par le département de l'Aisne, et après Waterloo, il fut désigné, avec La Fayette, d'Argenson, Pontécoulant, Laforêt et Benjamin Constant, pour aller traiter de la paix avec les souverains alliés. On sait quelle fut l'inutilité de cette démarche. Le général Sébastiani se retira d'abord en Angleterre, mais l'année suivante, il reparut en France, où il fut mis en demi-solde. En 1819, la Corse l'élut pour la représenter à la Chambre des députés. Il alla s'asseoir à l'extrême gauche, et s'y fit remarquer par une opposition vigoureuse. Laissé en 1824 sur le champ de bataille des élections, il était rentré dans la retraite, lorsqu'après la mort du général Foy, l'arrondissement de Vervins le choisit, en 1826, pour remplacer l'illustre orateur. Toujours hostile au ministère, il ne négligea aucune occasion de le combattre et de critiquer tous ses actes. Réélu en 1827, il donna de nouveaux gages à l'opinion constitutionnelle, et dans la discussion de la loi départementale, en 1829, il défendit avec une grande supériorité les amendements de la commission dont il était rapporteur. On sait que le ministère retira sa loi, victime d'un premier échec dans le vote des articles.

En 1830, à la suite des événements de Juillet, le général Sébastiani fit, en qualité de député présent à Paris, partie de la commission chargée de modifier la charte, et le nouveau roi le comprit dans l'organisation de son premier ministère. Chargé, le 11 août, du portefeuille de la marine, il passa, le 17 nov., aux affai-

res étrangères en remplacement du maréchal Maison. La situation était grave, et les difficultés surgissaient de toutes parts. Conservé le 13 mars 1831, dans le remaniement du ministère Périer, le général Sébastiani sembla d'abord ne pas vouloir affronter la session qui allait s'ouvrir : dès la discussion de l'adresse, il rapporta son portefeuille au roi; mais sa démission ne fut point acceptée. Il eut alors une vive lutte à soutenir contre l'opposition qui poussait à la guerre (voy. LAMARQUE, MAUGUIN, etc.) et qui reprochait au ministre des affaires étrangères de soutenir un système de paix à tout prix, indigne de la France et contraire à tous ses intérêts, surtout en ce qui concernait la Belgique, la Pologne et l'Italie. Offensé de quelques paroles prononcées à la tribune par le général Lamarque (voy.), le comte Sébastiani le provoqua et il s'ensuivit un duel qui, quoique acharné, n'eut cependant pas de conséquences funestes. Lorsque la Pologne succomba dans la tentative qu'elle avait faite pour reconquérir son indépendance, le général Sébastiani acheva de s'aliéner l'Opposition, en venant proférer à la tribune les malheureuses paroles qui lui ont été si souvent reprochées depuis : *L'ordre règne à Varsovie.* Le 24 nov., il fut chargé encore par intérim du portefeuille de la guerre qu'il garda jusqu'au 5 juillet 1832. Cependant sa santé chancelante lui ayant rendu nécessaires l'emploi des eaux de Bourbonne et le climat de Nice, il renonça pendant quelque temps aux affaires, mais en conservant le titre de ministre sans portefeuille, avec entrée au conseil (22 mars 1833). Ses adversaires politiques lui préparaient un échec qu'il ne put parer, au début de la session de 1834. Il s'agissait d'un traité provisoire qu'il avait signé, en 1831, avec les États-Unis pour le paiement d'une somme de 25 millions, que la Chambre ne voulut pas reconnaître. Le soir même, le général Sébastiani remit sa démission entre les mains du roi, qui l'accepta malgré le grand attachement qu'il avait pour lui. Trois jours après, le 4 avril, il reçut en dédommagement l'ambassade de Naples. Le 7 janvier 1835, il passa à celle de Londres, et la Chambre ayant paru croire qu'il en résultait pour lui la nécessité de se soumettre à une nouvelle élection, il envoya sa *démission* à ses mandataires. Quelques mois après, son frère, le général Tiburce Sébastiani*, député d'Ajaccio, soumis aussi à la réélection par suite de sa nomination au commandement de la 7e division militaire, lui céda ses droits, et l'ambassadeur d'Angleterre fut élu à l'unanimité par ses compatriotes. Pendant tout le temps que dura sa mission à Londres et qui fut rempli par d'importantes négociations, comme celles relatives à la constitution définitive de la Belgique, au droit de visite maritime dans l'intérêt de la suppression de la traite des noirs, et à la pacification de l'Orient, il assista peu aux débats de la Chambre, et n'en fut pas moins réélu deux fois à Ajaccio et une fois à Bastia. Lorsque les rapports de la France avec l'Angleterre cessèrent d'être intimes et qu'un langage plus ferme et une déférence plus exclusive pour les décisions ministérielles parurent nécessaires, il fut rappelé (9 février 1840), et remplacé par M. Guizot dont la présence dans la coalition avait abouti à la formation du ministère de M. Thiers (*voy.*), dit du 1er avril. Mais grâce à la confiance dont il jouissait près du souverain et à la souplesse de son esprit, formé par une *longue expérience*, le général Sébastiani n'en conserva pas moins une certaine influence sur les affaires, et son autorité est restée grande dans la Chambre dont il est membre encore aujourd'hui. Le 21 oct. 1840, il reçut le bâton de maréchal de France; le collége d'Ajaccio lui renouvela aussitôt son mandat. Mais depuis cette époque, il n'a fait à la tribune que de rares apparitions. Une fois, en 1841, il a parlé en faveur des fortifications de Paris, et a voté contre tous les amendements. Après la mort à jamais regrettable du duc d'Orléans, en 1842, il a été nommé président de la commission d'examen du projet de loi sur la régence.

Le maréchal Sébastiani avait épousé en premières noces Mlle de Coigny, qui mourut pendant sa célèbre ambassade de Constantinople. Marié depuis à Mlle de Grammont, il a eu la douleur de la perdre le 21 février 1842.   D. A. D.

SÉBASTIEN (don), roi de Portugal, né en 1554, était fils de l'infant Jean et, par sa mère, petit-fils de Charles-Quint. Arrivé au trône dès l'âge de 3 ans, à la mort de Jean III, son grand-père, il se distingua par une extrême soumission au Saint-Siége. Après une première expédition contre les Maures, entreprise dans l'année 1574, il retourna en Afrique en 1578. Le 4 août de cette année eut lieu, dans la plaine d'Alkassarquivir, une bataille sanglante, où les deux sulthans compétiteurs au trône de Maroc périrent, et après laquelle don Sébastien lui-même ne reparut point. On ne sait ce qu'il devint. Le cardinal Henri prit alors la régence dans le Portugal, qui, après sa mort, devint la proie de Philippe II. Plusieurs faux Sébastien se montrèrent; mais ils périrent, soit sur l'échafaud, soit dans les cachots.   X.

SÉBEKTÉKINIDES, *voy.* GAZNÉVIDES.

SÉCANTE (de *secare*, couper, fendre), terme usité en géométrie pour désigner une ligne qui en coupe une autre ou la divise en deux parties. Toute ligne droite qui en traverse une autre est donc une sécante : on la dit perpendiculaire (*voy.*) ou oblique suivant sa position relative à la ligne coupée. Il est facile de démontrer que d'une pareille section résulte égalité d'angles pour ceux dont les sommets sont respectivement opposés. Les rapports des angles résultant des sections de lignes sont surtout étudiés dans la théorie des parallèles (*voy.*), où le mot de sécante s'entend particulièrement d'une ligne droite coupant les deux lignes parallèles. On nomme encore généralement sécante une ligne droite traversant en un sens quelconque un cercle dont elle coupe la circonférence en deux points. Mais en trigonométrie ce nom est réservé à une semblable ligne tirée du centre d'un cercle et qui, coupant la circonférence, est prolongée jusqu'à ce qu'elle se rencontre avec une tangente au même cercle. On nomme alors *cosécante* la sécante du complément de l'arc de cercle qui est compris entre elle et le rayon

---

(*) Aujourd'hui commandant de la 1re division militaire, dont le siége est à Paris, et où il succéda au général Pajol (*voy.*), depuis décédé.

aboutissant à la tangente, ce qui revient à dire que la cosécante d'un arc est la sécante d'un autre arc dont la mesure est le complément du premier ou ce qui lui manque pour valoir 90°.　　L. L.

SÈCHE ou SEICHE, *voy.* CÉPHALO-PODES.

SÉCHELLES (ÎLES), *voy.* SEYCHEL-LES.

SÉCHELLES (HÉRAULT DE), *voy.* HÉRAULT.

SECOND (JEAN), *voy.* JEAN.

SECOURS PUBLICS, *voy.* HOPI-TAUX ET HOSPICES, NOYÉS, ASPHYXIÉS, INCENDIE, POLICE, SALUBRITÉ, etc.

SECRÉTAGE, *voy.* FEUTRE.

SÉCRÉTION (de *secernere*, séparer), fonction ayant pour but de séparer du sang des matériaux divers dont les uns sont destinés à être éliminés complétement, tandis que les autres ont à concourir à l'exécution de divers actes de l'économie. Mais ces produits ne s'organisent point, et c'est ce qui établit la différence entre la sécrétion et la nutrition (*voy.* ce mot). Cette séparation s'opère soit au moyen d'appareils spécialement disposés, soit par l'intermédiaire du tégument tant interne qu'externe, et même du tissu cellulaire, comme aussi des membranes séreuses, synoviales, etc. On est surpris de la multiplicité et de la variété des sécrétions; cependant elles peuvent se rapporter à quelques groupes: telles sont les sécrétions cohérentes, qui donnent naissance aux fils de l'araignée, du ver à soie, etc., et aux concrétions calcaires comme les perles, les yeux d'écrevisse. Viennent ensuite les sécrétions non cohérentes, dont les unes, sans caractère spécial, demeurent renfermées dans le corps, soit dans les interstices des tissus, soit dans des vésicules particulières; les autres se répandent à la surface sous forme de liquide ou de gaz. Enfin on connaît plus particulièrement sous le nom de sécrétions celles qui offrent un caractère spécial et s'opèrent dans un organe tout-à-fait distinct, comme le foie, les reins, les glandes salivaires, mammaires, etc.

Ce sont les recherches plus profondes et plus attentives de la physiologie moderne appuyée sur toutes les sciences physiques et mathématiques, qui ont fait envisager la sécrétion dans son ensemble en rapprochant des faits dont l'isolement avait fait méconnaître l'importance et les rapports, et qui ouvrent la voie à de nouvelles découvertes en signalant les points à éclaircir. Nous sommes encore peu éclairés sur la sécrétion et les usages du corps thyroïde, du thymus, des capsules surrénales, et enfin de la rate; nous entrevoyons mieux la production de la sécrétion pigmentaire de la peau, de la choroïde, et de l'enduit phosphorescent de certains animaux; enfin nous voyons clairement le but et les usages de la liqueur qui baigne les membranes séreuses, de la synovie qui favorise les mouvements des surfaces articulaires, et de la graisse déposée comme en réserve dans les aréoles du tissu cellulaire.

A mesure qu'on s'approche des sécrétions à organes spéciaux, on acquiert de plus en plus de certitude et d'évidence. L'eau cutanée (transpiration et sueur), l'eau pulmonaire sont la conséquence de décompositions successives de composés organiques, ramenés pour ainsi dire à leur plus simple expression. L'air que l'on trouve dans la vessie natatoire des poissons, l'acide carbonique formé par la respiration, l'azote qu'on rencontre quelquefois, appartiennent à la même série de produits. Le mucus et le suc gastrique sont de nature mixte, c'est-à-dire destinés à être expulsés seulement après avoir joué un certain rôle et concouru à une fonction: ils ne sont plus de simples résultats de décomposition comme les liquides venant des sécrétions tégumentaires; ils ne sont pas non plus plastiques et organisables comme la sérosité de la plèvre ou du péritoine.

Nous devons renvoyer aux articles spéciaux FOIE, MAMELLE, REINS, etc., tout ce qui est relatif aux sécrétions d'organes particuliers, de même que pour se faire une juste idée de la sécrétion en général il faudrait consulter presque tous les articles de physiologie, car il n'est pour ainsi dire aucune fonction dans laquelle ne se présente quelque sécrétion plus ou moins importante.

Les animaux les plus inférieurs et même les végétaux présentent ce grand mouvement de décomposition qui balance le mouvement nutritif, et de même on y voit des sécrétions de diverse nature, sur lesquelles nous ne pouvons point nous arrêter ici.

La maladie modifie les sécrétions d'une manière sensible : tantôt elle les supprime plus ou moins complétement, tantôt elle influe sur la quantité et la nature de leurs produits. Les virus (*voy.*) sont les résultats de sécrétion morbide. Souvent aussi la terminaison des maladies coïncide soit avec le rétablissement des sécrétions qui ont été suspendues, soit avec un accroissement plus ou moins notable des sécrétions muqueuse, urinaire ou cutanée (*voy.* CRISE), et c'est sur cette observation que repose la pratique générale consistant à provoquer des évacuations au moyen de médicaments divers. F. R.

SECTES, partis religieux qui, s'attachant (*sectari*) à des distinctions plus ou moins importantes, et le plus souvent à de vaines subtilités, se séparent d'une société religieuse, d'une Église, pour se gouverner d'après leurs propres idées, ou qui en sont repoussées à cause de leurs innovations qualifiées d'hérésie. Dès l'origine du christianisme, les sectes ont été nombreuses dans son sein : l'Église catholique, fondée sur l'unité, n'en admet pas ; toutefois les jansénistes et les molinistes étaient des sectes, et l'on pourrait qualifier de même les ultramontains et les gallicans (*voy.* tous ces noms). Le protestantisme, en proclamant le libre examen, a beaucoup favorisé l'esprit de secte, qui a surtout pris un caractère prononcé chez les puritains (*voy.*) et autres *sectaires* d'Écosse (*voy.* DOGME, HÉRÉSIE, SCHISME, ÉGLISE et tous les noms particuliers dont on y fait mention). Pour les sectes de l'Église orientale, *voy.* RASKOLNIKS, DOUKHOBORTSES, etc. Avant le christianisme, le judaïsme avait ses différentes sectes (*voy.* PHARISIENS, SADDUCÉENS, ESSÉNIENS), et il en existe aussi de nombreuses au sein de l'islamisme (*voy.* SOUNNITES, CHIITES, HANÉFITES, SOUFIS, etc.) et des religions polythéistes.

SECTEUR, *voy.* CERCLE. La surface d'un secteur s'obtient comme celle d'un triangle rectiligne dont la base aurait pour longueur l'arc qui le compose et pour hauteur le rayon du cercle auquel il appartient, c'est-à-dire en multipliant ces deux quantités l'une par l'autre et en prenant la moitié du produit. Les *secteurs semblables* sont des secteurs de cercles différents dont les rayons forment des angles égaux. — Dans les courbes qui ont des foyers, on donne aussi le nom de *secteur* à l'espace compris entre deux rayons vecteurs et la portion de courbe interceptée : il y a ainsi des secteurs *elliptiques*, *paraboliques*, etc. — On nomme *secteur sphérique* (*voy.* l'art. SPHÈRE) un solide engendré par la révolution d'un secteur de cercle tournant autour du rayon qui le partage en deux parties égales : ce solide peut être considéré comme un cône ou comme une pyramide régulière ayant un nombre infini de faces et pour base une calotte sphérique ; pour obtenir sa solidité, on multiplie donc la surface de la base ou calotte sphérique par le tiers de la hauteur ou rayon. — Dans l'astronomie, on donne le nom de *secteur* à un instrument ayant moins d'étendue que le quart de cercle. Z.

SECTIONS, subdivisions des arrondissements de Paris, créées par un décret de l'Assemblée constituante du 21 mai 1791 (*voy.* COMMUNE DE PARIS, T. VI, p. 434). On sait quel rôle ces sections ont joué au temps de l'anarchie révolutionnaire, tantôt prêtant leur appui au maintien de l'ordre (journée du 1er prairial an III), tantôt se mettant au service des hommes de la Terreur, qui essayaient de ramener ce régime détruit (journée du 13 vendémiaire).

SECTIONS CONIQUES, *voy.* CÔNE.

SÉCULARISATION. C'est l'acte par lequel on fait rentrer dans l'ordre *séculier*, dans le monde (qu'on appelait aussi le *siècle*, *sæculum*), une propriété, une institution qui avait appartenu jusque-là à l'Église, à l'administration ecclésiastique. C'est ainsi qu'on dit *la sécularisation des biens du clergé*. *Voy.* ce dernier mot et BIENS NATIONAUX. — Le clergé *séculier* est celui qui vit avec le siècle, avec le monde, par opposition au clergé *régulier*, séquestré du monde et soumis à une *règle*.

SEDAINE (MICHEL-JEAN), auteur dramatique, membre de l'Académie-

Française, né à Paris, en juin ou juillet 1719, était fils d'un architecte assez habile, mais qui mourut laissant ses affaires en fort mauvais état. Le jeune Sedaine, à peine âgé de 15 ans, se trouva alors le seul soutien de sa mère et de deux frères en bas âge. Trop dénué de ressources et d'instruction pour suivre d'abord la même carrière que son père, il se résigna avec modestie à l'humble métier de tailleur de pierres, et fut employé en cette qualité par l'architecte Buron, aïeul du célèbre peintre David. Son application et ses progrès furent tels que, de simple ouvrier qu'il était, Buron en fit bientôt son élève, et ensuite son associé. Sedaine, cependant, donnait à la lecture tous ses moments de loisir. Ayant formé des liaisons avec quelques poëtes de second ordre, il s'essaya avec bonheur dans le genre de la chanson, et son pot-pourri de la *Tentation de S. Antoine* eut une vogue populaire. L'ingénieux et philosophique badinage intitulé *Épître à mon habit* le fit connaître d'une manière encore plus avantageuse. Il valut d'ailleurs à Sedaine la protection de Lecomte, homme spirituel et riche, et il devint l'ami et le commensal de cet ancien magistrat. Cette nouvelle situation l'ayant mis au-dessus du besoin, il put dès lors se livrer exclusivement à son goût pour le théâtre. Ce ne fut pourtant qu'à l'âge de 37 ans qu'il donna sa première pièce, *le Diable à quatre*, parade charmante, jouée en 1756 sur le théâtre de la Foire, et dont Philidor (*voy.*) avait composé la musique. Après plusieurs ouvrages bien accueillis du public sur la même scène, Sedaine fit représenter, en 1764, à la Comédie-Italienne, *Rose et Colas*, le chef-d'œuvre de l'opéra-comique dans le genre villageois. Un succès plus éclatant lui était réservé, en 1765, au Théâtre-Français avec *le Philosophe sans le savoir*, drame en 5 actes, pièce excellente et dont la vogue semble s'accroître avec le temps. *La Gageure imprévue*, charmante comédie en 1 acte, obtint plus tard un succès égal et non moins mérité. Le genre du grand opéra fut moins favorable à Sedaine : il n'y réussit que très médiocrement dans *Aline de Golconde* et *Amphitryon*; mais chaque année il donnait au Théâtre-Ita-

lien-Opéra-Comique un ouvrage nouveau. Après Philidor, Monsigny et Grétry (*voy.* leurs art.) associèrent leur muse à la sienne, et, pour chacun d'eux, ce fut l'occasion d'une suite de triomphes. Celui que Sedaine remporta, en 1784, avec Grétry, dans *Richard Cœur-de-Lion*, lui ouvrit les portes de l'Académie-Française. Il y prit place le 27 avril 1786, à l'âge de 67 ans. Il était déjà, depuis plusieurs années, secrétaire de l'Académie royale d'architecture. *Guillaume Tell*, opéra-comique en 3 actes, joué en 1791, et dans lequel Sedaine eut encore Grétry pour collaborateur, fut son dernier ouvrage dramatique. Il mourut à Paris, le 17 mai 1797, laissant une veuve et plusieurs enfants sans fortune.

Sedaine, qui doit être regardé comme le véritable créateur de l'opéra-comique, ce genre si éminemment français, fut, dans toute l'étendue du mot, un homme de bien et un homme de talent. Libéralement doué par la nature, il ne dut presque rien à l'étude : aussi, littérateur au-dessous du médiocre, fut-il un vrai poëte, si, dans le poëme dramatique, la poésie consiste surtout à exprimer la passion avec vérité, et à en faire passer les mouvements de l'âme du personnage dans celle du spectateur. Or, ce fut en quoi Sedaine excella. Jamais auteur dramatique ne mit plus de naturel dans le dialogue, n'entendit mieux la marche de l'action, et ne combina avec plus d'adresse et de bonheur les effets de scène, en les faisant surtout ressortir du mélange de la gaîté et du pathétique. Là est le secret du succès si populaire de la plupart de ses ouvrages; et cela rachète bien l'incorrection, disons même la barbarie de ses vers d'opéra-comique, admirablement coupés d'ailleurs, pour le travail du musicien. La Harpe, puriste sans rémission, a donc insisté avec trop de rigueur sur les défectuosités du style d'un auteur qui, dans *le Philosophe sans le savoir* et dans *la Gageure imprévue*, a prouvé qu'au besoin il savait écrire avec autant de force que de pureté, avec autant d'esprit que de délicatesse. Outre ces deux chefs-d'œuvre, Sedaine donna, en 1789, au Théâtre-Français, *Raymond, comte de Toulouse* (en 5 actes et en prose). Une autre tragédie, en 5 actes et en prose, *Maillard, ou Paris sauvé*, non représentée, a été imprimée, en 1788, in-8°.

Sedaine a fait représenter sur nos divers théâtres lyriques 27 ouvrages, qui presque tous ont réussi. Après ceux que nous avons mentionnés, nous indiquerons encore *le Roi et le Fermier*, *le Déserteur*, *Félix, ou l'Enfant trouvé*, avec Monsigny ; *le Magnifique*, *Aucassin et Nicolette*, *le Comte d'Albert*, la *Suite du comte d'Albert*, *Raoul Barbe-Bleue*, avec Grétry.

Indépendamment de ses pièces de théâtre, Sedaine a donné au public *le Vaudeville*, poëme didactique en IV chants, Paris, 1756, in-12. Ses *OEuvres dramatiques* ont paru en 1776, 4 vol. in-8°. Ses *OEuvres choisies* (publiées avec une notice sur la vie et les ouvrages de l'auteur, par Auger), Paris, 1813, 3 vol. in-18. — Ducis et Mme la princesse Constance de Salm ont publié l'éloge de cet auteur. P. A. V.

SÉDÉCIAS, dernier roi de Juda, 599-588 av. J.-C., qui fut aveuglé et emmené en captivité à Babylone, *voy.* Hébreux (T. XIII, p. 571).

SEDJESTAN, *voy.* Seïstan.

SEELANDE, la plus importante des îles de la monarchie danoise (*voy.* T. VII, p. 498). Elle est située entre le Cattegat et la Baltique; le Sund la sépare de la Suède et le grand Belt de la Fionie (*voy.* tous ces noms). Elle a 16 à 17 milles de long sur 13 à 14 de large. On évalue sa superficie totale à 127 ¼ milles carrés, et sa population à 325,000 âmes. Le sol est bas, plat, mais très fertile, surtout en grains, et couvert de belles forêts de hêtres, d'ormes et de chênes. L'éducation des bestiaux a pris un grand développement. Les chevaux, de belle race, sont recherchés sur les marchés étrangers. Outre Copenhague, la Seelande renferme Elseneur, avec l'importante forteresse de Kronborg; Roeskilde (*voy.* ces noms), avec une cathédrale, beau monument gothique où l'on voit les caveaux des rois du Danemark; Soroe, remarquable par ses établissements littéraires; Leire, l'ancienne résidence des rois, aujourd'hui un simple village; Frederiksberg, Frederiksborg et plusieurs autres châteaux royaux. La Seelande forme, avec les îles de Bornholm, de Samsoe, d'Amack, de Moen, etc., un gouvernement de même nom, dont la superficie totale est de 144 milles carrés et la population de 360,000 âmes. C. L.

SEGMENT (du latin *segmentum*, section, division), *voy.* Cercle. Pour obtenir la surface d'un segment, on cherche d'abord celle du secteur (*voy.*) qui serait formé par deux rayons conduits à l'extrémité de la corde, puis on en retranche celle du triangle isocèle compris entre cette corde et les deux rayons. — Le *segment sphérique* est le solide de révolution engendré par la rotation d'un segment de cercle sur la partie du rayon perpendiculaire au milieu de la corde qui, de cette ligne, va rejoindre la circonférence. Le volume d'un tel corps s'obtient aussi en calculant la solidité du secteur sphérique, ayant la même calotte sphérique, et en en retranchant celle du cône ayant pour base le cercle engendré par la révolution de la corde et pour hauteur la partie du rayon allant de cette corde au centre. — On donne encore le nom de segment à des parties de diverses autres courbes. Z.

SEGRAIS (Jean Regnault, sieur de), écrivain français connu surtout par ses *Églogues* que Boileau cite avec éloge, membre de l'Académie-Française dès 1662, était né à Caen, le 22 août 1624, et mourut dans cette ville le 15 mars 1701. Quelques essais de poésie lui avaient valu une espèce de réputation dans sa ville natale, lorsque le comte de Fiesque, qui s'y trouvait par suite d'une disgrâce, l'emmena à Paris avec lui et, en 1648, le fit entrer comme secrétaire au service de Mlle de Montpensier (*voy.*). Cette princesse lui accorda plus tard le rang de gentilhomme ordinaire. C'est en cette qualité qu'il la suivit dans sa terre de Saint-Fargeau, où elle avait dû s'exiler; mais ayant osé désapprouver son projet de mariage avec Lauzun, il perdit sa place en 1672. Mme de La Fayette lui offrit alors un appartement dans son hôtel. Il ne fut pas étranger, dit-on, au roman de *Zaïde* et à celui de *la Princesse de Clèves*. En 1676, Segrais se retira dans sa ville natale, dont il devint premier échevin, et où il épousa une riche héritière. Outre ses *Églogues* (publ.

avec *Athis*, poëme pastoral en IV chants, Paris, 1733, in-8°), Segrais est auteur d'une trad. en vers franç. de l'*Énéide* (1668-1681) et des *Géorgiques* (ouvr. posth., 1712, in-8°), qui eut du succès, mais que celle de Delille a complétement fait oublier. On ne lit pas davantage aujourd'hui son roman de *Bérénice* (Paris, 1648 et 1650, 4 vol. in-8°) et le *Segresiana, ou Mélange d'histoire et de littérature* (1722, in-8°); mais on trouve encore de l'intérêt à la lecture des *Nouvelles françaises*, qui parurent en 1656 sous ce titre, et qu'il intitula ensuite *Les divertissements de la princesse Aurélie*: c'est un recueil de 6 nouvelles racontées à la petite cour de Mademoiselle. EM. H-G.

SEGUEDILLES, *voy.* AIR, T. Ier, p. 312, et BOLÉRO.

SÉGUIER. Ce nom d'une ancienne famille originaire du Languedoc, d'où elle passa dans le Quercy, a été illustré dès le XIVe siècle où elle siégeait au parlement de Toulouse, avant de passer au milieu du siècle suivant dans celui de Paris, par quelques-uns des magistrats les plus intègres dont la France s'honore. Nous leur consacrerons une courte notice.

PIERRE Séguier, « une des plus brillantes lumières du temple des lois, » au jugement de Scév. de Sainte-Marthe, était né à Paris en 1504. La réputation de talent qu'il s'était acquise comme simple avocat le désigna aux faveurs de François Ier qui le nomma, en 1535, avocat général à la Cour des aides, et bientôt après chancelier de la reine, Éléonore d'Autriche. Devenu avocat général au parlement de Paris, sous Henri II, et en 1554, élevé à la place de président à mortier, ce fut en cette dernière qualité qu'il porta aux pieds du trône, en 1555, les remontrances du parlement qui refusait d'enregistrer un édit concernant l'établissement de l'inquisition en France. Sa parole fut écoutée, et l'édit fut rapporté. « Par son talent et son caractère, dit M. Dupin, Pierre Séguier a mérité d'être placé au rang de nos plus grands magistrats. » Il mourut en 1580. On a de lui des *Harangues*, et un traité intitulé *Rudimenta cognitionis Dei et sui* (1636, in-12; trad. en franç. par Colletet).

Des 6 fils qu'il eut et qui tous se dis-tinguèrent dans les postes les plus éminents de la magistrature, nous ne citerons que le 5e, ANTOINE Séguier, né à Paris en 1552. Successivement conseiller au parlement, maître des requêtes, surintendant de justice en Provence (1576), conseiller d'état, avocat général au parlement de Paris, président à mortier (1597), et, en 1598, ambassadeur auprès de la république de Venise, « il se montra comme tous les grands magistrats, dit M. Dupin, défenseur des droits de la couronne et des libertés de l'Église gallicane. » Ce fut sur ses conclusions que la bulle de Grégoire XIV, *se disant pape*, fut condamnée à être lacérée par arrêt du 5 avril 1591. Il mourut en 1626, léguant par son testament, toute sa fortune aux pauvres. Comme il n'avait point d'enfant, ne s'étant jamais marié, il résigna sa charge à un de ses neveux, PIERRE III, fils de son frère Jean, lieutenant civil.

Né à Paris, le 28 mai 1588, Pierre III fut successivement conseiller au parlement, maître des requêtes, intendant de Guienne, président à mortier, garde-des-sceaux en 1633 et chancelier en 1635. Il se signala par sa fermeté et son attachement au roi dans les troubles de la Fronde (*voy.* T. XI, p. 725). Ses ennemis eux-mêmes ont rendu justice à son habileté, à sa prudence dans le conseil; mais ils ont cherché à flétrir son caractère en l'accusant de souplesse et de servilité envers la cour. Louis XIV disait « qu'il avait toujours reconnu dans le chancelier un esprit intègre et un cœur dégagé de tout intérêt. » A la suite d'un rapprochement entre les partis, les sceaux lui avaient été enlevés en 1650 pour être remis à Châteauneuf qui ne les garda qu'un an et, en 1652, pour les donner à Molé qui les conserva jusqu'à sa mort en 1656; mais alors ils lui furent rendus pour ne plus lui être ôtés. A cette charge, Séguier joignait les titres de duc *de Villemor*, de pair de France et, après la mort du cardinal de Richelieu, de protecteur de l'Académie-Française, dont il fut un des principaux fondateurs. L'Académie de peinture et de sculpture n'eut pas moins à se louer de sa protection éclairée. Après sa mort, Louis XIV et ses successeurs prirent eux-mêmes le titre de protecteur.

Pierre Séguier mourut, le 28 janv. 1672, à Saint-Germain-en-Laye, ne laissant que deux filles, dont l'aînée avait été mariée en premières noces au duc de Coislin, et en secondes au marquis de Laval; la cadette, la duchesse de Sully, devenue veuve, épousa Henri de Bourbon, duc de Verneuil. L'oraison funèbre de Pierre Séguier a été prononcée par Mascaron; et son Éloge, par le fameux Barrère, a été couronné à Montauban en 1784. La Société de l'histoire de France vient de publier de lui (1844), d'après un manuscrit de la Bibliothèque royale, le *Diaire ou Journal du chancelier Séguier en Normandie* (1639-40).

Une autre branche de la famille, issue de Nicolas Séguier, seigneur *de Saint-Cyr*, frère de Pierre Ier, et qui subsiste encore de nos jours dans la personne du premier président de la cour royale de Paris, a produit également plusieurs magistrats remarquables par leur savoir et par leur caractère. ANTOINE-LOUIS, avocat du roi au Châtelet de Paris en 1748, avocat général au grand conseil en 1751, avocat général au parlement de Paris en 1755 jusqu'à l'époque de la suppression des cours souveraines en 1790, membre de l'Académie-Française dès 1757, était né à Paris le 1er décembre 1726. Son père, Louis-Anne, était conseiller au parlement de Paris. Antoine-Louis annonça de bonne heure les plus heureuses dispositions; sa mémoire surtout était prodigieuse. Grâce à la protection de Louis XV, il parvint rapidement aux plus hautes magistratures de l'état. C'est en sa qualité d'avocat général qu'il s'attaqua, par son réquisitoire de 1770, aux nouvelles doctrines politiques qui commençaient à se répandre: ce qui lui attira une foule d'ennemis. N'ayant pu prévenir la scission *entre le parlement et la cour*, il donna sa démission après l'installation du parlement Maupeou en 1771, et ne reprit ses fonctions qu'en 1774, après le retour de l'ancien parlement. Lors de la suppression des cours souveraines, Séguier se retira à Tournai, où il mourut d'une attaque d'apoplexie le 25 janvier 1792. Son Éloge a été prononcé à l'Institut le 2 janvier 1806, par Portalis. ANTOINE-JEAN-MATHIEU Séguier, fils

du précédent, premier président de la cour royale de Paris et vice-président de la Chambre des pairs, est né à Paris le 21 sept. 1768. Après avoir émigré avec son père, il rentra en France peu de temps après le 9 thermidor et vécut loin des affaires à Montpellier. Mais, en 1800, Napoléon qui désirait rattacher à son gouvernement toutes les anciennes familles de France, le nomma commissaire du gouvernement près les tribunaux, puis en 1802 président de la cour d'appel; et lorsqu'en 1810 l'ordre judiciaire fut soumis à une nouvelle organisation, M. Séguier fut élevé à la présidence de la Cour impériale de Paris, avec le titre de baron et la décoration de commandant de la Légion-d'Honneur. Il resta fidèle à Napoléon jusqu'à sa mauvaise fortune; mais dès le retour des Bourbons il s'empressa de porter à leurs pieds l'hommage de son dévouement *inaltérable*. Pendant les Cent-Jours, il se tint à l'écart. A la seconde restauration, Louis XVIII lui rendit son poste à la cour royale et l'appela, le 17 août 1815, dans le sein de la Chambre des pairs. Sa conduite sous la Restauration fut conforme à celle qu'il avait tenue sous l'empire: aussi a-t-il été un des premiers à se rallier à la nouvelle dynastie après la révolution de Juillet. Le 30 avril 1834, il a été élevé au grade de grand'-croix de la Légion-d'Honneur. Les harangues que M. le baron Séguier, à la tête de la cour royale, adresse fréquemment au roi dans les circonstances solennelles, rappellent rarement l'austérité de l'ancienne magistrature.

Un savant antiquaire et botaniste qui avait une origine commune avec les précédents, a aussi illustré le nom de Séguier. Né à Nimes, le 25 nov. 1703, d'une famille honorable de la magistrature de cette ville, JEAN-FRANÇOIS Séguier se livra de bonne heure, contre le vœu de son père, qui avait voulu lui transmettre sa charge, à l'étude de la numismatique et de l'histoire naturelle. Les fruits de ses travaux sont consignés dans sa *Bibliotheca botanica* (La Haye, 1740, in-4°), ouvrage devenu classique dès sa publication; dans ses *Plantæ veronenses* (1745-54), auquel il joignit un supplément à la Bibliothèque botanique; et dans un grand ouvrage, resté inédit, qui contient, outre un Catalogue de toutes les inscriptions anciennes, une Histoire critique de tous les écrits publiés sur cette matière jusqu'en 1764 et qui se trouve à la Bibliothèque royale à Paris. On lui doit encore différents mémoires pleins d'érudition sur des questions d'archéologie, et la traduction en français des *Mémoires du marquis de Maffei* (La Haye, 1740, 2 vol. in-12), le frère aîné du savant Scipion Maffei qui dirigea ses premiers pas dans la science et avec lequel il se lia d'une amitié que la mort seule put rompre. Il mourut d'une attaque d'apoplexie le 1er sept. 1784, léguant, par son testament, à l'Académie de Nîmes sa riche bibliothèque, ses manuscrits, ses médailles, son cabinet d'histoire naturelle, etc. Dacier prononça son Éloge à l'Académie des Inscriptions et Belles-Lettres, dont il avait été nommé associé en 1772.   Em. H-G.

SÉGUR. Ce nom appartient à une ancienne et noble famille originaire de la Guienne, qui a produit des hommes distingués dans la carrière des armes, dans la diplomatie, dans l'Église, dans les lettres, et qui compte parmi ses membres un maréchal de France ministre de la guerre et plusieurs pairs de France. Il en est fait mention dès le IXe siècle : nous lisons en effet qu'en l'année 888 le château de Ségur fut mis en état de défense contre les infidèles. En 1242, on voit figurer GUILLAUME Ier de Ségur au nombre des seigneurs convoqués par Henri III d'Angleterre pour faire partie de son armée de Saintonge. A partir de cette époque, la filiation de la maison de Ségur se suit sans interruption jusqu'à nos jours. Elle s'est ramifiée en dix branches, éteintes pour la plupart, et dont trois surtout ont marqué dans l'histoire.

I. *Ségur-Pardaillan.* JACQUES de Ségur, marquis de Pardaillan, fut surintendant de la maison de Henri IV, alors roi de Navarre, qui lui confia diverses missions. Le baron de Pardaillan, son frère, qui avait été le compagnon d'enfance de ce même prince, fut une des victimes de la Saint-Barthélemy.

II. *Ségur-Bouzely.* Sous Louis XIII, la famille de Ségur se vit presque entiè-

rement ruinée par suite des guerres religieuses et des confiscations. La branche qui nous occupe dans ce moment resta protestante. ÉTIENNE, marquis de Ségur-Bouzely, élevé, en 1788, au grade de maréchal-de-camp, mourut dans l'émigration. Son neveu, HENRI-PHILIPPE, marquis de Ségur-Bouzely, né en 1770, émigra également et joignit l'armée de Condé. En 1800, il rentra en France et reprit du service. Disgracié par suite de son refus d'assister au couronnement de l'empereur, il fit néanmoins la campagne de Prusse, en 1806, et eut le bras emporté et la poitrine fracassée à la bataille de Heilsberg. Il fut attaché en 1808, au roi Murat, et se distingua encore dans plusieurs affaires. Tourmenté de plus en plus par ses anciennes blessures, il se suicida en 1829.

III. La branche des Ségur qui a eu le plus d'illustration est celle des seigneurs et barons de *Ponchat*, de *Fouguerolles*, etc. DANIEL de Ségur, l'auteur de cette branche, était, sous Louis XIII, gentilhomme de la chambre et mestre-de-camp. Son arrière petit-fils, HENRI-FRANÇOIS, comte de Ségur, surnommé le *beau Ségur*, né en 1689, commandait, en 1742, un corps d'opérations en Allemagne ; il se signala par la retraite de Pfaffenhofen, et il était à Lawfeld. Il avait épousé une fille naturelle du régent, et mourut en 1751. PHILIPPE-HENRI, marquis de Ségur, fils du précédent, naquit en 1724, et se distingua aux journées de Rocoux et de Lawfeld. Fait maréchal-de-camp et général, investi plus tard du commandement de la Franche-Comté, il reçut de Louis XVI, en 1780, le portefeuille de la guerre. De grandes réformes signalèrent son ministère : l'instruction des officiers fixa particulièrement son attention, la discipline fut rétablie dans les corps et l'ordre dans toutes les parties de l'administration militaire. C'est à lui qu'on doit l'organisation de l'artillerie légère et du corps de l'état-major. L'ordonnance qui réservait à la noblesse tous les emplois d'officiers lui a été reprochée ; mais elle lui avait été imposée. Le marquis de Ségur était juste, ferme, plein de loyauté et de désintéressement. Quand le traité de 1783 eut mis fin à la guerre d'Amérique, il fut élevé à la dignité de maréchal de France. Il se prononça contre la convocation des notables, et lorsqu'il vit ses efforts paralysés par des intrigues de cour, il donna sa démission. Comme il n'avait d'autre fortune que ses traitements et ses pensions, la révolution le ruina complétement. La Convention eut la barbarie de faire vendre ses meubles à l'encan. Le maréchal de Ségur, âgé de 70 ans, pauvre, infirme et privé d'un bras, fut jeté à la Force ; cependant on épargna sa vie et il put finir ses jours en liberté. Le premier consul lui accorda une pension de 4,000 fr., et quand ce vieux guerrier se présenta aux Tuileries pour lui adresser ses remerciments, la garde eut ordre de lui rendre les honneurs militaires. Le maréchal de Ségur mourut à Paris le 8 octobre 1801, laissant une réputation sans tache et deux fils qui devaient soutenir l'honneur de son nom.

LOUIS - PHILIPPE , comte de Ségur D'Aguesseau*, né à Paris le 10 décembre 1753, était le fils aîné du maréchal de Ségur. Il reçut une éducation sévère et fit de brillantes études. Lancé dans la carrière militaire, il parvint au rang de colonel de dragons. Il alla joindre en Amérique La Fayette son parent, et fut honoré de l'amitié de Washington. De retour en France, il fut envoyé comme ambassadeur auprès de Catherine II, qu'il accompagna dans son voyage de Crimée, et conclut, le 11 janvier 1787, un traité de commerce avantageux pour son pays. En 1792, le comte de Ségur fut chargé d'une mission auprès du roi de Prusse. Il refusa le portefeuille des affaires étrangères que Louis XVI le pressait d'accepter : il suspectait avec raison la sincérité de la cour. Il ne voulut pas émigrer, et se retira, pendant la Terreur, à Châtenay, près de Sceaux, où il vécut avec sa famille du produit de sa plume, jusqu'au moment où il fut appelé par le premier consul au Conseil d'état. L'Académie-Française lui ouvrit aussi ses portes (1803). Il exerça, dans la cour impériale, la charge de grand-maître des cérémonies à laquelle semblaient l'appeler sa naissance, son esprit et la dis-

(*) Sa femme était fille du célèbre chancelier de ce nom.

tinction de ses manières. Ce fut à cette époque qu'il composa en grande partie son *Histoire universelle ancienne et moderne*, à l'usage de la jeunesse, (Paris, 1817 et ann. suiv., 44 vol.), laquelle comprend l'histoire ancienne, l'histoire romaine, l'histoire du bas-empire, et l'histoire de France (jusques et y compris le règne de Louis XI) ; sa *Galerie morale et politique* (1817 et ann. suiv.); ses *Pensées* (1822); *Les quatre âges de la vie* (1819); et ses *Mémoires, ou Souvenirs et anecdotes* (Paris, 1825-26, 3 vol. in-8°), incontestablement le plus remarquable de ses ouvrages. Après la campagne de Russie, le comte de Ségur fut nommé sénateur; mais il perdit cette position sous la Restauration, ayant accepté du service pendant les Cent-Jours, où il fut envoyé comme commissaire extraordinaire dans la 18e division militaire pour y maintenir l'ordre. Le 21 nov. 1819, le roi le rappela à la Chambre des pairs, et il trouva encore l'occasion d'y servir son pays. Le salon du comte de Ségur était ouvert à toutes les notabilités de l'époque. Il survécut deux ans à une épouse chérie, et mourut à Paris le 27 août 1830, après une vie remplie par de bons ouvrages et de belles actions. Il laissait deux fils, dont nous parlerons tout à l'heure.

JOSEPH - ALEXANDRE , vicomte de Ségur, frère du précédent, né en 1756 , consacra sa vie entière aux lettres et aux plaisirs; il eut néanmoins un avancement rapide : il était, en 1788, maréchal-de-camp. Il avait fait représenter l'année précédente, au Théâtre-Français, *Rosaline et Floricourt*. En 1790, il publia la *Correspondance secrète de Ninon de l'Enclos*, et l'*Opinion considérée comme une des principales causes de la Révolution*. Le vicomte de Ségur était de ces hommes d'esprit qui croyaient pouvoir arrêter ce grand mouvement politique avec des épigrammes. Il ne voulut point émigrer, et aima mieux rester en France avec sa famille. Dépouillé de tout, il trouva dans ses talents littéraires des moyens d'existence. A la suite d'un emprisonnement de huit mois , il publia *Ma prison, depuis le* 23 *vendémiaire jusqu'au* 10 *thermidor* (Paris, an III).

Depuis, il donna à différents théâtres un grand nombre de pièces, qui réussirent presque toutes. On lui doit aussi une foule de jolies chansons : celle de *l'Amour et le Temps* est un petit chef-d'œuvre. Son dernier ouvrage, *les Femmes, leur condition et leur influence dans l'ordre social et chez les différents peuples anciens et modernes* (Paris, 1803, 3 vol. in-12), a été souvent réimprimé. Le vicomte de Ségur ne voulut recevoir aucune faveur du nouveau gouvernement. Frondeur malin du régime impérial, il plaisantait quelquefois son frère lui-même en signant : *Ségur, sans cérémonie*. Il mourut à Bagnères, le 27 juillet 1805. Peu d'hommes ont été plus aimables; son commerce était charmant, sa conversation pleine de grâce et d'aménité.

Le comte OCTAVE de Ségur, fils aîné du comte Louis-Philippe de Ségur, né en 1778, fut un élève distingué de l'École polytechnique. Blessé dans la campagne de Russie, il est mort depuis officier de la garde royale. Il a publié deux romans traduits de l'anglais, *Éthelinde* et *Belinde*; la *Flore des jeunes personnes* ; et des *Lettres sur la chimie, d'après les cours donnés à l'École polytechnique*. Son fils aîné, pair de France, est le chef de la famille.

Le comte PHILIPPE-PAUL de Ségur, aussi pair de France, né le 4 novembre 1780, est le second fils du comte Louis-Philippe de Ségur. Élevé jusqu'à l'âge de 9 ans sous les yeux de sa mère, il alla passer ensuite quelques années en Angleterre, puis revint auprès de sa famille à Châtenay, où il acheva son éducation. Après le 18 brumaire, il s'engagea comme simple hussard. Promu au grade de sous-lieutenant, il fit la campagne de Bavière sous Moreau, puis celle des Hautes-Alpes, dont il écrivit la relation. En 1802, le premier consul l'attacha à son état-major particulier, et le chargea de la sûreté de son quartier-général et de sa personne. Il fut désigné, en 1804, pour inspecter l'état de défense des côtes de l'Océan. Il fit la campagne d'Austerlitz, et fut envoyé dans Ulm pour sommer la place de se rendre. A la paix, il alla servir à Naples auprès du roi Joseph. Élevé au grade de chef d'escadron,

il revint faire la campagne de Prusse. Dans la guerre de Pologne, il remplit les fonctions d'aide-de-camp de Napoléon. Fait prisonnier à Nazielsk, il recouvra la liberté à la paix de Tilsitt. Il fit ensuite la guerre d'Espagne sous l'empereur, et commanda la fameuse charge des lanciers polonais à Somo Sierra; il y fut criblé de blessures. Récompensé par le grade de colonel, il eut l'honneur de présenter au Corps législatif les drapeaux enlevés aux Espagnols. Retenu à Paris pour le rétablissement de sa santé, il fut chargé, lors de la surprise de Flessingue, du commandement des gardes nationales à cheval de la Seine. Fait, en 1812, général de brigade, il prit part à la campagne de Russie, en qualité de maréchal-des-logis de l'empereur. A son retour, il fut nommé gouverneur des pages. En 1813, Napoléon lui confia l'organisation du 5ᵉ régiment des gardes d'honneur, qui se distingua en plusieurs occasions, notamment aux deux affaires de Reims où le comte Philippe de Ségur fut mis hors de combat. Après l'abdication, il se rallia à la Restauration, et fut nommé chef d'état-major des corps royaux. Pendant les Cent-Jours, il fut attaché, en la même qualité, au corps d'armée chargé de la défense de la rive gauche de la Seine. M. Ph. de Ségur se retira ensuite dans la vallée de Montmorency, où il écrivit sa célèbre *Histoire de Napoléon et de la grande-armée,* qui parut en 1824 (2 vol. in-8°, souvent réimp.), et fit une vive sensation. De nombreuses éditions en constatèrent le succès ; mais le général Gourgaud (*voy.*) regarda ce récit comme injurieux pour la mémoire de l'empereur, et en publia une réfutation qui donna lieu à une rencontre entre eux. En 1829, M. de Ségur dont les affections particulières ramenaient constamment l'attention sur l'empire moscovite, publia l'*Histoire de Russie et de Pierre-le-Grand,* ouvrage fort remarquable, mais plus distingué par la forme que par la profondeur des recherches et l'exacte connaissance des situations. Il fut élu à l'Académie-Française, le 25 mars 1830, et reçu le 29 juin suivant. Pour la première fois on vit alors le père et le fils siéger en même temps dans cette illustre compagnie. Mais le père ne jouit pas longtemps de cette satisfaction. La Restauration avait fait M. Ph. de Ségur grand-officier de la Légion-d'Honneur (23 mai 1825). Rappelé à l'activité à la suite de la révolution de Juillet, il fut, en 1831, promu au grade de lieutenant général, et appelé à la Chambre des pairs (19 nov.). En 1835, il fit paraître l'*Histoire de Charles VIII*, 3 vol. in-8°, comme continuation de l'Histoire de France de son père et à l'aide de ses papiers. A. B.

SEICHE, *voy.* Céphalopodes.

SÉID, Seyd ou Sidi, *voy.* Koréichites, Chérif et Fatimides.

SEIGLE (*secale cereale*), genre de la famille des graminées. Originaire de l'Asie-Mineure, le seigle est annuel ainsi que le froment, et ne diffère de lui que par le nombre de ses fleurs et par la longueur de son grain. Il donne une excellente farine, et mûrit aisément, même dans des terrains secs et sablonneux où le froment ne viendrait pas. Mêlé au froment, il fournit un mélange que l'on nomme *méteil* ou *méture*, qui fait un pain plus frais et de meilleure qualité que s'il était de froment seul. Le seigle sert aussi comme fourrage et comme engrais. Semé comme le froment, il lève beaucoup plus vite et rapporte un sixième de plus que lui. On l'emploie dans la confection de la bière et de l'eau-de-vie de grains; on fait de la tisane avec son gruau, et sa paille sert aux mêmes usages d'embellissement et d'utilité que la paille de froment. Le seigle n'a pas de variétés; celui qu'on nomme *petit seigle, seigle de printemps, seigle marsais, seigle trémois*, etc., ne varie qu'en raison de la saison où il a été semé, et revient en quelques années à la grosseur du seigle commun. Quant au *seigle ergoté*, après avoir été regardé longtemps comme une maladie de la semence, ou comme une espèce étrangère, il a été reconnu pour n'être que l'ovaire non fécondé, et surmonté d'un champignon d'une espèce particulière. Cet ovaire, long de 6 à 12 lignes, est avec son champignon un violent poison qui peut occasionner la mort, ou un remède auquel on n'a recours que dans les cas d'accouchements désespérés (*voy.* Ergot). D. A. D.

SEIGNEUR, du latin *senior*, plus âgé, parce qu'anciennement, chez la plupart des peuples, l'autorité, surtout judiciaire, était entre les mains des vieillards. Au moyen-âge, on appelait seigneur quiconque possédait un héritage territorial, soit en fief soit en franc-alleu (*voy.* ces mots), ou celui qui tenait en fief la justice d'un lieu (seigneurs justiciers, haut ou bas justicier). On appelait *seigneuriage* le droit qui lui appartenait en sa qualité de seigneur; mais ce terme fut ensuite réservé pour exprimer le droit qui appartient au roi pour la fonte et fabrication des monnaies. *Voy.* Droits féodaux, Justice, etc.

On appelle *grand seigneur* un homme de noble et même d'illustre extraction, riche, opulent, faisant une grande dépense, et non moins distingué par l'élégance des mœurs que par toutes ces faveurs de la fortune et de la naissance. Jusqu'à Richelieu, il y eut en France de grands-feudataires, comme il y avait eu de grands-vassaux jusqu'à Louis XI : depuis, il n'y eut plus que des grands-seigneurs; encore la révolution française et l'égale division des biens en ont-ils considérablement diminué le nombre. Aujourd'hui, c'est en Angleterre, en Bohême, en Hongrie, en Russie, qu'il faut aller pour se faire une idée de la vie de grand seigneur, dont la vie de château de quelques familles françaises n'est plus qu'un faible reflet.

Dans nos usages actuels, le titre de *seigneur*, bien différent du *señor* espagnol et du *signore* italien, n'appartient plus qu'aux souverains et aux princes de leurs familles, lesquels s'intitulent encore *hauts et puissants seigneurs*. Les grands-ducs, ducs, princes, et tous les membres d'une famille souveraine reçoivent la qualification de *monseigneur*, qu'un usage, plus italien que français, et peu conforme à l'humilité dont les pasteurs chrétiens devraient faire preuve, a maintenu même en faveur de nos évêques et archevêques. Autrefois ce titre appartenait aussi aux ministres et à quelques grands dignitaires de l'état, auxquels, depuis la révolution de 1830, on ne donne plus que le simple titre d'Excellence. En même temps a disparu de nos mœurs l'usage, importé d'Angleterre, d'appeler *Sa Seigneurie* un pair de France; mais dans le parlement britannique, le *his lordship* est toujours de rigueur. Par une singularité digne d'être notée, on traite en français de *nobles et puissants seigneurs* les membres des deux Chambres réunies du royaume des Pays-Bas, descendants de ces vieux républicains bataves si austères et si simples de mœurs; mais il faut dire que l'expression hollandaise de *wohlmœgende Herren* n'a pu donner lieu que par abus à une traduction si emphatique.   X.

SEIGNEURIE, *voy.* l'art. précéd. et FIEF. A Venise, la seigneurie était le conseil suprême de gouvernement, composé du doge et de 6 *nobili* (*voy.* VENISE). Dans plusieurs villes d'Italie, c'était le titre du magistrat, chef de la république, et du conseil de magistrature.

SEIKHS, *voy.* SIKHS.

SEINE. Cette rivière, appelée par les Romains *Sequana*, prend sa source au pied d'un coteau entre les villages de Chanceaux et de Saint-Seine (Côte-d'Or). Ce n'est d'abord qu'un modeste ruisseau, mais à quelques lieues de là, ses eaux sont déjà assez considérables, grâce au tribut abondant que lui apportent la Douix, et quelques autres cours d'eau. Resserrée jusqu'à Troyes entre des coteaux couverts d'arbres et de vignobles, la Seine entre, à partir de cette ville, dans un pays plat et monotone à travers lequel elle trace un verdoyant sillon; mais depuis Nogent, nous la retrouvons gracieuse et pittoresque comme auparavant. Déjà elle a reçu l'Aube, et bientôt elle devient navigable au village de Marcilly. Jusqu'au moment où elle entre à Paris, après avoir traversé les dép. de la Côte-d'Or, de l'Aube, de Seine-et-Marne, de Seine-et-Oise et de la Seine, elle voit se réfléchir dans ses ondes Châtillon, Bar-sur-Seine, Troyes, Nogent-sur-Seine, Montereau, dont le pont fut témoin du meurtre de Jean-sans-Peur, Melun et Corbeil. Grossie, dans son cours, par l'Yonne et la Marne, elle pénètre enfin dans la grande ville à laquelle elle doit sa célébrité, et dont elle s'éloigne en faisant de longs détours pour aller visiter Saint-Cloud, Neuilly, Saint-Ouen, Saint-Denis, Argenteuil, Saint-Germain, Poissy, Mantes, Vernon, les Andelys, Pont-de-l'Arche, Elbœuf,

Rouen, Tancarville, Harfleur, Honfleur, et le Havre. Enfin elle porte à l'Océan le tribut de ses eaux augmentées encore de celles de l'Oise, de l'Eure et de la Rille. Son embouchure est digne de la longueur de son cours. Depuis Quillebœuf, pendant la haute marée, on dirait un lac immense borné par des côtes élevées qui apparaissent dans un lointain bleuâtre. Mais à la marée basse tout change d'aspect, et l'on n'aperçoit plus qu'un sable fangeux coupé de quelques canaux où les bâtiments sont obligés de chercher leur route souvent incertaine, car ces sables perfides sont aussi changeants que les flots.

Si la Seine est intéressante par les beautés naturelles et les souvenirs historiques de ses rives, elle ne l'est pas moins considérée comme voie de communication. Son cours total est de 724 kilom. La navigation est généralement facile. Afin d'éviter le passage dangereux des ponts de Paris, on a construit un canal qui met l'entrée de la ville en communication avec Saint-Denis. A Pons et à Pont-de-l'Arche, deux canaux remplacent le lit du fleuve. Le phénomène appelé la *barre* (*voy.*) se fait sentir jusqu'en cet endroit. Il est produit par l'entrée de la marée dans le fleuve à Quillebœuf. Le cours de la Seine est peu rapide surtout au-dessous de Paris, à cause du peu de pente du sol : sur 100^m, sa pente est de $0^m.002$ entre Paris et Mantes; de $0^m.0015$ entre Mantes et Rouen, et de $0^m.0007$ entre Rouen et le Havre. Les plus grands bateaux qui naviguent entre Paris et Rouen ont de 52 à 54^m de long sur 8 ou 9 de large. Les bâtiments de 250 à 300 tonneaux peuvent remonter jusqu'à Rouen. C'est par la Seine que Paris reçoit la majeure partie de ses approvisionnements. Par la Marne, lui viennent les vins, les bois, les fers de la Champagne; par l'Yonne, les vins, les charbons de la Bourgogne. Différents canaux mettent ensuite la capitale en rapport avec les provinces les plus fertiles et les plus riches de la France (*voy.* CANAL). Celui de l'Ourcq (*voy.*) a moins pour objet le commerce que les besoins alimentaires ou autres et l'embellissement de Paris.

Le bassin de la Seine a environ 100

lieues de long, du nord-ouest au sud-est, et 60 lieues dans sa plus grande largeur. Il embrasse les dép. de l'Oise, de l'Eure, de Seine-et-Oise, de la Seine, de Seine-et-Marne, de la Côte-d'Or, d'Eure-et-Loir, une portion de ceux de la Seine-Inférieure, des Ardennes, de la Meuse, de la Nièvre, du Loiret, c'est-à-dire plus de la moitié de la France septentrionale.

SEINE (DÉPARTEMENT DE LA), le plus petit en superficie, mais le plus peuplé des 86 départements de la France, et le plus important de tous, *comme renfermant la capitale, siége du gouvernement, et les grandes institutions de l'état. Il est tout enclavé dans le dép. de Seine-et-Oise (voy.), n'a qu'une superficie de 47,500 hectares, et se trouve sous le méridien à partir duquel les Français comptent les longitudes. La Seine (voy.) arrose ce dép. en formant au-dessous de Paris de grandes sinuosités, après avoir reçu la Marne à Charenton, et la petite rivière de Bièvre dans Paris même. Le canal de l'Ourcq amène les eaux de la rivière de ce nom au bassin de la Villette où aboutit aussi le canal de Saint-Denis, qui met ce bassin en communication avec la Seine du côté de la ville de Saint-Denis, tandis que, par le canal Saint-Martin, le même bassin correspond avec la Seine dans Paris. Le sol crayeux du dép. abonde en carrières de plâtre, de moellons et de pierres de taille, et Paris est entouré, en quelque sorte, de matériaux de construction: aussi les plaines et collines, autour de la capitale, sont-elles percées de puits et d'immenses souterrains d'où l'on extrait les pierres depuis des milliers d'années, ainsi que le plâtre et la chaux. Quelques minerais de fer sont, dans le bassin de Paris, les seules traces de matières métalliques. L'agriculture consiste surtout dans le jardinage, dans la production des légumes et fleurs destinés aux marchés de Paris, et dans la culture de la vigne qui couvre la plupart des coteaux du dép., et dont les produits, fort médiocres de qualité, se consomment sur les lieux. Autour de Sceaux, Fontenay et Châtenay on n'aperçoit que des champs de fraisiers, de groseilliers, d'asperges et des vergers. Les effets du commerce immense de la capi-

tale se communiquent à tout le dép. On évalue à 2 millions de tonnes le mouvement général des transports sur la Seine; au-dessus de Paris, les ports de Bercy, Ivry, et dans Paris même, l'entrepôt des vins, et la gare de l'Arsenal, servent de points de débarquement pour les arrivages de la Haute-Seine. Les octrois de la capitale rapportent maintenant plus de 27 millions de fr. par an.

Ce dép. avait, en 1841, une population de 1,194,603 hab., dont environ 200,000 demeurent hors de la capitale. En 1836, la pop. était de 1,106,891 hab., présentant le mouvement suivant: naissances, 35,255 (17,804 masculines, 17,451 fém.), dont 10,479 illégitimes; décès, 29,679 (15,192 masc., 14,487 fém.); mariages, 10,149. Outre la préfecture du dép. et la préfecture de police (voy.), il a deux sous-préfectures, ou arrondissements, savoir Sceaux et Saint-Denis; il comprend 20 cantons ou justices de paix et 81 communes. Ses 14 colléges électoraux s'assemblent, un dans chaque arrondissement municipal de Paris, et les deux autres à Montrouge et à Saint-Denis. Au 9 juillet 1842, il avait 18,975 électeurs. Le dép. est compris dans le ressort de la cour royale et de l'académie de Paris, dans le diocèse de cette ville, et il fait partie de la 1re division militaire, ayant son quartier-général dans la capitale.

Nous avons fait connaître le chef-lieu, *Paris*, et quelques lieux remarquables des environs, tels que Saint-Denis, Montmartre, Bicêtre, Charenton, Alfort, Arcueil, etc., dans des art. particuliers; il ne nous reste plus qu'à indiquer ici ceux qui méritent encore de fixer l'attention. Sceaux, petite ville de 1,670 hab., dans une jolie situation, n'a plus le beau château ni le parc qu'ont possédé et habité autrefois Colbert, la duchesse du Maine et le duc de Penthièvre; un reste du parc sert maintenant de promenade publique. Vanvres (2,427 hab.), Issy (2,104 hab.), Montrouge (5,995 hab.), Châtenay (545 hab.), Gentilly (6,000 hab.), Auteuil (3,236 hab.), Passy (5,702 hab.), etc., sont remplis de petites maisons bourgeoises où les Parisiens aiment à passer la belle saison. Passy a une source d'eaux ferrugineuses. Une foule de petites villes se pressent aux barrières de Paris; car on peut bien donner ce nom aux Batignolles-Monceau(11,566 hab.), à Belleville (10,968 h.), à Vaugirard (8,842 hab.), à La Villette (7,681 hab.), à Bercy (6,428 hab.), qui fleurit par son commerce de vins et d'eaux-de-vie, à La Chapelle-Saint-Denis (5,000 hab.), Charonne (3,682 habit.), les Ternes (2,871 hab.), etc. Vincennes (3,032 hab.), ancienne résidence royale, conserve encore en partie son vieux château gothique et surtout son donjon. Ce château a été converti d'abord en prison d'état, puis en fort militaire et en dépôt d'artillerie; son ancien parc continue d'être un domaine royal, de même que le bois de Boulogne (voy.), situé à l'autre extrémité de Paris. Auprès de celui-ci est le joli village de Neuilly, peuplé de 7,654 âmes, dans lequel la famille royale possède un château agréablement situé, et qui est la résidence dite ordinaire du roi. Nanterre (3,591 hab.), à 19 kilom. de Paris, est une très ancienne ville célèbre pour ses carrières, et surtout pour avoir été la patrie de sainte Geneviève (voy.). On y voit une petite église avec un clocher en style roman. Saint-Ouen, sur la rive droite de la Seine, près de Saint-Denis, a 986 hab., et possède un beau château, célèbre pour avoir été le séjour de Louis XVIII avant son entrée dans Paris, lors de la première Restauration. Choisy-le-Roi, sur la rive gauche de la Seine, au-dessus de Paris, et traversé par le chemin de fer de Corbeil, a aussi un château qui tombe en ruines. Saint-Maur (1,073 hab.), sur la rive droite de la Marne, illustré par son ancienne abbaye de bénédictins, possède aujourd'hui un magnifique canal souterrain. Il faut citer encore la plaine d'Aubervilliers ou des Vertus (2,292 hab.), remarquable par ses belles cultures et par son grand établissement d'équarrissage et de fabrication de produits chimiques, produits qui sont fournis aussi par le nouveau village de Grenelle(2,816 hab.). Montreuil (3,556 hab.), est célèbre par ses pêches; Fontenay (967 hab.), par ses roses; les pois de Clamart(1,268 hab.)sont également renommés. Les vins de Su-

resnes, recherchés autrefois, ont acquis aujourd'hui une fâcheuse réputation. Le département de la Seine est sillonné par toutes les grandes routes et par tous les chemins de fer qui partent de la capitale. Les abords de celle-ci sont protégés par une enceinte continue de 50 kilom. de développement et par des forts détachés, construits en avant de cette enceinte. D-G.

SEINE-ET-MARNE (DÉPARTEMENT DE), borné à l'est par les départements de l'Aube et de la Marne, au sud par ceux du Loiret et de l'Yonne, à l'ouest par celui de Seine-et-Oise, et au nord par ceux de l'Oise et de l'Aisne, renferme l'ancienne Brie et le Gâtinais (voy.). Il est arrosé au nord par la Marne et au sud-ouest par la Seine qui y reçoit l'Yonne; de plus il est traversé au nord par le canal de l'Ourcq, et au midi par celui de Loing qui, venant du Loiret, aboutit à la Seine. Sa superficie est de 563,482 hectares ou d'un peu plus de 285 lieues carrées, dont 367,824 hect. de terres labourables, 33,293 de prés, 18,972 de vignes et 79,862 de bois. La forêt royale de Fontainebleau occupe à elle seule 16,700 hect. On trouve d'autres forêts considérables à Crécy, Valence, Villefermoy, Jouy, etc.; environ 2,680 hect. sont couverts d'étangs. Le sol se compose de terrains tertiaires avec des bancs de gypse très étendus, surtout dans l'arrondissement de Meaux. Le calcaire siliceux fournit les pierres meulières (voy.) de La Ferté-sous-Jouarre. Ce calcaire forme un vaste plateau entre la Seine et la Marne, et les grès constituent des masses considérables dans l'arrondissement de Fontainebleau; on en tire des pavés, et des sables employés aux verreries. Les terres qui se reposent sur les roches à gypse, particulièrement dans les cantons de Meaux, Lisy, Claye et Dammartin, sont au nombre des plus fertiles du royaume, et la Brie, en général, est renommée pour l'abondance de ses récoltes en céréales et pour l'excellence de ses pâturages. Le dép. exporte pour Paris des farines de la valeur de 7 millions de francs, et une grande quantité de fromages. On récolte beaucoup de vin, mais il est d'une qualité médiocre. Telle est la division des propriétés, que l'on compte plus de 2 millions de parcelles. Il n'y a pas de mines ; cependant Provins a une source d'eau ferrugineuse ; les carrières de Château-Landon fournissent des pierres de taille de très bonne qualité. L'industrie manufacturière consiste dans les tanneries établies à Meaux, Coulommiers et Provins ; dans les papeteries du Marais, près Jouy, et de Courtalin ; dans la manufacture de toiles peintes de Claye ; dans la verrerie de Bagneaux, dans la fabrique de porcelaine de Fontainebleau et dans les filatures de cette ville et de celle de Meaux.

Le dép. se divise en cinq arrondissements : Coulommiers, Fontainebleau, Meaux, Melun et Provins, ayant ensemble 29 cantons et 539 communes, dont 63 seulement ont plus de 1,000 âmes. La population totale est, selon le recensement de 1841, de 333,311 hab.; en 1836, elle était de 325,881 hab. En voici le mouvement pendant cette année : naissances, 9,048 (4,693 masc., 4,355 fém.), dont 456 illégitimes ; décès, 7,977 (4,166 masc., 3,811 fém.) ; mariages, 3,054. Environ 3,000 électeurs (9 juillet 1842) nomment cinq députés, un pour chaque arrondissement. Le dép. appartient à la 1re division militaire dont le quartier-général est à Paris ; il est du ressort de la cour royale et de l'académie universitaire de la capitale, et il forme le diocèse de Meaux, suffragant de celui de Paris. Il paie 2,844,069 francs d'impôt foncier ; il a 25 hospices desservis par 110 sœurs de charité, et environ 28 hab. sur 1,000 sont traités dans les hospices ou reçoivent des secours à domicile.

Melun, chef-lieu du dép. de Seine-et-Marne, est une ville de 6,846 hab., située sur la Seine, qui la divise en trois parties. Elle existait déjà du temps des Gaulois, sous le nom de *Melodunum*; mais alors elle était bornée probablement à la partie de l'île. Elle a une vieille église gothique avec de beaux vitraux, une grande place, de vastes casernes, une bibliothèque et un collége. Brie-Comte-Robert (2,725 hab.), sur la petite rivière d'Yerres, avait autrefois un château remar-

quable dont il reste encore des tours. Coulommiers, ville de 3,573 hab., sur le Grand-Morin, cultive dans ses environs beaucoup de melons d'excellente qualité. Meaux, siége de l'évêché, sur la Marne, a 7,809 âmes. On y remarque la vieille cathédrale avec le monument de Bossuet qui en fut évêque. Les moulins de la Marne préparent les farines pour l'approvisionnement de Paris. Une grande forêt s'étend entre cette ville et La Ferté-sous-Jouarre (3,907 hab.), qui fait un commerce considérable de meules. Provins, ville de 6,007 hab., sur les petites rivières de la Voulzie et du Durtain, se compose de la ville haute, dans laquelle on voit les ruines de l'ancien château-fort, et de la ville basse où est la fontaine minérale. Nous avons consacré un art. particulier à Fontainebleau, ville de 8,021 hab.; les autres villes remarquables sont Montereau (4,494 hab.), au confluent de la Seine et de l'Yonne : c'est sur le pont qui traverse la dernière de ces rivières, que fut assassiné le duc de Bourgogne, Jean-Sans-Peur ; la ville a été fréquemment prise et dévastée ; Nemours (3,839 hab.), sur le canal du Loing, ville bien bâtie et agréablement située, qui a un pont remarquable sur le canal, un Hôtel-Dieu et un vieux château : c'était autrefois le chef-lieu d'un duché, de même que Nangis (2,015 hab.) était celui d'un marquisat. Voir *Essai historique, statistique, chronologique, etc., sur le département de Seine-et-Marne*, Melun, 1829-1834, 4 vol. in-8º.　　D-G.

SEINE-ET-OISE (DÉPARTEMENT DE), dans lequel est enclavé celui de la Seine (*voy.*), et qui faisait autrefois partie de l'Isle-de-France, est borné à l'est par le dép. de Seine-et-Marne, au sud par celui du Loiret, au sud-ouest et à l'ouest par ceux d'Eure-et-Loir et de l'Eure, et au nord par celui de l'Oise (*voy.* tous ces noms) ; la Seine, en le traversant par de grands circuits, surtout au-dessous de Paris, y reçoit l'Essonne, auprès de Corbeil, et l'Oise, auprès de Conflans ; à l'est, le dép. est encore traversé sur un petit espace par la Marne, qui, comme nous l'avons dit, se jette dans la Seine dans le dép. de ce nom. Tous les chemins de fer un peu considérables qui partent de Paris passent par le dép. de Seine-et-Oise, notamment ceux de Versailles, Rouen, Orléans, Corbeil, etc. Des 560,337 hectares, faisant environ 283 lieues carrées, qui constituent la superficie du dép., 367,741, c'est-à-dire plus de la moitié, consistent en terres labourables, qui, selon le calcul de M. Fremy (*Recherches sur la récolte des céréales de* 1829, Versailles, 1830), produisaient alors 2,246,941 hectol. de blés, seigles et avoines, dont la moitié seulement se consommait dans le dép. Il y a 20,091 hect. de prés, 16,711 de vignes et 84,499 de bois communaux; de plus, l'état possède 15,608 hect. de bois, dont le produit annuel est de 130,372 stères. Ces bois se trouvent surtout auprès des châteaux royaux de Versailles, Saint-Cloud, Rambouillet et Saint-Germain. Il existe une ferme expérimentale à Rambouillet, qui a beaucoup contribué à l'amélioration de la race ovine, et une institution agronomique à Grignon, avec une féculerie et une fromagerie. Les moulins de Corbeil apprêtent la farine pour l'approvisionnement de Paris; Gonesse se distingue par sa boulangerie; Versailles a des fabriques d'horlogerie, et Jouy, où Oberkampf (*voy.*) établit sa manufacture d'indiennes, a encore aujourd'hui une industrie florissante.

Le dép. de Seine-et-Oise se compose des 6 arrondissements de Versailles, Mantes, Rambouillet, Corbeil, Pontoise et Étampes, comprenant ensemble 36 cantons et 684 communes, dont la population était, en 1841, de 470,948 âmes; en 1836, elle était de 449,582 hab., présentant pour mouvement : naissances, 11,475 (6,026 masc., 5,449 fém.), dont 729 illégitimes; décès, 10,765 (5,621 masc., 5,144 fém.); mariages, 3,973. Le dép. appartient à la 1re division militaire, dont Paris est le quartier-général; il forme le diocèse de Versailles, suffragant de l'archevêché de Paris, et sous les rapports de la justice et de l'instruction publique, il est du ressort de la cour royale et de l'académie de Paris; il a un collège royal de 1re classe et une école normale primaire (à Versailles), et 10 congrégations religieuses de femmes vouées à l'éducation des filles. Le dép. paie 3,388,385 fr. d'impôt foncier; il avait, le 9 juill. 1842,

3,842 électeurs nommant 7 députés dans les collèges électoraux qui se réunissent à Versailles, Saint-Germain, Corbeil, Étampes, Mantes, Rambouillet et Pontoise.

Nous parlons, dans des articles particuliers, de *Versailles*, chef-lieu (29,209 hab.), réuni à Paris par deux chemins de fer, de Saint-Germain-en-Laye (10,951 hab.), la Malmaison, Saint-Cloud (2,216 hab.), Saint-Cyr (1,013 hab.), Écouen (657 hab.) et Montmorency (1,789 hab.). Ce dép. a encore beaucoup d'autres lieux remarquables, que nous devons citer : Poissy, ville de 2,880 hab., sur la rive gauche de la Seine, a une maison centrale de détention, et il s'y tient chaque semaine un marché important de bestiaux pour l'approvisionnement de la capitale. Sur la même rivière est située la petite ville de Meulan (1,941 hab.), entre des vignes et des prairies; elle a un Hôtel-Dieu et une halle pour les grains. Le bourg de Sèvres, peuplé de 3,979 hab., avec un beau pont sur la Seine, a une manufacture royale de porcelaine, d'où sortent les plus beaux ouvrages de ce genre que fournisse la France, et où l'on a fait de remarquables essais de peinture sur verre; une belle avenue conduit de là sur la hauteur de Bellevue, couverte de charmantes maisons de campagne, et jusqu'au château de Meudon, qui domine la gracieuse vallée de Fleury, ainsi que le bourg de Meudon (3,235 hab.), où Rabelais était curé. Mantes, jolie ville de 3,818 âmes, sur la rive gauche de la Seine, possède une ancienne cathédrale gothique, et le chemin de fer de Paris à Rouen y passe. Corbeil, au confluent de la Seine et de l'Essonne, a 3,690 hab., qui expédient beaucoup de grains et de farines pour Paris; le cours de la Seine et un chemin de fer facilitent les relations. La ville de Pontoise (5,408 hab.), près de laquelle passe le chemin de fer du Nord, doit son nom à son pont ancien sur l'Oise, rivière qui y reçoit celle de Viosne; la ville possède un grand hôpital. A quelques lieues de là est l'Isle-Adam (1,542 hab.), où l'on voyait autrefois un beau château situé dans une île de l'Oise. A Rambouillet (*voy.*), ville de 3,006 hab., dans une vallée, on voit le château où est mort François Ier, et où Charles X signa l'acte de son abdication; un parc de 1,200 hect. est attenant à cette ancienne résidence royale. Un château plus vieux et une forêt existent à Dourdan, ville de 2,547 hab., sur la rivière d'Orge; cette ville a aussi une église gothique et des halles remarquables. Une des villes les plus considérables du dép. est celle d'Étampes, peuplée de 7,896 âmes et située dans une belle vallée sur la Juine et sur le chemin de fer de Paris à Orléans; dans les guerres civiles, elle a été plusieurs fois prise et saccagée, et au moyen-âge les rois de France y possédaient un château. Il faut encore citer les petites villes d'Arpajon (2,172 hab.), Palaiseau (1,633), et Chevreuse (1,542 hab.). A Enghien (voy.) existe une source d'eau sulfureuse, la seule source minérale du département.   D-G.

SEINE-INFÉRIEURE (DÉPARTEMENT DE LA), borné à l'est par le dép. de la Somme et par celui de l'Oise, au sud par celui de l'Eure et par le cours inférieur de la Seine (voy.), qui y a son embouchure dans la Manche, à l'ouest et au nord-ouest par l'Océan. La Seine, dans ses grandes sinuosités, reçoit plusieurs petites rivières, telles que le Robec, à Rouen, celle de Cailly, etc., mais dont aucune n'est navigable; d'autres rivières débouchent sur les côtes : ce sont surtout la Bresle, qui sépare ce département de celui de la Somme, l'Yères, l'Arques qui, se composant de la Varenne, de la Béthune et de l'Aulne, a son embouchure à Dieppe. « La surface de ce dép., dit M. A. Passy (Description géologique du dép. de la Seine-Inférieure, Rouen, 1832, in-4°) est un vaste plateau sillonné par des vallées et surmonté par des collines peu élevées, qui n'atteignent pas 250[m] de hauteur au-dessus du niveau de la mer. Dans le centre, deux grandes plaines communiquent ensemble et paraissent s'abaisser de chaque côté d'une espèce de chaîne un peu plus élevée que le reste du sol. Des deux revers de cette arête, généralement large et surbaissée, descendent des vallées qui, en s'approfondissant, conduisent, soit à la mer, soit à la Seine, les rivières qui coulent vers le nord-ouest ou le sud-est. » Le long de la

mer règnent des roches crayeuses avec des assises de silex pyromaques que les flots battent sans cesse en brèche, et qui, en s'écroulant, donnent lieu à cette masse de galets (voy.) qui forment comme une ceinture à la partie maritime du dép. Le pays de Caux (voy.) est remarquable par sa fertilité en céréales et en fruits; le Bray, du côté du dép. de l'Oise, a des tourbières imprégnées de sulfate de fer que l'on en retire pour mettre dans le commerce. Le long de la Seine on voit de beaux pâturages et des coteaux couverts de bois. La surface du sol présente en général des couches profondes, soit de sable et de gravier, soit d'argiles, parmi lesquelles il y a des argiles plastiques contenant du fer sulfuré, du lignite et des débris d'animaux antédiluviens. On tire des carrières du marbre lumachelle, des argiles employées à la poterie, et les silex pyromaques des falaises donnent des pierres à fusil et sont employées aux constructions. Le dép. a plusieurs sources d'eaux ferrugineuses, entre autres celles de Forges et d'Aumale : les premières avaient autrefois une grande réputation et attiraient beaucoup de malades.

La superficie totale du dép. est de 602,912 hectares, ou un peu plus de 305 lieues carrées; elle comprend 378,016 hect. de terres labourables, 28,024 de prés, 68,844 de bois, dont 34,595 appartenant à l'état et donnant un produit annuel de 133,420 stères, et 61,173 de vergers, pépinières et jardins. Le cidre étant la boisson générale, on cultive partout des pommiers, et les grandes routes en sont bordées. On élève beaucoup de bestiaux; les troupeaux de bêtes à laine donnent environ 650,000 kilogr. de laine par an. Aux richesses naturelles du pays se joint une industrie manufacturière très importante: 60 à 70 manufactures d'indiennes occupant plusieurs milliers d'ouvriers livrent au commerce 1-million de pièces par an, de la valeur de 40 millions de fr. On tisse en outre, tant dans les villes que dans les campagnes, beaucoup de cotonnades blanches. Darnetal fabrique des nankins; on compte au moins 200 teintureries, autant de tanneries, autant de filatures, plus de 100 imprimeries de toiles peintes; une centaine de papeteries; il y a plus de 200 établissements industriels sur les trois petites rivières, le Robec, l'Aubette et la Renelle qui traversent le chef-lieu. On fait de l'huile de colza et on exporte une grande quantité de cidre. Sur les côtes, la pêche maritime occupe des milliers d'individus et donne un produit très important, tout en formant d'excellents marins. Par la Seine, les productions de l'intérieur de la France arrivent facilement au Havre, qui, de plus, est lié à la capitale par un chemin de fer déjà achevé jusqu'à Rouen, de même que les productions d'outre-mer remontent dans l'intérieur par cette double voie. Le port de Rouen reçoit plus de 3,000 bateaux et petits navires, et il en sort autant.

Le dép. de la Seine-Inférieure, un des plus peuplés du royaume, a, suivant le recensement de 1841, 737,206 hab.; en 1836, il en avait 720,525, dont voici le mouvement : naissances, 21,395 (10,910 masc., 10,485 fém.), parmi lesquelles 2,523 illégitimes; décès, 17,738 (8,901 masc., 8,837 fém.); mariages, 5,910. Il se compose des 5 arrondissements de Rouen, Dieppe, le Havre, Yvetot et Neufchâtel, qui se subdivisent en 50 cantons et 759 communes. Le 9 juill. 1842, 8,198 électeurs étaient inscrits dans ce dép., qui nomme 11 députés; l'arrondissement de Rouen se divise en 4 colléges électoraux, celui de Dieppe en 2, les autres se réunissent au Havre, à Bolbec, Neufchâtel, Yvetot, et Saint-Valery. Le dép. paie 4,792,474 fr. d'impôt foncier. Il renferme le quartier-général de la 14ᵉ division militaire, une cour royale, une académie universitaire, un archevêché, deux églises consistoriales pour les réformés avec sept pasteurs.

Nous avons déjà fait connaître les principales villes, savoir : le chef-lieu, *Rouen*, ville de 92,083 hab., les ports du Havre (25,618 hab.) et Dieppe (16,820 hab.), ainsi que la ville d'Eu (3,739 hab.). Le port de Fécamp, à l'embouchure d'une petite rivière du même nom et au débouché d'une longue vallée, a 9,462 hab. et possédait autrefois une grande abbaye. Au nord de ce port, on trouve ceux de Saint-Valery-en-Caux, avec 5,236 hab., et de Tréport (2,419 hab.), à l'embou-

chure de la Bresle où l'on trouve une bonne rade entre les falaises. Le village d'Étretat, également au milieu des falaises, a un parc d'huîtres assez renommées; enfin le port d'Harfleur (1,583 hab.), situé à peu de distance du Havre et au-dessus de l'endroit où la Lézarde se jette dans l'embouchure de la Seine, est ensablé en partie et a perdu son ancienne importance. Parmi les villes de l'intérieur, il faut nommer Bolbec (9,802 hab.), à la réunion de quatre vallées et sur la rivière du même nom, ville manufacturière, bien bâtie, entourée de maisons de campagne et d'une population rurale très industrieuse. Caudebec (2,713 hab.), avec un petit port sur la rive droite de la Seine, a une belle église du XVᵉ siècle. Neufchâtel (3,463 hab.), sur la Béthune et Gournay sur l'Epte (3,164 hab.), envoient à Paris, en grande quantité, l'une ses fromages et l'autre son beurre. Lillebonne (3,580 hab.), l'ancienne *Julia Bona*, dans une jolie vallée, a conservé beaucoup d'antiquités romaines, telles qu'un amphithéâtre, des statues, des tombeaux, etc. Il ne reste que des ruines des anciens châteaux d'Harcourt, de Tancarville et d'Arques (*voy.*); auprès du dernier, Henri IV vainquit le duc de Mayenne. La ville d'Yvetot, peuplée de 9,213 âmes, était autrefois un franc-fief qui avait acquis, on ne sait comment, le titre de royaume, titre qui n'a pas donné lieu seulement à des facéties, mais encore à des dissertations sérieuses.   D-G.

SEING (Blanc-), *voy.* Blanc. Le mot *seing* est le latin *signum*, et synonyme de cachet (*voy.*) ou de marque en général.

SEING PRIVÉ, *voy.* Acte.

SÉISTAN ou Sedjestan (l'ancienne *Drangiane*), *voy.* Perse et Khoraçan. M. Ch. Ritter (*Géographie de l'Asie*, t. VI, 1ʳᵉ part., p. 149) écrit *Sedschestan* le nom de ce désert contigu, au sud, à celui du Béloutchistan (*voy.*).

SEIZE (faction des), *voy.* Ligue, Barricades (*journée des*) et Guise (*Henri de*)

SÉJAN. Ce favori de Tibère, fils d'un chevalier romain, fut un homme qui sut adroitement dissimuler son ambition et son orgueil; mais qui, du reste, ne recula devant aucun moyen pour satisfaire ses passions. Ayant gagné la confiance du soupçonneux empereur au point de le dominer entièrement, le sénat, servilement soumis, lui témoigna le plus grand respect. Séjan parvint aussi à s'attacher les cohortes prétoriennes, et pour arriver au pouvoir suprême, rien ne le gênait plus que Drusus, fils de Tibère, et les fils de Germanicus, les plus proches parents de l'empereur. Il se débarrassa du premier par le poison ; les derniers furent bannis avec leur mère et jetés dans une prison où ils moururent bientôt. Plusieurs Romains illustres, amis de Germanicus, furent envoyés au supplice à son instigation, et lorsque enfin Tibère s'éloigna pour jamais de Rome et se retira tout-à-fait du gouvernement, Séjan régna avec un pouvoir absolu ; le sénat ordonna d'adorer publiquement les statues qui lui avaient été élevées à Rome. Mais, au moment même où il venait d'atteindre au faîte de la puissance et des honneurs, Tibère conçut des soupçons, et prenant ses mesures avec tant de prudence que Séjan ne se méfia de rien, il finit par l'accuser publiquement dans le sénat (l'an 31 de J.-C.). Mis en prison, Séjan se vit condamner à mort, et la sentence fut exécutée le même jour. Sa famille, ses amis, et parmi eux vraisemblablement Velléius Paterculus, subirent le même sort. *C. L.*

SEL. Les chimistes n'ont pas toujours été d'accord sur ce qu'il faut entendre par ce mot. Bergman désigna dans son temps par *sel* toute substance soluble dans moins de 500 fois son poids d'eau pure. D'après cette définition, Bergman considérait comme des sels une foule de substances d'une nature bien différente. Lavoisier, en réformant la chimie en général, réforma aussi la notion qu'on avait alors sur les sels. Il établit qu'un sel est une combinaison d'un acide avec une base, que cette combinaison soit soluble dans l'eau ou non. On a expliqué aux mots ACIDE et BASE ce qu'on entend par chacune de ces dénominations. Cette idée du célèbre chimiste français a ensuite été adoptée généralement. Les progrès de la chimie ont cependant rendu même cette définition insuffisante. Le sel par

excellence, le sel de cuisine, qui, dès l'origine, a donné son nom à toute la classe des sels, et qui, dans le temps de Lavoisier, était considéré comme une combinaison d'acide muriatique et de soude, ne serait plus un sel, d'après cette définition, puisque des découvertes faites ultérieurement ont montré qu'il ne contient ni soude ni acide muriatique, mais bien le métal sodium uni à une substance simple ou élémentaire, le chlore, d'où on a changé le nom de muriate de soude en celui de chlorure de sodium.

Quelques chimistes, en suivant strictement la définition des sels donnée par Lavoisier, ne considèrent donc pas le sel de cuisine comme un sel ; d'autres chimistes donnent à cette dénomination une plus grande étendue, en y comprenant non-seulement les corps qui ont une composition analogue à celle du chlorure de sodium, mais encore aux combinaisons des corps sulfurés entre eux.

L'halurgie (*voy.*) comprend, d'après ces derniers, deux classes générales de sels, qu'on appelle sels haloïdes et sels amphides. 1° Les *sels haloïdes* ou *halosels* sont composés d'un métal et d'un corps halogène, tel que le chlore, le brome, l'iode, le fluor et le cyanogène ; on appelle ces corps *halogènes* (engendrant des sels), parce qu'en se combinant avec les métaux, ils produisent des sels. Cette classe de sels n'est donc composée que de combinaisons formées de deux corps simples, un métal et un corps halogène. 2° *Sels amphides* ou *amphisels.* Ces sels sont composés, généralement parlant, de trois corps simples, savoir d'un métal, qui est le radical de la base, d'un corps simple métallique ou non métallique, qui est le radical de l'acide, et d'un troisième corps, qui, en se combinant avec ces derniers corps, convertit le premier en base salifiable et le dernier en un acide : ce troisième corps qui a la propriété de produire des acides aussi bien que des bases, est appelé un corps *amphigène*, c'est-à-dire qui engendre les deux (ἄμφω). Les corps appartenant à cette catégorie sont l'oxygène, le soufre, le sélénium, le tellurium. Cependant on n'a étudié sous ce rapport que les combinaisons de l'oxygène et du soufre. Les sels amphides qui contiennent de l'oxygène sont appelés des *oxysels*, et ceux qui contiennent du soufre des *sulfosels*. La composition des sulfosels est parfaitement calquée sur celle des oxysels, mais l'oxygène s'y trouve remplacé par un égal nombre d'atomes de soufre. L'arséniate de potasse, par exemple, en dissolution dans l'eau se décompose, par un courant de gaz hydrogène sulfuré, en eau, qui provient de la combinaison de l'hydrogène du gaz avec l'oxygène du sel, et en sulfarséniate de potassium, dans lequel l'oxygène du sel primitif est remplacé, atome pour atome, par le soufre du gaz hydrogène sulfuré.

Les sels haloïdes doivent-ils en effet être considérés comme des sels ou non? C'est purement une affaire d'opinion. Il est parfaitement indifférent tant pour la pratique que pour la théorie de la science que l'on se détermine plutôt pour l'un que pour l'autre, pourvu qu'on soit conséquent dans l'opinion adoptée. Ceux qui ne considèrent pas les chlorures, bromures, etc., comme des sels, fondent leur opinion sur ce que ces combinaisons ne sont composées que de deux corps simples, tandis que les sels en doivent contenir au moins trois. Tant qu'on persiste à baser la classification des sels sur le nombre des corps simples qui y sont contenus, on a raison de ne pas considérer ces combinaisons comme des sels. Ceux qui préfèrent l'opinion contraire n'admettent point que le nombre des éléments qui constituent un sel doive être pris en considération lorsqu'il s'agit de déterminer ce que c'est qu'un sel. La classification chimique en général a pour but de rassembler en certains groupes les corps qui se ressemblent le plus par leurs caractères, quelle que soit d'ailleurs leur composition. Comme cette base de la classification tend à rendre les notions des propriétés des corps plus claires, nous nommons, par exemple, *acides* les corps doués des propriétés des acides en général, sans avoir égard au nombre de leurs éléments. Ce nombre peut être 2, 3, 4 et au delà. Or il y a des sels haloïdes tellement ressemblants aux oxysels, qu'un chimiste même exercé ne saurait les distinguer

l'un de l'autre, sans employer dans ce but un réactif quelconque : tels sont entre autres le chlorure de magnésium et le nitrate de magnésie. Exclure le chlorure de magnésium de la classe à laquelle appartient le nitrate de magnésie, parce qu'il ne contient que deux éléments, tandis que le dernier en contient trois, reviendrait à exclure l'acide acétique de la classe à laquelle appartiennent les acides sulfuriques, phosphoriques, etc., parce que le premier contient trois éléments, tandis que les derniers n'en contiennent que deux. Il s'ensuit donc qu'on a raison d'admettre les sels haloïdes dans la classe des sels.

Les anciens chimistes se trouvaient très embarrassés pour la nomenclature des sels. On leur donnait des noms empiriques, tels que *sel de Glauber (voy.)*, *sel polychrest, arcanum dupplicatum*, etc.; mais le nombre des sels, qui augmente journellement par suite de nouvelles découvertes, rend cette manière de les nommer fort incommode. Bergman imagina de remplacer les noms empiriques par une définition de leur composition : il disait par exemple *alhali vegetabile vitriolatum, alhali minerale vitriolatum*, en parlant des sels de potasse et de soude avec l'acide sulfurique, qu'on appelait autrefois acide vitriolique. Guyton de Morveau profita de cette idée d'une manière très heureuse : il divisa les sels en genres. Les sels formés par chaque acide formaient un genre à part, dont le nom fut déduit de celui de l'acide : ainsi il appelait les sels formés par l'acide sulfurique des *sulfates*, ceux formés par l'acide nitrique des *nitrates (voy.* ces mots); les sels formés par les acides sulfureux et nitreux, il les appelait des *sulfites* et des *nitrites*. De cette manière, le nom d'un acide étant donné, celui du genre des sels qu'il forme l'était aussi. Pour distinguer ensuite les différentes espèces de chaque genre, il ajouta le nom de la base. On a donc dit *sulfate de potasse, nitrate de soude, sulfite de chaux*. A partir de ce moment, la nomenclature de tous les sels possibles était déterminée d'avance. Mais lorsque Guyton de Morveau créa la nomenclature chimique, on ignorait encore que les alcalis et les terres fussent des oxydes métalliques : il ne donna pas, par conséquent, toute l'étendue qu'on est à même de donner actuellement à la nomenclature des sels, en modifiant le nom de la base, comme il l'avait fait pour celui de l'acide. Il ne fit que nommer la base du sel, et, pour les sels métalliques, il nomma seulement le métal, comme *sulfate de fer, nitrate d'argent*. Mais cette nomenclature se trouve en défaut toutes les fois qu'un métal donne deux oxydes basiques, comme par exemple le fer, le cuivre, le mercure, puisqu'elle n'indique point lequel des oxydes basiques se trouve dans le sel. Guyton essaya de les distinguer en disant *sulfate de fer vert* et *sulfate de fer rouge*. On a tâché ensuite de remédier à ce défaut, en disant tantôt *protosulfate* et *persulfate de fer*, tantôt *sulfate de protoxyde* et *sulfate de peroxyde de fer*. Plus tard, on a commencé à simplifier encore cette nomenclature, en employant, pour les différents degrés des oxydes basiques du même métal, le principe de nomenclature que Guyton employa si heureusement pour celle des acides. L'usage s'est donc introduit de dire *oxyde ferreux* et *oxyde ferrique*, au lieu de *protoxyde* et de *peroxyde de fer*, tout comme on dit *acide sulfureux* et *acide sulfurique*. D'après cette nomenclature, la potasse est l'*oxyde potassique*, la soude l'*oxyde sodique*, la chaux l'*oxyde calcique* : on dit donc *sulfate potassique, sodique, calcique, ferreux, ferrique, cuivreux, cuivrique*, etc. Cette nomenclature est parfaitement en harmonie avec la nomenclature chimique en général, elle est courte, expressive et commode. Quelques auteurs de mémoires de chimie ont commencé à s'en servir, mais elle n'est point généralement reçue. La nomenclature des halosels se fait comme celle des oxysels : on dit *chlorure de potassium, protochlorure de fer, perchlorure de fer*, ou bien *chlorure potassique, chlorure ferreux, chlorure ferrique*, etc. La nomenclature des sulfosels est la même que celle des sels, avec cette différence qu'on met le nom *sulfo* avant le nom générique du sel, par exemple, *sulfophosphate, sulfoséniate, sulfomolybdate potassique, ferreux*, etc., pour indiquer que la sub-

stance basique aussi bien que celle qui joue le rôle d'acide est un sulfure.

Dans l'esprit de la nomenclature, les sels sont partagés en genres d'après leur partie constituante électro-négative ou l'acide, et en espèces d'après leurs bases. Néanmoins, dans un grand nombre de Manuels de chimie, on les trouve classés en genres d'après leurs bases et en espèces d'après leurs acides, sans que pour cela leur nomenclature y ait été changée.

En partant du degré de saturation mutuelle des parties constituantes des sels, on les divise en sels neutres, sels acides et sels basiques.

Sels neutres. Lorsqu'à une dissolution de potasse on ajoute de l'acide sulfurique étendu en petites quantités à la fois, on arrive à un point où la saveur et les réactions de la potasse (*voy*. ALCALI) ont entièrement disparu, sans qu'aucune trace de la saveur et des réactions de l'acide s'y manifeste. La solution a acquis un goût salé et ne change plus les couleurs végétales. On dit alors que l'acide et la base se sont *neutralisés*. Il en est résulté un sel, le sulfate de potasse, et ce sel est *neutre*. Un atome de potasse se trouve alors combiné avec un atome d'acide sulfurique. Il n'y a cependant que les bases les plus fortes, combinées aux acides forts, qui produisent cette neutralité complète. Les Bases les plus fortes combinées avec les acides les plus faibles, avec les acides carboniques et boriques, par exemple, donnent des sels où la propriété alcaline de la base ne peut pas être neutralisée ; ils ont une saveur alcaline et colorent en bleu le papier de tournesol, rougi par un acide. De même les acides forts, combinés avec des bases moins fortes, comme l'acide sulfurique saturé de protoxyde de fer, tourne tout de suite au rouge le papier bleu de tournesol, comme le ferait un acide libre. Le nombre des sels neutres serait donc très limité, si l'on ne considérait comme neutres que les sels où toute réaction analogue à celle des alcalis ou des acides aurait cessé ; mais on est convenu d'appeler neutres tous les sels où la base est combinée avec un atome d'acide pour chaque atome d'oxygène qu'elle renferme. Lorsque la base ne contient qu'un seul atome d'oxygène, elle donne un sel neutre avec un atome d'un acide quelconque; mais si elle en contient 2 ou 3 atomes, il lui faut 2 ou 3 atomes d'acide pour produire le sel neutre. C'est presque toujours cette neutralité conventionnelle qu'on veut indiquer, et non pas la neutralité absolue.

Un sel neutre, dans la dernière acception du mot, peut se combiner en proportions définies avec une nouvelle dose, tant de l'acide que de la base. Dans le premier cas, il en résulte un *sel acide* ou *sursel*; dans le dernier, un *sel basique* ou *soussel*. Cependant cette propriété n'est point générale. Le plus grand nombre des sels ne sont connus qu'à l'état neutre. Ceux qui forment des sursels ne peuvent que rarement produire des soussels. Quelquefois aussi l'inverse a lieu.

Les *sursels* sont composés le plus souvent d'un atome de sel neutre, combiné avec un atome additionnel de l'acide; mais il y en a où l'atome du sel neutre est combiné avec 2 et 3 atomes de l'acide, et d'autres où 2 atomes du sel neutre ne sont combinés qu'avec un seul atome de l'acide. Nous avons, par exemple, un sursulfate de potasse, composé d'un atome de sulfate de potasse et d'un atome d'acide sulfurique, puis un autre composé de 2 atomes du sulfate et d'un seul atome de l'acide. Il y a deux suroxalates de potasse dans lesquels un atome de l'oxalate neutre est combiné avec 1 et avec 3 atomes d'acide oxalique. Nous avons deux surchromates de potasse composés d'un atome de chromate neutre avec 1 et avec 2 atomes d'acide chromique. Certains acides ne donnent jamais de sursels, par exemple l'acide nitrique, l'acide acétique; et d'autres en donnent avec la plupart des bases, tels sont l'acide phosphorique l'acide tartrique. La nomenclature des sursels dérive du nombre d'atomes d'acide qui sont combinés avec un seul atome de la base : ainsi nous disons *sesquisulfate* et *bisulfate* de potasse, *bioxalate* et *quadroxalate* de potasse, *bi-* et *trichromate* de potasse. Il se présente des cas, mais ils sont rares, où un sel neutre se combine avec un autre acide que le sien : telles sont les combinaisons de l'acide sulfurique anhydre avec les nitrates de potasse et d'ammoniaque, et celles des acides sulfurique et chromique avec plusieurs chlorures.

Les *soussels* se forment lorsqu'un atome du sel neutre se combine avec 1, 2, 3, etc., atomes de la base du même sel. Ils sont plus communs que les sursels. Un sel neutre d'un protoxyde ne se combine qu'avec le protoxyde, et un sel de peroxyde qu'avec le peroxyde. Les alcalis et les terres ne donnent que rarement des soussels. L'alumine, le peroxyde de fer et l'oxyde de plomb en donnent avec presque tous les acides. On les désigne, dans la nomenclature, en ajoutant au nom du sel les mots *monobasique*, *sesquibasique*, *bibasique*, *tribasique*, etc. Les auteurs néanmoins ne comptent point les atomes des bases de la même manière. Les uns indiquent par le nombre ajouté au mot basique, combien d'atomes de base sont combinés avec un atome de l'acide; les autres au contraire entendent par ce même nombre la quantité d'atomes de base combinés avec un atome du sel neutre. Par conséquent, ce qui est le sel tribasique des premiers est le sel bibasique des derniers. Il nous semble que la méthode qui consiste à compter les atomes de base ajoutés au sel neutre doit être préférée.

Les halosels ont aussi leurs sursels et leurs soussels. Dans les sursels, le sel neutre se trouve combiné avec 1 atome, rarement avec 2, de l'acide que le corps halogène (le chlore, le brome, etc., etc.) qui y est contenu forme avec l'hydrogène. Dans les sels basiques un atome du sel neutre se combine avec 1, 2, 3, etc. atomes de l'oxyde du métal contenu dans le sel; mais toujours de manière à ce que dans tous les cas où les métaux donnent lieu à deux oxydes basiques, comme par exemple le fer, le mercure, etc., ce soit toujours le protoxyde qui se combine avec le protochlorure, protobromure, etc., et le deutoxyde avec le deutochlorure, deutobromure, etc. En sorte que ces sels suivent absolument les mêmes lois que les oxysels. Les sulfosels se comportent absolument comme les oxysels.

L'expérience a montré qu'une sulfobase peut quelquefois s'ajouter à un oxysel ou à un halosel, et une oxybase à un sulfosel; mais on connaît bien peu d'exemples de ce genre de combinaisons, et ce sont jusqu'ici exclusivement les protosels de mercure ou les sels mercureux qui les fournissent.

Sels doubles. Les sels se combinent entre eux et donnent des sels plus composés, doués des propriétés des deux sels combinés, mais dont, en général, la forme cristalline et l'aspect sont très différents de ceux des sels qui les composent. Un atome d'un sel se combine avec 1, 2, 3, etc., atomes de l'autre. Le cas le plus ordinaire est celui où les deux sels se combinent à nombre égal d'atomes de chacun des sels intégrants. On appelle ces nouveaux sels des *sels doubles*. Les deux sels combinés ont le plus ordinairement l'acide ou le corps halogène en commun. La même base se trouve moins souvent unie à deux acides différents, ou le même métal à deux corps halogènes différents. Il est plus rare encore que des sels, qui n'ont ni la même base, ni le même acide, se combinent pour former un sel double. Tous les sels ne possèdent pas la propriété de s'unir à d'autres sels pour former des sels doubles; il y en a qui n'en forment jamais. Les halosels suivent les mêmes lois à cet égard. Un chlorure se combine avec un autre chlorure, moins souvent avec un bromure, iodure, etc., et plus rarement encore avec un oxysel ou un sulfosel, quoique nous ne manquions point de quelques exemples de ce genre. Les chimistes qui ne rangent pas les halosels dans la classe des sels, considèrent les chlorures, bromures, etc., des radicaux, des alcalis et des terres alcalines, comme des bases, et ceux des métaux en général comme des acides. Ils admettent par conséquent les halosels doubles dans la classe des sels simples. Lorsque le bichlorure de mercure (chlorure mercurique), par exemple, se combine avec le chlorure de potassium (chlorure potassique), on donne au bichlorure le nom d'acide *chlorohydrargyrique* ou *chloromercurique*, et au sel le nom de *chlorohydrargyrate* ou *chloromercurate de potassium*. Mais cette manière de voir, quoique reçue, a cependant ses inconvénients théoriques, parce qu'il y a des chlorures doubles, tels que celui de

potassium et de magnésium, dont aucun des sels qui le composent ne saurait être considéré comme un acide; et lorsqu'un chlorure se combine avec un oxysel, par exemple le chlorure de calcium avec l'acétate de chaux, c'est bien un sel double où aucun des sels ne saurait être nommé acide ou base.

Sels triples. Les sels doubles se combinent aussi quelquefois entre eux et forment des sels triples, puisqu'ils sont composés de trois sels : l'un des sels simples y est presque toujours commun aux deux sels doubles. C'est particulièrement parmi les silicates et parmi les cyanures qu'on trouve les sels triples.

Une grande partie des sels, tant sels simples que sels doubles, est soluble dans l'eau; une autre partie y est insoluble. L'alcool dissout un bien moins grand nombre de sels. L'éther, ainsi que les huiles, tant grasses que volatiles, n'en dissolvent qu'un très petit nombre et c'est même en petite quantité. Il y a des sels tellement avides d'eau, qu'ils la précipitent de l'air pour s'y dissoudre. On dit alors que ces sels entrent en *déliquescence*.

Lorsqu'on dissout dans de l'eau chaude telle portion d'un sel qu'elle peut dissoudre à cette température, elle dépose, en se refroidissant, un excès de sel, qu'elle a pu dissoudre en faveur de l'influence de la température plus élevée. Le sel prend alors ordinairement la forme de cristaux, qui deviennent de plus en plus réguliers, à mesure que le refroidissement se fait plus lentement. En faisant refroidir rapidement la dissolution et en la remuant en même temps, le sel se précipite en petits grains : c'est ce qu'on appelle *cristallisation troublée*. On a prétendu, mais à tort, que le sel ainsi précipité d'une solution de plusieurs sels mélangés serait plus pur que les cristaux réguliers formés lentement. Un très grand nombre de sels, qui se déposent ainsi de leur dissolution dans l'eau, se combinent avec de l'eau en proportions fixes et les cristaux en contiennent souvent une quantité considérable. Cette eau, qui y est solide, à l'état de glace, pour ainsi dire, est nommée *eau de cristallisation*. Il y a des sels qui fixent ainsi une quantité d'eau dont le poids excède la moitié du poids des cristaux, le sulfate et le phosphate de soude par exemple; d'autres en contiennent fort peu; et d'autres encore ne se combinent point du tout avec de l'eau de cristallisation : tels sont le sulfate et le nitrate de potasse. Même des sels insolubles dans l'eau ont souvent la propriété de se combiner avec de l'eau de cristallisation, qu'ils prennent en se précipitant du liquide. Les proportions dans lesquelles les sels se combinent avec l'eau varient. Il est rare de trouver 2 atomes d'un sel combinés avec un seul atome d'eau; mais un atome d'un sel se combine avec 1, 2, 3, 4 et jusqu'à 12 atomes d'eau et au-delà. Le même sel peut se combiner avec plusieurs doses d'eau, et cristallise alors différemment avec chacune de ces portions d'eau. La température influe beaucoup sur la dose d'eau de cristallisation. Lorsque les cristaux se forment à une température élevée, ils contiennent ou moins d'eau que lorsqu'ils se forment à une température basse, ou ils n'en contiennent pas du tout. Le sel de cuisine, par exemple, qui au-dessus de 0 du thermomètre cristallise sans eau de cristallisation, formant ce qu'on appelle un *sel anhydre*, prend 6 atomes d'eau en cristallisant à — 10°. Si on fait sécher ces cristaux à cette même température et qu'on élève ensuite celle-ci à 0°, l'eau de cristallisation s'en sépare à l'état liquide, et les cristaux tombent en poudre dans le liquide qui se forme. Les sels doués de la propriété de se combiner avec plus d'une proportion d'eau de cristallisation, jouissent souvent d'une inégale solubilité, qui dépend de la quantité d'eau qu'ils renferment. Plus ces cristaux contiennent d'eau, plus ils sont solubles. Il en résulte que des sels cristallisés qui se dissolvent facilement dans l'eau à la température ordinaire, s'en déposent au contraire lorsqu'on élève la température de leur dissolution; car, à cette température, ou il se forme une combinaison nouvelle avec moins d'eau, ou le sel devient anhydre, et l'un ou l'autre est moins soluble que la combinaison plus riche en eau de cristallisation. L'eau saturée à 15° avec du sulfate de soude, qui contient 10 atomes d'eau de cristallisation, se trouble à 50° et dépose du sulfate de soude anhydre, parce que déjà à 40° la combinaison de ce sel avec de l'eau de cristallisation se détruit, et parce que le sel anhydre est moins soluble que celle-ci. Les sels retiennent leur eau de cristallisation avec une force très inégale. Quelques sels la laissent s'évaporer par l'exposition à l'air, même à des températures très basses. Les cristaux perdent alors leur transparence. Si la quantité d'eau abandonnée est considérable, ils tombent en poussière; si elle ne surpasse point 16 à 20 centièmes du poids du cristal, ce dernier conserve ses contours, mais prend un aspect laiteux et devient friable : on dit alors que les sels *effleurissent* ou *tombent en effleurescence*. D'autres sels ne perdent leur eau qu'à une température plus élevée; la plupart la cèdent au-dessous de 100°, d'autres à 130° ou à 150°. Bien peu de sels la retiennent à une température plus haute. Quelques-uns, qui contiennent de l'eau de cristallisation, entrent en fusion lorsqu'on les chauffe subitement, commencent à bouillonner et se solidifient ensuite. Ici, c'est la combinaison du sel avec l'eau de cristallisation qui entre en fusion; mais à mesure que l'eau se volatilise, le sel se dépose anhydre et non fondu.

Quelques sels anhydres, dissous à saturation dans de l'alcool absolu et chaud, se combinent avec de l'alcool en proportions définies, en cristallisant de leurs dissolutions. Cet alcool combiné remplace l'eau de cristallisation dans ces cristaux; mais lorsqu'on les expose à l'air, il s'échappe.

On fait cristalliser les sels de diverses manières. En grand, on les dissout dans de l'eau chaude, on filtre la dissolution et on l'évapore ensuite, jusqu'à ce qu'une goutte, qu'on fait tomber sur une plaque froide, laisse entrevoir des cristaux en se refroidissant; quelquefois on évapore jusqu'à ce qu'il se forme une pellicule de parties solides à la surface du liquide : on laisse alors refroidir ce dernier, qui dépose les cristaux, d'autant plus grands et plus réguliers qu'il se refroidit plus lentement. Le liquide qui ne donne plus de cristaux est appelé *eau-mère*. En l'évaporant ultérieurement, elle donne de nouveaux cristaux. Si la dissolution ne contient que le sel pur, elle fournit des cristaux de la même espèce jusqu'à la dernière goutte ; mais si le sel dissous est mélangé avec une petite quantité d'autres sels, ceux-ci restent dans l'eau-mère, qui ne donne ensuite que des cristaux moins purs. C'est pour cela qu'on se sert de la cristallisation des sels pour les purifier. La première cristallisation est toujours la plus pure, et en dissolvant de nouveau le sel cristallisé et le faisant cristalliser encore une couple de fois, on parvient à le purifier complétement. On purifie de même les dernières cristallisations moins pures, en les faisant recristalliser un certain nombre de fois. Lorsque les chimistes veulent avoir des cristaux grands et très réguliers, ce qui ne peut point se faire sans que la cristallisation s'opère très lentement, ils laissent la solution s'évaporer à l'air libre, sans en élever la température, mode de concentration appelé *évaporation spontanée*. Les cristaux que dépose un liquide sont d'autant plus volumineux et réguliers que la colonne de ce liquide est plus haute par rapport à son diamètre. Quelques sels, dont on laisse ainsi évaporer la dissolution spontanément, ne déposent rien ou fort peu de chose dans le liquide même ; mais le sel s'élève autour du bord du liquide, sous forme d'une végétation, souvent très belle, qui ressemble à une mousse régulièrement formée. Le bisulfate de potasse est surtout remarquable pour cette propriété. La végétation s'imbibe du liquide et reste humide aussi longtemps qu'il y en a. L'évaporation ne se fait alors qu'à l'extrémité des branches de la végétation, et de là l'accroissement continuel à leurs extrémités.

Lorsqu'on regarde à travers un verre dans lequel se trouve une solution pendant l'acte de la cristallisation, on voit se former des courants dans le liquide qui remontent de chaque cristal vers la surface : cela vient de ce que la partie du liquide qui a déposé sur le cristal une partie du sel qu'elle retenait en dissolution, est devenue par là plus légère que le liquide ambiant et remonte ainsi à la surface, pour être remplacée par une autre partie plus saturée qui, à son tour, produit le même phénomène. C'est par cette circulation continuelle du liquide que les cristaux s'accroissent de plus en plus.

On trouve dans la nature quelques sels tout formés, tels que le *sel de cuisine* (chlorure de sodium), le *nitre* (nitrate de potasse), le *gypse* (sulfate de chaux), etc. D'autres sont un produit de l'art. On se procure les sels de deux manières différentes, ou en combinant l'acide et la base directement, ou en mêlant de telle façon deux sels qui se décomposent mutuellement, qu'il soit possible d'en séparer le sel qu'on veut produire, soit par la cristallisation ou précipitation, soit par la distillation. C'est là ce qu'on appelle préparer un sel par double décomposition. Si l'on a besoin par exemple de chlorure de magnésium, qui est trop cher à produire par l'acide hydrochlorique et la magnésie, on dissout ensemble dans de l'eau chaude du chlorure de sodium et du sulfate de magnésie dans la proportion du poids atomique de chacun, et on laisse refroidir ensuite le mélange à —3°, condition dans laquelle des cristaux de sulfate de soude se déposent. En évaporant l'eau-mère et en la refroidissant de nouveau, on obtient encore des cristaux de sulfate de soude. En répétant cette manipulation une couple de fois, on finit par avoir une eau-mère qui ne contient plus que du chlorure de magnésium, l'acide sulfurique du sulfate de magnésie ayant échangé tout le magnésium contre le sodium du chlorure de sodium. Le résultat final est du sulfate de soude, séparé par la cristallisation, et du chlorure de magnésium en dissolution concentrée. Si l'on veut avoir du sulfate d'argent, on mêle ensemble des solutions étendues et bouillantes de sulfate de soude et de nitrate d'argent : le sulfate d'argent cristallise seul par le refroidissement ; ou bien si on mêle les dissolutions concentrées et froides, alors il se précipite du liquide au moment où le mélange se fait. Le liquide contient ensuite du nitrate de soude. En mêlant ensemble du sulfate de deutoxyde de mercure et du chlorure de sodium et chauffant le mélange sec dans un appareil convenable, le bichlorure de mercure sublime seul et laisse du sulfate de soude pour résidu.

Les propriétés des sels sont si variables qu'il est impossible d'en donner des notions générales. On en a de presque toutes les couleurs. Les acides et bases incolores donnent des sels non colorés. Une base colorée donne le plus souvent des sels colorés. L'oxyde de cobalt donne des sels rouges et quelquefois bleus; l'oxyde de nickel des sels vert-pomme; l'oxyde de cuivre des sels tantôt d'un bleu superbe, tantôt d'un vert-pré; le protoxyde de fer des sels d'un vert bleuâtre; le deutoxyde de fer des sels d'un jaune orangé, etc. Quelques acides colorés donnent aussi des sels colorés, par exemple, les chromates, les manganates, les oxymanganates, dont les couleurs sont rougeorangé, vert et pourpre. Un très petit nombre de sels seulement exercent une action sensible sur l'odorat; mais tous les sels solubles dans l'eau ont un goût. Les sels à base alcaline, tant halosels qu'oxysels, ont un goût salé; ceux des terres alcalines, un goût à la fois salé et amer; ceux des terres proprement dites, un goût astringent et même sucré. Le goût des sels métalliques est ou astringent, comme ceux du fer et de l'étain; ou sucré, comme ceux du plomb; ou métallique, comme ceux de l'argent, du cuivre, du bismuth, du zinc, etc. Les sels absolument insolubles sont ordinairement insipides. Les sulfosels répandent ordinairement une odeur de gaz hydrogène sulfuré, produit par leur décomposition moyennant l'acide carbonique de l'air; leur goût est toujours hépatique; leur couleur est variable.

Un grand nombre de sels supportent une température très élevée sans subir d'autre changement que d'entrer en fusion. Les sels des bases faibles perdent au feu, ou une partie de leur acide, en laissant pour résidu un soussel, ou tout leur acide. Certains acides donnent des sels destructibles au feu, même avec les bases les plus fortes, par exemple les acides nitrique, chlorique, bromique, ainsi que tous les acides d'origine organique. Certains sels sont volatils à une température élevée et se laissent sublimer, comme ceux à base de mercure et d'ammoniaque. D'autres, quoiqu'on ne puisse les sublimer en vase clos, s'évaporent à une température élevée, lorsque l'air a

libre accès, par exemple, le chlorure de sodium, dont on emploie la vapeur pour glacer la poterie. Les sulfosels se comportent au feu, dans des vases fermés, à peu près comme les oxysels; mais lorsque l'air a libre accès, ils se convertissent peu à peu en oxysels.

Le nombre des sels connus est très grand : il dépasse 3,000 en y comptant les sursels, soussels, ainsi que les sels doubles et triples. Leur énumération serait inutile ici, de même que leur description. Le lecteur trouvera les notions générales de chaque espèce de sel, qui a pu mériter d'être mentionnée, sous les noms génériques de SULFATES, NITRATES, ACÉTATES, BORATES, CARBONATES, etc.

L'emploi des sels est des plus fréquents et d'une haute importance dans l'économie agricole et domestique, dans l'industrie, dans la médecine et pour les réactions chimiques .*   B-z-s.

SÉLAM, nom que les Orientaux donnent à un bouquet dont les fleurs sont disposées, ordinairement par les femmes d'un harem, de manière à exprimer une pensée, un sentiment secret, soit en s'attachant à leur nom, soit en faisant allusion au caractère particulier qu'on est dans l'usage de prêter à chacune d'elles. Comme la flore varie suivant les contrées et sa nomenclature avec elle (le *souci*, par exemple, ne rappelle point cette idée à l'Allemand), il s'ensuit que chaque pays a un *langage des fleurs* particulier. En France, Mme Charlotte de Latour, entre autres, en a donné la clef; il existe des ouvrages analogues dans plusieurs langues étrangères. Mais c'est parmi les femmes

(*) Pour l'extraction du sel de cuisine, *voy.* HALURGIE et SALINES. On l'appelle aussi *sel marin*, parce qu'il provient en grande partie des marais salants des bords de la mer; et *sel gemme*, lorsqu'il se trouve à l'état fossile, dans des mines, en couches solides. En France, il a occupé, en 1841, 23,753 ouvriers, et le produit total a été de 2,973,074 quintaux métriques, valant 7,382,002 fr. Sur ce chiffre de près de 3 millions de quint. métr., 418,397 seulement ont été tirés des mines et des sources salées, le reste provenait des marais et des laveries. Quelquefois le sel est l'objet d'un monopole; presque toujours il est grevé d'un impôt dont tout le poids retombe sur la classe peu aisée, et qui ne permet pas d'en faire, dans l'économie rurale, tout l'usage qui serait désirable, surtout pour l'éducation des bestiaux.   S.

turques que ce langage est le plus usité : M. de Hammer, dans les *Mines de l'Orient*, t. I et II, nous a donné des explications sur la méthode qu'elles suivent pour s'en servir. X.

SÉLANDE, *voy.* Seelande.

SELDJOUCIDES, *voy.* Turcs.

SÉLÉNÉ, nom grec de la lune, σελήνη, *voy.* Hécate.

SÉLÉNITE, *voy.* Gypse.

SÉLÉNIUM, corps simple non métallique que M. Berzélius a découvert à la fin de 1816, et qu'on trouve dans le soufre, ou associé au plomb, au mercure, au cobalt, etc. A Fahlun, en Suède, on le retire de la galène sélénifère en la grillant dans des fours : le sélénium se sublime alors avec le soufre. C'est pour rappeler son analogie avec le tellure (*voy.*) que le célèbre chimiste suédois a donné à cette substance le nom de sélénium, dérivé de σελήνη, la lune. X.

SÉLÉNOGRAPHIE, *voy.* Lune.

SÉLEUCIDES, dynastie des rois de Syrie, fondée par Séleucus (*voy.*), à la suite de la bataille d'Ipsus (*voy.*), l'an 301 av. J.-C. Grâce à leur valeur, les premiers Séleucides agrandirent, dans toute les directions, leur empire, qui était très borné dans l'origine ; mais lorsque, quittant les vertus de leurs ancêtres, ils se livrèrent à l'indolence, leur empire s'affaiblit graduellement et s'écroula. A sa décadence, il se forma de ses états démembrés les royaumes de la Bactriane, de la Parthie, de l'Arménie, etc. ; le surplus de cet empire, si vaste autrefois, devint province romaine. Les Séleucides aimaient généralement la magnificence et protégèrent les arts et les sciences, particulièrement Séleucus Ier et Antiochus IV. — *Voir* Vaillant, *Seleucidarum imperium*, La Haye, 1732 ; R. Reineccius, *Familia Seleucidarum*, Wittenb., 1571.

Pour l'ère des Séleucides, *voy.* Ère, T. IX, p. 710. X.

SÉLEUCIE, sur le Tigre, en Babylonie, fut temporairement une des plus grandes villes du monde ; sa population, composée de Macédoniens, de Grecs, de Syriens et de Juifs, s'éleva, dit-on, à 600,000 âmes. Elle conserva une constitution libre même sous la domination parthe : le gouvernement était formé d'un conseil de 300 nobles. Saccagée sous Trajan, à cause d'un soulèvement de ses habitants contre les Romains, la ville fut entièrement détruite sous Verus (162 de J.-C.). On en voit encore les ruines, appelées El-Madaïn (les deux villes). Séleucie avait reçu son nom de son fondateur, Seleucus (*voy.*) Nicator, qui la destinait à remplacer Babylone.

Parmi les autres villes du même nom, il faut surtout remarquer celle qui, située à peu de distance de l'embouchure de l'Oronte, portait le surnom de *Pieria* et de S. *ad Mare*. Elle avait le même fondateur que la précédente et en renfermait le tombeau. Forteresse du premier ordre, elle n'a jamais été prise que par trahison. Il y avait ensuite une Séleucie en Pisidie, ou *ad Taurum*; une autre en Cilicie, surnommée aussi *Trachée*, ou *ad Calycadnum*, et plus tard *Isaurienne*, lorsque, conquise par les Isauriens, au IVe siècle, elle fut devenue leur capitale, etc. X.

SÉLEUCUS, surnommé *Nicanor* ou *Nicator* (c'est-à-dire le vainqueur), était fils d'Antiochus (*voy.*), un des généraux de Philippe et d'Alexandre-le-Grand, et de Laodice. Dès sa tendre jeunesse, il passa en Asie avec l'armée macédonienne, et commandait ordinairement les éléphants. A la mort d'Alexandre, il devint général en chef de la cavalerie des alliés, et ensuite gouverneur de la Babylonie, au second partage de l'empire, l'an 321. Dans ces fonctions, il fut d'abord l'ami d'Antigone (*voy.*) ; mais quand celui-ci exigea des comptes de son administration, et que Séleucus refusa de les rendre, il s'éleva entre eux une grande irritation, au point qu'Antigone chercha à se défaire de Séleucus. Celui-ci ayant conçu des soupçons, s'enfuit de son gouvernement et se rendit auprès de Ptolémée, fils de Lagus. Là, il rassembla quelques troupes, qu'il renforça d'un corps de Macédoniens, qui occupaient la ville de Carres, en Mésopotamie. A son approche, les habitants de Babylone, qui aimaient ce prince doux et affable, se joignirent en masse à lui, de manière qu'il lui fut aisé de se mettre en possession de tout le pays (l'an 312). Antigone envoya pour le combattre son général Nicanor ; mais Séleucus ayant défait son armée sur les bords du Tigre, les soldats ennemis passèrent à lui ; et avec son armée ainsi renforcée, il conquit toute la Médie et la Susiane, et devint bientôt le plus puissant des successeurs d'Alexandre. L'*ère des Séleucides* (*voy.* ÈRE) date de cette seconde conquête de la Babylonie. Antigone, profitant de l'absence de Séleucus, donna ordre à son fils Démétrius de rentrer dans Babylone ; mais Séleucus, à son retour, reprit cette capitale. Alors, ce prince continua ses expéditions triomphantes en Perse, dans la Bactriane, en Hircanie ; et à cause de la rapidité de ses victoires, il prit le surnom de *Nicator*. Plusieurs gouverneurs de l'empire macédonien s'étant arrogé le titre de roi, il imita cet exemple. Il fit alors plusieurs campagnes dans l'Inde. Depuis dix ans, Séleucus n'avait pris aucune part à la guerre contre Antigone ; cependant, tous les chefs, maîtres de l'empire démembré, s'étant confédérés contre les prétentions de ce dernier, il accéda à cette alliance. Antigone fut défait, l'an 301, à la bataille d'Ipsus (*voy.*), dans laquelle Séleucus tira grand parti des 500 éléphants que Sandrocottos lui avait donnés. Il réunit alors sous son sceptre la Syrie, l'Arménie, la Mésopotamie, la Cataonie, avec une autre partie de la Cappadoce et l'Asie-Mineure. A cette époque, ce prince fit bâtir un grand nombre de villes, sous les noms d'*Antioche* et de *Séleucie*. L'agrandissement démesuré de son empire donna de l'inquiétude aux souverains ses voisins : à son tour, une alliance se forma contre lui ; Séleucus mit dans ses intérêts Démétrius Poliorcète, en épousant sa fille Stratonice et en lui donnant une armée à commander. Mais celui-ci s'étant rendu de nouveau formidable et ayant refusé de lui livrer quelques-unes des villes qu'il avait conquises, Séleucus lui ôta le commandement de l'armée et s'assura rigoureusement de sa personne jusqu'à sa mort (l'an 284). Appelé par les parents d'Agathoclès, que Lysimaque, son propre père, avait fait mettre à mort, Séleucus porta ses armes contre ce roi de Thrace ; toutefois, avant d'entreprendre cette expédition, il céda à son fils Antiochus (*voy.*) une partie de son empire et son épouse Stratonice. Ensuite, il défit Lysimaque, près de Cyropédion, et s'empara de tous ses états. Son empire s'étendait alors depuis l'Indus jusqu'aux rivages de l'Hellespont ; mais les provinces éloignées de la Syrie, comme la Haute-Asie et l'Inde, ne lui étaient soumises que nominalement : son autorité était faible même dans l'Asie-Mineure. Néanmoins, il voulut conquérir encore la Macédoine ; ce fut pendant cette expédion, que Ptolémée Céraunus, qu'il avait secouru récemment contre Lysimaque, l'assassina, l'an 281. Philétérus, son ami, racheta son corps et lui fit des funérailles magnifiques. On vante, outre le génie militaire de Séleucus Nicator, son affabilité, son équité et son amour des arts et des sciences. *Voir* de La Naupe, *Sur la durée du règne de Séleucus Nicator*, dans les Mémoires de l'Académie des Inscriptions, t. VII, p. 87 et suiv.

SÉLEUCUS II, dit *Callinicus* et *Pogon* (la Barbe), le 4ᵉ souverain de la dynastie des Séleucides, fils d'Antiochus Théos et de Laodice, et arrière-petit-fils de Séleucus Nicator, régna de l'an 247 à 227 av. J.-C. Son père, ayant répudié son épouse Laodice, épousa Bérénice, fille de Ptolémée Philadelphe. Quoiqu'il eût été stipulé que les enfants qu'il aurait de cette princesse règneraient après lui, à l'exclusion de ceux qu'il avait déjà de Laodice, ce fut Séleucus, grâce aux artifices de l'épouse répudiée, qui, à la mort du roi son père, monta sur le trône. Il commença par mettre à mort, à Daphné, sa belle-mère Bérénice, son fils et les Égyptiens leurs partisans. Pour punir ces crimes, le frère de Bérénice, Ptolémée Évergète, l'attaqua en Syrie avec une armée formidable, et aurait peut-être mis fin à son empire, si une révolte de ses propres sujets ne l'eût rappelé en Égypte. Séleucus rassembla aussitôt une flotte, à l'effet de reconquérir ceux de ses états qui lui avaient été enlevés, et fit une alliance avec son frère Antiochus Hierax. Ptolémée fit alors avec Séleucus une trève de dix ans. Antiochus réclama les provinces de l'Asie-Mineure que le roi, son frère, lui avait promises pour prix de l'appui qu'il lui avait prêté ; mais Séleucus refusa de tenir sa promesse. Les deux frères marchèrent donc l'un contre l'autre ; et à la bataille d'Ancyre, Séleucus fut complétement défait. Le bruit de sa mort s'étant même répandu, Eumène, dans l'Asie-Mineure, et Arsace, en Hircanie et en Parthie, secouèrent le joug de la domination syrienne. Le roi parvint néanmoins à vaincre son frère ; et à la mort de celui-ci, il dirigea toute son attention vers les provinces orientales de son empire, qui s'étaient soustraites à sa domination. Cependant, la fortune le trahit, et il fut forcé de battre honteusement en retraite. Une seconde tentative pour reconquérir la Parthie le fit tomber au pouvoir d'Arsace, l'an 236. Après avoir longtemps vécu en captivité à la cour du prince des Parthes, la Syrie reconnut l'indépendance de ce peuple, et Séleucus recouvra sa liberté ; mais il mourut peu après, l'an 227, des suites d'une chute de cheval.

Outre un fils, du nom d'Antiochus, et une fille, qui épousa Mithridate, roi de Pont, il laissa SÉLEUCUS III, surnommé très improprement *Céraunus* ou la *Foudre*, prince faible de corps et d'esprit, et qui régna jusqu'à l'an 224 ; il ne se distingua ni comme souverain ni comme grand capitaine : son cousin Achéus faisait tout en son nom. Dans une guerre contre Attale, roi de Pergame, les troupes de Séleucus, qui avaient pour chefs Nicator et Apaturius, et qui n'avaient pas reçu leur solde, se révoltèrent, et Séleucus mourut empoisonné. Achéus vengea sa mort.

Ce roi de Syrie n'ayant pas laissé d'enfants, l'empire, qu'Achéus avait généreusement refusé, échut à son frère Antiochus-le-Grand (*voy.*), qui, après avoir régné 37 ans, eut pour successeur son fils SÉLEUCUS IV, surnommé *Philopator* ou *Soter*. Ce prince régna de l'an 187 à 176. A la bataille de Magnésie, il avait commandé l'aile gauche de l'armée du roi son père. L'an 190, il assiégea Pergame ; mais il fut repoussé par Eumène et les Romains. Il avait succédé à son père Antiochus-le-Grand, avec l'obligation de payer aux Romains un tribut annuel et une énorme contribution, qu'il acquitta dans les onze années de son règne. Les Juifs lui avaient

décerné le surnom de *Soter*, sauveur, parce qu'il leur fit des dons considérables, ce qui ne l'empêcha pas d'envoyer Héliodore, son trésorier, à Jérusalem, afin d'y enlever les trésors accumulés dans le Temple. L'an 176, il fut assassiné par ce même Héliodore.

SÉLEUCUS V, dit *Démétrius*, fils de Nicator, obtint, l'an 126, une partie de la Syrie, mais ne régna qu'un an, sa mère Cléopâtre l'ayant fait mourir.

SÉLEUCUS VI, dit *Épiphane*, l'aîné des cinq fils d'Antiochus Grypus, succéda à son père, l'an 98, fit la guerre à son cousin Antiochus Cyzicénus (*voy.*), et l'ayant fait prisonnier, le condamna à mort l'an 93 ; mais bientôt après Antiochus Eusèbe l'expulsa lui-même de son empire. Séleucus s'enfuit en Cilicie, dont il chargea les habitants, ses sujets, d'un lourd tribut. Ceux-ci, dans leur irritation, se révoltèrent et le brûlèrent vif, ainsi que sa suite, l'an 93, à Mopsueste, dans son palais.

SÉLEUCUS VII, dit *Cybiosacte*, fils d'Antiochus Eusèbe, passa quelque temps à Rome, avec son frère Antiochus l'Asiatique et obtint, à la mort de ce dernier, la Commagène, qui lui était restée. Par son mariage avec Bérénice, fille du roi détrôné Ptolémée Aulète, il obtint le royaume d'Égypte (l'an 58), qu'il perdit bientôt après. Z.

SÉLIM I-III. Nous avons parlé de ces sulthans à l'art. OTHOMAN (*empire*), T. XIX, p. 47, 49 et 54 ; cependant le 3e du nom réclame de nous une notice particulière.

SÉLIM III, sulthan des Othomans, que son ardeur pour des réformes nécessaires conduisit à une mort prématurée, était né le 24 déc. 1761. Fils unique de Moustapha (*voy.*), sa jeunesse et la répugnance naturelle que les Turcs ont toujours eue pour les minorités furent cause qu'à la mort de son père, arrivée le 21 janv. 1774, il ne lui succéda pas immédiatement, mais qu'on lui préféra son oncle Abdoul-Hamid. Celui-ci ne manqua pas d'une certaine affection pour son neveu, dont l'éducation, selon l'usage des cours de l'Orient, demeura néanmoins abandonnée aux femmes et aux eunuques du sérail. Mais le jeune Sélim avait une âme ardente et de grandes dispositions; outre le Coran, et les annales de l'empire dont il fit l'étude la plus attentive, il n'eut pas d'abord pour s'éclairer d'autre guide qu'une espèce de testament politique que Moustapha avait écrit pour l'instruction de son fils. C'en fut assez pour lui faire entrevoir les vices et les abus auxquels il fallait porter remède. Vivement pénétré de ce sentiment, il résolut de devenir un jour le régénérateur de l'empire. Pour mieux se préparer à ce rôle, Sélim, usant de la liberté qu'on lui laissait, se mit dès lors en rapport avec quelques anciens serviteurs de son père et plusieurs grands fonctionnaires turcs, avec lesquels il entretenait, du fond de sa retraite, une correspondance assez active. S'étant également lié, depuis 1786, avec le comte de Choiseul (*voy.*), ambassadeur de France à Constantinople, il se concerta avec lui pour envoyer en France son confident Isaak-bey, qui devait y étudier le mécanisme de l'administration. Il échangea même, par l'entremise de cet agent, plusieurs lettres avec le roi Louis XVI. A la mort d'Abdoul-Hamid (7 avril 1789), qui ne laissait également que des enfants trop jeunes, Sélim, alors âgé de 28 ans, fut proclamé padichah. L'empire était en danger et pliait sous les forces réunies de Catherine II et de Joseph II; déjà l'année précédente la prise d'Otchakof était venue se joindre à une défaite maritime des Turcs. Sélim aurait voulu se mettre lui-même à la tête de l'armée, pour reconquérir la Crimée, dont son prédécesseur avait fait abandon aux Russes en 1774; mais le divan l'en dissuada. Les victoires des deux alliés à Fokchany et à Martinestié en Valachie, la prise de Belgrade suivie de la chute de Bender, en 1789, et le terrible sac d'Izmaïl, en 1790, auraient mis la Porte en grand danger, si l'Angleterre, la Prusse et la Suède ne s'étaient pas entendues pour la sauver. L'avénement de l'empereur Léopold II, plus pacifique que son prédécesseur Joseph II, procura au sultan une paix assez favorable avec l'Autriche, définitivement conclue à Szistowa, le 4 août 1791; mais la Russie hésita longtemps à suivre cet exemple, et ne modéra ses prétentions qu'à la paix de Jassy, le

19 janvier 1792. Ce fut alors seulement que Sélim put songer à combattre l'anarchie dans l'intérieur et à réprimer l'ambition rebelle des pachas. Mais à peine l'Égypte et la Syrie, en insurrection depuis 1786, furent-elles momentanément rentrées sous l'obéissance, que la révolte du fameux Passwan-Oglou (mort pacha de Viddin, en 1807) éclata sur les bords du Danube. Ce chef hardi et victorieux ne reconnut de nouveau la souveraineté de la Porte qu'après l'avoir forcée, en 1798, à lui accorder le gouvernement objet de ses désirs.

Dans les premières guerres de coalition contre la France révolutionnaire, Sélim III observa une stricte neutralité; mais notre expédition d'Égypte le poussa dans la ligue de la Russie et de l'Angleterre contre la république française. Après l'évacuation de l'Égypte par les débris de nos troupes, au mois de septembre 1801, Sélim prit un peu fastueusement le titre de *Gazi*, ou le Victorieux. Cette contrée ne lui fut pourtant restituée par les Anglais qu'en 1803. Un rapprochement, suivi de la paix conclue le 25 juin 1802, avait eu lieu dans l'intervalle entre la France et la Porte. Le sultan s'était déjà décidé, en 1799, à faire aux Anglais la concession du droit de libre navigation sur la mer Noire; il ne négligeait rien pour se concilier l'amitié des puissances de l'Occident, afin de se ménager un appui qui le mit à même de poursuivre plus activement les réformes de l'intérieur. Son plus pressant désir était la réorganisation de l'armée, qu'il aspirait à monter sur le pied européen, en partie à l'aide d'officiers français; pour augmenter les cadres du *nizam djédid* (c'est le nom qu'on donnait aux troupes organisées d'après la nouvelle ordonnance, depuis 1798), il se proposa d'y incorporer les janissaires les plus jeunes et les plus robustes. Cette mesure, qui en entraîna d'autres non moins graves, telles que l'établissement d'impôts de consommation pour fournir à la solde des nouvelles troupes, l'abaissement du titre des monnaies, produisit une égale irritation parmi la milice privilégiée et dans le peuple, en même temps que l'insurrection des chrétiens éclatait en Servie (*voy.*). Les progrès de l'influence que notre ambassadeur à Constantinople, le général Sébastiani (*voy.*), gagnait sur l'esprit du sulthan avait, à la même époque, excité la jalousie de l'Angleterre et réveillé l'animosité de la Russie contre la Porte. Il s'ensuivit une rupture formelle, et une escadre anglaise, sous l'amiral Duckworth, parut devant Constantinople, au mois de février 1807 ; mais elle y trouva une résistance si ferme et si vigoureuse, dirigée par Sélim en personne, conformément aux habiles dispositions du général Sébastiani, qu'elle fut obligée de se retirer avec perte, le 2 mars. Malheureusement pour la Porte, elle était loin d'avoir les mêmes succès par terre contre les Russes, et les revers de son armée déterminèrent Sélim à hâter l'application de son système de réforme aux vieilles troupes. Le moment était mal choisi, car la révolte levait hardiment la tête sur tous les points éloignés de l'empire, et au centre même le fanatisme des partisans des vieilles coutumes présageait une explosion prochaine. Le moufti Veli-Sadeh, ami d'enfance de Sélim, et son plus fidèle auxiliaire, était mort. Son successeur, d'intelligence avec les janissaires et les oulémas, travaillait sourdement à la perte du sulthan. Une catastrophe était à craindre. Nous avons vu, T. XV, p. 256, à quelle occasion et comment elle eut lieu. Les janissaires et les troupes des autres corps mécontents se soulevèrent, ainsi que le peuple de Constantinople, pendant que le moufti et le caïmakan, par leurs conseils perfides, empêchaient Sélim de prendre aucune des mesures énergiques par lesquelles le mouvement aurait pu être facilement étouffé, avant qu'ils se missent eux-mêmes ouvertement à la tête des révoltés. Ceux-ci forcèrent l'entrée du palais, où la déposition de Sélim fut aussitôt prononcée; et ce prince, obligé de céder le sabre d'Osman à son cousin Moustapha IV (*voy.*), fut relégué dans un kiosk du sérail. Cette révolution s'accomplit le 29 mai 1807.

Dans sa prison, le sulthan déchu fut traité avec égards. Il y partageait son temps entre la poésie et l'instruction de son autre cousin, le jeune Mahmoud, quand

Moustapha Beïraktar (*voy.*), pacha de Roustchouk, qui devait son élévation à Sélim, forma le projet de le replacer sur le trône. Victorieux dans sa tentative, le pacha entra dans Constantinople à la tête de son armée, le 28 juillet 1808. Moustapha IV, assiégé dans le sérail, n'avait plus d'autre parti à prendre que d'abdiquer à son tour, quand le moufti lui persuada de faire étrangler le prince que les assaillants réclamaient à hauts cris. Le forfait fut consommé malgré les vigoureux efforts déployés par la victime dans la lutte contre ses assassins; puis le cadavre de l'infortuné Sélim fut précipité hors de l'enceinte du sérail, aux pieds de Beïraktar, qui ne fit pas longtemps attendre sa vengeance. Après avoir jeté Moustapha IV en prison, et proclamé Mahmoud II (*voy.*), son jeune frère, il honora les restes de Sélim par des funérailles magnifiques, et livra au supplice les meurtriers et tous les principaux ennemis de cet empereur.   CH. V.

SELLE, SELLERIE. La sellerie, proprement dite, ne consiste pas seulement dans l'art de travailler le cuir pour selles, brides et colliers; mais elle s'étend à tout ce qui concerne les harnais (*voy.* BOURRELIER), et en général l'équipement des chevaux de selle et de voiture, y compris même les mors, les étriers et les articles d'éperonnerie. Autrefois, il y avait à Paris deux corps de selliers, celui des *selliers-bourreliers* et celui des *selliers-lormiers-carossiers*. Les priviléges des premiers se bornaient à la confection des harnais et des selles; mais les seconds, ainsi que l'indique leur nom, outre des selles, fabriquaient des carrosses et tout ce qui a rapport à cette industrie. Ces derniers avaient placé leur communauté sous l'invocation de S. Benoît, et leurs statuts étaient les mêmes que ceux des éperonniers, dont ils ne s'étaient séparés qu'au milieu du XVIIᵉ siècle. Pendant les quinze premières années de ce siècle, l'art de la sellerie était cultivé en Angleterre avec plus de succès que dans toute autre partie de l'Europe; mais depuis 1815, la fabrique française ayant abandonné ses lourdes et incommodes selles et ses harnais, pour adopter les harnais et les selles sans arçons de nos voisins d'outre-

Manche, on n'a pas tardé à lui donner la préférence, non-seulement en Europe, mais aussi dans toute l'Amérique, où les selles fabriquées en France jouissent d'un avantage marqué, en raison de leur forme légère, et de la perfection de nos cuirs, surtout de nos cuirs vernis. D. A. D.

˘ **SELTZ** (eau de). On appelle ainsi en France, et même en Allemagne (*Seltzerwasser*), l'eau minérale, célèbre dans toute l'Europe, qu'on puise dans la source voisine du village de Nieder-Selters, dans une contrée pittoresque et presque sauvage du duché de Nassau, non loin de Limbourg. C'est donc *eau de Selters* qu'il faudrait dire. Froide, limpide, perlée, couverte de bulles gazeuses, elle est alcaline et saline, d'une saveur piquante et sans odeur. Elle renferme des carbonates de soude, de chaux et de magnésie, du sulfate de soude, un peu de fer et de silice, beaucoup de sel de cuisine et d'acide carbonique. Puisée à la source, elle est très efficace, et, employée comme bain, elle enivre pour ainsi dire les personnes faibles ; enfermée dans des bouteilles, elle pétille et fume comme le vin de Champagne. Sans parler de sa vertu diurétique, elle excite salutairement l'estomac, aiguise l'appétit, facilite la digestion. Avec ou sans sucre et un peu de vin, elle forme une boisson agréable, fraîche et désaltérante. C'est par cruchons qu'elle est livrée au commerce : et l'on en emplit annuellement près de 1 million et demi. Découverte au commencement du XVIᵉ siècle, la source fut comblée pendant la guerre de Trente-Ans et ne commença à être d'un grand rapport que vers la fin du dernier siècle. Elle est affermée au prix de 80,000 florins. *C. L. m.*

SEM, fils aîné de Noé, béni par son père à cause de sa piété, s'établit, après sa sortie de l'Arche, dans l'Asie antérieure, et mourut à l'âge de 600 ans. La Bible lui donne cinq fils : Élam, Assur, Arphaxad, Lud et Aram, dont on fait descendre les Élamites, les Assyriens, les Hébreux, les Lydiens, et les Araméens ; mais les langues de ces différents peuples n'offrent pas assez d'analogies pour qu'on puisse les regarder comme appartenant tous à la race sémitique (*voy.*). E. H-G.

SEMAILLES, *voy.* SEMENCE.

SEMAINE, *voy.* CALENDRIER (T. IV, p. 497), et CHRONOLOGIE.

SÉMÉIOTIQUE (méd.), du grec σημεῖον, signe, *voy.* SYMPTÔMES et DIAGNOSTIC. — Pour la signification du même mot en musique, *voy.* NOTATION.

SÉMÉLÉ, fille de Cadmus (*voy.*) et d'Harmonie, si remarquable par sa beauté que Jupiter prit la forme d'un mortel pour obtenir ses faveurs. En proie à la plus violente jalousie, Junon ne songea plus dès lors qu'à perdre sa rivale. Pour y réussir elle emprunta la figure d'une esclave de Sémélé, Béroé, et, jetant le doute dans le cœur de son ennemie, elle lui conseilla artificieusement, pour s'assurer si son amant était réellement le puissant dieu du tonnerre, de lui demander qu'il se montrât à elle dans tout l'éclat de sa majesté. Pour son malheur, Sémélé écouta ces suggestions perfides, et dès qu'elle revit Jupiter, elle lui demanda une grâce que celui-ci jura par le Styx de lui accorder. A peine instruit de ses désirs, il essaya, mais en vain de la faire changer d'avis ; forcé de tenir sa promesse, le dieu de l'Olympe parut entouré des insignes de sa puissance, la foudre et l'éclair. Sémélé, éblouie et embrasée par les flammes, périt victime de sa fatale curiosité. Jupiter ne put sauver que le fruit de son amour, Bacchus (*voy.*), qu'il enferma à l'état d'embryon dans sa cuisse. L'ombre de Sémélé s'éleva jusqu'aux cieux, où elle fut admise au nombre des immortelles quand Jupiter l'eut réconciliée avec Junon. Ce fut Bacchus lui-même qui l'enleva au Tartare pour la transporter dans l'Olympe, où elle reçut le nom de Thyone. *C. L.*

SEMENCES, SEMAILLES, SEMIS. Le mot de *semence*, du latin *semen* est dans beaucoup de cas considéré comme synonyme du mot *graine* (*voy.*). En culture, on l'applique plus spécialement aux graines réservées pour perpétuer l'espèce à l'aide des semis.

Les agriculteurs appellent *semailles* les travaux d'ensemencement qui s'opèrent sur de grandes étendues et qui ont pour but la propagation des espèces végétales les plus usuelles, spécialement les céréales. Les jardiniers réservent le nom de *semis* aux opérations plus délicates de la petite culture.

Une bonne semence doit non-seulement avoir été fécondée, mais il faut encore qu'elle n'ait point été mise en des conditions qui puissent lui avoir fait perdre ses propriétés germinatives; qu'elle n'ait pas vieilli au contact d'un air trop souvent renouvelé; qu'elle n'ait pas subi l'action d'une chaleur, d'une sécheresse excessives ou d'une humidité susceptible d'amener la fermentation de ses éléments, faute d'une quantité d'oxygène nécessaire à la germination (*voy.*), ou d'une somme de chaleur sans laquelle elle ne pourrait se produire, même avec le concours d'une suffisante quantité d'air et d'eau.

On a souvent cherché, dans les voyages de longs cours, à conserver les graines en bon état. Pour les préserver des influences fâcheuses, à l'action de l'air on a cherché à substituer celle de gaz privés d'oxygène; à l'humidité on a opposé des matières siccatives; à la sécheresse des substances diversement hygroscopiques; à la chaleur une température aussi basse que possible sous les régions intertropicales; mais tous ces moyens n'ont conduit qu'à des résultats négatifs ou incertains. Cependant on savait que les semences se conservent naturellement à une certaine profondeur dans le sol, et cela pendant un temps dont on ne connaît pas encore les limites; en conséquence, l'idée vint de les *stratifier*, c'est-à-dire de les placer les unes à côté des autres, par couches alternatives, entre d'autres couches de sable, de terre ou de terreaux divers, et, par ce moyen, on parvint à prolonger efficacement pendant d'assez longues traversées leurs facultés germinatives. On parvint également à conserver jusqu'au moment où il convient de les mettre en terre, les graines indigènes qui s'altèrent dès le moment où elles tombent de l'arbre ou de la plante.

En général, il est bon de choisir parmi les semences les plus mûres, parce qu'elles sont mieux disposées à perpétuer l'espèce sans altération; les plus grosses, les mieux constituées, parce qu'elles donnent généralement des individus plus vigoureux; les plus récemment récoltées, parce qu'elles lèvent plus sûrement et plus uniformément. Il est vrai que divers essais tendraient à faire révoquer en doute, en de certains cas, la rigoureuse exactitude de quelques-uns de ces principes; néanmoins, la pratique les a sanctionnés. Ainsi, on a vu des contrées entières recourir plus fréquemment que d'autres au *renouvellement*, parce que la culture locale ne laissait pas mûrir complétement les céréales sur pied; on a vu, dit-on, des orges dégénérer promptement en Islande, sur le petit nombre de points où l'on a tenté de continuer à les propager, par suite du défaut de maturité complète des grains employés à la semence. Ainsi encore, lorsque les jardiniers, pour obtenir plutôt de meilleurs fruits, cherchent à diminuer la trop grande vigueur foliacée des pieds de melons, ils préfèrent des graines un peu vieillies; ainsi enfin, pour citer un dernier exemple, l'un des meilleurs moyens d'assurer une belle récolte de froment sera toujours le *criblage*.

Mais il ne suffit pas de faire un bon choix des semences, il importe beaucoup, surtout en horticulture, de choisir encore le pied qui les a portés. Si on oubliait, un instant, que les végétaux auxquels on a donné le nom d'espèces jardinières ne constituent que des races ou des variétés dues à des circonstances de climat ou de culture, et qui sont susceptibles de se propager, avec des caractères identiques, d'autant plus longtemps qu'elles sont plus *franches* ou, en d'autres termes, qu'elles ont moins de tendance à dégénérer, on verrait bientôt, faute d'attention, les races se rapprocher de l'espèce primitive ou passer par de nouvelles variations dues tantôt à l'hybridité, tantôt à la seule dégénérescence du pied porte-graine.

On a souvent cherché à activer le développement du germe dans les semences, ou à provoquer en lui une énergie vitale insolite. Les anciens employaient pour cela le salpêtre; on a recommandé depuis l'iode, le chlore, etc., et quelquefois on a eu recours au jus de fumier, ou à diverses compositions restées secrètes. Il est certain que l'immersion dans l'eau pure, en gonflant les tissus, amène plus promptement les transformations chimiques et vitales qui constituent la germination ; que de certaines substances dont l'action stimulante n'est point encore bien expliquée, en ont cependant une fort appréciable, de concert avec l'eau ; mais toutes les mixtions organiques dont on enveloppe les graines, en produisant autour d'elles une atmosphère d'acide carbonique, et en disputant l'oxygène nécessaire pour rendre soluble la fécule des cotylédons ou de l'endosperme, semblent plutôt de nature à entraver qu'à faciliter la levée des plantes. On sait, en effet, que pendant les premières phases de leur végétation, loin de profiter du voisinage d'un engrais trop énergique, elles sont souvent détruites par son action. Certaines substances minérales comme la chaux, le sulfate de cuivre, etc., ont pour but spécial la destruction de la carie (*voy.*).

Dans nos pays, la saison la plus naturelle des semis est l'automne, parce que c'est à cette époque que les graines détachées de leurs fruits, et gisant par terre, trouvent, sous l'influence des pluies équinoxiales et des dernières chaleurs de l'année, les conditions favorables à leur développement. A mesure que le climat devient plus chaud, le moment des semailles est reculé. Celles des blés ont lieu dès le 15 août dans la Haute-Autriche, en septembre et octobre au nord de la France, en novembre et jusqu'en décembre dans le midi. Les semis d'automne, de quelque nature qu'ils soient, donnent constamment plus de produits que les semis de printemps. Ceux-ci sont néanmoins une nécessité en diverses conditions d'assolement. Ils conviennent seuls aux plantes qui redouteraient les froids de nos hivers, et, en donnant des récoltes moins abondantes, ils peuvent en produire de plus recherchées pour certains usages. Quant aux semis d'été, hors des jardins où leur succès est assuré par de fréquents arrosements, ils s'appliquent encore dans les champs aux cultures dites *dérobées*, parce qu'elles suivent immédiatement une première récolte estivale, et qu'elles occupent ainsi une seconde fois le sol dans le cours d'une même saison agricole.

La quantité de semences à répandre sur une surface donnée de terrain varie en raison de la nature des plantes et des produits qu'on en veut obtenir. Le lin, le chanvre doivent être semés très épais, lorsqu'on leur demande une filasse douce, plus souple que résistante ; il faut les semer clair quand on désire des filaments plus tenaces. Les colzas dont les pieds seraient trop rapprochés s'étioleraient faute de lumière sans presque rien produire. Le froment, s'il était semé grains à grains dans les conditions les plus favorables, couvrirait de ses touffes 15 à 20 centimètres et plus en carré. Lorsqu'on le sème à raison de 2 à 2 $\frac{1}{2}$ hectolitres à l'hectare, à peine reste-t-il 4 à 5 centimètres pour chaque pied, et le produit de chaque semence est-il souvent d'un seul chaume et d'un seul épis : aussi est-ce un fort mauvais moyen de tirer parti des graines, dans les cas ordinaires, que de les prodiguer, et peut-on très bien s'expliquer qu'en semant moins, mais mieux, on puisse récolter davantage.

L'une des conditions d'un bon semis est évidemment, d'après ce qui précède, un espacement suffisant et régulier. Le terrain doit être couvert sans excès ; les plantes doivent être réparties de manière à ne pas se gêner les unes les autres sur de certaines places, tandis qu'elles laisseraient des vides sur de certaines autres. Une seconde condition non moins importante, est que la profondeur des semis soit aussi uniforme que possible. On enterre plus profondément les grosses semences que les petites ; celles que l'on confie à un sol sec et léger que celles qui tombent sur une terre humide et consistante ; celles qui doivent germer dans les climats chauds que celles qui le feront en des régions plus fraîches, etc. Mais toujours, pour chacun de ces cas, il est aussi fâcheux d'outre-passer que de ne pas atteindre les limites convenables. Malheureusement, dans l'état actuel de l'art agricole, si la théorie est bien assise à ce sujet, les moyens d'exécution sont loin de présenter la perfection désirable. Malgré l'habileté du semeur, les semailles à la volée laissent par elles-mêmes beaucoup au hasard, et aucun des procédés de *couvrailles* connus, à la herse, à l'extirpateur, à la charrue ou même à la houe, ne peut dans la culture des champs remplacer l'action intelligente qui assignerait à chaque graine une place définie, comme cela arrive, pour quelques espèces, en jardinage. Les *semoirs* eux-mêmes, laissent beaucoup à désirer : en les employant on peut, il est vrai, obtenir, entre les lignes ensemencées des distances régulières ; l'appareil peut être réglé de manière à laisser tomber un nombre déterminé de graines sur une surface donnée, et lorsque le terrain est parfaitement préparé, rien ne s'oppose encore à ce que ces graines soient déposées à des profondeurs voulues ; mais toute cause susceptible de détruire le parallélisme nécessaire entre l'instrument et la couche labourable rompt aussitôt cette uniformité. D'ailleurs les conditions physiologiques d'un bon semis sont si rarement d'accord avec les conditions économiques de l'exploitation du domaine, que longtemps encore on verra ce qu'il y aurait à faire sans pouvoir le réaliser, et que, faute de pouvoir atteindre la perfection théorique, on devra chercher à améliorer les pratiques connues sans changer les conditions qui les ont rendues peu à peu usuelles. En partant d'un tel principe, au nombre des travaux les plus utiles aux progrès de l'économie rurale, on doit incontestablement placer ceux qui ont pour but d'apporter dans les semailles à la volée toutes les améliorations qu'elles comportent, sans ajouter à la difficulté, au temps, à la fatigue et à la dépense qu'elles exigent. L'ouvrier qui ne sait pas diriger et régler son *pas;* proportionner le nombre de grains qu'il réunit dans chaque *poignée* à la vitesse de son allure et à la somme totale de semence à répandre sur une superficie déterminée; projeter convenablement cette semence; croiser le *jet*, dans la direction et avec l'uniformité qui permettent de ne pas ajouter à l'irrégularité trop ordinaire de surface de la couche labourable, l'irrégularité non moins fâcheuse de la force de projection, cet ouvrier, disons-nous, ne sera jamais un bon semeur. O. L. T.

SEMI-ARIENS, *voy.* ARIENS.

SÉMINAIRES, PETITS SÉMINAIRES. L'Église chrétienne emploie le mot *séminaire* dans le même sens que Tite-Live quand il dit : L'ordre équestre est la pépinière (*seminarium*, de *semen*, semence) du sénat. Les séminaires sont, en effet, les pépinières du clergé; ce sont ses écoles spéciales. Dans les grands séminaires, on forme les jeunes lévites au ministère sacerdotal : ils y apprennent la théologie, ils y reçoivent les ordres (*voy.*); dans les petits séminaires, on donne à des enfants l'enseignement classique en vue de la religion : on dirige leurs esprits vers l'état clérical, on y étudie les vocations. S. Augustin passe pour le premier instituteur de ces établissements de noviciat ecclésiastique. Le concile de Trente, dans sa 23e session, a ordonné à tous les évêques d'organiser et d'entretenir un séminaire dans leur diocèse. La même obligation est imposée à ceux de France par les articles organiques du 26 messidor an IX, qui enjoignent en même temps d'y enseigner les maximes gallicanes de la déclaration de 1682. Les petits séminaires, sous le titre d'*écoles secondaires ecclésiastiques*, ont été établis par une ordonnance du 5 octobre 1814. Une autre ordonnance du 16 juin 1828 limite à 20,000 le nombre de leurs élèves[*], interdit l'admission d'externes, en outre, oblige les séminaristes de 14 ans, et après 2 ans de séjour, à porter la soutane. Malgré ces sages entraves, le nombre des petits séminaires est grand, et l'on commence à s'apercevoir qu'il y a une université ecclésiastique, indépendante de l'état, à côté de l'université laïque et nationale.

A la suite du concordat de 1801 et par les articles organiques des cultes protestants, il a été statué qu'il y aurait deux

(*) Répartis proportionnellement sur les diocèses par ordonnance royale. Il existe aujourd'hui 113 écoles secondaires ecclésiastiques, et le nombre de leurs élèves est de 18,524. Deux diocèses n'ont point d'établissements de ce genre, 49 n'en ont qu'un, 25 seulement en ont deux, 3 en ont trois, le diocèse de Lyon en a cinq. Les écoles secondaires de 44 diocèses n'atteignent point le nombre d'élèves qui leur est assigné par l'ordonnance de répartition; celles de 7 diocèses excèdent le nombre. *Voir* là-dessus l'excellent rapport fait (avril 1844) à la Chambre des pairs par M. le duc de Broglie, au sujet du projet de loi sur l'enseignement secondaire. S.

académies ou séminaires dans l'est de la France pour l'instruction des ministres de la confession d'Augsbourg, et un autre séminaire pour l'instruction des ministres des églises réformées. Le séminaire de Strasbourg est un précieux débris de l'ancienne université protestante de cette ville.

En Allemagne, il y a des institutions scolaires, des colléges qui ont le nom de séminaires, quoique ce soient presque toujours des établissements laïcs et municipaux. Les cours d'exercices pratiques de philologie prennent aussi souvent le même nom. **F. D.**

SÉMINOLES, *voy.* CREEKS, INDIENS D'AMÉRIQUE et FLORIDE.

SÉMIOTIQUE, *voy.* SÉMÉIOTIQUE.

SÉMIRAMIS, reine d'Assyrie dont l'histoire ne nous apparaît qu'à travers un voile de fictions. Son origine était obscure, mais elle était douée d'une grande beauté et de beaucoup d'esprit. Épouse de Menon, illustre capitaine du roi Ninus (*voy.* ASSYRIE), elle attira l'attention de ce prince dans la campagne de la Bactriane, et l'épousa après la mort de son premier mari qui se tua de jalousie et de désespoir. Ninus étant mort à son tour, Sémiramis prit les rênes du gouvernement comme tutrice de son fils Ninyas, et régna avec beaucoup de gloire. On dit qu'elle bâtit Babylone, mais cela paraîtra peu croyable si l'on songe que Ninus, dont elle doit avoir été l'épouse, mourut vers l'an 1900 av. J.-C. On lui attribue en particulier les jardins suspendus, une des sept merveilles du monde.

Poursuivant les plans de conquête de son époux, elle traversa la Médie et la Perse, et entra en Bactriane; elle pénétra jusqu'à l'Éthiopie d'une part, et aux rives de l'Indus de l'autre; mais une défaite complète qui lui coûta plus des deux tiers de son armée, la força à se replier sur Bactra. Dans cette retraite, son fils Ninyas ourdit contre elle une conspiration et la fit mourir, ou tout au moins la déposa après un règne de 42 ans. Il est impossible de révoquer en doute l'existence de Sémiramis, mais il est difficile de déterminer l'époque où elle vécut. Peut-être appartient-elle à une époque postérieure à celle de Ninus. On

trouve à Van, en Arménie, des restes d'inscriptions cunéiformes qui se rapportent, dit-on, à ses exploits. **C. L.**

SEMIS, *voy.* SEMENCES.

SÉMITES, SÉMITIQUE. Les Sémites sont les descendants de Sem (*voy.*), fils aîné de Noé; on compte parmi eux les Arabes, les Hébreux, les Chaldéens, les Phéniciens, les Syriens, etc. Les idiomes de ces divers peuples, auxquels appartiennent en outre les Éthiopiens, les Koptes (*voy.* tous ces noms), etc., forment une famille qu'on désigne sous le nom de langues sémitiques. Nous en avons suffisamment parlé à l'art. LINGUISTIQUE, T. XVI, p. 570, et à l'occasion de chacun de ces idiomes en particulier. **S.**

SEMLER (JEAN-SALOMON), un des théologiens allemands les plus influents du XVIIIe siècle, naquit à Saalfeld, le 18 déc. 1725. Élevé dans les principes les plus exagérés du piétisme, il partit, en 1742, pour l'université de Halle, où il continua pendant quelques mois encore à se livrer aux pratiques minutieuses d'une dévotion outrée; mais le bon sens et la raison finirent par l'emporter sur la bigoterie dont il ne lui resta qu'un certain penchant au mysticisme, tempéré par une horreur invincible pour la superstition et l'intolérance. Ses fréquents rapports avec S.-J. Baumgarten (*voy.*), dont il fut un des collaborateurs dans diverses publications, lui apprirent à envisager la théologie sous le point de vue historique. En 1749, il partit de Halle pour aller remplir une chaire de professeur à Kobourg. Appelé à Altdorf en qualité de professeur d'histoire et de poésie, il accepta cette place qu'il ne conserva que peu de temps, puisque, en 1751, nous le trouvons professeur de théologie à Halle, et combattant, aux côtés de Baumgarten, le parti piétiste (*voy.*), qui nourrissait contre Semler une implacable rancune. Ses leçons sur l'histoire ecclésiastique, l'herméneutique et la dogmatique rassemblèrent bientôt autour de lui des centaines d'auditeurs, et en 1757, il obtint la place de directeur du séminaire théologique, laissée vacante par la mort de Baumgarten; mais le ministre de Zedlitz lui enleva, deux ans après, la direction de cet établissement. Pour se consoler de cette injustice et d'autres vexations pareilles, il se mit à étudier la minéralogie et la chimie, et il prit un tel goût à cette étude, qu'il y consacrait tous les moments dont il pouvait disposer. Malgré leurs imperfections, il y a dans les écrits de Semler tant d'érudition, des notices si savantes, des remarques si fines, que le théologien ne les lira pas sans fruit, même aujourd'hui. A ce mérite ils joignent celui d'une sincérité indépendante qui fait dire franchement et librement à l'historien ce qu'il croit être vrai, sans s'inquiéter s'il heurte quelque préjugé. On le regarde comme l'auteur du système *d'accommodation* (*voy.* ce mot). Au nombre des ouvrages les plus remarquables de Semler, écrits soit en latin, soit en allemand, nous citerons : *Apparatus ad liberalem V. T. interpretationem* (Halle, 1773); *Recherches sur le canon* (1771-75, 4 vol.); *De dæmoniacis* (4ᵉ édit., 1779); *Essai d'une Démonologie biblique* (1776); *Selecta capita historiæ ecclesiasticæ* (1767-69, 3 vol.); *Essai d'annales chrétiennes, ou tableaux détaillés de l'histoire de l'Église jusqu'en 1500* (1783-86, 2 vol.); *Observationes novæ quibus historia christianorum usque ad Constantinum magnum illustratur* (1784). Semler distinguait la religion privée qu'il voulait absolument libre, de la religion publique, manifestée par certains rites, par certaines formules, dont le maintien, selon lui, appartenait au gouvernement. Il n'hésita donc pas à approuver l'édit de religion de 1788, et cette démarche l'exposa à des attaques violentes qui empoisonnèrent ses dernières années. Il mourut le 14 mars 1791. *C. L.*

SEMOULE, *voy.* FARINE, T. X, p. 516, et PATE.

SEMPACH (BATAILLE DE), livrée aux Autrichiens par les Suisses, le 9 juillet 1386 (*voy.* SUISSE). Sempach est un bourg de 1,500 hab., situé sur le lac de Lucerne dans le canton du même nom (*voy.* LUCERNE).

SÉNAT. C'était une institution commune aux villes de l'antiquité, un reste du gouvernement patriarcal. Les Grecs donnaient aux membres qui composaient ces conseils de la cité un nom qui signifiait vieillards : ils les appelaient *gérontes* (*voy.*

GÉRONTOCRATIE). Les Romains, à leur imitation, adoptèrent celui de *senatus*, de *senex*, vieillard (Cic., *De Rep.*, II, 28).

Les sénats les plus célèbres chez les anciens sont celui des Juifs ou Sanhédrin (*voy.*), en grec συνέδριον, assemblée; celui de Sparte (*voy.*, et aussi LYCURGUE); celui d'Athènes (*voy.*, et de plus ARÉOPAGE et SOLON); celui de Carthage (*voy.*) qui partageait le pouvoir avec les Suffètes (*voy.*); enfin, et au-dessus de tous les autres par sa durée, sa puissance politique et ses grands hommes d'état et de guerre, le sénat de Rome. Ses origines et sa formation sont aussi obscures et controversées que celles mêmes de l'état dont il était le conseil suprême et perpétuel. Les historiens le présentent comme de création royale. Primitivement tous les sénateurs étaient patriciens (*voy.*), et l'élite de leur ordre. L'affection du peuple leur donna dès l'origine le titre de Pères, *patres*. Après l'expulsion de Tarquin, on nomma les sénateurs nouvellement élus *conscripti*, c'est-à-dire inscrits avec les anciens. De là la dénomination de *patres conscripti*, qu'ensuite on donna indistinctement à tous les sénateurs. Selon Tite-Live et Denys d'Halicarnasse, leur nombre à la mort de Romulus était de 200; selon Plutarque, de 150; ce serait Tarquin-l'Ancien qui l'aurait porté à 300. Ce nombre de 300 autorise à penser que chacune des trois tribus primitives apporta un égal contingent, c'est-à-dire que les trois nationalités distinctes, la ville latine, la ville sabine et la ville étrusque versèrent chacune dans l'agrégation leur sénat particulier, leur cent sénateurs, à mesure de leur adjonction à la cité. Ce nombre de 300 sénateurs se maintint avec peu de variation jusqu'à Sylla, qui l'accrut dans une proportion qu'on ignore. Au temps de Jules-César, le sénat se trouva composé de 900 membres, et après sa mort de 1000. Sous prétexte d'en éliminer les centurions gaulois de son grand-oncle et les affranchis qu'il y avait introduits, Auguste réduisit le nombre des sénateurs à 600, et parvint à faire du sénat un instrument de complaisance. Ses successeurs achevèrent d'amoindrir son autorité politique. Après le renversement de la royauté, ce fut un des priviléges des consuls, comme héritiers du pouvoir royal, de nommer au sénat. Ils en jouirent jusqu'à la création (l'an 310 de R.) des censeurs (*voy.*), dont ce fut une des attributions spéciales. Ces magistrats, au renouvellement du lustre (*voy.*), inscrivaient sur les fastes du sénat les fonctionnaires élus par le peuple, quand ils le méritaient par leurs services et leurs mœurs, et principalement les citoyens les plus distingués de l'ordre équestre : de là cet ordre a été appelé la pépinière du sénat (Tite-Live, XLII, 61). Les consuls, les dictateurs, les décemvirs, les tribuns pouvaient le convoquer. De lui-même il s'assemblait aux calendes, aux nones et aux ides de chaque mois, et toujours dans des temples ou dans une des curies Hostilia, Julia, Octavia, ou Pompeia. On ferma cette dernière après que César y eut été assassiné. Les sénateurs avaient pour marques distinctives le laticlave (*voy.* Toge), et des cothurnes garnis d'un C d'argent. Sous l'empire, on leur donna le titre de *clarissimi*.

L'autorité du sénat avait été sans bornes au commencement de la république; mais le peuple et les tribuns lui portèrent bientôt de rudes coups. Néanmoins, il lui resta la haute direction politique et administrative des affaires publiques. Il avait une inspection particulière sur la religion; il réglait ce qui concernait le gouvernement des provinces et le commandement des armées; il exerçait la poursuite des crimes publics ou des trahisons tant à Rome que dans toute l'Italie et les provinces; il nommait à toutes les ambassades et donnait audience aux ambassadeurs de tous les peuples; il décrétait les actions de grâces à rendre pour les victoires remportées, et décernait aux généraux victorieux les honneurs de l'ovation ou du triomphe; il convoquait le peuple, ajournait ses assemblées et prononçait le fameux *caveant consules*. Les décisions qu'il prenait sans la participation des plébéiens sur des questions de droit public, de diplomatie ou d'administration, s'appelaient *senatus-consultes*, et avaient force de loi (Gaius, *inst.*, I, 4). Les rois, et, après eux, les consuls ne régnèrent, n'administrèrent que sous son autorité. C'est par lui, par sa politi-

que constante et traditionnelle que Rome est devenue la maîtresse du monde. Sa décadence date des mauvais jours où son autorité, son influence morale fut étouffée sous le despotisme des premiers empereurs. Son utilité finit par être tout-à-fait méconnue; et, après 13 siècles de durée, cette grande et patriotique institution fut abolie par l'empereur Justinien. *Voir* le traité de Paul Manuce : *De senatu romano*, dans ses *Antiq. rom.*; et Montesquieu, *Grandeur et décad. des Romains*, ch. IV, VI, VIII, XII et XV.　　F. D.

Plusieurs états modernes ont adopté ce titre de sénat pour leurs assemblées délibérantes.

On a parlé à l'art. Russie de son sénat dirigeant, tribunal suprême de l'empire établi par Pierre-le-Grand, en 1711, après la suppression de la Cour des boïars. Depuis l'oukase du 20 sept. 1801, il décide en dernier ressort les affaires qui concernent l'administration intérieure. *Voy.* T. XX, p. 693.

En France, après la révolution du 18 brumaire (*voy.*), la nouvelle constitution établit un *Sénat conservateur* composé de 80 membres âgés de 40 ans au moins et nommés à vie par l'assemblée, constituée d'abord par une nomination de 60 membres, sur une liste de trois candidats proposés par le premier consul, le Tribunat et le Corps législatif. Ses fonctions étaient de s'opposer à toute innovation illégale, à tout abus de pouvoir de la part des différentes autorités, d'introduire dans la constitution les modifications nécessaires, de choisir les consuls, les tribuns et les législateurs sur les listes d'élection envoyées par les départements. Chaque sénateur recevait annuellement un traitement de 25,000 fr. qui fut porté plus tard pour quelques-uns à 30,000. Le Sénat conservateur abdiqua lui-même son indépendance, le 4 août 1802, en adoptant le sénatus-consulte qui lui fut envoyé tout rédigé par Bonaparte, et qui le réduisit au rôle d'un simple conseil d'état. Il ne fut plus dès lors qu'un instrument entre les mains du premier consul qui en fut nommé président, et à qui les sénateurs durent prêter serment de fidélité. Le maximum des membres du sénat fut fixé à 120.

Deux commissions furent formées dans son sein, l'une pour la liberté individuelle, l'autre pour la liberté de la presse. Le 18 mai 1804, il proclama Bonaparte empereur, et sa considération diminua de plus en plus jusqu'en 1814, où il déclara Napoléon déchu du trône. Il comptait à cette époque 186 membres, non compris les princes du sang et les grands dignitaires de l'empire. A la Restauration, il fut aboli et remplacé par la Chambre des pairs.

En Belgique (*voy.*), le Sénat partage avec le roi et la Chambre des députés le pouvoir législatif; il est électif, se compose de la moitié du chiffre des membres de l'autre chambre, et se renouvelle par moitié tous les quatre ans. Le mandat dure 8 ans. Chaque province choisit ses sénateurs proportionnellement à sa population. Ils doivent être Belges d'origine ou avoir obtenu des lettres de grande naturalisation, jouir de tous les droits civils et politiques, habiter la Belgique, être âgés de 40 ans et payer au moins 1,000 florins de contributions directes. L'héritier présomptif est sénateur à l'âge de 18 ans.

En Espagne, d'après la constitution du 18 juin 1837, le pouvoir de faire les lois est exercé par le roi conjointement avec les cortès divisées en deux corps co-législatifs, le Sénat et le Congrès des députés. Le nombre des sénateurs est égal aux trois cinquièmes de celui des députés. Ils sont choisis par le roi sur une liste de trois candidats proposés par les électeurs qui dans chaque province nomment les députés aux cortès. Chaque province propose un nombre de sénateurs proportionné à sa population ; mais toutes doivent en avoir au moins un. Pour être sénateur, il faut être Espagnol, être âgé de 40 ans, posséder des moyens de subsistance et remplir les autres conditions déterminées par la loi électorale. Chaque fois qu'on procède à une élection générale des députés, le tiers des sénateurs doit être renouvelé par ordre d'ancienneté. Les sénateurs sortants sont rééligibles. Les fils du roi et ceux de l'héritier présomptif de la couronne sont sénateurs à l'âge de 25 ans.

Dans la république des îles Ioniennes,

le sénat, composé d'un président et de cinq membres, exerce le pouvoir exécutif sous la surveillance du lord haut-commissaire.

Pour le sénat des États-Unis, *voy.* ce mot, T. X, p. 146.

Dans quelques villes, le magistrat porte le nom de sénat, ainsi que cela avait lieu pendant le moyen-âge dans la plupart des villes d'Italie.

Enfin les universités, notamment en Allemagne, sont régies par un *sénat académique* composé des professeurs ordinaires et sur lequel le gouvernement exerce son contrôle par l'intermédiaire d'un commissaire du souverain. *C. L.*

SÉNATUS-CONSULTE, *v.* SÉNAT.

SÉNÉ. On désigne sous ce nom certaines feuilles et follicules douées de propriétés purgatives. Ces feuilles, qui ont beaucoup d'analogie avec celles du baguenaudier, appartiennent à deux plantes du genre *cassia*, et à une autre du genre *cynanchum*, toutes originaires de la Haute-Égypte et des pays voisins : il est même probable que le mot *séné* est dérivé de *sennaar*. Plusieurs végétaux de nos contrées portent aussi le nom de *séné* : la coronille, plante légèrement purgative, s'appelle *séné bâtard* ; le *colutea arborescens*, purgatif puissant, est le *faux séné* ; enfin la *casse de Maryland* est connue sous le nom de *séné d'Amérique*. On faisait autrefois en France une consommation considérable de séné. L'emploi de ce médicament est aujourd'hui bien plus restreint, à cause de son goût désagréable. Cependant c'est un purgatif sûr et énergique, et il peut être administré en lavements ou sous forme de capsules gélatineuses. *Voy.* PURGATIFS. *X.*

SÉNÉCHAL, mot d'origine germanique et dérivé de *senne*, cabane, et *schalk*, serviteur. C'était, à ce qu'il paraît, dans le principe, le plus ancien officier d'une maison, lequel en avait le gouvernement. Ceux qui étaient au service des princes prenaient le titre de grands-sénéchaux. Ils avaient l'intendance de leur maison en général, et particulièrement de leur table : ce qui fit traduire leur titre par *dapifer* (*dapes*, mets, *fero*, je porte ; en allem., *Truchsess*). Ces officiers étaient donc des sortes de maîtres d'hôtel ; mais les grands-sénéchaux ne portaient les plats que dans les grandes cérémonies, comme au couronnement du roi, aux cours plénières, etc.; encore ne servaient-ils que le premier plat, et l'on voit en plusieurs occasions qu'ils le faisaient à cheval. L'intendance qu'ils avaient de la maison du prince comprenait naturellement l'administration des finances. Ils avaient en outre un commandement militaire : c'étaient eux qui portaient la bannière du roi à l'armée et dans les combats. Sous la 1re race de nos rois, les sénéchaux assistaient aux plaids du prince et souscrivaient les chartes qu'il donnait. La dignité de maire du palais s'étant éteinte, celle de grand-sénéchal de France en prit la place : Thibaut, comte de Blois et de Chartres, sous Louis VII, fut le dernier qu'on en investit (1191); elle resta vacante, et la place de grand-maître de la maison du roi paraît lui avoir succédé. Mais l'une des principales fonctions du grand-sénéchal était celle de rendre la justice aux sujets du prince. Les souverains qui possédaient des provinces de droit écrit avaient chacun leur sénéchal ; lorsque ces provinces furent réunies à la couronne, leur premier officier de justice conserva ce titre, tandis que dans les pays de droit coutumier les rois établirent des baillis dont les fonctions répondaient à celles des sénéchaux. Louis XI rendit leur office non révocable, et ils travaillèrent dès lors à se rendre héréditaires. Quoique chefs de la noblesse, on ne leur laissa que la conduite du ban et de l'arrière-ban quand le roi les convoquait ; le maniement des finances leur fut ôté, et ils furent même obligés d'avoir des lieutenants de robe longue pour rendre la justice en leur nom. Jusqu'en 1491, ils choisirent eux-mêmes ces lieutenants, puis enfin il ne leur resta plus que l'honneur d'assister à l'audience. L'étendue de leur juridiction s'appelait *sénéchaussée*. Tous les grands feudataires de la couronne, comme les ducs de Normandie, de Bretagne, de Guienne, de Bourgogne, les comtes de Toulouse, de Flandre, de Champagne, etc., avaient aussi leurs sénéchaux. Cette place était même héréditaire dans certaines familles nobles.   Z.

SÉNEF (BATAILLE DE), 11 août 1674, *voy.* CONDÉ (*prince de*). Sénef est un village du Hainaut (district de Charleroi).

SENEFELDER (ALOYS), *voy.* LITHOGRAPHIE.

SÉNÉGAL. Ce fleuve, un des plus grands de l'Afrique, prend sa source sous le 9° de long. or. et le 11° de lat. boréale, dans les monts Kong, à environ 25 lieues des sources de la Gambie, à 75 lieues de Sierra-Leone, près du village de Sumbalako dans les environs de Tambou, capitale du royaume de Foutah-Gjallo. Il roule d'abord entre deux chaînes de montagnes ses eaux grossies du Kokora, du Bafing et du Falemé, le plus considérable de ses affluents connus, franchit les rochers qui barrent son cours à Govina et à Feluh, et, à partir de cette dernière cataracte, il déploie sa nappe d'eau paisible et limpide sur un lit de gravier au milieu de prairies verdoyantes et de champs cultivés ; puis, se divisant en deux bras qui se réunissent, mais pour se séparer de nouveau, il change brusquement de direction, et se détournant au sud, il finit par se jeter dans la mer par une large embouchure, après un cours de plus de 160 milles géogr. Navigable jusqu'aux cataractes, il peut être remonté jusqu'à 60 milles par des barques de 40 à 50 tonneaux. Ses crues périodiques et les débordements qui en sont la suite rendent le pays qu'il arrose très malsain dans la saison des pluies. Pendant 15 milles, il court parallèlement à la mer, dont il n'est séparé que par des dunes naturelles qui n'ont en certains endroits qu'une trentaine de mètres de largeur et qui forment une langue de terre appelée *Pointe de Barbarie*, et défendue par le fort de Guétandar. A quelque distance de son embouchure, il forme plusieurs îles, entre autres celle de Sénégal ou Saint-Louis (*voy.* l'art. suivant). Le Sénégal, dont l'eau est excellente, est très poissonneux ; mais on y trouve aussi des crocodiles et des hippopotames. Une barre formidable et des falaises rendent l'entrée de ce fleuve très dangereuse.   *C. L.*

SÉNÉGAMBIE. Il a déjà été question, T. Ier, p. 240, de cette vaste contrée de l'Afrique occidentale située sous la zone torride, entre 11° et 20° de lat.

N. Bornée au sud par la Guinée, au nord par le Sahara ou Grand-Désert, elle s'étend, du côté de l'est, jusqu'au bassin du Niger, et l'Océan baigne ses côtes occidentales. Elle est arrosée par la rivière poissonneuse de Sénégal (*voy.*), qui, venant des environs de ce bassin, traverse la Sénégambie de l'est à l'ouest, se partage en deux branches à 20 lieues au-dessus de l'établissement français de Saint-Louis, et se jette dans la mer au-dessous de cette ville, présentant à son embouchure une barre difficile à franchir pendant notre hiver à cause du choc de ses flots et de ceux de l'Océan; dans ses débordements, il inonde au loin ses rives, dans les autres temps la marée y pénètre jusqu'à 60 lieues de la mer. La rivière de Gambie (*voy.*) a un cours moins étendu et presque parallèle à celui du Sénégal; enfin le Rio-Grande traverse le sud dans le voisinage de la Guinée. Entre les embouchures des deux premiers fleuves s'avance le cap Vert, presqu'île composée en partie de basalte et de tuf et formant le point le plus occidental de l'ancien monde; auprès de ce cap s'étend la baie d'Yof. Devant l'embouchure du Rio-Grande est situé l'archipel des îles volcaniques appelées Bissagos, habité par la race noire des Papels, et dont les Portugais occupent l'île Bissao. La Sénégambie a un sol très fertile le long des rivières, il s'y trouve d'excellents pâturages dans lesquels les indigènes élèvent beaucoup de bestiaux; les terres produisent du riz, du maïs, du mil, des melons, des ignames, des patates, et une espèce de chanvre appelé *hibiscus*. On voit des bois de gommiers, d'ébéniers, de palmiers, etc.: ces derniers fournissent un vin assez bon. Le pays a du bois de fer, des goyaviers, lataniers, etc.; les palétuviers abondent auprès des eaux. Le baobab (*voy.*) est le géant de la végétation du pays. Les parties arides ressemblent aux déserts de la Nigritie, et sont infestées de lions, tigres et léopards, comme les fleuves le sont de crocodiles. Le règne animal offre en outre des éléphants, beaucoup de singes et des serpents de diverses espèces; les moustiques sont très incommodes, et des nuées de sauterelles ravagent quelquefois la végétation, en même temps que des vents brûlants apportent les sables des déserts. Le Bambouc et quelques autres contrées paraissent renfermer des mines d'or; ailleurs les roches ferrugineuses que l'on voit se prolonger sur de grands espaces ne laissent pas de doutes sur l'existence d'abondantes mines de fer. Depuis longtemps des lieux désignés sous le nom d'*escales* servent de marchés aux Européens et aux indigènes pour l'échange de leurs productions.

La Sénégambie comprend un grand nombre d'états, et est habitée par trois nations principales, savoir: les Wolofs [*] ou Gjolofs, nègres d'une belle race dont le visage se rapproche par son profil de celui des Européens; les Foulahs ou Félans, appelés communément *Poules*, mais dont le véritable nom est *Peuls* (*voy.*), race fière jusqu'à l'arrogance, turbulente, belliqueuse et jalouse de son indépendance, mais moins robuste que celle des Wolofs; enfin les Mandingues, nègres intelligents et actifs, doués du goût du commerce. On trouve encore dans ce pays des peuples de race maure sous les noms de Dowichs, Braknas, Darmankous et Trarzas. Chacune de ces nations a sa langue particulière. On a publié la grammaire des Gjolofs [**]: elle présente des particularités intéressantes pour le philologue; on dit cet idiome très ancien; mais avant que les Français fondassent une école dans leur établissement du Sénégal, elle n'avait jamais été écrite. Le foulh est l'idiome des Peuls. La langue des Mandingues nous est mieux connue à cause des relations que le commerce fait entretenir avec ce peuple, chez lequel les Européens vont chercher la gomme, la cire, la poudre d'or et l'ivoire. Autrefois les Mandingues leur vendaient aussi beaucoup d'esclaves. Les Maures ont propagé dans la Sénégambie la religion mahométane: elle s'y pratique avec beaucoup de superstitions de l'ancien fétichisme des nègres. Le gouvernement des principales nations du Sénégal offre quelques traits remarquables: ainsi une espèce de féodalité régit les Wolofs, chez

[*] On écrit aussi ce nom Ouolofs et Ghiolofs.
[**] J. Dard, *Dictionnaire français-wolof et français-bambara, suivi du Dictionnaire wolof-français*, Paris, 1825, in-8°.

lesquels l'aristocratie est maîtresse du sol, de la justice et des péages ; cette caste tient le peuple en vasselage et prend part au gouvernement du roi dont le pouvoir est héréditaire. Autrefois les Wolofs formaient un seul empire grand et puissant ; mais il s'est partagé en plusieurs états. Au cap Vert, treize villages de cette nation ont formé une petite fédération. Les Peuls ont des chefs qui réunissent dans leurs mains le pouvoir politique et religieux, restreint toutefois par un conseil aristocratique ; ils ont le titre arabe d'émirs. Il faut encore remarquer les Serrères, indigènes sauvages qui ont conservé leur fétichisme, leur férocité, et se sont fait redouter souvent de leurs voisins par leurs brigandages.

Il serait trop long d'énumérer tous les états de cette vaste contrée, nous nous bornerons à indiquer les principaux. Ce sont d'abord, auprès de la rivière de Sénégal, Wallo, ayant 30 lieues de côtes, peuplé de 40,000 âmes et dépendant de la colonie française, et Cayor, pays fournissant de l'indigo et du coton et peuplé de 250,000 hab. ; ce qui reste de l'ancien empire Wolof a une population un peu moins forte. Au nombre des états Wolofs, on compte encore le Baol dans lequel habitent les Serrères, et où les Français avaient autrefois le comptoir de Portudal, comme ils avaient celui de Joal dans le pays de Syn. Le principal état des Peuls est Foutah-Toro sur la rive gauche du Sénégal, pays bien arrosé, où une population d'environ 800,000 âmes cultive du mil, de beau coton, de l'indigo, du tabac et exploite des mines de fer ; le roi de ce pays réside à Ghédey sur la rivière A-Morfil, un des deux bras du Sénégal, entre lesquels s'étend l'île A-Morfil. Les autres états des Peuls sont : Bondou, avec 300,000 âmes, des mines d'or et de fer, et fertile en tabac, surtout le long de la rivière de Falémé, un des affluents du Sénégal ; Foutah-Gjallo, pays montagneux d'où paraissent descendre les sources du Sénégal et de la Gambie et qui renferme des mines de fer ; le Kasso et le Fouladou ; le dernier est situé sur un des affluents du Sénégal. Les Mandingues, dans le nord de la Sénégambie, occupent Kaarta, Bambouk, Dentilia, tra-

versé par la rivière de Falémé et possédant des mines de fer ; Tenda, pays pauvre habité par des nègres idolâtres ; Kabou, et quelques autres états. Il existe encore des provinces indépendantes des trois nations, telles que Galam, habité par les Bakeris, les Saracolets, les Mandingues et les Bambaras au nombre d'environ 100,000 ; Ghialon-kadou, et des hordes nomades qui vivent de leurs troupeaux et de quelques métiers qu'ils exercent.

La colonie française dans la Sénégambie, dont l'origine remonte jusqu'à l'année 1365, se compose de deux parties ou arrondissements, dont l'un est situé sur le Sénégal, et dont l'autre comprend l'île de Gorée et la côte vis-à-vis de cette île jusqu'au-delà de la Gambie. Le 1er arrondissement consiste dans la ville de *Saint-Louis*, construite sur un banc de sable formant une île à l'embouchure du Sénégal, avec un port qui offre un bon mouillage aux bâtiments qui ont franchi la barre. La ville est construite régulièrement ; près de la moitié des maisons sont en briques, les autres ne sont que des cases ou chaumières. Chef-lieu de toute la colonie française, Saint-Louis est la résidence du gouverneur, d'un préfet apostolique et de deux tribunaux. La ville a des casernes, un fort, un hôpital et une école ; on n'y trouve d'autre industrie que des briqueteries, des chauffourneries, et des fabriques de pagnes, étoffe généralement portée par les noirs qui forment la majeure partie de la population, évaluée pour tout l'arrondissement à 10 ou 11,000 âmes. Dans le pays de Wallo, voisin de la ville, et dont nous avons parlé plus haut, on a établi des plantations de bananiers, cocotiers, dattiers, sapotilliers, manguiers, arbres à pain, orangers, etc. Les îles de Babaghé, Safal et Ghébar, dépendent de Saint-Louis. Il y a des marais salants qui rendent beaucoup de sel. En 1818, les Français ont établi un poste fortifié à Bakel sur la rive gauche du Sénégal, à 500 lieues au-dessus de Saint-Louis, et, en 1825, ils ont établi un comptoir à Makana, village éloigné de Bakel d'une vingtaine de lieues. Nous avons parlé séparément du 2e arrondissement, celui de Gorée (*voy.*), dans lequel est compris le comptoir d'Albréda, situé à sept lieues au-dessus de l'embouchure de la Gambie. La côte au sud de cette rivière jusqu'au cap Falgrin est fréquentée et exploitée à la fois par les Français et les Anglais, sans être occupée par aucune des deux nations. La colonie française est en voie de prospérité; déjà on évalue à 12 millions de fr. le mouvement général de son commerce qui consiste principalement dans l'échange des gommes recueillies surtout par les trois tribus maures nommées plus haut, et livrées par des traitants indigènes contre des toiles grossières tissées à Pondichéry sous le nom de *guinées*, et fournies par des commerçants français d'après un mode réglé par le gouvernement. — On peut voir, pour la description et l'histoire de la Sénégambie, les relations de voyage de Moore, Lemaire, Bruce, Mungo-Park et Mollien, ainsi que l'ouvrage du P. Labat sur l'Afrique occidentale, et celui du baron Roger, ancien commandant du Sénégal, intitulé *Keledor*; enfin, pour notre établissement, la 3ᵉ partie des *Notices statistiques sur les colonies françaises*, publiées par le gouvernement (Paris, 1839, in-8°). D-G.

SÉNÈQUE. Deux écrivains ont porté ce nom dans l'antiquité, et leurs ouvrages, en partie du moins, sont arrivés jusqu'à nous. Le premier, M. Annæus Seneca, de Cordoue, s'il ne fut pas rhéteur de profession, déclama du moins dans les écoles, et Quintilien cite une de ses déclamations. Doué d'une mémoire prodigieuse, il recueillit, dans sa vieillesse, sur la demande de ses fils, les nombreux souvenirs que lui avaient laissés tous les rhéteurs célèbres qu'il avait entendus dans sa jeunesse, et composa un recueil de ces extraits formant X livres pour les controverses (*voy.* Déclamations des rhéteurs) et un seul pour les discours du genre délibératif. Cet ouvrage, riche en documents pour l'histoire de l'éloquence et de la décadence du goût, est surtout curieux pour les anecdotes nombreuses et les faits littéraires contenus dans les préfaces qui précèdent chaque livre. Le texte est encore défiguré par une multitude de fautes souvent grossières, et les éditeurs n'ont fait aucun effort pour séparer les uns des autres tous ces fragments souvent fort courts, où l'on cherche vainement une suite. La lecture de cet ouvrage est donc très pénible; mais elle est indispensable à ceux qui veulent étudier sérieusement l'époque littéraire qui a suivi le siècle d'Auguste. M. Sénèque eut pour fils L. Sénèque le philosophe, Gallion, proconsul d'Achaïe, dont il est question dans les Actes des Apôtres, et Annæus Méla, père de Lucain. *

L. Annæus Seneca, fils du précédent, naquit à Cordoue, dans les premières années de notre ère. Son père et sa mère étaient d'une famille équestre, et le mari de sa tante exerça pendant 16 ans les importantes fonctions de gouverneur de l'Égypte. Amené fort jeune à Rome, il continua, sous la direction de son père, ses études oratoires, et suivit les écoles des philosophes avec un zèle qui ne se bornait point à la théorie. Sa jeune imagination, montée par l'étude des rhéteurs sur le ton de la déclamation, saisissait vivement tout ce qu'il y avait d'élevé, même d'exagéré dans les doctrines philosophiques, et son âme honnête lui faisait une loi d'y conformer sa conduite. Sotion, le premier de ses maîtres, lui inspira une sorte de passion pour la philosophie pythagoricienne, et Sénèque, sans adopter le dogme de la métempsycose, s'abstint, pendant un an, de la chair des animaux. Mais son père, qui goûtait peu la philosophie, affecta de craindre que cette abstinence ne fût confondue avec les superstitions égyptiennes récemment bannies de Rome, et le fit renoncer à ces pratiques suspectes. Il avait encore pris à cette école un usage auquel il resta fidèle, celui d'examiner tous les soirs les discours et les actions de sa journée. Peu de temps après, il prit également au sérieux les leçons du stoïcien Attale; et de toutes les habitudes de luxe que lui permettait la fortune, il ne retint que ce qui lui était imposé par les convenances de sa position, renonçant même à l'usage du vin, des bains chauds et des parfums, et conservant jusqu'à la fin de sa vie un lit dur et une table frugale. Il fut même sur le point de suivre les théories stoïciennes jusqu'au suicide, et le mauvais état de sa santé, qui s'aggravait de jour en jour, l'aurait déterminé à se donner la mort, s'il n'eût craint de frapper d'un coup trop rude la vieillesse de son père. Les soins maternels de sa tante, depuis peu revenue d'Égypte, rétablirent à peu près sa santé. Parvenu par son crédit à la questure, Sénèque se fit, au sénat et dans le Forum, une haute réputation d'éloquence. Caligula, qui traitait ses discours de *rhétorique pure* et de *ciment sans chaux*, ne se borna point à cette critique assez juste. Il l'aurait sacrifié à sa haine envieuse, si on ne lui eût fait observer que Sénèque n'avait que le souffle et mourrait de consomption au premier jour. Ce fut peut-être alors que le jeune orateur renonça aux plaidoiries pour composer des ouvrages de philosophie. Son *Traité de la colère*, en trois livres, paraît dater du règne de Caligula. Peut-être écrivit-il à la même époque son livre *Sur les tremblements de terre*, ses *Recherches sur l'Inde* et celles *sur la géographie* et *les superstitions de l'Égypte*, probablement d'après des matériaux rassemblés par son oncle. Ces trois ouvrages sont perdus.

Vint le règne de Claude, et ce philosophe cacochyme, que Caligula dédaignait de frapper, fut accusé d'adultère avec une nièce de l'empereur. L'accusation venait de Messaline ; mais comme elle n'en voulait qu'à Julie, Claude pria le sénat d'épargner la vie de Sénèque. On l'exila dans l'île de Corse au moment où déjà veuf de sa première femme, il venait de perdre son fils. Sénèque essaya de se raidir contre tant de malheurs. Il adressa à sa mère l'ouvrage intitulé *Consolation à Helvia*, plus recommandable par l'expression des sentiments les plus affectueux que par la grandeur un peu vide de ses idées stoïciennes. Mais l'ennui et la tristesse ne tardèrent pas à se faire sentir. Il cherchait à se distraire en se livrant à des recherches sur la population et les antiquités de la Corse, en composant des vers parmi lesquels il faut peut-être compter les tragédies que nous avons

sous son nom. Mais éloigné de toute société lettrée, privé de ces entretiens philosophiques, de ces causeries savantes, de cette part active au mouvement des esprits qui étaient devenus un des besoins de sa vie, et aussi de ces succès littéraires qui semblent avoir été nécessaires à sa vanité, il descendit aux prières et aux flatteries envers Claude et ses affranchis. *La Consolation à Polybe,* qui venait de perdre son frère, est un monument de cette faiblesse qui fut du reste inutile. Il ne revint qu'à la mort de Messaline. Rappelé alors par l'influence d'Agrippine, il fut élevé à la préture et préposé à l'education de Néron. Il paraît avoir été d'abord effrayé de sa tâche, et la première nuit qui suivit sa nomination, il rêva qu'il était chargé de l'éducation de Caligula. Cependant, malgré le soin que prit Agrippine d'inspirer à son fils du dédain pour la philosophie, Sénèque obtint un assez grand empire sur l'esprit de son élève. Étranger aux intrigues qui préparèrent l'élévation de Néron, il ne servait ces projets ambitieux que par l'éducation solide qu'il donnait au jeune prince, et par l'influence de sa réputation à laquelle il ajoutait tous les jours par des publications nouvelles. Ses traités *De la tranquillité de l'âme* et *De la fermeté du sage,* datent, à ce que l'on croit, de l'année de son rappel. On rapporte encore, mais avec moins de certitude, au temps de Claude, son traité *De la Providence,* où il la justifie du malheur des justes. Vers la même époque fut probablement écrite *la Consolation à Marcia,* fille de Crémutius Cordus qui pleurait depuis trois ans la perte de son fils.

A la mort de Claude, Sénèque accompagna Néron lorsqu'il se fit reconnaître au camp des prétoriens et au sénat. Il composa les discours qui furent prononcés par le nouvel empereur, et que le sénat se hâta d'accueillir comme une promesse et de faire graver sur un monument public. L'éloge de Claude lui fit moins d'honneur, et Néron, quand il le prononça, fut accueilli par la risée publique. Sénèque eut le tort de faire en même temps une satire contre le prince imbécile qu'il venait de louer sans mesure. Ce petit pamphlet assez spirituel nous est parvenu incomplet, et rien dans ce qui nous en reste ne répond au titre *d'apocoloquintose*, sous lequel il est cité par Dion. Avec le règne de Néron commença une lutte fort vive entre Agrippine qui voulait continuer la tyrannie des règnes précédents, et le parti de la modération dirigé par Sénèque et Burrhus, tandis qu'une troisième influence, celle d'Anicet et de quelques autres complaisants obscurs, se signalait par la mort de Britannicus, et plus tard par celle d'Agrippine (*voy.* tous ces noms). Sénèque tout-à-fait étranger au premier de ces crimes, fut accusé d'avoir accepté une partie des dépouilles. Quant au second, Tacite n'ose affirmer que Sénèque et Burrhus en aient ignoré le projet. Ce qu'il y a de trop certain, c'est que, l'exécution commencée, ils laissèrent consommer le parricide, et que le premier écrivit le discours où le meurtrier se justifiait en accusant sa mère. Cependant Sénèque gouvernait l'empire, et son administration obtint quarante ans plus tard ce bel éloge de Trajan : «Les meilleurs princes sont bien loin des premières années de Néron.» Sénèque essayait d'enchaîner son élève au bien, par de sages discours qu'il lui faisait prononcer en public, par les éloges du sénat, et par ceux qu'il lui adressait lui-même. C'est ainsi qu'un mot heureux de Néron lui inspira ce traité *De la clémence* si flatteur et si beau toutefois, plein de sages leçons que l'auteur eut le tort de donner à genoux. Quelquefois il descendait à des complaisances indignes d'un philosophe, et qu'il ne craint pas cependant de recommander en principe dans un de ses ouvrages. Malgré tous ces efforts, Néron lui échappait peu à peu. Bien qu'élevé au consulat et chargé avec deux collègues d'administrer les revenus de l'empire, il pressentait sa disgrâce dans les accusations dont il avait peine à défendre Burrhus, et Burrhus mort, il eut à se défendre lui-même. Attaqué par les flatteurs de ces passions qu'il ne pouvait ni éteindre ni assouvir, il voulut se réfugier dans la retraite et céder à l'empereur ses dangereuses richesses. Sur le refus de Néron dont les hypocrites caresses lui fermèrent la bouche sans le tromper, il essaya de désarmer l'envie par la mo-

destie de ses habitudes. Il ferma sa maison à la foule des clients et se rejeta tout entier dans ses études philosophiques. Son traité *Du bonheur*, qui est en partie une apologie de sa fortune ; l'ouvrage *Du loisir et de la retraite du sage* ; les VII livres des *Questions naturelles*, où le moraliste se montre toujours à côté du savant ; sa *Correspondance avec Lucilius*, où le public est toujours en tiers et dont le recueil probablement incomplet est la partie la plus intéressante de ses ouvrages ; un *traité de morale*, aujourd'hui perdu, mais souvent cité par Lactance, attestent l'activité de ses dernières années. Il avait auparavant écrit, sous Néron, son traité *Des bienfaits*, en VII livres, où l'on peut étudier avec intérêt jusqu'à quel point la philosophie des anciens s'est approchée de la charité chrétienne ; un livre *Sur la brièveté de la vie* ; un traité *De la superstition*, aujourd'hui perdu, où les Pères de l'Église aiment à puiser de spirituelles railleries contre le paganisme. Un traité *Du mariage*, cité par saint Jérôme, des *Exhortations* et des *Dialogues* complètent la liste des ouvrages cités par les anciens et qui ne nous sont point parvenus. Pendant que Sénèque cherchait à détourner sa vue des malheurs de Rome plutôt qu'à se faire oublier, survint la conjuration de Pison, dans laquelle son neveu Lucain (*voy.*) était compromis. Les ennemis de Sénèque saisirent l'occasion. Il fut nommé par un des accusés, et reçut l'ordre de se donner la mort. Il se fit ouvrir les veines dans le bain, et mourut en consolant ses amis. Sa femme Pauline, jeune encore, mais qui lui était tendrement attachée, voulut mourir avec lui ; mais Néron craignant l'odieux d'un crime inutile donna ordre de la sauver.

On a quelquefois été sévère jusqu'à l'injustice pour le caractère et la conduite de Sénèque. Sa croyance ardente et vive à une morale que son âme affectueuse et douce plutôt qu'énergique n'était pas capable de porter ; une situation terrible, entre les passions de Néron, l'ambition furieuse d'Agrippine et les intérêts de l'empire auxquels il avait peut-être la vanité de se croire nécessaire, furent probablement la cause de toutes ses fautes. S'il eût été chrétien, comme on l'a prétendu, moins de présomption peut-être eût amené moins de faiblesse. Mais tout ce que l'on a dit de ses relations avec saint Paul a fort peu de fondement, et quant à cette prétendue correspondance qui l'a fait placer par saint Jérôme au rang des saints, il suffit de la lire, car nous l'avons encore, pour se convaincre que ni Sénèque, ni saint Paul ne se seraient exprimés de la sorte.

En philosophie, Sénèque n'a rien ajouté à la science, il a même donné fort peu d'attention aux théories ; mais il a dû contribuer à répandre la morale qu'il avait embrassée. L'ardeur de ses convictions, la richesse de ses observations, la finesse de ses aperçus, sa connaissance profonde de la nature humaine lui assurent un rang distingué parmi les moralistes. En littérature, il est à la tête de cette école qui a retrempé dans le stoïcisme le talent comme le caractère de ses contemporains. Les défauts qu'on lui reproche ne viennent pas de lui ; il les a autorisés en leur donnant la sanction de son exemple, mais il suffit de lire les débris que son père nous a conservés des déclamateurs, pour se convaincre que tous les travers des écrivains du temps étaient pour ainsi dire répandus dans l'air des écoles. Sous ces formes prétentieuses qui sont venues gâter son talent, Sénèque a mis des idées justes, des sentiments nobles, il s'est exagéré comme tous les stoïciens la force de la volonté humaine, mais il en a bien analysé toutes les faiblesses. Il a l'esprit pénétrant d'un homme du monde, et la gravité consciencieuse d'un philosophe. Il n'est pas seulement le père de Lucain et des écrivains qui relèvent immédiatement du stoïcisme ; il est encore permis d'attribuer en grande partie à son influence cette tendance de ses contemporains à faire des études du moraliste le fond de la littérature dans tous les genres. Ses *Questions naturelles* ont donné le ton à Pline l'Ancien, et Tacite lui-même tient peut-être à Sénèque comme Salluste aux Gracques et Tite-Live à Cicéron. Chez les modernes, il est la source la plus riche où Montaigne ait puisé.

Il nous reste à parler des tragédies con-

nues sous le nom de Sénèque. Les manuscrits sont unanimes ; le prénom seul varie. Des auteurs anciens citent sous ce nom des vers de *Médée*, des *Troyennes*, d'*Hercule furieux*, d'*Hippolyte*, d'*t Edipe*, d'*Agamemnon* et de *Thyeste*. Les autres pièces sont *Hercule sur l'OEta*, *la Thébaïde* et *Octavie*. Quant à cette dernière, il est évident qu'elle n'est pas de lui. Des allusions directes aux dernières circonstances de la vie de Néron, et des différences assez grandes dans la conduite de la pièce et dans le style, l'ont fait généralement attribuer à quelque imitateur. Toutes les autres ont des caractères communs qui les font aisément admettre comme appartenant au philosophe. Indépendamment du fonds stoïcien, c'est la même tournure d'esprit que dans ses ouvrages en prose, le même coloris de style, les mêmes qualités et les mêmes défauts, autant du moins que le comporte la différence des genres. Attribuer ces pièces à M. Sénèque le Rhéteur, c'est oublier son aversion pour la philosophie et le caractère de son esprit ; les donner à un M. Sénèque, neveu du philosophe, ou à un L. Sénèque, contemporain de Trajan, c'est créer sans autorité, ou d'après des textes mal compris, un personnage imaginaire. Sidoine-Apollinaire est le seul auteur ancien qui distingue le tragique du philosophe. Quintilien, qui cite des vers de la *Médée*, n'a pas parlé du tragique parmi les poëtes, et c'est une preuve en faveur de notre opinion, puisqu'il déclare qu'il a voulu réunir dans un même passage tout ce qu'il avait à dire du talent de Sénèque.

Ces tragédies n'étaient pas faites pour la représentation. Destinées à des lectures publiques, elles ne recherchent pas les effets de théâtre, mais seulement les effets de style. Les situations ne sont qu'un thème pour des développements de morale stoïcienne, des déclamations contre le siècle, contre la cour, contre les tyrans, contre les vices, enfin pour des descriptions étendues, toutes choses contraires au mouvement dramatique, mais qui, dans une lecture, prête souvent au trait et à l'effet. Tous ces morceaux sont chargés d'un luxe d'érudition mythologique que l'on croyait alors nécessaire à la poésie, parés de tous les ornements d'un esprit coquet et prétentieux, semés d'une profusion de traits souvent forts ou piquants, d'idées élevées, mais ambitieuses. Point d'action ; les scènes sont une succession de chants lyriques descriptifs ou moraux, de monologues qui représentent avec force la lutte intérieure des passions, de dialogues à antithèses destinées à faire ressortir l'énergie de la volonté, mais qui se prolongent presque toujours outre mesure, et mêlent quelques mots à la Corneille à toutes les recherches d'un assaut d'esprit. La même uniformité règne dans les caractères, qui peuvent tous se rapporter à trois : le tyran, le vulgaire égoïste et lâche, et le héros. Point de passions douces, pas de faiblesses excusables, point de résignation touchante ; femmes, jeunes filles, enfants, tous sont condamnés au même stoïcisme : Astyanax et Polyxène meurent en disciples de Zénon. Ces tragédies ne sont donc pas des œuvres dramatiques, ce sont des déclamations éloquentes. Les personnages ne sont pas des hommes, ce sont des types stoïciens qui fort souvent ne manquent ni de force ni de grandeur, mais qui ne sont jamais longtemps sans sortir de la nature. Cependant l'étude de ces compositions n'a pas été sans influence sur le théâtre moderne. Corneille surtout leur a beaucoup emprunté. Racine s'en est quelquefois servi dans *Phèdre*, et l'on en a signalé des traces nombreuses dans Shakspeare et dans Caldéron. * J. R.

(*) L'édition *princeps* des OEuvres de Sénèque le Philosophe est celle de Naples, 1475, in-fol. : comme la plupart des suivantes, elle comprend aussi le *liber declamationum* de Sénèque le Rhéteur ; l'édition de 1478 en est une simple reproduction. Parmi celles qui vinrent après, voici quelles sont les plus importantes : Bâle, 15:5 et 1529, in-fol., par les soins d'Érasme ; Rome, 1585, in-fol., par ceux de Muret ; Heidelb., 1594; Paris, 1627, *cum not. var.*; l'édition de J. Lipse, Anvers, 1652, in-fol.; celle de J.-Fr. Grouove, Leyde, Elzevir, 1649, in-12, et souvent réimpr.; l'édition Bipontine, 1782, 4 vol. in-8° (2e éd., Strasb., 1809, 5 vol.); celle de Ruhkopf, Leipz., 1797-1811, 5 vol. in-8° ; celle de la Bibliothèque classique de Lemaire, due aux soins de M. Bouillet, Paris, 1827-30, 5 vol. in-8°. Parmi les traductions des mêmes OEuvres complètes, nous citerons celle de La Grange, avec des notes de Naigeon, Paris, 1778-91, 7 v. in-12, et 1819-20, 13 vol. in-12; et celle de la Bibliothèque latine-française de M. Panckoucke, due à divers écrivains, Paris, 1832-36, 8 vol. in-8°.

SENNACHÉRIB, roi d'Assyrie (*voy.* ce nom), 717-709 av. J.-C.

SENNAR. Ce royaume d'Afrique dont la population s'élève à 2 millions d'habitants et la superficie à 6,000 milles carrés, est ordinairement compris, comme celui de Dongolah, sous la dénomination générale de Nubie (*voy.*). Il est situé entre le Nil et la Tacazzé, et comprend une partie de l'ancienne Méroë (*voy.*). Au nord, il touche à la Nubie turque ; à l'est, les montagnes le séparent des côtes de la mer Rouge ; au sud, il est borné par l'Abyssinie ; et à l'ouest, par la Nigritie ou Soudan. Le Kordofan le sépare du Dar-Four (*voy.* ces noms). Le sol du Sennâr est généralement plat, couvert de sable en beaucoup d'endroits, mais fertile et bien cultivé sur les bords du Nil et de la Tacazzé. Outre nos animaux domestiques et nos volailles de basse-cour, on y trouve différentes bêtes sauvages de l'Afrique ; le blé, le riz, le tabac, les melons, le sucre, le séné, le bois d'ébène et de sandal, sont les principales productions du règne végétal. Le climat est brûlant : en été, la chaleur est souvent insupportable ; puis tombent des pluies qui vicient l'air et engendrent une grande mortalité. Le Sennâr est habité par des nègres mahométans, appelés *Chillouks*, qui l'ont conquis sur les Arabes en 1504. C'est un peuple grossier, ignorant, que gouverne despotiquement un roi, investi de l'autorité suprême, mais qui risque d'être décapité aussitôt que ses ministres jugent sa mort nécessaire. Quand ce monarque meurt, tous ses parents sont égorgés, vraisemblablement dans le but de prévenir la guerre civile. Le roi doit, une fois dans le cours de son règne, labourer et ensemencer un champ de ses propres mains. Le souverain actuel est Bàdy VII, 29e roi de la dynastie des Fundjis, peuplade de l'intérieur de l'Afrique qui s'établit dans le Sennâr à la fin du xve siècle. En 1821, ce prince fut

Il existe ensuite de nombreuses éditions séparées des différents ouvrages de Sénèque, parmi lesquelles nous nous bornerons à citer celle des *Epistolæ morales* par Schweighæuser, Strasb., 1809, 2 vol. in-8° ; celle des *Tragœdiæ* par Bothe, Leipz., 1819, 3 vol. in-8°, et *Medea et Troades*, par Matthiæ, Leipz., 1828, in-8°. M. Greslou a traduit les *Tragédies de Sénèque* pour la Bibliothèque Panckoucke, 1834, 3 vol. in-8°. S.

forcé par les armes victorieuses d'Ismaël-Pacha, fils de Méhémet-Ali, de reconnaître la suzeraineté du sulthan. Outre les Chillouks, le Sennâr est habité par des Arabes nomades et des Bédouins tributaires, ainsi que par les Dahéras, Nubiens idolâtres, en partie enlevés des pays voisins, en partie achetés comme esclaves. Ces Dahéras font la force principale de l'armée du roi; 14,000 d'entre eux, armés de lances et de boucliers et 1,800 Chillouks à cheval, sont spécialement chargés de protéger sa résidence. L'industrie du Sennâr est très bornée; le commerce a un peu plus d'importance : il est surtout alimenté par les caravanes de Suakem, de Djiddah, de la Mecque, de l'Abyssinie, de la Nigritie et de l'Égypte.

Sennâr, capitale du royaume, couvre une éminence, près de la rive occidentale du Nil. Sa population s'élève, selon Mengin, à 16,000 habitants. Les maisons, mal bâties, ont des toits généralement plats. Les faubourgs n'offrent que de misérables huttes de roseaux. Le palais du roi, construit en argile, occupe un vaste espace; il est entouré d'une haute muraille de briques. Les environs sont très fertiles, mais extrêmement malsains. *C.L.*

SENONES ou Sénonois, *voy.* Gaule (T. XII, p. 193), et Champagne.

SENS (les cinq), facultés par le moyen desquelles l'homme et les animaux se mettent en rapport avec le monde extérieur, et auxquelles répondent certains organes corporels (*voy.* Vue, Ouïe, Odorat, Gout, Toucher). Quant à l'action des sens, *voy.* Perception; et quant aux modifications de l'âme qui en résultent, *voy.* Sensation et Sensibilité.

L'empire que les sens exercent sur l'homme s'appelle *sensualité*.

On a nommé *sensorium commune* le point où viennent aboutir toutes les impressions amenées ainsi du dehors; mais son vrai nom n'est-ce pas l'âme (*voy.*)? car c'est elle qui reçoit ces modifications.

On a donné le nom de *sens interne* ou *intime* à l'opération du moi portant son attention sur lui-même et sur tous les phénomènes qui se passent en lui. Il en a été traité au mot Conscience. **X.**

SENS, Bon sens, Sens commun. Le mot *sens* signifie quelquefois la faculté de comprendre les choses et d'en juger selon la droite raison. C'est ainsi qu'on dit : avoir beaucoup de sens, un grand sens, un sens droit, etc.

Le *bon sens* est cette vue juste des choses qu'un esprit sain doit à l'usage bien réglé de ses facultés, et qui, sans pénétrer à une grande profondeur, suffit du moins aux besoins ordinaires de la vie. Bossuet l'appelle en effet le maître de la vie humaine. Le bon sens est essentiellement pratique : il dédaigne la sphère de la spéculation et fuit les illusions, de quelque nature qu'elles soient. Quelles sont les causes de nos erreurs? Ce sont les passions (*voy.*), qui nous font voir autre chose que ce qui est, et l'imperfection de nos facultés, qui nous empêche de voir tout ce qui est : le bon sens voit les choses comme elles sont; il se tient en garde contre l'entraînement des passions; et d'un autre côté, il évite d'aborder les questions qui passent la portée d'une intelligence ordinaire. Il dédaigne les rêveries du poëte, les illusions de l'homme passionné; il se rit d'une imagination aventureuse, comme Sancho Pança rit de don Quichotte. Est-ce à dire qu'il faille tout sacrifier au bon sens, et qu'il doive être le seul guide de notre conduite? Non; mais il faut lui faire sa part, et reconnaître les cas où son autorité est sanctionnée par les plus nobles instincts de notre nature. S'il y a, par exemple, un bon sens vulgaire, qu'on invoque lorsqu'il s'agit de proscrire une généreuse imprudence, et qui tendrait à retrancher tout ce qui dépasse le cercle de nos intérêts grossiers, à nier la poésie, l'enthousiasme, le dévouement, et à faire prévaloir le côté prosaïque de la vie, il y a aussi un bon sens élevé, qui n'est que l'instinct du vrai en toutes choses, qui, en morale, est l'inspiration spontanée de la conscience, en politique, la vive sympathie du sentiment national, et qui, dans les œuvres de l'intelligence, lorsqu'il rencontre l'expression heureuse, ressemble fort au génie. Le bon sens alors s'appuie sur ce fonds commun d'idées auxquelles tous les hommes participent, et qui sont comme le capital intellectuel de l'humanité à chaque époque : il s'appelle alors le *sens commun.*

Le sens commun est donc l'ensemble de toutes ces vérités, d'une évidence intuitive et immédiate, qui sont dans l'esprit de tous les hommes, au moyen desquelles ils s'entendent, et où ils puisent les motifs de leurs jugements et les règles de leur conduite. Sur ces notions ou ces croyances, qui constituent la conscience du genre humain, repose la démocratie du monde intellectuel ; les philosophes ou les penseurs en forment l'aristocratie. Le triomphe de la philosophie, c'est d'éclaircir et de légitimer les croyances instinctives du *sens commun*. Par malheur, cet accord est loin d'exister toujours ; dans l'histoire des systèmes philosophiques, on voit éclater d'étranges contradictions entre les hommes de génie et le vulgaire. Il importe de rechercher les causes de cette divergence entre le sens commun et la philosophie, et de constater par où ils se rencontrent, par où ils se séparent.

Et d'abord, quelle est l'origine du sens commun ? D'où vient cette mystérieuse instruction que chacun de nous porte en lui-même, et que personne ne se souvient d'avoir acquise ? D'où nous viennent ces notions, ces principes, dont l'autorité ne craint pas de contredire souvent les systèmes des philosophes, et qui pourtant ont besoin de se faire légitimer par la philosophie ?

Les notions du sens commun peuvent se partager en deux classes, qui émanent de deux sources différentes. Les unes, évidentes par elles-mêmes et inhérentes pour ainsi dire à notre intelligence, viennent directement de la raison intuitive : elles président aux jugements que nous portons sur le bien et sur le mal, sur le vrai et le faux, sur le beau et le laid, sur l'existence, etc. Or, telle est la nature de ces idées primitives et fondamentales, que l'aperception confuse n'en est refusée à personne, mais que la conception claire n'en peut être obtenue qu'au moyen d'une analyse très délicate et très difficile. Les autres, quoique marquées en apparence du même caractère primitif et immédiat, sont cependant des acquisitions de l'expérience ; elles sont le pro-

duit du travail successif des générations antérieures, et elles sont venues accroître successivement le fonds commun. Or, cette seconde classe de vérités que la réflexion découvre, ne reste pas la propriété exclusive des eprits capables de les découvrir. Dès qu'une fois le génie inventeur les a mises en lumière, elles tombent sous l'appréciation des esprits droits qui, sans avoir le don de l'invention, ont du moins le discernement critique qui reconnaît le vrai et le faux. Les idées soumises ainsi à l'épreuve d'un examen souvent répété entrent dans la circulation, elles pénètrent peu à peu dans les étages inférieurs de la société, et finissent par devenir un bien commun auquel tous participent, le vulgaire comme les savants. Mais en devenant le patrimoine de tous, elles dépouillent leur forme scientifique, elles se dégagent peu à peu des arguments qui les ont fait admettre, et finissent par s'établir dans la croyance générale sous la forme d'axiomes. C'est sous cette forme simple qu'elles se transmettent de génération en génération, et qu'elles se rendent accessibles aux intelligences les plus humbles comme aux plus élevées. Voilà comment le sens commun lui-même est un fonds susceptible d'accroissement : des deux éléments dont il se compose, l'un s'éclaircit par la réflexion, l'autre s'étend et se développe par le travail continu de l'humanité.

Maintenant, lorsque le sens commun et la philosophie viennent à se contredire, d'où peut naître leur divergence ? Si l'on compare la solution donnée par le sens commun sur un problème quelconque avec les solutions diverses proposées par les philosophes, on trouvera toujours que la solution du sens commun est moins étroite que les solutions philosophiques. Si le sens commun n'adopte pas les systèmes des philosophes, ce n'est pas que les systèmes disent une chose et le sens commun une autre ; c'est que les systèmes disent moins, et le sens commun davantage. En d'autres termes, c'est que les philosophes veulent le plus souvent donner à une vue partielle de la vérité l'autorité de la vérité complète. Et d'un *autre côté,* le sens commun n'a qu'une aperception vague, confuse et obscure de cette vérité dont l'homme a besoin ; pour la posséder réellement, il lui faut recourir à la réflexion, c'est-à-dire à la philosophie.

Le divorce du sens commun et de la philosophie n'est donc pas fondé sur la nature des choses, il n'est qu'accidentel, et le progrès de l'intelligence humaine consiste précisément à rétablir l'harmonie entre l'un et l'autre. Les tentatives les plus hardies de la philosophie n'ont abouti qu'à mettre en lumière quelques-unes des croyances du sens commun. Le principal avantage que les génies les plus perçants puissent avoir sur le vulgaire est de mieux comprendre quelques points de cette révélation qui est accordée à tous. C'est ainsi que la science morale, dont les données sont primitives, nécessaires, inhérentes à notre nature, est cependant essentiellement perfectible et susceptible de progrès ; les germes déposés dans l'espèce se développent avec les siècles, et il en résulte qu'en observant l'humanité à deux époques diverses de l'histoire, on reconnaît des différences notables dans la morale publique des deux époques. Ainsi, pour prendre un exemple, il y a vingt siècles, le vulgaire et les sages, le sens commun et la philosophie étaient d'accord pour sanctionner la légitimité de l'esclavage. Un jour pourtant quelques âmes d'élite conçurent l'idée de l'égalité morale des hommes, comme enfants d'un même Dieu. Peu à peu cette idée descendit dans les intelligences d'un ordre moins élevé ; à la longue, elle a conquis le monde et changé l'ordre civil et politique des sociétés. A-D.

SENSATION. La sensation est une modification agréable ou désagréable, une impression de plaisir ou de peine, qui naît en nous à la suite de l'action des objets extérieurs sur nos organes (*voy.* SENS). Les caractères essentiels et constitutifs de la sensation sont : 1° d'être affective, c'est-à-dire d'exciter en nous un plaisir ou une douleur ; 2° d'être fatale : les circonstances étant données, notre corps étant mis en présence de certains objets de la nature, il est impossible que la sensation ne se produise

pas ; 3° personnelle ou relative : elle varie selon les individus, et dans les mêmes individus, selon les âges, l'état de santé ou de maladie, etc.; l'adage, qu'il ne faut pas disputer des goûts ni des couleurs, dépose de ce caractère individuel et actuel de la sensation ; 4° enfin, elle ne se produit qu'à la suite d'un fait de l'organisme. Cependant elle est distincte du fait organique qui la précède, comme du fait intellectuel qui la suit. Nous avons dit qu'elle est essentiellement affective : dès qu'elle devient représentative, elle n'est plus la sensation, c'est alors l'idée ou le phénomène intellectuel, qui apparaît à la suite du phénomène affectif. En nous modifiant intérieurement, en nous faisant éprouver des affections de plaisir ou de peine, elle ne peut éclairer immédiatement la raison ; car elle n'est qu'une capacité passive de l'âme : elle n'a donc rien d'actif par elle-même. Une sensation plus vive n'est pas l'attention, ainsi que le dit Condillac ; elle sollicite l'attention. L'attention est l'âme active se dirigeant sur la sensation. Cependant il faut remarquer que le concours d'un certain degré d'activité est nécessaire pour qu'il y ait sensation. Nous agissons de mille manières dans la sensation elle-même, quoique nous n'ayons point avec elle le rapport de la cause à l'effet. Condillac dit encore : « Ce sont nos sensations qui nous représentent les corps. » Non ; elles ne suffisent pas ; les sensations ne sont que certaines modifications du moi, isolées, sans lien commun, et qui n'ont pas entre elles de rapports nécessaires, tandis qu'un corps est une réunion de qualités groupées autour d'un même centre, qu'on appelle *substance*. Or, de cette substance, et de l'unité qui la constitue, la sensation ne nous apprend rien. C'est une autre faculté, c'est la raison, qui perçoit l'unité et la substance. La sensation pure ne peut donc nous donner qu'un élément de certitude très borné, restreint à l'affirmation individuelle de tel phénomène qui se passe actuellement dans le *moi*, sans pouvoir en rien conclure pour le passé ni pour l'avenir, ni pour aucun autre individu. Il faut que les données de la raison s'ajoutent à la sensation pour transformer cette aperception individuelle et spéciale à tel point de l'espace et de la durée, en un jugement dont la portée s'étend à nos semblables, ainsi qu'au passé et à l'avenir. La sensation, en elle-même, est un phénomène purement interne; c'est un fait de conscience. Il n'y a pas de sensation sans que nous en ayons conscience; autrement elle ne serait pas sentie, c'est-à-dire qu'elle n'existerait pas; mais elle ne nous révèle rien sur la cause qui la produit : ceci est l'affaire de la perception (*voy.* ce mot). Le moi, modifié par la sensation, s'en distingue, parce qu'il reconnaît qu'elle le modifie, indépendamment du concours de sa volonté; mais il réagit sur la sensation, et la rend plus vive, plus distincte. Il la localise dans les objets extérieurs; il rapporte l'odeur à la fleur dont l'approche affecte notre odorat, le son à la cloche mise en mouvement, les couleurs aux corps diversement modifiés par la lumière, la chaleur à l'action du feu ou du soleil. Il y a à la fois une illusion et un côté vrai dans ces aperçus. La science démontre très bien la déception par laquelle nous transportons dans les corps les impressions d'odeur, de son, de couleur par lesquelles notre *moi* est modifié; mais en même temps, il s'y mêle une application instinctive du principe de causalité, indispensable à l'éducation de nos organes comme au développement de notre intelligence.

Le caractère affectif propre aux sensations varie selon les organes qui sont affectés : le plaisir ou la peine qu'elles procurent est en général très faible dans la vue et l'ouïe; mais il ne faut pas confondre avec ce caractère affectif les plaisirs intellectuels ou moraux qui nous viennent par les sens de la vue et de l'ouïe. Ces plaisirs, dus à la réaction de l'esprit, ne se localisent pas; ce ne sont plus des sensations, mais des sentiments (*voy.* ce mot); les organes n'en sont que la condition. A-D.

SENSIBILITÉ. Notre conscience nous atteste qu'à chaque instant nous sommes modifiés d'une manière agréable ou pénible, que nous recevons des impressions de plaisir ou de douleur. De ces phénomènes sensibles qui se passent en nous-mêmes, nous concluons l'existence d'une faculté spéciale, appelée la *sensibilité*, à laquelle nous rapportons ces phénomènes, et qui n'est que l'aptitude que nous avons d'être affectés en bien ou en mal. La sensibilité ne nous est donc pas connue en elle-même, mais seulement par ses modes. Faire une théorie de la sensibilité, ce sera donc faire le dénombrement et la classification des divers phénomènes sensibles, déterminer leurs caractères essentiels, reconnaître leurs rapports avec nos autres facultés, et enfin constater le rôle qu'ils jouent dans l'économie générale de la nature humaine.

I. *Modes divers de la sensibilité*. Les phénomènes sensibles sont de diverses espèces. Les uns se produisent en nous à la suite d'un certain ébranlement excité par l'action des objets extérieurs sur les organes de notre corps : ce sont les *sensations* (*voy.*). On distingue les sensations *externes*, qui nous arrivent par les cinq sens, et les sensations *internes* qui, au lieu de se localiser dans un de nos sens, semblent tenir à la vie secrète de l'organisme tout entier. Tel est le sentiment de la faim, de la soif, de la satiété, du malaise dans la fatigue ou la maladie, du bien-être dans la convalescence, du besoin d'agir après le repos. Mais tous les phénomènes sensibles ne sont pas exclusivement corporels : il en est d'autres qui sont le produit d'une aperception intellectuelle ou d'un acte moral; ils prennent alors le nom de *sentiments* (*voy.*). Qui de nous n'a éprouvé des joies ou des peines auxquelles les besoins du corps n'avaient aucune part? La sensibilité, qui originairement est une dépendance de notre organisation physique, se réfléchit dans tout notre être intellectuel et moral. Ainsi, l'acquisition de connaissances nouvelles, la recherche et l'aperception de la vérité sont accompagnées de plaisir et de peine. De même, l'exercice de notre puissance morale, l'emploi de notre liberté lorsque nous faisons le bien ou le mal, détermine en nous des modifications agréables ou pénibles. Qui de nous n'a été maintes fois atteint par la douleur morale? Qui n'a aussi connu le contentement de soi-même, après avoir résisté à une mauvaise tentation, ou après avoir vaincu un penchant coupable? La vue du beau physique, comme du beau moral, produit en nous une émotion agréable. En présence d'un objet beau, tel qu'une fleur, un oiseau, une figure de jeune fille, comme en présence d'une belle action, d'un trait de dévouement, il s'élève en nous une émotion de plaisir : c'est ce qu'on appelle le sentiment du beau. Nos propres actions ont aussi le même effet : nous n'échappons pas plus au remords d'avoir mal agi qu'à la satisfaction d'avoir sacrifié l'intérêt personnel au devoir. De tous les sentiments agréables, celui qui suit l'accomplissement du devoir est le plus doux, et celui qu'il dépend le plus de nous-mêmes de renouveler. On peut donc reconnaître quatre ordres de sentiments, engendrés par les idées nécessaires du beau et du laid, du vrai et du faux, du bien et du mal moral, et enfin par les penchants, les désirs, les passions qui naissent de l'amour de soi.

II. *Caractères des phénomènes de la sensibilité.* Le caractère éminent, essentiel, des phénomènes de la sensibilité, c'est d'être affectifs, c'est-à-dire d'exciter en nous une impression de plaisir ou de souffrance. Les sentiments, comme les sensations, n'existent qu'à la condition d'être sentis, ou d'éveiller dans le moi une émotion agréable ou pénible. Il ne faut pas confondre le sentiment avec l'idée qui l'engendre : l'idée est intellectuelle, impersonnelle, absolue ; elle précède le sentiment, et par conséquent elle peut exister sans lui. Le sentiment au contraire est affectif, il est personnel ou relatif, il a l'idée pour antécédent nécessaire. Par cela même que notre nature est sensible, aucune de ses tendances ne peut être satisfaite sans qu'il en résulte pour elle une modification agréable ; elle ne peut être contrariée sans qu'il en résulte une modification pénible. Le plaisir est l'effet sensible de la satisfaction de nos appétits, comme la souffrance est l'effet du besoin non satisfait. Les phénomènes sensibles sont primitifs et instinctifs ; le fait de sentir est au nombre des instincts ou des tendances spontanées de la nature humaine : c'est une disposition primitive qui nous fait aimer le doux et haïr l'amer ; c'est de même une disposition primitive qui nous fait préférer l'utile au nuisible, c'est-à-dire notre bien à notre mal. Tous ces faits de la sensibilité sont passifs, involontaires, et marqués d'un caractère de fatalité. La sensibilité est mobile ; elle varie selon les âges, les sexes, les climats, les habitudes, le genre de vie, selon même la disposition du moment.

III. *Rapports de la sensibilité avec nos autres facultés.* L'analyse philosophique, en isolant les phénomènes pour les étudier, les dénature jusqu'à un certain point. Dans la vie réelle, ils sont complexes, confondus dans l'unité du moi, ils se mêlent perpétuellement les uns aux autres. La sensibilité appartient au moi, comme la pensée ; car le moi est la force qui sent, qui pense, et qui veut. La sensation est aperçue directement par la conscience. Dans l'état actuel, la sensibilité est la condition nécessaire du développement de l'intelligence et de la volonté ; mais la sensibilité ne peut être excitée sans que l'intelligence en ait conscience, ou sans un commencement d'activité intellectuelle. Ainsi tous les phénomènes de l'intelligence et de la volonté se réfléchissent dans la sensibilité : ces trois facultés réagissent sans relâche les unes sur les autres. D'une part, la sensibilité fournit des matériaux à l'intelligence ; elle l'éveille, elle la stimule et l'exalte. Mais la sensibilité doit à son tour subir le frein de l'intelligence : l'esprit nous a été donné pour régler la sensibilité et la soumettre aux lois de la raison. Si de là nous passons aux rapports de la sensibilité avec l'activité, nous trouverons qu'elle met la volonté en mouvement, elle la détermine à agir, en un mot, elle lui sert de mobile. La sensibilité n'est pas à nos ordres, comme l'activité locomotrice, ni même comme l'intelligence : le plus souvent elle est indépendante de la volonté ; elle reçoit des impressions, et, à la suite des sensations qui en résultent, elle produit une foule de mouvements passionnés, qui sont le développement de la vie sensible. Cependant la volonté ou le pouvoir personnel réagit aussi sur la sensibilité, la met à notre service, l'emploie comme une pierre de touche pour découvrir les qualités bonnes ou mauvaises, utiles ou nuisibles des choses. Nous nous en servons aussi comme d'un instrument de plaisir, pour goûter ce qu'il y a d'agréable et de beau dans les objets. Souvent la volonté domine la sensibilité, elle la paralyse et l'absorbe; souvent la réflexion maîtrise la passion, et la modère par la vue des conséquences qu'elle entraîne, ou par la préférence que la raison donne au motif moral.

IV. *Rôle de la sensibilité dans l'économie générale de la nature humaine.* C'est la sensibilité qui nous met en rapport avec le monde extérieur. Les sens sont les moyens par lesquels nous participons à la vie de relation; c'est par eux que nous entrons en communication avec les êtres animés ou inanimés. Sans la sensibilité, l'homme demeurerait parfaitement indifférent à toutes choses; il n'aurait d'autres motifs d'agir que ceux que lui fournit la raison; il ne lui resterait plus rien de spontané, plus d'amour ni de haine, plus de plaisir ni de douleur. Or, c'est par la sensation agréable ou désagréable que l'enfant fait les premiers pas dans la connaissance du bien et du mal. Dans notre existence actuelle, la possibilité du mal est la condition nécessaire du bien. La sensibilité nous a été donnée par la nature dans l'intérêt de la conservation de l'individu et de l'espèce. Mobile essentiel de l'activité humaine, la sensibilité l'éveille et la met en exercice. Supposez l'homme un être purement intelligent et dépourvu de toute sensibilité, supposez son activité poursuivant froidement un but, sans espoir de bonheur, toute son existence est décolorée, on n'en comprend plus la signification. C'est la prédominance de la sensibilité qui fait les artistes; c'est elle qui sollicite et développe l'imagination. C'est surtout chez les femmes et chez les enfants qu'elle déploie son énergie : là est le secret de cet instinct plus vif et plus prompt, de ces aperçus plus délicats et plus subtils qu'on remarque dans les femmes. Par la même raison, la jeunesse des peuples est leur âge poétique, parce qu'alors les impressions sont généralement plus énergiques et plus intenses, et que l'âme, ouverte à toutes les émotions, a une exubérance de vitalité. La sensibilité est donc un attribut essentiel de l'humanité; l'en dépouiller, ce serait altérer sa nature, paralyser en elle le principe actif et frapper son intelligence de stérilité.   A-D.

SENSITIVE (*mimosa*), genre de la famille des légumineuses, sous-ordre des *mimosées*. Ce genre est propre à l'Amérique équatoriale, et il renferme environ 60 espèces. Plusieurs sensitives sont fort remarquables par les phénomènes d'irritabilité qu'elles manifestent au plus léger attouchement, ou en recevant une commotion quelconque. De ce nombre est notamment la sensitive commune (*mimosa pudica*, L.). En touchant un peu fortement une feuille de cette plante, toutes les folioles dont se compose la feuille s'appliquent les unes sur les autres par leur face supérieure, et le pétiole commun s'abaisse sur la tige. Si l'on touche légèrement une des folioles, cette foliole seule s'ébranle et tourne sur son pétiole particulier; si l'attouchement a été un peu plus fort, l'irritation se communique à la foliole opposée, et les deux folioles se joignent sans que les autres éprouvent aucun changement dans leur situation. Si l'on gratte avec la pointe d'une aiguille une tache blanchâtre qu'on observe à la base des folioles, celles-ci s'ébranlent tout à coup, et bien plus vivement que si la pointe de l'aiguille eût été portée dans tout autre endroit. Le temps nécessaire à une feuille pour se rétablir dans sa position naturelle varie suivant la vigueur de la plante, l'heure du jour, la saison et les circonstances atmosphériques. Si l'on coupe avec des ciseaux, même sans occasionner de secousse, la moitié d'une foliole de la dernière ou de l'avant-dernière paire, presque aussitôt la foliole mutilée et celle qui lui est opposée se rapprochent. L'instant d'après, le mouvement a lieu dans les folioles voisines, et continue de se communiquer, paire par paire, jusqu'à ce que toute la feuille soit repliée. L'acide nitrique, la vapeur du soufre brûlant, l'ammoniaque, le feu communiqué par le moyen d'une lentille de verre, l'étincelle électrique, produisent des effets analogues. Une chaleur trop forte, la privation de l'air, la submersion dans l'eau, ralentissent ces mouvements, en altérant la vigueur de la plante. Desfontaines a observé que le balancement d'une voiture fait d'abord fermer les feuilles; mais quand elles sont, pour ainsi dire, accoutumées à ce mouvement, elles se rouvrent et ne se ferment plus. Ed. Sp.

SENSUALISME. Le sensualisme est la doctrine qui ne reconnaît d'autre élément de la nature humaine que la sensation (*voy.* ce mot). Ce point de départ psychologique entraîne toute une série de conséquences des plus importantes dans la métaphysique, la morale, la politique, la théorie des beaux-arts et la religion. La saine philosophie serait celle qui s'élèverait sur la base d'une psychologie complète, c'est-à-dire qui n'omettrait aucun élément de la nature humaine. Les systèmes en général sont faux en ce qu'ils sont exclusifs et qu'ils ne reproduisent qu'une partie de la réalité. C'est ce qui a lieu pour le sensualisme. En voulant concentrer tout l'esprit de l'homme dans le fait unique de la sensation, on mutile d'abord la connaissance humaine, on la limite au cercle des objets sensibles, et l'on se condamne à nier les notions qui nous viennent d'une source plus élevée que les sens, telles que les idées nécessaires de cause, de substance, d'infini, etc., dont la sensation ne peut rendre compte. Cette métaphysique a été celle de Condillac et de toute son école; avant lui, Hobbes et Gassendi l'avaient professée; et en remontant dans les temps antiques, elle a eu pour représentants principaux Démocrite, Épicure et Lucrèce (*voy.* tous ces noms).

De la métaphysique de la sensation dérive à son tour une morale sensuelle. Si la vie des sens est tout pour l'homme, il n'y a plus pour lui d'autre règle de conduite que de chercher le plaisir et de fuir la douleur (*voy.* Hédonisme); l'intérêt est le but unique de nos actions; il n'y a d'autre loi morale que l'utile. Toutes ces conséquences ont été tirées du principe avec une rigueur parfaite mais déplorable. Telle est la morale que contiennent les ouvrages d'Helvétius; telle est celle qui est formulée dans le *Catéchisme* de Volney.

La morale de l'intérêt engendre aussi nécessairement une politique non moins matérialiste. Si les jouissances corporelles sont le seul but pour lequel l'homme ait été créé, le bien suprême auquel il doive tendre, tous les moyens lui seront bons pour y parvenir : les mots de *juste* et d'*injuste* ne représentent que des idées chimériques; il n'y a pas d'autre droit que la force; le pouvoir n'a pas besoin de se faire légitimer par la raison, ce qu'il commande est par cela seul légitime. Telles sont les doctrines de Hobbes, dont la politique est l'apologie la plus complète du despotisme. Ceux qui, tout en restant sous l'influence de cette doctrine, ont reculé devant le despotisme d'un seul, ont admis par compensation le despotisme de la majorité. La théorie de la souveraineté du peuple, entendue d'une manière absolue, sans le correctif indispensable de la justice, véritable souveraine de l'humanité, n'est autre chose que la domination du grand nombre, en d'autres termes le règne de la force. A ces conséquences aboutiront tous les systèmes qui feront abstraction de l'élément moral de l'humanité, qui nieront la liberté de l'homme et la loi du devoir.

Que si nous suivons le sensualisme dans ses applications à la théorie des beaux-arts, nous le verrons aboutir à une poétique tout aussi étroite que sa politique. Le principe des arts ne sera plus que l'imitation fidèle de la nature, la copie exacte du réel : l'artiste s'attachera exclusivement à la reproduction des formes sensibles; le poëte tombera dans les minuties du genre descriptif, ou dans les monstruosités de ces drames qui n'ont d'autre secret pour émouvoir le spectateur que les infamies de la cour d'assises et les horreurs de la Grève. Une pareille esthétique est la négation de l'idéal, car elle nie le monde invisible, Dieu et l'âme.

Enfin, par cela même que cette théorie nie Dieu et l'âme, elle nie également tout élément religieux dans l'homme; elle ne reconnaît d'autre Dieu que l'univers, elle aboutit forcément au naturalisme (*voy.*), soit qu'elle considère la nature comme le grand tout, comme l'être unique, soit qu'elle disperse la puissance suprême dans la multitude des êtres individuels; en d'autres termes, elle n'a d'autre conclusion possible que le panthéisme ou l'atomisme (*voy.* ces mots). Sur ce monde, d'où la liberté et la Providence sont bannies, pèse le joug d'une aveugle fatalité.   A-D.

SENTENCE (*sententia*, de *sentire*, être d'avis), vérité exprimée brièvement et de manière à s'imprimer facilement dans la mémoire. *Voy.* DICTON, MAXIME, APOPHTHEGME, etc.

Dans la jurisprudence, le mot de *sentence* est synonyme de jugement.

SENTIMENT. Transporté dans la sphère intellectuelle et morale, la sensibilité (*voy.*) devient le sentiment; ce qui était sensations (*voy.*) dans l'ordre des phénomènes du corps, se transforme en sentiments dans les phénomènes de l'intelligence et de l'activité morale. Les sentiments ne se localisent dans aucun organe, quoique les sensations soient une condition de leur développement; ils viennent à la suite de la connaissance ou de la conception, tandis que la sensation précède la connaissance. Les sentiments ont toutefois un caractère commun avec les sensations : ils sont affectifs, c'est-à-dire qu'ils sont accompagnés d'une émotion agréable ou pénible. Le plaisir et la douleur que nous avons trouvés à la racine de toute sensation, revêtent dans le sentiment la forme de l'amour et de la haine, qu'on peut appeler les deux sentiments fondamentaux, susceptibles, dans leur développement, d'une foule de nuances, telles que le désir, l'espérance, la joie ou la crainte, le désespoir, la tristesse, etc. Tous ces phénomènes sont passifs, involontaires, et marqués d'un caractère de fatalité. Néanmoins, parvenus au degré où ils se changent en passions (*voy.*), ils admettent un certain mélange d'activité.

Les sentiments sont de diverses espèces. On peut les partager en deux grandes classes : ceux qui naissent de l'exercice de l'intelligence, et ceux qui naissent de l'exercice de l'activité morale. On peut encore les distinguer par leurs objets, et l'on aura ainsi le sentiment du beau, du vrai, du bien, de l'infini; les sentiments intéressés, qui se rapportent au bien-être du moi; les sentiments sympathiques, ou les affections qui nous portent vers nos semblables.

Le sentiment est la vie de l'âme; il se mêle inévitablement à l'action de nos autres facultés. La volonté et l'intelligence ne peuvent se soustraire à l'influence de ce puissant mobile. L'homme qui a failli, qui s'est laissé entraîner à des actes condamnables, ne saurait échapper aux remords de sa conscience; et au contraire, l'homme de bien a en lui-même pour première récompense la satisfaction intime que lui donne sa conduite vertueuse. C'est l'erreur des stoïciens (*voy.*) d'avoir cru pouvoir anéantir le sentiment et l'exclure des déterminations humaines. Le sentiment jouera toujours un rôle important dans la morale, où il devance les prescriptions de la raison; tout comme dans l'esthétique, le beau nous est révélé par le sentiment avant d'être justifié par la pensée.

Nous devons mentionner ici, en passant, une école philosophique qui a été appelée *sentimentale*, parce qu'elle attribue l'idée du bien moral à un instinct de la sensibilité. Elle suppose que le bien et le mal se révèlent au sentiment seul, sans exiger l'intervention d'aucune autre faculté, tandis que les écoles rationalistes ne reconnaissent d'autre origine aux idées morales que l'intuition de la raison. L'école sentimentale n'admet pour uniques motifs de nos actions que les penchants instinctifs; au lieu que la plupart des moralistes ne trouvent les motifs obligatoires de notre conduite que dans les idées, les notions, les principes qui nous sont révélés par la raison. L'école sentimentale prétend que nos déterminations morales ont leur principe dans le sentiment, et non dans l'intelligence; elle admet que le sens moral est susceptible de perfectionnement comme les sens externes. La doctrine du sens moral ou du sentiment moral fut inventée pour combler une lacune laissée par le philosophe sensualiste, qui, ne pouvant légitimement tirer les idées morales de la sensation, principe unique reconnu par elle, avait pris le parti de les nier. Cette doctrine admet le désintéressement comme fait; mais son erreur est dans la source dont elle prétend le dériver. Shaftesbury fut le premier qui imagina ce sens moral ; Hutcheson perfectionna ce premier aperçu, et le développa avec talent. Le sens moral de Hutcheson est une faculté de la sensibilité ; elle est affectée immédiatement par la qualité morale, comme le goût par les saveurs. Dans un cas comme dans l'autre, il s'ensuit des sensations agréables ou désagréables. Chez les Allemands, Jacobi (*voy.* tous ces noms), est le principal représentant de l'école sentimentale. J.-J. Rousseau lui-même, dans ses éloquentes protestations contre la morale de l'intérêt et contre les tendances sensualistes de son siècle, est le plus souvent un disciple de la morale sentimentale. La conscience, à laquelle il en appelle, est pour lui un sentiment intérieur, instinctif, qui nous révèle le bien et le mal d'une manière infaillible. L'erreur de cette école consiste à chercher une base immuable et absolue à la morale dans le sentiment, qui, de sa nature, est essentiellement immobile, variable et relatif.   A-D.

SENTIMENTAL (GENRE). Une sensibilité affectée, et par cela même outrée, prend le nom de *sensiblerie* ; et en littérature, on a désigné sous le nom de *sentimental* un genre où, à propos de tout, on s'attache à *faire du sentiment* ; où l'on porte une grande exagération dans la description des sentiments surtout sympathiques et affectueux, et où l'espèce de succès qu'on ambitionne est de faire couler les larmes du lecteur, s'il s'agit d'un roman ou d'une pièce de vers, du spectateur dans une représentation scénique, de l'auditeur dans un sermon ou tout autre discours. Relativement au roman, Richardson, Cramer, Aug. Lafontaine, M. d'Arlincourt (*voy.*), ont mis à la mode le genre sentimental, dont le genre *larmoyant* n'est guère qu'une nuance.

SENTINELLE, *voy.* FACTION, AVANT-POSTES, etc.

SÉPALES, parti de la fleur qui forment le calice, comme les *pétales* forment la corolle. *Voy.* FLEUR.

SÉPARATION DE CORPS. Aux art. DIVORCE et MARIAGE, nous avons fait connaître les principes qui se rattachent à la question de l'indissolubilité de l'union conjugale ; nous devons maintenant parler d'un fait qui relâche le lien sans l'anéantir.

Les docteurs qui se sont le plus prononcés pour l'indissolubilité du mariage, n'ont pas nié qu'il pouvait arriver telle circonstance où il serait dangereux de laisser les époux cohabiter ensemble. Ils ont alors autorisé la séparation d'habitation : elle s'opérait anciennement, ou par un consentement réciproque, comme par le vœu de continence, ou par autorité du juge. Dans le premier cas, le vœu devait être solennel, en sorte que l'un et l'autre époux entrassent dans des monastères, ou que le mari reçût les ordres sacrés. La séparation forcée devait être prononcée par le juge, dans le cas d'adultère, ou lorsqu'un des époux tombait dans l'hérésie ou était attaqué de certaines maladies contagieuses, comme la lèpre, les affections honteuses, etc.; enfin lorsque le mari usait de sévices notables et traitait sa femme cruellement : « En un mot, dit l'abbé Fleury, si les époux ne peuvent habiter ensemble sans le péril de la vie ou du salut. »

Le Code civil a réduit les motifs de la séparation de corps aux cas où il y avait lieu de demander le divorce pour cause déterminée, c'est-à-dire que le mari peut demander la séparation de corps pour cause d'adultère de sa femme, et la femme pour cause d'adultère de son mari, mais lorsque celui-ci a tenu sa concubine dans la maison commune; que les époux peuvent réciproquement demander la séparation de corps pour excès, sévices ou injures graves de l'un d'eux envers l'autre; et enfin la condamnation de l'un des époux à une peine infamante est pour son conjoint une cause de séparation de corps.

La séparation de corps emporte toujours la séparation de biens.

SÉPARATION DE BIENS. On nomme ainsi le régime légal sous lequel chacun des époux conserve la propriété et l'administration de ses biens.

Ce régime peut être établi soit par le contrat de mariage (art. 1536 du Code civil), soit par jugement, dans le cas où la dot de la femme est en péril, et lorsque le désordre des affaires du mari donne lieu de craindre que les biens de celui-ci ne soient point suffisants pour remplir les droits et reprises de la femme (art. 1443, même code).

La femme, quoique séparée de biens, ne peut aliéner ses immeubles sans le consentement spécial de son mari, ou, à son refus, sans être autorisée par justice (art. 1538). Chacun des époux, sous ce régime, doit contribuer aux charges du mariage, suivant les conventions contenues en leur contrat; et, s'il n'en existe point à cet égard, la femme contribue à ces charges jusqu'à concurrence du tiers de ses revenus (art. 1537). **A. T-R.**

SÉPARATISTES, gens qui apprécient si peu l'avantage des sympathies religieuses et du culte en commun, qu'ils s'isolent au contraire sous les plus futiles prétextes et ne trouvent de satisfaction réelle à leurs besoins religieux que dans leurs conventicules intimes, loin du contact des *profanes. Voy.* SECTES, MÉTHODISTES, PIÉTISTES, etc.

SÉPIA. Ce nom latin de la sèche se donne, en français, à la matière colorante que répand cet animal (*voy.* CÉPHALOPODES), et qui sert pour le dessin au lavis (*voy.* ce mot).

SEPT-ANS (GUERRE DE). Cette guerre, qui eut lieu de 1756 à 1763, agita l'Europe entière. — Par la paix de Breslau (28 juillet 1742) et celle de Dresde (25 déc. 1745), Marie-Thérèse avait dû abandonner à Frédéric II, roi de Prusse, six principautés silésiennes et le comté de Glatz; mais c'était là un trop beau fleuron détaché de sa couronne pour qu'elle ne songeât pas à s'en rendre maître de nouveau. Elle conclut donc une alliance avec l'impératrice de Russie, Élisabeth, ennemie personnelle du roi de Prusse; attira dans son parti Auguste III (*voy.* tous ces noms), roi de Pologne et électeur de Saxe, et se rapprocha de la France, quoique la maison d'Autriche fût habituée à la regarder comme son ennemie la plus redoutable depuis des siècles. Cependant des discussions s'étaient élevées entre l'Angleterre et cette dernière puissance, au sujet des frontières de leurs possessions d'Amérique, discussions qui dégénérèrent en hostilités dans l'année 1755. Voulant mettre ses états d'Allemagne à l'abri d'une

attaque, le roi d'Angleterre s'allia avec le roi de Prusse ; et la France, de son côté, conclut, quelques mois après, avec la cour de Vienne, le traité de Versailles, par lequel elle s'engagea à fournir un corps auxiliaire de 24,000 hommes, qui fut porté plus tard jusqu'à 180,000, la France ayant conçu l'espoir de s'emparer du Hanovre tout en ayant l'air de coopérer à l'exécution des projets de l'impératrice. Un chancelier du cabinet saxon, nommé Menzel, révéla à l'ambassadeur de Prusse, Malzahn, ce qui se tramait contre son maître entre les cours de Vienne, de Saint-Pétersbourg et de Dresde. Aussitôt Frédéric II demanda des explications à l'Autriche, et l'ambiguïté de la réponse qu'il reçut le décida à prévenir ses ennemis. Au mois d'août 1756, il entra dans la Saxe à la tête d'une armée divisée en trois corps et forte de 60,000 hommes; il assiégea Dresde, la prit et fit investir le camp retranché de Pirna, où était renfermée l'armée saxonne. Le feldmaréchal Brown accourut de la Bohême au secours de la Saxe. Frédéric marcha à sa rencontre et lui livra, le 1er octobre, près de Lowositz, une bataille qui, sans être décisive, priva les Saxons du secours qu'ils attendaient, en sorte qu'ils furent obligés de se rendre.

Les Prussiens prirent leurs quartiers d'hiver en Saxe et en Silésie. La campagne de Frédéric II fut considérée comme une violation du traité de Westphalie : la France, qui en était garante, intervint, ainsi que la Suède; en même temps la diète d'Augsbourg mit le roi de Prusse au ban de l'Empire, et la Russie, à son tour, se présenta sur le théâtre des hostilités. Frédéric se trouva ainsi seul avec l'Angleterre, qui ne pouvait lui être d'une grande utilité dans une guerre continentale, contre l'Autriche, la Russie, la France, la Suède et l'Empire. Cette situation périlleuse ne l'effraya point. Dès le mois d'avril 1757, il pénétra en Bohême avec quatre corps d'armée; et le 6 mai, il remporta, près de Prague, une victoire sanglante qui coûta la vie au brave Schwerin(*voy.*). La plus grande partie de l'armée autrichienne s'étant jetée dans la ville, les Prussiens en commencèrent aussitôt le siége. Alors le feldmaréchal Daun (*voy.*), qui se trouvait avec 60,000 Autrichiens sur les hauteurs de Collin (*voy.*), reçut l'ordre de tenter quelque action décisive pour la délivrance de Prague. Frédéric se porta à sa rencontre avec 24,000 hommes; mais, battu à Collin, il dut lever le siége de la capitale de la Bohême et se replier sur la Saxe et la Lusace.

Les Français, cependant, avaient occupé Wesel, Clèves, la Frise orientale, l'électorat de Hesse-Cassel et le Hanovre. Le duc de Cumberland (*voy.*), qui commandait un corps de 40,000 hommes composé de Hessois, de Hanovriens, de Brunswickois et d'autres alliés de la Prusse, fut défait à Hastenbeck (*voy.*), le 26 juillet, repoussé jusqu'à Stade et forcé de signer, le 8 sept., à Kloster-Seven, ancien couvent, une honteuse capitulation. Une autre armée française, sous les ordres du prince de Soubise (*voy.* Rohan), à laquelle s'étaient joints 15,000 Allemands commandés par le prince de Hildburghausen, menaçait la Saxe et les états héréditaires de Frédéric. Laissant le duc de Bevern pour couvrir la Silésie, ce dernier courut en Thuringe et chassa les Français d'Erfurt. Sur la nouvelle que le général autrichien Haddick était entré dans la Marche de Brandebourg, il vola à Torgau; mais les Autrichiens s'étant repliés précipitamment, il revint sur ses pas et remporta sur Soubise la fameuse bataille de Rossbach (*voy.*). Les Français défaits se retirèrent dans leurs quartiers d'hiver, et les Prussiens restèrent en possession de la Saxe. Frédéric reparut bientôt en Silésie, où Schweidnitz et Breslau étaient tombées entre les mains des Autrichiens. Avec une armée de moitié inférieure en nombre et affaiblie par une longue marche, il battit Daun, près de Leuthen, le 5 déc.; força Breslau à se rendre avec sa nombreuse garnison et ses immenses approvisionnements, et réduisit Liegnitz quelques jours après. Cette victoire du roi de Prusse coûta 40,000 hommes aux Autrichiens; la Silésie fut perdue pour eux, et Frédéric se trouva plus puissant que jamais. Quant à l'armée russe qui, forte de 100,000 hommes, était entrée dans la Prusse au mois de juin, elle s'était retirée après

avoir ravagé tout le pays de la manière la plus barbare et avoir défait, le 30 août, près de Grossjægerndorf, un corps de 24,000 Prussiens commandés par le feldmaréchal Lehwald. Les Suédois, de leur côté, avaient occupé, au mois de septembre, Anklam, Demmin et Pasewalk; mais repoussés par Lehwald, ils s'étaient réfugiés dans l'île de Rügen.

La troisième campagne fut ouverte, dès le mois de février 1758, par le duc Ferdinand de Brunswic (*voy.* T. IV, p. 290), qui avait remplacé le duc de Cumberland à la tête de l'armée alliée dans la Basse-Saxe et la Westphalie. Le nouveau général se rendit maître du cours du Weser et battit les Français près de Crefeld (*voy.*), le 23 juin; puis, repassant le Rhin, il entra dans la Hesse, où se trouvait le prince de Soubise et où le comte de Clermont le suivit. Renforcé par 12,000 Anglais, il força ces deux généraux à se replier derrière le Rhin, où ils prirent leurs quartiers d'hiver.

Après l'expulsion des Autrichiens de la Silésie, Frédéric II était entré en Moravie, et, au mois de mai, il mit le siége devant Olmütz; mais l'approche de Daun le força à le lever en juillet. Cependant les Russes, après avoir repoussé le peu de troupes qui leur étaient opposées, avaient pénétré dans la Nouvelle-Marche, obligeant ainsi Frédéric à voler avec une partie de la grande armée au secours de ses états héréditaires. Il atteignit les Russes sous les murs de Custrin, qu'ils assiégeaient, et quoique de beaucoup inférieur en nombre, il remporta près de Zorndorf, le 26 août, une sanglante victoire qui détermina la retraite des Russes en Pologne. Il courut ensuite en Saxe, où son frère, le prince Henri (*voy.*), avait peine à soutenir les efforts des Autrichiens; et après avoir appelé auprès de lui le feldmaréchal Keith (*voy.*), il alla camper à Hochkirchen (*voy.*), où, surpris pendant la nuit, il essuya une défaite complète, le 14 octobre. Néanmoins il contraignit bientôt après les Autrichiens à lever le siége de Neisse; puis, rentrant en Saxe, il fit lever le siége de Dresde et obligea Daun à se retirer en Bohême. A la fin de la campagne, Frédéric eut la satisfaction de voir ses états, à l'exception de la

Vieille-Prusse, délivrés de la présence de l'ennemi.

En France, l'opinion publique, humiliée de l'impuissance de nos généraux et saisie d'admiration pour le roi de Prusse, se prononçait pour la paix. Louis XV, poussé par la marquise de Pompadour, résista à ce vœu. L'alliance fut donc renouvelée avec l'Autriche, le 30 déc. 1758, c'est-à-dire dans le même mois où, par un nouveau traité, l'Angleterre s'engagea à payer à Frédéric II un subside annuel de 4 millions de thalers. Malgré la rigueur du froid, le prince Henri entra, pendant l'hiver, en Bohême, dispersa les troupes ennemies, enleva un corps de 2,500 hommes et s'empara d'une énorme quantité de munitions. Les Impériaux furent chassés de la Franconie; Bamberg, Erfurt et Würzbourg, furent mis à contribution. Un autre corps prussien tomba sur le duché de Mecklembourg-Schwerin, dont les malheureux habitants furent cruellement punis des fautes politiques de leur prince.

Le commencement de la campagne de 1759 ne fut signalé par aucune action d'éclat. Ferdinand de Brunswic voulut reprendre Francfort, dont les Français s'étaient emparés pendant l'hiver; mais le peu de succès de l'attaque qu'il tenta près de Bergen, le 13 avril, fit échouer cette entreprise. Il fut plus heureux, le 1er août, près de Minden, où il remporta une brillante victoire sur le marquis de Contades et le duc de Broglie (*voy.* ces noms). Le même jour, les Français éprouvèrent une seconde défaite à Gohfeld; le prince héréditaire de Brunswic les repoussa au-delà de la Lahn et du Rhin. Mais la fortune ne favorisa point partout également les armes prussiennes. Le général Wedel, opposé aux Russes, fut battu par Soltikof à Kay, près de Züllichau dans la Nouvelle-Marche, en sorte que Frédéric se vit obligé d'accourir de la Silésie pour défendre l'électorat. Le 12 août, il attaqua les Russes à Kunersdorf (*voy.*), non loin de Francfort-sur-l'Oder, et déjà la victoire semblait décidée en sa faveur, lorsque l'arrivée de Loudon (*voy.*), avec 18,000 Autrichiens, vint changer son triomphe en une défaite. Les Russes ne surent pas profiter d'un succès qu'ils avaient acheté bien cher. La position de Frédéric était des plus critiques, et il commençait à désespérer lui-même de l'issue favorable de la guerre. Les Russes victorieux étaient au milieu de ses états héréditaires. Daun occupait la Lusace avec une nombreuse armée, et la Saxe était inondée par les Impériaux. Les Autrichiens et les Russes se préparaient à opérer leur jonction; mais le prince Henri, en enlevant leurs magasins, força les premiers à battre en retraite. Frédéric, de son côté, prévint les Russes dans leur marche sur la Silésie, et les contraignit à rentrer en Pologne. Moins heureux, le général Fink, qui commandait en Saxe, dut se rendre aux Autrichiens près de Maxen, le 21 nov., avec 11,000 hommes et une nombreuse artillerie. Malgré ce revers, la campagne se termina à l'avantage de Frédéric : les ennemis avaient été repoussés presque partout; Daun seul se maintenait encore en Saxe. Les Suédois, qui, après la bataille de Kunersdorf, avaient envahi la Poméranie prussienne dégarnie de troupes, furent aussi refoulés, par les généraux Manteufel et Platen, jusque sous le canon de Stralsund.

La campagne de 1760 sembla s'ouvrir aussi sous de fâcheux auspices pour Frédéric. Le brave général Fouquet fut fait prisonnier à Landshut avec 8,000 hommes. Frédéric lui-même dut lever, le 30 juillet, le siége de Dresde, qu'il avait commencé le 14. Lorsque Glatz fut tombé au pouvoir des Autrichiens, il se vit dans la nécessité de se rendre en Silésie pour couvrir le pays. Retranché dans son camp de Liegnitz (*voy*). et menacé par plus de 100,000 hommes sous les ordres de Daun et de Loudon, il battit ce dernier, le 15 août, sans que son collègue pût le secourir. Les Autrichiens perdirent 10,000 hommes, tant tués que blessés ou faits prisonniers, 23 drapeaux et 82 canons. L'armée prussienne, qui ne comptait que 30,000 combattants, eut 1,800 hommes tués ou blessés. Cependant un corps austro-russe s'était porté sur Berlin et avait mis à contribution cette capitale. Frédéric courut lui couper la retraite; mais ne l'ayant plus trouvé, il revint sur la Saxe où Daun et Lascy (*voy.*)

avaient opéré leur jonction. Il remporta une sanglante victoire à Torgau, le 3 nov., et prit ses quartiers d'hiver. En Silésie, Loudon fut repoussé jusque dans le comté de Glatz, et les Russes, forcés de lever le siége de Kolberg, rentrèrent en Pologne. Les alliés sous les ordres de Ferdinand de Brunswic défirent les Français à Marbourg, le 31 juillet; toutefois ils ne purent les empêcher de s'établir dans la Hesse où ils avaient de grands magasins. En 1761, leurs armes furent plus heureuses. Attaqués dans leurs quartiers, le 11 février, les Français furent mis dans une déroute complète. Les alliés remportèrent une nouvelle victoire, le 14, à Langensalza sur un corps franco-saxon, mais ils furent obligés de lever avec perte le siége de Ziegenhain, Marbourg et Cassel, en sorte que les Français restèrent en définitive les maîtres de toute la Hesse et de la route du Hanovre. Partout les peuples soupiraient après la paix ; les souverains seuls, Frédéric excepté, semblaient disposés à continuer la guerre. Aux yeux de Marie-Thérèse, la restitution de la Silésie n'était plus une compensation suffisante des sacrifices qu'elle avait dû s'imposer. L'impératrice Élisabeth ne songeait à rien moins qu'à conserver la Prusse. Le ministre Choiseul cherchait, en prolongeant la guerre, à se venger d'un sarcasme de Frédéric. Les propositions de paix faites par l'Angleterre et la Prusse ne furent donc point acceptées, et Frédéric dut songer sérieusement à défendre la Silésie contre les Autrichiens et les Russes qui avaient opéré leur jonction à Striegau, dans le courant du mois d'août. Il sut garder ses positions près de Schweidnitz en présence de forces bien supérieures, jusqu'à ce que le manque de vivres contraignît la plus grande partie de l'armée russe à rentrer en Pologne ; mais il ne put empêcher Loudon de s'emparer de Schweidnitz (voy.), le 1ᵉʳ octobre. Une garnison de 3,700 hommes et de nombreux magasins tombèrent ainsi au pouvoir des Autrichiens. En Saxe, le prince Henri fut obligé de se replier devant Daun. En Poméranie, les Russes prirent Kolberg, le 16 déc., après une vigoureuse résistance. Les Suédois, au con-

traire, furent repoussés jusqu'à Stralsund par Belling, et Ferdinand de Brunswic remporta à Villingshausen, le 15 juillet, sur les Français une brillante victoire qui cependant ne décida rien. Frédéric se trouvait dans une situation désespérée; il semblait sur le point de succomber, lorsque la mort de l'impératrice Élisabeth, le 5 janvier 1762, vint changer la face des choses. Son successeur, Pierre III (voy.), grand admirateur de Frédéric, s'empressa de conclure avec lui un armistice, qui, le 5 mai, fut suivi de la signature de la paix. La Suède ne tarda pas à imiter cet exemple, et l'Autriche ayant repoussé la médiation de la Russie, Pierre joignit ses troupes aux Prussiens. La mort précoce de cet empereur rompit bientôt l'alliance des deux états, et Catherine II rappela les 20,000 Russes qui combattaient dans les rangs prussiens. Frédéric n'en fut pas moins délivré d'un dangereux ennemi, et la prépondérance lui fut assurée dès lors sur tous les autres. Le 21 juillet, il chassa, près de Burkersdorf, un corps autrichien de ses retranchements; le 9 oct., il reprit Schweidnitz, et laissant le duc de Bevern en Silésie, il se transporta en Saxe, où le prince Henri remporta, le 29, près de Freiberg, une brillante victoire sur les Autrichiens et les Impériaux. Une suspension d'armes, qui ne s'étendit cependant qu'à la Saxe et à la Silésie, fut alors conclue entre l'Autriche et la Prusse.

La campagne de 1762 ne fut pas heureuse d'abord pour les alliés de cette dernière, sous le commandement du duc et du prince de Brunswic; mais, le 24 juin, ils défirent les Français à Wilhelmsthal et les chassèrent de la forte position qu'ils occupaient près de Cassel. Cette ville se rendit à eux le 1ᵉʳ nov. Deux jours après furent signés les préliminaires de la paix entre la France et l'Angleterre, et la paix elle-même se conclut à Paris le 10 février 1763. Frédéric resta ainsi seul en face de ses ennemis; mais il avait déjà sur eux une supériorité décidée. Le général Kleist força les villes impériales les plus importantes à se déclarer neutres. Après de courts préliminaires et sans médiation étrangère, Frédéric conclut enfin, le 15 février

1763, avec l'Autriche et la Saxe, la paix de Hubertsbourg (*voy.*) qui rétablit les choses sur le pied où elles étaient avant la guerre. L'unité de volonté qui réglait toutes les mesures de Frédéric, les importantes ressources en hommes et en argent que lui procura la possession de la Saxe, l'étendue de son génie, d'excellents généraux, le courage et la bravoure de ses soldats, finirent par le tirer des dangers qui le menaçaient et qui plus d'une fois avaient mis la Prusse à deux doigts de sa perte. La guerre de Sept-Ans coûta à l'Europe un million d'hommes et épuisa tous les états qui y prirent part sans leur procurer un seul avantage, si l'on en excepte l'Angleterre. Elle fit de la Prusse une grande puissance européenne par le prestige moral qui depuis, jusqu'à la bataille d'Iéna, resta attaché à ses armes. — Le livre le plus populaire sur cette guerre est celui d'Archenholz (*voy.*); mais il faut consulter en outre dans les *OEuvres posthumes* de Frédéric-le-Grand, l'*Histoire de la guerre de Sept-Ans*; de plus, Lloyd, *Histoire de la guerre de Sept-Ans*; Retzow, *Caractéristique des événements les plus importants de la guerre de Sept-Ans* (Berlin, 1804, 2 vol.); Kuniaczo, *Aveux d'un vétéran autrichien*, et quelques autres ouvrages indiqués à l'art. FRÉDÉRIC II. *C.L.*

SEPTANTE (LES), nom particulièrement donné aux 72 interprètes ou traducteurs de l'Écriture sainte, qui, selon le récit fabuleux du Juif Aristée, reproduit par Josèphe dans ses *Antiquités judaïques*, auraient été chargés par le roi d'Égypte Ptolomée Philadelphe, sur la proposition de Démétrius de Phalère, de traduire en grec l'Ancien-Testament. On connaît la légende par laquelle on a prétendu expliquer l'origine de cette version; mais il suffit de la lire pour rester convaincu qu'elle n'appartient ni aux mêmes écrivains ni au même siècle. Les livres les mieux traduits sont le *Pentateuque, Job* et les *Proverbes*; la version d'*Ésaïe*, des petits Prophètes et des *Psaumes* a déjà moins de valeur, mais celle de *Daniel* est encore inférieure, ce qui donne un haut degré de vraisemblance à la tradition talmudique d'après laquelle cinq traducteurs, d'origine africaine, auraient

travaillé à la prétendue version des Septante. En somme, cette traduction n'est ni claire ni fidèle. Elle a joui cependant d'une grande considération non-seulement aux yeux de la colonie juive d'Alexandrie, qui ne parlait que le grec (*voy.* HELLÉNISTES), mais en Palestine même. Josèphe et les auteurs du Nouveau-Testament ne citent déjà plus l'Ancien-Testament que d'après les Septante ou la *version Alexandrine*. Les Pères de l'Église s'appuyèrent sur elle dans leur polémique contre les Juifs, et plus d'une fois ce fut par elle qu'ils triomphèrent : aussi ces derniers finirent-ils par la prendre en horreur. Origène la corrigea et l'inséra dans son hexaple (*voy.*); mais elle ne tarda pas à être altérée de nouveau par les copistes, ce qui n'empêcha pas Julien, archevêque de Tolède, dans le VIIe siècle, de la préférer à toutes les autres. Depuis le XVIe siècle, la restauration des études hébraïques, en permettant de consulter l'original, a rendu cette traduction moins nécessaire et lui a enlevé en même temps, au moins en Occident, toute son importance canonique. La version des Septante a été imprimée pour la 1re fois à Venise, 1518, in-fol. On en a fait depuis un grand nombre d'éditions. E. H-G.

SEPTEMBRE, *voy.* MOIS, ANNÉE, CALENDRIER, etc.

SEPTEMBRISEURS. On appela ainsi les séides de Robespierre, de Danton, de Tallien, de la Commune de Paris (*voy.*), qui, vers la fin de la session de l'Assemblée législative, le 2 sept. 1792 et jours suivants, furent dirigés sur les prisons de la capitale, les Carmes, la Conciergerie, le Châtelet, l'Abbaye, la Force, etc., pour y faire main-basse sur certains détenus qu'on leur désignait, nobles, évêques et prêtres, tous confondus sous le nom d'aristocrates. Ces horribles assassinats se passèrent à la vue d'une législature réunie et de l'immense population d'une grande ville. *Voy.* MANUEL, MAILLARD, HÉBERTISTES, et, pour l'une des plus intéressantes victimes, LAMBALLE (*princesse de*).

SEPTENTRION, *voy.* NORD et POINTS CARDINAUX.

SEPTIMANIE, *voy.* NARBONNAISE et LANGUEDOC.

SEPTIME-SÉVÈRE, *voy.* Sévère et Romains (*hist. des*), T. XX, p. 591.

SEPTIQUE, mot emprunté du grec et dérivé de σήπω, je fais macérer, pourrir. On appelle *septique* tout ce qui produit la putréfaction, et *anti-septique* tout ce qui l'arrête. Le premier mot s'emploie spécialement en médecine pour les topiques qui font pourrir les chairs sans causer beaucoup de douleur. *Voy.* Poison.

SÉPULCRE (saint), *voy.* Jérusalem, T. XV, p. 347.

SÉPULTURE, du latin *sepultura* (*sepelire,* ensevelir), *voy.* Mort, Funérailles, Enterrement, Embaumement, Inhumations, Cimetière, etc.

SÉPULVEDA (Juan Quinez de), surnommé le Tite-Live espagnol, naquit vers 1490 à Pozo-Blanco, dans les environs de Cordoue. Ses études achevées, il partit pour Bologne en 1515, dans le but de perfectionner ses connaissances. Ses talents lui méritèrent l'amitié d'Alberto Pio, prince de Carpi, et la considération des savants les plus illustres d'Italie et d'Espagne. Nommé chapelain et historiographe de Charles-Quint, en 1536, il retourna dans sa patrie et fut attaché comme instituteur à l'infant don Philippe. Les désagréments qu'il eut à essuyer pendant sa querelle avec Barthélemy de Las Casas (*voy.*), contre qui il soutint non-seulement la légitimité, mais la justice de la guerre contre les Indiens, le dégoûtèrent de la vie des cours, et il se retira dans sa terre de Mariano, où il composa ses principaux ouvrages historiques, et où il mourut en 1573. L'édition la plus complète de ses œuvres a été publiée à Madrid, 1780, 4 vol. in-4º. Outre des lettres, des traductions et quelques dissertations sur des matières théologiques et archéologiques, elle contient une Histoire de Charles-Quint assez impartiale, une Histoire de la guerre des Indes, et celle du règne de Philippe II jusqu'en 1564.　　　　E. H-c.

SÉQUANIENS, tribus gauloises de la Franche-Comté (*voy.* ce nom et *dép. au* Doubs).

SÉQUESTRE, du latin *sequestrum.* Aux détails que nous avons donnés sur cette matière à l'art. Dépôt, nous ajouterons que, d'après la loi française, les biens du condamné par contumace sont mis en séquestre (Code d'instr. crim., art. 465). La gestion en appartient à l'administration des domaines qui ne peut être forcée de rendre compte avant l'expiration du délai fixé pour purger la contumace. Le *séquestre de guerre* est la mainmise d'un gouvernement en état de guerre avec un autre, sur les biens que possèdent dans son territoire le gouvernement ennemi et les sujets de ce dernier. Ce fut par une mesure de ce genre, qu'en 1778 les États-Unis d'Amérique confisquèrent les créances des sujets anglais sur les Américains. On peut citer aussi le séquestre que le roi d'Espagne mit, en juin 1793, sur les biens des Français expulsés du territoire espagnol, et auquel un décret de la Convention nationale du 16 août suivant répondit en plaçant de même sous le séquestre les biens que les sujets espagnols possédaient en France, afin d'en employer la valeur à indemniser les Français dépouillés par les mesures du gouvernement espagnol. *Voy.* Représailles.　　　　E. R.

SEQUIN, de l'italien *zecchino* (mot dérivé de *zecca,* lieu où l'on bat monnaie), monnaie d'or provenant de Venise, et dont l'usage s'est répandu dans divers pays musulmans. Sa valeur varie suivant les pays. Le sequin de Venise vaut 11 fr. 89 c., celui de Toscane et de Gênes, 12 fr. 1 c., celui des états Sardes, dit sequin *à l'Annonciade,* 11 fr. 84 c. Dans l'empire Othoman, le sequin *zermahboud* d'Abd-el-Hamyd, 1774, est évalué à 8 fr. 72 c., celui de Sélim III à 7 fr. 30 c. Les sequins *fondouklis* de Sélim III passent à Constantinople pour 9 fr. 80 c. Le sequin du Caire vaut 6 fr. 71 c., et enfin celui d'Alger, nommé *soultany,* vaut 8 fr. 71 c. Il y a en différents endroits des $\frac{1}{2}$ et $\frac{1}{4}$ de sequins d'une valeur proportionnelle.　　　　Z.

SÉRAIL, nom formé du mot turc *séraï* ou *saraï,* palais, hôtel, qu'on retrouve dans celui de *caravansérail* ou mieux *caravanséraï* et qu'a porté aussi une ville de la Russie méridionale, sur le Volga, où résidaient les rois du Kiptchak (*voy.*). Habituellement il sert à désigner le château de résidence du grand-seigneur à Constantinople. Le sérail est admirablement situé sur *la pointe* qui, de la ville s'avance dans la mer, à l'entrée du Bosphore (*voy.* T. VI, p. 642). C'est moins un palais qu'un vaste assemblage de constructions irrégulières, renfermant beaucoup de mosquées et de vastes jardins. Il présente une enceinte de murs de quatre lieues de tour; près de 10,000 personnes, en y comprenant la nombreuse domesticité et les gardes du château et de la personne du sulthan, en forment la population ordinaire; mais il y aurait place pour un nombre double d'habitants. Vus du côté de la mer, ses coupoles dorées, ses cyprès et les groupes variés des bâtiments qui le composent, lui donnent un aspect aussi imposant que pittoresque; mais à mesure que l'on s'en approche, des murailles impénétrables dérobent aux regards tout ce tableau magique. Le harem (*voy.*), ou la demeure des femmes, forme une partie très considérable et très importante du sérail; il comprend un corps de bâtiments entièrement clos et séparé des autres. Les principales maîtresses du lieu sont les sept *khatines* ou femmes légitimes du sulthan, qui cependant ne jouissent pas toutes des mêmes honneurs, mais gardent entre elles un certain rang déterminé par les prédilections du grand-seigneur. Chacune d'elles occupe une maison à part, accompagnée d'un jardin, et dispose des services d'un certain nombre de jeunes esclaves ou odaliks (*voy.* Odalisques) qui va quelquefois jusqu'à 200. Ces sept épouses ne se voient presque jamais entre elles, et c'est à peine si elles se connaissent. Mais, outre ses femmes légitimes, le grand-seigneur entretient encore dans le harem un millier de concubines. Ce vaste gynécée a pour principale directrice la *kiaya khatine* ou surveillante des femmes. C'est toujours quelque ancienne favorite, chargée de veiller à la tranquillité de la maison. Elle en tient toutes les habitantes sous sa dépendance, et n'a d'ordres à recevoir que du sulthan. Pour tout ce qui concerne le service extérieur et l'entretien du harem, elle est néanmoins obligée de s'entendre avec le *kislar aga*, ou chef des ennuques noirs. Celui-ci joue un des premiers rô-

les dans le sérail, et a longtemps été un des personnages les plus importants de l'empire. Trois cents ennuques noirs sont les gardes ordinaires des portes de l'enceinte intérieure du harem; seuls ils ont accès dans les jardins qui en dépendent, et toutes les fois qu'il plaît au sulthan de s'y promener, ils lui forment escorte avec le kislar aga à leur tête. La garde de l'enceinte extérieure du harem est confiée aux ennuques blancs, également au nombre d'environ 300. Leur chef, le *capi agassi* (*voy.*), est subordonné au kislar aga. Quant au service auprès de la personne même du sulthan, il est rempli par les *itch oglans* ou pages de la chambre, qu'on appelle aussi *itch agassis*. Ce sont ordinairement des jeunes gens d'origine asiatique et de basse extraction. Ils se rangent, d'après le genre différent de leurs occupations, en quatre chambres, dont l'une la *khasné odassi* ou chambre du trésor (*voy.* T. XIX, p. 43) est en outre, pour les riches dépôts qu'elle renferme, placée sous la garde du kislar aga.

Outre les eunuques, on remarque encore dans le sérail différentes classes de créatures bizarres, dont les sulthans se sont longtemps plu à peupler leur entourage, mais qu'ils recherchent moins aujourd'hui. Tels sont les muets ou *dilzis*, jadis au nombre d'environ 40, et chargés de l'exécution des arrêts de mort du grand-seigneur, au moyen du lacet fatal; les nains (*gioudje*), qu'on entretenait pour le divertissement du sulthan, et qui étaient ordinairement l'objet d'une faveur d'autant plus grande qu'ils étaient plus disgraciés de la nature. Aujourd'hui les *kapidji bachis* (*voy.* Capidji), espèces de chambellans du sulthan, ont remplacé les muets dans la qualité d'agents pour les missions secrètes et comme exécuteurs des arrêts suprêmes. Ces officiers couchent à tour de rôle dans une petite loge près de la deuxième grande porte d'entrée du sérail. Leur position est extrêmement avantageuse, et les grands n'épargnent pas les flatteries à ces familiers du sulthan, afin de se ménager par eux des influences dans le sérail et auprès du maître. Nous avons déjà parlé ailleurs du corps nombreux des *bostandjis* (*voy.*), jardiniers ou rameurs, et de leur chef le *bostandji bachi*, le seul officier du palais qui ait le droit de porter la barbe, comme le grand-seigneur. A un degré plus bas encore, les *baltadji* ou fendeurs de bois remplissent en partie, dans le sérail, des fonctions de gardiens, ou font les travaux les plus grossiers. Les *peïks* et les *solaks* sont les gardes-du-corps proprement dits, qui forment l'escorte immédiate du sulthan, quand il sort du palais.

Les sœurs du padichah n'habitent pas le sérail; la sulthane mère de l'empereur régnant, ou *sulthane validé*, y demeure seule. Celle-ci exerce ordinairement une grande influence dans la distribution des emplois, et sur tout le maniement des affaires publiques; son fils ne peut même adopter aucune favorite nouvelle sans le consentement de sa mère. Les jeunes princes et princesses sont élevés dans le sérail, sous la surveillance de leurs mères. On consacre aujourd'hui beaucoup plus de soin à leur éducation, qui autrefois se bornait à l'instruction la plus vulgaire; des eunuques leur étaient donnés pour précepteurs, depuis l'âge de 6 ans. Quant aux princesses, leur destinée était de languir toute leur vie dans le sérail, à moins qu'un pacha ne vînt les en tirer, en acceptant leur main. Aussitôt après le décès du souverain, les sulthanes veuves sont obligées de passer du harem dans l'*eski seraï* ou vieux sérail, pour y porter pendant le reste de leurs jours le deuil de leur seigneur et maître. L'entrée du sérail est quelquefois accordée aux étrangers par faveur spéciale, mais celle du harem ne s'ouvre jamais devant aucun homme du dehors.   CH. V.

SÉRAPHINS (de l'hébreu *saraph*, a brûlé). Les séraphins, ainsi appelés parce qu'ils semblent de feu à cause de leur splendeur, forment le 1er chœur de la 1re hiérarchie des esprits célestes (*voy.* ANGE). Ésaïe les dépeint, dans sa vision (VI, 2 et suiv.), se tenant au-dessus du trône de l'Éternel, et ayant six ailes : de deux, ils couvraient leur face, de deux autres, ils couvraient leurs pieds, et les deux dernières soutenaient leur vol dans les airs. Heureux de louer le Seigneur, ils se criaient l'un à l'autre et disaient : Saint,

saint, saint est l'Éternel, Dieu des armées, tout ce qui est dans toute la terre est sa gloire!... L'un d'eux prit un charbon allumé sur l'autel et en *brûla* les lèvres du prophète pour le purifier.

ORDRE DES SÉRAPHINS institué, en 1334, par le roi Magnus IV, *voy.* SUÈDE.

SÉRAPIS. C'est le nom d'une divinité égyptienne sur l'origine et les attributions de laquelle les opinions sont partagées. D'après Iablonski, un Sérapis très ancien aurait servi à marquer l'entrée du soleil dans le solstice d'hiver pour tourner en quelque sorte autour de l'hémisphère inférieur (*voy.* ÉGYPTE, T. IX, p. 272), ce qui lui avait valu le surnom d'*infernal*, et ce qui avait engagé Zoéga à donner à ce nom la signification de *dieu des ténèbres*. Considéré en outre comme préposé à la crue du Nil, Sérapis porte un *modius* (mesure de blé) sur la tête pour indiquer l'abondance de blé due au débordement de ce fleuve. Le *nilomètre* (*voy.*) lui était consacré: ce qui a conduit Iablonski à traduire le nom de Sérapis par la *colonne de la mesure*. Ce dieu avait à Memphis, à Rakoti ou Alexandrie des temples appelés par les Grecs *Sérapées* (*Serapeia*). On fait ensuite mention d'un Sérapis postérieur, dont le culte se répandit particulièrement sous les Ptolémées, et finit aussi par passer en Grèce et à Rome. Au dire de Tacite, un Ptolémée aurait importé ce dieu étranger de Sinope, ville du Pont, en Égypte; mais les choses se sont sans doute passées autrement; car non-seulement le nom de Sérapis est égyptien, mais Tacite lui-même rapporte qu'il y avait à Alexandrie, dès les temps les plus reculés, un sanctuaire de Sérapis et d'Isis. Cependant on appelait *Sinopion* le lieu près de Memphis où se trouvait un temple de Sérapis. Plusieurs belles têtes de cette divinité, conservées dans les galeries d'antiques, portent le cachet de la douceur et d'une réserve mystérieuse. Mais jusqu'ici il a été impossible de découvrir des images de Sérapis dans les monuments mêmes de l'Égypte. C. L.

SERASKIER, ou plutôt *seri asker*, chef de l'armée, nom que les Turcs donnent à tout général ayant le commandement d'une armée entière, et en particulier au chef des forces de terre, espèce de ministre de la guerre, placé toutefois sous l'autorité du grand-visir. Ce haut fonctionnaire, jouissant d'un pouvoir très étendu, est choisi par le sulthan parmi les pachas à deux ou à trois queues. Z.

SERBES, *voy.* SERVIE.

SERDAR, SIRDAR, titre d'un chef militaire usité en Turquie, dans le Monténégro (*voy.*), la Valachie, etc., et aussi dans quelques états de l'Asie, tels que le Lahore (*voy.* SIKHS).

SEREIN, *voy.* ROSÉE.

SÉREUX (SYSTÈME), MEMBRANES SÉREUSES, *voy.* MEMBRANES, Sérosité, etc.

SERF, SERVAGE. Ces mots, ainsi que celui de *servitude*, sont dérivés du latin *servus*, esclave. Ils désignent la personne et la condition de ceux qui sont assujettis à cette forme mitigée de l'esclavage (*voy.*) qui s'est établie, en Europe, à la suite de l'invasion des peuples barbares et des institutions féodales, forme qu'on désigne aussi souvent sous le nom de *colonat* (*voy.* ce mot). Le servage constitue un droit de propriété héréditaire que s'arrogent les hommes des classes dominantes et privilégiées sur des individus d'état inférieur, privés ainsi de la liberté personnelle non-seulement pour eux-mêmes, mais encore pour *tous leurs descendants*. Les obligations du serf vis-à-vis de son maître, ou plutôt de son seigneur, pour rester fidèle au langage historique, consistaient soit en prestations de services personnels (*voy.* CORVÉES), soit en redevances d'objets réels à fournir, quelquefois indépendamment de toute possession territoriale fixe, mais le plus souvent à raison de l'usufruit d'un fonds déterminé et spécialement affecté à l'entretien du serf et de sa famille, fonds qu'il est forcément tenu d'exploiter. Cette dernière forme du servage est le véritable servage féodal, celui qu'on appelle aussi la *servitude de la glèbe*, et qui faisait dire au moyen-âge que les paysans étaient attachés au sol (*glebæ addictus* ou *adscriptus; gleba,* motte de terre). Cette connexité du droit sur l'individu avec le droit sur le sol qu'il cultive, peut également servir à distinguer le serf de l'esclave proprement dit. Tandis que celui-ci était considéré comme la chose du maî-

tre en son principal, le serf lié au domaine auquel il appartenait n'en était jamais séparé. Cependant, au plus fort de la barbarie du moyen-âge, le servage était un véritable esclavage *, et il l'est encore jusqu'à un certain point en Russie, où le seigneur, s'il n'a plus le droit de vie ou de mort sur le serf, peut encore l'employer à tel service qu'il lui plaît **. Dans nos pays d'Occident, les droits seigneuriaux et la condition du serf étaient réglés par l'usage ou par des lois spéciales, qui souvent protégeaient efficacement la vie de celui-ci et même son état de possession, tout en le laissant soumis à des obligations multiples, et autorisaient sur lui une foule de perceptions, en partie aussi bizarres qu'humiliantes et pratiquées au mépris des droits imprescriptibles attachés à la qualité d'homme. De ce genre était l'infâme droit de *prélibation*, qui accordait au seigneur la première nuit des nouvelles mariées de condition serve, droit que même des seigneurs ecclésiastiques ne se faisaient pas scrupule, dit-on, d'exercer. En réalité, le serf dépendait toujours plus ou moins, dans sa personne et dans ses biens, de l'arbitraire du seigneur, qui pouvait le revendiquer, s'il prenait la fuite, le soumettre pour les moindres fautes à des châtiments corporels, le frapper et quelquefois même lui faire subir de cruelles mutilations; les enfants ne pouvaient suivre d'autre profession que celle de leur père, ni les jeunes gens se marier sans le consentement de leur seigneur. Souvent tout ce que laissait le serf à sa mort revenait de droit au seigneur ; mais souvent aussi ce dernier ne pouvait prendre dans la succession du défunt qu'une part limitée, appelée dans le droit féodal le *mortuaire.*

On voit par là que le servage admettait, selon les temps et les pays, une infinité de degrés et de nuances, d'après lesquels cette triste condition apparaît comme plus ou moins dure, plus ou moins dégradante pour les malheureux qui y étaient soumis. Ce n'est que dans les

(*) On en peut voir la peinture dans le roman d'*Ivanhoé*, par Walter Scott.
(**) *Voy.* les restrictions indiquées à l'art. RUSSIE, T. XX, p. 696.

S.

temps modernes qu'on a commencé, là où il existait encore des serfs, à les considérer enfin comme des membres de la société politique, et à introduire, en leur faveur, dans la législation quelques garanties tutélaires plus solides.

Si on remonte à l'origine du servage, on reconnaît qu'il y a beaucoup de variété dans le mode de son établissement. Tantôt c'est la conquête qui a rendu les populations vaincues esclaves du peuple vainqueur ; tantôt ce sont les puissants qui, dans les temps d'anarchie, de ténèbres et d'ignorance, ont substitué l'empire de la force brutale au règne de la légalité, asservi les faibles, sans distinction de race : c'est même ce dernier cas qui paraît avoir été le plus fréquent. Puis, il est arrivé, dans ces mêmes siècles de fer, que des malheureux se constituèrent serfs volontairement, et firent de leur plein gré le sacrifice de leur liberté personnelle, afin de trouver au moins dans le maître auquel ils se donnaient un protecteur intéressé à défendre leur vie et leurs biens. Il y en eut surtout beaucoup qui se dévouèrent à l'Église, car le régime du clergé était en général réputé plus doux que celui des seigneurs d'épée. Enfin, on devenait quelquefois serf par le seul fait de l'habitation sur certains domaines investis d'une espèce de droit de prescription sur la personne de tous ceux qui venaient y chercher un asile ou leur entretien.

L'affranchissement des serfs aussi s'est opéré de différentes manières, soit individuellement, par la renonciation spontanée des seigneurs, soit en masse, au nom de l'état, par des mesures législatives d'émancipation, mais qui, la plupart du temps, en subordonnaient encore le bénéfice à certaines charges de rachat, de corvées, etc.

Jetons maintenant un coup d'œil sur l'histoire du servage dans les diverses parties de l'Europe.

En France, il commença à s'établir, après la conquête des Francs, sous les faibles successeurs de Clovis ; mais il ne devint général que sous les derniers Carlovingiens, époque cruelle d'anarchie et de misère. Le mouvement d'émancipation se manifeste à l'époque des Croisa-

des (voy. ce mot et COMMUNES), et se continue ensuite par les ordonnances successives de nos rois, en même temps que la condition des serfs s'adoucit peu à peu, au fur et à mesure du progrès des lumières et du développement des principes d'humanité. Cependant il y eut encore isolément, par exemple dans la Franche-Comté, jusque vers la fin du règne de Louis XVI, quelques communes de serfs dont l'ère de liberté ne date que de 1789.

En Allemagne, on sait que déjà les anciens Germains tenaient leurs prisonniers de guerre dans une espèce de servage assez doux, en les obligeant à cultiver leurs champs (Tac., Germ., c. 25) ; mais, dans cette contrée aussi, l'asservissement général des campagnes, effet d'une usurpation barbare, n'est venu qu'à la suite de l'établissement du régime féodal avec lequel il eut en partie des destinées communes. Il convient pourtant de remarquer, comme un fait d'exception, que, dans l'Allemagne du nord, les paysans étaient originairement des colons libres et ne devinrent serfs qu'au milieu de l'oppression enfantée par les désordres du xve et du xvie siècle. C'est dans le Holstein, et dans les pays de Slaves germanisés dans le Mecklembourg, en Poméranie et en Lusace, que les paysans avaient la condition la plus dure ; mais au commencement du siècle actuel, l'affranchissement a été presque généralement consommé dans tous les états d'Allemagne : en Prusse, le principal mérite en revient, après Frédéric II, au prince de Hardenberg (voy.). Dans le Danemark, il s'est déjà opéré dans le siècle dernier, sous l'administration philanthropique des Bernstorff (voy.). Dans les provinces hongroises et slavonnes de l'empire d'Autriche, le servage existe encore jusqu'à un certain point, quoiqu'il ait été beaucoup mitigé par les édits de Joseph II. En Russie, où il est postérieur à l'invasion des Mongols et date surtout du règne de Boris Godounof, il continue à peser de tout son poids sur l'immense majorité de la population ; mais il n'a jamais existé en Finlande (comme dans les autres pays scandinaves) et a été aboli dans les trois provinces baltiques. L'influence française l'a fait disparaître, en

1807, de la Pologne, où l'honneur du premier essai fait pour l'abolir revient toutefois à la constitution du 3 mai 1791 (*voy*. T. XX, p. 12).

Il ne serait peut-être pas sans de graves dangers d'opérer trop brusquement l'affranchissement des serfs dans des pays où les masses sont encore plongées dans un état voisin de la barbarie; cependant cette barbarie même, qui en est le fruit, doit en faire sentir de plus en plus la nécessité. On procédera à cette grande mesure avec la circonspection nécessaire et graduellement, mais il est impossible de l'ajourner encore longtemps : la civilisation la réclame; la servitude de la glèbe, contraire à tous nos sentiments, est aujourd'hui considérée comme un outrage à l'humanité. Сн. V.

SERGE, étoffe légère de laine croisée. D'autres tissus, en soie, en coton, reçoivent également le nom de serge, quand ils sont fabriqués à l'instar des serges de laine.

SERGE ou Sergius, *voy*. Papes.

SERGE (saint), anachorète russe que ses compatriotes comptent parmi les plus illustres bienfaiteurs de leur nation. Né à Rostof, en 1315, il choisit la vie religieuse et se retira dans un ermitage du village de Radonège. A côté de son ermitage, il éleva une église consacrée à la Sainte Trinité : de là le nom russe de *Troïtza* sous lequel cette église est devenue célèbre comme un des principaux sanctuaires du pays (*voy*. Laure). Des moines attirés par la réputation de sainteté de Serge, qu'on surnomma le Thaumaturge, se bâtirent des cellules tout autour de sa demeure, et le reconnurent comme leur supérieur. C'est par les conseils de ce saint homme que Dimitri Ioannovitch Donskoï entreprit de marcher contre le khan Mamaï, afin de délivrer sa patrie du joug mongol. Il donna sa bénédiction au grand-prince et à l'armée lorsqu'ils avancèrent vers le Don où fut livrée (1380) la bataille de Koulikof (*voy*. T. XX, p. 703). Serge mourut en 1393, l'année même où les Tatars, faisant une nouvelle invasion dans la Moscovie, détruisirent le monastère de Troïtza et mirent tout à feu et à sang. S.

SERIN (*carduelis*), petit oiseau formant un genre de l'ordre des *passereaux*, famille des *conirostres* (*voy*.) L'espèce la plus célèbre est le *serin des Canaries*, aujourd'hui répandu partout, grâce à sa facilité à multiplier en esclavage. Sa couleur est jaune ou verdâtre, susceptible de nombreuses nuances par suite de ses croisements avec plusieurs espèces voisines (la linotte, le tarin). Ce n'est pas seulement un des plus agréables chanteurs, c'est un des plus intelligents volatiles. On sait qu'il se prête à mille tours d'adresse, et qu'il retient avec beaucoup de facilité les airs qu'on lui apprend, ce qui donna lieu jadis à l'invention de la *serinette*. On le trouve encore à l'état sauvage dans les îles Canaries. On connaît plusieurs variétés de serins : le *s. vert-jaune* dit *venturon*; le *s. d'Italie jaune* dit *cini*; le *s. vert de Provence*, etc.; tous sont plus ou moins susceptibles d'éducation. C. S-TE.

SERINETTE, *voy*. Orgue de Barbarie.

SÉRINGAPATNAM, ancienne capitale de Hyder-Ali et de Tippo-Saheb, et alors ville très populeuse (*voy*. Mysore). Aujourd'hui presqu'en ruines, elle est réduite à une population de 10,000 âmes, et ne forme plus qu'une ville secondaire de la présidence de Madras. *Voy*. Indes-Orientales.

SERINGAT (*philadelphus*, L.), genre voisin de la famille des myrtacées (*voy*.); on en connaît environ 12 espèces dont la plupart se cultivent fréquemment dans les jardins. Ce sont des arbustes à feuilles opposées et dentelées, à fleurs grandes, blanches et odorantes. Le seringat commun (*philadelphus coronarius*, L.), qui est l'espèce la plus répandue dans les jardins, est originaire d'Orient; ses fleurs répandent une forte odeur de jasmin. Toutes les autres espèces du genre sont indigènes de l'Amérique septentrionale; leurs fleurs ont une odeur faible, mais plus agréable que celle du seringat commun. Ed. Sp.

SÉRIQUE, Sères, *voy*. Ptolémée (Claude), T. XX, p. 241.

SERMENT. On nomme ainsi l'affirmation par laquelle on prend Dieu à témoin que l'on dit la vérité dans la déclaration d'un fait, ou que l'on tiendra l'engagement que l'on souscrit.

Le *serment politique* est celui que les fonctionnaires publics sont tenus de prêter avant d'entrer en fonctions. Le plus élevé de tous, le roi, au moment où il fut appelé au trône, a prêté le serment suivant : « En présence de Dieu, je jure d'observer fidèlement la Charte constitutionnelle, avec les modifications exprimées dans la déclaration ; de ne gouverner que par les lois et selon les lois, de faire rendre bonne et exacte justice à chacun selon son droit, et d'agir en toutes choses dans la seule vue de l'intérêt, du bonheur et de la gloire du peuple français. » Les pairs, les députés, les électeurs, les magistrats, les autres fonctionnaires publics, ainsi que les officiers des armées de terre et de mer doivent prêter le serment d'être *fidèles au roi des Français, d'obéir à la Charte constitutionnelle et aux lois du royaume.* Ce serment, dont la formule a été réglée par la loi du 31 août 1830, est celui aussi que l'on fait maintenant prêter aux évêques, bien qu'aux termes du concordat de 1801, ils doivent en prêter un plus étendu, et ainsi conçu : « Je jure et promets à Dieu, sur les saints Évangiles, de garder obéissance et fidélité au gouvernement établi par la Constitution de la république française ; je promets aussi de n'avoir aucune intelligence, de n'assister à aucun conseil, de n'entretenir aucune ligue soit au dedans, soit au dehors, qui soit contraire à la tranquillité publique ; et si, dans mon diocèse ou ailleurs, j'apprends qu'il se trame quelque chose au préjudice de l'état, je le ferai savoir au gouvernement. »

Les jurés (*voy.*), avant de connaître d'une affaire, prêtent serment *devant Dieu et devant les hommes* d'examiner avec l'attention la plus scrupuleuse les charges qui seront portées contre l'accusé, etc. (art. 312 du Code d'instr. crim.).

En matière judiciaire, on appelle *serment décisoire* celui par lequel l'une des parties déclare s'en rapporter au serment de l'autre, et *serment supplétoire,* celui que le juge défère d'office, pour compléter la preuve d'un fait.

Le serment est l'un des actes les plus sérieux de la vie. Aussi, a-t-il été presque toujours environné de solennités en quelque sorte religieuses. Chez presque tous les peuples chrétiens le serment est prêté la main sur l'Évangile. Les juifs prêtent le serment *more judaïco,* c'est-à-dire dans la synagogue, en présence du rabbin, et la main sur le Talmud.

Les lois nouvelles de la France ont singulièrement modifié la formalité du serment. Il se prête debout, la tête découverte et la main droite levée. Le nom de Dieu a même disparu de presque toutes les formules de serment, ainsi qu'on l'a vu plus haut. Nous ne le retrouvons que dans le serment du roi et dans ceux des évêques et des jurés.

Plusieurs sectes religieuses, notamment les *quakers* (*voy.*), prohibent le serment, se fondant sur la défense qu'en fait Jésus-Christ, d'après saint Matthieu (V, 33 et suiv.) ; pour elles, la simple affirmation doit suffire.

La fidélité au serment est l'un des premiers devoirs de l'honnête homme. Toute restriction mentale, toute capitulation de conscience qui a pour objet d'apporter dans le for intérieur une modification quelconque à l'affirmation qui s'échappe de la bouche, est une action infâme, malgré les subtilités de certains casuistes.

La loi punit le faux serment (art. 366 du Code pénal) ; la conscience publique réprouve, sous la qualification de *parjures,* tous ceux qui par de vains prétextes se mettent en forfaiture avec leur serment. A. T-r.

SERMON, discours de la chaire faisant partie du culte public, et que prononce un ministre des autels appelé *prédicateur.*

La prédication forme l'un des éléments les plus essentiels du culte protestant ; mais elle est aussi en honneur dans l'Église catholique, où on la pratique le plus fréquemment pendant l'Avent et le Carême. Les pays où les prédications sont rares, comme en Russie, sont aussi les plus lents à suivre les progrès de la civilisation. En France, on a appelé quelquefois *prêches* les sermons des ministres réformés, et l'on fait souvent cette antithèse : *entendre la messe* ou *aller au prêche.* Un sermon est ordinairement le développement d'une vérité religieuse, d'un thème dogmatique ou moral, d'une idée quelconque, utile à la pratique, empruntée surtout à l'Écriture sainte. Un sermon simplement analytique et où le prédicateur se borne à l'explication d'un fait historique s'appelle *homélie.* *Voy.* ce mot, ainsi qu'Éloquence de la chaire, Discours et Oratoire (*art*).　　X.

SÉROSITÉ, liquide animal, incolore, légèrement visqueux, composé chimiquement d'eau, d'albumine et de divers sels. Il est le produit de la sécrétion normale des membranes séreuses (*voy.*), dont il a pour but de favoriser le glissement à la surface des organes sur lesquels ces membranes s'étalent. C'est ce liquide qui forme la matière des épanchements dans les diverses hydropisies (*voy.* l'art.).　　M. S-N.

SÉROUX, *voy.* Agincourt.

SERPENTIN. On a donné ce nom au *porphyre* (*voy.*) *vert antique* ou *ophite.* — La *serpentine* est une pierre (*voy.*) de la famille des talcs, qui est ordinairement d'un vert obscur, ou plus ou moins foncé et jaunâtre, avec des nuances, des taches et des veines qui lui donnent l'apparence de la peau d'un serpent. Cette pierre, composée essentiellement de silice et de magnésie avec un dixième et plus d'eau, ne se laisse point rayer par l'ongle, est peu onctueuse au toucher, et susceptible de recevoir un poli assez brillant. Sa pesanteur spécifique varie entre 2.17 et 2.58. Exposée à une haute température, elle se fond en un émail, mais avec beaucoup de difficulté. On la divise en trois espèces qui ont reçu les noms de serpentine *noble,* serpentine *commune* et serpentine *ollaire.*　　Z.

SERPENTS ou Ophidiens (ὄφις, serpent), ordre de reptiles sans pieds, et dont le corps cylindrique, très allongé, se meut au moyen des replis qu'il fait sur le sol. C'est par les mouvements de leur colonne vertébrale douée d'une grande mobilité, et munie de muscles puissants, qu'a lieu ce mode de progression. Le nombre considérable de leurs vertèbres (qui va au-delà de 200 dans quelques espèces) est singulièrement favorable à la facilité de ces mouvements.

Pour se porter en avant, l'animal rapprochant en arc de cercle les deux extrémités de son corps, s'élance à la manière d'un ressort qui se détend, et peut franchir un assez long intervalle sans toucher le sol. Il est des ophidiens qui à une force prodigieuse joignent une extrême agilité, et montent très facilement sur les arbres. Ils n'ont qu'un poumon; point de conque auditive. Leurs yeux manquent de paupières, ce qui donne à leur regard cette fixité effrayante qui a fourni matière à tant de fables ridicules sur la fascination qu'ils exercent sur la proie dont ils veulent se rendre maîtres. Leur langue presque toujours longue, bifide, très extensible, est à tort regardée par le vulgaire comme lançant le venin propre à certaines espèces. Cette propriété est due à une glande dans laquelle s'élabore le fluide venimeux qui s'écoule ensuite par un conduit particulier percé dans deux dents particulières, (les *crochets*). La faculté dont jouissent ces reptiles d'avaler des animaux entiers de beaucoup supérieurs au volume de leur corps, vient de la grande extensibilité de leur canal digestif, et du mode d'articulation de leurs mâchoires, dont les ligaments lâches et élastiques permettent à la bouche, profondément fendue, de s'écarter prodigieusement. Ces énormes proies se trouvent souvent atteintes par la putréfaction avant d'être complétement digérées. Pendant tout le temps que dure cette laborieuse digestion, l'animal plongé dans la torpeur et pouvant à peine se remuer, est incapable d'opposer la moindre résistance aux ennemis qui viendraient le surprendre. Les serpents ovovivipares et ovipares produisent un grand nombre de petits, et abandonnent leurs œufs aussitôt après les avoir pondus. Ils passent toute la mauvaise saison dans un engourdissement léthargique, cachés dans quelque retraite obscure, les uns isolés, les autres réunis en troupes. C'est à la fin de cette hibernation qu'ils changent de peau, ou, pour parler plus exactement, qu'ils se dépouillent de leur épiderme, dont ils sortent quelquefois d'une seule pièce, comme d'un fourreau, en commençant par la tête. Le serpent a été pris comme emblème de l'éternité, et comme celui de la prudence par les disciples d'Esculape.

C'est dans les contrées méridionales que les ophidiens sont presque exclusivement répandus. On n'en trouve point dans la zone glaciale. Sous l'influence du ciel des tropiques, au contraire, ils acquièrent un volume énorme. C'est là aussi que sont les espèces les plus redoutables.

Cet ordre comprend deux familles principales : les *anguis* et les *serpents proprement dits*.

Les premiers, connus sous le nom d'*orvets*, forment le passage des ophidiens aux *sauriens* ou lézards. Semblables aux serpents par la forme générale de leur corps, ils en diffèrent par les vestiges de bassin et d'épaule que l'on trouve sous leur peau, et par une triple paupière. Ils sont recouverts d'écailles imbriquées. Leur queue se casse très facilement; leur corps lui-même se rompt quelquefois par suite de la violence avec laquelle ils se raidissent contre la main qui les saisit : circonstance singulière qui leur a valu le nom de *serpents de verre*. Ce sont de petits animaux très doux, et qui ne songent pas même à mordre. L'*orvet commun* qui se trouve en France et dans presque toute l'Europe, est long de 0^m.30 environ, jaunâtre en dessus, noirâtre en dessous. Il se creuse des galeries souterraines.

Les *serpents proprement dits* ont été divisés en trois tribus : celle des *doubles-marcheurs*; celle des *serpents sans venin*; celle des *serpents venimeux*. La 1re a reçu son nom de la faculté dont jouissent les espèces qui la composent de marcher à reculons : telles sont les *amphisbènes* (voy.), les *typhops* ou *serpents aveugles*. Dans la 2e tribu, celle des serpents sans venin, sont les *boas*, les *couleuvres* (voy. ces noms); dans celle des serpents venimeux, les *serpents à sonnettes* ou *crotales* et les *vipères* (voy. ces mots). C. S-TE.

SERRANUS, *voy.* SERRES (*Jean de*).

SERRE (hort.), lieu fermé et couvert, où l'on abrite, pendant l'hiver, les arbustes et les plantes qui périraient par les gelées sans cette précaution. La chaleur qui doit régner dans ces sortes de bâtiments étant de 15 à 20° R., température ordinaire des tropiques, il est nécessaire d'y ménager un large vitrage pour que les rayons du soleil y puissent pénétrer et en réchauffer alternativement toutes les faces intérieures. La construction d'une serre doit être habilement calculée sur sa position à l'égard du soleil et sur la nécessité de lui conserver le plus de lumière possible. Les *serres tempérées* ne s'échauffent qu'à l'aide des rayons du soleil; mais il existe une autre espèce de serres, appelées *serres chaudes*, dans lesquelles notre climat humide rend l'emploi du feu indispensable. On établit donc un fourneau dans la terre, soit hors de la serre, soit au dedans, soit enfin dans le mur, d'où partent des conduits en tuyaux de terre, de fonte de fer ou de cuivre, dans lesquels l'air chaud circule, et qui distribuent une chaleur convenable dans toutes les parties du bâtiment. On a essayé de chauffer les serres avec de la vapeur d'eau bouillante, et ce moyen, à la fois plus sûr et plus économique, deviendra sans doute d'un usage général. On peut, à l'aide de cette seconde espèce de serre, obtenir des résultats bien plus étendus qu'avec la serre tempérée, et amener à maturité des légumes et des fruits que notre climat ne produit que dans les saisons les plus chaudes. D.A.D.

SERRE (hist. nat.), *voy.* ONGLE.

SERRE (PIERRE-HERCULE, comte DE), garde-des-sceaux sous la Restauration, était né à Pagny-sous-Prény (Meurthe), en 1777, d'une famille honorable. Bien jeune encore, il émigra et servit dans l'armée de Condé; rentré en France en 1802, il fit son droit et fut reçu avocat à Metz. Nommé d'abord premier avocat général près la cour impériale de cette ville, de Serre, qui possédait parfaitement la langue allemande, fut envoyé en 1811 comme premier président à la cour impériale de Hambourg; la Restauration lui donna le même emploi à la cour royale de Colmar, en février 1815. Quand Napoléon fut rentré à Paris, de Serre harangua sa cour, lui fit renouveler le serment de fidélité à Louis XVIII, et manifesta l'intention de rendre la justice au nom du roi; mais déjà le drapeau tricolore était arboré, et obligé de céder à la force, le premier président de la cour royale de Colmar prononça solennellement la dissolution de sa compagnie. Après la seconde restauration, le dép. du Haut-Rhin le nomma député. Il fit partie de cette sage minorité qui comptait dans ses rangs Camille Jordan et M. Royer-Collard, et qui, soutenant le ministère, tentait d'opposer une digue aux réactions du parti incorrigible (*voy.* CHAMBRE INTROUVABLE). Après la dissolution de la Chambre (5 sept. 1816), de Serre fut nommé président du collége électoral du Haut-Rhin, qui le réélut député. Il siégea avec la majorité ministérielle, et, dans le cours de la session, il eut l'honneur de remplacer M. Pasquier, nommé garde-des-sceaux, dans la présidence de la Chambre (22 janvier 1817). La session suivante fut encore présidée par lui; mais il perdit beaucoup dans l'esprit de ses collègues, en proposant l'emploi de moyens coercitifs violents, comme l'emprisonnement, contre les membres de la Chambre qui troubleraient l'ordre de ses délibérations. Cette proposition fut écartée à une grande majorité. A la réouverture, le député Ravez fut choisi pour présider la Chambre. Mais le 29 déc. 1818, le duc de Richelieu s'étant retiré du ministère, M. Decazes, appelé dans le nouveau cabinet, fit confier les sceaux à de Serre. Le commencement de cette administration fut une suite de triomphes. De Serre défendit avec autant de vigueur que de talent la loi des élections et le système d'élection au chef-lieu. C'est aussi lui qui proposa et soutint la discussion des lois de 1819 sur la presse; on sait qu'elles admettaient le jury pour juge des délits commis par voie de publication, et la preuve testimoniale dans les affaires de diffamation contre les fonctionnaires publics. Malheureusement de Serre persista trop peu dans cette ligne de conduite. Le 19 nov. 1819, les membres du ministère qui ne voulurent pas consentir au changement de la loi des élections durent se retirer (*voy.* DESSOLLES, SAINT-CYR, LOUIS). De Serre resta garde-des-sceaux. Cependant une maladie de poitrine, dont il était menacé, lui fit conseiller les eaux du Mont-Dore, d'où il alla respirer l'air de Nice. Il se trouvait dans cette ville lorsque la mort du duc de Berry occasionna la chute du principal ministre. Le duc de Richelieu fut rappelé aux affai-

res : de Serre prêta les mains à la réaction. De retour à Paris, il rompit avec ses anciens amis, et mit son influence et sa puissante éloquence au service des idées qu'il avait combattues; il contribua au renversement de cette loi d'élections qu'il avait sauvée l'année précédente. Renonçant aux principes de modération et d'impartialité qu'il avait autrefois professés, le garde-des-sceaux exigea des magistrats une entière soumission à son système, et c'est alors que M. Madier de Montjau fut poursuivi disciplinairement (27 nov. 1820) pour avoir adressé à la Chambre une pétition où il dénonçait les plans des royalistes *implacables*. Les notes de la police influèrent sur la formation des listes du jury; enfin tout fut mis en œuvre pour fausser les élections. La liberté de la presse était enchaînée, de Serre vint demander la prorogation de la censure; mais une majorité s'était élevée contre le ministère, et de Serre dut quitter son portefeuille le 14 déc. 1821, pour le céder à M. de Peyronnet. Assis au centre droit, de Serre défendit alors avec succès le jury en matière de presse, et le ministère, peut-être pour l'éloigner de l'arène politique, lui fit donner l'ambassade de France à Naples. Un voyage diplomatique à Vérone fut le seul incident de son séjour en Italie, et lorsqu'en 1824 la France procéda à de nouvelles élections, de Serre ne fut point réélu : une affection mortelle le minait d'ailleurs depuis quelque temps; transporté dans une maison de campagne à Castellamare, il expira dans la nuit du 20 au 21 juillet 1824. « La nature avait formé M. de Serre pour devenir orateur, a dit M. Mahul; l'étude et la méditation fortifièrent en lui ces dispositions. Le caractère dominant de son éloquence fut l'élévation et l'énergie. Ni la finesse, ni le sarcasme, ni même la plaisanterie, ne s'offraient à son improvisation. La facilité elle-même en paraissait exclue...; mais en revanche, s'il cherchait souvent l'expression, il ne tardait pas de faire éprouver à son auditoire un charme de satisfaction et d'étonnement quand il l'avait trouvée bientôt originale, pittoresque, et quelquefois sublime. Il avait la conception large et profonde, abordait son sujet de haut, l'envisageait sous ses points de vue les plus neufs et les plus importants. Sa méthode de discuter était nette et parfaitement bien ordonnée ; son style correct et sagement hardi, il n'accordait rien à la période ou à la déclamation. » L. L.

SERRES (OLIVIER DE), célèbre agronome, seigneur du Pradel, domaine situé à quelques lieues de Villeneuve de Berg, dans le Vivarais, où on le croit né en 1539. Il commença par servir dans les rangs des calvinistes, ses coreligionnaires, et se fit remarquer par son acharnement contre les catholiques. Mais après s'être marié, en 1559, il se retira dans sa propriété, et se livra à une étude approfondie de l'agriculture. Le premier ouvrage qu'il publia fut fait, comme l'a dit de Thou, « pour seconder le désir du roi Henri IV de propager en France les vers à soie et les mûriers; » il avait pour titre : *Cueillette de la soie pour la nourriture des vers qui la font*, Paris, 1599. C'était un échantillon de son *Théâtre d'agriculture*, qui parut l'année suivante et qui fut suivi d'une 2e éd. en 1603. Cinq autres éditions parurent successivement à Paris de 1605 à 1617, et il s'en fit en même temps à Genève, à Rouen et à Lyon (*voy.* l'art. AGRICULTURE, T. Ier, p. 285). Cet immense succès était dû à un ouvrage rempli d'aperçus nouveaux qui contrastaient avantageusement avec les erreurs de Columelle, de Palladius et de Varron, seuls guides des agriculteurs avant cette époque. Cependant le *Théâtre d'agriculture* était tombé dans l'oubli lorsqu'une nouvelle édition de ce livre, donnée en 1802 par A.-M. Gisors, qui avait jugé convenable d'en rajeunir le style, fit naître l'idée à la Société d'agriculture de Paris de fournir à Olivier de Serres une éclatante réparation en réimprimant son ouvrage avec des notes et d'utiles commentaires, 1804, 2 vol. in-4o. Olivier de Serres, le père de l'agriculture française, est mort à Villeneuve de Berg, le 2 juill. 1619. Quoique son style vieilli lui eût fait préférer, dans le siècle dernier, les *Maisons rustiques*, plus faciles à comprendre, ses services ne furent pas oubliés, et en 1790, l'Académie de Montpellier mit son éloge au concours. Le prix fut remporté par M. Dorthes. En 1804,

Ch.-A. de Caffarelli, préfet de l'Ardèche, fit élever à sa mémoire un monument dont une souscription nationale avait fait les frais.   D. A. D.

Le frère cadet d'Olivier de Serres, JEAN, connu dans le monde savant sous le nom de *Serranus*, se fit également une haute réputation. Le massacre de la Saint-Barthélemy l'ayant obligé de se réfugier à Lausanne, il y traduisit en latin et annota les œuvres de Platon (*voy.*), et composa des ouvrages d'histoire qui lui valurent en 1597, peu de temps avant sa mort, le titre d'historiographe de France. Il professa d'ailleurs la théologie aux académies de Lausanne et de Nîmes, remplit les fonctions pastorales et publia divers travaux sur la religion et l'exégèse. Quoique attaché à sa foi, il aurait voulu rétablir la paix entre les calvinistes et les catholiques par des moyens de conciliation, qui toutefois déplurent à l'un et à l'autre parti. Quant aux jésuites, il en fut l'adversaire déclaré. Serranus mourut à Genève, le 31 mai 1598.   Z.

SERRURERIE, SERRURE. La serrurerie (de *serrer*, enfermer), comprend tout ce qui concerne la clôture en fer des meubles, des appartements et des habitations. C'est un des arts mécaniques les plus utiles et les plus répandus. Outre les serrures dont elle tire son nom, et qui forment un de ses plus importants produits, elle fournit à peu près la totalité des ouvrages en fer qui entrent dans la construction des machines et dans celle des bâtiments de toute espèce. De là, plusieurs sortes de serrureries: la serrurerie *en bâtiments* est celle qui se rapporte principalement aux grosses constructions, comme la fabrication et surtout la pose des serrures, verrous, cadenas, gonds, coffre-forts, charnières, espagnolettes, ressorts de sonnettes, ceintures, ancres, corbeaux, balcons, grilles, rampes, tringles, boulons, équerres, pitons, etc., etc. En général, ce n'est pas le serrurier qui fabrique toutes ces pièces, mais il les reçoit toutes faites de diverses manufactures ou des mains du marchand quincaillier, et les ajuste seulement. C'est à lui aussi qu'on s'adresse pour les raccommodages de pièces de taillanderie, de quincaillerie et d'autres ferrures. La serrurerie *en voitures* est la partie de l'art du carrossier qui dépend de la forge, comme la fabrique et l'ajustement des ressorts de suspension, des cols de cygne, la ferrure des roues et des trains, etc. Le *serrurier-mécanicien* est celui qui s'occupe de la fabrication des pièces de mécanique, et exécute les machines d'après les plans de l'inventeur. Certains serruriers s'occupent exclusivement de la fabrication des lits (*voy.*) en fer, industrie nouvelle qui pourra prendre une grande extension. D'autres enfin exploitent la serrurerie de précision, c'est-à-dire qu'ils confectionnent les serrures de sûreté, à secret, etc. La serrurerie exige un outillage nombreux; l'ouvrier doit savoir forger, limer, ajuster, manier le marteau, la lime, le ciseau, le vilebrequin, les crochets, etc.

On sait que les serrures sont de petites machines formées d'une boîte nommée *palastre*, d'un ou plusieurs pènes, et en dedans, de ressorts, gâchettes et garnitures ou gardes, qui font qu'une serrure ne peut être ouverte qu'avec la *clef* fabriquée exprès. Malheureusement ces précautions sont maintenant inutiles contre les tentatives des voleurs; car il suffit d'introduire dans la serrure une clef dont le panneton est enduit de cire, pour connaître les endroits où il faut faire des entailles, afin d'avoir une fausse clef. C'est pour remédier à cet inconvénient que divers mécanismes ingénieux ont été inventés, comme les serrures à combinaisons, à pompe, etc.

La serrurerie française est estimée pour sa solidité et son élégance. Les principaux centres de cette industrie sont la Picardie, la Normandie et Saint-Étienne. Paris est le grand entrepôt de ses produits; la serrurerie de précision, la serrurerie de luxe et celle pour meubles, ont leur principal siège dans cette grande ville. La loi des douanes prohibe l'introduction d'objets de serrurerie en France.　　　　　　　　C-B-S.

SERRURIER (COMTE), *voy.* SÉRURIER.

SERTORIUS (QUINTUS), général romain, naquit à Nursie, au pays des Sabins. Il quitta de bonne heure le barreau pour la carrière militaire, et fit ses premières armes contre les Cimbres :

chargé par Marius de s'introduire comme espion dans le camp ennemi, il mérita, par ce trait d'audace, le prix du courage. Fait tribun militaire, il passa ensuite en Espagne et prit Castulon, glorieux fait d'armes qui fonda sa réputation. A son retour, il fut investi de la questure de la Gaule cisalpine (90 ans av. J.-C.), et se distingua plus tard contre les Marses : il perdit un œil dans cette guerre. Jeté, par haine de Sylla, dans le parti de Marius, il fut, après la prise de Rome par ce dernier, le seul des chefs du parti vainqueur qui se conduisit avec modération. Marius étant mort, Sertorius se retira en Espagne. Contraint bientôt de chercher en Afrique un asile contre les poursuites des lieutenants de Sylla, il reçut dans sa retraite une députation des Lusitaniens, et consentit à se mettre à leur tête. Comme il connaissait l'empire de la superstition sur ce peuple encore barbare, il feignit d'être en rapport avec les dieux par l'intermédiaire d'une biche blanche, qu'il disait avoir reçue de Diane, et, à l'aide de cet artifice, il acquit sur lui un ascendant illimité. Dans sa longue résistance contre Rome, il se montra capitaine accompli, évitant toute bataille décisive, mais fatiguant l'ennemi par des marches fréquentes, l'attirant dans des défilés et des embuscades. Avec 8,000 hommes environ, il battit quatre généraux romains et s'avança jusqu'aux Alpes : il défit Pompée lui-même, à Sucron et à Tuttia. Mithridate rechercha son alliance, et Sertorius la lui accorda, mais en lui prescrivant les limites dans lesquelles il devait se renfermer en cas de victoire; car le guerrier proscrit ne portait la guerre contre sa patrie que parce qu'il y était en quelque sorte forcé, sans renoncer à ses devoirs envers elle et sans consentir à l'exposer à aucune humiliation. Trahi enfin par Perpenna, jaloux de son autorité, il fut assassiné dans un festin, l'an 73 av. J.-C. Avec Sertorius périt la république, dont il avait recueilli les débris dans son camp. A. B.

SERUM, portion aqueuse du sang, du lait, etc., *voy.* ces mots et CASÉUM.

SÉRURIER (JEAUME-MATTHIEU-PHILIBERT comte), maréchal de France, né à Laon le 2 déc. 1742, entra de bonne heure au service comme lieutenant de la milice de cette ville, et plus tard comme enseigne au régiment de Beauce. Il fit ses premières armes dans la guerre de Hanovre, et eut la mâchoire fracassée d'une balle à l'affaire de Warbourg (1760). Il combattit ensuite en Portugal (1762) et en Corse (1771), et déjà il avait gagné le grade de major lorsque éclata la révolution, dont il embrassa avec ardeur les principes. Son avancement, favorisé par l'émigration d'un grand nombre d'officiers, fut rapide. Dès le 22 août 1793, il se trouvait général de brigade, et c'est avec ce grade qu'il servit sous les ordres de Kellermann et de Scherer. Le 2 juin 1795, il fut nommé général de division. Sous Bonaparte, il se signala en plusieurs rencontres, à Saint-Michel, à Vico, au passage du Mincio, à Mondovi, au blocus de Mantoue, à Castiglione, et reçut du général en chef la mission de porter au Directoire les drapeaux enlevés à l'ennemi. Nommé commandant de Venise (1797), puis de Lucques (1798), et chargé d'y organiser un gouvernement provisoire, il déploya une grande sagesse et une grande fermeté dans ces postes importants. Rappelé peu de temps après à la tête d'une division sous Scherer, il se vit, après la bataille de Cassano; forcé de capituler à Verderio, le 28 avril 1799. Libre sur parole, il se trouvait à Paris à l'époque du 18 brumaire (*voy.*) et il prit une part active à cette révolution. Bonaparte le nomma successivement sénateur, vice-président, puis préteur du sénat, maréchal de France et grand-cordon de la Légion-d'Honneur et de plusieurs ordres, comte de l'empire, gouverneur des Invalides, etc. En 1809, Sérurier reçut le commandement de la garde nationale parisienne. En 1814, il vota la déchéance de Napoléon et reçut de Louis XVIII le titre de commandeur de Saint-Louis et de pair de France; mais étant allé saluer une dernière fois la fortune de l'empereur au Champ-de-Mai des Cent-Jours, il fut disgracié à la seconde Restauration et le gouvernement des Invalides fut donné au duc de Coigny en 1816. Le maréchal Sérurier vécut dès lors dans la retraite et mourut le 21 déc. 1819.

Son neveu, LOUIS-BARBE-CHARLES,

comte Sérurier, pair de France, est né à Marle, près de Laon, en 1775. Il entra dans la carrière diplomatique, en 1800, comme secrétaire de légation à Cassel. Secrétaire d'ambassade en Hollande en 1805, chargé d'affaires en 1810, puis, après la réunion de ce pays à la France, ministre plénipotentiaire en Amérique, il fut rappelé à la seconde Restauration et resta sans emploi jusqu'à la révolution de juillet. Alors M. Molé lui donna la direction politique des affaires étrangères; puis il retourna aux États-Unis, où il resta cinq années. Le message du président relatif à la créance de 25 millions fut cause de son retour en France, où il reçut la croix de commandeur de la Légion-d'Honneur (29 avril 1835). Nommé, le 29 oct. 1836, ministre plénipotentiaire en Belgique, il fut créé pair de France le 3 oct. 1837, et après avoir quitté son poste, le roi lui accorda le cordon de grand-officier de la Légion-d'Honneur (29 juin 1840).   Z.

SERVAGE, *voy.* SERF.

SERVAN (JOSEPH-MICHEL-ANTOINE), avocat général au parlement de Grenoble, naquit à Romans (Drôme), le 3 nov. 1737. « Il est célèbre, dit M. Dupin, surtout pour avoir employé son savoir et son éloquence à signaler, à flétrir chaleureusement les abus et les vices de notre ancienne législation criminelle, et pour avoir appelé les réformes qu'il vit plus tard se réaliser. » Membre du Corps législatif, sous l'empire, il refusa d'y siéger, et il mourut dans la retraite à Saint-Remy, près de Tarascon, le 3 nov. 1807. Ses nombreux écrits, lettres, discours, éloges, réflexions, etc., ont été réunis sous les noms d'*OEuvres diverses, OEuvres choisies, OEuvres posthumes*, etc.

Son frère, JOSEPH Servan, ministre de la guerre sous Louis XVI, naquit dans la même ville de Romans, le 12 févr. 1741. La révolution le fit successivement colonel et maréchal-de-camp, et l'influence des Girondins lui valut, le 9 mai 1792, le portefeuille de la guerre. Servan ne le garda pas longtemps, mais il lui fut rendu après le 10 août, et lorsqu'il dut le résigner de nouveau, le 3 oct. 1792, le commandement en chef de l'armée des Pyrénées-Orientales lui fut confié. Après la chute de la Gironde (*voy.*), il se retira et fut arrêté. La journée du 9 thermidor, en lui sauvant la vie, lui rendit la liberté et son grade; cependant il ne fut plus employé qu'en 1799, comme inspecteur général, et mourut en 1808, laissant, dit un de ses biographes, la réputation d'un homme de bien, d'un administrateur habile et irréprochable, et d'un général médiocre. Comme à son frère, on lui doit quelques écrits. X.

SERVANDONI (Jean-Nicolas), né à Florence, le 2 mai 1695, étudia la peinture sous Pannini, et l'architecture sous Rossi. Entraîné par le goût des voyages, il visita successivement le Portugal, la France, l'Angleterre, l'Autriche et l'Allemagne, laissant partout des traces de son génie à la fois hardi et fécond. On est étonné de la quantité de plans, de dessins, de tableaux de ruines et de perspectives dont il est l'auteur; mais l'étonnement redouble quand on pense à tous les dessins de décorations qu'il a exécutés. On pourrait dire, sans exagération, que pendant 25 ans il fut l'ordonnateur des fêtes de toutes les cours de l'Europe. Le roi de Portugal lui accorda l'ordre du Christ, le pape le créa chevalier du sacré palais et comte de Saint-Jean de Latran, le roi de France le nomma son peintre décorateur, ainsi que celui de Pologne, et l'Académie française de peinture l'admit dans son sein en 1737. Parmi ses travaux les plus remarquables, on cite la façade de l'église de Saint-Sulpice à Paris (*voy.* T. XIX, p. 216). Servandoni mourut en cette ville, le 19 janvier 1766, dans la rue qui porte son nom. Z.

SERVET (Michel), né à Villanueva dans l'Aragon, en 1509, vint étudier le droit à Toulouse. Il paraît cependant que, selon le goût de l'époque, il donna plus de temps à la lecture de la Bible qu'à celle des Institutes. Il adopta les idées de la réforme; mais, poussant la liberté d'examen beaucoup plus loin qu'il n'était prudent de le faire alors, il osa combattre les dogmes de la Trinité et de la consubstantialité du Verbe, dans un traité *De Trinitatis erroribus*, publié à Strasbourg en 1531, et suivi bientôt après des *Dialogues sur la Trinité*. Ce fut vers le même temps que, peu satis-

fait du barreau, il se mit à étudier la médecine, et il paraît y avoir fait de grands progrès. Cependant il ne réussit pas mieux dans cette nouvelle carrière, et il finit par entrer comme correcteur dans une imprimerie de Lyon. L'archevêque de Vienne le chargea de surveiller une réimpression de la Bible. Tout en s'occupant de l'exercice de sa profession, Servet, qui était entré en correspondance avec Calvin (*voy.*), commença contre les dogmes de l'Église un ouvrage qu'il fit imprimer à Vienne (Isère), en 1553, et qui lui attira les plus grands malheurs. Nous voulons parler du fameux traité *De christianismi restitutione* (*s. l.*, 1553, in-8°). Calvin, que Servet n'avait peut-être pas assez ménagé, fit dénoncer cet écrit au cardinal de Tournon. Le malheureux Servet n'eut que le temps de fuir; mais s'il échappa au bûcher à Vienne, ce fut pour périr dans les flammes à Genève, où il fut arrêté sur la demande de Calvin. Accusé d'hérésie, il fut condamné au feu, et brûlé vif le 26 oct. 1553; déplorable exemple d'intolérance donné par un parti qui semblait avoir le plus grand intérêt à protéger dans autrui la liberté religieuse qu'il réclamait pour lui-même. *Voy.* ce qui en a été dit T. IV, p. 550. E. H-c.

SERVIE ou Serbie, principauté vassale de l'empire Othoman, mais qui, placée par les traités sous la protection de la Russie, sa coreligionnaire, jouit d'une certaine indépendance. Elle mérite de fixer l'attention publique; car il est probable qu'elle jouera un grand rôle dans la transformation prochaine qu'on est fondé à prédire à la monarchie dans la dépendance de laquelle se trouve encore, dans ce moment, cette principauté slavonne jadis glorieuse.

1° *Géographie et statistique.* La Servie est bornée par la Valachie, la Boulgarie, la Macédoine, l'Albanie, la Bosnie et par les dépendances de la Hongrie dont le Danube et en partie la Save la séparent. D'un autre côté, le Timok marque sa limite à l'est; et la Drina, affluent de la Save, à l'ouest. Sa superficie est de près de 800 milles carr. géogr. ou de 44,000 kilom. carr., ce qui place la Servie, pour l'étendue, entre la Grèce et la Suisse. Sa population, qu'on exagère sans doute en l'évaluant à 1 million d'hab., atteint au moins le chiffre de 600,000. Outre les rivières déjà nommées, le pays est arrosé par un autre affluent du Danube, la Morava, qui en parcourt une étendue considérable. Quoique montagneux, il est d'une grande fertilité, mais couvert encore d'immenses forêts que l'on commence seulement à défricher. Les montagnes renferment beaucoup de métaux que l'on exploitait autrefois avec plus d'activité qu'aujourd'hui. L'éducation du bétail est une des occupations principales des habitants, d'ailleurs peu industrieux; les forêts sont peuplées de porcs dont on entretient partout de nombreux troupeaux. L'agriculture est cependant aussi en voie de progrès, et quelques filatures de coton ont été établies de nos jours. Tant que la Servie a été sous l'autorité immédiate du sulthan, elle a été comprise dans l'éyalet de Roumélie; mais aujourd'hui elle forme une principauté tributaire de la Porte, divisée en 17 *naïyas* ou départements*. Le pacha, représentant du suzerain, se tient renfermé dans Belgrade. La Servie paie un tribut annuel de 2,300,000 piastres turques; mais, en revanche, la Porte a abandonné ses prétentions sur les domaines et ses droits régaliens.

Les Serviens professent la religion chrétienne d'après le rit grec, et jouissent d'une entière liberté de conscience; le clergé, qui doit être pris au sein de la nation, est soumis à l'autorité du prince. Le commerce n'est gêné par aucune entrave. Le peuple se divise en cultivateurs, bourgeois et clercs; il n'y a pas de noblesse, quoique certaines familles puissantes exercent une influence réelle. En cas de guerre, la Servie est tenue de fournir à la Porte un contingent de 12,000 hommes. Lorsqu'il s'agit de la défense du territoire, chaque citoyen est soldat. Le prince (*knez* ou *obor-knez*, *voy.* Kniaz) traite directement avec la Sublime-Porte, et entretient à cet effet un agent à Constantinople. Sous les Obrénovitch (*voy.*), il faisait sa résidence à Kragouié-

(*) M. A. Balbi dit *ckroutschia* ou cercles; mais nous cherchons vainement ce mot dans le dictionnaire serbe. Peut-être faut-il lire *okroujia?*

vatz, sur la Lepnitza, petite ville ouverte et entourée de plusieurs collines, qui auparavant ne comptait pas 300 maisons, et dont la population s'est accrue, dit-on, jusqu'à 5,000 âmes. Mais la ville la plus importante est Belgrade (*voy.*), sur la frontière de l'Esclavonie, forteresse et le seul point du territoire que puissent occuper les Turcs : elle a près de 20,000 hab.; viennent après : Sémendria, également à la frontière du nord, au confluent de la Morava et du Danube, résidence de l'archevêque primat, avec 8 à 10,000 hab.; Oujitsa, vers l'ouest, ville forte avec une population de 15,000 hab. Nous nommerons en outre Chabatz, petite citadelle sur la Save, au nord-ouest, qui passait jadis pour très forte; Pocharévatz, communément nommé Passarowitz (*voy.*), non loin de Sémendria; et Poretch, sur une île du Danube, avec près de 3,000 hab.

2° *Histoire.* Cette province faisait autrefois partie de l'Illyrie; Belgrade appartenait à la Pannonie inférieure (*voy.* ces noms). Des peuplades slavonnes, les Khorvates et les Serbes, envahirent ces contrées vers le milieu du VIIe siècle. Les derniers (*Serbli*), à qui l'empereur Héraclius avait permis de s'établir dans la Macédoine, vainquirent les Avares (*voy.*) et s'emparèrent d'une partie de leur pays, qui prit d'eux le nom de *Serbie* ou *Servie*. L'histoire nous montre les Serbes* presque constamment en guerre, soit avec les empereurs grecs, soit avec les Hongrois ou la république de Venise, et presque toujours vaincus, malgré leur bravoure. Après avoir été pendant de longues années gouvernés par leur propres princes (*zupans*, prononcez *joupans*), dont l'un prit le titre d'archi-joupan, sans toutefois se soustraire encore à la suzerai-

(*) Sous le nom de *Serbes*, employé par les anciens dans un sens plus général, nous comprenons toute une branche de la race ou de la famille des Slaves (*voy.*), forte, selon M. Kopitar, d'environ 5 millions d'hommes, et à laquelle appartiennent aussi les Bosniaks, les Esclavons et les Dalmates; les Serbes de la Servie sont plus spécialement désignés sous le nom de *Serviens*. Ni l'un ni l'autre de ces noms n'a rien de commun avec le latin *servus*; le nom de Serbes, de même que celui de Sorbes (*voy.*), dérive de la racine slavone *srb* dont on ne peut plus donner exactement la signification. La première mention des *Serbi* se trouve dans Pline (*H. N.*, VI, 7), mais comme voisins du Bosphore Cimmérien.

neté des empereurs d'Orient. Tchoudomil, fils d'Ourosch-le-Blanc, fondateur de la dynastie de Neeman, essaya, en 1150, de se rendre indépendant en s'alliant, contre l'empereur Manuel Comnène, avec les Hongrois auxquels il paraît avoir abandonné la Bosnie. Manuel marcha contre eux, les battit, et fit même prisonnier Tchoudomil dans une lutte corps à corps, que les poëtes nationaux ont célébrée. L'archi-joupan des Serbes acheta sa liberté par sa soumission. Une nouvelle tentative de ce peuple, sous Étienne Neeman, pour secouer le joug, n'eut pas plus de succès. Le général grec Isaac l'Ange, qui depuis fut empereur, les défit sur les bords de la Morava, en 1193. Cependant la paix s'étant rétablie bientôt, Étienne reçut de l'empereur le titre honorifique de *despote*. Son successeur du même nom fut chassé par les Hongrois. Son frère Volkan régna sur la Servie, à partir de 1208, mais sous la suzeraineté de la Hongrie.

La puissance des empereurs grecs s'affaiblissant de plus en plus, les Serbes avaient peu de chose à craindre de ce côté; il n'en était pas de même de la part des Hongrois, qui avaient réduit sous leur domination la Bosnie et une autre partie de la Servie. Heureusement ceux-ci, occupés à d'autres guerres, ne purent achever la conquête du pays. Étienne remonta sur le trône, et en 1221 l'archevêque le couronna roi (*kral*), titre que le pape avait déjà offert à son frère pour le détacher de la communion avec l'Église orientale, à laquelle les princes comme le peuple restèrent fidèles. Un de ses fils, Étienne Ourosch I*er*, s'intitula même *véliki-kral*, ou grand roi. Un autre de ses successeurs, le roi Étienne Douchân, qui régna de 1336 à 1356, fit contre les empereurs grecs plusieurs campagnes heureuses, et s'empara de quelques provinces, alla jusqu'à prendre le titre d'empereur ou de tsar de Servie, de l'Albanie, de la Boulgarie et de la Grèce. Mais en divisant le pays en plusieurs gouvernements, il prépara lui-même la ruine de sa patrie. Bientôt le titre de tsar fut abandonné, et, après l'extinction de la branche légitime de la maison de Neeman, Lazare (1371-89) fut obligé de se contenter de celui de *knèz* en reconnaissant la suzeraineté de la Hongrie. Ce fut sous son gouvernement que le sulthan Mourad I*er* envahit la Servie et la soumit en partie. Le 15 juin 1389, il battit les Serviens dans les champs de Cassovo (*voy.* Cassovie), et Lazare étant tombé entre ses mains, il le fit décapiter dans sa tente. Mais il périt à son tour sous les coups des Serviens Milosch, Kobilitch, Milan Toplitchanine et Ivàn Kossantchitch. Son successeur Bajazet partagea la Servie entre Étienne, fils de Lazare, et Vouk Brankovitch, son gendre. Tous deux se reconnurent tributaires et s'engagèrent à fournir aux Turcs un contingent. Depuis cette époque, les Serviens ont essayé à plusieurs reprises de briser un joug odieux, mais leurs révoltes ne firent qu'attirer sur eux de nouveaux malheurs. Après la bataille que les Hongrois, commandés par Hunyade (*voy.*), livrèrent et perdirent contre Mourad II, dans les mêmes champs de Cassovo, en 1448, la Servie fut traitée comme une province conquise, les familles les plus anciennes et les plus influentes furent décimées ou ruinées, et le peuple tomba dans l'inertie et l'abrutissement.

Par la paix de Passarowitz (*voy.*), 21 juillet 1718, l'Autriche se fit céder Belgrade avec toute la partie septentrionale de la Servie, jusqu'au Timok, et aux monts Bouïoudasch; mais la paix de Belgrade (*voy.*), en 1739, fit retomber ce pays sous la domination des Othomans. La sévérité impitoyable des gouverneurs turcs, jointe à la morgue des janissaires, occasionna, en 1801, un soulèvement à la tête duquel se plaça George Pétrovitch, plus connu sous le nom de George-le-Noir, Kara ou Tserny-George(*voy.*). Son habileté, les secours qu'il tira de la Russie, et la faiblesse à laquelle était réduit le sulthan, forcèrent ce dernier à lui faire des concessions importantes. Grâce à lui, les Serviens sont, depuis 1806, maîtres chez eux sous le protectorat de la Russie. Le peuple l'avait déjà choisi pour chef lorsque, après l'armistice de Slobosje, conclu avec la Porte le 8 juillet 1808, il fut nommé knèz de Servie et reconnu comme tel par l'empereur de Russie.

L'assemblée des représentants du peuple servien, ou le sénat, autrefois appelé *synode*, se transporta de Sémendria à Belgrade, où elle mit la dernière main à la nouvelle constitution. La guerre s'étant rallumée, en 1809, entre la Russie et la Turquie, Tserny, rappelant aux armes les Serviens, soutint vigoureusement les Russes. Dans le traité de paix signé par les deux puissances à Boukarest (*voy.*) le 28 mai 1812, paix qui fut hâtée par l'invasion des Français en Russie, il fut convenu que la Porte traiterait les Serviens avec douceur et proclamerait en leur faveur une amnistie générale. Les forteresses que les Serviens avaient élevées pendant la guerre devaient être démantelées, et les autres places fortes remises aux Turcs. L'administration intérieure était abandonnée à la nation, et les impôts modérés qu'imposerait la Porte devaient être consentis par le peuple. Au surplus, les Serviens devaient jouir des mêmes avantages que les sujets turcs de l'Archipel et des autres parties de l'empire. La nouvelle de cette paix ne pouvait manquer d'irriter les Serviens. Ils refusèrent de livrer aux Russes les places fortes du pays, et de mettre leurs milices aux ordres d'un de leurs généraux, ainsi qu'on le leur demandait, sous la promesse de l'appui de la Russie pour l'avenir, et lorsque les troupes moscovites se furent retirées, vers la fin de juillet 1812, les Serviens tentèrent d'obtenir quelques modifications avantageuses au traité, en négociant directement avec Constantinople, et en se rapprochant de l'Autriche. Ces tentatives échouèrent, et les pachas qui commandaient dans les provinces voisines reçurent l'ordre de soumettre la Servie par la force des armes. La guerre recommença donc en 1813; elle continua avec acharnement et des chances variées, jusqu'à ce que les Turcs eussent triomphé, après quatre mois de combats. Tserny-George ne voulant pas priver son pays de l'assistance future de la Russie, passa le Danube le 3 oct. 1813, et les autres chefs serviens se refugièrent dans les états limitrophes, à l'exception de Milosch Obrénovitch (*voy.*), rassuré par la possibilité de trouver un refuge dans le mont Roudnik. Les vainqueurs traitèrent les Serviens avec une atroce barbarie, et firent du pays un véritable désert. De nouveaux soulèvements furent comprimés avec rigueur. Enfin, sous la conduite de Milosch, les Serviens obtinrent, par le traité du 15 décembre 1815, une espèce d'indépendance sous la suzeraineté de la Porte. Le gouvernement du pays fut confié à un sénat composé d'un président et de quatre députés, et siégeant à Sémendria. Milosch en fut élu président, et ses concitoyens ne tardèrent pas à l'appeler à la tête de l'état (1817). Consacrant tous ses soins à maintenir la tranquillité et à remédier aux malheurs causés par la guerre, il sut conserver son indépendance en face de la Porte et de la Russie, et vivre en paix avec ces deux puissances, malgré la position difficile que lui faisait l'irritabilité des Serviens et l'occupation de toutes les places fortes (*palankes*) par des garnisons turques. Tserny-George, qui passa le Danube, en 1817, pour exciter un soulèvement dans la Servie, périt victime de cette malencontreuse entreprise, et l'on accuse Milosch de sa mort. Celui-ci, après avoir étouffé, en 1825, une révolte provoquée par sa sévérité, et prévenu, en 1826, une conspiration dirigée contre sa vie, fut nommé dans une assemblée nationale tenue à Kragouïévatz, en 1827, prince avec droit de transmission de ce titre à ses descendants. D'après la volonté de la Russie, un hattichérif du 29 nov. 1829 rendit à la Servie les six naïyas qui en avaient été distraits (*voy.* BOUKAREST, AKERMAN et ANDRINOPLE), et le 3 août 1830 arriva aussi le bérat qui confirmait le prince Milosch dans sa dignité. Il venait de convoquer les chefs des districts, les juges et les ecclésiastiques en assemblée nationale (*skoupchtina*), dans sa capitale, et de nommer une commission qui devait s'occuper, sous sa présidence, d'élaborer une constitution. Lorsque cette commission eut terminé son travail, il assembla, le 10 février 1835, un nouveau congrès où le projet de constitution fut adopté. Mais quand il s'agit de le mettre en vigueur, il rencontra une opposition insurmontable de la part de l'autocrate russe, de l'empereur d'Autriche et du sulthan. A cette constitution jugée trop libérale, il fallut donc songer à en substituer une autre plus aristocratique, qui fut approuvée par un hatti chérif daté du mois de septembre 1838. Les assemblées populaires furent remplacées par un sénat auquel fut conféré le droit de voter les impôts, de fixer la solde de l'armée et le traitement des employés, d'examiner et de sanctionner les résolutions du gouvernement et de mettre en accusation les ministres.

Il était facile de prévoir que si jamais le sénat se jetait dans l'opposition, des pouvoirs aussi étendus lui assureraient la victoire sur le prince. C'est ce qui arriva en effet dès l'année suivante. Milosch, dont le gouvernement plus personnel que national n'avait point jeté de racines profondes dans le pays, fut forcé d'abdiquer le 13 juin 1839. Le sénat lui permit de se retirer en Valachie, et proclama, le 16, prince de Servie, son fils Milan, qui mourut quelques jours après, et eut pour successeur son frère Michel. D'abord Milosch, qui avait protesté contre la violence exercée sur lui, ne voulut point consentir au départ de son jeune fils ; mais il lui fallut céder aux ordres venus de Constantinople. Michel se rendit donc dans cette capitale où il fut reçu avec honneur, et, au mois de février 1840, il se mit en route pour Belgrade où il arriva le 14 mars. Le parti aristocratique, à la tête duquel était le général en chef Voutchitch et le sénateur Avram Pétroniévitch, avait déjà eu l'occasion de s'apercevoir qu'il s'était trompé dans son espoir de gouverner sous le nom du prince : aussi chercha-t-il à le renverser par ses intrigues à Constantinople et dans le pays même. Instruit d'une conspiration ourdie contre sa personne, Michel se mit à la tête de quelques troupes pour la réprimer ; mais il fut battu et obligé de s'enfuir à Semlin avec la princesse Lioubitza et son oncle Ieffrem. L'assemblée du peuple élut alors (16 sept. 1842) pour le remplacer le petit-fils de Tserny-George, Alexandre Pétrovitch, jeune homme aussi distingué par son éducation que par les traditions de sa famille, qui prit la direction des affaires sous le nom d'Alexandre Georgévitch.

Quoique cette élection eût été faite avec l'assentiment et en la présence du commissaire turc et du pacha de Belgrade, la Russie en exigea l'annulation. La Porte s'y refusa d'abord et déclara s'en rapporter au jugement des puissances de l'Europe. En attendant, elle envoya le bérat d'investiture au nouveau prince de Servie ; mais l'Autriche ne se prononçant pas contre les prétentions de la Russie, l'Angleterre et la France gardèrent la neutralité. Une nouvelle assemblée du peuple dût être convoquée ; la Russie exigea encore l'éloignement des chefs de l'insurrection ; mais le prince Alexandre n'en sortit pas moins triomphant de cette nouvelle épreuve. Réélu par l'assemblée, sa qualité de knèz du peuple serbe est aujourd'hui reconnue sans contestation. — On peut consulter sur la géographie et l'histoire de la Servie : Cyprien Robert, *Les Serbes, histoire du prince Milosch* (article de la *Revue des Deux-Mondes*, 1er mars 1843, XIIIe année, t. Ier, p. 811-890); Pejacsevich, *Historia Serviæ*, Kol., 1799 ; Engel, *Geschichte von Serwien und Bossnien*, Hist. univ. de Halle, t. XLIX, 3e partie; Ranke, *Die serbische Revolution*, Hamb., 1829 ; S. Miloutinovitch, *Istoriia serbié troïegodischnia* (1813-15); Richter, *Serbiens Zustand*, 1840 ; *Aufschlüsse und Enthüllungen über den serbischen Verfassungskampf* (dans le recueil *Konstitutionelle Jahrbücher*, Stuttg., 1844, t. Ier, p. 26-71); et surtout Schafarik, *Antiquités slavonnes* (trad. allem.), Leipz., 1844, t. II, p. 237-76.

III. *Langue et littérature serbes* [*].
Le serbe, une des quatre branches principales du slavon, compte parmi les langues des Slaves orientaux. Il se rapproche plus du russe que du polonais et du bohême. Les voyelles y dominent, ce qui rend cette langue beaucoup plus douce et plus harmonieuse que ses sœurs. Cet avantage, elle le doit à l'influence qu'exercèrent sur elle les riches idiomes de l'Italie et de la Grèce, pays avec lesquels le commerce ou la communauté de

(*) Nous prendrons ici pour guide l'ouvrage de M. Schafarik, intitulé : *Geschichte der Slawischen Sprache und Literatur* (Bude, 1826), auquel on s'est assez exactement conformé dans le *C. L.*

religion mirent la Servie en rapport pendant longtemps. Il est facile de reconnaître aussi dans la langue des Serbes les emprunts qu'elle a faits au turc. Cependant elle a conservé son caractère purement slavon. Elle a une déclinaison et une conjugaison complètes, une entière liberté de construction, et elle se plie non moins facilement aux formes des langues anciennes et au rhythme. Comme nous l'avons dit plus haut, elle est parlée par environ 5 millions d'hommes. M. Vouk Stéphanovitch distingue trois dialectes dans le servien : celui *de l'Herzegovine*, qui se parle dans la Bosnie, l'Herzegovine, la Dalmatie et la Croatie; celui *de Rezava*, sur les bords de la Rezava, de la Morava supérieure et jusqu'à Négotine; enfin celui *de Sirmium*, dans le comitat de Sirmie, dans l'Esclavonie, le Banat et la Servie, du Danube et de la Save jusqu'à la Morava. Le *boulgare* est regardé comme une variété de la langue serbe, quoique, de tous les dialectes slavons, il soit celui qui a été le plus altéré dans sa construction, qu'il ait adopté l'article, et qu'il forme sa déclinaison à l'aide de prépositions. Les Serbes, ainsi que les Boulgares, se servent de l'alphabet cyrillique (*voy.*). M. Vouk Stéphanovitch Karatchitch a publié un Dictionnaire serbe, latin et allemand (Vienne, 1818, in-8°), composé de plus de 30,000 mots, et précédé d'un petit précis de grammaire ; on lui doit aussi une Grammaire plus étendue (Vienne, 1814, in-8°) dont M. Jacques Grimm a donné une traduction allemande enrichie d'une excellente préface (Leipz., 1824, in-8°).

En Servie, comme en Russie, depuis l'introduction du christianisme, le vieux slavon d'église, qui était la langue liturgique, est devenu tellement dominant que le serbe primitif nous est à peu près inconnu aujourd'hui. Cette langue assez informe était seule employée par les lettrés jusqu'en 1783, où le moine Obradovitch se servit le premier du serbe vulgaire pour écrire sa biographie. Le plus ancien document qui soit arrivé jusqu'à nous en cette langue ne remonte pas au delà du XIIIe siècle : c'est un manuscrit conservé dans le couvent du mont Athos, et renfermant les Chroniques de Daniel,

archevêque des Serbes, relatives aux règnes des rois Ourosch, Étienne Dragoutine, Étienne Miloutine, et Étienne Detchanskii (1272-1336). On possède aussi un code des lois du *grand-roi* Étienne Douchân (1336-56), où le type slavon se montre moins altéré que dans les lois des autres peuples slaves; il est aussi conçu dans un esprit plus humain et plus doux. Nous avons en outre de cette époque quelques livres d'église et un assez grand nombre de diplômes. La victoire que Mourad Ier remporta sur les Serbes, en 1389 (*voy.* CASSOVIE), arrêta pour longtemps les progrès de la littérature nationale, dont elle clot la première période. Pendant 200 ans, la Servie fut alors le théâtre des guerres les plus sanglantes, des dévastations les plus horribles, et toute trace de culture intellectuelle avait disparu, lorsque George Brankovitch vint ouvrir une ère nouvelle. Né en 1645, Brankovitch avait été ambassadeur de l'empereur Léopold Ier auprès du sulthan; mais étant tombé en disgrâce, il fut enfermé comme prisonnier d'état à Eger, où il mourut en 1711. On a de lui une *Histoire des Serbes*, depuis leur origine jusqu'à Léopold Ier, dont le manuscrit, en 5 vol. in-4°, se conserve dans la bibliothèque archiépiscopale de Carlowitz.

La seconde période de la littérature serbe est caractérisée par les efforts tentés pour séparer l'idiome vulgaire de la langue liturgique, et l'élever lui-même au rang de langue savante. L'archimandrite Jean Raïtch, né à Carlowitz en 1726, mort en 1801, y travailla le premier et non sans succès, par la publication de nombreux ouvrages, dont le plus estimé est l'*Histoire des Slaves*, particulièrement des Khorvates, des Boulgares et des Serviens (Vienne, 1792-95, 4 vol. in-8°). Mais l'idiome dont il se servit n'était point encore le serbe vulgaire pur : comme nous l'avons dit, il était réservé à Dosithée Obradovitch d'employer le premier la langue nationale. Cet écrivain remarquable était né à Tsakovo, en 1739. Après avoir parcouru pendant 25 ans la Turquie, l'Italie, la Russie, l'Allemagne, la France et l'Angleterre, il fut élevé à la dignité de sénateur et chargé de l'éducation des enfants de Tserny. Il mourut à Belgrade en 1811. Obradovitch trouva des imitateurs et des adversaires.

Sur 400 ouvrages environ qui ont paru depuis 1742 (*voir* Milowick, *Catalogue des livres serbes*, Vienne, 1833), il n'y en a qu'un huitième tout au plus qui soient en vieux slavon d'église et un huitième en serbe pur; les autres sont écrits dans une langue qui s'en rapproche plus ou moins et dont l'orthographe varie beaucoup. Pour essayer de remédier à cette anarchie, Démétrius Davidovitch, secrétaire du prince Milosch, entreprit à Vienne, en 1814, la publication d'un journal et d'un almanach serbes, qu'il continua pendant plusieurs années. Ses efforts furent puissamment secondés par Vouk Stéphanovitch Karatchitch, né en 1787, à Terchitch (Servie occidentale), docteur en philosophie, qui, après avoir siégé dans le tribunal supérieur de Belgrade, vit aujourd'hui retiré à Semlin. Dans sa Grammaire, il a fixé les caractères particuliers au serbe, et, par l'impression des chants populaires des Serbes (*Narodné serpské piesmé*, Leipz., 1823-24, 3 vol. in-8º; trad. en partie en allemand par M. J. Grimm et Mlle de Jacob, sous le pseudonyme de Talvi, Halle, 1825-26, 2 vol. in-8°, et par W. Gerhard, Leipz., 1828, 2 vol.; en français, d'après Talvi, par Mme Élise Voïart, Paris, 1834, 2 vol. in-8º) *, il a contribué à faire adopter l'idiome vulgaire par les littérateurs. Une vie presque patriarcale au milieu des solitudes de leur pays pittoresque, avait depuis des siècles inspiré aux Serviens des chants qui peuvent paraître grossiers et incorrects, mais qui unissent à leur énergique rudesse beaucoup de naïveté, de sensibilité, de chaleur et d'imagination. Quelques-uns sont antérieurs à l'invasion des Turcs en Europe; d'autres ont pour sujet la lutte soutenue contre eux, les hauts faits du roi Douchân et du kralévitch Marco, qui est comme l'Hercule des Serbes. Le reste appartient aux temps modernes et rappelle tantôt l'oppression du peuple, tantôt les aventures ou les combats qui signalèrent les guerres de

(') *Voir* une appréciation détaillée qu'en a donnée M. Kopitar, dans les Annales de Vienne, 1825, t. XXX, p. 159-277.

l'indépendance. On doit encore à M. Karatchitch l'almanach serbe intitulé *Danitza* ou *l'Étoile du matin* (Vienne, 1826). D'autres écrivains, entre autres Spiridion Iovitch, ont publié de semblables almanachs. Parmi les poëtes qui ont écrit dans la langue vulgaire, on distingue encore Simon Miloutinovitch, qui, sous le titre de *Serbianka*, a fait imprimer une suite de chants héroïques (Leipz, 1827, 4 vol. in-8º).

Le gouvernement autrichien met tous ses soins à hâter le développement intellectuel de ses sujets serbes : il a fondé plusieurs écoles et des gymnases à Carlowitz et à Neusatz. Vienne, Pesth, Venise, ont des imprimeries serbes. Dans le pays même, le prince Milosch en a établi une à Kragouïévatz, en 1835. Il s'est formé aussi une société littéraire (*la Mère servienne*) qui distribue des prix aux meilleurs ouvrages en langue serbe, et publie une espèce de revue intitulée *Letopis serbska*. J. H. S.

SERVITES, *voy*. MONASTIQUES (ordres), T. XVIII, p. 33.

SERVITUDE. Le Code civil français définit la servitude une charge imposée sur un héritage pour l'usage et l'utilité d'un héritage appartenant à un autre propriétaire. On appelle héritage *dominant* celui qui profite de la servitude, par opposition à l'héritage *servant*, qui la subit.

Les servitudes doivent avoir pour objet l'utilité d'un fonds, et non celle d'une personne : c'est ce qui les distingue des droits d'usufruit, d'usage et d'habitation. On ne doit pas non plus les confondre, soit avec les choses qui demeurent par leur nature dans une indivision forcée, soit avec les propriétés souterraines ou superficiaires dont parle l'art. 553 du Code civil. Toute servitude consiste essentiellement dans une exception, dans une règle spéciale établie pour permettre ce que n'autorisent pas les règles ordinaires de la propriété (Ducaurroy, *Institutes expliquées*, liv. II, tit. 3, nº 421). On ne peut donc reconnaître le caractère de servitudes aux règles qui constituent les charges légales de la propriété. Les servitudes proprement dites ne s'établissent que par la volonté des propriétaires.

Au nombre des charges légales de la propriété que le Code considère comme des servitudes, se trouvent les obligations qui concernent les eaux, le droit des propriétaires de se contraindre réciproquement au bornage de leurs propriétés contiguës, la faculté pour tout propriétaire de clore son héritage, le marche-pied le long des rivières navigables ou flottables, la mitoyenneté des murs, des fossés et des haies, les obligations que produit l'indivision forcée de certaines parties d'une maison dont chaque étage forme une propriété distincte, les distances à observer dans la plantation des arbres, l'obligation de faire des contre-murs, ou de laisser un espace vide entre certaines constructions et l'héritage voisin, les vues sur la propriété d'autrui, la défense de laisser tomber sur l'héritage de son voisin l'égout de ses toits, et l'obligation de laisser passer sur son propre héritage celui qui n'a aucun autre moyen de passage.

Le nombre et la nature des servitudes établies par la volonté de l'homme, ordinairement par convention, sont illimités, et chacun peut créer sur ses propriétés, ou en faveur de ses propriétés, telles servitudes que bon lui semble, pourvu que les services ne soient imposés ni à la personne, ni en faveur de la personne (art. 686). Les servitudes se divisent en continues et discontinues, en apparentes et non apparentes. Elles sont *continues* lorsque leur usage, comme celui d'une conduite d'eau, est ou peut être continuel, sans avoir besoin du fait actuel de l'homme; *discontinues*, si pour être exercées elles ont besoin, comme le droit de passage, du fait actuel de l'homme; *apparentes*, quand elles s'annoncent par des ouvrages extérieurs, tels qu'une porte, un aqueduc; *non apparentes*, quand elles n'ont pas de signe extérieur de leur existence, comme la prohibition de bâtir sur un fonds.

Les servitudes peuvent s'établir de trois manières : par titre, par prescription fondée sur une possession de trente ans, et par la *destination du père de famille*. Toutefois, la prescription ne pouvant s'acquérir que par une possession publique et non interrompue, la loi ne l'admet ni pour les servitudes discontinues, ni pour les servitudes non apparentes. Quant à la destination de père de famille, elle donne naissance à une servitude au moment où le propriétaire aliène l'un des héritages sur lesquels il a élevé, pendant qu'ils étaient réunis sous sa main, des ouvrages apparents de nature à constituer, par eux-mêmes et sans aucun fait de l'homme, en état de servitude des héritages qui appartiendraient à des maîtres différents. Ajoutons que la destination de père de famille ne vaut titre qu'à l'égard des servitudes continues et apparentes. L'établissement d'une servitude comprend tout ce qui est nécessaire pour en user : il suit de là qu'une servitude peut quelquefois naître comme accessoire d'une autre. Ainsi le droit de puiser de l'eau à la fontaine d'autrui emporte nécessairement un droit de passage. L'étendue du droit de propriétaire du fonds dominant est réglée par le titre constitutif, qui lui-même doit être interprété suivant l'intention des parties, la possession actuelle et le but de la servitude; dans le doute, on doit se décider en faveur de la liberté et restreindre la servitude plutôt que l'étendre. La nature des servitudes, qui consiste uniquement à souffrir ou à s'abstenir (loi 15, § 1, ff. *de servitutibus*), met aux frais du propriétaire les ouvrages nécessaires pour le maintien de la servitude.

Les servitudes s'éteignent : 1° au temps ou au cas prévu, lorsqu'elles ont été établies à terme ou sous condition; 2° lorsque le changement des lieux est tel que l'exercice de la servitude est impossible ou ne présente plus aucune utilité, mais la servitude revit si le rétablissement des lieux vient en rendre l'usage possible; 3° par la confusion, c'est-à-dire par la réunion dans la même main du fonds servant et du fonds dominant; 4° par l'abandon du fonds servant; 5° par le non-usage pendant trente ans. Le mode de la servitude peut se prescrire comme la servitude elle-même. La jouissance de l'un des copropriétaires du fonds auquel la servitude est due empêche la prescription à l'égard de tous. *Voir* le *Traité des servitudes ou services fonciers*, par J.-M. Pardessus, 8ᵉ éd. Paris, 1838, 2 vol. in-8º. E. R.

SERVIUS, *voy.* VIRGILE.

SERVIUS TULLIUS, 6ᵉ roi de Rome, mort, à ce qu'on assure, l'an 534 av. J.-C. *voy.* ROMAINS (*hist. des*), T. XX, p. 579.

SÉSAME (*sesamum orientale*, L.), plante oléagineuse, cultivée de temps immémorial dans l'Asie équatoriale, ainsi qu'en Orient et en Égypte. Au rapport d'Hérodote, les Babyloniens ne faisaient usage d'autre huile que de celle de sésame. Cette huile, à ce qu'on assure, se conserve plusieurs années sans rancir, et peut remplacer en tout point l'huile d'olives. On en fait aussi des préparations cosmétiques. Les Égyptiens sont grands amateurs d'un mets composé de marc d'huile de sésame, auquel ils ajoutent du miel et du jus de citron.

Le sésame appartient à la famille des bignoniacées. C'est une herbe annuelle, velue, haute de 2 à 3 pieds; à feuilles ovales ou oblongues, les inférieures opposées, longuement pétiolées, dentelées, les supérieures alternes, entières, courtement pétiolées; à fleurs solitaires, axillaires, ayant une corolle blanche et assez semblable à celle de la digitale pourpre. Le fruit est une capsule oblongue, tétragone, un peu comprimée, à 2 valves et à 4 loges. Les Égyptiens appellent cette plante *semsem*. ÉD. SP.

SÉSOSTRIS ou RHAMSÈS VI, *voy.* ÉGYPTE, T. IX, p. 269.

SESTERCE. Les Romains comptaient ordinairement par sesterces, *sestertii* ou *sestertia*. Le petit sesterce, *sestertius*, était une monnaie réelle qui valait le quart du denier (*voy.*) ou 2 as et demi (22 centimes); mais le *sestertium*, au pluriel *sestertia*, était une monnaie fictive ou de compte qui valait 1,000 sesterces : *decem sestertia*, 10,000 sesterces (2,200 fr.); qui valait même 100,000 sesterces avec un adverbe numérique : *quadragies sestertiûm*, 4,000,000 de sesterces (880,000 fr.). On trouve dans les auteurs et sur les inscriptions deux sigles pour les sesterces IIS ou HS : ce sont des expressions abrégées de 2 as et demi. F. D.

SETH, troisième fils d'Adam, et le second des patriarches de la Genèse, mourut à l'âge de 912 ans. Ses descendants conservèrent le culte du vrai dieu, et se distinguèrent de ceux de Caïn par la pureté et la douceur de leurs mœurs : aussi la Bible leur donne-t-elle le nom d'enfants de Dieu. Cependant ils finirent aussi par se corrompre. On attribue à Seth l'invention des caractères hébraïques, des années, des mois, des semaines, etc. Une secte gnostique, les *séthiens*, prétendait que Jésus n'était autre que Seth revenu sur la terre. X.

SETIER, *voy.* LITRE. La velte prenait aussi quelquefois le nom de setier. On appelait *setier de terre* la superficie de terre labourable nécessaire pour y semer un setier de blé. Z.

SÉTON (de *seta*, soie, crin). On désigne par ce nom un exutoire (*voy.*) consistant en une double plaie faite à la peau et dans l'épaisseur du tissu cellulaire sous-jacent, et dans laquelle on place un corps étranger, pour entretenir la suppuration. Voici succinctement la manière dont s'exécute cette petite opération. L'opérateur pince fortement la peau sur laquelle il doit agir, de manière à former un pli, dont il confie l'extrémité supérieure à un aide, tandis que de la main gauche il tient lui-même l'extrémité inférieure; puis, de la main droite il enfonce un bistouri, ou un instrument particulier pour cette opération, au travers de ce pli. La peau transpercée, il agrandit suffisamment l'incision, et introduit ensuite une petite bandelette de linge effilée, enduite de cérat, dans la plaie qu'il vient de pratiquer. Cette bandelette doit être assez longue pour servir au pansement de l'exutoire pendant un certain temps. Ce pansement se fait chaque jour au moins une fois, et il consiste à tirer au dehors la portion du linge qui a été souillée par le pus, à la couper et à la remplacer ainsi par une partie de la bandelette qui est restée en dehors de la plaie du côté opposé. Immédiatement après l'opération, comme après chaque pansement, un petit gâteau de charpie doit être placé sur la plaie; une compresse est ensuite posée sur la charpie, et le tout est maintenu à l'aide d'une bande médiocrement serrée. Un grand nombre de points de la peau peuvent recevoir un séton, cependant c'est à la nuque qu'on le place ordinairement, parce que c'est là en effet que se trouvent réunies les conditions les plus heureuses pour son application. Les maladies dans lesquelles ce moyen est surtout employé sont les ophthalmies (*voy.*) chroniques, quelques affections à marche lente, ayant leur siége dans l'encéphale. Quant au mode d'action du séton, il en a été suffisamment traité à l'art. Exutoire. M. S-n.

SÉVASTOPOL (ville d'Auguste ou de l'empereur), dans la langue du pays *Akhtiar*, et chez les Orientaux *Sarou-Kermán* (marché jaune), petite ville du gouvernement de Tauride (*voy.*), au sud-ouest de la presqu'île et à 62 verstes de Simféropol, est pour les Russes dans la mer Noire ce que Kronstadt est pour eux dans la mer Baltique (golfe de Finlande). « Le port est magnifique, dit le maréchal duc de Raguse; la nature en a fait tous les frais. La rade profonde, dont l'entrée a une ouverture de 700 toises, assez large pour rendre facile la navigation et pour permettre aux bâtiments de louvoyer, mais assez resserrée pour être à l'abri de la grande mer, est facilement défendue. Le port est armé de 350 pièces de canon; on ne peut y pénétrer par la force, et 30 canons-bombes à la Paixhans devaient y être encore ajoutés... Cette localité maritime est une des plus belles du monde. » Les documents officiels donnent aujourd'hui à la ville de Sévastopol 41,155 hab., en y comprenant sans doute toute la population consacrée, d'une manière directe ou indirecte, au service de la marine. Il y a une amirauté, un arsenal, de vastes casernes, une quarantaine, etc. L'enceinte de rochers qui forme le golfe est criblé de cavernes, et en suivant de là la route de Balaklava, le voyageur visite les ruines insignifiantes de l'antique ville de *Chersonnesus*, ainsi que l'emplacement du fameux temple de la Diane de Tauride, au promontoire Parthénion. S.

SÉVÈRE (Alexandre-), empereur romain de 222 à 235, *voy.* Alexandre S. et Romains, T. XX, p. 591.

SÉVÈRE (Septime-). Lucius Septimius Severus naquit à Leptis, en Afri-

que, l'an 146, d'une famille patricienne. Ambitieux et doué de talents distingués que ternissait, il est vrai, son goût pour la débauche, il s'éleva rapidement dans la carrière des honneurs. Marc-Aurèle le fit entrer au sénat, et le nomma successivement questeur en Afrique et commandant d'une légion en Espagne. A la mort de ce prince, Sévère se démit de ses emplois et alla visiter la Grèce. Commode ne tarda pas à le rappeler, et l'envoya à Lyon en qualité de gouverneur. Il l'éleva plus tard au consulat et au commandement des légions de la Pannonie. Après l'assassinat de Pertinax, Sévère, s'annonçant comme son vengeur, se fit proclamer empereur par ses soldats, en 193, marcha rapidement sur Rome, et, avant même d'y être arrivé, il apprit la déposition de Didius Julianus et sa propre élévation sur le trône des Césars (*voy.* Romains, T. XX, p. 591). Le premier soin de Septime-Sévère fut de châtier les prétoriens qui avaient pris part au meurtre de Pertinax: leur corps fut dissous et dispersé. Cependant la couronne n'était point encore affermie sur sa tête, car Pescennius Niger en Syrie, et Albinus dans la Bretagne, étaient des rivaux dangereux. Le premier, défait en plusieurs rencontres, perdit la vie en se sauvant vers l'Euphrate. Sévère abusa cruellement de sa victoire. Il exila les fils de Niger, en attendant qu'il les fît mettre à mort, frappa de contributions énormes les villes qui avaient pris son parti, proscrivit ses partisans, et détruisit Byzance qui, pendant trois ans, lui avait opposé un résistance héroïque. De retour à Rome, il se sentit assez puissant pour ne plus rien avoir à craindre d'Albinus: il le dépouilla donc du titre de César, qu'il lui avait accordé pour s'ôter, de ce côté, tout sujet d'inquiétude pendant sa campagne d'Orient. C'était une déclaration de guerre. Albinus y répondit en assemblant des troupes et en prenant le titre d'Auguste. Les deux armées se rencontrèrent près de Lyon, l'an 197 de notre ère. La bataille fut sanglante et longtemps disputée; mais la fortune de Sévère finit par l'emporter, et son compétiteur se tua en se jetant sur son épée. Les mêmes vengeances qui avaient suivi la défaite de

Niger, se répétèrent avec un caractère plus atroce encore. Pour atténuer le mauvais effet que devaient produire tant de cruautés, Sévère s'appliqua à gagner l'affection du peuple et des soldats par des fêtes, des distributions de vivres et d'argent, une diminution des impôts les plus lourds, des exemptions, des priviléges de toute sorte. Bientôt une invasion des Parthes dans la Mésopotamie l'appela de nouveau en Orient. Il vainquit successivement les Parthes, les Arméniens, les Arabes, et ne retourna à Rome qu'en 203. Son retour fut consacré par l'arc de triomphe qui porte encore son nom. La révolte des Calédoniens vint faire, quelques années après, une heureuse diversion à ses chagrins domestiques. Il se rendit en Bretagne en 208, et étendit sa domination jusqu'à la Clyde et au Forth. Les attentats de son fils Caracalla (*voy.*) contre sa vie empoisonnèrent ses derniers jours, et hâtèrent sa fin. Il mourut à York, en 211. Malgré sa cruauté et sa sévérité inflexible, Septime-Sévère fut un des empereurs romains les plus remarquables. Doué d'une activité incroyable, d'une grande ardeur pour le travail et d'un courage à toute épreuve, ami de l'ordre et de la justice, il parvint à extirper beaucoup d'abus qui s'étaient glissés dans l'administration. Il s'était d'abord montré favorable au christianisme, mais les étonnants progrès des chrétiens l'inquiétèrent, et il défendit sous des peines sévères d'embrasser leur religion.   Z.

SÉVÈRE (Sulpice), historien ecclésiastique, né en Aquitaine vers l'an 363, embrassa la carrière du barreau dans laquelle il ne se distingua pas moins par son éloquence que par son savoir. La mort de sa femme, qu'il perdit vers 392, lui causa une si vive douleur qu'il résolut de quitter le monde; en effet, après avoir distribué sa fortune à l'Église et aux pauvres, il se retira dans un ermitage près de Béziers, où il vécut en cénobite. La réputation de S. Martin étant arrivée jusqu'à lui, il se rendit auprès de l'évêque de Tours, qu'il accompagna dès lors dans ses nombreux voyages. Sur la fin de sa vie, l'invasion des Vandales l'obligea à chercher un asile dans un couvent de Marseille, où

il paraît qu'il termina ses jours. Son *Historia sacra* (Bâle, 1556, in-8°), le principal de ses ouvrages, est écrit d'un style si pur et si élégant pour le temps où il vécut, qu'on l'a surnommé *le Salluste chrétien*. Il nous reste encore de lui une Vie de S. Martin et trois Dialogues (Paris, 1511, in-4°), ainsi que quelques lettres. Ses œuvres complètes ont été imprimées plusieurs fois, entre autres, à Leyde (1635, in-12) et à Vérone (1741-54, 2 vol. in-4°).   E. H-g.

SÉVIGNÉ (Marie de Rabutin-Chantal, marquise de). L'acte de naissance de cette femme illustre, trouvé récemment par M. Ravenel, établit qu'elle est née à Paris, en février 1626. Petite-fille de sainte Frémiot de Chantal, orpheline en bas âge, elle dut à l'abbé Christophe de Coulanges, son oncle et son tuteur, de douces années passées à Sucy, et une éducation solide à laquelle eurent part Ménage et Chapelain. Cette éducation fut complétée par la société polie de la cour de Louis XIII et d'Anne d'Autriche. La jeune Rabutin-Chantal y brillait moins par une beauté régulière que par l'éclat de son teint, l'élégance de sa taille, la vivacité de sa physionomie, la facilité de son esprit, la sensibilité de son cœur, la gaîté franche de son caractère. Sa fortune ajoutait encore à ses qualités, lorsque le marquis Henri de Sévigné, d'une des plus nobles maisons de Bretagne, l'épousa le 1er août 1644. De cette union naquirent Charles de Sévigné et Françoise-Marguerite, si connue sous le nom de Mme de Grignan. Tous les témoignages s'accordent sur les torts de Henri de Sévigné envers la marquise. Amant de Ninon et d'autres beautés moins séduisantes, homme insouciant et railleur, il avait relégué sa femme en Bretagne pour se livrer à ses plaisirs en toute liberté. « On disait, au rapport de Conrart (*Mém. mss.*), qu'il y avait cette différence entre son mari et elle, qu'il l'estimait et ne l'aimait point, au lieu qu'elle l'aimait et ne l'estimait point. » Dès 1651, Henri fut tué en duel, et Mme de Sévigné, restée veuve de si bonne heure, se consacra sans retour à l'éducation de ses deux enfants.

Elle reparut à la cour trois ans après

la mort de son mari; mais l'idée qu'elle s'était faite de ses devoirs de mère lui interdit un second mariage et la mit à l'abri des séductions de l'amour. Les soupirs de Turenne et de Conti, frère du grand Condé, ceux du prodigue Fouquet et de l'impétueux Bussy, n'eurent pas plus de succès que les vaniteuses avances du chevalier de Méré et les déclarations ingénieuses du savant abbé Ménage.

Mme de Sévigné avait une trempe d'esprit peu commune. Ornement de l'hôtel Rambouillet, elle ne fut atteinte par aucun de ses travers. Les calomnies de son cousin Bussy l'avaient indignée; mais elle ne sut plus que le plaindre quand il fut tombé dans la disgrâce de Louis XIV. Pendant le procès du surintendant, elle ne prit pas moins d'intérêt à son sort que La Fontaine et Pélisson, et ses lettres à Pomponne sont, comme on l'a dit, un monument de fidélité à l'amitié malheureuse. Sa grande âme ne faiblit que dans une circonstance qu'elle n'avait pas prévue et qui dura des années, alors que sa fille (févr. 1671) suivit son époux dans son gouvernement de Provence : séparation dont s'applaudit la postérité, douleur maternelle qui nous a valu dix volumes d'une correspondance où se révèle à toutes les pages le cachet de l'originalité la plus vraie et de la plus inimitable perfection.

Nous ne discuterons pas les reproches divers qu'on a faits à Mme de Sévigné. On n'a pas assez tenu compte, en la jugeant, de la rapidité des impressions; on a trop souvent imputé à son esprit et à son caractère ce qu'elles avaient de passager. Ce n'est pas dans des lignes rapidement jetées sur le papier, en vue de plaire à un parent fier de sa noblesse, à une fille que charmeront de petites médisances; ce n'est pas dans un mot échappé à son vieil enthousiasme pour Corneille, qu'il faut reconnaître le jugement et les pensées habituelles de cette femme extraordinaire. Si l'on surprend dans un petit nombre de ses pages quelques préjugés de son époque, on y remarque sans cesse des idées lumineuses, sages, élevées, toujours exprimées avec bonheur, et tour à tour avec énergie et grâce, finesse et simplicité, éclat et naturel. Jamais on n'a pris avec moins de peine les tons les

plus variés : Bossuet et Montaigne, Nicole et Fénelon, Pascal et La Fontaine, semblent fondre leurs couleurs pour en charger la palette de Sévigné. Il est bien vrai, comme elle le dit, que sa plume a toujours *la bride sur le cou;* que ses *pensées,* sa *plume,* son *encre, tout vole :* nous en admirons davantage cette abondance d'esprit et de sentiment, de philosophie et d'images, cette aisance admirable dans l'ampleur d'un style qui s'ajuste à toutes les idées avec une indicible flexibilité, enfin cet art infini des nuances qui doivent échapper fréquemment aux étrangers, mais qui reculent les horizons de l'âme à mesure qu'elles sont mieux senties.

La seule passion qu'ait eue Mme de Sévigné avança le terme de sa vie. Elle avait éprouvé de longues fatigues et de mortelles inquiétudes près de Mme de Grignan longtemps malade; une petite-vérole l'emporta le 18 avril 1696. On avait cru à la violation de sa tombe en 1793; mais on a reconnu qu'elle est encore intacte à l'entrée du chœur de l'ancienne église de Grignan (*voy.* DRÔME).

Quelques lettres de Mme de Sévigné furent publiées en 1696 dans les *Mémoires,* et en 1697 dans la *Correspondance* de Bussy-Rabutin. Le premier recueil parut en 1726, Rouen et La Haye, 2 vol. in-12. En 1734, le chevalier de Perrin en édita 4 volumes auxquels il en ajouta deux nouveaux en 1737. Ami de la famille, il trouva dans les communications de ses membres les éléments d'un précieux commentaire, et en 1754 il donna une édition plus considérable, enrichie de notes et d'éclaircissements, 8 vol. in-12. Les éditions de l'abbé de Vauxcelles, 1801, 10 vol. in-12, et de Grouvelle, 1806, 8 vol. in-8°, ont été complétement effacées par celles de MM. de Monmerqué et de Saint-Surin, Paris, 10 vol. in-8°, avec portraits, vues et *fac-simile,* 1818-19, plus un vol. de supplément imprimé en 1820. Il faut citer encore l'édition de M. Gault de Saint-Germain, Paris, 1823, 12 vol. in-8°, avec 25 fig.; et celle de Lefèvre, 1843, 6 vol. in-8°.

L'éloge de Mme de Sévigné fut mis au concours par l'Académie de Marseille, en 1774; une femme, la présidente Brisson, remporta le prix. Une femme encore, Mme Tastu, a été couronnée, en 1840, par l'Académie-Française, qui avait proposé le même sujet l'année précédente. Un *Sévigniana*, compilé par l'abbé Barral, eut dans le dernier siècle plusieurs éditions. Notre savant collaborateur M. Walckenaër a publié des *Mémoires touchant la vie et les écrits de Marie de Rabutin-Chantal, dame de Bourbilly, marquise de Sévigné, durant la Régence et la Fronde*, Paris, 1842-43, 2 vol. in-18.

Aux lettres de Mme de Sévigné se joignent celles qu'on a de Mme de Grignan, de Charles de Sévigné, de Mme de Simiane, de quelques autres membres de cette famille qui tint le sceptre épistolaire pendant plus de 60 ans. Les Coulange ont un article dans cette Encyclopédie. En y renvoyant, nous ajouterons ici quelques lignes sur les descendants de Mme de Sévigné. Son fils, né en 1647, se distingua dans plusieurs campagnes. Séduit par Ninon comme son père, lié d'amitié avec les grands hommes de son siècle, il eut part à la rédaction du *Dialogue sur les héros de roman*, et publia contre Dacier une dissertation sur un passage d'Horace. Il mourut sans enfant, le 27 mars 1713. — Mme de Grignan, née en 1648, belle et parfaitement élevée, était une femme d'un grand mérite. La philosophie de Descartes allait à son esprit sérieux, les dogmes de Port-Royal à son cœur froid, et sa gravité contrastait avec l'enjouement de sa mère. L'opposition d'humeurs troubla quelquefois leur affection réciproque ; mais il n'y eut jamais entre elles que de ces légers nuages qui s'élèvent dans le cours d'une longue passion. La différence de leurs caractères se retrouvait dans leur correspondance : malheureusement nous avons très peu de lettres de Mme de Grignan, qui mourut le 13 août 1705. L'une de ses filles, Pauline, marquise de Simiane, née en 1674, fut l'idole de sa grand'mère, qui la disait, dès 1679, « une personne admirable, une petite fille à manger. » On a d'elle, outre une centaine de lettres auxquelles La Harpe trouve un air de famille, quelques vers assez jolis, et des opuscules dont le plus long est le badi-

nage intitulé : *Le cœur de Loulou*. Elle mourut le 2 juillet 1737.   J. T-v-s.

SÉVILLE, grande ville d'Espagne, capitale de la province de son nom, ainsi que de toute l'Andalousie (*voy.*), est une des plus anciennes cités de l'Europe. Elle s'étend au milieu d'une campagne superbe sur la rive gauche du Guadalquivir (*voy.*), qui la sépare du faubourg de Triana, avec lequel elle communique par un pont. Elle a dans son ensemble près de 6 lieues de circuit, et son enceinte est formée par une double muraille, flanquée de 150 tours. Élevée en partie sur pilotis, à cause de la nature marécageuse du sol, elle ne renferme généralement que des rues tortueuses, étroites et mal pavées. *Qui n'a vu Séville, n'a pas vu de merveille*, disent les Espagnols, généralement un peu amis de l'emphase; mais si l'aspect intérieur de la ville ne répond pas sous tous les rapports à ce dicton de l'orgueil national, celui-ci n'en est pas moins justifié par la splendeur imposante d'une partie des monuments de cette vieille métropole, qui rivalise à cet égard avec Grenade et Cordoue. Parmi ses 30 églises, on admire la magnifique cathédrale, chef-d'œuvre de l'art mauresque, et la plus grande de l'Espagne : on ne compte pas moins de 82 autels dans l'intérieur de ce temple somptueux, riche en tableaux et en mausolées, parmi lesquels le plus vif intérêt s'attache à celui de Christophe Colomb. Un orgue superbe réclame de son côté l'attention. La flèche qui domine l'église, connue sous le nom de *la Giralda* (girouette), a 374 pieds d'élévation. L'escalier par lequel on y monte offre une pente si douce qu'on peut arriver à cheval jusqu'au sommet de la tour. Parmi les autres monuments qui attestent l'éclat dont Séville jouissait au temps des rois maures, la première mention appartient à l'Alcazar, leur antique palais de résidence, remarquable par l'élégante bizarrerie de son architecture, par ses ornements et par ses jardins. C'est dans ce même édifice que l'inquisition établit, en 1478, son premier tribunal. Le vaste aqueduc, autre ouvrage des Maures, se compose de 400 arches. La Bourse, dite *Lonja*, est un bâtiment de belle apparence, qui renferme le dépôt des archives de toutes les découvertes espagnoles en Amérique. La vaste manufacture royale de tabac est la seule du royaume; elle a été établie en 1757. Le palais de l'archevêque, l'hôpital de la Sangre, un des plus grands qui existent, l'hôtel-de-ville, la monnaie, la fonderie royale d'artillerie, méritent également de fixer les regards. L'université, fondée en 1504, est une des plus fréquentées de l'Espagne et comprend une bibliothèque de 20,000 volumes. Séville possède en outre une académie des belles-lettres, une école des beaux-arts, une école royale de navigation, connue sous le nom d'école de Saint-Elme, 9 colléges, etc.; enfin une école de *tauromachie* instituée par Ferdinand VII, le seul établissement de ce genre dans le monde, où l'on exerce spécialement aux combats de taureaux dix élèves entretenus aux frais de l'état. L'arène destinée à ces divertissements sanglants du peuple espagnol est contenue dans un vaste amphithéâtre, construit moitié en bois, moitié en pierres de taille, et présente un diamètre de 240 pieds. L'Alaméda est une délicieuse promenade, ombragée de belles allées et embellie par des jets d'eau.

Séville est le siége de l'*audiencia real*, tribunal suprême de l'Andalousie. Cette ville qui, aux temps de sa plus grande prospérité, passait pour avoir une population de 400,000 hab., n'en compte plus maintenant que 96,000. Ses fabriques de soieries et de draps étaient autrefois très florissantes, mais cette industrie aussi y est aujourd'hui tombée en décadence. Séville a un port où s'est trouvé concentré pendant quelque temps le monopole du commerce du Nouveau-Monde*. Les plus gros bâtiments, en remontant le Guadalquivir, y apportaient alors directement leurs riches cargaisons; mais peu à peu les sables se sont tellement accumulés dans le lit du fleuve, qu'il n'est plus accessible à cette hauteur que pour de petits navires; tous ceux dont le port excède 100 tonneaux doivent être maintenant déchargés à San-Lucar de Barraméda, à l'embouchure du fleuve. La dé-

cadence du commerce de Séville date du xviie siècle. La formation de la compagnie royale pour la navigation à la vapeur sur le Guadalquivir, établie dans cette ville depuis 1827, tend néanmoins à y ranimer l'activité commerciale.

En suivant une route bordée de délicieux jardins et parsemée de bosquets d'orangers, hors de la ville, on arrive au village de Saint-Ponce, où l'œil est frappé par les ruines d'un amphithéâtre qu'avoisinent une foule d'autres débris. Il est probable que ces restes marquent l'emplacement de l'ancienne *Italica* des Romains, aujourd'hui nommée par les habitants *Sevilla la vieja*, qui se glorifiait d'avoir donné le jour à Trajan, à Adrien et à Théodose. On y montre encore la maison en ruines du premier de ces empereurs.

Suivant la tradition, Séville aurait été fondée par Hercule. Son nom était primitivement *Hispalis* ou *Spalis*. Les Maures auraient, s'il faut en croire les étymologistes, transformé *Spalis* en *Sbilia*, d'où serait finalement résulté le nom de *Sevilla*. Après la dissolution du khalifat de Cordoue, Séville eut des rois maures particuliers depuis 1023; puis elle s'érigea en république en 1236, et se gouverna elle-même jusqu'en 1248, époque où Ferdinand III, roi de Castille, la soumit à sa domination. Au xvie siècle, elle devint le principal foyer des sciences, des lettres et des arts dans la péninsule ibérique. Les peintres Velasquez et Murillo y ont formé une école. Dans ces derniers temps (1843), insurgée contre l'autorité d'Espartero, à qui elle refusait d'ouvrir ses portes, Séville a subi un bombardement; mais sa résistance força le régent à quitter l'Espagne. Le nouveau gouvernement de la reine récompensa la conduite héroïque des habitants par des distinctions honorifiques.   CH. V.

SEVRAGE. C'est le temps où se termine l'allaitement, soit naturel, soit artificiel, et où l'enfant, dont les dents se sont développées, commence à prendre une nourriture de plus en plus solide. Ce changement doit se faire par une douce transition plutôt que d'une manière subite, et il s'opérerait presque spontanément si on se laissait aller da-

---

(*) On sait que Christophe Colomb est parti pour son voyage de découverte du port de Palos, petite ville de la province de Séville.   S.

vantage aux indications de la nature. Au lieu de cela, souvent d'après des vues purement théoriques, le sevrage est avancé ou retardé au détriment de l'enfant, ou tout au moins sans profit pour lui.

Bien que dans les premiers mois de la vie le lait de la mère ou de la nourrice doive généralement suffire aux besoins de l'enfant, et que la nourriture étrangère doive être donnée avec réserve, pour ne pas amener un accroissement anormal et maladif, il est bon, vers le sixième mois, d'associer au lait quelques potages légers au pain ou aux pâtes, un peu de bouillie même, pourvu que le tout soit bien préparé, observant toutefois que les digestions se fassent d'une manière régulière, sans vomissements et sans évacuations surabondantes. Quand l'enfant est délicat, et que le lait de la mère est faible ou peu abondant, il devient utile d'administrer quelques cuillerées de vin. On augmentera la proportion des aliments solides lorsque les dents se seront développées, évitant toutefois le moment de leur sortie, où se manifestent d'ordinaire des symptômes inflammatoires. L'apparition successive des dents montrera ce qu'on doit faire sous le rapport de la viande, dont généralement l'usage doit être modéré.

En procédant de cette manière, le sevrage se fait tout seul; l'enfant, bien repu le soir, cesse de téter pendant la nuit; dans la journée, étant distrait, il cesse de jour en jour de rechercher le sein, et finit par le refuser tout-à-fait. C'est du 12e au 15e mois que les choses se passent ainsi en général. Il y a peu d'avantage à prolonger l'allaitement au-delà, comme le font quelquefois les mères par une tendresse mal entendue. Plus tôt, le sevrage, arrivant au milieu du travail de la dentition, ajoute aux embarras de cette époque.

Il peut cependant se présenter des cas où l'on est obligé de sevrer brusquement et où l'on ne peut pas donner une nourrice. On éprouve alors beaucoup de difficultés pour accoutumer l'enfant à une nouvelle nourriture, et sa santé en reçoit souvent une atteinte d'autant plus fâcheuse qu'on est plus près de la naissance. C'est pourtant ainsi qu'on procède dans divers pays où l'on nourrit les enfants *au petit pot* dès le début (*voy.* ALLAITEMENT ARTIFICIEL).

Relativement à la mère, le sevrage graduel n'a aucun inconvénient, la sécrétion laiteuse ayant diminué peu à peu et d'une manière presque insensible. Il n'en est pas de même lorsque l'enfant cesse brusquement de téter, et qu'une évacuation aussi abondante se trouve tout à coup interrompue. Des maladies graves et variées peuvent se manifester alors si l'on ne suscite une puissante révulsion sur le canal intestinal ou sur la peau, en même temps qu'on diminue la quantité des aliments. **F. R.**

SÈVRES (DÉPARTEMENT DES DEUX)-. Borné à l'est par le dép. de la Vienne, au sud par les dép. de la Charente et de la Charente-Inférieure, à l'ouest par celui de la Vendée, et au nord par celui de Maine-et-Loire (*voy.* ces mots), il reçoit son nom de deux rivières qui y prennent naissance, dont l'une, désignée sous le nom de *Sèvre Nantaise*, se dirige au nord vers la Loire, et l'autre, appelée *Sèvre Niortaise*, a un cours très étendu dans le midi du dép., devient navigable au nord, et se réunit à la Vendée dans le dép. de ce nom. D'autres rivières prennent naissance dans le dép. des Deux-Sèvres : tels sont le Choué, la Vendée et la Boutonne. L'intérieur forme un plateau qui sépare la *Gatine*, ou la partie montueuse et septentrionale du dép., de la Plaine, nom sous lequel on comprend tout le midi, où, au lieu de collines, on trouve des marais et des étangs. L'arrondissement de Niort repose presque entièrement sur le calcaire jurassique que l'on emploie aux constructions, et dont la partie supérieure, facile à tailler, sert à faire les grands vases à lessive appelés *ponnes*. Le dép. a une superficie de 607,350 hect., ou près de 307 ½ lieues carrées, dont les deux tiers, c'est-à-dire 404,355 hect., sont des terres labourables, 74,953 des prés, 20,893 des vignes, et 36,090 des bois. Environ 22,000 hect. ne présentent que des landes et bruyères. On élève beaucoup de bestiaux, de chevaux et de mulets pour l'exportation; on engraisse des porcs et des volailles; on recueille 400,000 kilogr. de laine, et l'on fait 300,000 hectol. de vins, qui toutefois sont de qualités ordinaires, d'eau-de-vie et de vinaigre. On exporte aussi de ce dép., en partie très fertile et bien cultivé, des grains et farines, et du bois. Les rivières et les étangs donnent beaucoup de poissons. Quant à l'industrie, elle porte principalement sur la tannerie, la mégisserie et la ganterie, sur la distillerie, le tissage des draps et serges, et la papeterie; on exploite des mines de fer, et on apprête ce métal dans les forges de la Meilleraye: Il y a des carrières de marbre, de granit et de pierres meulières; les environs de Celles donnent des cristaux de quartz, et les environs de Niort des calcédoines. Il y a des eaux minérales à Bilazais, à Saint-Léger de Montbrun et à Fontadan.

Le dép. des Deux-Sèvres se divise dans les 4 arrondissements de Niort, Bressuire, Melle et Parthenay, ayant ensemble 31 cantons et 355 communes, avec une population de 310,203 âmes en 1841. En 1836, on l'avait évaluée à 304,105 habitants. En voici le mouvement pendant cette même année : naissances, 8,221 (4,278 masc., 3,943 fém.), dont 407 illégitimes; décès, 5,007 (2,563 masc., 2,444 fém.); mariages, 2,521. Chacun des 4 arrondissements nomme un député; au 9 juillet 1842, il y avait 1,788 électeurs. Le dép. fait partie du diocèse de Poitiers et de la 12e division militaire, qui a son quartier général à Nantes; ses tribunaux sont du ressort de la cour royale de Poitiers, et ses établissements d'instruction dépendent de l'académie de la même ville. Pour les réformés, il y a cinq églises consistoriales et quinze écoles. Le dép. paye 1,466,063 fr. d'impôt foncier.

Niort, chef-lieu du dép., est une ville ancienne, peuplée de 18,199 âmes. Située sur la Sèvre Niortaise, elle a de grandes casernes, une salle de spectacle, une bibliothèque, un hôpital, des halles et un jardin de botanique. On y fabrique beaucoup de souliers; son angélique est renommée. Cultivés en jardins, les environs donnent un produit annuel de la valeur de 250,000 fr. A quelques lieues de là, et sur la même rivière, est la ville de Saint-Maixent (4,214 hab.) avec un

vieux château. La ville de Bressuire, sur l'Argenton, a 1,894 hab.; elle était plus considérable autrefois; et le bourg d'Argenton-Château (566 hab.), privé de l'édifice qui lui a valu son surnom, présente la même décadence; ces lieux, ainsi que Châtillon-sur-Sèvre (1,060 hab.), ont été ravagés dans la guerre de la Vendée. Thouars, ville de 2,275 hab., sur le Thoué, est dominée par un vaste château qui a appartenu à la famille de la Trémoille; la ville possède un hôpital et un hospice. Melle, sur la Béronne, a 2,724 hab.; c'est une ville mal bâtie, mais agréablement située. Parthenay, ancien chef-lieu de la Gatine, ville de 4,288 hab., a été ravagée aussi pendant la révolution. Un des lieux les mieux bâtis du dép. est la petite ville d'Airvault (1,923 hab.), sur le Thoué. Les châteaux abondent dans ce pays; on remarque surtout celui de la Meilleraye, qui a 16 pavillons et 365 fenêtres; celui de Murzay, sur la Sèvre, ceux d'Ouoiron et de Coulange. Ce dép., ayant fait partie de l'ancien Poitou, a des antiquités d'une date plus reculée; ainsi on y trouve plusieurs monuments primitifs et sans doute religieux (*voy.* DRUIDIQUES) des Gaulois, tels que la Pierre-pèse auprès de Limalonge, des dolmens auprès de Thouars, et des pierres-levées auprès de Saint-Maixent. Une société de statistique, formée à Niort, a publié des Mémoires intéressants dans la *Revue littéraire de l'Ouest.* On peut consulter aussi avec fruit la *Statistique* de ce dép. par l'ancien préfet Dupin. D-c.

SEXE, ORGANES SEXUELS. Ce n'est qu'à un certain degré d'organisation que la *sexualité* se manifeste, et ce n'est que dans les êtres complets que les organes sexuels apparaissent et fonctionnent d'une manière évidente et distincte. Dans l'hétérogénie ou production de corps vivants par des êtres ou substances d'une nature différente de la leur, il est tout naturel qu'on ne recherche point la sexualité; elle ne se montre pas non plus dans l'homogénie monogénique où un individu produit un individu qui lui ressemble : ce n'est que dans l'homogénie digénique que deux séries d'organes deviennent nécessaires à la production d'un nouvel être semblable à ses parents, soit que ces appareils sexuels se trouvent réunis sur le même sujet (fleurs monoïques), ou séparés sur le même pied (fleurs dioïques), soit enfin que les organes mâles et les organes femelles soient portés sur des individus complétement séparés, comme on le voit dans les palmiers et dans le plus grand nombre des animaux.

L'idée de sexe entraîne celle de la séparation complète des organes génitaux, et les deux parties de cette dichotomie sont le *sexe féminin* qui possède le germe du nouvel individu, et le *sexe masculin* qui lui donne en quelque sorte l'impulsion vitale nécessaire à son évolution. Mais, dans les animaux supérieurs, le caractère sexuel ne se borne pas aux parties spécialement destinées à la reproduction : il s'imprime à l'organisme tout entier, et se fait reconnaître à des variétés de forme, de volume et de consistance connues de tout le monde. Il modifie également les passions et les affections, et se retrouve dans tous les actes de la santé et de la maladie. Cela est tellement vrai qu'on voit ces caractères s'effacer, et une sorte de transformation s'opérer chez l'homme à la suite de la castration (*voy.* ce mot et EUNUQUE), et chez les femmes, lorsque l'âge du retour a en quelque sorte anéanti l'influence de la fonction génératrice, comme aussi chez les sujets de sexe équivoque et incomplet qu'on désigne vulgairement sous le nom d'*hermaphrodites* (*voy.* ce mot).

Les organes sexuels étudiés dans les diverses classes d'êtres qui en sont pourvus présentent d'innombrables variétés, à commencer par l'étamine et le pistil dans les végétaux, et en s'élevant par degré jusqu'à l'espèce humaine. Là existent deux appareils organiques bien séparés, l'un destiné à la production et à la fécondation du germe, l'autre ayant pour objet de le développer. Nous ne pouvons ici qu'indiquer rapidement les diverses parties de ces appareils, et en signaler les fonctions. Chez la femme, l'appareil sexuel est renfermé dans le bassin, cavité osseuse faite pour le protéger, tandis que chez l'homme, il est presque entièrement situé à l'extérieur. Les *ovaires* (*voy.*), au nombre de deux, fournissent l'œuf qui, descendant par la trompe, pénètre dans l'*utérus* (*voy.*), organe creux, dilatable et contractile, qui communique à l'extérieur par un canal membraneux appelé le *vagin*. Chez l'homme, les organes sexuels, ayant des fonctions essentiellement limitées, occupent moins d'espace. Le *testicule*, organe pair, fournit le sperme fécondant, qui va se déposer et se perfectionner dans la vésicule séminale, d'où il est excrété et porté à sa destination au moyen du pénis, cylindre solide pourvu d'un canal qui sert également à l'expulsion de l'urine. C'est aux articles GÉNÉRATION et autres qu'on y trouve indiqués, qu'il faut chercher les détails relatifs à la part que prennent les sexes dans ces actes importants. Il faut consulter aussi l'art. FEMME pour connaître les différences que le sexe suscite dans l'organisme tout entier.   F. R.

SEXTUS EMPIRICUS, sceptique célèbre de la fin du IIᵉ siècle de l'ère chrétienne, vraisemblablement d'origine grecque, vécut à Alexandrie et à Athènes, et fut disciple d'Hérodote de Tarse. Il unissait beaucoup d'esprit à beaucoup d'érudition. Il fut surnommé *Empiricus* parce que, comme médecin, il appartenait à l'école empirique qui florissait à cette époque. Aucun écrivain de l'antiquité n'a présenté le scepticisme d'une manière plus lumineuse ; personne n'en a développé le principe, la méthode et le but plus clairement que lui. Son unique mérite, d'ailleurs, c'est d'avoir recueilli et disposé convenablement les maximes et les conclusions des sceptiques antérieurs, surtout d'Énésidème (*voy.*) ; il n'a rien tiré de son propre fonds, tout au plus a-t-il appliqué les résultats obtenus aux problèmes agités de son temps. Toutefois, comme il s'est attaché principalement à combattre les systèmes philosophiques, sans dédaigner souvent, il est vrai, de recourir au sophisme, ses écrits sont d'une grande importance pour la connaissance de la philosophie grecque. Il nous reste de lui deux ouvrages, dont l'un : *Pyrrhoniæ hypotyposes*, est un développement, et l'autre : *Adversus mathematicos*, une application des doctrines de Pyrrhon (*voy.*). Ce dernier ouvrage est divisé en 2 parties dont la 2ᵉ, en V livres, est dirigée particulièrement contre les philosophes. Tous les deux ouvrages ont été traduits du grec en latin, et publiés pour la 1ʳᵉ fois par Henri Estienne et Hervet (Anv., 1569 et 1601), et réimpr. à Paris avec le texte grec, en 1621. La meilleure éd. est celle de Fabricius (Leipz., 1718, in-fol.). Les Hypotyposes ont été trad. en franç., Paris, 1725, in-12. *C. L.*

SEYCHELLES (ILES), groupe de trente ilots, situé dans l'océan Indien, et formant comme une dépendance de l'île Maurice ; groupe très important, dit M. Balbi, par sa position centrale pour le commerce de l'hémisphère austral, par ses ports excellents et par la culture des épices qui est très-florissante. Les plus grandes des Seychelles et les seules habitées sont : Mahé, avec la ville du même nom renfermant près de 6,000 hab., Praslin et La Digue ; les autres ne sont guère que des rochers couverts de sable. Le climat en est assez doux ; on y cultive toutes sortes de fruits, la canne à sucre, le café ; et l'on y trouve une grande quantité de tortues. Découvertes par un Français qui leur a donné son nom, les Seychelles ont été cédées à l'Angleterre en 1814. X.

SEYDLITZ (FRÉDÉRIC-GUILLAUME DE), général de cavalerie qui s'est fait un grand nom dans la guerre de Sept-Ans (*voy.*), surtout par la part glorieuse qu'il prit aux batailles de Rossbach et de Kunersdorf. Né d'une famille noble à Clèves, en 1722, il mourut en 1773, et fut enterré dans sa terre de Silésie. On lui a érigé une statue en marbre blanc sur la place Guillaume à Berlin. Z.

SEYMOUR, ancienne famille dont la célébrité en Angleterre date du règne de Henri VIII et de ses successeurs. Sir JOHN Seymour de Wolfhall, dans le Wiltshire, eut trois enfants : 1° JEANNE Seymour, fille d'honneur d'Anne de Boolen (*voy.*), et qui lui succéda dans le cœur de l'inconstant monarque. Mariée au roi le 20 mai 1536, le lendemain même de l'exécution de sa rivale, elle en eut un enfant dont la naissance lui coûta la vie (12 octobre 1537), et qui régna après la mort de son père sous le nom d'Édouard VI (*voy.* ce nom). 2° EDWARD Seymour, protecteur sous le règne de

son neveu, avec le titre de lord Somerset (*voy.*) sous lequel il est plus connu. Ses trois filles ANNA, MARGUERITE et JEANNE Seymour, furent célèbres par leur talent pour la poésie. Les vers qu'elles composèrent sur la mort de Marguerite de Valois, sœur de François Iᵉʳ, furent traduits en français, en grec, en italien, et imprimés à Paris en 1551, in-8°. 3° Sir THOMAS Seymour, lord SUDLEY, frère puîné du précédent, nommé lord grand-amiral en 1547, épousa, en mars 1548, Catherine Parr, veuve de Henri VIII, et, après sa mort, essaya à plusieurs reprises d'obtenir la main de la princesse Élisabeth. Hume le dépeint comme un homme supérieur au protecteur par ses talents, mais d'une ambition insatiable, et ne se faisant pas scrupule de troubler l'état pour conquérir la part qu'il croyait lui être due dans le gouvernement du royaume. Mécontent de n'être que conseiller privé, quand il voyait son frère à la tête de l'administration, il cabala contre lui et essaya de se faire nommer gouverneur du jeune roi. Ses menées coupables furent enfin déférées par le protecteur au parlement qui le condamna à mort. L'exécution eut lieu à la Tour, le 20 mars 1549. Le titre de lord Seymour est actuellement porté par le fils aîné du duc de Somerset, ÉDOUARD-ADOLPHE, né le 20 octobre 1804, et membre de la Chambre des communes. R-Y.

SFORZA, nom d'une célèbre famille italienne, qui a joué un grand rôle dans le XVᵉ et le XVIᵉ siècle, a donné six ducs à Milan et s'est alliée aux premières maisons souveraines de l'Europe. Elle fut fondée par un paysan de Cotignola, dans la Romagne, nommé GIACOMO ATTENDOLO, qui, par son intelligence et son courage, réussit à se placer parmi les plus fameux *condottieri* de l'Italie. Las de sa vie obscure et pénétré du sentiment de sa force, il se mit à la tête de quelques hommes et offrit ses services au roi de Naples. En peu de temps, il acquit une telle puissance qu'il fut le principal soutien du trône de Jeanne II. Le comte Albéric de Barbiano lui donna le surnom de *Sforza*, par allusion à ses violences et à l'empire qu'il exerçait.

Il laissa, en mourant, ses bandes dévouées à son fils FRANCESCO, non moins brave que lui. Francesco sut bientôt se rendre si redoutable que le duc de Milan, Philippe-Marie Visconti (*voy.*), lui donna sa fille en mariage et lui confia le commandement en chef de ses troupes dans la guerre contre Venise. A la mort de son beau-père, en 1447, Francesco, résolu de faire valoir les droits que sa femme Bianca pouvait avoir au trône, conclut la paix avec Venise, marcha sur Milan et força par la famine les habitants à se rendre. Élu duc en 1448, il devint la souche d'une famille qui n'hérita ni de son habileté ni de sa fortune.

Il eut pour successeur, en 1466, son fils GALÉAZ-MARIE, prince cruel et voluptueux, qui fut assassiné en 1476.

Chassé du trône par son oncle, Louis-le-Maure, son fils JEAN-GALÉAZ s'allia avec le roi de France Charles VIII et lui ouvrit, en 1494, la route du royaume de Naples. Mais étant entré plus tard dans la ligue contre la France, il fut déposé, en 1499, par Louis XII. Les Suisses le rétablirent sur son trône l'année même. Louis XII rentra donc en Italie, détacha de lui les Suisses, s'empara de sa personne et le fit enfermer dans le château de Loches où il mourut, en 1510.

Son fils MAXIMILIEN parvint, avec le secours des Suisses, à chasser encore une fois les Français en 1512; mais après la bataille de Marignan, il lui fallut abandonner ses états à François Ier, et se contenter d'une pension annuelle. Lorsque Charles-Quint eut reconquis le Milanez, il en investit le frère de Maximilien, FRANÇOIS, qui mourut le 24 oct. 1535. Cinq ans plus tard, l'Empereur donna Milan à son fils Philippe II d'Espagne.

Le premier des Sforza, Giacomo, avait laissé un fils naturel, ALEXANDRE, né en 1409, mort en 1473, et l'un des plus fameux capitaines de son temps, qui fut le fondateur de la ligne collatérale des seigneurs de Passano. Cette ligne s'éteignit, en 1501, en la personne de JEAN Sforza que César Borgia dépouilla de ses états pour le punir d'avoir répudié sa sœur Lucrèce.

Une autre ligne collatérale dont les membres portaient le titre de princes romains, s'est éteinte, au mois de mai 1832,

dans la ligne masculine, en la personne du jeune duc Cesarini. *C. L.*

S'GRAVESANDE (GUILLAUME-JACQUES VAN), philosophe et mathématicien, né le 27 sept. 1688 à Bois-le-Duc en Hollande, descendait d'une ancienne famille patricienne de Delft. Il étudia à Leyde la jurisprudence qu'il abandonna bientôt pour s'occuper plus spécialement des sciences physiques et mathématiques. Il n'avait que 19 ans lorsqu'il publia son *Essai sur la perspective*, et ce premier ouvrage lui valut les éloges de Bernoulli. Reçu docteur en droit en 1707, il vint à La Haye et suivit le barreau; puis, de 1713 à 1722, il rédigea avec plusieurs jeunes savants hollandais le *Journal littéraire* qui fut plus tard transporté à Leyde et continué sous le titre de *Journal de la république des lettres*. Si cette publication se plaça à un haut rang dans l'estime du monde savant, ce fut certainement en grande partie à la collaboration de S'Gravesande qu'elle le dut. Ses dissertations mathématiques étaient en effet aussi propres à intéresser les mathématiciens, que ses considérations sur la liberté à fixer l'attention des philosophes. En 1715, il fut nommé secrétaire d'ambassade à Londres, et en 1717, professeur de mathématiques et d'astronomie à Leyde, chaire à laquelle il réunit dans la suite celle de philosophie. Il mourut dans cette dernière ville, le 28 févr. 1742. Doué d'une sagacité extrême et d'une grande profondeur d'esprit, S'Gravesande était en état, au milieu de la société la plus bruyante, de résoudre les problèmes les plus difficiles de mathématiques. Plusieurs fois il refusa des places avantageuses pour rester dans sa patrie qu'il chérissait. Admirateur de Newton, son respect n'allait pas toutefois jusqu'à adopter sans examen toutes ses opinions. En philosophie, il combattit le fatalisme de Spinoza et de Hobbes. Ses *OEuvres* ont été publiées à Amsterdam, 1774, 2 vol. in-8°. *C. L.*

SHAFTESBURY (ANTOINE ASHLEY COOPER, comte DE), né le 22 juillet 1621, orateur, homme d'état, ministre, il fut mêlé, en Angleterre, à tous les événements d'une époque féconde en révolutions et en intrigues. Il descendait par son père des Cooper du comté de

Hants, et par sa mère des Ashley du comté de Dorset. Orphelin à 13 ans, il commença son apprentissage de la vie par disputer son patrimoine à des créanciers et à des parents avides ; à 19 ans, il était élu membre de la Chambre des communes ; à 22, il avait déjà groupé autour de lui un parti. La guerre civile commençait, et son génie pour l'intrigue trouva bientôt matière à s'exercer. Il se présente d'abord à la royauté comme négociateur d'une alliance avec les gentilshommes de province ; repoussé comme un auxiliaire trop dangereux, il se donne au parlement, reçoit le commandement d'une brigade, et, après plusieurs expéditions heureuses, il se fait nommer juge de paix dans le comté de Dorset où, fort d'une magistrature populaire et de son crédit personnel, il attend les péripéties du drame sanglant qui se joue à Londres. Cromwell essaya de se l'attacher comme grand-chancelier, mais le jeune magistrat refusa de se compromettre, et réélu au parlement malgré l'opposition du protecteur, il se trouva, à sa mort, libre de tout engagement. Avec la sagacité politique qui le caractérisait, il avait prévu de longue main la réaction qui allait s'opérer en faveur de la royauté, et si Monk (*voy.*) fut l'instrument de la restauration, on peut dire que sir Ashley Cooper en fut l'âme. Aussi fut-il comblé de faveurs par Charles II, qui le nomma membre du conseil privé, gouverneur de l'île de Wight, lord-lieutenant du comté de Dorset, comte de Shaftesbury, en avril 1672, et enfin, le 4 novembre suivant, grand-chancelier d'Angleterre. Mais quoiqu'il parût appuyer de son nom et de sa position officielle la politique réactionnaire de la royauté restaurée, un noyau d'opposition ne tarda pas à se former autour de lui dans la Chambre haute, et, pendant plusieurs années il donna le singulier spectacle d'un ministre du roi influent auprès de ses collègues, personnellement agréable au monarque, qui faisait échouer la plupart des mesures du gouvernement, et parfois celles même qu'il avait proposées en qualité d'organe de l'administration. Ainsi il s'opposa au bill qui plaçait les corpo-

rations sous la main du roi, à l'abandon de Dunkerque, à la guerre de Hollande. Membre du ministère de la *cabale* (*voy.*) qui consomma l'alliance vénale de la France et de la Grande-Bretagne, il sut échapper au soupçon de corruption qui atteignait des noms respectés (*voy.* RUSSELL et SIDNEY) ; indifférent en matière de croyance, il eut l'art de se poser en défenseur zélé de l'Église protestante. C'est à ce titre qu'il fit repousser le statut de *non-conformité*, et adopter celui du *test* qui donna tant d'embarras à Jacques II, et mit pendant un siècle et demi les catholiques hors de la constitution. Enfin, quand il vit la Restauration marcher à sa perte, il déposa les sceaux et tira l'épée, comme il le dit à son successeur (nov. 1673). Dès lors il devint le chef avoué de l'opposition à la Chambre des lords, y combattit la doctrine de l'obéissance passive, exploita le complot papiste et contribua puissamment au bill *d'exclusion* (*voy.* JACQUES II). Malgré ces actes, malgré une décision récente du parlement, qui l'avait condamné à l'amende honorable et à la prison, il eut encore assez de crédit pour se faire nommer, en 1672, président du nouveau conseil privé qui dota l'Angleterre du fameux bill de l'*habeas corpus* (*voy.*). Arrêté de nouveau, en juillet 1681, sous la prévention du crime de haute-trahison, mais acquitté par le jury, il fut impliqué peu de temps après dans la conspiration du duc de Montmouth (*voy.*), et se réfugia en Hollande où il mourut le 2 janvier 1683. M. Martyn a publié à Londres, en 1837, des *Mémoires sur la vie de Shaftesbury*, d'après des papiers de famille.

ANTOINE ASHLEY COOPER, comte de Shaftesbury, petit-fils du précédent, naquit à Londres le 26 févr. 1671. Il fut élevé par son grand-père et par le célèbre Locke. Ce fut dans leurs leçons et dans un commerce suivi avec Bayle, qu'il puisa cet esprit pénétrant et libre qui l'a fait proclamer par Voltaire *un des plus hardis philosophes de l'Angleterre*. Il fut membre du parlement et assez en crédit près du roi Guillaume qui lui offrit une place de secrétaire d'état. Mais il refusa, et sa carrière politique n'offre guère d'incidents remarquables, si ce n'est la part qu'il prit au bill tendant à faire accorder un conseil aux accusés de haute trahison, à l'acte de partage de 1701, et à la grande coalition de l'année suivante. Le reste de sa vie fut rempli par des voyages en Hollande, en France, en Italie, où il mourut le 4 févr. 1713, et par la publication de divers ouvrages, dont le plus célèbre est intitulé : *Characteristicks of men, manners, opinions, times*, trad. en franç., 1771, 3 vol. in-8°. Voltaire, Diderot et Pope ont beaucoup emprunté aux opinions philosophiques de Shaftesbury, qui ont été réfutées par Leibnitz, Berkeley et Warburton.

Cropley Ashley Cooper, cinquième comte de Shaftesbury, né en 1768, est président des comités dans la Chambre des lords.   R-y.

SHAKSPEARE (William), naquit à Stratford sur l'Avon, le 23 avril 1564, et mourut dans la même ville, le même jour, à 52 ans de là, après avoir illustré la scène anglaise par ses chefs-d'œuvre; voilà peut-être les seuls points incontestés dans la biographie du premier poëte dramatique de l'Angleterre. Son nom même, ce nom que l'enthousiasme de ses compatriotes a déclaré « au-dessus de toute rivalité humaine », n'a pas échappé à l'incertitude qui règne sur la plupart des circonstances de sa vie et surtout de sa première jeunesse*. Sa famille, ancienne dans le comté de Warwick, y possédait-elle encore des terres concédées à son arrière-grand-père par le roi Henri VII, comme l'affirme un octroi d'armoiries obtenu par le poëte pour son père, en 1596, ou n'était-ce là qu'une fiction complaisante de la part du collége héraldique? toujours est-il que celui-ci, catholique et père de dix enfants, gantier et cardeur de laine, quelques-uns ajoutent boucher à Stratford, tomba, quand son fils aîné William était jeune encore,

dans un état de gêne tel qu'il ne payait ni son boulanger ni ses taxes. Heureusement la ville avait une école gratuite, où le jeune homme put recevoir quelques éléments d'instruction. On croit qu'il fut ensuite sous-maître dans quelque établissement du même genre, puis clerc de procureur. Son union avec Anne Hathaway, plus âgée que lui de 8 ans et qui le rendit père de trois enfants, avait donné lieu à des conjectures changées en certitude par la découverte de l'acte de naissance du premier de ces enfants, acte postérieur de deux mois seulement au mariage. On s'explique comment ce mariage, contracté à 18 ans et dans de pareilles circonstances, tint si peu de place dans la vie du poëte, qui paraît ne s'être souvenu de sa femme que dans son testament, pour lui léguer le second de ses lits après le meilleur (*the second best*). Il porta toujours si légèrement le joug conjugal, que cet état ne paraît jamais avoir rien ôté ni aux allures aventureuses de sa jeunesse ni à la complète indépendance de son âge mûr, et si l'épisode du daim tué en braconnant dans le parc d'un gentilhomme du canton offre plusieurs invraisemblances, malgré l'existence de la ballade satirique attribuée à Shakspeare et l'allusion que semble renfermer la scène de Falstaff et du juge Shallow dans les *Joyeuses commères de Windsor*, il faut reconnaître, du moins, que le fait n'a rien d'absolument incompatible avec les habitudes du héros de l'aventure à cette époque.

Quel que soit le motif qui lui ait fait quitter sa ville natale, nous le trouvons à Londres de 1585 à 1587. Peut-être y vint-il avec une de ces troupes d'acteurs qui donnaient alors des représentations à Stratford, à Kenilworth et dans les environs. Mais l'anecdote, suivant laquelle il aurait débuté par garder les chevaux à la porte du théâtre et avertir les acteurs au moment de leur entrée en scène, a perdu toute vraisemblance depuis les nouveaux documents découverts par M. Collier. En effet, dès 1599, il nous apparaît non-seulement comme un des comédiens ordinaires de la reine à Blackfriars, mais comme propriétaire pour une part de l'entreprise, et son nom se place

(*) Malone veut qu'on écrive *Shakspeare*; sir Frédéric Madden et M. Charles Knight *Shakspere*, orthographe déjà adoptée dans l'édition de Bell, en 1785. Celle de *Shakespeare* a pour elle l'autorité de M. Collier et de la *Société shakespearienne*. La publication récente du *fac-simile* de six signatures autographes du poëte n'a pas décidé la question, à cause du peu de netteté des caractères.

le douzième sur une liste de 16 actionnaires. En 1566, il figure le cinquième sur une pétition signée par 7 de ses camarades. En 1603, la patente accordée à la troupe le cite parmi les trois premiers intéressés. Enfin, en 1608, Burbage et lui sont les deux propriétaires principaux, ayant à eux deux 8 actions sur 20; de plus, les costumes et les décorations appartiennent à Shakspeare. Diverses acquisitions de terres dans sa province natale concourent avec ces données pour établir la prospérité croissante des affaires du poëte, et, dès 1590, les injures de ses rivaux, consignées dans les pamphlets du temps, fournissent un indice non moins évident de l'importance littéraire qu'il commençait à acquérir.

A cette époque, des représentations théâtrales plus régulières remplaçaient les masques et les intermèdes, qui avaient eux-mêmes succédé aux moralités et aux mystères. Greene et Marlowe avaient essayé de polir le drame encore grossier de Heywood et de Sackville; mais ils venaient de mourir, et le théâtre anglais attendait un homme de génie qui le marquât de son empreinte. Les salles du *Globe* et de *Blackfriars* se remplissaient, à une heure après midi, moyennant quelques *pence*, d'une foule de gens du peuple, d'apprentis et de marins qui mangeaient et buvaient pendant le spectacle, de jeunes seigneurs qui encombraient les côtés de la scène, comme les marquis de l'hôtel de Bourgogne. De vieilles tapisseries au lieu de décorations, de jeunes garçons pour les rôles de femmes, des *clowns* pendant les intermèdes, telles étaient les ressources restreintes qu'offraient le matériel et le personnel, quand Shakspeare commença à travailler pour le théâtre. Nous suivrons Malone, Chalmers et Tieck pour la série chronologique de ses ouvrages, rendue fort incertaine par les arrangements et remaniements dramatiques si fréquents à cette époque. Les premières productions authentiques de notre auteur paraissent dater de 1593, où il donna sous son nom trois comédies : *les Deux gentilshommes de Vérone, les Peines d'amour perdues* et *les Erreurs.* « On y retrouve à la fois, dit Coleridge, l'écolier qui s'essaie, l'ar-

tiste qui subit l'influence d'un art à peine ébauché, et l'homme de génie qui se débarrasse de ses langes. » Immédiatement après (1584), viennent les premières esquisses de *Roméo et Juliette* et d'*Hamlet*, que l'auteur remania plusieurs fois. On rapporte à la même date deux poëmes élégiaques et érotiques imités de l'italien et des auteurs classiques, *Vénus et Adonis* et *l'Enlèvement de Lucrèce*, que Shakspeare appelle cependant « le premier-né de son imagination. » De 1594 à 1600, se place la série de ses chroniques dramatiques qui, *Henri VIII* excepté, appartiennent toutes à la même phase, *le roi Jean, Henri V,* les trois parties de *Henri VI, Richard II, Richard III,* manuel vivant de l'histoire nationale, où l'homme du peuple, et quelquefois, de son aveu, l'homme d'état lui-même, vont puiser la connaissance de leurs vieilles annales et l'amour de leurs antiques libertés. Avant 1598 avaient paru *Le moyen d'apprivoiser une femme revêche (Taming the shrew), le Rêve de la mi-août, Tout est bien qui finit bien, le Marchand de Venise,* et peu après, *Beaucoup de bruit pour rien; la Nuit des Rois, les Joyeuses commères de Windsor, Roméo et Juliette,* enfin la seconde partie des *Sonnets,* dont les premiers avaient paru en 1596. La dernière phase de son génie est celle des quatre grandes tragédies de passion : *Othello,* le dernier *Hamlet, le Roi Lear* et *Macbeth;* celle de *Henri VIII, Timon d'Athènes, Troïlus et Cressida, Intrigue contre intrigue (Measure for measure);* celle enfin de *Coriolan, Jules César, Antoine et Cléopâtre, Cymbeline,* le *Conte d'une nuit d'hiver* et *la Tempête,* que l'on croit des essais de jeunesse retouchés dans l'âge mûr, peut-être dans la retraite. Après les ballades et les chroniques nationales, les *Novellieri* italiens, Bocace, Luigi da Porto, Bandelli, furent les sources auxquelles l'auteur puisa le plus fréquemment. « Peu de latin et pas de grec, » au dire de Ben-Johnson, son contemporain, probablement assez de français [*] et d'italien pour déchiffrer dans

---

(*) Shakspeare a certainement fait de nombreux emprunts directs ou indirects à Boistuau,

l'original quelques nouvelles non traduites, voilà à quoi se bornait l'érudition de Shakspeare, sur laquelle le docteur Farmer a composé un curieux *Essai*. Les dieux du paganisme invoqués par un chrétien, la Bohême transformée en une contrée maritime, Hector citant Aristote, sont à coup sûr de singulières bévues; mais à côté de cette ignorance qui s'allie souvent à une affectation pédantesque de savoir, à côté d'une recherche qui vise tantôt à la pompe, tantôt à la subtilité, quelles touches profondes, quelles peintures vives et saisissantes du cœur humain, et parfois quelle fantaisie pittoresque, bouffonne ou mélancolique! C'est quelque chose dont l'antiquité classique n'offre aucun modèle, c'est le génie du Nord et l'expression d'un siècle de transition entre le moyen-âge et la civilisation moderne.

Les autres compositions de Shakspeare (*Minor poëms*) sont loin d'offrir le même intérêt que ses drames, et l'un de ses commentateurs a été jusqu'à dire qu'il ne faudrait rien moins, pour décider à les lire, qu'un acte du parlement. Cependant il est juste de faire une exception pour ses sonnets, qui, indépendamment de leur mérite poétique, semblent offrir des ressources précieuses pour la biographie intime de l'auteur. « Là, dit un critique anglais, à travers l'obscurité peut-être calculée d'une poésie moitié italienne par les *concetti*, moitié septentrionale par la tristesse, on voit surgir deux figures, celle d'un jeune homme ami et protecteur du poëte, noble, spirituel, brave, accompli, où les uns croyaient reconnaître Southampton, d'autres Pembroke, et celle d'une femme jeune et belle, à la noire chevelure, préférée par Shakspeare, coupable d'aimer et d'être aimée, et partageant les sentiments comme les remords de celui-ci. Enfin celle qu'il aime le trahit en faveur du gentilhomme ami de Shakspeare, dont il lui a fait l'éloge et qu'il a introduit lui-même auprès d'elle. Après bien des regrets, le poëte accepte enfin son malheur comme l'expiation d'une faute morale, et repoussant sa

à Belleforest, à Simon Goulart, à Amyot, à Montaigne, à Rabelais, et jusqu'à notre vieux tragique Garnier.

maîtresse légère, tend la main au jeune homme qui lui témoigne repentir et affection. »

La carrière littéraire de Shakspeare, commencée vers 1593 sous les auspices du comte de Southampton, se continua jusqu'en 1613, sous les règnes et avec la protection d'Élisabeth et de Jacques Ier. Il continua à paraître sur le théâtre au moins jusqu'en 1603. On sait qu'il joua, entre autres rôles, ceux du spectre dans *Hamlet* et de frère Laurence dans *Roméo et Juliette*. Vers l'époque que nous venons d'indiquer, il se retira dans sa ville natale, acheta un manoir confortable, et, sauf quelques voyages à Londres, où il avait dû conserver quelque intérêt dans les entreprises théâtrales, les soins de l'agriculture y occupèrent ses instants. Pendant plus d'un siècle, l'on montra un mûrier planté par lui, le premier qui eût été introduit dans le canton. Une vieillesse paisible et honorée semblait l'y attendre, lorsque la mort vint le frapper, le 23 avril 1616, le jour même où il accomplissait sa 52e année. Confondu dans l'estime de ses contemporains avec d'autres noms d'une valeur fort inégale, éclipsé par les guerres civiles et par le puritanisme, ce ne fut guère que dans la seconde moitié du XVIIIe siècle que le nom de Shakspeare commença à exciter l'enthousiasme de l'Angleterre et la curiosité des autres nations. C'est alors que ses pièces, arrangées par Cibber, Garrick et autres, d'une manière plus ou moins heureuse, furent remises au théâtre avec un succès tout nouveau, que les éditions de ses œuvres se multiplièrent, que furent institués un jubilé en son honneur et un pèlerinage à sa maison de Stratford, enfin que l'érudition des Warburton, des Johnson, des Steevens, des Théobald, etc., s'exerça sur sa vie et ses ouvrages. Cette espèce de culte s'est continué jusqu'à nos jours, et il y a quelques années une société littéraire s'est formée à Londres, sous l'invocation du nom de Shakspeare, dans le but spécial de publier les documents rares ou inédits qui pourraient se rapporter à ce double objet. Nous citerons aussi : Douce, *Illustrations of Shakspeare*, Londres, 1807, 2 vol. in-8°; le docteur Nathaniel Drake, *Shakspeare and his times*, 1817, 2 vol.

in-4°; Skottowe, *The life of Shakspeare*, 1824, 2 vol. in-8°. Parmi les innombrables éditions de cet auteur, on remarque l'édition *variorum* avec les notes de Johnson, Steevens, Malone, etc., publiée par M. Boswell, 1821, 20 vol. in-8°, et, tout récemment, celle donnée par M. J.-P. Collier, qui, par ses *New Facts* et *New particulars*, a tant soit peu élargi le cercle des données authentiques sur la vie du poëte; le *Shakspeare illustré*, par M. Ch. Knight, et le *Pictorial Shakspeare*, 1842-1844. MM. Coleridge en Angleterre, Schlegel et Tieck en Allemagne, Villemain, Guizot, Magnin, etc., en France, ont heureusement apprécié le génie de Shakspeare. La faible traduction de Letourneur, 1776-82, 20 vol. in-8°, a été revue et considérablement améliorée par M. Guizot, 1821 et ann. suiv., 10 vol. in-8°. Deux nouvelles traductions ont paru depuis cette dernière, sans la faire oublier : l'une par M. Francisque Michel, *Panthéon littéraire*, 3 vol. gr. in-8°; l'autre par M. Benjamin Laroche, 1838-39, 2 vol. gr. in-8°, et 1842-43, 7 vol. gr. in-18. Après les élégantes imitations de Voltaire et les pâles contrefaçons de Ducis (*voy.*), nous pouvons citer, parmi les essais plus ou moins heureux, pour faire passer dans notre poésie ou sur notre théâtre les beautés de l'auteur anglais, ceux de Mme Amable Tastu, de MM. Bruguière de Sorsum, Alfred de Vigny, Émile Deschamps, Jules Lacroix, Ed. Roger. R-y.

SHARP (WILLIAM), graveur anglais, né en 1749, mort à Chiswick, le 15 juillet 1824. *Voy.* GRAVURE, T. XII, p. 800.

SHAWL, *voy.* CHALE et CACHEMYRE.

SHELBURNE (LORD), *voy.* LANSDOWNE.

SHELLEY (PERCY BYSSHE) naquit le 4 août 1792, à Fieldplain, dans le comté de Sussex, d'une famille riche et ancienne. Dès sa jeunesse, à Éton et à Oxford, il se fit remarquer, non-seulement par son penchant à la mélancolie et au mysticisme, mais encore par un esprit de révolte qui, du régime universitaire, s'étendit bientôt à l'état social tout entier. Chassé de l'orthodoxe éta-

blissement, il apporta dans le monde, où le formalisme des mœurs anglaises ne devait pas moins le choquer que le pédantisme du collège, un cœur déjà froissé par l'injustice, une intelligence brillante, mais incomplète, un parti pris de déclarer la guerre à toutes les idées sociales. Doué d'un sentiment religieux vague et profond, il transporta dans la poésie le système de Spinoza, et se créa une sorte de panthéisme philosophique et sentimental, qui ne parut à la sévérité anglicane que de l'athéisme et de l'immoralité. La société traita Shelley en ennemi. Son père le chassa de la maison paternelle, et, pour demeurer fidèle à ses principes, il lui fallut abandonner un riche héritage. Devenu père lui-même par un mariage irréfléchi, la loi lui ôta la tutelle de ses enfants. Il épousa en secondes noces (1816) Marie Woolstonecroft, fille de Godwin (*voy.*), dont le philosophisme hardi et l'imagination bizarre s'accordaient bien avec les idées de Shelley. Après avoir mené quelque temps une vie solitaire, repoussé par sa famille, poursuivi par le clergé et par le gouvernement, il passa avec sa femme en Suisse et en Italie, où il forma une liaison assez étroite avec lord Byron. Venise, Rome et Naples lui servirent tour à tour d'asile. Voué à la cause de toutes les révoltes contre toutes les tyrannies, il partagea la joie prématurée que la révolution de ce dernier pays excita chez les amis de la liberté, et lui adressa une belle ode qui offre de frappants rapports avec la Messénienne de Cas. Delavigne sur le même sujet. Après la catastrophe, il se retira en Toscane où le reste de sa courte carrière se passa au sein de l'étude, entre sa femme, un fils qu'elle lui avait donné et un petit nombre d'amis. Il se noya par accident, d'autres disent à dessein, le 8 avril 1822, dans un trajet en bateau sur la Méditerranée. Lord Byron, d'après le vœu souvent exprimé par Shelley, déposa son corps sur un bûcher et le réduisit en cendres, funérailles bizarres, mais qui convenaient bien à l'imagination païenne et panthéiste du poëte.

Les principaux ouvrages de Shelley sont *la Reine Mab*, poëme composé vers 1812, mais que l'auteur ne destinait pas à l'impression, et dont la publication, quelques années après, avec des notes où était consigné le système religieux et philosophique de l'auteur, provoqua des poursuites judiciaires; *la Révolte d'Islam*, 1818, in-8°; *les Cenci*, tragédie en 5 actes, publiée d'abord en Italie; *Prométhée délivré*, 1819. On a donné à Londres, en 1824, les *Poëmes posthumes*, et, plus tard, les *Papiers* de Shelley. On y remarque *Hellas ou le triomphe de la Grèce*, *Adonaïs*, *Julien et Maddalo*, *la Sorcière de l'Atlas*, *Epipsychidion*, etc. — Mistriss Shelley, née en 1797, est auteur de plusieurs romans dont le plus connu, *Frankenstein, ou le nouveau Prométhée*, 1817, a été trad. en français. Elle a publié à Londres, en 1839, avec quelques suppressions, les *OEuvres poétiques de P. B. Shelley*, 4 vol. in-12.   R-y.

SHERIDAN(Richard Brinsley) naquità Dublin, le 30 oct. 1751. Son grandpère, le docteur Sheridan, est connu par l'amitié et la correspondance de Swift; son père, Thomas Sheridan, auteur du Dictionnaire anglais qui porte son nom, était professeur de déclamation et parut même sur le théâtre où il soutint quelque temps une lutte inégale avec Garrick. Ce fut dans ce milieu littéraire, dramatique, et, il faut le dire, passablement dissipé, que le jeune Richard passa ses premières années; et lorsque sa mère, auteur de romans assez estimés, le remit à 7 ans avec son frère ainé aux soins d'un précepteur, elle lui déclara que c'étaient les deux têtes les plus dures qu'elle eût jamais connues. Plus tard, le premier fut mis à l'école d'Harrow où il acheva tant bien que mal ses études, tandis que sa mère allait mourir à Blois, et que son père promenait sa fortune errante et nécessiteuse d'Irlande en Angleterre, d'Angleterre en France, et de Londres à Bath. Ce fut dans ces deux dernières villes que le rejoignit son jeune fils, sorti du collége avec peu de connaissances acquises, mais avec un esprit vif, un caractère éminemment sociable, une grande ardeur de se signaler, un prodigieux besoin d'argent et une extrème facilité à le dépenser. Il débuta dans le monde par un duel, un enlèvement et un mariage avec une cantatrice, miss Linley, dont les talents et la beauté faisaient alors les délices de Bath. Une union secrète, contractée en France par les deux jeunes gens, dont l'un avait 20 ans et l'autre 17 à peine, fut enfin sanctionnée, le 13 avril 1773, en vertu d'une autorisation spéciale; mais il ne fallut pas moins deux rencontres avec un rival jaloux, des ruses et des efforts inouïs pour éluder la rigueur, puis, pour vaincre enfin la résistance des deux familles mécontentes de l'éclat qu'avait produit toute cette affaire.

Quelques semaines avant son mariage, Sheridan s'était fait inscrire à MiddleTemple, comme aspirant au barreau, mais il chercha des ressources dans une carrière mieux appropriée aux allures vives et un peu décousues de son esprit. Du reste, en travaillant pour le théâtre, il sut honorablement résister à la tentation de tirer parti du talent de sa jeune épouse, et ne lui permit de se faire entendre que dans des réunions particulières, où la voix de sa femme et les bons mots du mari attiraient une société amie du plaisir. Vers la même époque (1775), trois succès obtenus en moins de cinq mois, *les Rivaux*, *le Jour de Saint-Patrice* et *la Duègne*, vinrent établir de la manière la plus brillante la réputation de Sheridan comme auteur dramatique. Lors de la retraite de Garrick, il lui succéda dans la direction du théâtre de Drury-Lane, et prit une part d'intérêt dans l'entreprise. Son administration fut d'abord assez heureuse, grâce à la faveur soutenue dont ses pièces jouissaient auprès du public. Bientôt il eut la gloire d'avoir donné à la scène anglaise son meilleur opéra, *la Duègne*, sa meilleure farce, *le Critique*, et enfin sa meilleure comédie, *l'École de la médisance* (1776-1777). Celle-ci, traduite et imitée dans toutes les langues et sur tous les théâtres de l'Europe*, obtint un succès cosmopolite, grâce au constraste éternellement populaire qu'elle reproduit, après Fielding, entre l'hypocrisie du vice et l'étourderie d'un bon cœur.

(*) Les imitations les plus connues de l'*École de la médisance*, en français, sont *le Tartufe de mœurs*, par Chéron, et les *Portraits de famille*, par Chénier.

Depuis quelque temps, Sheridan voyait dans le monde les membres les plus distingués du parti whig, Burke, son compatriote, Fox, dont le caractère liant sympathisait particulièrement avec le sien, toute cette brillante phalange qui combattait au parlement le ministère de lord North (*voy.*), et se réunissait le soir au club de Brookes ou dans les salons du duc de Devonshire (*voy.*). Ces liaisons décidèrent de sa vocation politique. Le premier service qu'il rendit à l'opposition fut la part active qu'il prit à la rédaction de l'*Englishman*, journal créé par elle pour seconder au dehors son action parlementaire. En 1780, il réussit à se faire élire par le bourg de Stafford. Fils d'acteur, directeur de théâtre lui-même, il se sentit d'abord un peu embarrassé dans cette assemblée où il siégeait à côté des fils des Bedford, des Holland et des Chatham. « Il passa, dit un ingénieux critique, deux ans sur les bancs de l'opposition, parlant peu, mais votant avec une ardeur extrême. Au dehors de la Chambre, il se vengeait de son silence par des pamphlets pleins d'amertume, et, dans la vivacité piquante de ses écrits, on pouvait apercevoir que si la facilité ou l'audace de parler lui venait, nul orateur ne pourrait rivaliser avec ce spirituel et mordant adversaire. » L'importance politique de Sheridan ne date guère que du ministère Rockingham, dans lequel il partagea, comme sous-secrétaire d'état, le triomphe de son parti. Plus tard, la fameuse coalition (*voy.* Fox et North) le choisit pour secrétaire du trésor, mais cette combinaison eut peu de durée, ainsi que la précédente, et il se retrouva toujours avec succès dans l'opposition, son élément naturel. Plus d'une fois il se prit corps à corps avec le redoutable Pitt, et notamment dans la séance du 14 février 1783, où il sut rétorquer avec esprit les allusions malignes que celui-ci avait dirigées contre les rapports de son adversaire avec le théâtre. Voué au triomphe des libertés publiques, Sheridan n'oublia pas les griefs particuliers de la province qui l'avait vu naître, et dès lors, comme plus tard, quand on en vint à discuter l'union et l'émancipation des catholiques, il déploya un patriotisme

qui le fit surnommer *le représentant officieux de l'Irlande*. Mais jamais son éloquence ne brilla d'un plus vif éclat que dans le procès de Warren Hastings (*voy.*), où il fut chargé avec d'autres commissaires de soutenir l'accusation devant les deux Chambres. Son discours du 7 février 1787, sur le 4ᵉ chef, dit *Begum charge*, produisit sur les auditeurs une impression dont l'analyse imparfaite qu'on en possède ne saurait donner une idée. Pour la première fois, on entendit retentir dans l'enceinte du parlement des applaudissements prolongés, et Pitt appuya la motion d'ajourner le débat pour se soustraire, dit-il, à l'influence « de la baguette de l'enchanteur. » En 1789, la maladie du roi jeta brusquement la question de régence au milieu de la lutte des partis. Sheridan, qui passait pour l'un des familiers de Carlton-House, fut, dit-on, le conseiller intime du prince de Galles dans cette circonstance et dans les occasions analogues qui se représentèrent plus tard. Bientôt la révolution française fut un autre brandon de discorde, et la scission qu'elle amena entre les whigs (*voy.* Pitt, Fox, Burke, Grenville) commença par une rupture entre Burke et Sheridan qui avait chaleureusement défendu les principes de cette révolution contre les attaques violentes de son ancien ami. Dans cette session et dans celles qui suivirent, notamment dans sa réplique à lord Mornington en 1794, et dans son discours sur les *taxes assises* en 1798, celui-ci ne cessa de s'élever contre la guerre ruineuse et impolitique que l'Angleterre avait déclarée à la France, et c'est à propos d'un des épisodes de cette guerre (*voy.* Quiberon), qu'il s'écria un jour : « Le sang anglais n'a pas coulé, dit-on ; non, mais l'honneur anglais a coulé par tous les pores! » Cependant, par une contradiction qu'on a peine à s'expliquer, celui qui ne voulait pas qu'on fît la guerre à Robespierre et aux terroristes se montra, vers la fin de sa carrière parlementaire, un des plus violents adversaires de la paix avec Bonaparte et avec les gouvernements plus réguliers qui se succédèrent en France à partir de 1803, alors que Fox et quelques autres la croyaient possible et honorable. Il parla aussi avec succès contre l'intervention de la Grande-Bretagne dans la guerre entre la Russie et la Porte, et quoique adversaire déclaré de toutes les mesures extralégales, telles que les bills de trahison et de sédition, la suspension de l'*habeas corpus*, etc., il montra dans deux circonstances remarquables, la révolte du Nore et la tentative de régicide du 15 mai 1800, qu'il savait au besoin répudier honorablement les excitations de l'esprit de parti, si puissantes sur un caractère comme le sien. Il sut aussi résister à d'autres tentations non moins séduisantes pour un homme nécessiteux comme il l'était presque toujours, et refusa plusieurs fois les places qu'on lui offrit pour lui ou pour les siens. Il accepta cependant du ministère Grenville et Fox celle de trésorier de la marine, qui lui avait été destinée dès 1789. Plus tard, il fut nommé par le prince régent receveur du duché de Cornouailles. L'épisode de sa vie parlementaire, qu'il est le plus difficile d'expliquer à son avantage, c'est le rôle qu'il joua dans les négociations ministérielles de 1812 entre le prince et les lords Grey et Grenville, et dans lesquelles il montra peu de loyauté ou peu d'adresse.

Revenons rapidement sur la carrière littéraire de Sheridan et sur sa vie privée que la politique nous a fait perdre de vue. La mort de sa femme, en 1792, avait laissé le champ libre à ses goûts pour la dissipation et la dépense. Ils ne furent point diminués par un second mariage contracté trois ans après avec une riche héritière, miss Ogle, fille du doyen de Winchester. En 1799, le succès de sa tragédie de *Pizarro* avait heureusement renoué la chaîne de ses triomphes dramatiques; mais il lui était plus facile d'écrire de bonnes pièces pour son théâtre que de le bien diriger, et les embarras toujours croissants de son administration furent couronnés par l'incendie de Drury-Lane, en février 1809, qui consomma sa ruine. Le reste de la vie de Sheridan n'offre plus qu'un spectacle pénible. On vit cet homme qui avait brillé de tout l'éclat du luxe et du talent, l'ami de Burke, de Fox, d'un prince du sang, qui dans la même soirée s'était enivré des applaudissements de la tribune et du théâtre, traqué par les huissiers de taverne en taverne où il cherchait dans le jeu et dans l'ivresse des distractions indignes de lui, une fois même arraché malade de son lit et conduit dans une maison d'arrêt pour une dette minime. Il fallut qu'un article de journal apprît un matin à l'Angleterre que l'un de ses premiers orateurs, que son premier auteur comique allait mourir dans la misère et dans l'isolement. La pitié publique s'émut; d'illustres visiteurs se présentèrent à cette porte dont ils avaient oublié le chemin; mais il était trop tard! Sheridan avait cessé de vivre le 7 juillet 1816, et leur zèle tardif n'aboutit qu'à lui faire célébrer à Westminster de magnifiques funérailles.

Outre les imitations partielles des pièces de Sheridan, il a paru récemment deux traductions complètes de son *Théâtre* : l'une par F. Bonnet, 1836, 2 vol. in-8°; l'autre par M. B. Laroche, 1841, in-12.   R-y.

SHERIFF (du mot anglo-saxon *gerefa*), nom donné en Angleterre au premier fonctionnaire d'un comté. Il n'y a par comté qu'un sheriff, excepté celui de Middlessex qui en a deux, dont l'un pour la ville de Londres. Le sheriff, appelé aussi *high-sheriff* ou haut-sheriff, a sous ses ordres le sous-sheriff et les jurés (*voy.*) qui, lorsque le sheriff a instruit l'affaire, rendent leur verdict sur sa proposition. C'est lui qui est chargé de faire exécuter le jugement; mais il lui est défendu de s'immiscer en aucune manière dans le cours de la justice. Les fonctions de sheriff sont gratuites, et comme elles entraînent à des dépenses considérables, personne ne peut être forcé à les remplir deux fois en quatre ans. La responsabilité de ce fonctionnaire est d'ailleurs fort grande. Le sheriff a beaucoup de pouvoir et jouit d'une grande considération. La police du comté, la perception des impôts, la rentrée des amendes et des confiscations, l'exécution des jugements, la décision des affaires civiles, font partie de ses attributions. Il siège tous les mois pour juger les procès civils dont l'objet ne dépasse pas une valeur de 40 shillings, et tous les six mois pour les causes plus graves et les procès criminels, sauf les cas réservés au parlement.   *C. L.*

SHETLAND (ILES), groupe d'îles dépendant du comté d'Orkney (Écosse), situées dans la mer du Nord, au nord de la Grande-Bretagne. Elles présentent une surface de 46 milles carr. et sont au nombre de 86, dont 46 grandes et 40 petites; plus de 50 sont inhabitées. Le sol est marécageux et très fertile, surtout le long des côtes qui comptent des ports nombreux. L'été est court mais chaud, et l'automne humide; il tombe fort peu de neige pendant l'hiver qui est pluvieux et prolongé. Le sommet du Rona est élevé de 3,944 pieds au-dessus du niveau de la mer. De petits torrents arrosent ces îles, qui renferment aussi quelques lacs. Elles produisent du fer, de la chaux, un peu d'ambre, etc. Les habitants, au nombre de 29,400 environ, sont protestants et d'origine normande; leur langage est un mélange d'écossais et d'anglais dans lequel il entre beaucoup de mots norvégiens (norsiques) et un peu de hollandais. Ils sont pauvres et de mœurs simples; ils ne cultivent que l'orge, l'avoine, et, depuis peu d'années, la pomme de terre; ils élèvent des bœufs, des moutons, dont ils travaillent la laine, des chevaux et d'autres animaux domestiques; ils cuisent la chaux, s'occupent de la chasse du lapin, des chiens de mer, de la loutre et des oiseaux de mer; ils pêchent des huîtres, des écrevisses de mer et surtout les harengs et la baleine, dont ils font le commerce ainsi que de leurs produits indigènes. L'île principale est celle de Shetland ou Mainland, dont les principales villes sont Lerwick et Kirkwall. Uost, la plus septentrionale de ces îles, offre le long des côtes de curieuses cavernes creusées dans le roc. *Voir* Hibbert, *A description of the Shetland-Islands*, Édimb., 1821, in-4°, av. grav. X.

SHIEL (RICHARD-LALOR), célèbre orateur irlandais, et représentant de Tipperary au parlement britannique, *voy.* IRLANDE, T. XV, p. 85-86.

SHILLING, *voy.* LIVRE.

SHIRES, *voy.* ANGLETERRE (T. Ier, p. 743), et GRANDE-BRETAGNE (T. XII, p. 740).

SHORE (JANE), maîtresse du roi Édouard IV, à qui le protecteur (*voy.* RICHARD III) fit intenter un procès pour s'emparer de ses biens. Elle fut condamnée à faire publiquement amende honorable, en chemise, devant l'église de Saint-Paul. Vouée dès lors à une profonde retraite, elle atteignit un âge avancé et mourut sous le règne de Henri VIII.

SHREWSBURY, *voy.* TALBOT.

SIAM, royaume de l'Inde transgangétique, dont il occupe à peu près toute la partie moyenne, entre l'empire Birman et les provinces nouvellement arrachées à ce dernier par les Anglais, à l'ouest, et le royaume Annamite, à l'est. Ses autres limites sont au nord l'empire chinois, et au sud le golfe dit de Siam, partie de la mer de Chine, ainsi que diverses principautés de la presqu'île de Malacca. Cet état comprend aujourd'hui le Siam proprement dit; une portion du ci-devant royaume de Camboje, au sud-est de Siam, notamment la belle et fertile province de Chantibon, avec le littoral qui la borde jusque vers les rives du Kangkao (Athien), et les petites îles voisines; une partie de la grande région intérieure et encore presque inconnue de Laos, sur le haut Ménam; enfin les quatre principautés malaies de Patani, de Tringano, de Kalantan et de Quéda, dans le Malacca même, en partie seulement tributaires de Siam, en partie incorporées à ce royaume, avec plusieurs petites îles qui en dépendent sur la côte occidentale de la presqu'île. La superficie de ces différents territoires a été en total évaluée, d'après la carte de Berghaus, à 13,330 milles carr. géogr. *, dont plus de la moitié consiste en possessions immédiates. Quant à la population, elle ne paraît pas devoir être portée, pour l'ensemble de cette domination si étendue, à plus de 5, ni à moins de 3 millions.

Le Siam proprement dit forme une vaste et longue vallée, renfermée entre deux grandes chaînes de montagnes, d'environ 5,000 pieds de hauteur moyenne, et arrosée du nord au sud par le Ménam, qui se décharge dans le golfe de Siam, et contribue puissamment par ses inondations à la fertilité du pays. Le Cam-

(*) Nous avons dit à l'art. INDE (T. XIV, p. 601), à 37,028 lieues carrées (de 25 au degré).

boje et le Laos sont des provinces également montagneuses. Le premier, autrefois indépendant, se trouve partagé, depuis 1809, par suite de divisions intestines, entre le souverain de Siam et celui d'Annam, qui s'en est attribué la majeure partie. Le Laos, où paraissent régner plusieurs princes tributaires, dont quatre sont soumis au roi de Siam, reconnaît en outre pour maîtres les Birmans, le souverain d'Annam (*voy.* ces noms) et l'empereur de la Chine. Dans le Siam proprement dit, la vallée du Ménam est seule cultivée, les montagnes ne présentent des deux côtés que des forêts et des déserts peuplés d'éléphants, de rhinocéros, de buffles, de tigres et de singes. Les éléphants de Siam passent pour les plus beaux et les plus intelligents de l'espèce, et sont employés dans le pays à des services divers : les blancs, extrêmement rares et recherchés, y sont l'objet d'un culte presque divin; car les Siamois, qui, comme tous les peuples bouddhistes, croient à la métempsycose, s'imaginent que les âmes de leurs rois passent, après la mort, dans le corps de ces animaux. Les productions végétales consistent surtout en maïs, millet; riz, légumes, fruits du sud, coton, café, sucre, poivre, cannelle, bétel, bambous, bois de teinture et bois de tek, excellent pour les constructions navales. Le sol recèle de l'or, du cuivre, du fer, du plomb, de l'étain, de l'aimant naturel, du salpêtre, du soufre, des diamants et d'autres pierres précieuses. La population est d'origine en partie mongole, en partie malaie, et offre beaucoup de traits de ressemblance avec les Chinois. Elle se compose des Siamois proprement dits, qui s'appellent eux-mêmes *Châns* ou *Thaïs* (*voy.* T. XIV, p. 598), de Laociens, de Cambojiens, de Malais, de Chinois et de Cochinchinois, et en outre d'un petit nombre d'Hindous, de mahométans de l'Inde et de quelques descendants de familles portugaises.

Le despotisme le plus monstrueux règne dans le Siam. Le roi est seul propriétaire du territoire et maître absolu de la vie et de la liberté de ses sujets. Tous les cultivateurs mâles sont obligés de travailler pour lui à la corvée pendant quatre mois de l'année. Il s'est en outre réservé le monopole commercial des principaux produits du pays. L'industrie, stationnaire depuis des siècles, se borne au tissage d'étoffes de soie et de coton, et au travail de quelques métaux. Le commerce y serait susceptible d'un développement beaucoup plus considérable : les Chinois et les Cochinchinois, parmi lesquels on trouve aussi les meilleurs artisans, s'y adonnent presque seuls et en réalisent, après le gouvernement, les principaux bénéfices. Ils forment en quelque sorte une classe privilégiée, qui n'est soumise envers l'état qu'à l'impôt de la capitation. Les hauts fonctionnaires du royaume portent, comme en Chine, le titre de *mandarins*. Les nombreux *talapoins* ou prêtres de Bouddha ne jouissent d'aucune considération, et, comme le reste des habitants, se traînent dans la poussière devant le chef de l'état. Le peuple est misérable et présente le type de l'abrutissement le plus abject. Les Siamois sont en général de taille courte et ramassée; ils ont une propension très marquée à l'embonpoint. Sous le rapport religieux, ils se caractérisent par une grande indifférence. Les maisons chétives qu'ils habitent ne sont le plus souvent construites qu'en bambous. Le nombre des troupes entretenues par le roi ne doit pas excéder 30,000 hommes; elles sont mal armées, et suivies d'un certain nombre d'éléphants. Le revenu est évalué à 3,144,000 liv. st., dont à peu près les $\frac{4}{5}$ sont perçus en nature.

Bangkok, sur le Ménam, non loin de son embouchure, est la capitale moderne du Siam et la résidence actuelle du roi. C'est une ville industrieuse et très commerçante, pourvue d'un port spacieux, d'un arsenal et de chantiers pour la construction des petits navires du pays. Elle est en grande partie formée de maisons élevées sur des radeaux, amarrés le long des rives du Ménam, et qui forment en quelque sorte une seconde ville flottante, avec des rues et des bazars sur l'eau. On a prétendu que sa population s'élevait à 150,000 âmes, mais ce chiffre, d'après Crawfurd, parait devoir se réduire au tiers. Youthia, la Siam des Européens, bâtie sur une île du Ménam, est l'ancienne capitale. Fondée vers 1350, elle était au siècle dernier beaucoup plus peuplée que Bangkok; mais, détruite par les Birmans en 1760, elle déchut de son importance, et n'a été que très peu visitée depuis. Chantibon, sur le fleuve du même nom, avec un excellent port, est la principale ville du Camboje siamois.

Histoire. L'histoire de Siam ne commence à présenter un peu de certitude qu'à dater de l'époque des progrès des Européens dans l'Inde. A en croire des traditions indigènes, le culte de Gautama (Bouddha) se serait introduit dans le Siam, en 638, sous un roi nommé Krek, après lequel on compte une série de 60 souverains jusqu'à nos jours. Lors même que l'authenticité de cette tradition ne serait pas contestée, il faudrait encore admettre que cette série a dû se trouver mainte fois interrompue par de violentes révolutions dynastiques. En 1567, le Siam, ayant subi une invasion des Birmans, dont il ne parvint à se délivrer que sous Pramerit, en 1596, profita contre ses ennemis du secours des Portugais, qui, en récompense, obtinrent du roi la permission de trafiquer librement dans ses états, et même celle d'y prêcher le christianisme, depuis 1622. Mais, en 1627, la dynastie régnante fut renversée et exterminée par l'usurpateur Chan Pasatong. Chan Nataja, son fils et son successeur, protégea néanmoins les missionnaires chrétiens. Un aventurier grec, nommé Constantin Falcon, qui avait su gagner la faveur de ce prince, et s'était élevé auprès de lui au poste de premier ministre, le détermina, en 1680, à envoyer une ambassade à Louis XIV, ménagea l'accueil le plus amical à celle que le grand roi chargea, en retour, d'une mission dans le Siam, et fit même accorder aux Français le droit de garnison dans plusieurs des places les plus importantes du pays. Par cet appui, l'ambitieux favori comptait se frayer à lui-même le chemin du trône; mais il manqua l'exécution de son projet, et sa chute entraîna celle de l'influence française. Un chef militaire, le mandarin Petratja, monta sur le trône, en 1688, après s'être défait des héritiers légitimes, et ordonna le supplice de tous les Français dont on put s'emparer. Les prédilections du nouveau gouvernement étaient pour les Hollandais, qui, moins arrogants que les Portugais, avaient de bonne heure supplanté ces derniers; mais ils durent bientôt, à leur tour, partager les avantages acquis avec les Anglais, qui obtinrent également le droit d'établir des factoreries dans le Siam. De sanglantes querelles entre les successeurs de Petratja affaiblirent beaucoup le royaume, et en facilitèrent la conquête aux Birmans, qui subjuguèrent tout le pays en 1766, après avoir emmené la famille royale en captivité. Mais, en 1769, Piatak, riche Chinois, que les Siamois avaient proclamé leur chef, reconquit l'indépendance du pays. Ce prince régna d'abord avec habileté, courage et fermeté, et favorisa beaucoup ses compatriotes; mais, dans sa vieillesse, il se laissa gagner par l'avarice et par des penchants tyranniques qui amenèrent sa chute. Il périt assassiné en 1782. Le roi actuel, Krom Chiat, 3e successeur de l'auteur de cette révolution, occupe le trône depuis 1824, et se montre en général favorable au progrès et aux étrangers. Il a fait mettre à mort un des rois tributaires du Laos, qui s'était révolté contre l'oppression siamoise, en 1827. Les Siamois et les Birmans vivent entre eux, sur leurs frontières, dans un état de permanente hostilité, marqué de part et d'autre par des incursions, des dévastations et des brigandages continuels. — *Voir* Finlaison, *Mission from the Bengal to Siam and Hue, the capital of Cochinchina*, Londres, 1825, in-8°.   Ch. V.

SIBÉRIE, ou plutôt Sibirie. Sous ce nom, primitivement limité au petit khanat de Sibir, sur les rives de l'Ichim, affluent de l'Irtysch, on comprend aujourd'hui toute la région de l'Asie septentrionale formant à peu près un tiers de toute cette partie du monde, et s'étendant, de l'ouest à l'est, depuis les monts et le fleuve Oural (voy.) jusqu'à la mer d'Okhotsk et à l'océan Pacifique, entre le 44e et le 78e parallèles. Cette contrée immense, bornée au sud par l'Altaï (voy.), les monts Sayans, Iablonnoï, etc. (voy. Russie, T. XX, p. 680), et au nord par la mer Glaciale jusqu'au détroit de Bering (voy.) par lequel elle communique avec l'océan Pacifique, n'a pas moins de 250,000 milles carr. géogr. ou environ 13,600,000 kilom. carr. d'étendue, c'est-à-dire plus d'un quart de l'Asie [*] et beaucoup plus que la superficie de l'Europe entière. De cette masse continentale, dépendent différentes îles telles que l'archipel de la Léna ou les îles Kotelnii et de la Nouvelle-Sibérie, à l'embouchure de ce grand fleuve, les îles des Ours et de la Croix, plus à l'est dans la mer Glaciale; puis, dans l'Océan oriental, l'île de Saint-Laurent et l'archipel des Kouriles. On donne à ces îles, mais avec peu de certitude, une étendue de 1,068 milles carr. géogr. et une population de 10,000 âmes. Quant à la Sibérie proprement dite, elle n'offre, dans toute sa partie septentrionale, que d'affreux déserts à perte de vue, couverts de marais glacés (*tundry*) où les mousses et les lichens sont presque la seule trace de végétation. Rien n'égale l'âpreté du climat, même dans la partie méridionale; mais, en revanche, l'air est d'une grande pureté, et le ciel constamment serein en hiver. Voici comment s'exprime à ce sujet un savant voyageur, M. Hansteen : « Je crois, dit-il, qu'il serait difficile de trouver un climat aussi favorable aux observations astronomiques que celui de la Sibérie. Depuis le moment où l'Angara, qui sort du lac Baïkal et entoure en partie Irkoutsk, est prise par les glaces, jusqu'au mois d'avril, le ciel est constamment serein : on n'aperçoit pas un nuage; le soleil se lève et se couche dans toute sa splendeur, le froid étant de 30 à 35° R., et n'a pas cette apparence rouge qu'il offre chez nous près de l'horizon en hiver. La situation élevée du pays (le baromètre ayant, depuis le 9 févr. 1829 jusqu'aujourd'hui [11 avril] varié entre 737' et 710'), et la grande distance où il est de la mer, rendent l'air sec et libre de vapeurs. Au printemps, le soleil a tant de force à Irkoutsk que lorsque le thermomètre marque à l'ombre depuis — 20° jusqu'à — 30°, l'eau coule des toits du côté exposé aux rayons de cet astre.... Quand le froid est à — 30°, l'air est heureusement toujours calme, et, en conséquence de sa sécheresse, nous souffrons moins ici avec cette température que dans notre pays avec 15°. Le nez et les oreilles sont les parties les plus exposées à l'effet du froid.... J'ai couvert avec du cuir mince les vis des instruments, parce que si quelqu'un touche un métal avec la main nue, il éprouve la même douleur que s'il palpait un charbon ardent, et il en résulte une ampoule blanche comme après l'attouchement d'un fer rouge. »

Sauf les contrées tout-à-fait inhospitalières du nord et de l'est, contrées en partie inexplorées, mais dont M. le baron de Wrangell a récemment reconnu les côtes et les extrémités, l'aspect général de la Sibérie est moins désolé qu'on se le figure. Nous avons vu à l'art. RUSSIE quels sites pittoresques on rencontre dans les montagnes du sud; dans les steppes et dans les vallées, on trouve de belles prairies et de gras pâturages; la végétation est d'une grande richesse, et d'immenses forêts couvrent des étendues incommensurables. Outre le cèdre de Sibérie, arbre majestueux propre à cette contrée, et qui aime les marais couvrant des fonds rocailleux, le saule, le pin, le bouleau y croissent en grande abondance; le mélèze ou larix, dont la résine est si utile, avance jusque vers la mer Glaciale, tandis que le peuplier blanc et le peuplier balsamifère se renferment dans les latitudes méridionales. On connaît cinq espèces différentes de l'*arbre à pois*, très commun en Sibérie. Le règne minéral, qui a donné à cette contrée son ancienne célébrité, produit de l'or, de l'argent, du cuivre, du fer, des malachites, des pierres précieuses, y compris le diamant, etc. Les animaux de tout genre abondent, et l'on trouve en Sibérie les deux extrêmes de la famille des quadrupèdes, la musaraigne du Iéniceï et le gigantesque mammouth fossile. On connaît d'ailleurs, parmi les animaux domestiques, le renne et le chien sibérien, et l'on sait qu'on trouve ici les bêtes à fourrure les plus précieuses, l'hermine, la zibeline, des renards noirs et de différentes couleurs, etc. Signalons encore parmi les richesses de la Sibérie ses

(*) Ceci n'est pas en contradiction avec ce qu'on lit à l'art. RUSSIE, T. XX, p. 679 : il est question là de la Russie d'Asie dans tout son ensemble, avec la Caucasie, et ici de la Sibérie exclusivement.

fleuves poissonneux et ses lacs salants. Nous avons déjà fait mention de la vaste nappe du Baïkal décrit dans un article particulier, et nous avons aussi traité séparément des principaux fleuves, l'Obi, l'Iénicéï, la Léna, artères gigantesques dont quelques-unes animent ces contrées déshéritées sur une longueur de près de mille lieues, et auxquelles il faut ajouter encore l'Irtysch, la Tungouska, l'Abakan, l'Anabara, la Iana, l'Indighirka, la Kolyma, l'Aldân, l'Anadyr, etc.

Pour le gouvernement russe, la principale importance de la Sibérie ne consiste pas seulement dans ses magnifiques fourrures et dans ses mines inépuisables, telles que celles de Nertchinsk, Zmeiogorsk (Schlangenberg), Barnaoul, Kolyvân (*voy.* T. XX, p. 684), mais encore dans les rapports qui se sont établis, par son intermédiaire, entre lui et les états de l'Asie, notamment avec la Chine que le mercantilisme européen cherche depuis longtemps à entamer. La culture fait aussi des progrès dans la région méridionale, et la population qui se groupe autour de Tobolsk, de Tomsk et d'Irkoutsk gagne tous les ans en importance. Cependant le total ne s'élève guère encore aujourd'hui qu'à 2 ½ millions d'habitants, ce qui ne fait pas un habitant par lieue carrée; cette proportion s'explique par les déserts inhabitables et ne s'applique nullement aux districts des mines et du lac Baïkal situés entre le 50ᵉ et le 55ᵉ parallèles. La population appartient à différentes races : les Russes sont le peuple conquérant; le reste se compose de Tatars, peu nombreux aujourd'hui, quoique jadis dominants dans la Sibérie occidentale, de Iakoutes, tenant à la même famille, de Finnois Vogouls et Ostiaks, de Samoyèdes, de Bouriates, de Tungouses, de Lamoutes, de Ioukaghirs, etc. Mais il ne faut pas croire que tous ces peuples reconnaissent unanimement la domination russe : les Iakoutes, peuplade très nombreuse, ne sont que tributaires et paient leur *iassak* en fourrures et pelleteries; les belliqueux Tchouktchis, à l'extrémité boréale de cette contrée, non loin de l'Amérique, se maintiennent encore dans une parfaite indépendance. Il y a ensuite des Boukhares et des Tur-

komans de Taschkent, que le commerce amène; des Kalmouks et des Kirghiz-Kaïssaks, parcourant en nomades les steppes limitrophes; des Cosaks à qui la garde des frontières est confiée. La déportation y jette enfin des hommes de toute origine ou extraction. Quant à la religion, c'est le culte de l'Église gréco-russe qui domine dans le sud et à l'ouest, tandis que le chamanisme règne encore à l'est et au nord. Les Tatars sont mahométans; d'autres peuplades sont bouddhistes, quelques-unes même fétichistes. Leur vie est ou sédentaire ou nomade. Les indigènes se livrent à la pêche, à la chasse et à l'éducation des bestiaux; ils abhorrent l'agriculture. D'autres encore s'adonnent au commerce, dont la principale branche est celui qui se fait avec la Chine. Les Russes et les Tatars sont en même temps agriculteurs et produisent beaucoup de céréales, surtout dans le gouv. d'Iénicéï, en entretenant aussi une belle race de bestiaux; enfin l'industrie et le travail des mines occupent aussi un assez grand nombre de bras parmi eux.

Depuis l'oukase du 22 juillet (2 août) 1822, toute cette vaste contrée est divisée en deux parties, la *Sibérie occidentale* et la *Sibérie orientale*; mais des modifications ont été apportées, en 1838, aux subdivisions de ces deux moitiés. Suivant l'état actuel des choses, la Sibérie occidentale, où il n'y a plus de province d'Omsk, se compose des deux gouvernements de Tobolsk et de Tomsk, ayant ensemble 5,272,400 verstes carrées et 1,478,000 hab. Le chef-lieu en est *Tobolsk*, jolie ville de 14,246 hab. (1842), située sur la rive droite de l'Irtysch, vis-à-vis du point où le Tobol s'y réunit, au milieu d'agréables collines. Les maisons y sont presque toutes en bois; la première en pierre fut construite en 1771. Les autres villes de cette division, rangées suivant l'importance de leur population (tableau de 1842), sont: Tomsk (12,032), Omsk (11,705), Tiumen (10,803), Barnaoul (9,456), et Semipalatinsk (5,221) sur l'Irtysch. Irbith, lieu célèbre par des foires annuelles, quoique situé au-delà de l'Oural, fait encore partie, ainsi que Catherinebourg, du gouv. européen de Perm. A la Sibérie orientale, d'une étendue totale de 8,830,000 verstes carrées, avec environ 1,900,000 hab., appartiennent les deux gouvernements d'Irkoutsk et de Iéniceisk, la province (*oblasth*) de Iakoutsk, la régence côtière d'Okhotsk, celle de Kamtchatka et le pays des Tchouktchis (*voy.* la plupart de ces noms). *Irkoutsk*, la plus peuplée de toutes les villes de la Sibérie et la place de commerce la plus importante, en est le chef-lieu. Elle est située sur l'Angara, l'Irkout et l'Ouchakofka, au nordouest du lac Baïkal, à une faible distance de la frontière chinoise. Sa population est de 16,773 hab. Les autres villes un peu importantes sont Krassno-Iarsk (6,928 h.) sur l'Iénicef, chef-lieu du gouvernement auquel ce fleuve donne son nom; Iéniceisk, sur le même fleuve (6,481h.); Troïtzko-Savsk, ville frontière où l'on a établi une école bouriato-mongole, et dont un poste avancé, plus connu sous le nom de Kiakhta (*voy.*), est le grand entrepôt du commerce avec la Chine (5,185); enfin Nertchinsk (3,535), fameux par ses mines et comme lieu de déportation, à l'extrémité du monde connu. Cependant bien au-delà encore sont Okhotsk, petit établissement qui ne compte pas plus de 957 hab., et le port de Pétropavlofsk avec 641 hab., à une distance de plus de 3,000 lieues (12,000 verstes) de Moscou.

Histoire. Ce fut d'abord par une famille de riches marchands, les Stroganof (*voy.*), que le tsar de Moscovie apprit à connaître la Sibérie : jusqu'alors, l'Iougrie, l'Obdorie et la Kondie, contrées limitrophes, avaient seules figuré dans son titre. Au-delà, à l'est de l'Oural, étaient les Tatars, en partie Nogaïs et mêlés de Mongols, dont les principales tribus ou *oulousses* étaient celles d'Ichim et de Tiumen ou Chiban. Là, sur l'Irtysch, non loin de Tobolsk, à l'endroit où se trouve aujourd'hui un lieu appelé Koutchoumova-Goroditché, était la ville de Sibir, ainsi nommée peut-être des Sabires, dont Karamzine dit qu'ils expulsèrent les Ougriens et les Boulgares, et que nous retrouvons dans des historiens orientaux cités par M. E. Quatremère, mais dont les conquérants mahométans changèrent le nom en Isker. Vers le milieu du XVIe siècle,

Koutchoum avait fondé un khanat assez important, lorsque Simon Stroganof déchaîna contre lui un ataman des Cosaks du Volga (branche de ceux du Don), Iermak Timoféïef, dont les brigandages menaçaient les intérêts de sa famille qui aima mieux le prendre à sa solde, en 1579. Il vint avec 540 guerriers; et, ce petit corps s'étant grossi d'un certain nombre de prisonniers de guerre lithuaniens et allemands, il partit à la conquête de la Sibérie avec 840 hommes, munis d'armes à feu encore inconnues aux barbares que ce Piçarre sibérien allait attaquer de son autorité privée ou au nom d'une famille de marchands. En suivant le cours de la Tchoussovaïa et de son affluent la Serebrannoïa, puis le Taghil, il arriva sur la Toura, d'où il gagna le Tobol et l'Irtysch. Sur ces deux rivières eurent lieu plusieurs combats meurtriers dans lesquels la petite troupe des Cosaks eut le dessus sur des milliers de Tatars et d'Ostiaks, grâce à leurs armes nouvelles, mais non sans de grandes pertes; car 107 de ces intrépides Cosaks tombèrent dans l'un des combats. Cependant l'épouvante se mit dans les rangs des ennemis, et, au mois de novembre 1581, Iermak s'empara d'Isker, résidence de Koutchoum, qui, quoique aveugle, avait fait de nobles efforts pour défendre son pays. Il ne se laissa pas accabler par le malheur, et bientôt il put reprendre cette ville après avoir surpris une petite bande de Cosaks, pendant leur sommeil. Iermak était du nombre de ces imprudents : le héros se précipita dans l'Irtysch pour échapper aux Tatars; mais il y trouva la mort (août 1584), et ses guerriers durent opérer leur retraite vers l'Europe. Cependant, quelque temps avant ce désastre, Iermak avait écrit aux Stroganof et au tsar Ioann IV Vassiliévitch le Terrible : il avait demandé à ce dernier sa grâce et celle de ses compagnons, et lui avait annoncé la conquête d'un royaume qu'il mettait à ses pieds. Grande avait été la joie des Moscovites : non-seulement le tsar avait pardonné à ces bandits transformés en héros chrétiens et en conquérants victorieux des infidèles, il avait envoyé des présents honorifiques à Iermak, l'*avait nommé* prince de Sibir et lui avait promis l'envoi d'une armée. Cette promesse, il ne put la tenir ; mais sous son successeur Fœdor, le ministre Boris Godounof envoya vers l'Oural une petite armée que les Cosaks en retraite saluèrent avec des cris de joie sur les bords de la Toura. On retourna sur l'Irtysch, reprit Isker, ville qu'on abandonna bientôt pour Tobolsk, où s'éleva, en 1587, la première église chrétienne; et Koutchoum, qui refusa obstinément les offres les plus séduisantes du tsar, dut chercher un refuge dans les steppes d'Ichim et de Baraba. Un voïévode fut établi à Tobolsk, et bientôt le commerce multiplia les petites villes, en même temps que des forts protégèrent la nouvelle conquête.

Notons encore quelques époques importantes. L'île de Novaïa-Zemlia, qui dépend maintenant du gouvernement d'Arkhangel, avait été découverte en 1647 ; en 1654, on connut la presqu'île de Kamtchatka. Dans la même année, peu de temps après la conquête de la Chine par les Mandchoux, le premier plénipotentiaire russe arriva à Péking ; mais de 1684 à 1687 eut lieu la guerre sur l'Amour, terminée, avec perte pour les Russes, par la paix de Nertchinsk. En 1670, on trouva sur l'Oupsa (Touba ?) les premières traces d'argent; la mine de Nertchinsk fut découverte en 1691. En 1688, Tobolsk reçut le premier exilé : ce fut un Samoïlof de l'Oukraine. Le code de lois (*Oulojénié zakonn*) d'Alexis Mikhaïlovitch fait déjà mention, parmi les peines, de la déportation en Sibérie : depuis 1769, époque postérieure de 15 ans à l'abolition du dernier supplice, elle le remplaça généralement, mais avec la condition spéciale des travaux forcés. La simple colonisation, qui n'entraîne pas la mort civile, s'établit dans l'usage à partir de 1799 *. De 1710 à 1720, plus de

(*) Pour la peine de la déportation en Sibérie, dont le travail aux mines d'argent de Nertchinsk est la plus grande aggravation, nous renvoyons à l'art. COLONIES PÉNALES. Au 1er janvier 1835, on comptait le nombre suivant de déportés en Sibérie :

	sexe masc.	sexe fém.
Sibérie occidentale..	35,797	6,942
Sibérie orientale....	40,898	16,223
	76,695	23,165
Total général...	99,860	

Le nombre de crimes auxquels ont pris part les

30,000 Ostiaks, Vogouls, Votiaks, Samoyèdes, Tungouses ou Tatars, idolâtres ou mahométans, avaient reçu le baptême ; 12,496 autres individus le reçurent de 1744 à 1770, et, depuis, de nouvelles conversions ont eu lieu tous les ans. En 1783 furent érigés les gouvernements de Tobolsk, d'Irkoutsk et de Kolyvân; ce dernier a été remplacé depuis par celui de Tomsk, auquel appartient aussi une partie de la province d'Omsk récemment supprimée. Le gouvernement d'Iéniceïsk date seulement de l'oukase du 22 juillet 1822. Bien que son nom sonne mal à l'oreille, la Sibérie semble destinée à devenir un jour une contrée florissante, sinon par l'agriculture, au moins par l'industrie et le commerce.

On peut consulter sur cette contrée : Chappe d'Auteroche, *Voyage en Sibérie fait en* 1761, Paris, 1768, 2 vol. gr. in-4°, atlas in-fol; Martvinof, *Voyage pittoresque de Moscou aux frontières de la Chine*, 4e éd., Saint-Pétersb., 1819, in-8°; Cochrane, *Narrative of a pedestrian journey throug Russia and Siberian Tartary*, Lond., 1824, in-8°; Karnilof, *Observations sur la Sibérie* (en russe), Pétersb., 1828, in-8°; Bélaïefski, *Voyage à la mer Glaciale* (en russe), Moscou, 1833; Erman, *Reise um die Erde durch Nord-Asien*, etc., *Histor. Bericht*, Berlin, 1833-38, 2 vol. in-8°; Stépanof, *Description du gouv. d'Iéniceïsk* (en russe), 1835; baron de Wrangel, *Le Nord de la Sibérie*, *Voyage parmi les peuplades de la Russie asiatique et dans la mer Glaciale*, trad. du russe par le pr. Em. Galitsyne, Paris, 1843, 2 vol. in-8°; A. de Humboldt, *L'Asie centrale*, Paris, 1843, 3 vol. in-8°; Fischer, *Sibirische Geschichten*, *von der Entdeckung Sibiriens bis auf die Eroberung dieses Landes durch die russischen Waffen*, Pétersb., 1768-69, 2 vol. in-8°.   J. H. S.

SIBYLLE, nom formé des deux mots grecs, Σιὸς, c'est-à-dire Διὸς δουλὴ, conseil, volonté de Jupiter, et signifiant littéralement inspirée de Dieu. L'antiquité connaissait dix sibylles, vierges que l'action directe d'une divinité jetait dans des déportés, de 1823 à 1831, ne s'élevait qu'à 165 pour toute la Sibérie.

accès de saint enthousiasme (*voy.* INSPI-RATION)pendant lesquels elles prédisaient l'avenir. Mais la plus célèbre de toutes fut celle de Cumes (*voy.*). Selon O. Mül-ler, l'oracle sibyllin et le culte d'Apol-lon furent portés dans cette dernière ville, de Gorgis, en Troade, où existait le plus ancien oracle et le tombeau des si-bylles. On leur attribue ce recueil de prophéties en vers grecs qui fut offert en vente à Tarquin-l'Ancien par elles-mêmes, selon les uns, ou par une vieille femme inconnue, selon d'autres, et qui était célèbre à Rome sous le nom de *Livres sibyllins.* Le roi en ayant trouvé le prix trop élevé, la vieille en jeta six en deux fois dans le feu, et Tarquin étonné finit par lui donner pour les trois der-niers le prix qu'il avait refusé d'abord des neuf. La garde de ces volumes précieux, que l'on consultait dans les circonstances importantes, fut confiée à des magistrats spéciaux, dont le nombre s'éleva dans la suite de 2 à 10, et que Sylla porta même à 15. L'incendie du Capitole dévora ce tré-sor; mais, en 677, le sénat envoya en Grèce des ambassadeurs pour y recueillir tout ce qui existait encore de vers sibyllins, et, après un triage attentif, on en réunit une collection de mille que l'on plaça dans le nouveau temple de Jupiter Capi-tolin. Il paraît que, malgré tous les soins qu'on y avait mis, beaucoup de ces vers étaient apocryphes : aussi Cicéron n'hé-sita-t-il pas à rejeter la prédiction ap-portée au sénat par Cotta, qu'un roi seul vaincrait les Parthes.Comme le but qu'on se proposait aurait été manqué si d'au-tres prophéties avaient fait concurrence aux prophéties officielles, le sénat fit à plusieurs reprises rechercher et brûler toutes les prédictions qui se trouvaient entre les mains de particuliers. Auguste en agit de même. Plus de 2,000 volumes de prophéties furent jetés dans les flam-mes par ses ordres, tandis que les livres sibyllins authentiques, placés dans deux cassettes d'or, furent déposés sous le socle de l'Apollon Palatin. Toutefois la croyance aux oracles des sibylles resta tellement forte, que Tibère en fit faire un *nouveau* recueil. Un second incendie dévora les livres sibyllins sous Néron, ce qui n'empêcha pas, l'an 270, quelques

membres du sénat de demander qu'on le consultât sur l'issue de la guerre contre les Marcomans. Au reste, ils étaient alors tellement falsifiés, que les chrétiens y trouvaient, dans leur ardeur de prosély-tisme, toute sorte de prédictions sur le Messie. Cette collection nouvelle fut brû-lée sous Julien, en 363. Un quatrième recueil fut livré aux flammes par Stili-con, sous le règne d'Honorius, en 395; mais la confiance qu'on avait en ces livres n'en fut point ébranlée. Pendant le siége de Rome par les Goths, au milieu du VIe siècle, on répandit une prophétie d'une sibylle qui disait que le siége durerait cinq mois; mais elle ne se réalisa pas. Au reste, les oracles sibyllins étaient si obscurs, si confus, que l'explication ne pouvait qu'en être fort arbitraire. La collection de vers sibyllins qui existe en-core, et dont l'édition la plus complète a été donnée par Gallœus (Amst., 1689, in-4°), est regardée comme apocryphe. Il y avait, en effet, dans l'Église chrétienne, au IIe siècle, des gens inspirés qui pro-phétisaient en vers, et dont les oracles, réunis en collections, s'appelaient *livres sibyllins*, comme les prophètes eux-mêmes se nommaient *sibyllistes*. Théo-loririus nous a laissé un traité latin sur ces prophéties. Le cardinal Mai a publié des fragments des livres sibyllins trouvés dans un manuscrit de la bibliothèque Ambrosienne (Milan, 1817); et M. Stru-ve, les prédictions des sibylles rapportées par Lactance (Kœnigsb., 1818). *C. L.*

SICAMBRES, peuple de la Germa-nie qui habitait entre le Rhin, la Sieg et la Lippe, dans les duchés actuels de Juliers, de Clèves et de Berg. Leurs in-vasions dans les Gaules furent réprimées par Drusus et par Tibère, qui les trans-planta sur la rive gauche du Rhin; mais ils retournèrent dans leur pays, à ce qu'il paraît, sous le règne de Claude, et au IIIe siècle ils entrèrent dans la ligue franque. Depuis cette époque, ils cessè-rent de former un peuple particulier. Les anciens historiens désignent quel-quefois les Francs par le nom de Sicam-bres. *X.*

SICARD (ROCH-AMBROISE CUCUR-RON, abbé), né au Fousseret (Haute-Garonne), en 1742, embrassa d'abord l'état ecclésiastique; mais il ne tarda pas à abandonner la carrière du ministère sacré pour se dévouer à l'enseignement des sourds-muets (voy). Placé par l'archevêque de Bordeaux à la tête de l'école qu'il venait de fonder dans sa métropole, l'abbé Sicard eut, en 1789, la gloire de remplacer à Paris l'illustre abbé de l'Épée (voy.). Malgré son empressement à prêter le serment exigé, il fut arrêté et conduit en prison en 1792; mais il eut le bonheur d'échapper aux massacres de septembre, grâce au dévouement d'un horloger nommé Monnot, et aux démarches de Chabot. Sicard retourna alors à ses travaux philanthropiques, et il est probable qu'il n'aurait plus été inquiété s'il n'avait pas pris part à la rédaction des *Annales religieuses*, journal consacré à la défense des prêtres insermentés. Cette circonstance le fit inscrire sur la liste des journalistes condamnés à la déportation. Il réussit cependant à se cacher jusqu'à ce que la révolution du 18 brumaire lui permit de reprendre la direction de sa maison. Dès lors, il ne s'occupa plus que du soin d'introduire des perfectionnements dans la méthode de son prédécesseur, en étendant aux choses abstraites le procédé employé par l'abbé de l'Épée pour les choses matérielles. Ses découvertes ont été consignées dans un grand nombre d'ouvrages, parmi lesquels nous citerons plus spécialement les suivants : *Catéchisme à l'usage des sourds-muets de naissance* (Paris, 1796, in-8°); *Cours d'instruction d'un sourd-muet de naissance* (1800, in-8°; 2e éd., 1803); *Théorie des signes* pour servir d'introduction à l'étude des langues, où le sens des mots, au lieu d'être défini, est mis en action (1808, 2 vol. in-8°; 2e éd., 1828), travail jugé digne d'un grand prix décennal de 1re classe destiné au meilleur ouvrage de morale et d'éducation. Ce livre contient, par ordre alphabétique, la définition de tous les mots nécessaires aux sourds-muets et à ceux qui veulent communiquer avec eux. Membre de la 2e classe de l'Institut depuis sa création, l'abbé Sicard fut conservé, en 1816, membre de l'Académie-Française. Il mourut, le 10 mai 1822, à l'âge de 80 ans. E. H-G.

SICILE (ILE DE). Cette île, célèbre dès la plus haute antiquité par sa fécondité et sa civilisation, dont les glorieux souvenirs forment un pénible contraste avec son état présent, est la plus grande et la plus peuplée de la Méditerranée. Jadis appelée *Trinacria* par les Grecs, à cause de la forme triangulaire que lui donnent ses trois caps, nommés alors *Pelorum* au nord-est, *Pachinum* au sud, et *Lilybœum* à l'ouest, elle n'est séparée de la Calabre que par le détroit dit *phare de Messine* (voy.). Vers les deux bords de cet étroit passage maritime, distants l'un de l'autre de $\frac{3}{4}$ de lieue à peine, on remarque, du côté de la Sicile, le fameux gouffre de Charybde (aujourd'hui *Charilla* ou *Calofaro*), et du côté opposé le rocher de Scylla (aujourd'hui *Remo*), tous les deux si redoutés des navigateurs dans l'antiquité (voy. SCYLLA). L'étendue de la Sicile, y compris quelques petites îles et groupes voisins, est de 495 milles carr. géogr*. C'est une terre de formation volcanique et presque entièrement couverte de montagnes; mais celles-ci généralement ne s'élèvent pas à beaucoup plus de 1,000^m, excepté l'Etna (voy.) ou Monte-Gibello, dont le sommet a 3,313^m de haut. Ce volcan, dont le cratère vient de se rouvrir, forme un groupe isolé dans la partie orientale de l'île. Les tremblements de terre sont pour ces belles contrées un désastreux fléau. Le climat est très chaud, mais parfaitement salubre, quoique le *siroco* (voy.) y souffle souvent de l'Afrique en été. Le sol volcanique est d'une admirable fertilité, mais très mal cultivé. Il produit en abondance des blés, surtout de l'excellent froment; des vins dont le plus renommé est celui de Syracuse; de l'huile d'olive, du riz, tous les fruits du sud, le safran, etc.; la canne à sucre y mûrit. La production de la soie (voy.) est très considérable : introduit en Sicile au commencement du XIIe siècle, c'est de là que le ver à soie s'est répandu en Italie et dans les autres contrées d'Europe. On récolte aussi beaucoup de miel. Le bétail est généralement de la meilleure qualité. La pêche, notamment celle

(*) 27,225 kilom. carr. C'est un peu moins que la superficie de la Belgique. S.

du thon et de la sardine, est très productive; sur la côte occidentale, on se livre à celle du corail. Le règne minéral fournit divers métaux, des pierres fines, du marbre, de l'albâtre, d'immenses quantités de soufre et du sel.

La population de la Sicile n'a guère augmenté pendant le dernier quart de siècle : elle s'élève, d'après l'*Almanacco reale* pour 1843, à 1,965,069 âmes *. Le Sicilien, d'une race extrêmement mélangée, dans laquelle on reconnaît l'influence du sang arabe, est irascible, fougueux, vindicatif, inconstant et mobile plus que tous les autres hommes du midi. Le peuple est en général très arriéré, inculte et superstitieux. Malgré la richesse naturelle du pays et les heureuses dispositions dont les habitants sont doués à beaucoup d'égards, nulle part le spectacle de la misère et des désordres moraux quelle entraîne ne se présente sous un jour plus affligeant. L'extrême concentration de la propriété foncière, qui appartient presque en entier à la noblesse, à la main-morte ou aux communes par indivis, et s'oppose à une exploitation convenable des terres, forme, avec *le manque de moyens de communication* à l'intérieur, une des principales causes de cette excessive pauvreté. On compte en Sicile près de 2,500 familles nobles dont 78 portent le titre de duc, 127 celui de prince, 130 celui de marquis, et le reste ceux de comte, de baron, etc. Les nombreux couvents ne renferment pas moins de 18,000 moines et 12,000 religieuses. La mendicité est très répandue dans l'île; plus d'un tiers des habitants ne pourraient subsister sans le secours des aumônes qui leur sont assignées sur le produit des vastes possessions de l'Église. La population est, en majeure partie, entassée dans les villes et sur les côtes; elle est clair-semée dans les vallées et dans les campagnes de l'intérieur, souvent encore infestées par des bandes de brigands. La suppression des droits féodaux les plus onéreux, et les mesures adoptées pour favoriser le morcellement de la propriété territoriale, sont trop ré-

centes pour que le pays ait déjà pu en ressentir l'influence. Des famines cruelles désolent souvent cette île, anciennement considérée comme le grenier d'abondance de Rome. La branche la plus importante de l'exploitation minérale est celle du soufre, qui a surtout pris un immense développement depuis qu'en France et en Angleterre on emploie cette substance à la préparation de la soude artificielle. La Sicile en pourvoit presque exclusivement toute l'Europe : en 1837, la production s'est élevée jusqu'à près de 70 millions de kilogr., c'est-à-dire à une quantité supérieure à la consommation. Girgenti est le principal entrepôt du commerce du soufre, dans lequel sont engagés beaucoup de capitaux anglais et français. L'industrie manufacturière n'a qu'une existence factice, puisqu'elle ne se soutient qu'à l'aide des prohibitions dont sont frappés tous les produits similaires étrangers. Elle se borne d'ailleurs à quelques fabriques d'étoffes de soie et de coton, établies à Palerme, à Messine et à Catane (*voy.* ces noms). Dans ces trois villes, qui sont les plus grandes et les plus populeuses, en même temps que les principaux ports de l'île, avec Girgenti, Trapani et Syracuse, la classe marchande est nombreuse et jouit d'une certaine aisance. Les trois premières sont reliées entre elles par la seule grande route artificielle qui existe dans le pays. Partout ailleurs le manque de chemins est d'autant plus à regretter que la Sicile est privée de rivières navigables. Cette île a son régime commercial distinct de celui du royaume de Naples, aux intérêts duquel les siens propres n'ont que trop souvent été sacrifiés. Des droits élevés pèsent même sur l'exportation des produits les plus communs.

Les séparations naturelles marquées par les chaînes de montagnes qui parcourent la Sicile, y avaient fait autrefois admettre la division en trois grandes régions ou vallées, qui étaient celles de Mazzara, comprenant la partie occidentale; de Démona, ou région nord-est; et de Noto, ou région sud-est. Aujourd'hui (depuis 1817), le pays est partagé en *intendances, arrondissements et communes*. Les divisions générales ont été indiquées par la nature du pays. Les sept vallées principales forment autant de circonscriptions administratives nommées *valli*. La sous-division qui a été faite, d'après les rapports politiques, donne 23 arrondissements (*distretti*), et 354 communes (*comuni*). Les chefs-lieux des *valli*, à qui ils ont donné leurs noms, sont tous très peuplés. *Palerme*, la capitale de l'île, avait, avant l'invasion du choléra, 173,478 âmes ; Messine en compte 83,772, Catane 52,400, Syracuse 16,805, Caltanisetta 17,000, Girgenti 17,767, et Trapani 24,735.

Parmi les petites îles dépendantes de la Sicile, il faut distinguer, au nord, les Lipares (*voy.*), îles *Éoliennes* ou *Vulcaniennes*, dont les principales sont Lipari, Stromboli et Volcano ; à l'ouest, les Égades, et enfin l'île de Pentalaria, entre la Sicile et l'Afrique(*voy.* FERDINANDEA). Rochers incultes pour la plupart, plusieurs d'entre elles renferment des prisons d'état.

Nous renvoyons, pour tout ce qui concerne l'état politique, administratif, religieux, financier et militaire de l'île qui nous occupe, à l'art. suivant, *Deux-Siciles*, où ces données seront présentées conjointement avec celles relatives à la partie continentale de la monarchie.

Histoire. Il est peu de pays qui aient aussi souvent changé de maîtres et de forme de gouvernement que la Sicile. Ses premiers habitants, les *Sicaniens* ou *Sicules* (*voy.*), auxquels elle doit son nom, paraissent lui être venus de l'Italie. Plus tard, les Phéniciens et les Grecs y établirent de nombreuses et florissantes colonies : l'antique Ségeste, Himera, Leontini, Drepanum (Trapani), près du mont Eryx, Sélinonte, ruinée de fond en comble par les Carthaginois, et la résidence du tyran Phalaris, Agrigente, dont on voit encore des restes remarquables à Girgenti, y rivalisaient alors d'opulence et d'ambition. On y voyait aussi déjà Panorme (Palerme), fondée par les Phéniciens, et Messana (Messine), d'abord appelée Zancle, puis repeuplée par les Messéniens, chassés du Péloponnèse. Mais au-dessus de toutes ces cités, munies pour la plupart d'institutions républicaines, s'éleva de bonne heure la ri-

che Syracuse (*voy.*), fille illustre de Corinthe, patrie de Théocrite et d'Archimède. La célébrité de plusieurs princes (*voy.* GÉLON, HIÉRON, DENYS et AGATHOCLE), qui, à diverses époques, y usurpèrent le pouvoir ou l'obtinrent par élection; ses hautes vues de domination sur la Sicile et sur la Grande-Grèce, ainsi que les guerres multipliées qui en résultèrent, d'abord avec les villes rebelles à sa suprématie, puis tour à tour avec les Athéniens (*voy.* NICIAS et ALCIBIADE), les Carthaginois et les Romains; le culte empressé qu'on y vouait aux sciences et aux arts, et l'excellence de ses rhéteurs, lui assignèrent un rang glorieux parmi les républiques les plus vantées de l'antiquité. Au commencement de la première guerre Punique (*voy.*), les Carthaginois, maîtres d'une partie de la Sicile, firent d'Agrigente leur principale place d'armes ; mais, déjà en l'an 262 av. J.-C., cette ville tomba au pouvoir des Romains, qui se firent céder l'île entière en 241. Ils y affermirent leur domination par la prise de Syracuse, que Marcellus (*voy.*) réduisit en 212, et la maintinrent jusque vers le milieu du ve siècle après J.-C. La Sicile fut alors conquise par Genséric, roi des Vandales, récemment établis en Afrique; mais, en 535, Bélisaire (*voy.*) en chassa ces barbares dominateurs. Les empereurs de Byzance furent dépossédés à leur tour par les Sarrazins, en 827. Cependant le comte Roger, frère de Robert Guiscard (*voy.*), duc normand de la Pouille et de la Calabre, parvint deux siècles et demi plus tard, de 1060 à 1091, à arracher la Sicile aux Infidèles. Son fils Roger II, qui lui succéda en 1101, réunit en outre sous sa domination, par suite de la mort du jeune duc Guillaume, petit-fils de Robert Guiscard, en 1127, l'héritage entier de la maison de Hauteville, sur le continent italien. Le premier il prit, en 1130, le titre de roi des Deux-Siciles, qui lui fut confirmé par le pape, à charge de rendre l'hommage au Saint-Siége. Dès lors les destinées de la Sicile ont toujours tendu à se confondre avec celles du royaume de Naples, bien que de nouvelles séparations aient encore eu lieu par intervalles entre les deux couronnes. Ça. V.

SICILES (ROYAUME DES DEUX-). C'est le nom officiellement, quoique improprement, adopté pour la désignation collective des deux royaumes de Naples et de Sicile réunis en une seule monarchie. D'après leur position à l'égard du détroit ou phare de Messine, ces deux parties sont distinguées, dans tous les actes du gouvernement, en *domaines en-deçà du phare*, comprenant le territoire continental avec les petites îles adjacentes, et en *domaines au-delà du phare*, composés du territoire insulaire ou de la Sicile proprement dite avec ses dépendances. Comme la description de chacune de ces deux contrées a déjà fait l'objet d'un article à part, nous devons nous borner ici à un court aperçu statistique sur l'ensemble de l'état qu'elles forment, pour résumer ensuite leur histoire, depuis l'époque de la première réunion des deux couronnes, au moyen-âge. Ce rapide historique complétera l'aperçu qui a déjà été donné à l'occasion du royaume de Naples.

La monarchie des Deux-Siciles occupe une superficie évaluée à environ 109,000 kilom. carr.*, et contient, d'après *l'Almanacco reale* pour 1843, une population de 8,203,687 âmes, répartie dans 684 villes, 399 bourgs et 2,156 villages. Les $\frac{3}{4}$ environ de ces différents chiffres se rapportent aux états de terre ferme. Les habitants sont tous Italiens et professent la religion catholique, à l'exception d'un certain nombre d'Albanais, grecs-unis, et d'environ 2,000 juifs, tolérés dans la capitale de Naples seulement. La religion catholique est toujours celle de l'état; mais le concordat qui règle, depuis le 16 février 1818, les rapports de cette monarchie avec l'Église de Rome, a détruit les liens de vasselage que s'arrogeait le Saint-Siége. Le clergé séculier et les ordres religieux forment toujours dans la monarchie un corps très nombreux et richement doté. Il y a 20 archevêques et 73 évêques dans le seul royaume de Naples; 3 archevêques et 7 évêques en Sicile. Palerme est le siége primatial du royaume. La noblesse est également très considérable; en possession de vastes domaines constitués en ma-

(*) Environ à de l'étendue de la France. S,

jorats, elle jouit de très grands priviléges, et se compose de près de 9,000 familles, dont environ 6,500 dans le royaume de Naples, présentant un chiffre total de plus de 50,000 individus. Sur le continent napolitain, comme en Sicile, l'isolement résultant du manque de communications dans les provinces intérieures a fait affluer les populations dans les villes et sur les côtes, au grand préjudice de l'agriculture et du développement de la richesse matérielle du pays. Cette agglomération est surtout remarquable dans la capitale et aux environs: c'est une des causes du progrès du paupérisme. Aussi cette monarchie contient-elle plus d'indigents et de mendiants de profession qu'aucun autre pays de l'Europe. D'immenses terrains restent en friche ou ne sont utilisés qu'en pâturages; et, malgré la fertilité naturelle du sol, l'importation de grains est encore quelquefois nécessaire. Les campagnes de la Terre de Labour, dans les états en-deçà du phare, et celles de Catane, en Sicile, offrent seules un état de culture avancé.

Le commerce se ressent de l'état de langueur de l'industrie agricole et manufacturière. Dans le royaume de Naples, l'importation, qui s'élève à environ 15 millions de *ducati*, ou 64 millions de francs par an, est à peu près balancée par l'exportation. La Sicile, soumise à un régime particulier, est tenue, pour ses importations, dans une dépendance très onéreuse du continent, source d'une contrebande très active en objets de manufacture des pays étrangers. Ces dernières restent pourtant au-dessous des exportations, qui consistent en produits bruts de l'île, et s'élèvent à plus de 13 millions de *ducati*, ou à peu près 56 millions de francs par an. Quant à la navigation, favorisée par le grand développement des côtes, par le recrutement facile et peu dispendieux des équipages, et par les encouragements du gouvernement, elle est généralement en progrès. La marine marchande comprenait déjà, en 1833, dans le royaume de Naples, 4,668 navires, jaugeant ensemble 131,709 tonneaux, et distribués dans les ports de Naples, Gaëte, Tarente, Salerne, Barlette, Manfredonia, Pescara, etc. En Sicile aussi, elle compte plus de 2,000 navires, qui ne participent néanmoins que pour un quart au commerce extérieur de l'île.

L'instruction publique, abandonnée presque en entier aux prêtres et aux moines, n'a répondu jusqu'ici que par de faibles résultats à quelques mesures adoptées pour lui donner plus de force et d'extension. Naples seule possède une université, avec divers autres établissements spéciaux pour les sciences, la littérature et les arts, tenus sur un pied respectable, sans pouvoir néanmoins se comparer, sous ce rapport, avec aucun des grands foyers d'où rayonne le mouvement intellectuel en Europe. Les trois universités de la Sicile, celles de Palerme, de Catane et de Messine, cette dernière rétablie en 1838, ne peuvent être rangées qu'en seconde ligne. Les entraves d'une censure très rigoureuse pèsent sur toutes les productions de la presse, ainsi que sur l'introduction des livres étrangers.

Nous avons déjà indiqué la division administrative de la monarchie formée de 15 provinces dans les états en-deçà, et de 7 intendances dans les états au-delà du phare. L'ordre judiciaire se compose de deux cours suprêmes établies à Naples pour le continent, et à Palerme pour la Sicile, de 4 hautes-cours pour les matières civiles dans le royaume de Naples : à Naples, Aquila, Trani et Catanzaro ; et de 3 du même rang en Sicile : à Palerme, Messine et Catane ; enfin, des tribunaux criminels des provinces et des tribunaux civils ordinaires, établis également dans le chef-lieu de chaque province, mais ces derniers dans le royaume de Naples seulement. La juridiction inférieure est dévolue à des juges de paix et à des juges de district élus à temps dans leur ressort. Le nouveau code ou Code de Ferdinand Ier, en vigueur depuis le 1er sept. 1819, est entièrement calqué sur les codes français, sauf la législation relative aux majorats, au jury, qu'on n'a pas adopté, aux formes de la procédure criminelle, toute secrète, aux délits de sacrilège, etc.

Le royaume des Deux-Siciles forme une monarchie absolue, héréditaire en ligne masculine, et même en ligne féminine à défaut de mâles. En Sicile, le roi se fait représenter par un lieutenant général qui réside à Palerme, et remplit les fonctions de vice-roi. L'héritier de la couronne porte le titre de duc de Calabre.

A la tête du gouvernement sont placés 8 ministres secrétaires d'état chargés des divers portefeuilles, un conseil d'état et une *consulta* générale instituée en vertu de l'ordonnance royale du 14 juin 1824, établie à Naples et formée de 16 membres napolitains et de 8 membres siciliens, choisis à temps ou à vie par le souverain parmi les grands propriétaires fonciers, les hauts fonctionnaires civils et les militaires les plus marquants. Cette consulta, substituée aux deux assemblées du même genre, dont le décret du 26 mai 1821 avait prescrit la formation pour chacun des deux royaumes en particulier, n'a que le droit de donner des avis sur les projets de lois, mesures financières et règlements qui lui sont soumis. Six directeurs, qui ont leurs bureaux à Palerme et relèvent du gouverneur général, sont chargés de l'administration de la Sicile. Les provinces et intendances, ainsi que les communes, administrent et répartissent l'impôt elles-mêmes dans leurs circonscriptions respectives.

D'après le comte Serristori, les revenus de l'état s'élevaient, en 1835, à 26,089,000 ducats, et les dépenses à 26,100,000. Cependant dans le seul royaume de Naples, le revenu, pour l'année financière 1838-39, était évalué à 26,670,000 ducats ou environ 114 millions de fr.; la dette s'élevait à 103 millions de ducats ou 440 millions de fr. environ. Le budget particulier de la Sicile, continuellement en déficit, était, en 1833, taxé à 1,897,495 onces d'argent ou plus de 24 millions de fr.; la dette de l'île à environ 22 ½ millions de fr.

L'armée napolitaine, dont la réorganisation sur le pied actuel date de 1833, comptait, en 1838, environ 45,000 hommes, dont 29,381 d'infanterie, y compris les régiments des gardes ; mais, en temps de guerre, elle pourrait être facilement élevée, dans les mêmes cadres, à 64,000 hommes. Elle se compose de troupes étrangères (4 régiments suisses) et de troupes nationales, recrutées par la voie de la conscription. Les soldats indigènes, après avoir fini leur temps au service actif, restent encore pendant cinq ans sujets à l'appel pour la réserve, nommée aussi garde nationale, et qui est susceptible d'être portée à 150,000 hommes. La Sicile, dont les habitants manifestent pour l'état militaire une répugnance invincible, ne fournit que deux régiments d'infanterie, contingent péniblement ramassé dans le rebut de la population. Outre ces troupes, il existe encore, dans les deux royaumes, pour le maintien de la police, une nombreuse gendarmerie. La marine militaire se compose de 3 vaisseaux, 4 frégates, 2 corvettes et plusieurs bâtiments de moindre grandeur, armés en tout d'environ 500 canons.

Les ordres de chevalerie dépendant de la couronne des Deux-Siciles sont : l'ordre royal militaire de Saint-Constantin, d'origine byzantine, fondé en 1190, par l'empereur Isaac l'Ange, de la maison de Comnène, transmis, en 1699, par un des descendants fugitifs de cette illustre famille, au duché de Parme, et de là au royaume de Naples, par le duc infant don Carlos, qui, après son avénement à la couronne des Deux-Siciles, le renouvela solennellement en 1758 ; l'ordre de Saint-Janvier, institué en 1738, le plus considéré du royaume ; l'ordre de Saint-Ferdinand du mérite, créé en 1799 ; l'ordre militaire de Saint-Georges de la Réunion, fondé par le roi Joseph-Napoléon, puis conservé par Ferdinand IV et réorganisé par ce monarque pour les Deux-Siciles, par décret du 9 janvier 1819 ; enfin l'ordre de François Ier, le seul du royaume pour le mérite civil, et dont l'institution ne date que du 28 sept. 1829. — Voir Richard, abbé de Saint-Non, Voyage pittoresque, ou Description des royaumes de Naples et de Sicile (Paris, 1781-86, 4 tom. en 5 vol. gr. in-fol., av. fig. ; nouv. éd. revue et corr., 1829, 4 vol. in-8°, av. atl.).

Histoire. La première réunion de Naples avec la Sicile, opérée, en 1130, par Roger II (Ier comme roi), sous le titre de royaume des Deux-Siciles, dura un siècle et demi. La résidence était Palerme. Il n'y eut aucune fusion entre les deux parties de la monarchie : chacune conserva ses propres lois. Cependant la dynastie de Tancrède de Hauteville s'éteignit déjà avec Guillaume II, le Bon, petit-fils de Roger, en 1189. L'empereur d'Allemagne, Henri VI de Hohenstaufen, fit alors valoir ses droits à l'héritage des Deux-Siciles, du chef de sa femme, Constance, fille de Roger ; mais les Siciliens, dans leur aversion pour la domination allemande, préférèrent appeler à leur tête un fils naturel de ce dernier, Tancrède, qui se défendit vaillamment contre Henri : celui-ci ne dut qu'à la mort prématurée de son courageux adversaire, qui ne laissa pour successeur, en 1194, qu'un fils en bas âge (Guillaume III), de pouvoir se rendre maître de la Sicile, où les rigueurs qu'il exerça rendirent son joug odieux. L'île n'en reconnut pas moins, en 1197, son fils Frédéric II (comme empereur, Ier comme roi des Deux-Siciles), à peine âgé de 3 ans, lequel, plus tard, fit beaucoup pour la prospérité de ses états d'Italie, et transféra le siége du gouvernement à Naples. Cependant les Siciliens, mus par cette antipathie qui les anime encore aujourd'hui contre les Napolitains, ne soupiraient qu'après l'indépendance ; le voisinage d'un établissement aussi formidable de la maison de Hohenstaufen faisait en outre ombrage aux pontifes de Rome. En conséquence, après la mort de l'empereur Conrad IV, en 1254, le pape Urbain IV appela au trône des Deux-Siciles Charles d'Anjou, frère de S. Louis, roi de France (1265). Dans l'intervalle, Mainfroi ou Manfred (voy.), fils naturel de l'empereur Frédéric II et tuteur du jeune Conradin (voy.), dernier représentant légitime de l'illustre maison de Souabe, s'était fait proclamer roi des Deux-Siciles, à la place de son neveu, en 1258. Il fut défait et tué par Charles d'Anjou, à la bataille de Bénévent, en 1266, et 2 années plus tard l'infortuné Conradin lui-même, vaincu par le spoliateur de son héritage, fut décapité à Naples. Mais Charles Ier ne put conserver en entier sa conquête. La Sicile se délivra de la domination des conquérants français par le massacre fameux des Vêpres Siciliennes (voy.), en 1282. Elle fut secondée dans cette insurrection par le roi

Pierre III d'Aragon, gendre de Mainfred, à qui Conradin avait légué tous ses droits et le soin de sa vengeance. Ainsi s'opéra la dissolution du premier lien qui unit les Deux-Siciles.

Pendant que Naples était restée sous la domination de Charles d'Anjou et de ses successeurs, la Sicile, après s'être donnée à Pierre III (comme roi d'Aragon, Ier comme roi de Sicile), qui transmit la couronne de l'île, en 1285, à son fils cadet Jacques, se dérobait tout-à-fait à la suprématie pontificale. Tantôt réunie sous un même sceptre avec l'Aragon, tantôt gouvernée comme un apanage royal distinct par des princes cadets de la dynastie espagnole, elle demeura séparée du royaume de Naples jusqu'à ce qu'en 1435, Alphonse V (*voy.*), roi d'Aragon et de Sicile, s'étant aussi emparé de Naples, établit sa domination des deux côtés du détroit. Mais, à la mort de ce prince, qui *régna* sur Naples sous le nom d'Alphonse Ier, l'île continua de rester unie à la couronne d'Aragon, qu'Alphonse transmit à son frère Jean II, tandis qu'il disposa du royaume de Naples en faveur de Ferdinand Ier, son fils naturel. A la mort de ce dernier, qui porta la couronne de 1458 à 1494, on vit se succéder rapidement à Naples son fils Alphonse II, qui mourut en 1495, et son petit-fils Ferdinand II, qui eut à subir la même année dans ses états l'attaque chevaleresque, mais téméraire, de Charles VIII. Le bouillant roi de France s'était lancé dans cette expédition lointaine pour faire valoir des prétentions que la seconde maison d'Anjou lui avait léguées sur le trône de Naples; mais la jalousie des puissances rivales fit échouer cette tentative. Ferdinand II lui-même ne vécut que jusqu'en 1496, et laissa la couronne à son oncle Frédéric, qui, à son tour, en fut dépouillé, en 1501, par son cousin Ferdinand le Catholique, roi d'Aragon et de Sicile. Ce monarque s'était ligué pour opérer cette conquête avec Louis XII; mais la division ne tarda pas à se mettre entre les deux alliés au sujet du partage, et le rusé Ferdinand finit (1505) par rester seul maître du royaume de Naples dont il devait en grande partie la conquête à la valeur de son illustre capitaine, Gonsalve de Cordoue (*voy.* ce nom).

Les Deux-Siciles se trouvèrent ainsi réunies avec la grande monarchie espagnole, et leur état de dépendance de celle-ci devait encore durer deux siècles. Pendant cette longue période de la domination étrangère, les libertés dont les villes avaient auparavant joui dans les deux royaumes fléchirent peu à peu, tandis que le pouvoir toujours croissant des barons féodaux et du clergé prenait un caractère de plus en plus oppressif, et mettait le comble aux misères du peuple, écrasé d'impôts et réduit à la servitude dans les campagnes. L'Église agrandît tellement ses domaines, que près des deux tiers de la grande propriété territoriale finirent par tomber en mainmorte. Lorsque la branche espagnole de la maison d'Autriche s'éteignit, en 1700, les Deux-Siciles, ainsi que l'Espagne elle-même, formèrent un sujet de litige entre les deux compétiteurs à la succession du feu roi Charles II, Philippe d'Anjou et l'archiduc Charles. En 1713, par suite de la paix d'Utrecht, le royaume de Naples, avec la Sardaigne et le duché de Milan, fut cédé à l'Autriche. L'influence de l'Angleterre, dans des vues d'intérêt mercantile, fit que l'on disposa séparément de la Sicile en faveur du duc de Savoie; mais, en 1717, Philippe V, roi d'Espagne, poussé par son ambitieux ministre Alberoni, reconquit cette île sans pouvoir néanmoins la garder longtemps; car ayant vu se former contre lui la quadruple alliance entre l'Empereur, la France, l'Angleterre et les sept Provinces-Unies, il fut obligé, en 1719, de céder la Sicile à l'Autriche, qui dédommagea le duc de Savoie, en lui abandonnant la Sardaigne (*voy.*). Mais, en 1733, lorsque la question de la succession au trône de Pologne occasionna une nouvelle conflagration en Europe, les Espagnols s'emparèrent de nouveau des Deux-Siciles, et obtinrent, en 1735, à la paix de Vienne, qu'elles fussent reconstituées en monarchie indépendante pour l'infant Don Carlos, alors duc de Parme. Celui-ci ayant, en 1759, hérité du trône d'Espagne, qu'il occupa sous le nom de Charles III (*voy.*), dut laisser celui des

Deux-Siciles à son troisième fils Ferdinand IV, et il fut en même temps stipulé que cette couronne ne pourrait plus jamais se réunir à celle d'Espagne.

On a déjà parlé ailleurs des principaux événements du règne peu glorieux, mais long et agité, de Ferdinand IV, à l'art. duquel nous devons renvoyer, ainsi qu'à celui de la reine Caroline, qui eut une si grande influence sur les affaires depuis 1768. En 1761, la dynastie de Naples s'était associée au pacte de famille (*voy.*) conclu entre les différentes branches régnantes de la maison de Bourbon. Pendant les guerres de la république et de l'empire français, les progrès de nos armes en Italie obligèrent deux fois le roi et son gouvernement à se réfugier à Palerme. La première fois, en 1799, le cardinal Ruffo parvint, la même année, à reconquérir Naples, où une terrible réaction eut lieu aussitôt contre tous ceux qui s'étaient montrés accessibles aux idées libérales, et fit couler des flots de sang. Après la seconde expulsion, en 1806, pendant que la couronne de Naples était passée sur la tête de Joseph-Napoléon pour être ensuite conférée à Joachim Murat (*voy.* ces noms), force fut à l'ancienne dynastie de prolonger jusqu'en 1816 son séjour en Sicile, où encore elle n'aurait pu se maintenir sans la protection armée de l'Angleterre. En 1812, lord Bentinck établit dans l'île une constitution en grande partie modelée sur celle de la Grande-Bretagne; mais dès 1814 le roi la supprima. La défaite de Murat par les Autrichiens ouvrit enfin, en 1816, à Ferdinand IV le retour dans ses états du continent, où il s'intitula dès lors Ferdinand Ier, roi des Deux - Siciles. Mais l'esprit rétrograde et l'inhabileté de son gouvernement mécontentèrent profondément ses sujets, favorisèrent l'extension des racines du carbonarisme (*voy.*), et firent pénétrer les germes révolutionnaires jusque dans les rangs de l'armée. Aussi, lorsqu'on apprit à Naples, au commencement de l'année 1820, qu'en Espagne la constitution des Cortès de 1812 avait été rétablie par les troupes, plusieurs régiments imitèrent cet exemple à Nola, d'où le mouvement militaire se communiqua

promptement à tout le royaume, à partir du 2 juillet. Dès le 9, le général Guillaume Pepe fit son entrée dans la capitale, à la tête des insurgés, et le 13, le serment à la constitution espagnole, provisoirement adoptée pour base de celle qu'on voulait établir à Naples, fut exigé du roi et des princes. Le parlement convoqué se réunit dans cette ville, le 1er octobre, et le 5 il se fortifia par l'adhésion de Palerme, où les patriotes siciliens avaient d'abord réclamé avec véhémence une représentation distincte pour leur île. Mais les auteurs de la révolution qui paraissait si heureusement accomplie nuisirent à leur cause par trop d'exagération, et manquèrent ensuite de la résolution et de la vigueur nécessaires pour la défendre. La nouvelle constitution fut solennellement proclamée par le parlement le 30 janvier 1821 ; mais déjà le congrès des monarques absolus s'était ouvert à Laibach (*voy.*). En exécution de ses arrêts, une armée autrichienne, sous le général Frimont, marcha sur les Abruzzes (*voy.*). Le 7 mars, son avant-garde dispersa complétement l'armée napolitaine commandée par le général Pepe (*voy.* ce nom et CARASCOSA); le 10, toute résistance avait cessé; le 24, Naples fut occupée par les Autrichiens, à la suite d'une capitulation, et le 15 mai le roi rentra dans sa capitale, où l'ancien ordre de choses venait d'être rétabli. De Florence, où il s'était retiré, après avoir nommé le prince royal, François, son *alter ego* (*voy.*), le monarque avait déclaré nuls tous les changements introduits dans le gouvernement par suite de la révolution. Les principaux chefs de celle - ci parvinrent à se sauver par la fuite, d'autres furent condamnés à mort et exécutés. L'esprit réactionnaire sévit avec fureur contre tous ceux qu'il suspectait de participation aux sociétés secrètes, et les prisons se remplirent de milliers de malheureux. Le gouvernement n'admit que des réformes insignifiantes. La Sicile, où l'irritation des esprits et les excès commis par de nombreuses bandes de brigands s'étaient accrus en proportion des désordres et des vices de l'administration, bien plus profonds encore dans cette île que dans le royaume de Naples, fut entièrement détachée de celui-ci, relativement à son organisation, et reçut également des garnisons autrichiennes. Le clergé reprit plus d'influence que jamais, et la police déploya des rigueurs telles que l'Autriche se crut elle-même obligée d'intervenir par des représentations pour y mettre un frein. L'armée avait été, dès le commencement, dissoute et remplacée en partie par des enrôlés suisses, irlandais et albanais. On s'appliqua néanmoins à rétablir un peu d'ordre dans les finances, et à l'avénement de François Ier (*voy.*), fils aîné de Ferdinand (5 janvier 1825), quelques adoucissements eurent lieu dans le régime du règne précédent.

En 1827, les derniers régiments de l'armée d'occupation autrichienne évacuèrent le royaume. Cependant la tranquillité intérieure n'était pas encore à l'abri de toutes les secousses. Vers la fin de juin 1828, un mouvement éclata dans la province de Salerne. Il avait pour auteur principal un prêtre patriote, le chanoine Luca, qui se proposait l'établissement d'une constitution semblable à notre charte; mais comprimé par les armes, au mois de juillet, il fut cruellement expié par ses chefs. La Calabre souffrait en même temps plus que jamais de ses vieilles bandes de brigands. Le différend avec l'état barbaresque de Tripoli, qui réclamait un tribut, fut néanmoins aplani par la médiation de la France au mois d'octobre suivant.

On connaît l'activité déployée par le souverain actuel, Ferdinand II (*voy.* T. X, p. 677), qui succéda à son père le 8 nov. 1830, pour réorganiser l'armée, régulariser les finances, combattre certains abus de l'administration et relever la prospérité matérielle du royaume de Naples. Il abolit les priviléges de chasse, allégea la charge des impôts et prit diverses autres mesures non moins salutaires. Cependant la fermentation que le retentissement de notre révolution de Juillet produisit dans toute l'Italie donna lieu pareillement, dans cette partie de la péninsule, à diverses conspirations suivies de tentatives de bouleversement dans les années 1831, 32 et 35. Dans la querelle avec Tunis, le bey fut obligé de céder; à ce conflit en succéda un autre avec le Maroc, en 1834. En 1836, au mois de janvier, à l'occasion de la naissance d'un héritier du trône, le roi publia une amnistie assez étendue; mais il ne s'en attacha que plus fortement aux principes absolutistes et renforça même l'autorité du clergé dans ses états. On a déjà fait entrevoir plus haut que, lors de la révolution militaire de Naples, en 1820, deux partis s'étaient déclarés parmi les insurgés siciliens : l'un à Messine, pour la constitution proclamée dans le royaume en-deçà du phare; l'autre à Palerme, dirigé surtout par les patriciens de l'île, pour une séparation complète du continent. La séparation administrative, admise en principe au congrès de Laibach, ne reçut pourtant aucune exécution avant 1824. Des mesures tendant à raffermir le système de centralisation adopté par le roi actuel excitèrent de nouveau le mécontentement des Siciliens. Pendant l'été de 1837, les terribles ravages du choléra, accompagnés de famine, exaspérèrent la populace qui, dans son ignorance, s'imaginait que les médecins avaient ordre du gouvernement d'empoisonner les pauvres. De sanglantes révoltes, souillées par d'horribles excès, éclatèrent à Palerme et à Catane, se propagèrent dans toute l'île et y répandirent une épouvantable confusion. Le gouvernement, momentanément obligé de prendre la fuite, ne put rétablir son autorité que par la force des armes; les exécutions se multiplièrent, et au mois de nov. 1837, parurent 19 décrets royaux, par lesquels la Sicile, privée de son administration distincte, fut réduite à l'état d'une simple province de la monarchie. Au mois de mars 1838, le roi visita néanmoins cette île, y proclama une amnistie partielle et révoqua les commissions militaires. Bientôt, le 19 déc. 1838, fut publiée une loi tendant à l'abolition des derniers restes des institutions féodales, et que suivirent d'autres mesures relatives aux moyens de rétablir la sûreté des routes, d'introduire des améliorations dans le système des impôts et de l'administration en général, et de rendre à l'île la jouissance d'une partie de ses droits par la réinstallation des bureaux du gouvernement à Palerme. Mais un peu de calme venait à peine de renaître, que le cabinet, par une mesure imprévoyante, compromit de nouveau gravement la situation. Il érigea ce que l'on a appelé le monopole des soufres, en exécution d'un traité conclu le 27 juin de la même année avec une compagnie de négociants français. Cette opération mal combinée eut des conséquences funestes. Non-seulement elle jeta dans la détresse les nombreux ouvriers employés à cette industrie frappée de stagnation, mais encore elle suscita au gouvernement de graves embarras avec l'Angleterre. Des réclamations en faveur des intérêts de ses nationaux, cette puissance passa à des démonstrations menaçantes qui allèrent jusqu'à un commencement d'hostilités et au blocus de Naples, et ne furent suspendues qu'en 1840, par l'intervention médiatrice de la France, après que le roi se fut décidé à la révocation du monopole. Les désordres, en Sicile, avaient repris un caractère si alarmant qu'il fallut y renvoyer des renforts de troupes considérables en 1839. La loi martiale fut de nouveau proclamée et maintenue en vigueur jusqu'à la fin de 1840. Elle servit à étouffer l'insurrection, mais elle n'était guère propre à fermer les plaies toujours saignantes du pays ni à calmer une irritation qui dure encore. Cette année même des troubles ont éclaté dans la Pouille et en Calabre, à Foggia et à Cosenza, devenues le théâtre de collisions sanglantes entre le peuple et la gendarmerie. Partagé entre la crainte des révolutions et le désir d'accroître en Italie un pouvoir que gêne la prépondérance de l'Autriche, le gouvernement des Deux-Siciles, suivant les complications multiples de ses intérêts politiques au dedans et au dehors, et sollicité de part et d'autre par l'attrait des liens de famille, subit tour à tour l'influence de la cour de Vienne et celle de la nouvelle dynastie française. Ch. V.

SICILIENNES (Vêpres), voy. Vêpres.

SICKINGEN (François de), chevalier du Palatinat, conseiller et général impérial, naquit en 1481 au château patrimonial de Sickingen, dans le cercle du Moyen-Rhin actuel (grand-duché de Bade). Dès sa jeunesse, il se voua à l'état militaire, et se réunit au comte de Nassau dans la guerre contre la France. Plus tard, il s'érigea en défenseur des opprimés, se chargeant de faire obtenir justice aux faibles qui avaient à élever des plaintes contre quelque ville impériale ou à réclamer des créances de quelques seigneurs. Briser le despotisme des princes et abattre l'orgueil du clergé, telle était la tâche du preux chevalier. Sans être le moins du monde lettré, il se montra toujours le protecteur des savants : c'est ainsi qu'il défendit Reuchlin (voy.) contre les moines de Cologne, et accorda l'hospitalité dans son château à plusieurs hommes éclairés en butte aux persécutions, tels qu'Ulric de Hutten (voy.) et autres. Il contribua beaucoup à répandre la réforme dans les contrées rhénanes. Une lutte malheureuse contre Trèves, le Palatinat et la Hesse le fit mettre au ban de l'Empire. Au siège de son château de Landstuhl, entre Lautern et Deux-Ponts, une chute entraîna sa mort qui eut lieu le 7 mai 1523, peu de temps après la reddition du fort. —Voir Münch, *Franz von Sickingen's Thaten*, etc. (Stuttg., 1827-28, 2 vol.), avec un *Codex diplomaticus* (vol. IIIe, Aix-la-Chapelle, 1829).

En 1773, les descendants de Sickingen furent élevés au rang de comtes de l'Empire et se divisèrent d'abord en plusieurs lignes, dont celle de Sickingen posséda seule des biens immédiats dans la seigneurie de Landstuhl, droits qu'elle fut obligée de résigner en 1803.　*C. L.*

SICULES, peuplade italienne primitivement établie dans le Latium, mais qui en fut expulsée par les Tyrrhéniens et d'autres peuples, et qui, après avoir trouvé momentanément un refuge en Calabre, passa le détroit et se fixa dans l'île qui reçut d'eux son nom. *Voy.* Sicile.

SICYONE, aujourd'hui *Basilico*, bourg situé sur le golfe de Lépante, à quelque distance de Corinthe, était jadis une des villes les plus anciennes, les plus célèbres et les plus belles du Péloponnèse. Selon Pausanias, Égialée, fils d'Inachus, en jeta les fondements, et Sycion, un de ses successeurs, lui donna son nom. La Sicyonie partagea le sort des petits états voisins lors de l'irruption des Héraclides dans le Péloponnèse. Elle fut conquise par Phæstus et soumise au roi d'Argos. La démocratie y fut établie dans la suite, mais les luttes des partis favorisèrent plusieurs fois l'usurpation du pouvoir par des tyrans. Quelque faible qu'il fût, cet état sut conserver son indépendance, non pas néanmoins sans avoir beaucoup à souffrir des querelles d'Athènes et de Sparte. Un de ses plus grands citoyens, Aratus (*voy.*), fit entrer Sicyone dans la ligue Achéenne (*voy.*), où elle joua un rôle important jusqu'à sa dissolution. Toutefois la gloire de Sicyone repose moins sur ses exploits militaires que sur la culture des arts de la paix. Son école de sculpture et de peinture jouissait d'une haute réputation, et produisit des artistes qui, comme Aristoclès, Canachus, Polyclite, Euphranor, Lysippe dans la sculpture, Pamphile, Pausias, Mélanthius, Nicophane dans la peinture, rivalisèrent avec les plus grands maîtres d'Athènes.   X.

SIDDONS (Sarah Kemble, mistress), une des plus grandes tragédiennes de l'Angleterre, sœur des deux Kemble (*voy.*), naquit le 1er juillet 1755, à Brecknock, dans le pays de Galles. Fille d'un directeur de comédiens ambulants, elle épousa fort jeune et par inclination le jeune Siddons, qui faisait partie de la troupe, et se voua à la scène. Garrick l'appela, en 1775, à Londres, où elle débuta à Drury-Lane, dans le rôle de Portia. Elle acquit bientôt la plus grande réputation : aussi les deux premiers théâtres de Londres se la disputèrent-ils toujours, et elle fut toute sa vie comblée d'honneurs. D'un esprit orné, d'un caractère pur, d'une conduite irréprochable, elle avait un port majestueux, un geste noble, et l'organe le plus sonore et le plus harmonieux. Elle ne fut jamais surpassée pour le jeu de la physionomie, pour l'expression des yeux et pour la grâce des mouvements. Ses principaux rôles furent : lady Macbeth, et Catherine dans *Henri VIII*. Elle se livra aussi à la sculpture, et plusieurs de ses ouvrages, entre autres le buste du président des Etats-Unis, Adams, jouirent du suffrage public. Elle quitta la scène en 1812; mais en 1816 elle reparut, à Édimbourg, dans quelques représentations au bénéfice de son frère Char-

les Kemble. Depuis, elle s'attacha surtout à développer les talents de sa nièce, Francis-Anna Kemble. Elle mourut le 8 juin 1831. —*Voir* Boaden, *Memoirs of mistress Siddons* (Lond., 1827, 2 vol.), et surtout Thomas Campbell, *Life of mistress Siddons* (Londres, 1834, 2 vol.).   C. L.

SIDELHORN, *voy.* Grimsel.

SIDÉRAL, de *sidus, -eris*, astre, *voy.* Année, Chronologie, Jour, Révolution, etc.

SIDÉRIQUE, *voy.* Astral.

SIDÉRISME. Ce mot dérivé du grec σίδηρος, fer, acier, désigne une méthode de traitement magnétique des maladies, préconisée par Mesmer (*voy.*), dans laquelle la main de l'homme n'opère pas, mais qui se fait au moyen d'appareils particuliers comme des tiges métalliques partant d'un baquet contenant des métaux.   C. L.

SIDMOUTH (lord), *voy.* Addington. Il est mort le 15 février 1844.

SIDNEY ou Sydney, nom d'une famille illustre d'Angleterre dont l'origine remonte à Guillaume Sidney, qui suivit d'Anjou en Angleterre le roi Henri II, en qualité de chambellan, et mourut en 1154. Henri Sidney, l'un de ses descendants, fut ambassadeur d'Édouard VI auprès de la cour de France. A la mort de ce prince, qui lui portait la plus vive affection, il se retira dans ses terres, mais il fut bientôt rappelé à la cour par la reine Marie, qui, comme son frère, l'honora de la plus haute faveur. Sous Élisabeth, il fut nommé gouverneur du pays de Galles et député d'Irlande, charges qu'il remplit avec autant de sagesse que de modération. Il mourut en 1586.

Sir Philippe Sidney, son fils, né à Penshurst, en 1554, visita le continent après avoir achevé ses études, et à son retour dans sa patrie, quoiqu'il n'eût que 22 ans, il fut nommé ambassadeur de la reine Élisabeth auprès de l'empereur Rodolphe II. En apparence, ce n'était qu'une ambassade de félicitation; mais dans le fait Sidney était chargé de former une ligue des princes protestants contre le pape et l'Espagne. Il y réussit, et en récompense de ses services Élisabeth lui donna la place de grand-échanson, qu'il perdit bientôt à la suite d'une querelle qu'il eut avec Édouard Vere. Exilé de la cour, il consacra ses loisirs à composer son fameux roman pastoral *l'Arcadie* (Londres, 1591), qui ne fut cependant imprimé qu'après sa mort. Au bout de deux ans, Élisabeth le rappela et le créa chevalier. Le comté de Kent le choisit, vers le même temps, pour son représentant au parlement. Toujours dévoué à sa souveraine, Sidney renonça sans effort, pour lui obéir, au voyage de découvertes qu'il se proposait de faire avec Francis Drake ; il lui donna même une preuve plus éclatante encore de son attachement, en refusant la couronne de Pologne qui lui était offerte. Élisabeth l'envoya en Flandre en qualité de général de cavalerie et de gouverneur de Flessingue. Il surprit Axel, en 1586, sauva l'armée anglaise à Gravelines, et se couvrit de gloire à Zutphen, où il reçut une blessure dont il mourut à Arnheim, le 16 oct. de la même année. Outre *l'Arcadie*, il nous reste de lui *Astrophel et Stella* (Londres, 1591), et plusieurs pièces de poésie. Ses œuvres ont été publiées à Londres en 1725, 3 vol. in-8°. *Voir* sur lui, Zouch, *Memoirs of the life and writings of sir Ph. Sidney*, Lond., 1808.

ALGERNON Sidney, 2e fils de Robert Sidney, à qui fut conféré, en 1618, le titre de comte de Leicester, naquit l'année d'auparavant selon les uns, en 1622 selon d'autres, et fut élevé sous les yeux de son père qu'il suivit dans les missions qu'il eut à remplir en Danemark (1632) et en France (1636), puis en Irlande, lorsque le comte de Leicester eut été nommé vice-roi de cette île. Il y servit avec distinction contre les rebelles sous les ordres de son frère, le comte de Lisle, avec qui il retourna en Angleterre en 1643, et passa au service du parlement. En 1645, il fut nommé colonel d'un régiment de cavalerie sous Fairfax, et quelque temps après gouverneur de Chichester. L'année suivante, nous le retrouvons en Irlande avec le titre de lieutenant et de gouverneur de Dublin, mais le parlement ne tarda pas à le rappeler et à lui confier le gouvernement de Douvres. Quoique membre de la haute-cour de justice formée pour juger Char-

les Ier, il n'assista point au prononcé de la sentence, ni ne signa l'ordre de l'exécution, sans désapprouver d'ailleurs la condamnation du prince. Ennemi déclaré des empiétements du pouvoir, il ne pouvait acquiescer à l'usurpation de Cromwell: aussi se retira-t-il des affaires pendant tout le temps que dura le protectorat. On croit que ce fut à cette époque qu'il écrivit ses célèbres *Discours sur le gouvernement* (Lond., 1698, souvent réimpr. ; trad. en franç. par Samson, La Haye, 1702, 3 vol. in-8°), aussi remarquables par la vigueur du style que par la richesse des idées, et qui respirent un zèle ardent pour la défense et le perfectionnement de la constitution anglaise. Après l'abdication de Richard Cromwell et le rétablissement du Long Parlement, Sidney accepta la place de conseiller d'état, chargé de la négociation de la paix entre la Suède et le Danemark. Il était encore à Copenhague lorsque la Restauration eut lieu. Ne voulant point accepter le bénéfice de l'acte d'oubli et d'immunité de 1660 accordé par Charles II lors de son avénement au trône, il préféra passer 17 ans en exil. Ce ne fut qu'en 1677 qu'il consentit à retourner dans sa patrie, à la prière de son père qui désirait le voir encore une fois avant sa mort, et qui lui avait obtenu du roi un pardon particulier. Élu membre du parlement en 1678, malgré les efforts de la cour pour faire échouer sa candidature, il y fut un des adversaires les plus redoutables du ministère. Dalrymple l'accuse d'avoir été à la solde de la France, mais une accusation de ce genre, portée contre un homme de ce caractère, aurait besoin de preuves moins suspectes que celles qu'il en donne. Ce qui est plus certain, c'est que Sidney, pour sauver la liberté civile et religieuse de l'Angleterre qui lui semblait menacée par Charles II et surtout par le duc d'York, héritier présomptif du trône, se lia avec Monmouth et d'autres mécontents qui partageaient ses craintes. Au mois de juin 1683, sous le prétexte d'une conspiration dirigée contre la vie du roi, il fut arrêté avec lord Russel, et livré, le 21 nov. à Jefferys (*voy.*), l'abominable instrument des vengeances de la cour. La loi exigeait deux témoins, et un seul, lord Howard, la honte de la noblesse anglaise, se présentant, Jefferys suppléa à cette lacune en produisant un manuscrit saisi dans les papiers de Sidney, et il le fit ainsi condamner à la peine capitale. Il fut décapité le 7 déc. 1683. Un des premiers actes du gouvernement de Guillaume III fut de casser la sentence qui l'avait frappé, et le nom d'Algernon Sidney est resté en honneur parmi les défenseurs de la liberté de son pays. E. H-G.

SIDNEY (géogr.), *voy.* GALLES MÉRIDIONALE (*Nouvelle-*), COLONIES PÉNALES et BOTANY-BAY.

SIDNEY-SMITH, *voy.* SMITH.

SIDOINE APOLLINAIRE (CAIUS SOLLIUS), poëte et écrivain latin, évêque de Clermont en Auvergne, naquit à Lyon le 5 nov. 430. Élève des rhéteurs Hænius et Eusèbe, il devint lui-même un des hommes les plus remarquables de son époque. Avitus, qui sut l'apprécier, lui donna sa fille en mariage et l'emmena à Rome. Lorsqu'il fut déclaré Auguste, Sidoine prononça le panégyrique de son beau-père devant le sénat et le peuple : cette pièce lui valut une statue dans la bibliothèque de Trajan, parmi celles des poëtes célèbres. Après la mort d'Avitus, Sidoine Apollinaire, ayant refusé de reconnaître Majorien, se retira dans sa ville natale où il eut longtemps à supporter les effets de la colère du nouvel empereur, avec lequel il finit cependant par se réconcilier. Sous le règne de Libius-Sévère, il fut obligé de se réfugier en Auvergne où étaient les biens de sa femme. En 468, étant retourné à Rome auprès d'Anthémius, il fut nommé gouverneur de Clermont, et en devint évêque en 472. Sa tranquillité fut souvent troublée dans cette dernière dignité. Les Goths le destituèrent; il remonta néanmoins sur le siége épiscopal, mais il eut à lutter contre l'ambition de ses subordonnés qui s'efforcèrent de l'en expulser. Sidoine Apollinaire écrivait avec une grande facilité, et quoique son style soit loin d'être correct, il n'en est pas moins un des meilleurs poëtes chrétiens parmi ceux qui ont fait usage de la langue latine. Nous ne possédons de lui qu'un choix de ses œuvres qu'il fit lui-même et qui renferme 9 livres contenant des lettres et 24 pièces de vers, sans compter celles contenues dans les lettres. Les panégyriques d'Avitus, de Majorien et d'Anthémius sont ce qu'il nous a laissé de plus parfait. Une histoire d'Attila, commencée par lui, ne fut jamais terminée. Euric, roi des Visigoths, lui avait demandé une histoire de son époque, mais l'évêque de Clermont ne crut pas devoir obtempérer à ce vœu. La 1re édit. des œuvres de Sidoine Apollinaire parut à Utrecht, sans date (vers 1473), in-fol., en caract. goth. On cite ensuite les édit. d'Élie Vinet, Lyon, 1552, in-8°; de J. Savaron, 1598, in-8°, réimpr. avec des notes, 1609, in-4°; de J. Sirmond, 1614, revue par le P. Labbe, 1652, in-4°; on a une trad. franç. de Sidoine par Sauvigny, 1787, 2 vol. Les lettres seules ont été trad. par R. Breyer, 1706. X.

SIDON, ville de la Phénicie (*voy.*), qui fut bâtie, dit-on, par Sidon, fils de Chanaan. Elle était déjà renommée par son industrie et son commerce du temps de Jacob : le livre de *Josué* en parle comme d'une cité aussi célèbre par la magnificence et la richesse de ses habitants que par l'habileté de ses ouvriers (*voy.* COMMERCE et NAVIGATION). Longtemps elle fut la capitale de la Phénicie, dont elle fonda la plupart des villes. Nabuchodonosor la détruisit, 600 ans avant J.-C. Plus tard elle fut prise par Alexandre-le-Grand (332). Elle continua à partager dès lors le sort de la Phénicie. Aujourd'hui elle forme encore, sous le nom de Séïde, une ville assez considérable. X.

SIÈCLE, du latin *sæculum*, temps illimité, comme le grec αἰών, *ævum*, âge, période, puis espace de cent ans. L'étymologie du mot est incertaine : s'il n'est pas de la même famille que *ævum*, dérivé d'αἰών, mot dont l'aspiration a pu produire l's initiale, peut-être vient-il de *sequor*, je suis, ou aussi de *seco*, je coupe; Varron le dérive *à sene*, de vieux. La chronologie (*voy.* ce mot, ÈRE, ANNÉE, etc.) divise, comme on sait, le temps en siècles qui se comptent en arrière pour le temps antérieur à la naissance de Jésus-Christ, et en avant depuis cette grande époque. On s'est longtemps disputé sur la question de savoir par quelle année commence chaque siècle, comme si ce n'était pas nécessairement par 1 ; mais on a prétendu que l'année 1800 faisait partie du XIXe siècle et non du XVIIIe, ce qui est absurde, car il n'y a pas de cent sans le centième. Nous avons parlé, au mot JUBILÉ, de certaines fêtes séculaires ou demi-séculaires. Les Romains déjà avaient, comme on sait, des *ludi sæculares*, dont Horace a célébré le retour, peut-être variable dans certaines limites, par les beaux vers du *Carmen sæculare*. Dans le sens d'âge, les anciens disaient le siècle d'argent, le siècle de fer, comme on dit aujourd'hui le siècle d'Auguste, de la Renaissance ou de Léon X, de Louis XIV, de Voltaire; et, dans cette acception, le mot peut désigner une période indéterminée de bien moins ou de bien plus de cent ans. C'est sous cette restriction seulement qu'on peut dire que chaque siècle a son caractère propre.

Voici de quelle manière un écrivain philosophe, M. Édouard Alletz, caractérise le siècle actuel :

« Tandis que les grandes âmes s'effacent, dit-il, le niveau universel paraît s'élever. Ce ne sont plus les hommes qui, par leur volonté et leurs passions, changent le monde; les événements sont l'œuvre de trop de monde, pour l'être de personne; ils écrasent l'individu. Aussi les esprits que n'éclaire pas la foi adorent-ils une force mystérieuse qui, pour les chrétiens, n'est que la Providence travaillant plus à découvert. La destinée de ce siècle est de faire participer un plus grand nombre d'hommes dans un même pays au bien-être et à l'instruction, et un plus grand nombre de peuples, sur l'échelle des nations, à la civilisation et au commerce. Une fusion entre l'Europe et l'Asie se prépare, et la domination bienfaisante de l'esprit chrétien sur l'Orient barbare sera un des grands traits de notre époque. Enfin, les effets de la découverte de la vapeur dans les relations internationales, la décadence des aristocraties européennes au dedans des sociétés, et le déclin de la philosophie anti-chrétienne dans l'ordre moral, donneront à notre siècle sa figure, son esprit et ses mœurs. »

Dans le langage biblique, *siècle* est quelquefois synonyme d'âge, comme, par exemple, dans ces mots : *Gloire à Dieu au siècle des siècles*, ou quand S. Paul parle de *ce siècle mauvais*, et que Jésus-Christ lui-même dit qu'à celui qui aura parlé contre le Saint-Esprit le pardon ne sera accordé *ni dans ce siècle ni dans celui qui est à venir;* ou encore *Les enfants de ce siècle sont plus prudents dans leur génération que les enfants de lumière.* Dans ce dernier passage, siècle est même synonyme de monde actuel, par opposition au monde futur, infini. Aussi désigne-t-on généralement par les mots *enfant du siècle* un homme charnel, mondain, préoccupé des intérêts terrestres; vivre *selon le siècle*, c'est s'attacher aux joies de ce monde, à ses vaines pompes, à ses promesses trompeuses. Ainsi *séculier (sæcularis)* est devenu presque synonyme de profane, quelquefois de laïque : on oppose les intérêts séculiers ou temporels aux intérêts ecclésiastiques et spirituels; et rendre au monde extérieur, à la société laïque, une personne, un bien, un territoire, c'est les *séculariser.* Cependant on appelle aussi clergé séculier celui qui vit dans le monde, par opposition au clergé *régulier*, soumis à une règle et séquestré du monde.   S.

SIÉGE, *voy.* ATTAQUE, DÉFENSE DES PLACES, BLOCUS, TRANCHÉE, PARALLÈLE, SAPE, MINE, BATTERIES, ARTILLERIE, MORTIER, FORTIFICATION, BRÈCHE, ASSAUT, CAPITULATION, etc. Pour les siéges les plus célèbres dans l'histoire, *voy.* TROIE, JÉRICHO, JÉRUSALEM, ROME, SYRACUSE, SAGONTE, CARTHAGE, PARIS, SÉVILLE, LISBONNE, ACRE (*Saint-Jean d'*), ORLÉANS, CONSTANTINOPLE, MARSEILLE, VIENNE, MALTE, LA ROCHELLE, LILLE, BARCELONE, COPENHAGUE, CRÉMONE, GIBRALTAR, TOULON, MANTOUE, GÊNES, SARAGOSSE, ALGER, ANVERS, etc., etc., et les notices consacrées aux guerres dans lesquelles ces siéges ont eu lieu, ainsi que les noms des généraux qui ont conduit soit l'attaque, soit la défense.

ÉTAT DE SIÉGE, *voy.* PLACE (*commandant de*).

SIENNE, anciennement *Sena Julia*, ville archiépiscopale, chef-lieu du département du même nom dans le grand-duché de Toscane (*voy.*), avec une population de 18,000 hab. Toute déchue qu'elle est, Sienne présente encore d'imposants vestiges de son ancienne splendeur. Sa magnifique cathédrale, chef-d'œuvre de Giov. Pisano (*voy.* Pisan), est un riche musée d'antiquités du moyen-âge. Ses nombreux couvents renferment une foule de tableaux estimables, entre autres la *Madone* de Gui de Sienne, peintre en 1221. Son université, fondée en 1330 par Charles-Quint, compte encore 60 professeurs et possède une bibliothèque riche en livres rares et en manuscrits précieux. Parmi ses monuments publics les plus remarquables, on doit citer le nouvel Opéra, la porte Camollia, la Fonte Gaja sur la place du marché. Cette place, en forme de coquille, est une des plus curieuses de l'Italie.

Colonie romaine fondée par Auguste, Sienne commença à jouer un rôle important dans l'histoire des républiques italiennes pendant les querelles entre l'Empire et la papauté. Des guerres acharnées avec Lucques, Pise et Florence, des querelles intestines entre l'aristocratie et la démocratie, la menacèrent plus d'une fois d'une ruine complète jusqu'à ce que le gouvernement ferme et sage de Petrucci (1487) parvint à rétablir la tranquillité. A la mort de ce grand homme, les troubles recommencèrent; les nobles furent chassés, et Sienne se mit en 1540 sous la protection de Charles-Quint, qu'elle abandonna ensuite pour s'allier à la France. Les Espagnols l'assiégèrent, et, après une résistance héroïque, elle fut obligée de capituler en 1555. Deux ans après, elle fut cédée par Philippe II à Cosme de Médicis en paiement des fortes sommes qui lui avaient été avancées, à lui et à son père. Depuis cette réunion, l'histoire de Sienne se confond avec celle de la république de Florence. E. H-G.

SIERRA-LEONE, nom d'un gouvernement anglais embrassant les colonies de la Guinée occidentale, et dont le chef-lieu est Freetown. *Voy.* Guinée et Sénégambie. — On sait au reste que *sierra* est un mot espagnol qui signifie au propre *scie*, *dentelure* et figurément *montagne*, à cause de l'aspect dentelé que présentent les sommets de certaines chaines.

SIERRA MORENA (*montes Mariani*), chaîne de montagnes aride, impraticable, de l'Espagne, qui commence dans les environs d'Alcaraz, sur les limites orientales de la Manche, court entre cette province, l'Estramadoure et l'Alentéjo qu'elle laisse au nord, traverse les royaumes de Jaën, de Cordoue et des Algarves, et va se perdre dans la mer au cap Saint-Vincent (*voy.*). Son point culminant s'élève à 2,640 pieds. Dans le royaume de Cordoue, elle porte le nom de *Sierra de Cordova*; entre l'Estramadoure et Séville, elle est connue sous celui de *Sierra de Guadalcanal*, et sous celui de *Sierra de Caldeiraon* et de *Sierra de Monchique*, elle forme la frontière septentrionale des Algarves. Elle va en s'abaissant à mesure qu'elle approche du cap Saint-Vincent, et se termine presque en plaine. Les vallées qu'elle domine sont généralement marécageuses. La Sierra-Morena est célèbre par les aventures de Don Quichotte et par les tentatives de colonisation faites par P. Olavide (*voy.*), de 1767 à 1776. On fit venir des différentes parties de l'Europe et de l'Espagne un certain nombre de colons qui furent établis les uns dans des fermes isolées, les autres dans des villages construits aux frais du gouvernement. La principale de ces colonies, appelée *Carolina*, du nom de Charles III, est située dans la province de Jaën, et compte 2,100 hab. C. L.

SIÈYES (Emmanuel-Joseph), célèbre publiciste et homme d'état français, naquit à Fréjus le 3 mai 1748. Son père, qui avait sept enfants, jouissait d'une modeste aisance et occupait la place de contrôleur des actes. Emmanuel commença ses études dans la maison paternelle, sous la direction d'un précepteur qui le conduisait au collége des jésuites pour y suivre les cours. Ceux-ci ayant remarqué les heureuses dispositions du jeune Sièyes, voulurent l'envoyer dans un grand pensionnat de Lyon; mais son père s'y refusa et fit achever les études de son fils au collége des doctrinaires à Draguignan. Lorsque Sièyes les eut terminées, il voulait suivre la carrière de l'artillerie ou du génie; cependant les obsessions de sa famille, secondées par celles de l'évêque de Fréjus, le firent entrer dans l'état ecclésiastique.

A l'âge de 14 ans, il fut envoyé à Paris, au séminaire Saint-Sulpice, pour y faire ses cours de philosophie et de théologie. « Dans une position si contraire à ses goûts naturels, a-t-il dit lui-même dans une notice qu'il publia sur lui en 1795, il n'est pas extraordinaire qu'il ait contracté une sorte de mélancolie sauvage, accompagnée de la plus stoïque indifférence sur sa personne et son avenir. » Il sortit du séminaire après avoir suivi en Sorbonne ce que l'on appelait le cours de licence, et avoir reçu la prêtrise.

On comprend facilement que pendant ces dix années d'une vie si monotone, Sièyes ait profondément étudié la métaphysique. Locke, Condillac, Bonnet étaient ses lectures favorites. Il se délassait en cultivant la musique. Dans l'année 1775, il fut doté d'un canonicat en Bretagne; mais il ne tarda pas à obtenir l'autorisation de revenir à Paris, et peu de temps après il devint successivement vicaire-général, chanoine et chancelier de l'église de Chartres; puis conseiller-commissaire, nommé par ce diocèse à la chambre supérieure du clergé de France.

On approchait de l'époque où la révolution allait éclater; déjà les assemblées provinciales étaient convoquées. Sièyes fut nommé membre de celle d'Orléans. Puis vint l'assemblée des États-Généraux. Sièyes, dans l'été de 1788, fit imprimer un écrit intitulé : Vues sur les moyens d'exécution dont les représentants de la France pourront disposer en 1789; mais il crut devoir en suspendre la publication. Jeté au milieu des émotions profondes qui agitaient toutes les âmes à cette grande époque, il fit paraître son Essai sur les priviléges (nov. 1788), et immédiatement après (janv. 1789) son célèbre pamphlet: Qu'est-ce que le tiers-état? Ce dernier ouvrage plaça Sièyes à la tête des publicistes qui secondaient la révolution.

Les assemblées de bailliage venaient d'être convoquées : Sièyes sembla leur dicter ce qu'elles avaient à faire dans son Plan de délibérations pour les assemblées de bailliage. Il rédigea de plus, pour le duc d'Orléans, des Délibérations à prendre pour les assemblées de bailliage, qui furent envoyées par les procureurs fondés de ce prince dans les nombreux bailliages de son apanage.

Des travaux si importants et en si grande harmonie avec l'opinion publique appelèrent sur Sièyes l'attention des électeurs de Paris. Il fut nommé, par le tiers-état de cette ville, l'un de ses vingt députés aux États-Généraux.

Dès son entrée dans cette assemblée, Sièyes y prit la place que ses talents et son patriotisme le destinaient à y occuper. Il fut le principal promoteur de la réunion des ordres et le rédacteur du serment du Jeu de Paume. Le roi, dans la séance du 23 juin, ayant cassé tous ces arrêtés, et envoyé son grand-maître des cérémonies à l'assemblée pour lui ordonner de se séparer, Sièyes, après l'apostrophe célèbre de Mirabeau (voy.), dit avec son flegme habituel : Nous sommes aujourd'hui ce que nous étions hier..., délibérons.

Nous n'entreprendrons pas d'analyser les grands travaux de Sièyes à l'Assemblée constituante : nous nous contenterons de rappeler que, membre du comité de constitution, il jeta les bases de la déclaration des droits, dans un excellent écrit intitulé : Reconnaissance et exposition des droits de l'homme et du citoyen (juillet 1789). Il eut la plus grande part à la division de la France par départements, et publia un Aperçu d'une nouvelle organisation de la justice et de la police en France (mars 1790). Il ne put toutefois faire prévaloir ses idées sur l'établissement du jury en matière civile, ni sur le rachat de la dîme. Ce fut à l'occasion de l'abolition de cette dernière qu'il dit le mot fameux : Ils veulent être libres et ne savent pas être justes.

Il joua un rôle presque passif pendant la dernière période de l'Assemblée constituante. Administrateur et membre du directoire du département de la Seine, on voulut aussi le faire élire évêque de Paris; mais il s'empressa d'écrire au corps électoral qu'il n'accepterait pas.

Sièyes s'était retiré à la campagne pendant la durée de l'Assemblée législative, et il y était encore lorsqu'il apprit sa nomination à la Convention, où il avait été élu par trois départements. Il opta pour celui de la Sarthe, et fut placé au comité d'instruction publique; mais il joua dans cette orageuse assemblée le rôle d'un observateur plutôt que celui d'un acteur. Dans le procès de Louis XVI, Sièyes vota contre l'appel au peuple et pour la mort sans sursis. Du reste, il ne prit aucune part aux actes sanguinaires qui signalèrent cette triste époque, et il ne rappela son nom au public que par quelques travaux législatifs, tels qu'un *Rapport sur l'organisation provisoire du ministère de la guerre*, et un *Nouvel établissement d'instruction publique*, qui fut communiqué à la Convention par M. Lakanal.

Lorsqu'après la chute de Robespierre la Convention s'occupa de réorganiser la France, Sièyes, qui avait cru devoir publier la *Notice* dont nous avons déjà parlé et dans laquelle il explique et justifie sa conduite (an III), refusa de faire partie de la commission qui allait préparer la nouvelle constitution. Consulté au nom de cette commission sur son travail, il refusa de donner ses conseils. Cependant il fut nommé membre du nouveau comité de salut public (15 ventôse an III), et fit en son nom et en celui des comités de sûreté générale et de législation un *Rapport sur une loi de grande police* (1er germinal). Il fut élu président de la Convention le 2 floréal suivant.

A l'organisation du Directoire exécutif (9 brumaire an IV), Sièyes fut nommé l'un des cinq directeurs; mais il refusa, et fut remplacé par Rewbell (*voy.*). Il devint membre du conseil des Cinq-Cents qu'il présida au commencement de l'an VI. Ce fut vers cette époque qu'une tentative d'assassinat eut lieu sur lui par son compatriote, l'abbé Poulle. Une balle lui fracassa le poignet, une autre lui effleura la poitrine. Il se contenta de dire à son portier : *Si Poulle revient, vous lui direz que je n'y suis pas.*

Quelque temps après, le Directoire, qui ne lui tenait pas rancune de ce qu'il avait refusé d'en faire partie, le nomma ministre plénipotentiaire à Berlin. Il remplit avec habileté cette grande et difficile mission, qui occupa une partie des années 1798 et 1799.

A son retour en France, Sièyes ne tarda pas à voir que le Directoire, dont il était membre depuis le 27 floréal an VII, touchait à son terme. Il voulut présider à l'installation du gouvernement nouveau et lui imposer son système de constitution dont on parlait beaucoup depuis long-temps, mais que l'on connaissait à peine ; car Sièyes semblait croire que bien peu d'esprits étaient à portée de le comprendre. Bonaparte, de son côté, voulait aussi renverser le Directoire à son profit. Ces deux hommes s'entendaient, espérant bien chacun de son côté qu'une fois la nouvelle révolution opérée, il jouerait le principal rôle dans l'organisation du gouvernement nouveau. Sièyes agissait auprès des députés influents, appartenant à l'opinion républicaine modérée, pour les engager à porter la main avec lui sur la constitution de l'an III ; et comme il éprouvait de la résistance, il leur dit : « Si vous ne voulez pas agir avec nous, je me tournerai du côté des jacobins. »

On sait l'histoire du 18 brumaire (*voy.*) : Sièyes y montra beaucoup de sang-froid, et fut immédiatement nommé le premier des trois consuls provisoires. Mais là devait s'arrêter, à proprement parler, sa vie politique. Bonaparte, qui avait l'armée derrière lui, et qui était environné du prestige de sa gloire, n'eut pas de peine à effacer son rival. Sièyes ne put faire triompher son plan de constitution ; sa politique métaphysique ne pouvait convenir à un esprit aussi positif que celui de Napoléon. La constitution de l'an VIII ne contint qu'un pâle reflet des idées de Sièyes. Napoléon amortit tout-à-fait son influence en le faisant sénateur et en lui donnant un domaine considérable (celui de Crosne), qui montra que ce rigide républicain savait se consoler, au milieu de la fortune et des honneurs, de l'échec de ses efforts et de la perte de la liberté de son pays. Sièyes fut plus tard nommé président du sénat et comte de l'empire, mais il ne tarda pas à résigner la présidence. Il était membre de l'Institut (classe des Sciences morales et politiques) depuis la création de ce grand corps ; il entra à la classe de littérature (Académie-Française) au moment où Napoléon supprima la classe des sciences morales.

En 1815, Sièyes qui, dans les Cent-

Jours, avait été membre de la Chambre des pairs, fut proscrit, au second retour des Bourbons, par suite de son vote sur la mort de Louis XVI; il se réfugia à Bruxelles, où il ne s'occupa guère que des soins de sa santé. Il rentra en France après la révolution de 1830, et mourut à Paris, le 20 juin 1836, à l'âge de 88 ans.

Sièyes fut un des esprits les plus vastes de la révolution. Son influence a été immense pendant le premier acte de ce grand drame. Sa constitution n'a jamais été bien connue. On en trouve cependant un tableau dans l'*Histoire de la révolution* de M. Mignet. Sous le titre de *Théorie constitutionnelle* de Sièyes et de *Constitution de l'an VIII*, Boulay (de la Meurthe) a publié deux chapitres de ses Mémoires (inédits), où cette constitution est exposée avec détails. Outre les brochures de Sièyes que nous avons citées, ceux qui voudront bien connaître la vie de cet habile politique devront consulter l'ouvrage intitulé : *Des Opinions politiques du citoyen Sièyes*, (par OElsner, in-8°, an VIII), ainsi que la *Notice historique sur la vie et les travaux de M. le comte Sièyes*, lue par M. Mignet dans la séance publique de l'Académie des Sciences morales et politiques du 28 déc. 1836.   A. T-R.

SIGEBERT, fils de Clothaire Ier et, de 561 à 575, roi mérovingien d'Austrasie, est surtout connu comme époux de Brunehaut. *Voy.* ce nom, et FRANCE, T. XI, p. 525.

SIGILLÉE (TERRE), *voy.* LEMNOS.

SIGISBÉE, *voy.* CICISBEO.

SIGISMOND, fils de Charles IV, et frère de Venceslas, de la maison de Luxembourg (*voy.*), roi de Hongrie et de Bohême, régna de 1411 à 1437 comme empereur d'Allemagne. Ce fut lui qui convoqua le concile de Constance (*voy.*), et l'histoire lui reproche amèrement, mais avec justice, la mort de Jean Huss (*voy.*) et de Jérôme de Prague, livrés au supplice, malgré le sauf-conduit qu'il leur avait donné. Ce fut aussi lui qui engagea, en 1417, le margraviat de Brandebourg à Frédéric de Hohenzollern (*voy.* ce nom).

SIGISMOND I-III, rois de Pologne, *voy.* POLOGNE, T. XX, p. 5 et suiv.

Le premier de ce nom, fils du roi Casimir IV, de la famille des Jagellons, régna avec sagesse de 1506 à 1548. Sous lui commença l'âge d'or de la littérature polonaise; mais sous lui aussi l'indépendance fut concédée à la Prusse ducale, et l'esprit intrigant de sa seconde épouse, Bone Sforza, en indisposant la noblesse, donna lieu (1537) à la première confédération, dont le succès fit, dans la suite, du soulèvement un moyen habituel d'arriver au redressement des griefs.

Sous son fils, Sigismond II Auguste, roi de Pologne de 1546 à 1572, la réformation s'introduisit dans ce pays, agité en outre par de longues guerres avec la Russie. La Lithuanie fut réunie à perpétuité avec la république. Dans la personne de Sigismond-Auguste s'éteignit, pour le malheur de la Pologne, la dynastie des Jagellons (*voy.* ce mot).

Sigismond III, de la maison de Wasa, était fils de Jean III, roi de Suède, et régna de 1587 à 1632 (*voy.* T. XX, p. 8), après Étienne Batori. Ce fut le temps des faux Démétrius (*voy.*). Prince d'un esprit étroit et borné, il était peu aimé des Polonais que, de son côté, il n'aimait point.   X.

SIGLES (*siglæ*), lettres initiales dont on se servait par abréviation : c'est ainsi que les anciens Romains écrivaient S. P. Q. R., *senatus populusque romanus*. On en faisait grand usage dans la jurisprudence et la diplomatique. Justinien les prohiba à cause des différentes interprétations dont souvent ces signes étaient susceptibles; mais les copistes du moyen-âge les remirent à la mode. *Voir* Nicolai, *De siglis veterum*, Leyde, 1706.

SIGMARINGEN, *voy.* HOHENZOLLERN.

SIGNATURE (de *signatura*, apposition du sceau), nom d'une personne écrit de sa main, à la fin d'une lettre ou d'un acte quelconque, pour le certifier et le rendre valable.

La signature est la preuve du consentement des parties, et, comme telle, une formalité essentielle commune à tous les actes. La loi française n'exige pas que les actes soient écrits de la main de ceux qui les souscrivent. Cette règle reçoit deux exceptions. La première est relative au testament olographe qui doit être écrit, daté et signé de la main du testateur; la seconde concerne l'acte privé portant obligation *unilatérale* d'une somme d'argent ou d'une chose appréciable : il doit être écrit de la main de celui qui le souscrit, ou du moins il faut qu'outre sa signature, le souscripteur ait écrit un *bon* ou un *approuvé*, énonçant en toutes lettres la somme ou la quantité de la chose, sauf le cas où l'acte émane de marchands, artisans, laboureurs, vignerons, gens de journée et de service.

Les actes notariés doivent être signés par les parties, les témoins, et les notaires qui doivent constater dans l'acte l'accomplissement de cette formalité, et faire mention de la déclaration des parties ou des témoins qui ne savent ou ne peuvent signer (loi du 25 ventôse an XI, art. 14).

Au moyen-âge, alors que l'art d'écrire était peu cultivé, on se servait souvent pour signature d'un monogramme (*voy.*), ou d'une simple croix. Dans un grand nombre d'actes, la souscription des notaires consiste en des figures de roues et de damiers, surmontées de croix, formées avec des estampilles dont la forme varie à l'infini. Une sorte de paraphe ou de chiffre remplace quelquefois cette souscription. Dans le XIIIᵉ siècle et les deux suivants, l'apposition du sceau (*voy.*) tint ordinairement lieu de signature et même de témoins. Depuis François Iᵉʳ, les souscriptions réelles devinrent fréquentes. La formule *signum manuale*, pour désigner la souscription faite de la propre main des souscrivants, date du XVIᵉ siècle. En 1554, François II enjoignit aux particuliers de signer leurs actes. Cette prescription fut renouvelée par l'ordonnance d'Orléans de 1560, mais elle paraît être demeurée sans exécution; car le parlement de Paris, par un arrêt de 1579, ordonna que les actes des notaires seraient signés des parties.

En termes d'imprimerie, on nomme *signature* les lettres ou les chiffres que l'on met au bas des feuilles imprimées, afin d'en reconnaître l'ordre quand on veut les assembler pour en former un volume. Dans les anciens manuscrits, les signatures sont placées sur la dernière page de chaque cahier. *Voy.* COMPOSITION, ASSEMBLAGE et INCUNABLES. E. R.

SIGNES, *voy.* ÉCRITURE, CHIFFRE, ALGÈBRE, ÉQUATIONS, CALCUL, FORMULE, ZODIAQUE, etc.

SIGNIFICATION, connaissance que l'on donne d'un arrêt, d'un jugement, d'un acte, d'un fait quelconque, par un officier public. Les significations se font ordinairement par le ministère des huissiers (*voy.*). Elles se font, suivant les cas, soit par exploit à personne, ou domicile, soit par acte d'avoué à avoué. Les significations à personne, ou domicile, indiquent la personne à laquelle la copie est remise. Toutes significations faites à des personnes publiques préposées pour les recevoir doivent être visées par elles, sans frais, sur l'original. En cas de refus, l'original est visé par le procureur du roi près le tribunal de première instance de leur domicile. Les refusants peuvent être condamnés, sur les conclusions du ministère public, à une amende qui ne peut être moindre de 5 francs (Code de procédure, article 1039). E. R.

SIGONIUS (CHARLES), né à Modène, en 1520, et mort près de la même ville, en 1584. En 1546, après avoir fait ses études aux universités de Bologne et de Pavie, il fut appelé à une chaire dans sa ville natale; mais bientôt (1552) il passa à Venise en qualité de professeur de belles-lettres; puis il fut nommé professeur d'éloquence à Padoue (1560). Enfin une place honorable lui fut assignée (1563) à l'université de Bologne. Atteint par les infirmités de la vieillesse, cet érudit se retira dans sa campagne près de Modène, et y mourut.

Sigonius était un savant du premier ordre : la science des antiquités et l'histoire ancienne lui doivent beaucoup. On peut le regarder comme le créateur de la science de la diplomatique (*voy.*). Le zèle infatigable avec lequel il explora les bibliothèques de l'Italie lui procura de grandes richesses pour ses travaux d'érudition. Il était d'ailleurs en relation avec les hommes les plus notables parmi ses contemporains. Outre une traduction en latin de la *Rhétorique* d'Aristote, une éd. de Tite-Live, nous citerons d'abord les ouvrages suivants parmi le grand nombre de ceux qu'il a publiés : *Regum, consulum, dictatorum ac censorum Romanorum fasti*, etc., Modène, 1550, in-fol., souvent réimpr.; *De nominibus Romanorum*, Venise, 1555, in-fol.; *Fragmenta e libris deperditis Ciceronis collecta*, ibid., 1559. Sigonius ayant découvert quelques fragments du traité de Cicéron *De consolatione*, entreprit de réparer la perte de cet ouvrage, et publia, sous le nom de Cicéron, le texte restauré par lui. Ant. Riccoboni dévoila au public cette supercherie : une polémique violente s'ensuivit entre l'élève et le maître. Sigonius a publié en outre : *Orationes septem Venetiis habitæ*, 1552-59, Ven., 1560; *De antiquo jure civium Romanorum; De antiquo jure Italiæ; De antiquo jure provinciarum*, Ven., 1560 (nouv. éd. par Franck, Halle, 1728); *De dialogo*, Ven., 1561; *De republicâ Atheniensium; de Atheniensium et Lacedæmoniorum temporibus*, Bologne, 1564; *De vitâ et rebus gestis P. Scipionis Æmiliani*, ib., 1569, in-4°; *De judiciis Romanorum*, ib., 1594, in-4°; *De regno Italiæ*, Ven., 1580; *De occidentali imperio*, de l'an 281 à 575, Bol., 1577, in-fol.; *Historiæ Bononienses* (jusqu'à l'an 1257), ib., 1578, in-fol.; *De republicâ Hebræorum*, ib., 1582, in-4°; *Historiæ ecclesiasticæ*. Cette dernière histoire, que l'auteur avait entreprise sur l'invitation du pape Grégoire XIII, fut trouvée par Argellati dans la bibliothèque du Vatican. Elle a été imprimée, pour la 1re fois, dans les œuvres de Sigonius en 6 vol., Milan, 1732-37, in-fol., avec annotations de Stampa et autres, et une biographie de l'auteur par Muratori. Les écrits de Sigonius sur les antiquités se trouvent aussi dans le *Trésor des antiquités grecques et romaines* de Grævius et Gronovius. Les élèves de Sigonius publièrent après sa mort plusieurs autres ouvrages sous le nom de leur maître. — *Voir*, outre la Biographie de Sigonius par Muratori, la *Bibliotheca Modenensis*, t. V, p. 76-119.   X.

SIGOVÈSE, *voy.* BELLOVÈSE.

SIHOUN ou Sir-Daria, *voy.* Iaxarte.

SIKHS ou Seiks, secte indienne importante qui devint l'origine d'un peuple, dont le berceau, au nord-ouest de l'Indostan, forma bientôt un état puissant, mais qui maintenant penche déjà vers sa dissolution. Le nom de Sikhs signifie disciples (en sanskrit *sikcha*). Le fondateur de cette secte, Nanaka ou Nanek, Hindou de la caste des guerriers, naquit à Talwandy, petit village du district de Bhatti, dans la province de Lahore, en 1469. Élevé dans un pays où l'islamisme et le brahmisme se trouvaient en présence et souvent en conflit, il conçut, après une étude profonde des livres sacrés qui renferment les deux doctrines, le projet de les concilier entre elles par leur base commune, l'idée d'un Dieu unique, invisible, éternel, tout-puissant, et en rejeta comme des accessoires superflus tout ce qu'elles offrent de divergent et de dissemblable. L'esprit de charité dont était imbue sa doctrine attira de nombreux partisans à son auteur, qui n'employait pour la répandre d'autres moyens qu'une douce persuasion et l'autorité d'une vie pure et livrée à l'étude. « Le Tout-Puissant, avait-il l'habitude de dire, ne demande pas, au jour du jugement, à quelle tribu, à quelle confession, ont appartenu ceux qui comparaissent devant son trône, mais seulement quelles œuvres ils ont accomplies. » Il parcourut tout l'Indostan, visita même respectueusement le tombeau du prophète à la Mecque, et parut, en 1527, à la cour du premier grand-mogol, Babour, qui le traita avec distinction. Nanek avait été marié à une jeune Hindoue qui lui donna deux fils : l'un d'eux fonda la secte des *Oudari*, dont les partisans se nomment *Nanek-Poutra* (enfants de Nanek). Lui-même mourut à Kartipour-Dehra, en 1539, et fut inhumé sur les bords du Ravy (l'ancien Hydraotes), dont les eaux recouvrent maintenant cette sainte sépulture. Kartipour est encore un lieu sacré pour les Sikhs, qui y font des pèlerinages.

Ne trouvant aucun de ses fils capable de lui succéder dans ses fonctions spirituelles, Nanek en investit avant sa mort son disciple chéri Labana, qui prit le titre de *gourou* (c'est-à-dire maître, instituteur), lequel a été porté depuis par tous les chefs de la religion des Sikhs. On peut voir dans le *Nouveau Journal asiatique* de 1831 (t. VII, p. 14) la liste des successeurs de Nanek, qui seraient Gourou Angad, mort en 1552; Amera-das, kchatrya de race, mort en 1574; Ram-das, son fils, mort en 1585; Ardjoun-mal, rédacteur du principal livre sacré des Sikhs, nommé *Adi-Granth*, mort en 1606. Par ce moyen, ce prince unissait ses partisans en corps, mais leur attira aussi les persécutions des mahométans, et finit par en être victime lui-même. La cruauté de leurs ennemis, en poussant les Sikhs à la vengeance, fit d'eux, jusque-là paisibles croyants, de rudes guerriers qui soutinrent une lutte acharnée contre l'oppression mahométane, mais expièrent souvent la terreur qu'ils causaient dans les tourments du supplice. Hargovind succéda à son père Ardjoun-mal, et fut le premier gourou guerrier : il mourut en 1644. Un de ses descendants, Gourou Govind, prêtre et soldat, releva l'esprit militaire des Sikhs. Il décréta l'abolition des priviléges de castes, et vit grossir rapidement le nombre de ses partisans par l'affluence d'une multitude d'opprimés et notamment de Djates, auxquels il persuada que leur salut, dans ce monde et dans l'autre, dépendait de l'extermination de leurs persécuteurs mahométans. Le courage impétueux des Sikhs leur fit donner le surnom de *Singhs*, qui signifie lions. Gourou Govind est l'auteur du livre intitulé *Dasema Padjak ke granth* ou livre du dixième prince, rang que lui-même occupait dans la série des prophètes successeurs de Nanek, et dont une sainte légende avait borné d'avance le nombre à 10. Son livre contient, outre des matières de religion, le récit des exploits, et n'est pas moins en honneur que l'*Adi-granth*. Gourou Govind prescrivit aux Sikhs de porter un vêtement bleu, pour se distinguer des mahométans et des Hindous, de se laisser croître les cheveux et la barbe, et d'aller toujours armés. Afin d'assurer la stabilité de ses institutions, il créa un ordre spirituel, les *akalis* ou immortels,

qu'il chargea de la propagation de sa doctrine et de l'initiation des nouveaux convertis, et qui ont conservé jusqu'à nos jours une très grande influence religieuse et politique. Malheureux dans ses dernières entreprises, Gourou Govind chassé du Lahore mourut dans le Dekkan, en 1708, sans avoir désigné personne pour lui succéder. « Je remets l'empire à Dieu, qui ne meurt jamais, » avait-il dit avant d'expirer. Il en résulte que la constitution des Sikhs revêtit la forme d'une théocratie fédérative : chaque petit radjah se fit chef spirituel et temporel, et il n'y eut plus de gourou général.

Privés de leur grand chef, les Sikhs furent de nouveau écrasés par les forces de l'empire mogol. Les mahométans poursuivirent à outrance et livrèrent aux plus cruels supplices tous ceux qui furent saisis vivants. Les débris de la secte, expulsés des plaines malgré leur résistance désespérée, furent contraints à chercher un refuge dans des montagnes inaccessibles, où ils vouèrent une haine implacable à leurs ennemis, et continuèrent de les épouvanter par leurs brigandages. La terrible confusion où l'invasion de Chah Nadir jeta l'Indostan, leur permit de redescendre dans les campagnes, et, au retour du conquérant en Perse, ils pillèrent ses riches bagages, chargés de tout le butin de l'empire mogol. Redevenus maîtres du Pendjab (*voy.*), et même de la partie septentrionale de la province de Delhi jusqu'au Djoumna, la décadence de l'empire mahratte servit beaucoup à relever la puissance des Sikhs. L'Afghan Ahmed-Chah-Abdali défit les Sikhs à différentes reprises en 1762 et 1763; mais ils se relevèrent bien vite. Ils s'étaient divisés en 12 *misouls* ou tribus occupant chacune un district, sous des chefs appelés *sirdars*, et réunissant dans leur personne l'autorité et les fonctions sacerdotales, militaires et politiques. Convoqués par les akalis, les sirdars tenaient de temps en temps, à Amretsir, une espèce de diète instituée par Gourou Govind, le *Gourou-mata*, où ils délibéraient avec beaucoup de solennité sur les intérêts généraux de la confédération, et procédaient à l'élection d'un chef suprême pour les commander à la guerre.

Pendant la durée de ces assemblées, toute querelle devait cesser entre les sirdars, qui le reste du temps étaient souvent aux prises et ne se prêtaient jamais la main que pour le pillage. Le désordre toujours croissant de ces discordes usa les liens de la confédération, et finit par provoquer l'assujettissement des différents chefs au pouvoir de l'un d'entre eux, le fameux Rundjet Singh*.

Ce prince remarquable descendait des Djates zemindars ou gouverneurs de Soukr-Tchuk. Tcheret-Singh, son grand-père, devint sirdar ou chef du Soukr-Tchuka-Misoul, et s'empara d'un territoire ayant un revenu d'environ 30,000 liv. st. Il fut tué en 1774, laissant le pouvoir à son fils Maha-Singh, encore mineur. Celui-ci sut étendre son gouvernement, et donna le jour à Rundjet-Singh, le 2 nov. 1782. Fiancé à l'âge de 5 ans à une petite-fille de Jy-Singh, sirdar de Gkanneya-Misoul, il n'avait que 12 ans lorsqu'il succéda à son père, qui avait pris soin de lui transmettre un trésor considérable; mais, en revanche, l'éducation du jeune Rundjet fut tellement négligée, que jamais de sa vie il ne sut ni lire ni écrire. Cependant son excellente mémoire lui fit acquérir la connaissance de trois langues, et la vivacité pénétrante de son esprit suppléa à ce désavantage; la ruse ne le servit pas moins bien que la force dans l'accomplissement de ses projets ambitieux. A l'âge de 17 ans, on prétend qu'il empoisonna sa mère, afin de se débarrasser d'une tutelle incommode; puis il recherche la protection de Siman, chah de Kaboul (voy. ce mot), afin d'en obtenir pour lui seul l'investiture du Lahore (voy.), où il réussit, en 1800, à dépouiller plusieurs des autres sirdars. Le Gourou-mata cessa tout-à-fait d'être convoqué après 1805, quand l'habile chef eut réduit tous ses rivaux à l'obéissance, et fixé dans Lahore le siège de sa domination. Trop prudent pour aller se heurter contre la puissance anglaise, il conclut avec la Compagnie les traités de Ludianah (5 déc. 1805) et d'Amretsir (25 avril 1809), qui bornèrent au Sutledge la limite de son royaume à l'est; mais, en même temps, il appliquait tous ses soins à l'organisation d'une armée régulière, pour mettre à exécution les projets d'agrandissement qu'il méditait à l'ouest. Quatre canons de Simanchah, tombés par hasard entre les mains de Rundjet-Singh, lui servirent de noyau pour la création d'une artillerie, et quelques déserteurs anglais furent les instructeurs avec lesquels il entreprit d'abord de discipliner ses troupes, à l'instar des Cipays (voy. SEAPOYS) de la Compagnie. Dans le Kaboul, plusieurs compétiteurs se disputaient l'empire (voy. T. XV, p. 575). Rundjet-Singh profita de ces troubles pour se faire une part dans le démembrement qui s'opérait. Il s'empara de la forteresse d'Attok par trahison, en 1813; de Moultan (voy.) de vive force, en 1818; et en 1819, il parvint également, plus heureux que dans les expéditions antérieures entreprises dans le même but, à se rendre maître du Cachemyr (voy.), la plus importante de ses conquêtes. C'est alors qu'il prit le titre de maharadjah (voy. RADJAH). L'arrivée dans ses états, en 1822, de deux officiers de distinction qui avaient fait les campagnes de l'empire, MM. Allard et Ventura, fut pour ce prince une bonne fortune dont il profita pour augmenter les cadres et fortifier l'instruction de son armée régulière. Avec ces nouvelles forces, il acheva de soumettre au tribut toute la province de Peschawer, en 1829. Les Anglais, contre lesquels il resta toujours en défiance, tout en ayant soin d'éviter le moindre conflit avec eux et de garder une stricte neutralité dans leurs guerres avec les autres princes de la péninsule, ne mirent point obstacle à ses progrès au-delà de l'Indus; mais au sud, vers le delta de ce fleuve, ils élevèrent une barrière contre tout envahissement de sa part dans le traité conclu par eux, en 1832, avec les amirs du Sind (voy.). Il montra pourtant de l'empressement à se ménager l'amitié de la Compagnie, sentant bien qu'il en avait besoin pour se maintenir, contre les Afghans, dans la possession des provinces qu'il leur avait enlevées. Aussi le plus brillant accueil était-il

---

(*) La prononciation de ce nom paraît se rapprocher de *Randjit*; l'*u* et l'*a* se confondent de même dans *Pandjab* ou Pendjab (Pundjab), dans *Sutledge* (Satledge), etc.

toujours réservé, à sa cour, aux envoyés britanniques chargés de négociations auprès de lui. Rundjet-Singh mourut le 27 juin 1839. La petite-vérole l'avait, très jeune, rendu borgne. Endurci à toutes les fatigues et doué d'une activité d'esprit remarquable, il finit malheureusement par s'énerver dans des excès de toute espèce. Quoique tyrannique dans ses volontés, il se montra toujours plein de respect pour la religion, et de déférence pour les ministres du culte de son peuple. Longtemps prodigue par amour du faste et de la magnificence, cette disposition se changea chez lui, avec l'âge, en une avarice sordide, dont l'administration de ses états et même l'entretien de son armée se ressentirent d'une manière fâcheuse. Suivant la barbare coutume de l'Inde, les 4 épouses du maharadjah et plusieurs de ses concubines favorites du Cachemyr se dévouèrent aux flammes du bûcher, lors de ses funérailles.

Peu d'années se sont écoulées depuis, et déjà la domination fondée par Rundjet-Singh paraît à la veille d'une dissolution complète. Des assassinats, accompagnés d'horribles boucheries, ont frappé le trône coup sur coup, et presque achevé l'extermination de la famille du maharadjah. Son successeur immédiat, le faible et inepte Kourrouk-Singh (né en 1802), auquel son père avait transmis le pouvoir, sous la direction de son ministre favori Dihan-Singh, mourut le 5 nov. 1840, après une maladie douloureuse ; le jour même de ses obsèques, son fils unique Nehal-Singh fut tué par la chute d'une poutre. Chéré-Singh (né en 1806), fils adoptif de Rundjet, et auparavant gouverneur de Cachemyr, fut alors proclamé roi. Cependant une des femmes de Kourrouk-Singh ayant été déclarée grosse, il se forma pour elle un parti qui avait pour chefs les officiers européens précédemment attachés au vieux Rundjet-Singh. Chéré-Singh négocia avec eux ; néanmoins la princesse ne renonça à ses droits qu'après avoir livré une bataille dans laquelle périrent 2,000 des siens. Depuis ce temps, Chéré-Singh, homme énergique et résolu, était parvenu à maintenir son autorité ; mais livré à des débauches excessives, il avait

fini par abandonner le gouvernement des affaires à son ministre Dihan-Singh. Ce visir et plusieurs sirdars formèrent un complot contre sa vie, et le 1er sept. 1843, à une revue des troupes, Adjet-Singh, un de ses parents, le tua d'un coup de pistolet. Ce crime fut suivi du massacre de toute la famille de la victime. L'instigateur, Dihan, périt ensuite lui-même des mains d'Adjet, son complice ; mais il fut à son tour vengé par son fils Hira-Singh, qui s'empara de Lahore et se mit en possession du trône, sur lequel il établit, pour la forme, le seul fils survivant de Rundjet, Dhoulip-Singh, enfant de 10 ans, dont la légitimité néanmoins est contestée. D'après les nouvelles les plus récentes, Hira ne se soutient que par la corruption et par l'appui de la soldatesque ; tous les liens entre les provinces sont à peu près rompus ; l'anarchie portée à son comble et les jalousies profondes qui divisent les sirdars tendent à ramener les choses à l'état qui avait précédé l'avénement de Rundjet-Singh, à moins que la Compagnie anglaise, qui tient déjà soumis à sa domination les Sikhs établis en-deçà du Sutledge, et fait surveiller par un corps d'observation les mouvements qui ont lieu chez ses turbulents voisins, ne soit également tentée de subjuguer le Lahore et d'étendre partout jusqu'à l'Indus la frontière occidentale de son vaste empire.

Nous terminerons cette rapide esquisse historique sur les Sikhs par un tableau du royaume de Lahore, tel que l'avait constitué Rundjet-Singh. Cet état, en partie assez faiblement peuplé pour son étendue, offre 445,816 kilom. carr. de superficie, selon M. A. Balbi, et une population que le même géographe porte à environ 8 millions, tandis que d'autres ne l'estiment qu'à 4 millions, dont 3 seraient pour le Lahore proprement dit (Pendjab et Kohestan). Les provinces conquises, déjà nommées, dépendant du maharadjah, étaient : le Cachemyr, contrée jadis si renommée pour la florissante industrie de ses habitants, mais aujourd'hui ruinée et presque déserte par suite de l'action réunie des fléaux de la guerre, de la famine et du choléra ; le Moultan, toujours fertile, et

le Peschawer, gouverné par un roi afghan, qui fournissait à Rundjet Singh un
tribut annuel en riz et en chevaux. Nous
n'avons rien à ajouter pour la description de ces provinces, donnée, pour la
plupart d'entre elles, sous leurs noms
respectifs. Le capitaine Murray évaluait
le revenu total du maharadjah à 2 ½
millions de liv. st. Son armée pouvait
s'élever à plus de 80,000 hommes;
dont 30,000 de troupes régulières, fantassins, cavaliers et artilleurs, munis
d'un parc de 150 pièces de canon. Le
reste se composait des contingents irré-
guliers, infanterie et cavalerie, fournis par les sirdars. Ces chefs jouissaient
encore d'une très grande autorité dans
leurs districts, où ils rendaient aussi la
justice. A côté du souverain temporel
existait également un suprême chef spirituel, le *Bedi* ou *Saheb-Singh*, auquel
Rundjet témoigna toujours les plus
grands égards.

Le peuple conquérant du Lahore, les
Sikhs, sont braves, dociles et plus durs
à supporter les fatigues que les autres
Hindous, mais aussi ennemis de toute
gêne et difficiles à discipliner. Le capitaine Murray nous les dépeint en outre
comme faux, parjures, querelleurs, abru-
tis et profondément superstitieux. Leur
vieille haine, pour tout ce qui est maho-
métan, n'a rien perdu de son intensité.
On peut consulter les ouvrages suivants :
*Origine et progrès de la puissance des
Sikhs dans le Penjab et Histoire du ma-
haradja Randjid-Singt, suivis de détails sur l'état actuel, la religion, les
lois, les mœurs et les coutumes des Sikhs,*
d'après le manuscrit du cap. W. Murray,
agent du gouvernement anglais à Amba-
la, et divers écrits; par H. T. Prinsep,
trad. en franç. par X. Raymond (Paris,
1839, in-8°, av. fig. et cartes); baron de
Hügel, *Kaschmir und das Reich der
Sikh,* Stuttg., 1840 et ann. suiv., 4 vol.
in-4°, avec planches; enfin Ch. Ritter,
Géographie de l'Asie, t. V, p. 129 et
suiv.   Ch. V.

SILAS, un des compagnons des apôtres, *voy.* Paul (*saint*).

SILENCE (myth.), *voy.* Harpocrate.

SILENCES (mus.), *voy.* Notation.

SILÈNE, que la fable représente

comme le précepteur et le compagnon
de Bacchus (*voy.*), passait pour le fils de
Mercure ou de Pan et d'une nymphe, et,
selon d'autres, pour le fils d'Uranus. Pindare raconte qu'il eut pour femme une
nymphe, Naïs, d'autres disent que ce fut
une nymphe de Malea, dans l'île de Lesbos, de laquelle il eut le centaure d'Arcadie, Pholus. Silène éleva Bacchus, l'in-
struisit dans toutes les sciences et l'accompagna dans ses expéditions. Grand
amateur de la boisson enivrante de son
élève, il était presque toujours dans un
état complet d'ivresse, qui l'inspirait et
excitait sa verve poétique. Virgile nous
le peint ivre et aux prises avec deux jeunes satyres qui l'enchaînent avec des guir-
landes pour le forcer à chanter. C'est
encore ainsi qu'après s'être enivré à une
source pleine de vin, il fut pris par Mi-
das (*voy.*), qui engagea ensuite avec lui
une conversation sérieuse et philosophique. En soutenant les dieux dans leur
guerre contre les géants, la terreur s'empara de ces derniers, lorsqu'ils entendi-
rent des cris qui leur étaient inconnus
poussés par l'âne que montait Silène. Il
donna son nom à toute une famille de
vieux satyres, dont le caractère offre le
calme allié à la gaîté et à la bonhomie.
On les représente avec la barbe crépue,
le front déprimé et la tête chauve. On distingue Silène de ses descendants par l'outre dont il est souvent chargé; il est d'ailleurs monté sur un âne, ou bien il marche à côté de Bacchus. Le plus souvent,
on le représente tenant Bacchus enfant
dans ses bras.   C. L.

SILÉSIE, grande province de l'Allemagne orientale, autrefois duché, primitivement dépendant de la Pologne,
puis de la couronne de Bohême. Depuis
sa conquête par Frédéric-le-Grand, la
Prusse en possède la partie la plus considérable; l'autre, bien moins étendue, est
restée soumise à la domination autrichienne.

La *Silésie prussienne* comprend toute la Basse-Silésie, autrefois divisée en
une foule de principautés, en partie qualifiées de duchés, dont les principales
étaient celles de Breslau, de Brieg, de
Schweidnitz, de Jauer, de Liegnitz, de
Wohlau, de Glogau, de Sagan, d'Œls,

etc. ; et une portion de la Haute-Silésie, formée surtout des principautés d'Oppeln, de Ratibor, de Neisse, etc. A ces pays on a ajouté depuis, bien qu'autrefois indépendants de la Silésie proprement dite, le comté de Glatz et presque tous les districts de la Haute-Lusace, cédés à la Prusse en 1815 : le tout formant un territoire de 741 ½ milles carr. géogr., avec environ 2,750,000 hab. Cette vaste province a pour limites le Brandebourg à l'ouest et au nord, le grand-duché de Posen au nord et à l'est, le royaume de Pologne et la république de Cracovie à l'est, la Silésie autrichienne et la Moravie au sud, la Bohême au sud-ouest, et le royaume de Saxe à l'ouest. La partie occidentale et méridionale du pays est dominée par les Sudètes (*voy.*), dont le Riesengebirge (monts des Géants), sur la frontière de la Bohême, constitue le groupe le plus imposant. La Schneekoppe, haute de 1,602ᵐ, qui en est le sommet le plus élevé, est aussi le point le plus culminant de toute la monarchie prussienne. Vers les provinces de Brandebourg et de Posen, le pays s'aplanit tout-à-fait en même temps qu'il présente beaucoup de districts sablonneux et marécageux. Le sol est en général très propre à l'agriculture. Nous avons déjà parlé, dans un article particulier, de l'Oder, principal fleuve de la Silésie, et des affluents les plus considérables qu'il y reçoit. Comme voie navigable, il est d'une très grande importance pour le commerce de ce pays, qu'il parcourt dans toute sa longueur, du sud-est au nord-ouest. A son extrémité sud-est, la Silésie touche à la Vistule. Cette province abonde en céréales, lin, garance, houblon et tabac. Les montagnes sont fortement boisées. Les moutons de race améliorée fournissent beaucoup de laines recherchées pour leur finesse. Le règne minéral est riche en fer, cuivre, plomb, etc.; il donne également de la houille, et un peu d'argent. La fabrication des toiles de lin, industrie très répandue et longtemps très florissante, souffre beaucoup aujourd'hui de la concurrence des produits de la filature et du tissage mécaniques étrangers. Il existe en outre dans ce pays très industrieux des fabriques d'étoffes de laine et de coton ordinaires, des papeteries et des manufactures de tabac et de faïence. L'exportation consiste surtout en fils et en toiles de lin, en draps communs, cotonnades, laines brutes et garance.

Les habitants de la Silésie sont de race allemande ou slavonne. Les Allemands forment la grande majorité; les Slaves, qui se rapprochent beaucoup des Polonais, sont les plus nombreux dans les principautés d'Oppeln et de Ratibor (Haute-Silésie). La population est en majeure partie protestante, et en partie catholique; mais à côté de ces deux confessions on trouve encore plusieurs communautés de frères Moraves et des Juifs. L'évêque de Breslau, chef du clergé catholique de la Silésie, est en même temps prince de Neisse. Une grande partie du pays appartient à des seigneurs de diverses catégories, dont plusieurs ont conservé l'administration civile et la juridiction inférieure dans leurs domaines. Sous le rapport gouvernemental, la Silésie est divisée entre les trois régences de Breslau, de Liegnitz et d'Oppeln. La capitale *Breslau* (*voy.*) est le siége des États de la province et possède une université. Les principales villes de la province, toutes plus ou moins manufacturières, sont, outre les chefs-lieux déjà nommés, celles de Brieg, de Gœrlitz et de Grünberg, et les forteresses de Glatz, de Schweidnitz (*voy.*), de Grand-Glogau et de Neisse.

La *Silésie autrichienne* ou la partie de la Haute-Silésie restée à l'Autriche, à la paix de Hubertsbourg (1763), est comprise entre la Silésie prussienne, la Moravie, la Hongrie et la Galicie, et ne contient que 83 ½ milles carr. géogr., avec une population très dense d'environ 450,000 hab., où l'on remarque à peu près le même mélange que dans la Silésie prussienne. C'est un pays très montagneux, bordé par les Karpaths au sud-est, et couvert par les Sudètes dans presque tout le reste de son étendue. Le sol, en partie pierreux, est d'une fertilité très inégale, quoique très bien arrosé par l'Oder, l'Oppa, la Vistule, la Biala et d'autres petites rivières. Le pays est également industrieux, et sa position limitrophe lui procure un commerce de transit très lucratif. Les principaux seigneurs, auxquels appartient presque toute la province, sont l'évêque de Breslau, pour la partie autrichienne, de la principauté de Neisse, le prince de Lichtenstein, pour le duché de Troppau et la principauté de Jægerndorf, le duc de Saxe-Teschen pour le duché de ce nom. Ces trois derniers ont pour chefs-lieux les petites villes du même nom, qui sont en même temps les plus considérables du pays. La Silésie autrichienne, administrativement partagée entre les deux cercles de Troppau et de Teschen, forme une annexe de la Moravie. Elle a néanmoins ses États provinciaux distincts, organisés en 1791 par l'empereur Léopold II.

Histoire. Des peuples germains, les Lygii et les Quades, habitaient originairement la Silésie. Ils en furent expulsés au vi^e siècle par les Slaves, à la suite de l'occupation desquels le pays passa sous la domination polonaise. Ces derniers avaient appelé leurs adversaires *zlé*, dénomination slavonne qui, comme le mot Quades, signifiait, dit-on, *les méchants :* de là est dérivé le nom de *Silésie* * (en allemand *Schlesien*). Les Polonais firent dominer dans le pays leur langue et leurs mœurs, et y propagèrent le christianisme. Ils y fondèrent, en 966, à Schmager, le premier évêché, transféré plus tard à Breslau. Lors du partage des états de Boleslas III, roi de Pologne, entre ses quatre fils, en 1139 (*voy.* T. XX, p. 3), la Silésie tomba dans le lot de l'aîné, Ladislas II. Ce prince tenta de dépouiller ses frères. Ses trois fils, les ducs Boleslas-le-Superbe, Micislas et Conrad se partagèrent la souveraineté de la Silésie, en 1163. Plus tard, de nouveaux fractionnements donnèrent lieu à la formation de la plupart des principautés dont elle se compose.

A côté des descendants de la dynastie des Piasts s'étaient aussi élevés quelques princes d'origine bohème, tels que les ducs de

Troppau, de Jægerndorf et de Ratibor, issus d'un fils naturel du roi Ottocar, qui périt, en 1278, dans la guerre contre Rodolphe de Habsbourg. Ces morcellements et les querelles des princes entre eux contribuèrent beaucoup à l'affaiblissement de la Silésie. Jean de Luxembourg, roi de Bohême, s'en prévalut : il obligea, en 1327, presque toutes les petites dynasties du pays à le reconnaître pour suzerain, et, en 1355, son fils Charles IV parvint à réunir toute la province à la couronne de Bohême. Sous la nouvelle domination, les doctrines de Huss, de Luther et d'autres réformateurs se répandirent en Silésie; elles y comptèrent bientôt de nombreux partisans qui obtinrent en partie le libre exercice de leur culte. Les anciennes maisons polonaises, descendues au rang de vassales, virent leur importance s'effacer peu à peu devant l'autorité croissante de la couronne. Le roi Ladislas II garantit néanmoins d'une manière formelle, en 1498, les droits des ducs, des princes et des États, et chercha à établir entre eux une espèce de lien par l'institution d'un tribunal suprême. Mais les dynasties issues de la maison des Piasts s'étant successivement éteintes, leurs possessions furent en partie immédiatement incorporées à la domination royale, et en partie concédées comme fiefs à d'autres familles avec des droits beaucoup plus restreints. C'est également à partir de cette époque que l'élément germanique se substitua peu à peu dans le pays à l'élément slave. De nombreux colons, venus d'Allemagne, s'étaient établis en Silésie, y avaient fondé l'industrie et le commerce, introduit les sciences et les arts, et formé une bourgeoisie considérable; ils y firent aussi prévaloir leurs lois et leurs coutumes. Bien que la Silésie, depuis sa réunion avec la Bohême, fût toujours censée partie intégrante de l'empire germanique, elle ne ressortissait néanmoins à aucun cercle. Les traces de l'oppression religieuse qu'elle eut à subir, sous le gouvernement autrichien, et qui fut si funeste à la prospérité du pays, n'avaient pas entièrement disparu lorsque Frédéric-le-Grand l'envahit en 1740, et en obtint la cession définitive en 1763. Nous avons indiqué, T. XI, p. 650, l'o-

(*) Cette étymologie est incertaine. Tout en rejetant celle que Dobrowsky avait proposée, et d'après laquelle les Silésiens eussent été les Slaves reculés, de *slézé*, postérieur, M. Schafarik dérive leur nom de la tribu des *Slezanine*, et de la rivière. Slenza, soit que celle-ci ait donné, soit qu'elle ait reçu son nom des premiers. S.

rigine des prétentions élevées par le conquérant à la possession de cette province. Depuis, la Silésie, sous le régime prussien, n'a fait constamment qu'accroître sa richesse et son importance. Ch. V.

SILEX, *v.* Quartz et Pierre a fusil.

SILHOUETTE. On appelle ainsi le dessin du profil d'un visage qu'on a tracé au moyen de l'ombre qu'il projette à la clarté d'une bougie. Cet art était porté à un haut degré de perfection chez les anciens, comme le prouvent les monochromes des vases étrusques. Cependant le nom de silhouette, appliqué à ces sortes de dessins, est moderne : il vient d'Étienne de Silhouette, contrôleur général et ministre des finances sous le règne de Louis XV. Pour remplir le trésor épuisé par des guerres désastreuses et par des prodigalités excessives, Silhouette proposa des réformes, de sévères économies, et un édit de subvention qui créait plusieurs impositions nouvelles. Mais l'opinion publique se souleva contre son plan : il dut quitter le ministère au bout de huit mois. Le ministre déchu ne tarda pas à devenir ridicule, et la caricature s'attacha à lui. Toutes les modes prirent le caractère de la raideur et de la mesquinerie; on portait des surtouts sans plis, des tabatières sans ornement; au lieu de peindre des portraits, on se contentait de tracer au crayon sur une feuille de papier blanc les profils projetés par la lumière d'une chandelle. En un mot, tout fut *à la Silhouette*; mais la mode passa, et le nom de silhouette ne resta qu'à cette espèce de dessin. Quoique sans mérite sous le rapport de l'art, la silhouette a de la valeur pour la physionomie. Aussi a-t-on inventé différents instruments, comme le *physionotrace*, propres à lui donner le plus haut degré de fidélité. Des portraits découpés aux ciseaux dans du papier noir reçoivent aussi le nom de silhouettes. X.

SILICATES, sels formés d'acide silicique (silice) avec une base. Ces sels abondent tellement dans la nature qu'à eux seuls ils forment bien la moitié des minéraux connus. Le verre ordinaire est un composé de silicate de soude et de silicate de chaux. La plupart des silicates sont fusibles à une température élevée, surtout lorsque leur oxyde est fusible, comme ceux de plomb, de bismuth, de potasse, de soude, etc.; mais les silicates d'alumine et de magnésie ne font que s'agglutiner même sous l'action du chalumeau de Brook. Il n'y a guère que les silicates de potasse et de soude qui se dissolvent dans l'eau; plus les silicates sont acides, moins ils se dissolvent dans ce liquide; les silicates à plusieurs bases y sont un peu solubles. Les acides décomposent les silicates solubles, s'emparent de la base et précipitent l'acide silicique sous forme de gelée. Ceux de ces sels qui sont insolubles ne sont attaqués que par les acides forts et concentrés et sous l'action de la chaleur. Z.

SILICE, Silicium. Les chimistes modernes ont donné le nom de *silicium* à un corps simple, obtenu pour la première fois par notre illustre collaborateur M. Berzélius, et qui dans les premiers temps de sa découverte fut classé parmi les métaux, mais qui, d'après ses propriétés mieux connues aujourd'hui, doit être placé auprès du bore et du carbone. Il est d'un brun de noisette sombre et dépourvu de l'éclat métallique. On ne le rencontre dans la nature qu'à l'état d'oxyde, c'est-à-dire combiné avec l'oxygène; et, dans cet état, il est connu sous le nom de *silice* par les minéralogistes, et sous celui d'*acide silicique* par les chimistes.

La *silice* constitue en minéralogie un genre que l'on divise en deux espèces : la *silice anhydre*, c'est-à-dire dépourvue d'eau, ou si l'on veut le *quartz* (voy.), et la *silice hydratée*, plus connue sous le nom d'*opale* (voy.).

La silice joue le rôle d'acide dans ses combinaisons avec diverses substances, telles que la potasse, avec laquelle elle forme dans la nature le *feldspath* appelé *orthose*; la soude, avec laquelle elle constitue le feldspath appelé *albite*; l'alumine, avec laquelle elle forme les diverses argiles; la magnésie, avec laquelle elle constitue le talc et la serpentine; enfin elle se combine avec un si grand nombre de substances que le genre silicate est le plus nombreux en espèces. *Voy.* Pierre. J. H-t.

SILIUS ITALICUS (Caïus), poëte latin d'une famille plébéienne, mais illustre sous l'empire. On n'a que des conjectures fort incertaines sur l'origine du surnom d'*Italicus*. Né la 25e année de notre ère, il suivit d'abord la carrière oratoire, qui était celle des charges publiques, et fut consul la dernière année de Néron ; on le soupçonna d'avoir rempli spontanément sous ce règne le rôle odieux d'accusateur ; le reste de sa vie fut honorable. Nommé proconsul en Asie, il exerça ces fonctions avec gloire : c'est l'expression de Pline. A son retour, il vécut dans la retraite, sans influence, mais entouré de considération, recevant de nombreuses visites, et partageant la journée entre des causeries littéraires et des compositions poétiques. Au nombre de ses protégés, on compte le stoïcien Cornutus, qui lui dédia ses commentaires sur Virgile, et Martial, qui ne lui a pas épargné ses flatteries. A la fin de sa vie, il se retira en Campanie, et ne reparut pas même à l'avènement de Trajan. Pline voit là un trait d'honorable indépendance, et loue Trajan de ne pas lui en avoir su mauvais gré : de tels éloges peignent une époque. Silius vécut dans cette retraite jusqu'à l'âge de 75 ans, que las de souffrir d'un mal que les médecins ne pouvaient guérir, il se laissa mourir de faim, avec une constance qui fut admirée de ses contemporains. Son fils aîné avait été consul, et son second fils mourut au moment d'obtenir cette dignité.

Silius poussait la passion des arts jusqu'à la prodigalité. Ses nombreuses villa étaient remplies de statues, de tableaux et de livres. Il rendait une espèce de culte aux images des grands hommes, particulièrement à celle de Virgile dont il célébrait tous les ans le jour de naissance avec un soin religieux. A Naples, il visitait son tombeau comme il aurait fait d'un temple. Il professait le même respect pour Cicéron, dont il avait acheté les propriétés. Cette admiration pour les bons modèles, au siècle de Sénèque et de Lucain, n'empêche pas Silius d'être un mauvais écrivain, et les éloges mercenaires de Martial ne doivent pas nous faire illusion sur l'estime que son talent obtint dans l'antiquité. Pline dit qu'il faisait des vers avec plus de soin que de génie, et Sidoine Apollinaire est le seul écrivain qui ait cité ses ouvrages. Son poëme de la *Guerre punique* avait traversé le moyen-âge tout-à-fait ignoré, au point que Pétrarque avait composé pour le remplacer son *Africa*, lorsque le Pogge le découvrit, en 1415, dans le monastère de Saint-Gall. On en a retrouvé depuis plusieurs autres manuscrits.

Le poëme de Silius embrasse toute la deuxième guerre punique, il comprend même dans un récit inséré au VIe livre les principaux événements de la première. D'autres faits plus anciens s'y rattachent de diverses manières. Il est inutile de dire que l'auteur y a fait entrer (au IIIe livre) les éloges de Vespasien, de Titus et de Domitien.

Silius est au milieu du siècle des Flaviens un mauvais poëte du siècle d'Auguste, et un imitateur sans talent des meilleurs modèles. Il a cru pouvoir faire un poëme avec des extraits de Tite-Live et la machine épique de Virgile. Ses dieux interviennent au milieu des événements comme au temps des héros d'Homère. Les batailles d'Annibal, calquées sur celles de Virgile, sont une contrefaçon ridicule des temps héroïques. Ses caractères sont forcés, les sentiments exagérés, les mœurs sans vérité. Une manie d'érudition alexandrine lui fait adopter pour les pays et les peuples des noms qui remontent à des temps fort reculés : ce qui le rend souvent obscur, toujours pédant, et parfois ridicule. Son style est d'une inégalité fatigante. Sa langue se ressent de l'influence des grands écrivains qu'il imite ; elle est assez pure, mais ses constructions sont lourdes et sa versification chargée de spondées ; si elle a plus de variété que celle de Claudien et plus de gravité que celle de Stace, elle manque d'éclat, de grâce et souvent même d'harmonie. En un mot, Silius est le plus faible des poëtes épiques latins que nous possédions.[*]   J. R.

(*) La plus ancienne édition de ce poëme (*Punicorum libri XVII*), édition belle et rare, est celle de Rome, 1471, in-fol. ; les meilleures sont celles de Drakenborch, Utrecht, 1717, in-4o ; d'Ernesti, Leipz., 1791-92, 2 vol. in-8o, et celle de Ruperti, Gœtting., 1795-98, 2 vol. in-8o, reproduite dans la collection Lemaire, Paris, 1823, 2 vol. in-8o. Il fait aussi partie de la collection bipontine, 1784 ; de la Bibliothèque Panckoucke, où le texte latin est accompagné de la trad. fr. de MM. Corpet et Dubois, 1837, 2 vol. in-8o. Le principal traducteur français

SILLAGE, SILLOMÈTRE, *voy*. LOCH.

SILLES, espèce de poésies satiriques en usage chez les Grecs, où l'on tournait en ridicule moins les mœurs que les discours et les doctrines des philosophes, quelquefois en leur appliquant les vers parodiés d'un poëte. On cite comme s'étant particulièrement distingués dans ce genre Timon et Didyme. Le premier avait composé trois livres de silles en vers hexamètres, où il se moquait impitoyablement de toutes les sectes des philosophes, à l'exception de celle des sceptiques à laquelle il appartenait.   X.

SILO, *voy*. GRAINS, T. XII, p. 709.

SILVAIN, *voy*. SYLVAIN.

SILVESTRE I et II, papes, *voy*. SYLVESTRE.

SILVESTRE DE SACY, *voy*. SACY.

SIMARRE, du latin *syrma*, robe ample et longue que les ecclésiastiques mettent par-dessus la soutane, et qui devint en France la marque distinctive de la dignité de chef de la magistrature, *voy*. CHANCELIER et GARDE-DES-SCEAUX.

SIMÉON, le second fils de Jacob et de Lia, *voy*. TRIBUS (*les douze*).

SIMÉON, aïeul de Matathias, père des Maccabées, *voy*. ce nom.

SIMÉON (SAINT), vieillard juste et pieux de Jérusalem, qui se trouva dans le temple lorsque Marie y présenta son fils, et qui reconnut en cet enfant le Messie annoncé par les livres saints. Il le prit en s'écriant : « Seigneur, tu laisses aller maintenant ton serviteur en paix selon ta parole; car mes yeux ont vu ton salut (Luc, II, 25-35) ! » La tradition a rattaché toute sorte d'histoires à ces paroles. Selon les uns, Siméon était aveugle et recouvra la vue en tenant Jésus dans ses bras; selon d'autres, il expira en le rendant à sa mère. Quelques-uns le regardent comme le même personnage que Siméon-le-Juste, fils d'Hillel et maître de Gamaliel; mais cette opinion ne repose sur aucun fondement solide.   X.

SIMÉON Stilite, *voy*. ANACHORÈTES et STILITES.

SIMÉON (JOSEPH-JÉRÔME, comte),

pair de France, ministre sous la Restauration, était né à Aix en Provence, le 30 sept. 1749. Son père, avocat célèbre, lui fit embrasser la même carrière; après s'y être distingué, le jeune Siméon devint professeur en droit à l'université d'Aix; puis, en 1788, il fut élu, avec son père et son beau-frère Portalis, un des administrateurs de sa province. Il remplissait encore cette place lorsque la révolution éclata; il n'y prit d'abord aucune part, et refusa même en qualité de professeur en droit le serment à la constitution civile du clergé, ce qui lui fit perdre sa chaire. A l'époque du soulèvement d'une partie du Midi contre la Convention nationale, Siméon fut élu procureur-syndic par le département fédéré des Bouches-du-Rhône. Mis hors la loi en août 1793, il se réfugia en Italie, d'où il revint quelques mois après le 9 thermidor. Après la promulgation de la nouvelle constitution de l'an III, Siméon fut envoyé au conseil des Cinq-Cents par son département, et s'y plaça parmi les modérés. Il était président de cette assemblée lors des événements du 18 fructidor. En présence des troupes du Directoire, il protesta en ces termes : « La constitution est violée, la représentation nationale est outragée; je déclare que l'assemblée est dissoute jusqu'à ce que les auteurs d'aussi criminels attentats soient punis. » Compris le lendemain dans la liste de déportation, il fut assez heureux pour éviter d'être arrêté, et en janvier 1799, il se rendit à l'île d'Oleron, où un décret enjoignait à ceux qui s'étaient soustraits à la déportation de se retirer sous peine d'être considérés comme émigrés. Le 26 décembre, le gouvernement consulaire permit à ces condamnés par acte législatif de revenir sur le territoire continental. Siméon fut d'abord nommé préfet de la Marne, place qu'il refusa, puis substitut du procureur général à la Cour de cassation. Il ne remplit ces fonctions qu'un mois, ayant été appelé au tribunat le 22 avril 1800. En février 1801, il défendit au nom de ce corps le projet de loi tendant à établir des tribunaux spéciaux. Lorsque le gouvernement présenta au corps législatif le Code civil, Siméon qui avait concouru à sa rédaction développa les intentions de

de Silius Italicus est Lefebvre de Villebrune, qui publia, en 1781, le texte accompagné de sa traduction, 3 vol. in-12.   J. H. S.

ce bel ouvrage avec beaucoup de talent. Le 7 avril 1802, il fit un rapport sur le concordat qui fixait l'état et les formes du culte en France; puis il défendit le nouveau plan d'instruction publique. Après s'être prononcé en faveur de l'institution du consulat à vie, il parla aussi en faveur de la motion tendant à ce que Bonaparte fut déclaré empereur, et fit partie de la commission chargée d'examiner ce projet. A cette occasion, il prononça un discours où les Bourbons étaient fort maltraités, et qui lui fut souvent rappelé plus tard par leurs ennemis, lorsque les services qu'il avait rendus à la Restauration avaient dû le lui faire pardonner. Malgré ce zèle, porté comme candidat à la présidence du tribunat après l'installation de l'empire, Napoléon lui préféra Fabre de l'Aude (voy.); il nomma Siméon conseiller d'état, et lui conféra le titre de baron. Le 18 août 1807, un décret impérial forma une régence de quatre conseillers d'état pour administrer la Westphalie : Siméon en fit partie; quand Jérôme Napoléon prit possession de ce royaume, il le nomma ministre de la justice, qu'il avait eu mission d'organiser. En 1813, il demanda et obtint sa retraite qu'il motivait sur son âge.

Il avait eu fort peu à se louer du gouvernement impérial, et rentra très mal disposé en sa faveur : aussi la Restauration le trouva-t-elle tout prêt à la servir. Le roi le nomma grand-officier de la Légion-d'Honneur, et lui donna la préfecture du Nord, qu'il quitta aux Cent-Jours. Nommé alors député du dép. des Bouches-du-Rhône à la Chambre des représentants, il ne s'y fit point remarquer. Après la seconde Restauration, Siméon fut élu par le dép. du Var à la Chambre des députés, et le roi l'appela au conseil d'état en service ordinaire. Vers la fin de 1815, il fit partie de la commission chargée de l'examen du projet de loi sur les cours prévôtales qu'il approuva; cependant il vota avec la minorité en faveur de l'amnistie proposée par les ministres. Le 13 déc. 1817, il défendit le projet de loi sur la liberté de la presse, et en 1818, il soutint le projet de loi sur le recrutement, en qualité de commissaire du roi. Peu de temps après, il refusa les sceaux qui furent donnés au comte de Serre (voy.), et le 7 mai 1819, il fut créé inspecteur général des écoles de droit; nommé sous-secrétaire d'état au département de la justice, le 24 janvier 1820, et chargé des affaires de ce ministère pendant l'absence du comte de Serre, il remplaça M. Decazes au ministère de l'intérieur le 20 février suivant. C'est en cette qualité qu'il soutint les projets de loi destructifs de la liberté individuelle et de la liberté de la presse, comme des nécessités du moment. Sous ce cabinet aussi, la loi des élections subit de graves atteintes. Cependant Siméon était encore trop attaché aux institutions constitutionnelles pour contenter longtemps le parti rétrograde. Le 14 déc. 1821, le ministère dut donner sa démission, et le comte de Corbière remplaça Siméon. Le roi l'avait déjà décoré du grand cordon de la Légion-d'Honneur, et l'avait nommé (25 oct.) pair de France avec le titre de comte; à sa sortie du ministère, il le fit encore ministre d'état, membre du conseil privé. Depuis ce temps, le comte Siméon ne reparut à la tribune que pour défendre nos institutions.

Après la Révolution de juillet 1830, il demanda le maintien de l'hérédité de la pairie, s'opposa à l'admission du divorce dans nos codes, dont il avait déjà contribué à le faire bannir. Le 26 déc. 1832, l'Académie des Sciences morales et politiques réorganisée l'appela dans son sein. Le 27 mai 1837, le roi le nomma premier président de la cour des comptes. Enfin, le 19 janvier 1842, il expira sans souffrance à l'âge de 92 ans.

« Avec lui disparut, dit M. Mignet qui vient de lire son éloge à l'Institut, le dernier représentant de cet ancien barreau de France qui avait donné à la Révolution des tribuns et des législateurs..... Il avait dit de M. de Marbois (éloge prononcé le 17 janv. 1838) : « Il « ne voulut être d'aucun parti que de ce- « lui des principes de justice et d'ordre qui « sont nécessaires à tous les gouverne- « ments pour leur durée, et aux gouvernés « pour leur sûreté. » C'est d'après cette règle qu'il se dirigea lui-même. Jurisconsulte habile, législateur éclairé, administrateur prudent, homme d'état et homme de bien, ayant traversé 50 ans de troubles sans commettre un excès, ayant été décrété de mort et frappé d'exil sans exercer de représailles, s'étant fait aimer dans un pays de conquête, ayant secondé plusieurs gouvernements avec mesure et servi sa patrie avec constance, M. Siméon laissa un nom qui se rattache honorablement à de grands souvenirs de notre histoire comme aux plus purs bienfaits de nos institutions, et qui participera à l'immortalité du Code civil. » — Le comte Siméon avait publié pour ses amis un *Choix de discours et d'opinions* suffisant pour le faire apprécier comme orateur (Paris, 1824, in-8°); le recueil de l'Académie des Sciences morales et politique contient de lui un *Mémoire sur le régime dotal et le régime en communauté dans le mariage*; enfin il avait publié dans la *Revue française* un article sur l'omnipotence du jury (1829).

Le fils du comte Siméon, JOSEPH-BALTHAZAR, comte Siméon, pair de France depuis le 11 sept. 1835, est né à Aix le 6 janv. 1781. Employé d'abord dans la diplomatie, il fut appelé à remplir diverses préfectures sous la Restauration, et entra au conseil d'état. Il est commandeur de la Légion-d'Honneur (31 mai 1837), et membre libre de l'Académie des Beaux-Arts. — Son fils HENRI, vicomte Siméon, né à Florence le 16 oct. 1803, successivement attaché de légation, auditeur au conseil d'état, préfet des Vosges et du Loiret, officier de la Légion-d'Honneur, et directeur de l'administration des tabacs, vient d'être nommé conseiller d'état.   L. L.

SIMILOR, *voy.* CHRYSOCALQUE.

SIMMERN (DEUX-PONTS-), principauté rhénane, située sur le Hundsruck, *voy.* PALATINAT.

SIMNEL (LAMBERT), imposteur du temps de la guerre des deux Roses, *voy.* HENRI VII, T. XIII, p. 675.

SIMOIS, *voy.* MYSIE.

SIMON, un des fils du grand-prêtre Matathias, *voy.* MACCABÉES.

SIMON. L'Évangile parle de plusieurs personnages de ce nom.

S. Simon, fils de Cléophas et de Marie, frère de Jacques, de Jude et de Joses, que l'Écriture donne pour frères à Jésus-Christ, fut un des premiers disciples du Sauveur. Lorsque (l'an 62 de J.-C.) les chrétiens se rassemblèrent à Jérusalem, après la mort de S. Jacques, pour nommer un nouveau chef de l'Église, ils choisirent Simon qui se retira à Pella pendant la guerre des juifs, et ne revint qu'après la destruction de Jérusalem. Sous le règne de Trajan, il subit la torture, et fut crucifié en présence du gouverneur Atticus. Simon était alors âgé de 120 ans. L'Église romaine honore sa mémoire le 18 février, et l'Église grecque le 27 avril.   X.

On le confond généralement avec Simon *le Cananéen* ou *Zélotes*, qui fut l'un des 12 apôtres de Jésus, et prêcha, dit-on, l'Évangile en Égypte, en Cyrénaïque, en Afrique et même dans la Grande-Bretagne. Selon quelques-uns, il fut martyrisé à Sunir (Perse). Quoi qu'il en soit, on ne trouve ni parole, ni action de lui mentionnée dans le Nouveau-Testament. Le surnom de *Cananéen* ou *Cananite* paraît être le même en hébreu que *Zelotes* en grec. Les juifs donnaient ce nom à ceux qui se distinguaient par un ardent amour de la patrie et de la religion. Du temps de Jésus-Christ, il existait une sorte de société, dite des *zélés*, dont les membres prenaient sur eux de punir sans jugement toute atteinte portée aux droits de la nation ou à la sainteté du culte. Peut-être Simon avait-il appartenu à cette secte. Suivant d'autres, son nom de Cananéen lui serait venu de la ville de Cana, en Galilée, dont il aurait été originaire.

Simon le Pharisien habitait Naïm, ville de Galilée, près de Capharnaüm. C'est chez lui qu'invité à dîner, Jésus vit une femme pécheresse et pénitente, que l'on a confondue à tort avec Marie Magdeleine (*voy.*), se jeter à ses pieds, y répandre des parfums, les arroser de larmes et les essuyer avec ses cheveux. Cette conduite scandalisa le pharisien; mais Jésus qui pénétrait sa pensée déclara que les péchés de cette femme lui étaient pardonnés, parce qu'elle avait beaucoup aimé. Une femme vint encore répandre une huile odoriférante sur la tête de Jésus chez un autre Simon de Béthanie, surnommé le Lépreux, que le Christ avait peut-être guéri de cette maladie. On connaît encore Simon le Cyrénéen, que les soldats romains forcèrent à porter la croix de Jésus-Christ jusque sur le Calvaire. Simon le Magicien était à Samarie, quand Philippe vint y prêcher. Il reçut le baptême, et s'attira une vive réprimande de S. Pierre lorsqu'il lui offrit de l'argent pour obtenir le pouvoir de faire recevoir le Saint-Esprit à ceux à qui il imposerait les mains (*voy.* SIMONIE). Il n'en continua pas moins de se livrer à la magie, s'associa une courtisane de Tyr qu'il présentait *comme* la première intelligence, et vint à Rome, où il fit un assez grand nombre de partisans. Les apôtres S. Pierre et S. Paul se rendirent alors en cette ville pour combattre ce faux prophète. Simon, voulant donner une preuve éclatante de sa puissance, prit l'engagement de s'élever en l'air dans un char de feu; mais il tomba et mourut, dit-on, de sa chute, vers l'an 64. Sa secte subsista jusqu'au IVe siècle.   Z.

SIMON (RICHARD), né à Dieppe, le 13 mai 1638, entra dans la congrégation de l'Oratoire, à l'âge de 21 ans. Chargé de dresser le catalogue des livres et manuscrits orientaux que possédait la maison de son ordre, dans la rue Saint-Honoré, à Paris, il lut avec avidité tous les ouvrages qui lui passèrent sous les yeux, et son amour de l'étude, joint à sa mémoire prodigieuse, le plaça bientôt parmi les hébraïsants les plus remarquables de la France. Ses écrits sont nombreux, mais plusieurs sont pseudonymes, comme l'*Histoire de l'origine et des progrès des revenus ecclésiastiques* (Francf. [Rotterd.], 1684; nouv. édition, Rouen [Francf.], 1706, 2 vol. in-12), qui parut sous le nom de Jérôme Acosta; la *Bibliothèque choisie*, (in-12, t. I-II, Bâle, 1709; t. III-IV, Amst., 1708-10), sous celui de Saint-Jore; l'*Histoire critique de la créance et des coutumes des nations du Levant* (Amsterd., 1684, dern. édit., Francf., 1711), sous celui de Moni. Pleins d'idées neuves, d'aperçus intéressants, d'anecdotes curieuses, ces ouvrages annoncent beaucoup d'érudition; mais ils trahissent aussi dans l'auteur un goût décidé pour

la critique, qu'il exerçait d'ailleurs avec une grande supériorité. Ce besoin de critiquer ressort encore davantage dans les *Remarques sur la bibliothèque des auteurs ecclésiastiques de Dupin* (4 vol. in-8°), dans les *Antiquitates ecclesiæ orientalis* (Lond., 1682, in-12), dans les *Lettres critiques* (Bâle [Rouen], 1699, in-12). Richard Simon ne pouvait manquer de s'attirer beaucoup d'ennemis par ses attaques; son *Histoire critique de l'A.-T.* (Leyde, 1679; Rott. et Amst., 1685, in-4°) l'exposa à une espèce de persécution. Dans cet ouvrage remarquable à plus d'un titre, il avait osé avancer que Moïse n'est point l'auteur du Pentateuque : rien n'est moins douteux aujourd'hui; mais à cette époque une opinion aussi hardie devait le rendre plus que suspect de protestantisme. Bossuet se chargea lui-même de poursuivre la suppression de ce livre « plein de principes dangereux, » et ce ne fut pas sans peine que l'auteur parvint à sauver l'exemplaire qui fut réimprimé à Rotterdam. Exclu de l'Oratoire, Richard Simon, avec une fermeté qui fait son éloge, se livra avec plus d'ardeur que jamais à ses travaux littéraires. En 1689, il publia une *Histoire critique du N.-T.* (Rott., in-4°) qui fut suivie d'une *Histoire critique des principaux commentateurs du N.-T.* (Rott., 1693, in-4°), et de *Nouvelles observations sur le texte et les versions du N.-T.* (Paris, 1695, in-4°). Le second de ces ouvrages fut également saisi, à la requête de Bossuet, qui oublia, dans cette circonstance, tous les principes de la modération. Sur la fin de ses jours, Richard Simon se retira dans sa ville natale où il mourut, le 11 avril 1712.   E. H-G.

SIMONIDE, célèbre poëte grec, fils de Léoprepès, naquit dans l'île de Céos, une des Cyclades, 558 ans av. J.-C., et florissait encore après les grandes guerres Médiques. En Grèce, en Sicile, telle était l'estime dont il jouissait comme poëte que les athlètes vainqueurs aux jeux publics, et leurs cités natales faisaient d'énormes dépenses pour qu'il chantât leurs victoires : ce fut une des sources de sa fortune. Ses odes agonistiques, qui rivalisaient avec celles de Pindare (*voy.*), sont perdues, ainsi que ses *Thrènes* ou complaintes, si célèbres dans l'antiquité, ses élégies sur les combats d'Artémisium et de Marathon et son ode sur la victoire de Salamine. Il ne nous reste du poëte de Céos que des inscriptions dédicatoires et funéraires recueillies dans les anthologies (*voy.*), et des fragments d'élégies, genre dans lequel il vainquit tous ses antagonistes, nul n'ayant mieux connu que lui l'art d'intéresser et d'attendrir. Il était également sans rival pour sa mémoire, qu'il avait perfectionnée par une méthode dont il passe pour l'inventeur (*voy.* MNÉMONIQUE.) Il eut aussi la gloire de compléter l'alphabet grec en y ajoutant les lettres doubles η, ω, ξ, ψ. Sa renommée le fit rechercher des grands hommes et des rois de son temps; il fut l'ami d'Hipparque (*voy.*), d'Aleuas, roi de Thessalie, qui, après la mort du Pisistratide, le recueillit à sa cour; de l'Athénien Thémistocle; du Lacédémonien Pausanias; de Hiéron, roi de Syracuse, et de Théron, roi d'Agrigente. Il avait 87 ans lorsqu'il se rendit à la cour de Syracuse, et c'est là qu'il mourut à 90 ans. Hiéron et les Syracusains lui élevèrent un magnifique monument; mais ce qui est plus glorieux pour sa mémoire, ce sont les éloges que lui décerne Cicéron, quand il le proclame *Non tantum suavis poeta, sed doctus sapiensque* (*De Nat. Deor.*, I, 22). Les fragments de Simonide se trouvent dans les *Analecta* de Brunck et dans la *Sylloge* de M. Boissonade. F. D.

SIMONIE. Le droit canon appelle ainsi la vente et l'achat des dignités et des bénéfices ecclésiastiques, soit à prix d'argent, soit par corruption ou par d'autres moyens honteux. Toutes les sectes condamnent sévèrement la simonie; mais les théologiens de la cour de Rome ne tiennent pas pour un acte simoniaque la vénalité des dignités ecclésiastiques à Rome. Ce crime, non moins grand de la part du vendeur que de celle de l'acheteur, a été ainsi nommé de Simon le magicien (*voy.*), qui, au rapport de S. Luc (*Actes des Apôtres*, VIII, v. 9 et suiv.), voulut acheter à prix d'argent des apôtres la communication des dons du Saint-Esprit par l'imposition des mains. *C. L.*

SIMPLES, sous-entendu *remèdes*, *voy.* ce mot.

SIMPLICITÉ, qualité de ce qui est simple, c'est-à-dire sans composition, sans mélange, sans apprêt, sans recherche, sans artifice, sans déguisement. Appliquée à l'intelligence, cette expression se prend presque toujours en mauvaise part. Si la simplicité offre un certain charme dans l'enfance, elle annonce dans l'homme mûr une étroitesse de jugement qui provient soit d'une faiblesse naturelle de l'intelligence, soit du manque d'exercice des facultés intellectuelles, et qui est le premier degré de la sottise (*voy.*). Cependant on aperçoit sous cette ignorance, sous ce manque total d'expérience et de finesse, tant de bonté, de douceur et d'innocence, qu'on éprouve toujours quelque intérêt. L'homme d'un esprit simple est ordinairement simple de cœur : voilà pourquoi Jésus appelle bienheureux les pauvres d'esprit. Cette simplicité de cœur, qui peut se rencontrer d'ailleurs unie à une vaste intelligence, n'est autre chose qu'un caractère innocent, naturel et droit, ne connaissant ni déguisement, ni raffinement, ni malice, ne se doutant même pas qu'il puisse être utile et sage quelquefois de dissimuler ses sentiments. Sous ce rapport, elle se confond avec la *naïveté*, l'*ingénuité*, et, plus que celles-ci, elle se rapproche de la *candeur*, qui est toujours l'indice d'une belle âme. Dans les œuvres d'art, enfin, rien ne plaît comme la simplicité : il n'est pas de grandeur sans elle. Elle tend directement au but, et emploie les moyens les plus naturels pour y atteindre; elle ne cherche pas à plaire par un faux brillant, par des ornements pompeux; elle fuit toute recherche pour s'en tenir exclusivement à la nature ou à l'idéal basé sur la nature, qui exclut comme elle l'afféterie et le maniéré. E. H-G.

SIMPLICIUS. Ce philosophe grec du VIe siècle de notre ère, originaire de la Cilicie, enseigna la philosophie à Alexandrie et à Athènes, d'où il fut chassé par Justinien, lorsque cet empereur, aveuglé par un faux zèle pour la religion chrétienne, fit fermer les écoles païennes. Il se retira en Perse où il fut accueilli avec bienveillance par Khosrou; mais il rentra plus tard dans sa patrie. Il a laissé des commentaires sur plusieurs traités d'Aristote et sur l'*Enchiridion* d'Épictète, que l'on trouve dans les anciennes éditions de ces deux illustres philosophes. *Voy.* aussi SCHWEICHÆUSER. E. H-G.

SIMPLON (en italien *Sempione*), montagne haute de 10,327 pieds, dans le canton du Valais, en Suisse, appartenant aux Alpes Pennines et connue principalement par la route que Napoléon y a fait construire de 1801 à 1806. Cette route, qui établit une communication facile entre le Valais et le Piémont, part du bourg de Glis et aboutit à Domo d'Ossola. Elle a 14 lieues de long sur 25 pieds de large, et quoiqu'elle s'élève à une hauteur de 6,000 pieds, elle est si douce que les voitures le plus lourdement chargées peuvent la parcourir sans peine. A environ 1 ½ lieue du village de Simplon, on a bâti un magnifique hospice élevé de 4,548 pieds au-dessus du niveau de la mer. Il n'est point encore habité. Les Bernardins qui doivent s'y établir occupent toujours l'ancien hospice à côté de la route. En 1799, le Simplon fut témoin d'un engagement entre les Français et les Autrichiens; et en 1814, un corps de l'armée d'Italie en chassa les Autrichiens, mais il fut repoussé et dispersé par les habitants du Valais. Lorsque Napoléon réunit le Valais à son empire, en 1810, il lui donna le nom de dép. du Simplon, qu'il porta jusqu'en 1815. *C.L.*

SINAI et HOREB, monts célèbres dans l'histoire sainte, situés, l'un près de l'autre, dans l'Arabie-Pétrée, sur une presqu'île de la mer Rouge. Le Sinaï (auj. *Djébel Mousa*), qui a donné son nom au désert environnant, s'élève à une hauteur de 7,050 pieds. C'est sur son sommet que, d'après l'Ancien-Testament, Moïse reçut de Dieu la révélation de ses dix commandements, qu'il transmit au peuple Juif, gravés sur des tables de pierre (*voy.* DÉCALOGUE). Plus tard, sous l'ère chrétienne, a été fondé non loin de là un couvent dédié à sainte Catherine, qui est un des plus vénérés de l'Église grecque : il ressemble à une petite citadelle; de nos jours encore, il existe en outre plusieurs chapelles au pied du Sinaï, ainsi que sur le Horeb. Ce dernier est surtout remarquable comme la montagne où Dieu apparut à Moïse pour lui commander d'aller délivrer les Juifs de la servitude de l'Égypte. CH. V.

SINAMARI (ville et rivière), *voy.* GUYANE FRANÇAISE.

SINAPISME (mot que les Grecs ont formé de σιναπι, sénevé, moutarde), topique composé avec de la farine de moutarde noire et un liquide qui est le plus ordinairement de l'eau ou du vinaigre. On a supposé pendant longtemps que délayer la farine de moutarde avec le vinaigre, c'était un moyen de rendre ce topique plus actif : une expérience plus attentive a prouvé que, lorsqu'il est préparé avec l'eau simple, il stimule plus énergiquement les tissus avec lesquels il est mis en contact, et la chimie est venue confirmer l'exactitude de cette observation, en démontrant que l'huile volatile, qui est l'élément vraiment actif de la moutarde, n'y préexiste pas, et que l'eau est nécessaire à sa formation.

Les maladies dans lesquelles on a recours à l'application de ce topique sont très nombreuses. Tantôt on se propose par là de combattre le mal dans l'un de ses éléments essentiels, tantôt au contraire de mettre fin à de simples accidents qui viennent compliquer la maladie principale. Dans tous les cas, l'indication qu'on a surtout pour but de remplir en recourant à l'emploi de ce moyen, c'est de détourner un mouvement fluxionnaire qui menace de s'accomplir, et qui déjà est réalisé sur un organe important à la vie : de là la nécessité d'appliquer le plus ordinairement ce topique sur une région plus ou moins éloignée de celle qui est le siége du mal. C'est là, nous le répétons, l'indication la plus générale qu'on se propose de remplir, quand on emploie les sinapismes dans les maladies; mais si l'on conçoit bien le mode d'action de ce moyen, on comprend qu'on peut également le mettre en usage pour provoquer certains mouvements fluxionnaires, qui sont une des conditions de l'accomplissement de certaines fonctions : il en est ainsi, par exemple, dans quelques cas d'aménorrhée (*voy.*).

L'effet immédiat des sinapismes appliqués à la surface de la peau est une rubéfaction plus ou moins vive de cette membrane : cette rubéfaction est la conséquence du changement survenu dans la circulation locale, et explique l'action secondaire ou thérapeutique du topique employé. Le degré de cette excitation varie suivant diverses conditions, dont les principales sont la pureté de la farine dont on s'est servi, la durée de l'application du topique, et la délicatesse de la peau sur laquelle celui-ci est étendu : il est très important de tenir compte de ces diverses circonstances, car sans cela il pourrait arriver que l'excitation dépassât les limites dans lesquelles on veut restreindre la révulsion, qu'elle allât presqu'à la vésication, la mortification même des tissus touchés par le sinapisme. On ne saurait se guider ici d'après la seule durée du temps, car outre qu'on ignore souvent si la moutarde est pure, on ne peut pas toujours apprécier à l'avance le degré de sensibilité de la peau : le moyen le plus sûr pour éviter ces graves inconvénients, c'est de s'en rapporter à la douleur accusée par les malades. Il arrive parfois que la peau, après la sinapisation, reste très douloureuse: on calme cette excessive sensibilité par l'application de cataplasmes simples ou narcotiques. Lorsqu'on doit employer ce topique chez des enfants ou des individus très irritables, on tempère l'action de la moutarde en y mêlant une certaine quantité de farine de lin.   M. S-N.

SINCIPUT, *voy*. Tête.

SIND (fleuve), *voy*. Indus.

SIND ou Sindhi, province de l'Indostan septentrional, récemment incorporée à l'empire anglo-indien. Elle s'étend sur le vaste delta de l'Indus (*voy*.) ou Sind, depuis le Pendjab jusqu'à la mer; confine au nord-ouest avec le Béloutchistan, et touche dans sa partie orientale à des plaines désertes, qui la séparent du reste de l'Inde (*voy*. tous ces mots). On évalue son étendue à environ 24,000 milles carr. anglais. La population, d'un million d'âmes à peu près, se compose de Béloutches mahométans, en partie nomades et guerriers, et d'Hindous sédentaires, pratiquant seuls le commerce et un peu d'industrie. Les Béloutches du Sind appartiennent à la tribu des Tal-

pouris, dont les princes s'érigèrent, vers 1780, en dominateurs du pays, d'abord seulement comme vassaux du Kaboul, puis, lors du démembrement de cet empire, avec une indépendance complète. Ces princes, tous issus de la même famille, sont appelés *amirs* (de l'arabe *émir*; les Anglais écrivent *ameers*). Leurs troupes combattaient ordinairement à pied, rarement à cheval, et, quoique sans discipline, elles savaient très bien faire usage de l'artillerie. Le bouclier leur servait d'arme défensive. Cependant il n'y avait pas dans le pays d'armée permanente ; chaque adulte, à l'exception des marchands, y devenait soldat à l'appel des chefs. Le gouvernement des amirs, entièrement despotique, paraît avoir été très oppressif à l'égard des populations paisibles des villes. Ces princes étaient unis entre eux par une espèce de lien fédératif et entretenaient des relations amicales avec leur voisin de l'ouest, le khan des Brahouis, autre tribu béloutche, établie à Kélat et à Goundava (*voy*. Béloutchistan).

On distinguait dans le Sind trois principautés dominantes. La plus puissante était celle de Hyderabad, dans la partie méridionale, où de 4 frères qui l'avaient régie conjointement depuis 1786, un seul, Mir-Mourad-Ali-khan, vivait encore en 1832. La seconde branche des amirs avait sa résidence à Khyrpour, dans le Sind septentrional; la troisième et la moins considérable était établie dans le Delta, à Mirpour. Ils passaient pour avoir le premier 15, le second 10, le troisième 5 laks, ensemble 30 laks de roupies ou 300,000 liv. st. de revenu annuel, et possédaient de riches trésors.

Outre *Hyderabad*, capitale du pays, assez industrieuse et commerçante, dans une île formée par l'Indus, avec environ 20,000 hab., et les deux autres résidences déjà nommées, les places les plus remarquables du Sind sont Koratchi, port très commerçant et fortifié; Tatta, ville aujourd'hui bien déchue, sur l'Indus, à la pointe du Delta; et Chikarpour, qui fait un commerce très étendu, renfermant chacune de 10 à 15,000 hab. *

Le désir de s'ouvrir la navigation de

(*) *Voir* Ch. Ritter, *Géographie de l'Asie*, t. V, p. 178 et suiv.   S.

l'Indus en s'emparant des bouches de ce fleuve, et de frayer de cette manière à son commerce le chemin de l'Asie intérieure, a surtout dirigé vers le Sind la politique et les opérations militaires de la compagnie anglaise des Indes - Orientales. La mort des amirs précédents avait jeté la division dans l'état de Hyderabad, tous leurs fils ayant prétendu à la·fois à leur succession. Il en résulta un fractionnement en quatre partis politiques, dont le plus puissant, qui avait pour chef un des plus jeunes princes, Mir-Moussir-Khan, inclinait pour les Anglais. Dès 1809, la Compagnie avait conclu avec les amirs un premier traité de paix et d'amitié. En 1837, lord Auckland, afin d'assurer toutes ses communications pour l'expédition qu'il projetait dans le Kaboul, leur imposa de nouvelles conditions qui les mirent dans la dépendance du gouvernement britannique, et les obligèrent à payer tribut. Au commencement de 1843, lord Ellenborough, sous le prétexte que les amirs mettaient obstacle à l'exécution de ces traités onéreux et refusaient de céder aux Anglais certains terrains de chasse qui gênaient la navigation de l'Indus, dirigea sur Hyderabad une armée anglaise sous le commandement de sir Charles Napier. Près de Miani, à neuf milles anglais de leur capitale, les Béloutches, forts de 22,000 hommes, avec 15 pièces de canon, tentèrent de s'opposer à la marche de leurs adversaires ; mais malgré la vigueur de leur choc, ils essuyèrent une déroute sanglante, et le 19 février, Hyderabad fut occupée par les Anglais. Retirés dans le désert avec les débris de leur armée, les amirs y furent poursuivis, et complétement défaits, au mois de juin suivant. Mais les vainqueurs eux-mêmes, sous l'influence meurtrière d'une chaleur excessive, et d'un climat malsain, périrent en grand nombre victimes de maladies. Le Sind, après la déchéance de ses anciens maîtres, a été totalement réuni aux possessions de la Compagnie, qui y maintient encore un corps d'occupation de 15,000 hommes pour assurer sa conquête. Cн. V.

SINDIAH ou Scindiah, dynastie mahratte, souveraine d'un état situé au centre de l'Indostan, et qui, naguère encore indépendant, est récemment devenu tributaire des Anglais. Ce pays, que nous avons déjà décrit géographiquement à l'article Mahrattes, présente une étendue d'environ 40,000 milles carrés anglais, avec une population de 4 millions d'âmes à peu près. On y estimait, en 1826, le revenu du souverain à 1 million de livres sterl. par an. Une armée de 36 à 40,000 hommes, en partie composée de mahométans, brave, mais turbulente, était chargée de la défense du pays, et le gouvernait dans les derniers temps ; elle disposait d'un parc de 300 pièces d'artillerie, et des officiers européens, attachés au service du Sindiah depuis la chute de Tippoo-Saheb, l'avait formée à une certaine discipline*.

L'origine de la puissance de cette maison remonte au radjah Mahadjiadji-Sindiah, et à son successeur Daoulet-Raou-Sindiah, rival du fameux Holkar (*voy.*), qui tous les trois exercèrent, à la fin du siècle dernier et au commencement de celui-ci, une si grande influence sur les gouvernements caducs de l'empire mogol et de la confédération mahratte (*voy.* tous ces noms). Lorsque les Anglais achevèrent, en 1818, la ruine de cette dernière, Daoulet-Raou, en se séparant à temps des autres chefs ligués pour arrêter les progrès de la domination britannique et en faisant le sacrifice d'une partie de son territoire, réussit à sauver l'indépendance de celle qui lui restait. Il mourut en 1826, après avoir disposé du trône en faveur d'un fils adoptif, Djenkadji-Raou-Sindiah. Ce prince faible, indolent, dissolu, et qui ne justifiait son élévation par aucune qualité, épuisa les ressources, et compromit gravement la tranquillité de son pays par l'ineptie et par les désordres funestes d'une administration ruineuse. Comme il mourut également sans laisser de postérité, au mois de février 1843, sa veuve, jeune femme de 12 ans, choisit pour lui succéder, du consentement des chefs mahrattes, un parent, Djiadji-Raou-Sindiah, enfant de 9 ans. Afin de se ménager dans les affaires du pays les moyens d'obvier

(*) *Voir* Ch. Ritter, *Géogr. de l'Asie*, t. IV, 2ᵉ part., p. 755.

S.

aux troubles dont le menaçait cette minorité, et qui pouvaient devenir contagieux pour ses propres possessions, sinon déjà pour servir d'autres vues plus ambitieuses , la Compagnie crut nécessaire d'imposer à la régente un ministre entièrement dévoué aux intérêts britanniques. Mais les Mahrattes, peu disposés à subir l'influence anglaise , ne tardèrent pas à renverser ce dignitaire complaisant, et à lui substituer un de leurs chefs entièrement hostile à l'autorité de la Compagnie. Le gouverneur général de l'Inde, lord Ellenborough, rappela sur-le-champ le résident anglais et fit ses préparatifs de guerre. La régente, pour conjurer l'orage, consentit en vain à la déposition du nouveau ministre, et à l'occupation de ses états par les troupes de la Compagnie. Celle-ci exigea de plus la dissolution de l'armée mahratte et la remise du matériel considérable de son artillerie. Ces prétentions exaspérèrent les troupes mahrattes et les déterminèrent à la résistance. Celles de la Compagnie s'avancèrent alors sur la capitale du pays, Goualior (Gwalior) et eurent à essuyer deux combats, le 29 déc. 1843, pour enlever les retranchements de l'ennemi : le premier à Maharadjpour, le second à Punniar. A Maharadjpour, où le succès ne put être décidé qu'à la baïonnette par les troupes européennes, les Mahrattes, au nombre de 18,000 hommes, commandés par le vieux colonel Baptiste, se défendirent avec la plus grande opiniâtreté, et se firent tuer sur leurs pièces; les Anglais éprouvèrent des pertes considérables. Le 3 janvier 1844, le gouverneur général entra néanmoins dans Goualior à la tête de ses soldats, qui depuis n'ont en partie évacué l'état de Sindiah qu'après l'avoir complétement réduit sous la dépendance de la Compagnie. L'ancien ministre , Nama-Saheb, a été réintégré dans son poste, et le licenciement de l'armée mahratte effectué. Il n'est resté de celle-ci qu'un corps de 10,000 hommes, dont la Compagnie s'est réservé la disposition, en augmentant leur solde, et en leur donnant pour chefs des officiers anglais. Peut-être cette médiatisation, accompagnée de nouvelles diminutions de territoire, n'est-elle même que le prélude d'une séquestration complète, que l'état agité du pays peut amener d'un jour à l'autre. **Ch. V.**

SINGAPOURE, mieux que *Sincapoure*, port franc, situé dans l'île de ce nom, à l'extrémité de la presqu'île de Malacca (*voy.* ce mot et INDE), avec 22,000 hab. C'est un établissement britannique très important. Peu d'années, dit M. Balbi, ont suffi pour en faire une des premières places commerçantes de l'Asie. *Voir* Ch. Ritter, *Géogr. de l'Asie*, t. IV, p. 60 et suiv., p. 600. **X.**

SINGES (*simia*), famille de mammifères, constituant presqu'en entier l'ordre des quadrumanes (*voy.*), et ceux de tous les animaux qui ressemblent le plus à l'homme par leur conformation générale, comme par leur organisation interne. Loin de nous cependant la pensée de faire du singe un homme dégénéré, ou de l'homme un singe plus parfait ! En vain feriez-vous disparaître du corps du quadrumane le poil qui le couvre; en vain feriez-vous rentrer son museau saillant, ces longs bras qui rasent presque le sol, et indiquent si bien que le singe est fait pour sauter plutôt que pour marcher : derrière ce faux-semblant d'homme, vous n'auriez encore qu'une brute, c'est-à-dire un être incapable de s'élever jusqu'aux lois de l'ordre naturel et du monde moral, hors d'état de transmettre à sa postérité l'héritage d'une science perfectible. Or, ceci n'est pas seulement vrai de l'Européen civilisé, mais aussi du plus sauvage habitant de l'Océanie : en effet, cette grossière créature possède virtuellement au moins, si ce n'est développées, les facultés départies par le Créateur à sa créature d'élite; percez cette enveloppe grossière, et vous trouverez une âme, une âme douée de raison , de conscience et de liberté; soumettez au contraire à une éducation intellectuelle le singe, ce prétendu homme déchu; soumettez-l'y dix ans, vingt ans, des siècles , et puis vous viendrez nous dire quelle idée morale vous aurez fait germer, quelles facultés nouvelles vous aurez vu poindre dans ce cerveau si bien organisé ! Laissons donc chaque chose à sa place, et ne voyons dans ces quadrumanes que des êtres curieux à observer, et dont l'adresse, la pétulance, les ruses et l'habileté à contrefaire les actions humaines, sont de nature à dérider le front le plus soucieux.

Considérés dans les traits les plus généraux de leur organisation, les singes ont le corps svelte, plus velu postérieurement qu'à la face antérieure qui parfois est presque nue. Leurs membres longs et grêles se terminent par de véritables mains dont les doigts allongés et flexibles rendent ces mammifères plus propres à grimper qu'à marcher. La face est colorée, dans un certain nombre d'espèces, de la manière la plus bizarre. Leur système dentaire, leurs organes digestifs, respiratoires et circulatoires, ont une grande similitude avec ceux de l'homme; cette ressemblance se retrouve même dans les organes de relation. Les singes sont essentiellement frugivores; ils se tiennent presque tous sur les arbres, et vivent en troupes composées d'une ou de plusieurs familles. Les femelles mettent bas un ou deux petits qu'elles portent dans leurs bras et entourent des plus tendres soins, jusqu'à ce qu'ils soient en âge de pourvoir eux-mêmes à leur subsistance. Les mœurs varient d'ailleurs dans chaque espèce; mais le penchant à l'imitation et au vol, la ruse, l'extrême mobilité des idées et la vivacité des mouvements qui s'y rattachent, en forment toujours les traits distinctifs. Constamment dominés par leurs impressions du moment, on voit ces animaux passer du calme le plus parfait à la plus furieuse colère. Ils se montrent, en général, d'autant plus doux et plus soumis qu'ils sont plus jeunes. Avec l'âge, ils reprennent ordinairement leurs plus mauvais penchants; il en est même qui deviennent intraitables. Ces quadrumanes sont exclusivement propres aux pays chauds : aussi succombent-ils presque tous dans nos climats à la phthisie pulmonaire. Le midi de l'Europe ne nourrit qu'une seule espèce de *magot*, sur les rochers de Gibraltar, encore est-elle originaire d'Afrique.

Les singes de l'ancien continent diffèrent à beaucoup d'égards de ceux du Nouveau-Monde. Ces différences ont servi de base principale à leur classification. Les premiers ont la queue courte ou nulle; souvent des abajoues (*voy.*), des callosités aux fesses, provenant de l'habitude de s'asseoir; les narines ouvertes en dessous du nez et séparées par une étroite cloison; les dents molaires au nombre de 20, comme chez l'homme. Les seconds ont une longue queue *prenante*, qui leur sert de cinquième main, aussi sont-ils presque toujours en mouvement, et n'offrent-ils point de callosités aux fesses; ils n'ont point non plus d'abajoues; leurs narines, ordinairement séparées par une large cloison, s'ouvrent sur les côtés du nez; ils ont 4 molaires de plus que les précédents.

Parmi les singes *de l'Ancien-Monde* sont les *orangs* et les *gibbons*, genres anthropomorphes, complétement dépourvus de queue, et dont la position est presque verticale. Les *orangs proprement dits* (*simia satyrus*) ont les bras si longs, que leurs mains touchent à terre lorsqu'ils sont debout. L'*orang-outang* (mots qui, en langue malaie, signifient *homme sauvage, voy.* HOMME DES BOIS), est celui de tous les singes qui, dans le jeune âge du moins, ressemble le plus à l'homme. Sa taille peut dépasser 2^m; il a le corps couvert de gros poils roux, la face nue et bleuâtre. Sa force est aussi grande que son agilité. Il ne marche qu'avec peine et en s'appuyant sur un bâton; quelquefois il se sert de ses longs bras appuyés sur le sol pour se porter en avant. Pris jeune, il s'apprivoise facilement; on assure qu'il se construit au haut des arbres des espèces de huttes. Les *chimpansés* (*pongos, jockos, troglodytes noirs*), espèce d'orangs à bras courts, ressemblent beaucoup aux précédents par leurs mœurs et par leur conformation. Ils se défendent à coups de pierre et de bâton contre les hommes, et même contre les éléphants qu'ils cherchent à effrayer de leurs hurlements. Les *gibbons* (*s. lar, moloch*, etc.), qui ont les bras longs comme les orangs, sont surtout célèbres par la tendresse qu'ils montrent pour leurs petits. Ils sont peu susceptibles d'éducation.

Viennent ensuite, parmi les singes *à queue de l'Ancien-Monde*, les *semnopithèques*, qui ressemblent beaucoup aux gibbons; les *guenons*, de plus petite taille et pourvus de vastes abajoues qui secondent merveilleusement leur remarquable instinct pour le vol ; les *macaques*, mieux organisés pour la marche à quatre pattes que pour le saut ; les *magots* dont les tours d'adresse amusent le public de nos villes ; puis enfin les *cynocéphales* ou *singes à tête de chien* (*papions, babouins, voy.*), et les *mandrills*, espèces qui, par leur museau saillant, leur allure quadrupède, forment le passage des quadrumanes aux autres ordres de mammifères. Ce sont les plus brutaux et les plus féroces de tous les singes.

Parmi les singes *du Nouveau-Monde*, compris quelquefois sous le nom collectif de *sapajous*, nous citerons les *alouates* ou *singes hurleurs*, qui doivent à une conformation particulière de l'os hyoïde une voix tellement retentissante, qu'on l'entend à plus d'une demi-lieue à la ronde ; les *atèles*, nommés aussi *singes-araignées*, à cause de l'extrême longueur de leurs membres grêles et flexibles ; les *sajous* ou *singes musqués*, ainsi appelés de l'odeur assez forte qu'ils répandent ; les *sakis* ou singes à queue de renard, et les *saïmiris* ou *titis*, genres qui appartiennent au groupe des *sagouins*, et sont susceptibles d'éducation. Les titis sont particulièrement remarquables par l'attachement des petits pour leur mère, au cadavre de laquelle ils restent attachés lorsqu'elle tombe sous les coups des chasseurs : circonstance bien connue des Indiens, qui en profitent pour s'en emparer. C. S-TE.

SINGULIER, *voy.* NOMBRE.

SINNIS, *voy.* PROCUSTE.

SINTO (RELIGION DE), *voy.* JAPON, T. XV, p. 265.

SINUS (math.), *voy.* CORDE.—Pour la signification du mot en anatomie, on peut voir l'art. Os.

SION, *voy.* VALAIS. — Pour Sion (Tsion), dénomination biblique, *voy.* JÉRUSALEM.

SIPHON (en grec σίφων, tube, tuyau), instrument de physique très simple dont on se sert spécialement pour transvaser les liquides et qui consiste en un tuyau recourbé de verre ou de métal, ayant ses deux branches d'inégale longueur. Si on plonge la plus courte dans un vase contenant un liquide, et qu'on aspire l'air par l'ouverture de l'autre branche tournée vers la terre, l'écoulement de la liqueur se produit aussitôt par cette ouverture et continue tant que l'extrémité de la branche la plus courte plonge dans le fluide. On a reconnu que c'est la pesanteur de l'air qui est la cause de ce phénomène depuis si longtemps observé. En effet, le vide étant produit dans le tube par l'aspiration, l'atmosphère qui pèse sur la surface libre du liquide force celui-ci à monter à la place de l'air dans le siphon, et son propre poids le sollicite à s'écouler. Cet écoulement empêche dès lors l'air de rentrer dans le siphon, et la pression atmosphérique le fait continuer, à la condition que le poids de la colonne contenue dans la branche hors du vase soit plus fort que celui de la colonne contenue dans l'autre branche, parce que cet excédant de poids empêche que la pression de l'atmosphère, à l'ouverture extérieure, ne fasse équilibre à cette même pression à l'extrémité du tube intérieur. Mais si ces deux colonnes deviennent égales, l'équilibre de pression s'établit aux deux ouvertures du siphon, l'eau ne monte plus, et l'écoulement cesse ; c'est pourquoi la branche extérieure du siphon doit être plus longue que celle qui reste dans le vase.

Dans la météorologie, on nomme *siphon* un tourbillon ou nuage creux qui descend sur la mer en forme de colonne ; on l'appelle ainsi dans l'idée qu'il enlève et pompe l'eau de la mer. L. L.

SIPYLUS (MONT), aujourd'hui *Bouzdagh, voy.* TAURUS et NATOLIE.

SIR, titre usité dans la Grande-Bretagne, *voy.* ANGLETERRE (T. Ier, p. 744) et BARONNET. Dans l'allocution, *sir* répond exactement à notre *monsieur*.

SIRACH, *voy.* JÉSUS SIRACIDE et ECCLÉSIASTIQUE.

SIR-DARIA ou SIHOUN, *voy.* IAXARTE.

SIRE, qualification qu'on donne aux rois ou aux empereurs en France et en général lorsqu'on se sert de la langue française. Elle est une abréviation de *Seigneur*, et anciennement elle avait une application bien moins bornée. On disait *sire chevalier*, le *sire de Coucy* (*voy.*), et la terre d'un seigneur **était aussi** appelée *sirerie* pour *seigneurerie*. Le *sir* anglais (*voy.*) en dérive, mais a pris une signification spéciale. *Voy.* Roi, Baron, etc. X.

SIRÈNES (suivant les uns de *sir*, en phénicien chant ; suivant d'autres, de σειρά, *chaîne*). Filles du fleuve Achéloüs et de Melpomène, et compagnes de Proserpine, elles furent, par Cérès (*voy.* ces noms) irritée de ce qu'elles n'avaient pas défendu sa fille, métamorphosées en monstres moitié femmes et moitié oiseaux ou poissons. Postées au promontoire de Pélore, ensuite à Caprée, elles attiraient les navigateurs par la douceur de leurs chants et les faisaient périr. Ulysse échappa à leurs séductions en se faisant attacher au mât de son vaisseau, en bouchant avec de la cire les oreilles de ses compagnons. Vaincues dans cette épreuve, conformément à leur destinée, les sirènes périrent. L'une d'elles, Parthénope, fut jetée sur la côte de Campanie; on lui éleva un tombeau, puis un temple; près du temple fut bâti un bourg qui devint Naples (*voy.*), l'ancienne *Parthénope*, restée une sirène enchanteresse. Dans le mythe des sirènes on reconnaît l'allégorie des passions, des voluptés que l'on tue en n'y cédant pas. ✿ ʼ

. Pour le nom de sirène, en histoire naturelle, *voy.* Lamantin. F. D.

SIRIUS, la plus brillante étoile du ciel, *voy.* Chiens (astr.).

SIRMIE, *voy.* Esclavonie.

SIROCO. C'est le nom qu'on donne au vent de sud-est qui souffle des côtes africaines dans la Méditerranée et en Italie. Ce vent brûlant dessèche tout; il excite la transpiration et un grand abattement. Le siroco se lève ordinairement vers Pâques et ne dure, dans sa grande violence, que de 36 à 40 heures; il règne moins violemment, et parfois d'une manière peu sensible, de 14 à 20 jours. Pour se garantir de ce fléau, on ferme hermétiquement portes et fenêtres en les couvrant de draps mouillés qu'on trempe fréquemment dans l'eau. Quoique le siroco brûle l'herbe et les plantes, il est rarement mortel pour les hommes. X.

SIROP, *voy.* Sucre. —Quant aux sirops qu'on emploie dans la pharmacie,

ce sont des décoctions ou des extraits (*voy.*) de végétaux ou de substances animales, délayés dans un sirop ordinaire composé de sucre et d'eau (29 onces de sucre raffiné pour une pinte d'eau). On fait ainsi des sirops de guimauve, de violettes, de pavots rouges ou coquelicots, d'œillets, de roses rouges, de mûres, de citrons, etc. (*voy.* la plupart de ces mots).

SIRTES, *voy.* Syrtes.

SIRVENTE, sorte de poésie ancienne, mise en usage dès le XIᵉ siècle par les trouvères français et les troubadours provençaux. Leurs inventions qui s'appelaient *jeux*, *partis*, se composaient de *sirventes* et de *tensons*. En opposition avec les tensons qui n'étaient consacrés qu'à l'amour et à la louange, les sirventes étaient des satires divisées en couplets ou en strophes qui rappelaient assez les vers *saturnins* et *fescennins* des Romains. Les Italiens n'étaient pas étrangers non plus à ce genre de poésie, puisqu'on trouve, en 1278, à la cour de Raymond, comte de Provence, trois gentilshommes génois, les deux frères Doria, et Lanfranc Sygalla, qui y faisaient des sirventes à deux interlocuteurs, dirigés contre la cruauté des tyrans. L'histoire rapporte que ce Sygalla plut tant au comte de Provence qu'il l'arma lui-même chevalier, et que plus tard, envoyé en ambassade auprès de Raymond, le poëte génois obtint de lui un secours en faveur de sa république. *Voy.* Troubadour et Trouvères. D. A. D.

SISMONDI (Jean-Charles-Léonard Simonde de), historien éminent à l'égard duquel l'*Encyclopédie des gens du monde*, dont il était un des principaux collaborateurs, a un pieux devoir à accomplir. Il naquit à Genève, le 9 mai 1773. Sa famille, qui s'est éteinte en lui, était originaire de la Toscane. Patricienne et gibeline, elle avait quitté Pise à la chute de son indépendance. Établie ensuite dans le Dauphiné, elle y avait embrassé le calvinisme à son origine. Enfin la révocation de l'édit de Nantes l'avait conduite à Genève, où elle avait pris rang dans l'aristocratie de cette petite république. Sous le nom francisé de *Simonde*, auquel son petit-fils ajouta depuis la forme italienne de *Sismondi*, le grand-père de l'historien avait servi dans les armées françaises. Son père était ministre de l'Évangile. Sa mère, femme d'un esprit cultivé et d'un caractère énergique, fut à la fois pour son fils un conseil et un soutien. Celui-ci passa du collége à l'*auditoire* où il reçut le complément d'une instruction plus solide que brillante. Mais il trouva dans la maison paternelle tout ce qui pouvait favoriser son développement intellectuel et moral, la fortune et le mérite de ses parents leur permettant de rassembler autour d'eux une société choisie, non-seulement parmi leurs compatriotes, mais dans ce nombreux concours d'étrangers qui, de tout temps, afflue à Genève.

Les troubles de notre révolution, en ébranlant les états voisins de la France, vinrent bouleverser cette existence paisible. Confiants dans les vues financières de Necker, leur concitoyen et leur ami, les Sismondi avaient placé leurs capitaux disponibles dans les fonds français : la fortune et le repos dont ils jouissaient se trouvèrent compromis à la fois. Envoyé d'abord à Lyon dans la maison de commerce Eynard, où il puisa des notions financières et des habitudes d'ordre qu'il porta depuis dans des travaux d'un autre genre, le jeune Sismondi suivit bientôt (1793) ses parents en Angleterre, et, pendant un séjour de 18 mois, il étudia avec soin la langue, les ressources, la législation civile et commerciale de ce pays. Au bout de ce temps, le mal du pays ramena la famille Sismondi à Genève. L'orage qu'elle avait fui y régnait encore dans toute sa violence. Bien que restée étrangère à la politique, elle eut à souffrir des exactions et des persécutions personnelles. Un émigré français qu'ils avaient voulu sauver, fut arraché de leur maison pour être fusillé. Un instant même le père et le fils furent mis en prison. Frappés dans leur fortune, dans leurs affections pour la patrie et pour la liberté, ils songèrent à cette autre patrie, la Toscane, berceau de leurs ancêtres. Avec le prix de leurs biens de Genève qu'ils vendirent, ils achetèrent un domaine à Pescia. C'est dans cette riante contrée, où se trouvaient réunis les bienfaits d'un beau ciel, d'un sol fertile et d'une bonne administration, que Sismondi passa cinq

des plus belles années de sa vie, s'occupant d'agriculture, étudiant les causes de l'aisance dont le spectacle frappait partout ses regards, et joignant, par un rare privilège, la pratique de l'exploitation rurale aux spéculations de la science économique. Son bonheur aurait été sans mélange, si les réactions politiques ne l'avaient poursuivi jusqu'au fond de sa paisible retraite. Trop Français pour les Autrichiens, trop Italien pour les Français, il se trouvait toujours dans le parti opprimé. Trois fois, il fut jeté en prison, et sa pauvre mère eut à trembler pour les jours d'un fils qu'elle aimait avec idolâtrie. Il lui écrivait à cette époque : « Blasphémerez-vous encore contre la noble liberté des Anglais ? l'*habeas corpus*, le jugement par jurés, et des lois claires et précises ? La pauvre copie même que les Français ont adoptée, nous mettrait à l'abri, si nous étions en France, des injustices que nous essuyons. »

Enfin, en 1800, nous retrouvons la famille à Genève, où, le fort de la tempête passé, elle s'occupait de recueillir les débris d'une fortune autrefois considérable et qui se bornait maintenant à 4,000 fr. de revenu. Sismondi s'était occupé en Toscane de recherches sur l'histoire d'Italie qu'il songeait déjà à écrire, et d'un grand ouvrage sur la constitution des peuples libres dont il réduisit plus tard le cadre sans parvenir à le remplir complétement. Il interrompit ces travaux pour publier, en 1801, à Genève, un *Tableau de l'agriculture toscane*, et deux ans plus tard, un *Traité de la richesse commerciale*; car l'économie politique partagea toujours avec l'histoire les sympathies de cet esprit positif et généreux, qui semble avoir pris à tâche dans tous ses ouvrages de réaliser la fusion de ces deux sciences. Le succès des deux publications que nous venons d'indiquer valut à leur auteur l'offre d'une chaire à l'université de Vilna, qu'il refusa, et la place de secrétaire de la chambre de commerce du département du Léman, où il déploya une activité, des lumières et un patriotisme au-dessus de tout éloge. Dans de nombreux mémoires adressés, dans l'intérêt de sa ville natale, au gouvernement dont elle dépendait alors, il osait représenter aux hommes du blocus continental les malheurs que le système prohibitif y engendrait, disait hautement que ce n'était pas des capitaux, mais la liberté qu'il fallait à son commerce, et proclamait ainsi les saines doctrines de la science en même temps qu'il accomplissait un acte de courage civil. Désormais Sismondi avait pris place parmi les notabilités de Genève. Il y comptait pour amis De Candolle, les Pictet, V. de Bonstetten, Dumont, M. Rossi, Mme Necker de Saussure. Il allait souvent à Coppet, dont les hôtes étaient avec lui en étroite communauté d'opinions littéraires et politiques. Il fit avec Mme de Staël deux voyages en Italie; lors de la mort de son père, il courut au devant d'elle en Allemagne pour la préparer à cette triste nouvelle, et ne put céder qu'à Benjamin Constant la pénible tâche d'adoucir ce coup affreux. Bientôt il allait faire connaître à l'Europe un talent si hautement apprécié dans son pays natal. Les 16 vol. de l'*Histoire des républiques italiennes* furent publiés entre les années 1807 et 1818; ils firent ranger Sismondi parmi les premiers historiens de l'époque.

Cependant le père de l'auteur avait rejoint Mme de Sismondi à Pescia, où il mourut en 1810. Demeuré seul dans sa maison attristée, Charles poursuivait assidûment la grande tâche qu'il avait entreprise, sans cependant rester étranger aux relations du monde et au mouvement littéraire du dehors. Dans l'hiver de 1811 à 1812, il professa à Genève son *Cours sur la littérature du midi de l'Europe*, qui fut publié l'année suivante à Paris, par la maison Treuttel et Würtz. Ce fut à cette occasion qu'il fit son premier voyage dans cette ville, où, indépendamment des relations, non interrompues depuis, avec la maison honorable que nous venons de citer, il se lia avec l'abbé Morellet, Rumford, M. Guizot, etc. Son second voyage à Paris eut lieu en 1815. Il s'y trouvait pendant les Cent-Jours, et fit acte public d'adhésion au gouvernement impérial, qu'il avait peu flatté à l'époque de sa splendeur. Les iniquités du congrès de Vienne, dont Genève aussi avait eu à souffrir, l'enthousiasme général excité par le retour miraculeux de

l'île d'Elbe, paraissent avoir agi vivement sur l'esprit, ordinairement calme, de Sismondi. Il publia dans le *Moniteur* une série d'articles (29 avril, 2, 6, 8 mai et 2 juin) en faveur de l'acte additionnel, réunis depuis sous ce titre : *Examen de la constitution de* 1815, et obtint de l'empereur une audience particulière, sur laquelle il a donné, dans une lettre à sa mère, de curieux détails*. Dans un des voyages périodiques qui le ramenaient en Toscane, auprès de cette mère chérie, Sismondi avait connu une jeune Anglaise, miss Allen, dont la famille comptait dans son sein et dans ses alliances plusieurs noms rendus célèbres par l'industrie et par la politique, entre autres les Wedgewood et sir James Mackintosh (*voy.* ce nom). Le désir de revoir celle dont les grâces et l'esprit supérieur l'avaient charmé attira Sismondi en Angleterre. Il écrivit en anglais, pour l'*Encyclopédie d'Édimbourg*, un article où se trouvaient exposées les doctrines qu'il développa depuis dans ses *Nouveaux principes d'économie politique*. Ce fut le 19 avril 1819 qu'il contracta, avec miss Allen, l'union qui devait faire le charme du reste de sa vie. Les années suivantes, passées soit à Pescia, soit à Genève, furent pour lui celles d'un bonheur domestique, malheureusement troublé par la mort de sa mère, qu'il perdit en 1821. C'est à cette dernière époque que parurent les 3 premiers vol. de son *Histoire des Français*, entreprise immense qui l'occupa sans relâche jusqu'à sa mort, et à laquelle il s'était trouvé conduit par les nombreux rapports qui rattachaient cette histoire à celle de l'Italie. Depuis ce temps, il ne se passa guère d'année qu'il n'en parût un ou plusieurs volumes.

La liberté, dont Sismondi recherchait avec amour les premiers symptômes dans l'histoire du passé, qu'il défendait dans son application pratique au sein du conseil représentatif et du corps académique de Genève, avait droit à ses sympathies partout où elle se produisait en Europe. Il prodiguait avec une généreuse imprévoyance sa plume et sa bourse à la

(*) On peut les lire dans un article intéressant du *Quarterly Review*, de septembre 1843, consacré à Sismondi.

cause des Italiens, des Grecs, des Colombiens, etc. Il saluait avec enthousiasme notre révolution de 1830. « La conduite de la France, écrivait-il à cette occasion, a relevé l'humanité à mes yeux. » Plus tard, les excès de la démocratie en France et à Genève, coïncidant avec le déclin de l'âge, lui causèrent des accès de découragement et de tristesse dont on trouve des traces nombreuses dans sa correspondance. Dans deux occasions importantes, il n'hésita pas à braver l'impopularité pour acquitter envers la cause de l'ordre la dette qu'il avait si largement payée à celle de la liberté. Lorsqu'en 1838 la France demanda à la république de Genève l'expulsion du prince Louis Bonaparte, qui voulait à la fois s'imposer comme prétendant à un pays et rester citoyen de l'autre, Sismondi parla ouvertement dans le sens de cette demande. Honni et menacé, il n'en soutint pas avec moins de hardiesse, en face de l'insurrection et des coups de fusil, son opposition au système de violence qui prévalut parmi le peuple des campagnes et jusque dans les conseils genevois. Mais la crainte que tant de troubles n'amenassent la chute de cette petite république, « dernier refuge où l'amour de la cité se confonde encore avec l'amour de la patrie, » oppressait son cœur. La seconde occasion où il se vit appelé à donner des preuves d'un courage difficile fut le mouvement du 22 novembre 1841, qui renversa, à Genève, l'ancienne constitution. Déjà atteint de la maladie qui le conduisit au tombeau (un squirre à l'estomac), attristé par la perte d'amis bien chers, il retrouva toute son énergie pour combattre cette révolution, qui, disait-il, « était la plus funeste de toutes à la cause de la liberté, puisqu'elle n'avait aucune de ces excuses qu'un mauvais ordre de choses antérieur fournissait à d'autres révolutions. » Dans la nouvelle assemblée constituante, dont il fut nommé membre, il ne cessa de protester contre la légalité de tout ce qui s'était fait, et prit une attitude d'opposition tellement vive que ses amis même, effrayés, n'osaient le plus souvent voter avec lui. Il y prononça, le 30 avril 1842, un discours qui dura une heure, et après lequel son médecin dut lui défendre d'assister désormais aux séances. Mais il s'était encore imposé une autre tâche, celle de conduire son *Histoire des Français* jusqu'à la convocation des États-Généraux ou du moins jusqu'à la mort de Louis XV. Il l'a remplie jusqu'au bout, et il a pu se rendre à lui-même le témoignage suivant, consigné dans le dernier fragment qu'il ait écrit : « Ce ne sont pas des efforts ordinaires qu'il a fallu pour ne pas me détourner un seul jour de mon travail, pour lui consacrer tout ce qu'il me restait de temps, tout ce qu'il me restait de force, tandis qu'un hoquet convulsif me secouait la poitrine depuis le moment où je me levais jusqu'à celui où je me couchais; que l'oppression, l'étouffement, les nausées, me rendaient pénible de me tenir assis, et que mon estomac arrivait enfin à rejeter toute espèce de nourriture. » Le 14 juin, M. de Sismondi corrigeait encore les épreuves de son 29e volume; le 25, il avait cessé de vivre.

Les ouvrages de l'homme éminent, probe et consciencieux, dont nous venons d'esquisser la biographie, peuvent se diviser en 3 classes : 1° Histoire. L'*Histoire des républiques italiennes du moyen-âge* (Zurich et Paris, 1807-1818, 16 vol. in-8°; 2e éd., 1825-1826; 3e, 1840, 10 vol. in-8°) fut la première, et est restée aux yeux de certains juges la meilleure composition de l'auteur en ce genre. Un grand art s'y cache sous une apparente simplicité de formes. Le manque d'unité, qui est le vice politique de l'Italie, fait aussi la difficulté de son histoire. Passer de Florence à Naples, de Gênes à Pise, de Venise à Milan, mener en laisse, ainsi que le disait ingénieusement la mère de l'auteur, les affaires de tant d'états séparés, rassembler dans sa main tous ces fils qui s'entrecroisent sans se brouiller jamais, tel était le problème que Sismondi a résolu avec un rare bonheur. Les biographies italiennes écrites pour le grand ouvrage de Michaud; l'*Histoire de la renaissance de la liberté en Italie*, 2 vol. in-8°, 1832, d'abord écrite en anglais pour le *Cabinet cyclopædia* de Lardner; une brochure publiée la même année sous ce titre : *Des espérances et des be-*

soins de l'Italie; enfin l'*Histoire de la chute de l'Empire romain et du déclin de la civilisation*, de l'an 250 à l'an 1000, professée d'abord à Genève en 1821, puis insérée en anglais dans l'Encyclopédie de Lardner, et enfin publiée à Paris sous sa forme définitive*, complètent la série des ouvrages historiques qui se rapportent à l'Italie, cette seconde patrie de l'auteur, dont il s'occupa toujours avec une espèce de prédilection. — L'*Histoire des Français*, 31 vol. in-8°, dont un de tables, 1821-1843, annonçait par son titre seul l'ouvrage d'un écrivain qui voyait dans les annales d'une nation autre chose que la série et la biographie de ses rois, et chez lequel un vif amour de l'humanité, une haute intelligence, une impartialité consciencieuse, remplaceraient jusqu'à un certain point l'émotion sympathique, le sentiment profond du moyen-âge, la fibre nationale. A tout prendre, et malgré ce qui peut lui manquer sous ce rapport, l'auteur, en posant la plume, « après avoir été aussi loin que ses forces lui avaient permis d'aller ** », a pu dire avec un juste orgueil : « J'ai donné à la nation française ce qu'elle n'avait pas, un tableau complet de son existence, un tableau consciencieux dans lequel l'amour ou la haine, la crainte ou la flatterie ne m'ont jamais porté à déguiser aucune vérité; un tableau moral où elle pourra toujours reconnaître quels fruits amers a portés le

(*) 1835, 2 vol. in-8°, chez Treuttel et Würtz, comme l'*Histoire des Français* et presque tous les autres ouvrages de Sismondi.

(**) « Un trentième et dernier volume devait contenir l'histoire des seize premières années du règne de Louis XVI et se terminer par un coup d'œil jeté en arrière sur l'ensemble des révolutions dont le peuple français avait ressenti l'influence avant la chute de l'ancienne monarchie; j'aurais cherché à faire connaître comment elles avaient développé et fixé son caractère national, quelle part elles avaient laissée à un patriotisme qui ne se rattachait pas aux institutions du pays, quelle fusion elles avaient opérée entre des races diverses, et quelles distinctions profondes elles avaient aussi laissé subsister entre elles; quel degré de bonheur, enfin, et quel mélange de souffrances ce corps social qui allait se dissoudre pour faire place à un nouveau, avait assurés à ceux qui en étaient membres. » Tel était le cadre tracé par l'auteur lui-même, et qui a dû être rempli par une autre main que la sienne, l'âge et la maladie ne lui en ayant pas laissé le temps.

vice, quels fruits excellents a portés la vertu, et où, sans s'enfler d'une vaine gloire, elle apprendra et pourra enseigner à ses enfants à s'estimer et à se respecter. » Rédigée d'abord tout entière en forme d'annales, écrite au moins deux fois sous sa forme actuelle, l'Histoire des Français a été resserrée par son auteur lui-même en un *Précis*, 1839, 2 vol. in-8° (complété depuis par un 3ᵉ); puis, pour cette Encyclopédie, en un tableau rapide (*voy.* FRANCE, T. XI, p. 522-545), qui est la dernière concentration de la pensée dont elle émane. *Julia Sévéra ou l'an 492 (Tableau des mœurs et des usages dans les Gaules, du temps de Clovis)*, 1822, 3 vol. in-12, est une étude des premiers temps de notre histoire, revêtue de la forme, alors en faveur, du roman historique. 2° Économie politique. Dans son premier ouvrage sur *la Richesse commerciale*, l'auteur avait suivi pas à pas Adam Smith (*voy.*), mais bientôt, éclairé par ses réflexions et par le spectacle de l'Angleterre sur les dangers d'une production exagérée, il se sépara de ce qu'il appelle l'école *chrématistique*, et, à l'opposé de ces matérialistes de la science, il définit l'économie politique « l'art de distribuer le bonheur et non la richesse. » Telles sont les doctrines qui, déjà sensibles dans les *Nouveaux principes d'Économie politique*, 1819, 2 vol. in-8° (2ᵉ éd., 1824)*,

(*) *Voy.* ce que nous en avons dit, et les extraits que nous en avons donnés T. IX, p. 110. L'abandon des principes d'Adam Smith, par Sismondi, lui suscita de nombreux contradicteurs; mais tous ceux, parmi les économistes, qui placent les intérêts de l'âme au-dessus des intérêts purement matériels seront toujours de son avis, et ses adversaires même ne peuvent refuser leur hommage à la générosité de sentiments de cet homme essentiellement ami de l'humanité, qui, certain de sa haute destination, ne la perd pas de vue un seul instant ni pour lui ni pour ses semblables. « La lutte qu'il a engagée ne fut pas stérile, a dit tout récemment un disciple d'Adam Smith : elle réveilla les esprits, leur imprima une direction salutaire, et maintenant que les vérités dogmatiques de la science sont établies avec certitude, les recherches de ses sectateurs *se dirigent surtout vers les moyens de guérir les infirmités du corps social* (causes de souffrance pour les classes laborieuses). » Au reste, l'homme excellent auquel cette notice est consacrée a toujours supporté la contradiction en vrai sage et en partisan déterminé des lumières. Deux analyses plus ou moins critiques dominent dans les *Études sur les sciences sociales*, 1836-1837, 3 vol. in-8°, dont le 1er renferme les *Études sur les constitutions des peuples libres*, et les deux derniers, les *Études sur l'Économie politique*. 3° Littérature. L'ouvrage *De la littérature du midi de l'Europe*, 1813, 4 vol. in-8° (2e éd., 1819 ; 3e, 1829), est une heureuse excursion de l'auteur dans le domaine de l'histoire littéraire. La partie qui regarde l'Espagne et le Portugal laisse à désirer, mais celles qui traitent des littératures provençale et italienne se lisent encore avec intérêt, en présence des travaux plus étendus de Raynouard et de Ginguené.

Dans cette rapide énumération des principaux ouvrages de Sismondi, nous avons omis une foule de publications moins importantes *sur le papier monnaie dans les états autrichiens*, 1810 ; *sur la traite des nègres*, 1813 et 1814 ; *sur la guerre des Grecs*, 1825 ; *sur la constitution de Genève*, etc.; de nombreux articles insérés dans les *Atti della Accademia Italiana*, dans la *Revue encyclopédique*, la *Bibliothèque universelle* de Genève, la *Biographie universelle*, enfin dans l'*Encyclopédie des gens du Monde*. Parmi ces derniers, toutefois, nos lecteurs nous en voudraient sans doute de ne pas rappeler les articles BOURGOGNE (*roy. et duché de*), CONDOTTIERI, CONSTITUTION, GUELFES ET GIBELINS, MÉDICIS (les) et COSME (les), FRANCE (histoire), etc.; et pourquoi n'avouerions-nous pas qu'il nous est doux de répondre à leur sentiment ? R-Y.

SISTOW ou SISTOVA (TRAITÉ DE), mieux que Szistowa. Dans cette ville de la Boulgarie fut conclu, le 4 août 1791, le traité de paix entre l'Autriche et la Turquie dont nous avons parlé à l'art. SÉLIM III.

ayant été reçues dans la *Revue encyclopédique*, à laquelle il prenait une si grande part, Sismondi se borna à présenter quelques observations calmes et simples contre celle dont l'auteur était M. Dunoyer ; et cette lettre (qu'on peut trouver dans le t. XXXV, p. 264, du recueil) est une preuve entre mille de sa modestie, égale à sa science et à la hauteur de son esprit. Chez lui, ces qualités, chose bien rare au temps où nous vivons, étaient dans une union intime avec un cœur désintéressé et une probité sans restriction. *Voy.* ce que nous en avons dit déjà T. XVII, p. 489, la note. J. H. S.

SISTRE, instrument de musique dont les Égyptiens se servaient à la guerre et dans les cérémonies religieuses d'Isis (*voy.* ce nom). C'était un petit cerceau de métal traversé de plusieurs baguettes qui produisaient un son lorsqu'on les agitait. X.

SISYPHE, roi de Corinthe, dont il fut, dit-on, le fondateur, était fils d'Éole et d'Énarète. Il épousa Mérope, fille d'Atlas, et fut la souche des Sisyphides. Les poëtes athéniens nous le peignent comme un homme plein d'artifice et de ruse. Thésée, dont il avait inquiété les états, le tua de sa propre main. D'autres prétendent qu'il fut victime de la vengeance de Jupiter, irrité de ce qu'il avait appris à Asope l'enlèvement de sa fille Égine. On raconte qu'il enchaîna la Mort envoyée contre lui, en sorte que pendant quelque temps elle ne put moissonner personne ; il fallut qu'à la prière de Pluton, Mars vînt la délivrer. Un scoliaste assure que Sisyphe, en mourant, prescrivit à sa femme de jeter son cadavre sur la voie publique, nu et sans sépulture. Or tout homme non inhumé ne pouvait franchir le Styx : Sisyphe obtint de Pluton la permission de revenir sur la terre pour aviser à ses funérailles ; mais une fois revenu à la vie il crut pouvoir braver impunément le dieu des Enfers. Alors Mercure le traîna de force au-delà du fleuve fatal. Sisyphe fut précipité dans le Tartare et condamné à rouler au sommet d'une montagne une énorme pierre qui en retombe sans cesse.

SIVA, mieux que *Chiven*, *voy.* INDIENNE (*religion*), ADI-BOUDDHA et TRINITÉ.

SIWAH, SIOUAH ou SYOUAH. C'est une des oasis (*voy.*) de la Libye, dépendant du Sahara (*voy.*) ou grand désert. Elle est située vers le 30e degré de lat. N. Elle a 50 milles de tour, et, suivant d'autres géographes, 6 milles seulement. Vers le nord s'élèvent des montagnes arides, d'une hauteur qui va jusqu'à 600 pieds. On trouve dans cette oasis des sources d'eau douce, au nombre de près de vingt. La végétation y est magnifique : les palmiers, oliviers, grenadiers, la vigne et en général les végétaux du midi y abondent, ainsi que les animaux domestiques, tels que chiens, moutons, bétail, etc., nourris dans de gras pâturages. Les jardins y sont arrosés par des canaux.

Sa population est nombreuse: elle se compose de tribus de Berbers (*voy.*) au teint noirâtre; les hommes y portent des blouses blanches de coton, et les femmes des blouses bleues; celles-ci se parent de bagues et de bracelets faits de métal de peu de valeur. Les habitants sont mahométans, et soumis à des cheikhs dépendant du pacha d'Égypte, auquel ils paient tribut. Leur commerce consiste en dattes, bestiaux, paniers faits de feuilles de palmiers, et productions de leur sol, qu'ils échangent contre de la toile, du café, etc. L'oasis de Siwah est la contrée connue des anciens sous le nom d'oasis d'Ammon (*voy.*); l'on voit encore des restes importants du temple de ce dieu, ainsi que d'autres temples, à Ummebéda (Haimabaida) et dans ses environs. Le chef-lieu de l'oasis porte également le nom de *Siwah* : il est bâti sur et parmi des rochers, et les rues en sont très étroites.　　　　　　　　X.

SIXTE (mus.), *voy.* INTERVALLES.

SIXTE. Cinq papes ont porté ce nom; mais c'est particulièrement le dernier qui doit nous occuper ici. Relativement aux quatre autres, deux mots suffiront. *Voy.* d'ailleurs l'art. PAPAUTÉ.

XYSTE ou SIXTE Ier, que l'Église romaine vénère comme un martyr, monta, dit-on, sur le siège de Rome l'an 116 ou 117. On le croit auteur de deux lettres qui ont été publiées dans la *Bibliothèque des Pères*. SIXTE II succéda à Étienne en 257. Il était Grec d'origine, avait éprouvé beaucoup de persécutions, et il mourut d'une mort violente, peu de temps après son intronisation. SIXTE III, Romain, comme Sixte Ier, gouverna l'Église de sa ville natale de 432 à 440. Il eut pour successeur Léon-le-Grand. SIXTE IV, natif de Savone, et dont les vrais noms étaient *François d'Albescola de la Rovère*, fut pape de 1471 à 1484. Il rendit des services à l'Église, mais il ternit sa réputation par toutes sortes de vices, tels que le népotisme, la simonie, une vanité excessive et un orgueil extrême.

SIXTE V ou SIXTE-QUINT, le plus célèbre de tous les papes de ce nom, et le plus distingué, comme souverain et com-

me homme d'état, de tous les souverains pontifes des trois derniers siècles, s'appelait proprement *Félix Peretti*, et était né, le 13 déc. 1521, à Grotte-a-Mare, près de la petite ville de Montalto dans la Marche d'Ancône. Son oncle, franciscain de Montalto, l'arracha aux travaux vulgaires qui nourrissaient sa famille. Il entra dans l'ordre de Saint-François en 1534, et il ne tarda pas à se faire remarquer par ses connaissances dans la philosophie scolastique, la théologie et la littérature latine. En 1544, il fut chargé d'enseigner le droit canon à Rimini, d'où il passa, en 1546, à Sienne, et deux ans plus tard il entra dans les ordres, reçut le bonnet de docteur en théologie et fut nommé régent de l'école établie dans le couvent des franciscains de cette dernière ville. Habile dialecticien et prédicateur distingué, sa réputation s'étendit jusqu'à Rome, où il fut appelé en 1551. Il y brilla non-seulement par ses prédications, mais encore par ses œuvres pies, telles que la fondation d'une corporation qui devait accompagner solennellement l'hostie portée aux malades, sous le nom de société du Saint-Sacrement, et l'établissement d'un asile pour les jeunes filles pauvres, soumis à la règle de sainte Claire. Son ouvrage sur la théologie mystique et son *Registre d'or*, extrait des écrits d'Aristote et de son commentateur Averrhoès, furent également les fruits de son séjour à Rome, où il s'attira d'ailleurs des désagréments par son humeur inquiète et son dégoût de la vie monastique. Il se plut encore moins à Venise, où il passa quatre années comme supérieur du couvent des franciscains et inquisiteur général : aussi saisit-il avec empressement, en 1560, l'occasion de retourner à Rome. Le pape le nomma consulteur du Saint-Office, professeur à l'université, et son ordre, à la recommandation du cardinal Capri, l'élut procureur général. En 1565, il accompagna, en qualité de théologien, les légats du pape en Espagne; il y apprit à connaître la politique espagnole et s'acquit par ses prédications l'estime de Philippe II et de sa cour.

Sur ces entrefaites, le cardinal Michel Ghisleri monta sur le siège pontifical sous le nom de Pie V. Il n'oublia pas son ancien ami Peretti qu'il fit vicaire général des franciscains, évêque de Sainte-Agathe des Goths, et qu'il choisit pour confesseur. Peretti se servit de l'autorité qui lui était confiée pour réprimer les désordres de son ordre et pour réformer les mœurs du clergé de son diocèse; mais il dédaigna d'en faire usage pour se venger de ses ennemis à qui il pardonna généreusement. Dès l'année 1570, il fut élevé au cardinalat, et alors il prit le nom de *Montalto*. Connaissant la politique de ses collègues, il pensa que le plus sûr moyen de ceindre la tiare que son ambition convoitait, était de se conduire de manière à n'exciter aucune jalousie. Jusque-là violent, actif, plein de vigueur, la pourpre parut l'avoir complétement métamorphosé. Il n'usa qu'avec modération de son influence sur Pie V, et dans le conclave qui suivit sa mort il se tint à l'écart de toutes les brigues. Sous le pontificat de Grégoire XIII, il se retira presque entièrement de la cour; ce fut malgré lui qu'il travailla à la réforme du calendrier et qu'il prit part aux importantes négociations politiques avec la Russie et l'Angleterre, malgré le besoin que l'on avait de ses talents et de son expérience. Il se montrait doux et humble envers chacun; il supportait avec patience les offenses, et, sans négliger entièrement ses parents, il évitait avec soin le reproche de népotisme. Ses revenus, peu considérables d'ailleurs, étaient consacrés à des fondations pieuses, à de bonnes œuvres, à des entreprises scientifiques; il faisait élever des autels à des saints tombés dans l'oubli; il cherchait à se donner l'apparence d'un vieillard maladif, débile, n'aimant plus que la paix et la dévotion. Mais, sous main, il recueillait activement des renseignements sur les dispositions et le caractère des Romains les plus influents. Sous ce rapport, le confessionnal lui rendit les plus grands services, car les grands de Rome lui confiaient de préférence leurs secrets. Ce fut ainsi que, sous le masque d'une simplicité bigote et d'une décrépitude propre à exciter la commisération, le cardinal Montalto se prépara à ses hautes destinées. Tout le monde y fut trompé, et la majorité des cardinaux, dans la conviction

que personne ne se laisserait mener aussi facilement que lui, s'empressa de l'élire à la mort de Grégoire XIII, en 1585. Mais, à peine élu, Montalto jeta le bâton sur lequel il s'appuyait, et, à la stupéfaction générale, il redressa sa taille avec un air de force et de majesté qui annonçait l'esprit d'indépendance du nouveau souverain pontife. Dès les premiers jours de son gouvernement, la prompte exécution de plusieurs criminels apprit aux Romains qu'il rendrait à la justice la vigueur qu'elle avait perdue sous ses prédécesseurs. Tous les attentats à l'ordre et à la sûreté publics furent punis de mort, sans égard à l'intercession des personnages les plus considérables. Les juges indolents furent déposés, les États de l'Église purgés des bandits qui les infestaient, et la paix publique fut partout rétablie. Sa sévérité juste et inflexible rendit son nom formidable, et l'indomptable cité romaine dut enfin rentrer dans les bornes de la légalité. Si Sixte-Quint fut la terreur des méchants, il voulut être en même temps le soutien et le protecteur des innocents injustement opprimés, ainsi que le père des pauvres. Des milliers de bras furent employés par ses ordres à l'embellissement de Rome, et tous les travaux qu'il entreprit dans ce but s'achevèrent avec une rapidité merveilleuse. Le grand aqueduc nommé d'après son prénom *Acqua felice*, l'obélisque sur la place Saint-Pierre, les colonnes de Trajan et de Marc-Aurèle, la magnifique coupole de Saint-Pierre, l'hôpital du Tibre, sont autant de monuments de sa sollicitude pour la splendeur et le bien-être de sa capitale. Il s'est acquis une gloire immortelle par la fondation de la bibliothèque du Vatican, pour laquelle il fit construire un superbe édifice, et où il établit une imprimerie destinée à la publication des Pères de l'Église. C'est de cette imprimerie que sont sorties son édition complète des œuvres de S. Ambroise, et son édition revue de la Vulgate. Il fonda à Fermo une université, à Rome le collége de Saint-Bonaventure pour les jeunes franciscains, à Bologne le collége de Montalto avec des places gratuites pour un certain nombre d'étudiants de la Marche d'Ancône. Cepen dant ce fut sur le gouvernement des États de l'Église et sur la direction des affaires politiques qu'il dirigea principalement son attention. A Rome, il chercha à ranimer le commerce et l'industrie en abolissant des impôts onéreux et en établissant des manufactures de laine et de soie, afin d'occuper utilement les pauvres. Il réorganisa la police et l'administration des finances, et amassa un trésor de 3 millions d'écus. Les dépenses de sa cour furent réduites au strict nécessaire, et, quoique libéral envers ses anciens protecteurs, il ne voulut jamais élever ses parents au-dessus d'une honnête aisance. Il établit 15 congrégations de cardinaux et d'autres fonctionnaires pour l'administration des États de l'Église et les affaires de la religion. La célébration de nouvelles fêtes fut prescrite; le nombre des membres du sacré collège fixé à 70, et tous les évêques de la catholicité furent tenus de venir au moins une fois à Rome tous les trois, cinq ou dix ans, selon l'éloignement de leurs siéges.

Sixte-Quint observa une sage neutralité dans les querelles théologiques, et il imposa le silence aux jésuites, qu'il n'aimait guère, dans leur dispute avec l'université de Louvain. Il prit une part d'autant plus active aux événements politiques. S'il échoua dans son projet de rattacher plus étroitement l'Allemagne au siége de Rome, il sut au moins pousser Rodolphe II à poursuivre sévèrement les hérétiques. Deux souverains *protestants*, *Henri de Navarre* et *Élisabeth d'Angleterre*, furent frappés par lui d'excommunication, quoique au fond du cœur il se sentît pour l'un et pour l'autre beaucoup d'estime. Cette dernière considération, jointe aux soupçons qu'il avait conçus sur les vues de Philippe II, explique pourquoi il ne voulut jamais appuyer sérieusement l'Espagne contre eux. Il ne se montra pas disposé davantage à soutenir la Ligue, bien qu'il eût excommunié Henri III après le meurtre du duc de Guise. En restant dans d'assez bons rapports avec les souverains, il réussit à les affaiblir l'un par l'autre, et à les tenir sous sa dépendance. Il nourrissait de vastes projets pour l'accroissement de son pouvoir temporel et de son

autorité spirituelle. Il appelait Naples son royaume, et il fit constamment sentir au vice-roi espagnol le poids de sa suzeraineté. Il essaya de soumettre à son siége la Russie par Étienne Bathori, et l'Égypte par le grand-duc de Toscane, mais la mort de ces deux princes déjoua ses projets. Il fallait son activité infatigable pour suffire à tout ce qu'il a entrepris et exécuté dans le court espace de cinq ans. Un système d'espionnage, organisé sur une large échelle, le tenait au courant de tout ce qui se passait en Europe. Sa profonde connaissance des affaires, sa présence d'esprit, qui ne se démentait jamais, et la supériorité de son génie inspiraient à tous ceux qui l'approchaient le respect et l'admiration. L'adresse avec laquelle il repoussait une plaisanterie par un bon mot, ou donnait le change sur ses projets, est connue. Simple dans son extérieur, peu soucieux de l'étiquette, il n'imposait pas moins par son air de majesté, par la dignité de *toute* sa conduite. Du reste, froid, rusé, dissimulé et ferme dans ses résolutions jusqu'à l'inflexibilité, il subordonnait ordinairement la religion à la politique; cependant il ne manqua pas des qualités qui conviennent au père commun des fidèles, et on doit dire, à son éloge, qu'il n'abusa pas de son pouvoir pour satisfaire ses ressentiments personnels. Il ne fut point aimé, mais il fut généralement craint.

Lorsqu'il expira, le 24 août 1590, le peuple, accablé d'impôts, brisa la statue que le sénat lui avait fait ériger au Capitole. On a accusé, mais sans preuves suffisantes, la cour d'Espagne d'avoir hâté sa mort par le poison; ce qui est certain, c'est que les princes se félicitèrent de ne plus le voir sur le siége pontifical, et ils eurent raison, car jamais pape n'a montré comme lui tout le parti que le génie et la force de caractère d'un homme pouvaient tirer des moyens que la *réforme religieuse* avait laissés au pontife de Rome. *Voir.* G. Leti, *Histoire de Sixte-Quint*, trad. franç., Paris, 1702, 2 vol. in-8°; Tempesti, *Storia della vita e geste di Sisto V*, Rome, 1754, 2 vol. in-4°. *C. L.*

SKAGER-RAG, partie de la mer du

Nord ou d'Allemagne, qui s'étend entre le Jutland et la Norvége méridionale, et dont la continuation à l'est s'appelle le Cattegat. *Voy.* ce mot.

SKALDES, poëtes du Nord, *voy.* ISLANDAISES (*langue et litt.*), T. XV, p. 110-111.

SKANDERBEG, le héros de l'Albanie, s'appelait proprement GEORGE KASTRIOTA. Né à Kroïa, en Épire, l'an 1414, ou, selon d'autres, en 1404, il était le plus jeune des fils de Jean Kastriota, seigneur d'Émathie, et de la princesse serbe Voïsava. Lorsque Mourad entra pour la première fois dans l'Épire, en 1423, le jeune George lui fut remis en otage avec ses trois frères. Après avoir été circoncis et élevé dans le mahométisme, qu'il abjura dans la suite, il reçut un sandjak à l'âge de 19 ans. Doué d'un courage et d'une vigueur corporelle extraordinaires, il se signala par tant d'exploits qu'il gagna la faveur du sulthan, qui lui donna le nom d'*Iskender-Beg* ou prince Alexandre; mais la confiscation des états de son père, la mort, par le poison, de ses frères, et la crainte d'éprouver le même sort, décidèrent le jeune héros à quitter le service de Mourad. Il profita de la déroute de Nissa (3 nov. 1443) pour mettre son projet à exécution. Un ordre, qu'il arracha violemment, mais avec une hardiesse prodigieuse, au secrétaire du sulthan, le mit en possession de la forte place de Kroïa, autrefois capitale de l'Épire, où il introduisit de nombreux partisans réunis en secret, et dont il fit égorger la garnison. Les autres forteresses lui ouvrirent leurs portes l'une après l'autre, en sorte qu'au bout de 30 jours il se vit maître de tout le pays. Il convoqua alors les princes d'Albanie (*voy.*) à Lissus, à l'embouchure du Drino, et se fit reconnaître pour leur chef. A la tête de 8,000 cavaliers et de 7,000 fantassins, il dispersa une armée turque de 40,000 hommes, commandée par Ali-Pacha. Trois autres pachas eurent le même sort. Sa tactique était celle de l'ennemi; mais son bras et son génie lui appartenaient en propre. Au mois de mai 1449, Mourad marcha contre lui avec une armée de 100,000 hommes (*voy.* T. XIX, p. 46); il ne put que s'em-

parer de deux forteresses, et, affaibli par la résistance héroïque de Skanderbeg, il dut se retirer honteusement. Cependant, l'année suivante, il reparut devant Kroïa qu'il canonna sans succès, et dont il fut enfin forcé de lever le siége. Après la mort de Mourad, arrivée en 1451, Skanderbeg, plusieurs fois battu, trahi par ses principaux chefs, affaibli par la défection de son propre neveu, réussit néanmoins à se maintenir en possession de l'Albanie contre les armées de Mahomet II, et le conquérant de Constantinople dut lui abandonner, en 1461, le pays qu'il savait si bien défendre. Trois ans après, sollicité par les légats du pape et les ambassadeurs de Venise de rompre la paix, il reprit les armes, battit deux des meilleurs généraux du sulthan et échappa aux poignards des assassins envoyés pour l'égorger. Enfin Mahomet entra en Épire avec 100,000 hommes; mais il échoua devant Kroïa, et son armée fut battue à plusieurs reprises par Skanderbeg, qui termina peu de temps après, en 1466, sa glorieuse carrière à Lissus (*Alisso*), où il fut enseveli. Il laissa un fils encore enfant, nommé Jean, qu'il mit sous la protection de la république de Venise. La guerre continua encore pendant 12 ans; mais Kroïa finit par tomber au pouvoir des Turcs, et le pays, couvert de ruines, se soumit.

On peut consulter une Histoire anonyme de ce héros, en latin, Rome, 1524, in-fol.; puis Barlesio, *De vita et moribus ac rebus gestis Georgii Castrioti, cl. Epirotarum principis*, etc., Strasb., 1537, in-fol. (trad. fr. par J. de Levardin, seigneur du Plessis-Bourrot, Paris, 1597, in-8°; 1621, in-4°), et sa vie, par Pontanus de Breittenberg, par l'évêque François Blancus, par le P. Du Poncet, Paris 1709, in-8°; par Biemmi (Brescia, 1742), etc.   C. L.

SKRZYNECKI (JEAN DE MATHA), généralissime de l'armée polonaise en 1831, est né en 1787, en Gallicie. Il fit ses études à l'université de Léopol (Lemberg), où il se distingua dans toutes les branches des mathématiques. Lorsque Dombrowski (*voy.*) et Wybicki soulevèrent la Pologne en 1806, il quitta la maison paternelle et courut se ranger sous le drapeau national. Au commencement de la campagne de 1809, il entra avec le grade de capitaine dans le 16e régiment d'infanterie de ligne, nouvellement organisé par Constantin Czartoryski. En 1812, il déploya une valeur si brillante que Napoléon lui donna le commandement d'un bataillon. C'était lui qui commandait, en 1814, le carré qui sauva l'empereur à Arcis-sur-Aube. Napoléon le décora lui-même de l'étoile de la Légion-d'Honneur. Les Polonais étant rentrés dans leur patrie après l'abdication de Fontainebleau, Skrzynecki, alors colonel, obtint le commandement d'un régiment d'infanterie polonaise. Dans la soirée du 29 nov. 1830, il se trouvait auprès du chef de l'état-major général du grand-duc Constantin : en entendant les premiers coups de feu, il pressentit un soulèvement et fit assurer le césarévitch qu'il pouvait compter sur lui. Il alla en effet se mettre à la tête de son régiment à Pultusk et accompagna Constantin dans sa fuite; mais dès le 3 déc. il rentra à Varsovie pour mettre son épée au service de la cause nationale. Le dictateur Chlopicki (voy.) lui confia le commandement de la brigade dont son régiment avait fait partie jusqu'alors. Le 5 février, à l'approche de l'armée russe sous les ordres de Diebitsch (voy.), Skrzynecki, élevé au grade de général de brigade par le prince Radziwill, fut chargé de former le centre de la ligne de bataille avec huit bataillons et huit canons. Le 17, il arrêta près de Dobre, à la tête de six bataillons, le corps du général Rosen, et, lorsqu'après un combat de quatre heures, il se vit obligé de céder à des forces supérieures, il opéra sa retraite en si bon ordre que les Russes osèrent à peine le poursuivre. Il déploya en cette circonstance, comme dans plusieurs autres, une telle présence d'esprit, jointe à une énergie si grande, que dès lors l'armée polonaise vit en lui son futur chef. A Grochow, quand Chlopicki blessé eut été emporté à Varsovie (voy. POLOGNE, T. XX, p. 16), il enleva, à la tête de sa division, le bois qu'occupait l'artillerie russe, repoussa le régiment des oulans de la garde et les cuirassiers du prince Albert de Prusse, et partagea ainsi avec le général Uminski, qui parut pen-

dant le combat sur le champ de bataille, et avec Prondzynski, les honneurs de cette journée. Dans la nuit du 25 février, il parut devant le conseil de guerre que le gouvernement avait convoqué à 3 heures du matin, et, tout en rendant justice au patriotisme de Radziwill, il l'accusa d'incapacité comme général. Nommé pour le remplacer par le parti aristocratique, il accepta le commandement en chef de l'armée, à condition qu'on lui donnerait Prondzynski pour quartier-maître général, et Chrzanowski (voy.) pour chef d'état-major, en déclarant d'ailleurs qu'il ne restait presque plus aucun espoir de vaincre, mais en jurant de tout faire pour qu'au moins la nation tombât glorieusement. Il rappela à Varsovie une grande partie de la garnison de Praga, et chargea le lieutenant-colonel du génie Lelewel de défendre la tête du pont. Le 26, la diète confirma sa nomination. « Que la diète se souvienne des sénateurs romains qui moururent sur leurs chaises curules, répondit-il à la députation qui lui fut envoyée à ce sujet, et comptez que je serai votre Fabius Cunctator. »

La conduite à la fois ferme et prudente du généralissime releva le moral de l'armée. Le ton mystique de ses ordres du jour [*], l'impartialité avec laquelle il récompensait les services et livrait les traîtres au mépris public, le firent regarder par le peuple comme l'instrument choisi par la Providence pour son salut. Dans le fait, ce fut Skrzynecki qui donna à l'armée son admirable organisation ; ce fut lui le premier qui la mit sur un véritable pied de guerre. Il laissa au libre choix des troupes la distribution des grades et des honneurs. Il confia le portefeuille de la guerre au général Morawski. En un mot, il prit d'excellentes mesures; mais il ne songea pas à profiter des fautes de Diebitsch, qui avait affaibli sa ligne d'attaque en dispersant ses troupes sur une trop vaste étendue de pays. Il commit une autre faute non moins grave,

(*) Nous avons sous les yeux son ordre du jour daté de Varsovie, le 10 mars 1831. Il n'y a rien de mystique, mais bien un caractère profondément religieux qui, certes, ne messied pas à un guerrier *combattant pour l'existence de sa patrie* comme *pour la foi de ses pères*, au milieu des circonstances les plus critiques. S.

lorsqu'il s'imagina que, pour s'attirer le respect des vieux généraux sous lesquels il avait servi, il devait les traiter avec hauteur : il ne réussit qu'à les mécontenter.

Son plan était, au lieu d'attaquer brusquement les Russes, de les arrêter jusqu'à l'intervention des puissances étrangères ; mais les espérances qu'il avait pu concevoir de ce côté s'évanouissaient de jour en jour. Il n'avait rien à attendre de l'Autriche qu'inquiétait le soulèvement des Légations. Depuis que M. Laffitte était sorti du ministère, le cabinet français résista davantage à l'enthousiasme qui animait la nation pour la cause polonaise ; et lord Palmerston enfin déclara nettement à l'envoyé polonais Wielopolski qu'il s'étonnait que la Pologne voulût conclure des alliances avec les puissances étrangères au moment même où elle traitait avec la Russie. Skrzynecki, qui était en effet entré en correspondance avec le général russe dès le 12 mars, sentit enfin qu'il ne lui restait plus qu'à tenter le sort des batailles. Dans la nuit du 30 au 31 mars, les divisions Gielgud et Malachowski (*voy.* ces noms) sortirent de Varsovie avec la cavalerie et marchèrent sur Wawer. Le 28, Rybinski s'était déjà porté vers Modlin pour attaquer sur un autre point. Le général Geismar fut battu complétement à Wawer, et Rosen défait à Dembe. Il aurait fallu poursuivre ces avantages, mais rien n'y put décider Skrzynecki ; et ce ne fut que quand il vit les Russes sur le point de concentrer toutes leurs forces, qu'il attaqua Siedlce et détruisit les corps de Rosen et de Pahlen. Le 8 avril, 8,000 Polonais défirent à Iganié une armée trois fois plus forte. Après ces succès, Skrzynecki retomba dans son inactivité, et il fallut la catastrophe du brave général Dwernicki (*voy.*), jointe aux ordres du gouvernement, pour l'engager à marcher contre la garde russe campée le long du Narew. Le 15 mai, il tomba sur les avant-postes établis à Przylycza ; mais, le 16 et le 17, il rencontra une telle résistance, qu'il lui fut permis de douter de la réussite de son plan. La garde russe, forte de 20,000 hommes, occupait Sniadow. Prondzynski pressa le général en chef de

donner l'ordre d'attaquer le lendemain. Après de longues hésitations, Skrzynecki dicta enfin au quartier-maître général un ordre pour Gielgud de se porter sur Ostrolenka, non pas avec sa division entière, mais seulement avec deux brigades, marchant à un mille de distance l'une de l'autre, la seconde servant de réserve à la première. Prondzynski, dit-on, jeta la plume en protestant qu'il n'écrirait jamais un ordre aussi insensé ; et le généralissime dut s'en charger lui-même. Dans la nuit, Dembinski avait attaqué le pont d'Ostrolenka et empêché les Russes de le détruire. C'était le moment d'agir, et Skrzynecki y semblait résolu. Trois ordres aux commandants de division furent successivement écrits et déchirés. Dès cet instant, le lien qui attachait Prondzynski à son général fut brisé, et la confiance de l'armée en son chef détruite.

La défaite d'Ostrolenka fut la suite de ces malheureuses hésitations. Si le mépris de la mort suffisait pour faire le grand capitaine, Skrzynecki eût recueilli dans cette journée des lauriers immortels ; mais il était trop tard. Il se vit forcé de se replier sur Varsovie. Arrivé à Praga, il adressa à la diète un mémoire justificatif, et la diète lui fit exprimer toute sa reconnaissance. Le club patriotique ne se montra pas aussi satisfait, et, pour imposer des bornes à ses attaques, le généralissime s'occupa d'opérer une réforme dans le gouvernement au lieu de marcher contre l'armée russe privée de son chef et affaiblie par ses nombreuses pertes. Cependant, lorsqu'on vit le général Paskévitch, par une marche de flanc, passer la Vistule et arriver sans opposition à 10 milles de l'armée polonaise, l'opinion publique se souleva contre Skrzynecki, et la diète fit partir, le 10 août, pour le camp de Bolimow, une commission d'enquête qui le priva du commandement en chef et nomma à sa place le général Dembinski (*voy.* ce nom). A la suite des massacres du 15 août, Skrzynecki se démit de tous ses emplois et se joignit au corps de partisans du général Rozycki, avec lequel il se réfugia à Cracovie, le 22 septembre, après l'affaire de Lagor et Gornachocze. Il rentra ensuite en Gallicie, passa quelque temps à Prague sous le nom de Staniszewski, et se retira enfin dans la résidence que le gouvernement autrichien lui assigna. Mais il la quitta furtivement lorsque le gouvernement belge, voulant prendre une attitude énergique vis-à-vis de la Hollande et de la conférence de Londres, lui fit des ouvertures. Le 1er février 1839, il fut admis, comme général de division en disponibilité, au service du nouveau royaume. Aussitôt le cabinet de Saint-Pétersbourg, qui n'était pas représenté à Bruxelles, témoigna son mécontentement dans une note adressée aux cours d'Autriche et de Prusse, et celles-ci firent parvenir à leurs représentants un ordre de rappel; mais l'adoption définitive par la Belgique du traité avec la Hollande ramena la paix. Depuis, le nom du général Skrzynecki n'a plus été prononcé dans l'histoire contemporaine. *C. L.*

SLAVATA (COMTE), *voy.* BOHÊME, T. III, p. 617, et DÉFENESTRATION.

SLAVES, race ou plutôt famille ethnographique nombreuse, un des principaux éléments de la population européenne.

On ne sait pas au juste d'où vient le nom de Slaves qui paraît d'abord chez Jornandès (*Sclavi, Sclavini*) et chez Procope (Σκλαβηνοί et Σκλαβϵνοί), mais qu'on peut reconnaître déjà dans le Σταύανοι de Ptolémée, le géographe. Les uns le dérivent de *slava*, gloire; les autres, avec plus de raison peut-être, de *slovo*, mot, parole. Ces derniers se fondent sur ce que, dans la dénomination indigène primitive, il n'y a pas d'*a* : on disait *Slovianine*, Slovène; aujourd'hui même, certaines tribus se nomment Sloventzes et Slovaks. En même temps, ils rappellent qu'il y a deux noms qui se font pendant : chez les Slaves, tout ce qui ne compte pas parmi eux est *Niémetz*, dénomination qu'on applique en particulier aux Allemands, mais qui signifie en général *muet*, c'est-à-dire ne parlant pas la même langue. En effet, les Slaves divisaient les peuples en deux catégories : d'une part, les *parlants*, c'est-à-dire eux-mêmes et tous ceux dont ils comprenaient l'idiome; de l'autre, les *muets*, c'est-à-dire ceux qu'ils ne comprenaient pas. Dobrowsky a pensé que le nom de *Slovy* aura d'abord été donné à une localité détermi-

née, peut-être à une ville, et qu'ensuite elle aura pris une plus grande extension. M. Schafarik admet cette hypothèse et ne rejette aucune des précédentes; mais dans l'incertitude du choix il en établit une nouvelle, fort problématique suivant nous, quoique ingénieuse. Les plus anciens Slovènes habitaient Holmgard (Novgorod), dit-il, c'est-à-dire la ville de l'île: or, en lithuanien, le mot qui exprime île est *sallava*, en letton *salla*, etc. Les Slaves seraient ainsi les habitants d'une île. Malgré la grande autorité de M. Schafarik, nous ne pourrions adopter cette étymologie s'il la proposait sérieusement.

Personne, au reste, mieux que ce savant Bohême, dans ses *Antiquités slavonnes*, n'a fait connaître l'origine et les plus anciens sièges de la famille des Slaves, une des plus nombreuses au commencement du moyen-âge, et qui, comme les Germains, l'emportait alors sur les autres éléments respectifs de la population européenne. Quoiqu'elle ne fît partie ni des Scythes, ni des Sarmates, M. Schafarik la croit très ancienne en Europe, aussi ancienne que les Celtes, les Thraces, les Germains, etc. C'étaient peut-être, suivant lui, les Budins, les Neures, les Borysthénites, faussement appelés Scythes cultivateurs et confondus avec eux. Leur nom antérieur était celui de Serbes* et celui de Vindes ou Vénèdes**, que connaissaient Pline, Tacite, Ptolémée et la plupart des géographes grecs et romains. Des flots de Barbares les enveloppèrent ou les soumirent vers le ve siècle de notre ère, et de là une grande confusion; mais bientôt ils se font jour, leur nom reparaît dans l'histoire, et le christianisme finit par les mettre partout en contact avec la civilisation.

Quoi qu'il en soit, suivant Jornandès, le premier historien qui mentionne leur nom, l'an 550 de J.-C., les Vénèdes, les Antes et les Slaves étaient trois branches d'une même souche : les Antes (*voy.*) ne tardèrent pas à disparaître; le nom des Vénèdes (*voy.*) fut restreint à une portion de cette vaste famille; celui des

---

(*) Le Σπόροι de Procope n'est pas autre chose, quoique l'historien grec explique différemment ce nom.

(**) *Vinidarum natio*, dit Jornandès.

Slaves prévalut seul pour la désigner dans son ensemble.

Dans le ${\rm iv}^e$ siècle les Goths, et dans le ${\rm v}^e$ les Huns s'assujettirent les Slaves. Plus tard ces derniers furent emportés par le mouvement des peuples germains vers le midi et vers l'ouest, en même temps que les invasions presque continuelles des hordes ouraliques et turques ou tatares, venues du Volga et du Caucase, les chassaient des rives septentrionales de la mer Noire et les refoulaient en partie vers l'occident, en partie vers le nord. Dans le ${\rm vi}^e$ siècle, les puissants Vénèdes, s'élançant du revers septentrional des Karpathes, fondirent sur les contrées voisines de l'Elbe, qu'avaient habitées les Goths et les Suèves, tandis que les Slaves méridionaux s'emparaient des pays situés entre le Danube et les Alpes Noriques et Juliennes, poussant leurs expéditions jusqu'en Grèce et dans le Péloponnèse. Il se forma alors deux grandes fédérations slavo-vénèdes : celle de la Grande-Khrobatie, dans la Bohême orientale, la Silésie et la Gallicie, et celle de la Grande-Servie, dans la Misnie, la Bohême occidentale et la Moravie. Subjuguées par les Francs et les Avares, ces confédérations furent dissoutes ; mais Samo, en 650, en réunit les membres épars et fonda un puissant empire, qui n'eut toutefois qu'une courte existence. Au ${\rm vii}^e$ siècle paraissent pour la première fois dans l'histoire les Tchekhs (Bohêmes), les Moraves et les Silésiens. Plus à l'est habitaient les Lækhs ou Polonais ; plus loin encore, les nombreuses tribus slavonnes qui furent comprises dans la suite sous le nom général de Russes (Slovènes, Viatitches, Radimitches, Soulitches, Sévériens, Drégovitches, Krivitches, Polotchans, Drevliens, Doulièbes, Boujans, etc.). Sur les rives orientales de la Baltique, nous trouvons les Prussiens ; puis, en avançant plus à l'ouest, les Poméraniens, les Obotrites, dans le Mecklenbourg actuel ; les Polabes, à l'embouchure de l'Elbe ; les Rugiens, dans les îles de la Baltique, notamment dans celle de Rügen. Les Viltzes s'étendaient dans la Marche, depuis l'Oder jusqu'au-delà de l'Elbe. Les Sorbes s'établirent dans la Misnie, depuis la Saale jusqu'à la Havel. Les migrations des Slaves cessèrent vers le milieu du ${\rm vii}^e$ siècle ; à partir de cette époque, ils furent plusieurs fois vaincus par les Francs et les Allemands, dispersés, ou amalgamés avec les Germains, repoussés de l'autre côté de l'Elbe, et même plus loin. Dans le ${\rm xi}^e$ siècle, Gottschalk, prince des Obotrites, réunit de nouveau les tribus slavonnes ; mais son royaume fut conquis dès le ${\rm xii}^e$ siècle par les ducs de Saxe et par les Danois. Les Bohêmes furent plus heureux : ils formèrent, jusqu'en 1306, un état séparé sous des princes indigènes. La Pologne et la Russie se constituèrent également en nations indépendantes. Au midi, les Slaves s'étaient avancés le long du Danube jusqu'à ses embouchures et jusqu'au Dniester. Plus tard ils s'étendirent à l'ouest jusqu'à la mer Adriatique. Ils envahirent, à plusieurs reprises, l'empire romain ; mais ils finirent par tomber sous le joug des Avares, puis de Charlemagne. Renforcés par les émigrations des Slaves de la Grande-Servie et de la Grande-Khrobatie, ils fondèrent, au sud du Danube, les royaumes de Croatie, d'Esclavonie, de Dalmatie, de Servie, de Bosnie et de Boulgarie (*voy.* ces noms) qui, après des guerres incessantes et plus ou moins heureuses avec les Grecs, les Magyares, les Vénitiens et les Turcs, tombèrent dans la dépendance des uns ou des autres de ces peuples[*].

D'après le témoignage des historiens, les Slaves, au moment où l'attention se porta d'abord sur eux, étaient un peuple laborieux, hospitalier, paisible et ne faisant la guerre que pour se défendre. Fort attachés aux coutumes de leurs ancêtres, ils se montraient fiers de leurs chants populaires qui célébraient la gaîté et la gloire nationale. L'agriculture et l'éducation des bestiaux leur fournissaient leurs moyens de subsistance. Ils ont fait moins de progrès dans la civilisation que les Allemands, ce qui s'explique par l'isolement où ils vé-

(*) On sait quelle lutte acharnée s'engagea au ${\rm ix}^e$ et au ${\rm x}^e$ siècle entre les Slaves et les Allemands. Ces derniers, qui faisaient aux autres une guerre d'extermination, vendirent leurs prisonniers de guerre pour être employés comme travailleurs : alors le nom de Slave, sous la forme de *Sklav*, *Esclavon*, *esclave*, devint synonyme de serf.

curent pendant des siècles, dans un pays éloigné des grandes routes commerciales, et privés de l'héritage intellectuel que les Romains avaient laissé à toute l'Europe occidentale. Leurs princes, chefs habiles et courageux, portaient les titres de *gospodine* (hospodar), de *knez* ou *kniaz*, de *voïvode*, *zoupan*, *kral* ou *korol*, etc. Nulle part, le lien féodal n'imposa chez eux le moindre frein aux petits seigneurs; nulle part, le droit de propriété n'aiguillonna l'activité du paysan et ne lui procura le bien-être; nulle part, le tiers-état n'arriva à la liberté par émancipation légale; nulle part enfin, le droit romain ne jeta de profondes racines. Une barrière difficile à franchir, celle d'une haine invétérée, les séparait de leurs voisins et oppresseurs les Allemands. Ils habitaient en général de misérables huttes disséminées; cependant ils avaient quelques villes, telles que Novgorod, Kief, Pskof, Julin, qui, d'après M. de Rumohr, serait la Wollin actuelle en Poméranie, et Vineta dont la mer couvre les ruines. Les Slaves, longtemps païens, célébraient leur culte dans des temples et dans des bois sacrés. Leurs divinités principales étaient *Péroun* ou *Perkoun*, le dieu du tonnerre; *Bielbog*, le dieu blanc et bon; *Tchernibog*, le dieu noir et méchant (appelé *Diva* chez les vieux Russes et *Svantévit* dans l'île de Rügen). Ils adoraient en outre *Lel*, ou le Plaisir; *Lada*, la déesse de l'amour; *Marzanna*, ou la mort, ainsi que des génies protecteurs du foyer domestique (*domovyié douchi*) et des nymphes appelées *Roussalki* chez les Russes, et *Vila* chez les Slaves méridionaux. Ils brûlaient leurs morts. Le christianisme leur fut apporté à la fois de Rome et de Constantinople: on sait qu'avant Cyrille et Méthode (*voy.*), l'Évangile avait été prêché parmi eux par des missionnaires latins.

Les Slaves n'étaient pas sans jouer un rôle assez brillant dans les commencements de l'histoire moderne: tout le monde sait quelle part la Bohême eut à la réformation, au mouvement des esprits en général, et quelle fut la puissance de la Pologne sous ses rois Piasts; cependant l'Europe ne voyait guère en eux un élément ethnographique particulier, car le latin, langue universelle à cette époque, était aussi la langue littéraire et publique de ces peuples, et le français devint bientôt pour les Polonais la langue de la bonne compagnie. C'est de nos jours seulement que les Slaves eux-mêmes ont eu conscience de leur nature spéciale et de la force qu'ils y doivent puiser. La résistance et l'oppression leur ont rendu cher l'idiome particulier qui les caractérise le mieux; et la haute puissance d'une portion de leur grande famille leur a inspiré de la confiance en eux-mêmes, ainsi que la ferme détermination de ne se laisser sacrifier à personne. Ils forment aujourd'hui une population de plus de 50 millions d'âmes. Les uns sont indépendants comme les Russes; les autres soumis à des nations de la même famille, comme les Polonais du royaume; d'autres enfin, et c'est le plus grand nombre, incorporés à des monarchies fondées par des peuples d'une origine différente. C'est ainsi que les Serbes, les Boulgares, les Monténégrins, etc. sont sous l'autorité de la Turquie; les Dalmates et d'autres Illyriens, les Moraves, les Bohèmes, etc., ainsi qu'une partie des Polonais, sous celle de l'Autriche; une troisième partie des Polonais, les Silésiens, les Poméraniens, les Cassoubes, etc., sous celle de la Prusse. Toutes ces branches diverses d'une seule et même souche occupent les immenses contrées qui s'étendent depuis l'Elbe jusqu'au Kamtchatka, depuis la mer Glaciale jusqu'à Raguse sur l'Adriatique. L'insuffisance des monuments ne permet pas de diviser les Slaves d'après leur filiation; d'après la langue qu'ils parlent, Dobrowsky, le premier, les a divisés en Slaves du sud-ouest et en Slaves occidentaux. Ces derniers forment 3 classes: 1° celle des *Lekhs*, à laquelle appartiennent les Polonais, les Cassoubes, les Silésiens et les Poméraniens; 2° celle des *Tchekhs* et *Slovaks*, embrassant les Tchekhs de la Bohême, les Moraves et les Slovaks de la Hongrie; 3° celle des *Polabes*, à laquelle appartiennent les Slaves de l'Allemagne septentrionale, Lutitzes ou Vélètes, Bodritzes, Sorbes, Miltchanes, etc. Les Slaves du sud-ouest forment aussi trois classes: 1° les *Russes*, nom sous lequel on comprend les Grands-Russes ou Moscovites, puis les habitants de la Russie-Rouge, de la Russie-Blanche, de la Russie-Noire, de la Petite-Russie, les Cosaks du Don et de Sibérie*; 2º les *Boulgares* (*voy.*), primitivement ouraliens, mais qui se sont entièrement fondus avec les Slaves de la Mœsie; 3º les *Illyriens* (*voy.*), auxquels appartiennent les Serbes (Serviens, Esclavons et Bosniaks), les Dalmates, les Monténégrins, enfin les Vindes ou Sloventzes, c'est-à-dire les Slaves de la Carinthie. Longtemps on a cherché à dénationaliser plusieurs de ces branches de la famille slavonne, en leur imposant les mœurs, les usages et même la langue des Allemands leurs voisins, quelquefois aussi en ne favorisant chez eux comme langue littéraire que le latin; mais depuis vingt ans une grande réaction se manifeste, et les Slaves se préparent à prendre dans les destinées de l'humanité la part importante qui leur appartient **.

Langues slavonnes. Le slavon, une des langues indo-européennes, atteste d'une manière incontestable l'origine asiatique de la grande famille qui la parle, car il offre dans ses racines et même dans certaines

(*) On peut voir ce que nous avons dit au sujet de ces noms T. XX, p. 692, et dans notre ouvrage *La Russie, la Pologne et la Finlande*, p. 28 et suiv.

(**) On a beaucoup parlé, dans ces derniers temps, de *panslavisme*, c'est-à-dire du système qui tendrait à réunir tous les Slaves, non pas en un seul corps de nation, mais pour ainsi dire dans une communion intellectuelle, sur la base d'une même langue universelle comprise par tous. Ce n'est là qu'une belle idée : nous ne croyons pas plus au panslavisme qu'au *panromanisme* ou au *pangermanisme*. Toutefois nous reconnaissons qu'il y aurait moins de difficulté à effacer les nuances de langue, de mœurs et de génie national, chez les Russes, les Illyriens, les Bohèmes, etc., peuples relativement peu avancés en culture, qu'à obtenir ce même résultat, d'une part, des Italiens, des Français, des Espagnols et autres nations romanes; d'autre part, des Allemands, des Danois, des Suédois et des Anglais (si on veut compter ceux-ci dans la famille germanique), la civilisation ayant déjà pénétré chez eux dans tous les rangs de la population. Au reste, au-dessus de la famille slavonne, de la famille germanique, de la famille romane, il y aurait la famille humaine, ou tout au moins la famille chrétienne; et mieux vaudrait préparer la réalisation d'une langue universelle que de scinder l'Europe en deux ou trois parties, chacune très puissante et hostile l'une à l'autre, à raison même de leur diversité. Nos vœux, à nous, sont pour l'*humanisme* ; les autres agrégations générales ne nous paraîtraient pas sans danger.

de ses formes grammaticales une analogie frappante avec le sanscrit. Une déclinaison sans article, une conjugaison sans pronom, les voyelles qui terminent la plupart de ses mots, la liberté de sa construction et la richesse de son vocabulaire lui assurent de grands avantages. Peut-être les consonnes y sont un peu trop accumulées; mais la prononciation en supprime un bon nombre, et le slavon est beaucoup moins rude que ne le pensent ceux qui prétendent juger du son par les yeux. Les fragments de chants nationaux des Slaves, qui sont arrivés jusqu'à nous depuis l'époque où ils vivaient dans l'idolatrie, prouvent qu'ils étaient parvenus avant l'ère chrétienne à un certain degré de culture. Les Slaves méridionaux, mêlés aux débris du peuple hellénique, adoptèrent l'alphabet grec; ses caractères furent ensuite diversement modifiés. Cyrille et Méthode trouvèrent parmi les Slaves du Danube un idiome assez développé pour devenir une langue écrite. Cet idiome, le plus anciennement cultivé, est connu sous le nom de *vieux slavon* ou *slavon d'Église*, parce qu'il a été employé dans les premières traductions des saintes Écritures et dans les livres liturgiques; il resta d'ailleurs la propriété exclusive d'une caste savante, des prêtres et des moines. On ne sait si cette langue ecclésiastique, ainsi que l'assure Dobrowsky, doit être regardée comme un dialecte du serbe actuel; ce qui est incontestable, c'est qu'on ne peut admettre qu'elle ait donné naissance aux autres dialectes. Les plus anciens monuments de cette langue sont : l'Évangile d'Ostromir, qui remonte à l'année 1057, et qui se conserve à Saint-Pétersbourg; le *Sbornik*, collection d'écrits ecclésiastiques faite en 1073, qui se trouve au monastère de la Nouvelle-Jérusalem, près de Moscou; un autre *Sbornik*, de 1076, propriété de la bibliothèque impériale de l'Ermitage de Saint-Pétersbourg ; l'Évangile écrit en 1125 pour le prince Mstislaf Vladimirovitch et conservé à Moscou, à la cathédrale de l'Archange; la plus ancienne copie du livre des Impôts, dit *Kormtchaïa Kniga*, et celle de la collection de lois dite *Pravda Rousskaïa* (*voy.* Jaroslaf); le code Laurentin ou le plus ancien manuscrit connu de la chronique de Nestor (*voy.*), etc.* Il faut y ajouter encore le manuscrit glagolitique du comte de Clooz, publié par M. Kopitar, et peut-être le fameux *Texte du sacre* (*voy.* T. VII, p. 404, la note), conservé à Reims, mais qui ne remonte pas, comme on le croyait, à l'arrivée d'Anne de Russie, femme du roi Henri Ier. La division qui s'éleva entre les Slaves convertis au catholicisme et ceux qui embrassèrent le rite grec, empêcha le vieux slavon de devenir la langue savante de tous les Slaves et un lien de nationalité; les membres divers de la famille, qui furent séparés plus tard du tronc commun par la conquête, se formèrent chacun un dialecte et une littérature particuliers, et d'autant plus distincts que l'orthographe et l'alphabet étaient aussi différents.

Quant à ce dernier, les uns, comme les Russes, adoptèrent l'écriture cyrillique; les autres, comme les Dalmates, l'écriture glagolitique (*voy.* ces noms); chez les Polonais, l'usage consacra les caractères latins; chez les Bohêmes, les caractères gothiques ou allemands. Le développement littéraire fut lent chez les Slaves de l'Église d'Orient, qui reçurent leurs lumières des Grecs du Bas-Empire, tombés eux-mêmes dans un état de torpeur intellectuelle. Quoiqu'en communion avec Rome, les Glagolites firent encore moins de progrès, et leurs livres sont presque exclusivement liturgiques; mais chez les autres Slaves latins, les lumières se répandirent de bonne heure. Les lettres et les sciences fleurirent d'abord en Bohême et arrivèrent dans ce pays, ainsi que bientôt après dans la Pologne, à un haut degré de splendeur. Leur âge d'or était déjà passé quand la Russie, en se débarrassant, sous Pierre-le-Grand, des entraves d'une langue littéraire purement ecclésiastique, vint à son tour prendre part au mouvement des esprits pour se créer une littérature nationale. C'est aux mots BOHÊME, POLOGNE, RUSSIE, SERVIE, etc., qu'il faut chercher les détails sur toutes ces littératures partielles.

Il n'y a donc pas, à proprement parler,

de littérature slavonne; mais la langue des Slaves, le fonds commun d'où dérivent tous les dialectes ou idiomes particuliers, et qui n'est pas le slavon d'église, a été étudiée dans son ensemble par les linguistes. Nous citerons spécialement les ouvrages suivants : Dobrowsky, *Institutiones linguæ slavicæ dialecti veteris*, Vienne, 1822, in-8°; Vinogradof, *Grammaire slavonne*, Pétersb., 1825, in-8°; Vostokof, *id.* (en russe); métropolitain Eugène, *Dictionn. abrégé slavon* (en russe), Pétersb., 1784, in-8°; et le Dictionnaire de l'Académie-Russe, Pétersb., 1806-22, in-8°. *Voy.* aussi nos art. DOBROWSKY et KOPITAR. Sur la littérature slavonne en général, on peut consulter avec fruit: Schafarik, *Geschichte der slawischen Sprache und Literatur nach allen Mundarten*, Bude, 1826, in-8°; Talvi*, *Historical view of the slavic language in its various dialects*, Andover, 1834; Eichhoff, *Histoire de la langue et de la littérature des Slaves, considérées dans leur origine indienne, leurs anciens monuments et leur état présent*, Paris et Genève, 1839. — Sur l'histoire et les antiquités des Slaves, on puise le plus d'instruction dans le *Slavin* de Dobrowsky (dern. édition, Prague, 1834), et surtout dans les excellentes Antiquités slavonnes (*Slovanské Staroszitnosti*, en bohême), de M. Schafarik (traduct. allem., Leipz., 1843, 2 vol. in-8°), ouvrage d'une admirable érudition.

La place qu'occupe en Europe la famille slavonne, et l'importance toujours croissante de l'étude de son idiome, ainsi que des différentes littératures qui en relèvent, ont décidé notre gouvernement, vers 1840, à créer pour leur enseignement une chaire spéciale au Collége de France. On peut lire dans le *Moniteur* l'intéressant rapport que feu le baron de Gerando fit à ce sujet à la Chambre des pairs. Un célèbre poëte polonais, M. Mickiewicz (*voy.*), ayant été chargé de ce cours, les Polonais réfugiés s'y donnèrent rendez-vous : aussi fut-il dirigé de manière à devenir pour eux une consolation

---

(*) *Voir* une énumération plus longue dans Schafarik, *Geschichte der slawischen Sprache und Literatur*, p. 127 et suiv.

(*) C'est le pseudonyme de Mlle de Iakob (mieux que Jacob, p. 251), aujourd'hui mistress Robinson, à Andover aux États-Unis.

dans leur exil et à favoriser le culte des souvenirs. Une traduction allemande des leçons des deux premières années a été publiée sous ce titre : *Vorlesungen über slavische Literatur und Zustænde*, Leipz., 1843, 2 vol. in-8°; mais elles n'ont pas encore paru en français, si ce n'est en un extrait, dans la *Revue des Deux-Mondes*, au commencement de cette année (1844). **J. H. S.**

SLEIDANUS (Jean), ainsi nommé de Sleida, près de Cologne, où il naquit en 1506, s'appelait proprement *Philipson*, et fut un des publicistes les plus renommés de son époque, celle du concile de Trente, auquel il assista. Employé à différentes autres missions importantes par les protestants, il fut, de 1542 à 1556, année de sa mort, professeur en droit à Strasbourg. On lui doit beaucoup d'ouvrages; mais le principal, distingué par un style classique et par une louable impartialité, est la composition historique célèbre intitulée : *De statu religionis et reipublicæ Carolo V Cæsare Commentarii*, Strasb., 1555, in-fol., et souv. réimpr. On regarde comme la meilleure édition de cet ouvrage celle de Francfort, 1785-86, 3 vol. in-8°. **X.**

SLESWIG ou Schleswig, duché appartenant au Danemark, d'une superficie de 164 milles carr. géogr., avec une population qui était, en 1840, de 348,500 âmes, disséminée dans 13 villes, 14 bourgs et 1,500 villages. Le Sleswig forme la partie méridionale du Jutland; il est borné au nord par la partie septentrionale, au sud par le duché de Holstein, dont il est séparé par l'Eider et le canal de Kiel, à l'ouest par la mer d'Allemagne, et à l'est par le petit Belt (*voy.* ces noms). Le sol est peu accidenté et coupé seulement par des collines. La côte occidentale est couverte de marais protégés contre les invasions de la mer par des digues de 20 pieds de haut, et par des dunes qui ont de 20 à 60 pieds d'élévation. Au centre du pays se trouve une lande sablonneuse où l'on rencontre un grand nombre de tourbières. La côte orientale, moins basse que l'occidentale, est aussi moins fertile. Le climat est en général tempéré et sain, excepté sur la côte occidentale où il est plus humide.

Le duché de Sleswig manque de bois; mais il produit en abondance des céréales dont on exporte annuellement 150,000 tonnes; des bestiaux qui, avec le beurre et le fromage, forment un article important de commerce, et des chevaux dont 3,000 au moins se vendent à l'étranger chaque année. La pêche est aussi une grande ressource pour les habitants. La religion dominante est la protestante. On parle généralement la langue allemande (le plat-allemand); mais le danois est aussi très répandu. Il n'y a de fabriques que dans les villes, encore sont-elles peu importantes; les plus considérables sont celles de dentelles et de bas de laine de Tondern, Husum et Friedrichstadt.

Le Sleswig, partie intégrante du Danemark dès les temps les plus reculés, n'a été incorporé à l'empire d'Allemagne que pendant 95 ans, de 931 à 1026. Depuis qu'il est retourné sous la domination des rois de Danemark, il a presque constamment servi d'apanage aux princes de la famille royale, et à plusieurs reprises il a été une pomme de discorde entre eux. Ce n'est que depuis 1720 que le Danemark en a la possession non contestée; encore la maison de Holstein n'a-t-elle renoncé à ses prétentions qu'en 1773. La *loi royale*, qui a remis le pouvoir absolu entre les mains du roi de Danemark, n'a aucune autorité dans les duchés de Sleswig et de Holstein (*voy.* l'art.): ces deux pays jouissent, au contraire, depuis l'élection de Christiern I er, en 1460, de franchises dont les successeurs de ce prince doivent jurer le maintien à leur avénement au trône. Au nombre de ces franchises se trouve celle du vote des impôts. Au reste, ces deux duchés ont encore d'autres liens communs; ils sont soumis au même gouvernement, aux mêmes lois, et l'administration de la justice y est uniforme. Les États provinciaux se sont assemblés de nouveau après un long intervalle, en 1836.

La capitale du duché, *Sleswig*, siége du gouvernement des deux pays depuis 1835, est située sur la Schley. Elle est divisée en trois parties : la *Vieille-Ville*, le *Lollfuss* et le *Friedrichsberg*. Sa population est évaluée à 11,000 âmes, sans la garnison. L'hôtel-de-ville et la cathédrale sont des monuments remarquables. Parmi les établissements de bienfaisance, nous citerons le couvent gris (*das graue Kloster*), la maison des orphelins, la maison de travail et l'institut des sourds-muets. Le couvent de Saint-Jean est bâti sur le Holm (île), auquel on arrive par un pont de bateaux. Sleswig possède des fabriques de faïence, de toile à voile, de bas, de batiste et une raffinerie de sucre. La navigation est assez active, depuis qu'on a rendu navigable l'embouchure de la Schley au moyen d'un canal. Près de la ville, sur une île de la baie, s'élève le château de Gottorp, résidence du gouverneur.—On peut consulter : Dœrfer, *Topographie du duché de Sleswig* (3e éd., Slesw., 1829), et les *Feuilles du Holstein et du Sleswig* (Slesw., 1836, 2 vol. in-8o).　　*C. L.*

SMALKALDE (LIGUE ET GUERRE DE). Smalkalde, ou plutôt *Schmalkalden*, est une principauté de 5 ½ milles carr. géogr. dans l'ancien comté d'Henneberg, aujourd'hui province de Fulde dans la Hesse électorale. Le chef-lieu, de même nom, située sur la Smalkalde, avec une population d'environ 4,000 âmes, possède un grand nombre de fabriques de quincaillerie, et une saline dont le produit annuel s'élève à 13,000 quintaux. Le nom de cette ville est célèbre par la ligue qui y fut conclue, au mois de mars 1531, entre neuf princes et comtes protestants et onze villes impériales, pour la défense de leur foi et de leur indépendance politique contre l'empereur Charles-Quint (*voy.*) et les états catholiques. Cette confédération, à la tête de laquelle se placèrent l'électeur de Saxe et le landgrave Philippe de Hesse, fut renouvelée, en 1535, malgré la paix de religion de Nuremberg, et renforcée par l'accession de nouveaux membres. Deux ans après, les *articles de Smalkalde*, rédigés par Luther et signés par tous les théologiens présents à l'assemblée qui se tint à cette époque dans la même ville, établirent un lien plus étroit encore entre les confédérés; ils font partie des livres symboliques des luthériens. Dès lors la ligue de Smalkalde prit une attitude de plus en plus ferme. Elle disposait de la moitié des forces de l'Allemagne; la Saxe entière, la Hesse, le Wurtemberg, le Lunebourg, le Danemark, la Poméranie, le Brandebourg, les pays d'Anhalt et de Mansfeld, la grande majorité des villes de la Haute-Allemagne, de la Souabe, de la Franconie, du Rhin, de la Westphalie et de la Basse-Saxe, constituaient une puissance qui semblait n'avoir rien à redouter, ni de la sainte ligue catholique conclue en 1538, ni de l'Empereur alors harcelé par les Turcs et le roi de France. Aussi l'audace de l'électeur Jean-Frédéric de Saxe et du landgrave Philippe (*voy.*) qui, en 1542, chassèrent de ses états le duc de Brunswic, Henri le Jeune, un des ligueurs catholiques les plus ardents, resta-t-elle d'abord impunie. Trop occupé ailleurs, Charles-Quint eut recours à la ruse; il amusa les protestants par des négociations, il sema la division parmi eux, et il réussit ainsi à retarder une attaque qui l'aurait contraint à leur accorder tout ce qu'ils auraient voulu. Il faut reconnaître aussi que l'irrésolution, la faiblesse, l'orgueil insensé, l'imprévoyance inconcevable de certains princes protestants le servirent à souhait. Cependant, lorsque la guerre éclata enfin au mois de juillet 1546, la confédération était encore assez puissante pour lutter avec avantage contre les forces impériales. Malheureusement la jalousie de l'électeur de Saxe et du landgrave paralysa les mouvements du général Schærtlin qui marchait sur le Danube, pour en défendre le passage; mais ce qu'il y eut de plus fâcheux encore, c'est qu'un prince protestant, l'ambitieux Maurice de Saxe, se chargea de mettre à exécution le ban lancé, le 20 juillet, contre les deux chefs du parti protestant, et envahit l'électorat, ce qui força Jean-Frédéric de voler à la défense de ses états. Maurice dut se retirer dans l'automne; en revanche, Charles-Quint et son frère Ferdinand s'avancèrent pendant l'hiver en Franconie, à la tête d'une armée aguerrie, après avoir soumis toute la Haute-Allemagne. Abandonnés à eux-mêmes, Jean-Frédéric et Philippe s'apprêtèrent à faire face à l'orage qui les menaçait; mais la bataille de Muhlberg (*voy.*), le 24 avril 1547, les fit tomber l'un et l'autre entre les mains de leur ennemi. Cette défaite, à laquelle la trahison eut autant de part que la faiblesse, mit fin à la guerre de Smalkalde et rompit la ligue des protestants. Cependant la liberté de conscience, véritable but de la confédération, fut conquise quelques années après, en 1552, par Maurice de Saxe lui-même, et proclamée par la convention de Passau (*voy.* ce nom).   *C. L.*

SMERDIS, *voy.* Mages et Darius Hystaspe.

SMITH (Adam), fondateur du système d'économie politique qui a servi de point de départ à la science moderne, naquit le 5 juin 1723, à Kirkaldy, en Écosse, où son père occupait l'emploi d'inspecteur des douanes. Il le perdit quelques mois après sa naissance, et fut enlevé, à l'âge de trois ans, par une troupe de bohémiens. Retrouvé au bout de quelque temps, et tiré de leurs mains, il fut envoyé à l'université de Glasgow, puis à celle d'Oxford. Un tempérament délicat, joint à un caractère sérieux, fit qu'il s'adonna de bonne heure aux sciences exactes et spéculatives, sans toutefois négliger l'étude des belles-lettres. Au bout de sept ans, il retourna dans son pays natal, et ne se sentant pas de vocation pour l'état ecclésiastique, auquel l'avait destiné sa mère, il donna, dès 1748, à Édimbourg, des leçons de rhétorique et de littérature. En 1751, il fut nommé professeur de logique à l'université de Glasgow, et, l'année suivante, il eut la chaire de philosophie morale. Ses cours, très suivis à cette époque, n'ont malheureusement pas été recueillis, mais il en a fait entrer dans ses différents ouvrages des fragments qui font vivement regretter cette perte. Sa *Théorie des sentiments moraux*, publiée en 1759, avait déjà fondé sa réputation comme philosophe et comme écrivain, lorsqu'il se décida à accompagner le duc de Buccleugh dans ses voyages sur le continent. Il parcourut avec lui la Suisse et le midi de la France, et s'arrêta à Genève, à Toulouse et à Paris. Ses liaisons avec les économistes français, les documents qu'il recueillit sur l'état de ce pays, eurent une influence marquée sur la composition de son grand ouvrage : *Inquiry into the nature and causes of the wealth*

of nations, Londres, 1776, 2 vol. in-4°. Ce livre, traduit dans toutes les langues, valut bientôt à son auteur une renommée européenne, et fit une révolution dans la science de l'économie politique (*voy.* ce mot, T. IX, p. 116, 120 et suiv.). Deux ans après sa publication, Adam Smith obtint, grâce au crédit du duc de Buccleugh, son élève, la place lucrative de commissaire des douanes en Écosse. Il se fixa à Édimbourg, où il passa les douze dernières années de sa vie au sein de l'aisance, et livré aux études sérieuses qui avaient fait le charme et la gloire de sa vie. Il mourut le 8 juillet 1790, après avoir donné l'ordre de détruire tous ses manuscrits, à l'exception de quelques essais détachés qui ont été publiés en 1765, in-4°, par ses amis et exécuteurs testamentaires, les docteurs Black et Hutton.

Il a paru en 1817 une édition des *OEuvres complètes d'Adam Smith*, avec une notice sur sa vie et ses écrits, par Dugald Stewart, 5 vol. in-8°. On y remarque : une *Revue des divers systèmes de philosophie morale dans l'antiquité*; une *Critique du Dictionnaire de Johnson*, qui avait été insérée dans le 2ᵉ n° de l'ancienne *Revue d'Édimbourg*, en 1754, avec un tableau rapide de l'état des sciences et des lettres en Europe à cette époque; une *Dissertation sur l'origine des langues*, etc. Il paraît qu'il avait composé un *traité de rhétorique* resté inédit, auquel le docteur H. Blair reconnaît avoir eu de grandes obligations; car Smith n'était pas seulement un économiste de premier ordre, un moraliste éminent, c'était encore un écrivain distingué, et il avait étudié la littérature dans ses rapports les plus intimes avec l'intelligence et la sensibilité humaines. Nous devons renvoyer aux articles spéciaux qui traitent de ces sciences l'appréciation de ses travaux sur l'économie politique et sur la philosophie morale; contentons-nous de dire ici qu'en cherchant une base à la première dans le travail, à la seconde dans la sympathie, il a eu la gloire de proposer deux solutions nouvelles, dont l'une au moins a résisté à la critique. *La théorie des sentiments moraux* a été traduite en français, d'abord en 1764, par deux anonymes, **2** vol. in-12 et in-8°; ensuite par l'abbé Blavet, 1774 et 1797, 2 vol. in-12; et enfin par Mme de Condorcet, 1798, 2 vol. in-8°, qui y a joint les *Considérations sur l'origine et la formation des langues*, déjà traduites en 1796 par H. Boulard. Une première traduction des *Recherches sur la nature et les causes de la richesse des nations*, par l'abbé Blavet (Yverdun, 1781, 6 vol. in-12), fut plusieurs fois réimprimée. Roucher en donna une autre en 1790, 4 vol. in-8°. Celle de Germain Garnier, 1800, dont la 2e édition a paru en 1822, 6 vol. in-8°, avec notes, etc., a fait oublier les précédentes. Elle est comprise dans la *Collection des principaux économistes* du libraire Guillaumin, gr. in-8°, t. V et VI, où elle est précédée d'une notice biographique par M. Blanqui. Les *OEuvres posthumes d'Adam Smith*, avec la notice de Dugald Stewart (*voy.*), ont été traduites par le professeur P. Prévost, de Genève, 1797, 2 vol. in-8°. R-y.

SMITH (sir WILLIAM SIDNEY), né à Westminster, en 1764, était fils d'un ancien aide-de-camp de lord Sackville; il entra dans la marine anglaise à l'âge de 13 ans, et y obtint un avancement rapide : il était déjà capitaine de frégate à la conclusion de la paix de 1783. Avide de gloire, il alla offrir ses services à la Suède, puis à la Porte; mais lorsque la guerre éclata entre la France et l'Angleterre, il se hâta de rejoindre la flotte britannique qui croisait devant Toulon. Quand cette ville fut reprise par les armées de la République, ce fut lui que l'amiral Hood chargea d'incendier l'arsenal, commission dont il ne s'acquitta que trop bien. En 1795, il eut l'audace de pénétrer dans le port de Brest avec sa frégate sous pavillon tricolore, et, assez heureux pour ne pas être reconnu, il rapporta à son amiral, Warren, un état exact des forces navales françaises. L'année suivante, il fut moins heureux dans la rade du Havre. Fait prisonnier, il fut transféré à Paris, et enfermé au Temple d'où quelques individus, ennemis du gouvernement, parvinrent à le faire évader. A son retour en Angleterre, il fut accueilli avec le plus vif enthousiasme. Le ministère lui confia le commandement du *Tigre* de 80 ca-

nons, et l'envoya rejoindre la station de la Méditerranée. Ses efforts réunis à ceux de son frère James Spencer Smith, ministre plénipotentiaire à Constantinople, décidèrent la Porte à signer avec l'Angleterre un traité d'alliance défensive, ayant pour but l'évacuation de l'Égypte. Le commodore se rendit ensuite sur les côtes de Syrie, s'empara de la flottille française mouillée à Caïffa, et, par ce succès éclatant, contribua puissamment à faire échouer l'entreprise de Bonaparte sur Saint-Jean-d'Acre *. L'année suivante, il signa avec Kléber la convention d'El-Arisch (*voy.*) que lord Keith refusa de ratifier; puis il retourna en Angleterre où il fut comblé d'honneurs. En 1802, Rochester l'élut pour son représentant au parlement. A la rupture de la paix d'Amiens, il obtint le commandement d'une escadre légère dans la Manche. Nommé contre-amiral en 1805, il alla rejoindre dans la Méditerranée l'amiral Collingwood, qui le chargea de protéger la Sicile et d'inquiéter les Français alors maîtres de Naples. En 1807, il croisait à l'embouchure du Tage lorsque le prince régent du Portugal, fuyant devant Junot, se réfugia sur ses vaisseaux et se fit par lui transporter au Brésil. Depuis cette époque, sir Sidney Smith ne fut plus employé activement; il tomba même dans une espèce de disgrâce qu'on attribue aux attentions qu'il eut pour la princesse de Galles pendant son voyage sur le continent. En 1814, plusieurs sociétés philanthropiques chargèrent l'amiral d'aller demander au congrès de Vienne l'abolition de l'esclavage et l'extirpation des pirates barbaresques. Sa mission n'eut aucun résultat; cependant il ne renonça pas à son idée favorite : il forma à Paris, en 1815, une société *anti-pirate* qui s'est dissoute en 1818. Il vivait en France, où il semblait résolu à se fixer, lorsque sa nomination, par Guillaume IV, au grade de lieutenant général de la marine, le rappela dans sa patrie en 1830. Cependant il revint à Paris, et y mourut le 26 mai 1840. C. L. m.

(*) On sait qu'il envoya un cartel au général en chef de l'armée républicaine, qui avait mis à l'ordre du jour que le commodore était devenu fou, et que cette provocation ne fut point acceptée.

SMOLENSK, ville fortifiée de la Russie occidentale, sur la rive gauche du Dnieper, chef-lieu du gouvernement du même nom, une des clefs et une des plus anciennes villes de l'empire. D'après les publications officielles, elle avait en 1842 11,000 hab. Au moyen-âge, Smolensk fut le siége d'une principauté particulière, dont le chef prit même quelquefois le titre de grand-prince. Soumise par les Lithuaniens en 1404, elle fut replacée sous la domination moscovite lorsque la trahison du prince Michel Glinski (*voy.*) leur eut livré la ville en 1514. On entoura alors cette dernière de fortifications importantes qui toutefois n'empêchèrent pas les Polonais de s'en emparer encore en 1611. La paix de Déoulina (1618) et celle de Viazma (1634) leur en confirmèrent la possession; mais, en 1667, Smolensk fut définitivement rendu aux Russes en vertu du traité d'Androussof (*voy.*). Pierre-le-Grand en compléta le système de fortifications.

C'est sous les murs de Smolensk que, le 8 août 1812, après l'invasion des Français, les deux masses principales de l'armée russe, sous le commandement de Barclay de Tolly et du prince Bagrathion (*voy.* ces noms) opérèrent leur jonction. Cependant le premier de ces deux généraux, investi du commandement suprême, ne jugea pas à propos de livrer bataille pour essayer de disputer à nos troupes cette ville réputée *sainte*, et qui renfermait une garnison de 30,000 hommes derrière ses murailles hautes de 25 pieds, épaisses de 15, et dont on venait de réparer l'enceinte dans toute son étendue de 4,000 pieds. Ne voulant pas se laisser couper de Moscou, suivant le plan de Napoléon, il se porta derrière le Dnieper et la ville. Celle-ci fut aussitôt attaquée, et, après un combat meurtrier pendant lequel les flammes en ravagèrent une grande partie, les Français y entrèrent le 18 août 1812. Mais, le 17 nov. suivant, ils furent forcés de l'évacuer. Le lendemain de la prise de la ville eut lieu le combat de Valoutina (et non pas Valontina) où l'arrière-garde russe, sous Korff, fut entamée par Ney à la tête de l'avant-garde française. Quant au feld-maréchal Barclay, on sait que le mécon-

tentement des Russes ne lui permit pas de conserver le commandement de l'armée.   S.

SMOLLETT (Tobie), romancier et publiciste écossais du xviiie siècle, né en 1720, dans le comté de Dumbarton, mort à Livourne, le 21 oct. 1771, occupe, dans les annales intellectuelles de l'Angleterre, une place beaucoup plus importante que celle qui lui est assignée par la plupart des critiques, mais moins haute et moins honorable que le rang dont Walter Scott le juge digne, en le plaçant sur le niveau de Fielding. Les tories et les jacobites ont exagéré son talent qu'ils ont transformé en génie; les whigs, dont il était l'ennemi, en ont fait un écrivain vulgaire et sans valeur. C'est ainsi que flotte dans l'incertitude des opinions contraires toute l'histoire de la littérature et des arts chez nos voisins.

Contemporain du mouvement ascensionnel qui emportait les whigs, Smollett, doué de beaucoup d'esprit, de sagacité et de verve, se consacra non-seulement à la défense du pouvoir, mais aux intérêts de l'Écosse, sa patrie, et du ministre écossais, lord Bute, qui dirigeait les conseils du souverain. Il fut calomnié, haï et déprécié : son talent y perdit, non de la vigueur et de la puissance, mais de la souplesse et de la grâce; et, ses vengeances continuant à irriter ses ennemis puissants, son caractère et son style s'enflammant et s'irritant à mesure qu'il continuait la lutte, il fut dépouillé, par cette étrange situation, d'une partie de sa gloire légitime. La trempe de son caractère irritable et facilement militante, les goûts d'élégance et de luxe dont il ne put jamais se défaire et qui coïncidaient avec ses tendances aristocratiques, achevèrent de détruire ou de compromettre sa position, déjà mise en péril par la générosité d'un mariage imprudent. Il lutta contre le courant des opinions générales et de sa propre fortune, exempt de vénalité comme de crainte, et bravant, avec un mépris qui allait souvent jusqu'à la colère, les calomnies dont il était l'objet. Le parti populaire était aussi celui de la sévérité calviniste, de la réserve excessive, de la pruderie exagérée : Smollett, comme Fielding, Butler, Pope, Sterne, Swift et tous les écrivains que cette austérité mécontentait, arbora le drapeau, fort condamnable d'ailleurs, de cette licence du langage si fréquente chez Sterne et même chez Fielding. De là, cette accusation d'obscénité dont ses ennemis s'empressèrent de le flétrir, tandis qu'ils laissaient dans l'ombre les immondes équivoques de l'auteur de *Tristram Shandy*, ministre de l'Église anglicane.

Les détails que nous venons de donner expliquent toute la vie de Smollett, chirurgien sur un vaisseau pendant sa jeunesse, et tour à tour historien simple et élégant (*Complete History of England*, Londres, 1758, 4 vol. in-4°), poëte énergique (*The tears of Scotland*, ou l'Écosse en pleurs, 1747 ; *le Conseil et la réprimande ; Ode à l'indépendance*), romancier, satirique du premier ordre (*Roderik Random*, 1748 ; *Peregrine Pickle*, 1751 ; *Humphry Clinker*, 1770), et polémiste habile dans la *Critical Review* (*voy.* T. XX, p. 462)*. C'est lui qui a saisi et reproduit avec le plus de naïveté et de talent les mœurs et le langage spéciaux des marins anglais. Souvent, il est vrai, dans cette imitation trop fidèle, il dépasse les bornes de la décence

(*) Tous ces romans ont été traduits en français et à plusieurs reprises : les *Aventures de Roderik Random*, roman où l'on croit que l'auteur s'est peint lui-même, à l'époque où il se trouvait au siége de Carthagène comme chirurgien, le furent d'abord en 1761, et eurent de nombreuses éditions, dont nous citerons celle de Paris, 1797, 4 vol. in-12. Dès 1753 avait paru: *Histoire et aventures de sir William Pickle*, trad. de l'angl. par Toussaint, Amst. (Paris), 1753, 4 vol. in-12 ; *nouv. éd.*, Paris, an VII, 6 v. in-12. *Fathom et Melvil* fut trad., sur la 15e éd. angl., par Bertin, Paris, an VII, 3 vol. in-12. Enfin le *Voyage de Humphry Clinker* fut également naturalisé en France en 1826, 4 vol. in-12, ainsi que les *Aventures de sir Launcelot Greaves*, 1824, 4 vol. in-12, roman que Smollett, condamné pour libelle, écrivit sous les verroux. L'*Histoire d'Angleterre*, trad. par Targe, se divise en deux sections : la 1re, depuis la descente de Jules-César jusqu'au traité d'Aix-la-Chapelle, 1759, 19 vol. in-12; la 2e depuis ce traité, en 1748, jusqu'au traité de Paris, en 1763, 1768, 5 vol. in-12. Comme au-delà de la Manche, elle a été souvent réimprimée dans les éditions françaises de l'Histoire d'Angleterre par Hume (*voy.*) et ses continuateurs. On sait enfin que Smollett entreprit une traduction de *Don Quichotte*, et qu'il publia une relation de son voyage en France et en Italie (1763-65). Moore et Walter Scott ont donné des notices sur sa vie. S.

et encourt le même reproche que l'on peut adresser aux artistes Van-Ostade et Téniers. Mais la facilité, la vivacité, la vigueur du style feront vivre, en dépit de certaines censures puritaines, les œuvres de cet écrivain, qui, s'il a quelques-uns des défauts des peintres flamands, la vulgarité et la minutie, a aussi leurs mérites, l'étude sincère de la nature, de la vérité de l'observation, et l'art du détail. PH. CH.

SMYRNE (nommée par les Turcs *Izmir*), ville grande, industrieuse et principal port de la Turquie d'Asie, est située dans une contrée ravissante, sur le golfe du même nom, formant une échancrure assez profonde du littoral occidental de la Natolie (*voy.* ce nom). Elle s'élève en amphithéâtre sur la pente d'une montagne, couronnée par un château en ruine. Deux autres châteaux la défendent du côté du golfe et du côté de la terre. L'aspect général de la ville, où se presse constamment une foule bruyante et affairée, ne manque pas de charme; la plupart des maisons toutefois n'y sont qu'en bois, et d'un seul étage. Les rues sont étroites et sales, à l'exception des rues couvertes. Elles garantissent parfaitement contre l'ardeur des rayons du soleil, mais ne permettent aucune circulation de voitures. La partie la plus belle et la plus opulente de la ville est le quartier des négociants européens ou quartier des Francs, voisin de la mer. On y remarque de riches et brillants bazars. Malgré les ravages que la peste, les tremblements de terre et l'incendie ont souvent causés dans cette ville, la population y est toujours très nombreuse ; on l'évalue de 120 à 130,000 âmes, dont à peu près la moitié se compose de Turcs, l'autre moitié de Grecs, d'Arméniens, de Juifs et d'Européens de toutes les nations. Parmi ces derniers, on compte près de mille négociants domiciliés. Le genre de vie de la population franque, dans lequel la civilisation de l'Europe, avec toute l'activité et les divertissements variés qui l'accompagnent se déploie librement, forme un piquant contraste avec les mœurs et les habitudes graves et mesurées de l'Orient.

La position de Smyrne, l'étendue et la

sûreté de sa rade, la facilité de ses communications par caravanes avec les parties les plus éloignées de l'intérieur, ont rendu cette place la plus importante du Levant, après Constantinople. Elle est l'entrepôt général des produits de l'Asie-Mineure, ainsi que de ceux de l'industrie européenne et des denrées coloniales importées en échange. Le chiffre des importations s'y élevait, en 1835, à 16,758,600 fr., celui des exportations à 25,797,800 fr. Depuis quelques années cependant, le commerce de la soie y diminue beaucoup; celui du cuivre s'est concentré à Tarsous, mais celui des fruits secs y est toujours immense. Parmi les diverses fabriques de cette ville, les plus renommées sont elles de tapis.

Smyrne, avec son territoire, forme aujourd'hui un petit gouvernement, régi par un pacha à trois queues. Elle est le siége d'un archevêque Grec, d'un archevêque arménien et d'un mollah turc de première classe. Les Grecs y ont un collége où l'on enseigne la littérature et les sciences. Il y existe deux couvents catholiques, un de capucins et un de franciscains, et plusieurs hôpitaux pour les chrétiens d'Orient et d'Occident. Presque toutes les puissances commerciales de l'Europe ont leurs consuls dans cette ville, où se publie aussi, comme on sait, un journal en langue française.

Quoique Smyrne n'offre plus aucune antiquité remarquable, elle a contribué peut-être plus qu'aucune autre ville de l'Asie à enrichir les collections et les cabinets des antiquaires de l'Europe. Cette ville était probablement une colonie d'Éphèse; on sait qu'elle comptait parmi les cités qui revendiquèrent l'honneur d'avoir donné le jour à Homère, dont une antique tradition place le berceau non loin de là, sur les bords du Mélès. Les colonnes du monument érigé dans la ville en l'honneur du prince des poëtes servaient de lieu de réunion aux citoyens, et les monnaies y étaient frappées à son effigie. Comme les autres cités grecques de l'Ionie, Smyrne fleurit de bonne heure par le commerce et par l'amour des lettres et des arts; puis, comme ses sœurs, elle tomba au pouvoir des Lydiens, et fut détruite. Plus

tard, Lysimaque ou, selon Strabon, déjà Alexandre la rebâtit, et elle ne tarda pas à recouvrer son ancienne prospérité; mais, pendant la décadence de l'empire byzantin, elle dépérit de nouveau, et au commencement du XIIIᵉ siècle elle était en ruine. Son importance commerciale ne se releva qu'à la faveur du calme qui suivit l'affermissement de la domination othomane dans les contrées du Levant, dont elle devint bientôt l'échelle la plus fréquentée sur le rivage asiatique. Un affreux incendie y a détruit en quelques heures, le 29 juillet 1841, environ 4,000 maisons, le tiers de la ville. CH. V.

SNORRI-STURLUSON. Il existe beaucoup de variantes au sujet de ce nom; en latin, il a pris la forme de *Snorro*, et nos auteurs modernes écrivent tantôt *Snorri-Sturleson*, et tantôt *Sturlason*, parce que son père se nommait *Sturla*. Mais ce mot islandais fait au génitif *Sturlu*, et c'est ainsi qu'il se combine avec le mot *son*, fils. Snorri, qui est regardé comme le plus grand génie du Nord des temps historiques, naquit, en 1178, à Hvamm, propriété de sa famille. Il fut un des chefs du peuple islandais. A peine âgé de 4 ans, il alla à Oddi, et entra, comme fils adoptif, dans la famille de Jon, le petit-fils du célèbre Sæmund, et le savant le plus distingué de son temps. Jon s'appliqua consciencieusement à développer les dispositions remarquables que Sturluson avait reçues de la nature. Son élève devint à la fois philosophe, mathématicien, architecte, artiste, légiste, philologue, antiquaire et historien. Il présenta les *Sagas* sous une forme admirable, et s'acquit de la réputation comme skalde. Pauvre d'abord, un riche mariage le mit en possession d'une grande fortune qu'il sut encore augmenter. Il en consacra une partie à élever de beaux édifices à Reykiahollt. A partir de 1213, il exerça à plusieurs reprises les fonctions de *logsogumadr*, la dignité la plus éminente en Islande. Il était placé si avant dans l'estime du roi, et du *iarl* de Norvége, où il fit deux voyages, qu'il fut nommé *landur-madur* ou baron, puis *iarl*, dignité qui suivait immédiatement celle de duc. Son caractère contrastait singulièrement avec l'esprit qui règne dans ses œuvres : il était avare, querelleur, inconstant, et il abandonna son épouse, à qui il devait tout. En 1230, il se vit obligé de s'enfuir de Reykiahollt en laissant ses propriétés à la merci du parti à la tête duquel était son propre frère Sighwat et son neveu Sturla. Il se sauva en Norvége, en 1234, avec le parti vaincu, et y débarqua au moment où son protecteur, le iarl Skuli, allait se révolter contre le roi Hakon. Sturluson combattit le monarque, non pas avec les armes, mais la plume à la main. Cependant la chute de Sighwat et de son parti lui permit bientôt de retourner en Islande; mais la vengeance du roi l'y poursuivit. Ses propres gendres, Kolbein et Gissur, l'assassinèrent à Reykiahollt, le 22 septembre 1241. Le principal ouvrage de Sturluson est le *Heims-Kringla* (*Orbis mundi*), auquel on a ajouté, comme appendice, les chants historiques des skaldes contemporains. Peringskiold en a publié une traduction en suédois et en danois (Stockh., 1697, in-fol.); une autre trad. danoise, celle de Pierre Clausson, a été réimpr. par Grundtvig (Copenh., 1818-22, 3 vol. in-4°). Le nom de Sturluson a été immortalisé aussi par la *Snorra Edda*, dont la première partie surtout porte le cachet de son génie. On ne peut douter non plus qu'il ne soit l'auteur de la partie de la *Skallda*, appelée *Kanningar*, ou *Skalldskaparmal*, ainsi que de *Hattalykill* (Chef des mélodies), chants à la louange du roi Hakon et du iarl Skuli, publiés par Rask dans un recueil intitulé *Snorra-Edda asamt skaldu* (Stockh., 1818). On lui doit enfin un grand nombre de *Fraedibaekur* ou ouvrages de science, sans parler de plusieurs petits poëmes. *Voy.* nos art. EDDA, ISLANDAISE (*litt.*), et l'ouvrage allemand de Wachter, *Introduction à la traduction du Heims-Kringla.*   *C. L.*

SNYDERS ou SNYERS (FRANÇOIS), un des plus célèbres peintres d'animaux, né à Anvers en 1579, mort en 1657, ne s'appliqua d'abord qu'à la peinture des fruits. Élève de Henri Van-Balen, Snyders (prononcez Sneïders) travailla beaucoup avec Rubens, qui se plaisait à rendre justice à son mérite. On a de lui un grand nombre de tableaux avec des figures de Rubens, de Jordaens, de Honthorst et de Mierevelt, qu'il est difficile de distinguer des siennes. Philippe III d'Espagne, ayant vu une *chasse au cerf* de ce grand maître, lui commanda plusieurs tableaux, ainsi que l'archiduc Albert, gouverneur des Pays-Bas, qui le nomma son premier peintre. Il représentait les combats d'animaux avec la plus grande vérité, et savait saisir et grouper avec un art admirable toutes les nuances des passions, le courage et la crainte, la colère et la fureur, la ruse et la cruauté. Ses combats d'ours, de loups et de sangliers, ornent les galeries de Vienne, de Munich, de Dresde, de Saint-Pétersbourg. Il ne peignait pas avec moins de vérité les animaux en repos ou morts, les fruits, des intérieurs, etc.   *C. L.*

SOBIESKI (JEAN), roi de Pologne de 1674 à 1696, et IIIe du nom (*voy.* T. XX, p. 9), naquit en 1629[*], au château d'Olesko, dans la Petite-Pologne (district de Zloczow, de l'ancien palatinat de Belz), et descendait d'une famille puissante et illustre par ses exploits. Son grand-père, MARC, né vers 1525, frappé de mort à l'assaut de Sokol, en 1581, fut palatin de Lublin et le rival de l'illustre Zamoyski (*voy.*), sous le règne d'Étienne Bathori. Son père, JACQUES, fit la guerre de Russie sous le grand Zolkiewski, dont il épousa la petite-fille, et signa, le 11 déc. 1618, le traité de Déoulina entre la république et les Moscovites. « Ce fut lui, dit son royal fils dans une note qu'il nous a laissée, qui, dans la campagne glorieuse de Choczym (Khotine), membre d'une commission investie des pleins pouvoirs de la diète pour la conduite des hostilités, réussit à conclure la paix avec l'empereur Osman (9 oct. 1621). Depuis ce succès, il fut chargé de toutes les négociations de la république avec les Suédois, les Cosaks, les Tatars, les Moscovites, les Turcs. Quatre fois les nonces le mirent à leur tête dans les diètes en l'élisant maréchal, et il finit par arriver, de charge en charge, au poste de premier

(*) Nous trouvons ailleurs, mais sans indication de la source, le 2 janvier 1624; et une note de M. de Salvandy (*Histoire de Pologne avant et sous le roi Jean Sobieski*, t. Ier, p. 167), qui donne cependant lui-même l'année 1629, semble venir à l'appui de cette variante.   S.

sénateur séculier de la Pologne, à titre de castellan de Cracovie. » Jacques Sobieski, ami des arts et des sciences, que ses richesses lui permettaient d'encourager efficacement, se distingua lui-même comme écrivain. Il a décrit la guerre de Choczym, à laquelle il eut une si grande part, dans un ouvrage intitulé *Commentariorum Chotimiensis belli lib. II*, Dantzig, 1646, in-4°. Il présida lui-même à la première éducation de ses deux fils aînés, Marc et Jean, laquelle se faisait à Zolkiew, héritage du grand Zolkiewski, et il les envoya ensuite à Paris pour la perfectionner ; il mourut bientôt après, en 1645.

Jean Sobieski tint à honneur de commencer sa carrière militaire dans les rangs des mousquetaires du jeune roi Louis XIV, et il s'y fit distinguer par le grand Condé, qui lui prédit un brillant avenir. Après avoir visité les différentes parties de l'Europe, il accourut en Pologne à la nouvelle de la mort de Vladislas Wasa, et vint mettre son bras au service de Jean-Casimir, nouvellement proclamé roi. L'insurrection des Cosaks, sous la conduite de Bogdan Khmielnicki (*voy.*), avait mis la république à deux doigts de sa perte. Les deux frères prirent aussitôt les armes (1649) et signalèrent leur jeune courage par des faits glorieux. Son brillant début valut à Jean la starostie de Jaworow. En 1651, il se distingua encore à la bataille de Beresteczko, gagnée sur les Cosaks et les Tatars. Éloigné pendant quelque temps de l'armée par une blessure, il apprit à la fois, dans sa retraite, la mort de son frère Marc Sobieski et la nouvelle ligue des Russes, des Cosaks et des Suédois, qui, sous la conduite du roi Charles-Gustave, avaient envahi le territoire de la Pologne. Jean Sobieski ressaisit aussitôt son épée, et courut prendre part aux fatigues et aux dangers de ses compatriotes pendant toute la durée de cette guerre, qui se termina par la paix d'Oliva, laquelle rendit aux Polonais les possessions que Charles-Gustave leur avait enlevées. Bientôt après, les Cosaks et les Russes rentrèrent en lice ; mais Sobieski les força à la retraite par l'éclatante victoire de Slobodysza (1660), où il emporta avec une rare audace des

retranchements hérissés d'artillerie et défendus par 70,000 hommes. Pour prix de ce nouvel exploit, il reçut (1665) la charge de grand-maréchal, et quelque temps après il épousa Marie-Casimire d'Arquien, de la maison de Béthune, veuve de Zamoyski, palatin de Sandomir et l'un des plus grands seigneurs de la Pologne.

Un nouveau danger menaçait la patrie : une armée innombrable de Cosaks, de Tatars et de Turcs venaient encore d'envahir son territoire, et Jean-Casimir, faute de ressources pécuniaires, n'avait pas d'armée à opposer à ces barbares. Dans cet imminent péril, Jean Sobieski, investi de la charge de grand-hetman de la couronne (1667), engagea ses biens, réunit à grand'peine un corps de 20,000 hommes, et, avec cette faible ressource, osa venir affronter l'ennemi qui se regardait déjà comme maître de toute la Pologne : deux victoires décisives détournèrent l'orage et sauvèrent la république.

Sur ces entrefaites (1669), Jean-Casimir venait d'abdiquer et de se retirer en France. Michel Koributh Wisniowiecki, qui lui avait succédé, s'était hâté de signer une paix désavantageuse avec les Turcs. Mais l'autorité de Sobieski était déjà supérieure à la sienne : il fit désapprouver cette paix par le sénat, et, secondé des voïvodes de Moldavie et de Valachie, il marcha contre les Turcs, qu'il rencontra, le 11 nov. 1673, rangés, au nombre de 80,000, autour de Choczym (*voy.* KOEPRILI). Le jour même où il gagnait cette célèbre bataille, qui l'éleva au niveau des premiers capitaines de l'Europe, le roi Michel mourait sans enfants, et la diète se réunissait pour élire un nouveau souverain. Sobieski se hâta de se rendre à cette assemblée, et, au milieu des divers concurrents qui se présentaient pour obtenir les suffrages de la majorité, il jeta le nom du grand Condé. Cette proposition inattendue, mais calculée de la part de son auteur, allait tout remettre en question lorsqu'un membre influent de la diète, Stanislas Iablonowski, demanda qu'un Polonais fût seul appelé au trône, et que ce Polonais fût Sobieski. Dès ce moment, les incertitudes de la plus grande partie des électeurs furent fixées, et, l'armée aidant, Jean Sobieski fut proclamé roi de Pologne, le 21 mai 1674, après une longue et orageuse discussion.

Cependant les Turcs avaient profité des troubles inséparables d'une nouvelle élection, et, après s'être emparés par surprise d'Human (Oumân) et de plusieurs autres localités sur la frontière de la Podolie, ils s'étaient retirés dans leurs quartiers d'hiver. Sobieski, une fois en possession de la couronne, se hâta de rassembler une armée pour profiter de l'embarras que les Moscovites donnaient alors à l'ennemi. Le lieutenant de Mahomet IV, Ahmed Kœprili, forcé dans ses retranchements, repassa bientôt la frontière; mais, l'année suivante, il revint à la tête d'une puissante armée attaquer à Léopol (Lemberg) Sobieski, à qui les tiraillements intérieurs de son malheureux pays n'avaient permis de réunir que 5 à 6,000 hommes. Il osa, avec cette poignée de combattants, affronter une armée de plus de 100,000 hommes, et remporta sur elle une victoire des plus complètes (24 août 1674). La guerre semblait terminée; mais l'Autriche, inquiète des grands succès de Sobieski, lui suscita dans son propre royaume des difficultés telles, que le roi se vit tout à coup abandonné de ses soldats au moment où les Turcs, revenus de leur première surprise, attaquaient la ligne du Dniester, au nombre de 150,000 hommes. Sobieski réussit enfin à rassembler quelques troupes avec lesquelles il vint prendre position dans la place de Zuranow, où il sut résister aux efforts des Musulmans assez de temps pour contraindre leur chef à lui accorder une paix avantageuse.

A cette époque (1679), un grand orage était près de fondre sur la chrétienté, par la faute même des puissances européennes. Le roi Jean III, qui prêchait la nécessité d'une ligue pour arrêter les envahissements de la Porte, ne pouvait parvenir à se faire écouter. Il avait d'ailleurs contre lui le roi de France, ennemi naturel de l'Empire et allié des Turcs. Tout à coup les Hongrois, sous la conduite du comte Émeric Tœkœli, secouèrent le joug de la maison d'Autriche et appelèrent les musulmans à leur aide. L'empereur Léopold Ier fit retentir dans toute l'Europe un long cri de détresse, mais il ne fut entendu que du généreux roi de Pologne, qui, à la tête d'une faible armée, voulut encore essayer d'arrêter un torrent de plus de 200,000 hommes. Le 14 juillet 1683, le grand-visir Kara-Moustapha était venu mettre le siége devant Vienne, d'où l'empereur s'était enfui avec sa famille, en laissant le commandement de son armée au duc de Lorraine (voy. T. V, p. 531). Cet habile capitaine était trop inférieur en forces au grand-visir pour espérer de tenir longtemps contre lui, et déjà les musulmans se préparaient à un dernier assaut, lorsque Jean Sobieski, accouru de Cracovie, descendit du Kahlenberg avec ses Polonais, vint prendre position devant les Turcs, le 12 septembre, et s'écria, après avoir examiné attentivement les préparatifs du visir : « Cet homme-là est mal « campé; nous n'aurons pas d'honneur « à cette affaire, par la facilité qu'il y aura « d'y réussir. » En effet, Kara-Moustapha ne put tenir contre l'impétueux élan des chrétiens, et il abandonna le champ de bataille, en laissant d'immenses richesses aux mains du vainqueur, qui, pour toute nouvelle, écrivait à sa femme : « Moustapha m'a fait son légataire uni« versel. » Vienne était délivrée. Le roi de Pologne y fit son entrée; les habitants de la ville vinrent lui baiser les pieds et les bouts de ses vêtements, et tous les peuples décernèrent au héros polonais le titre de *sauveur de la chrétienté.* L'empereur, jaloux de son triomphe, se montra seul ingrat envers lui, et le remercia à peine d'un si incalculable service. Mais l'âme de Sobieski était trop grande pour rendre la cause générale victime d'une injure personnelle : il résolut d'achever son ouvrage. Par malheur, les Turcs, quoique vaincus, étaient encore redoutables, et il en acquit la preuve à Parkan, où l'armée musulmane faillit, en l'enveloppant, lui faire perdre le fruit de cette mémorable campagne. Sobieski répara bien vite cet affront, et, à la suite d'un combat où il tua 12,000 hommes aux infidèles, il les chassa de la Hongrie où ils régnaient en maîtres. Il rentra dans ses états au bruit des acclamations de toute l'Europe; mais il fut reçu froidement. La noblesse ne cessa de lui susciter des querelles. Une fois encore il courut aux armes, en 1691, pour reprendre aux Turcs Kaménietz, les repoussa de la Bessarabie, et leur enleva la Moldavie; mais il laissa l'honneur du triomphe au comte Iablonowski, grand-général du royaume, et à Sapieha, grand-général de Lithuanie. Retiré dans sa capitale, il essaya de consacrer les dernières années de sa vie au bonheur de la patrie; mais des discordes civiles vinrent, jusque dans sa propre famille, empoisonner le reste de sa glorieuse carrière, qui se termina le 17 juin 1696, à la suite d'une attaque d'apoplexie. Ses trois fils furent écartés du trône, et sa succession échut à Frédéric-Auguste, électeur de Saxe. La famille de Sobieski s'éteignit dans la personne du prince JACQUES-LOUIS, qui, après une vie orageuse, en partie errante, en partie passée dans la captivité, mourut, le dernier de sa race, en 1734. — La vie de Sobieski a été écrite par l'Anglais D. Connor, par l'abbé Coyer, et par M. de Salvandy (*voy.*), éditeur en outre des *Lettres du roi de Pologne, Jean Sobieski, à la reine Marie-Casimire, pendant la campagne de Vienne*, dues aux soins de M. le comte Plater (Paris, 1826).   D. A. D.

SOCIABILITÉ, SOCIALISME. L'homme a été créé pour vivre avec ses semblables : mêmes facultés, mêmes inclinations, mêmes désirs, mêmes besoins, tout, jusqu'à sa faiblesse qui l'empêche de se protéger et de se suffire à lui-même, lui en fait une loi : aussi sur tous les points du globe, partout où il se trouve quelques hommes, les voyons-nous réunis en société (*voy.*). On peut donc dire avec Saint-Évremond que la sociabilité n'est pas moins attachée à l'essence de l'homme que la qualité d'être raisonnable; ou, comme s'exprime Pufendorf, que le premier devoir de la loi naturelle, est la sociabilité. Si Rousseau l'a nié, c'est un de ces paradoxes comme on en rencontre souvent dans les admirables écrits du philosophe genevois; et l'on peut d'autant moins se ranger à son avis, que

ce penchant à se rapprocher, à vivre en commun, cet instinct social se remarque jusque dans certaines espèces d'animaux.

Dans l'état le plus rapproché de la nature, nous voyons déjà les hommes s'associer pour la chasse ou la pêche. A mesure qu'ils se civilisent, ils deviennent pasteurs ou agriculteurs, selon que le climat et le sol le permettent. Les associations sont alors plus nombreuses, et, dans l'un comme dans l'autre de ces états, il y a des maîtres et des serviteurs, c'est-à-dire quelques hommes qui vivent du travail de beaucoup d'autres, avec cette différence toutefois que les terres ne se perdant pas comme les troupeaux, l'inégalité des fortunes et la dépendance qui en est la suite pour beaucoup d'hommes, sont sujettes à de moins brusques variations chez les peuples agriculteurs. Dans le but d'assurer leurs propriétés, les riches se liguent entre eux; ils forment une aristocratie territoriale; ils instituent un gouvernement dont ils attendent sécurité et protection, et qui les aide à tenir leurs subordonnés, esclaves, serfs ou sujets, dans la plus grande soumission possible. Leurs fortunes s'accroissent ainsi de plus en plus, et, moins ils ont besoin de leurs semblables, plus ils deviennent égoïstes. A l'amour de soi sont sacrifiés les deux autres grands ressorts du système de l'humanité, l'amour de Dieu et celui du prochain. Il n'est plus question de l'intérêt commun, ce principe fondamental de toute société, c'est-à-dire qu'il n'y a plus de société, car est-ce une association réelle que celle où l'une des parties est complètement sacrifiée à l'autre? Cependant la subsistance qu'on tire du sol est moins précaire que celle qu'on se procure par tout autre moyen. La population augmente donc, les besoins se multiplient; et comme les riches peuvent satisfaire sans peine et sans travail à tous leurs caprices, ils abandonnent aux pauvres, aux prolétaires, le soin de leur procurer ces jouissances nouvelles. Le serf devient alors commerçant et industriel; il spécule sur les nécessités, il fait naître des besoins; il s'enrichit et devient propriétaire à son tour. A mesure que cette classe d'affranchis augmente, les liens entre le maître du sol et celui qui l'exploite se relâchent. En même temps, par les relations qu'ils établissent avec les étrangers, par les voyages qu'ils exigent, le commerce et l'industrie contribuent à l'instruction générale. Les idées s'étendent, le sentiment du droit s'éveille, et l'on finit par se demander à quel titre une classe privilégiée s'est réservée la propriété du sol?

Bientôt l'industrie qui, elle aussi, a ses seigneurs et ses serfs, se voit menacée également, Plus elle prend de développements, plus il devient difficile de maintenir les relations existantes entre les patrons, les compagnons et les apprentis. On est forcé de laisser le champ libre aux forces individuelles, et la libre concurrence s'établit.

Ce système, si vanté par les écoles d'Adam Smith et de J.-B. Say, domine depuis cinquante ans à peine, et depuis longtemps on s'aperçoit que, loin de produire tous les heureux effets qu'on en attendait, il n'a engendré qu'une espèce d'anarchie en donnant aux intérêts individuels une fatale prépondérance sur l'intérêt général, et en tendant directement à rétablir ce qu'on avait détruit, à reconstituer la grande propriété par la division à l'infini des patrimoines, et à tuer la petite industrie par la grande (*voy.* Sismondi).

Remédier au mal est urgent, mais en trouver les moyens est difficile; aucun de ceux qui ont été proposés jusqu'ici n'est satisfaisant. Il est vrai que le socialisme, ou la science de l'organisation du travail, est encore dans l'enfance. Les anciens n'en avaient aucune idée; ce n'est que depuis un bien petit nombre d'années que l'on s'est avisé de faire de la société, dans ses rapports les plus variés et les plus étendus, l'objet d'une étude scientifique. *Voy.* Association.

Le premier qui entra dans cette voie, en se portant comme réformateur de la société, fut le marquis de Condorcet (*voy.* ce nom et les suiv.). Posant en principe l'égalité de tous les hommes et leur perfectibilité morale et physique, il réclama, pour effacer le contraste choquant de la richesse extrême et de l'extrême pauvreté, l'extension du crédit public aux classes laborieuses, la création de caisses d'épar-

gne soutenues et surveillées par le gouvernement. A cette réforme modérée, conçue dans l'esprit des Girondins, Babeuf, dont les théories sociales comptent encore de nombreux partisans dans la classe ouvrière, opposa sa réforme radicale, son jacobinisme social. Vers la même époque, Saint Simon et Fourier jetaient les bases de leurs doctrines matérialistes. Vint ensuite M. de Lamennais avec sa théorie de la fraternité universelle sous la législation du Christ, dont un grand écrivain, George Sand (*voy.* Dudevant), s'est également fait l'apôtre*. De concert avec George Sand, M. Pierre Leroux a fondé la *Revue indépendante* (*voy.* T. XX, p. 461) pour défendre les intérêts populaires. L'un et l'autre inclinent vers le parti républicain, qui, au reste, s'attache davantage au côté matériel de la question, accuse ouvertement le système de la libre concurrence de n'être qu'une exploitation immorale des travailleurs, et proclame hautement que le seul remède au mal est l'établissement d'un gouvernement démocratique qui se fasse le régulateur de la production, en combattant la concurrence illimitée par sa propre concurrence.

A peu près vers le temps où Condorcet développait sa théorie sociale, Godwin, en Angleterre, attaqua la constitution de la propriété, les institutions politiques et le mariage comme la source de tout le mal. Malthus réfuta sa doctrine en rejetant le malaise de la société plutôt sur les individus que sur les institutions; mais l'opinion de Godwin, soutenue par Owen et son école, se répandit de plus en plus. Une puissante société s'est formée, sous le nom de *Société des rationalistes religieux,* pour propager sa doctrine parmi le peuple. Elle publie, à cet effet, un grand nombre de brochures et un journal, *The new moral world,* qui compte une foule d'abonnés à Londres et dans les grandes villes manufacturières de l'Angleterre.

Les doctrines socialistes ont trouvé jusqu'ici peu d'accès en Allemagne; mais elles ont été accueillies avec plus de faveur en Belgique et dans les

_____

(*) Ses derniers romans, *Consuelo* et *la Comtesse de Rudolstadt* (1843), ont été composés sous l'influence de ces idées.

cantons manufacturiers de la Suisse.

Les questions sociales joueront un grand rôle dans l'avenir le plus prochain : indépendamment des notices biographiques indiquées, on y a touché en divers endroits de cet ouvrage, notamment aux mots RELIGION, PHILANTHROPIE, ASSOCIATION, PROPRIÉTÉ, TRAVAIL, SALAIRE, ÉPARGNE (*caisses d'*), PRÉVOYANCE (*sociétés de*), ESCLAVAGE, TRAITE, PAUPÉRISME, etc., etc. *Voir* Louis Reybaud, *Études sur les réformateurs ou socialistes modernes*, Paris, 1840-43, 2 vol. in-8°.
E. H-G.

SOCIALE (GUERRE), *voy.* ALLIÉS (*guerre des*).

SOCIÉTÉ, assemblage d'hommes unis par la nature ou par les lois; commerce que les hommes réunis ont naturellement les uns avec les autres. Ainsi qu'il a été dit au mot SOCIABILITÉ, l'homme est né pour vivre en société; tous ses instincts l'attirent vers ses semblables; sauvage, isolé, il ne résiste qu'avec peine aux animaux féroces et aux intempéries des saisons; civilisé, il les brave facilement. Sa raison cultivée supplée à sa faiblesse; il détruit tout ce qui le gêne, il couvre plus chaudement son corps, se bâtit des abris sûrs et commodes. L'homme s'attache à sa compagne; ses enfants ont besoin de soins, il les défend, les protège : de là des liens de famille (*voy.*). La famille s'étend en diverses branches, qui s'allient, se recherchent, s'unissent en cas de danger : de là formation de la tribu. Des tribus différentes se rencontrent, échangent leurs produits ou se combattent; chacune tend à se fortifier, soit en s'assimilant les individus d'une tribu plus faible, soit en se confédérant avec d'autres tribus ayant le même intérêt : ainsi s'organise l'état, sous un chef commun. Mais l'homme a appris à estimer son semblable, il aime à le défendre, il s'attache par sa reconnaissance pour les bons offices qu'il en a reçus; il se plaît à se trouver avec lui, l'industrie les rend dépendants les uns des autres. Dans le contact des hommes entre eux, leur esprit s'étend, ils se polissent, la civilisation (*voy.*) marche, de bonnes lois assurent les droits de chacun. Tel est à peu près le point où sont arrivées les sociétés modernes.

Nous avons parlé, aux mots DROIT (T. VIII, p. 531), ÉTAT, GOUVERNEMENT, PEUPLE, POLITIQUE, de la société générale formée pour garantir les droits de chacun, de la société civile et politique, dont la famille est le point de départ, et la commune (*voy.*) la base essentielle; mais outre cette grande association publique, il y a encore la société religieuse qui constitue l'Église (*voy.*), elle-même divisée en sociétés plus petites appelées *communauté, congrégation*, etc. De plus, on donne le nom de *société* à une compagnie, à une réunion d'un certain nombre de personnes jointes ensemble pour arriver à un but quelconque. L'esprit d'association (*voy.* ce mot) est naturel à l'homme et trouve des applications spéciales dans l'une et l'autre des grandes sociétés dont nous venons de parler. Ainsi il y a des sociétés religieuses formées de gens décidés à vivre ensemble selon les règles données par leur instituteur, comme la *société de Jésus* ou des jésuites (*voy.* ce nom et COUVENT, ORDRES MONASTIQUES, etc.). D'autres sont formées de personnes qui se réunissent pour conférer sur des objets scientifiques : telles sont les différentes sociétés savantes, les Académies, la Société royale de Londres, etc. (*voy.* ces mots et aussi ASIATIQUE, GÉOGRAPHIQUE, INSTITUT, ANTIQUAIRES, etc.). D'autres personnes encore s'allient dans un but moral ou philanthropique (*voy.* ce mot, PRÉVOYANCE, BIBLIQUE, etc.). D'autres enfin se recherchent pour se procurer les plaisirs de la conversation, du jeu, de la danse, etc. Mais une pareille société peut être bien ou mal composée, plus ou moins choisie : dans une mauvaise compagnie l'esprit se corrompt, le cœur se gâte, l'homme tombe dans l'abjection; dans la bonne société, au contraire, il apprend à vivre, il se forme aux usages du monde (*voy.*), il relève encore ses qualités par la politesse, l'urbanité, les belles manières qu'il y acquiert. Quelquefois aussi les hommes s'associent dans un but qu'ils ne sauraient avouer, par exemple, pour renverser les lois qui régissent la société; ou bien ils mettent en commun les moyens qu'ils possèdent pour faire des affaires et augmenter leur fortune : nous devons examiner spécialement ces deux genres de société. **S.**

Dans le langage commercial, le mot société a deux acceptions différentes : tantôt il signifie le contrat d'association formé entre plusieurs personnes, tantôt il désigne le corps moral composé des associés qui en sont les membres. La loi définit la *société* un contrat par lequel deux ou plusieurs personnes conviennent de mettre quelque chose en commun, dans la vue de partager le bénéfice qui pourra en résulter. Cette définition n'est peut être pas rigoureusement exacte, car toutes les sociétés n'ont pas pour objet une réalisation de profits personnels. Quoi qu'il en soit, les besoins du commerce, en multipliant ces associations qui font sa force et qui lui permettent d'aborder ces grands problèmes de production, de circulation, d'échange, de consommation, qu'il eût été impuissant à résoudre sans la réunion d'efforts individuels, sans le concours de facultés différentes, ont aussi nécessité des règles spéciales, destinées à en fixer les conditions. La société n'est autre chose que l'association régularisée et devenue légale. La loi romaine avait déterminé tout ce qui est de l'essence des sociétés conventionnelles : notre droit civil s'est emparé de ces principes et les a consacrés. L'ordonnance du commerce de 1673 et l'ordonnance de la marine de 1681 réglementèrent ce qui concerne les sociétés. Mais les entreprises commerciales ayant, depuis cette époque, pris un développement extraordinaire, et le temps ayant introduit de grandes modifications dans la forme des associations comme dans la nature des opérations, le Code civil de 1803 et le Code de commerce de 1807 ont dû pourvoir aux nouveaux besoins qui s'étaient manifestés, en fixant d'une manière plus précise les règles relatives au contrat de société.

Toute société doit avoir une cause licite; chaque associé doit y apporter de l'argent, ou d'autres biens, ou son industrie; enfin elle doit être rédigée par écrit, quand son objet est d'une valeur de plus de 150 fr. Le Code civil distingue les sociétés en *universelles* et *particulières*. Il y a deux sortes de sociétés *universelles* : 1° la société de *tous biens présents*, par laquelle les parties mettent en commun tous les biens meubles et immeubles qu'elles possèdent actuellement, et les profits qu'elles pourront en tirer; 2° la société universelle de *gains*, qui renferme tout ce que les parties acquerront par leur industrie pendant le cours de la société. La simple convention de société *universelle*, sans autre explication, n'emporte que la société universelle de gains. La société *particulière* ne s'applique qu'à certaines choses déterminées, ou à leur usage, ou aux fruits à en percevoir. Le contrat par lequel plusieurs personnes s'associent, soit pour une entreprise désignée, soit pour l'exercice de quelque métier ou profession, est aussi une société particulière.

Les sociétés commerciales sont de trois espèces : elles ont chacune leur régime particulier, dont on ne saurait s'écarter sans de graves inconvénients. Ce sont : la société *en nom collectif*, la société *en commandite* et la société *anonyme*. 1° La société *en nom collectif* a pour objet de faire le commerce sous une *raison sociale*, qui comprend les noms de plusieurs des associés, ou d'un seul, suivi d'une indication qui annonce une société, comme *et compagnie*. Chacun des associés est solidaire de tous les engagements de la société. 2° La société *en commandite* se contracte entre un ou plusieurs associés responsables et solidaires, et un ou plusieurs associés simples bailleurs de fonds, que l'on nomme *commanditaires* ou *associés en commandite* : elle est régie sous un nom social, qui doit être celui d'un ou de plusieurs des associés responsables. L'associé commanditaire n'est passible des pertes que jusqu'à concurrence des fonds qu'il a dû mettre dans la société; mais il ne peut faire aucun acte de gestion, sous peine d'être obligé solidairement pour tous les engagements de la société. 3° La société *anonyme* est qualifiée par la désignation de son objet, comme *société des Messageries royales*. Elle est administrée par des mandataires qui ne contractent, à raison de leur gestion, aucune obligation personnelle ni solidaire relativement aux engagements de la société. Elle ne peut exister qu'avec l'autorisation du roi, et ses statuts constitutifs doivent être également soumis à l'approbation du gouvernement. Il en résulte que les sociétés anonymes ne peuvent être formées que par des actes publics, tandis que les sociétés en nom collectif ou en commandite peuvent être contractées soit par des actes publics, soit par des actes sous signature privée, en se conformant, dans ce dernier cas, aux prescriptions du Code. Le capital de la société anonyme se divise en *actions* ; celui des sociétés en commandite peut être divisé de la même manière. Indépendamment de ces trois espèces de sociétés commerciales, la loi reconnaît encore les sociétés *en participation* : ces associations, relatives à une ou plusieurs opérations, ne sont pas assujetties aux formalités prescrites pour les autres sociétés.

Les sociétés finissent par l'échéance du terme qui leur a été assigné, par l'extinction de la chose, ou la consommation de l'opération qui faisait l'objet de la société, par la mort naturelle ou civile, l'interdiction ou la déconfiture d'un des associés, par le consentement de tous les sociétaires, ou même sur la demande d'un seul, pourvu qu'il existe, dans ce dernier cas, des motifs suffisants, dont la légitimité et la gravité sont laissées à l'appréciation des juges. La perte est un cas de dissolution ; cependant la loi n'ayant pas déterminé quelle devait être l'importance de cette perte pour autoriser une demande en dissolution, il est nécessaire que le contrat de société s'explique sur ce point. Du reste, la dissolution des sociétés commerciales, anticipée ou non, ne décharge point ses membres de leur responsabilité : il faut encore que la liquidation soit complétement opérée. La loi annule toute société *léonine* (voy.). Elle a voulu que toutes les contestations entre associés, et pour raison de la société, fussent jugées par des arbitres : en cela son but a été d'affranchir les commerçants des frais et des lenteurs de la justice ordinaire, but bienveillant, mais qui n'est pas toujours atteint. Elle laisse aussi beaucoup à désirer en ce qui touche les sociétés en commandite, qui se sont multipliées démesurément. La division par actions, qui facilite la formation d'un capital considé-

rable, a, d'un autre côté, de sérieux inconvénients. On a vu des spéculateurs fonder des sociétés sur une base chimérique, et attirer des actionnaires par l'appât de bénéfices illusoires ou de dividendes prélevés sur le capital social. Ces industriels, qu'on a personnifiés dans Robert Macaire (voy.), se sont plus d'une fois enrichis en ruinant les pauvres actionnaires pris au piége. Il n'y a guère de contrat, disait Savary vers le milieu du XVIIe siècle, où la probité et la bonne foi soient plus nécessaires que dans la société. Autrefois ceux qui étaient convaincus de mauvaise foi dans les sociétés étaient déclarés *infâmes* ; il serait à désirer qu'on les traitât de même aujourd'hui.   A. B.

SOCIÉTÉS POLITIQUES ET SECRÈTES, associations formées sans le concours de l'état, et le plus souvent inspirées par des influences hostiles à ce dernier. Le danger que les sociétés de cette nature, quand elles se tiennent en secret, peuvent offrir pour le repos et la stabilité des états a conduit beaucoup de gouvernements à restreindre considérablement pour leurs sujets le droit d'association. D'autre part, ce sont précisément ces défenses qui ont fait entourer de plus de secret la plupart des associations politiques.

Jetons un coup d'œil rapide sur l'état de la législation qui, dans les sociétés modernes, régit actuellement le droit d'association. De tous les états constitutionnels de l'Europe, l'Angleterre est celui où les institutions consacrent le principe et garantissent l'exercice de ce droit de la manière la plus large. Non-seulement elles laissent aux citoyens la liberté pleine et entière de s'assembler, de former ce qu'on appelle un *meeting*, soit pour la célébration d'une fête, soit pour l'objet d'une délibération, ou pour la rédaction d'une déclaration, ou enfin pour la signature d'une adresse (voy.), d'une pétition, etc., mais encore le droit de se réunir en associations durables et régulièrement organisées. Toutefois, pour qu'une société pourvue de statuts puisse les faire respecter par tous ses membres et se comporter comme une personne juridique, acquérir des biens et assurer la validité des engagements contractés par elle et envers elle, se constituer en un mot en corporation, elle doit requérir la sanction légale, qui ne peut lui être confirmée qu'en vertu d'un acte privé du parlement : c'est ce que les Anglais nomment l'*incorporation*. Mais quant à la faculté des citoyens de se réunir ou de fonder des sociétés libres, elle n'est subordonnée à aucune autorisation de ce genre. Le gouvernement, qui ne peut interdire ces réunions, n'exerce à à leur égard qu'un droit de surveillance. En conséquence de ce droit, qui s'étend à tout ce qui se passe dans l'état, il peut exiger qu'on l'instruise à l'avance du but et de l'importance de toute assemblée qui dépasse les proportions d'une simple réunion de famille ou d'amis; il peut s'y faire représenter par tels agents qu'il lui plaît de désigner. Lorsqu'il a des raisons pour craindre que le *meeting* ne prenne un caractère dangereux pour le maintien de l'ordre et de la tranquillité publique, il peut même l'interdire préventivement; mais cette défense, toutes les fois que le but de la réunion ou de l'association ne constitue pas une transgression formelle de la loi, ne saurait parer d'avance à l'éventualité d'aucune réunion postérieure du même genre. Il s'ensuit que, sous l'empire de la législation britannique, toute assemblée, toute association politique ou autre, entièrement licite lorsqu'elle satisfait aux conditions précitées, cesse de l'être du moment où elle se dérobe aux yeux de l'autorité, et se transforme en société secrète.

Dans les différentes monarchies du continent européen, ces principes si libéraux ont souffert de graves restrictions. En France, avant la révolution, toute assemblée populaire, non autorisée par les officiers du roi, était défendue sous des peines sévères. La révolution de 1789 emporta ces défenses; mais depuis, notre législation s'est, à plusieurs reprises, armée d'une nouvelle sévérité contre les sociétés politiques, à raison du caractère violent et des tendances subversives de plusieurs d'entre elles. Le gouvernement impérial rétablit dans la loi les premières mesures restrictives.

Les art. 291 à 294 du Code pénal portent, en substance, que nulle association de plus de 20 personnes, dont le but sera de se réunir tous les jours, ou à certains jours marqués, quel que soit l'objet dont on s'y occupe, ne pourra se former qu'avec l'agrément du gouvernement, et sous les conditions qu'il plaira à l'autorité de lui imposer. Toute contravention entraînait la dissolution de la société et une amende de 16 à 200 fr. Mais ces dispositions, suffisantes sous le régime fort et absolu de l'empire, pouvaient être facilement éludées dans un temps de crise intérieure. Pour remédier à l'impuissance des moyens légaux existants, en présence des attaques violentes des factions, une nouvelle loi, soumise aux Chambres au mois de février 1834, fut promulguée le 10 avril suivant. Elle modifie la disposition du Code pénal, en déclarant illicite toute association de plus de 20 personnes, non autorisée par le gouvernement, sans distinguer si les réunions de ses membres ont lieu ou non à des jours fixes; elle porte aussi que l'autorisation donnée par le gouvernement est toujours révocable, et renforce considérablement la pénalité, en frappant le délit de participation à une société non autorisée, dans tous ses membres indifféremment, d'une amende qui peut s'élever de 50 à 1,000 fr., et au double en cas de récidive. Elle réserve finalement au pouvoir exécutif la faculté de déférer le jugement des attentats contre la sûreté de l'état, dérivant du fait des associations, à la juridiction de la Chambre des pairs, conformément à l'art. 28 de la Charte.

Quelque loin que les regards de l'historien se reportent en arrière, il saisit des traces de l'existence de sociétés secrètes à presque toutes les époques et chez presque tous les peuples dont l'état de civilisation n'excluait pas la combinaison des moyens indispensables à la vie et à l'action de ces sociétés. Mais nous aurions ici trop à faire si nous voulions suivre tous ces fils épars dans le tissu vaste et compliqué d'événements qui appartiennent à un passé lointain. Au dernier siècle, quelle que fût déjà l'intensité du travail des idées rénovatrices, on peut dire que le principe de l'absolutisme monarchique et de l'obéissance passive n'en continua pas moins de dominer exclusivement dans le mécanisme politique des états sur tout le continent européen, jusqu'au jour où éclata la révolution. La franc-maçonnerie (*voy.* ce mot et *Ordre* MAÇONNIQUE), d'une origine aussi ancienne qu'incertaine, et encore aujourd'hui si répandue, et l'ordre des illuminés (*voy.*), qui compta de nombreux adeptes en Allemagne sur la fin du règne de Frédéric II, méritent seules d'être signalées. La tendance de ces associations était surtout cosmopolite et humanitaire, et n'a pris qu'accidentellement une direction politique là où l'excitation générale des esprits y concourait. Le grand acte de la révolution française ne fut lui-même rien moins que propice au développement des sociétés secrètes. Comment ces dernières auraient-elles pris racine au milieu du tourbillon des passions populaires? Les clubs si fameux de ce temps-là (*voy.* FEUILLANTS, CORDELIERS, JACOBINS) n'étaient point des sociétés politiques, mais plutôt des arènes ouvertes à la démagogie. Plus tard, quand Bonaparte eut mis un terme à ces réunions tumultueuses, l'argus vigilant de la police impériale suffit pour faire échouer les tentatives isolées de ces restes opiniâtres des partis abattus, dont le grand homme n'avait pu vaincre les ressentiments ni détruire toutes les espérances. Des associations secrètes se formèrent, mais tous leurs efforts, basés sur de trop faibles ressources, furent impuissants (*voy.* PHILADELPHES).

Hors de France néanmoins, le réveil du sentiment national des peuples, fatigués du joug napoléonien, finit par produire plusieurs associations dont l'activité morale prépara d'une manière plus efficace la chute du maître de l'Europe. L'une fut le *Tugendbund* (ligue de la vertu), né en Prusse, qui, loin d'être hostile aux gouvernements des pays où il se propagea, ne travaillait qu'à ranimer dans tous les esprits le désir de recouvrer l'indépendance de la patrie allemande, et ne recherchait le secret que tant qu'il avait à se prémunir contre les persécutions des dominateurs étrangers. L'autre fut le carbonarisme (*voy.*), dont l'origine paraît se rapporter aux dernières années du règne de Joachim Murat dans le royaume de Naples. Le premier, tout-à-fait conforme au caractère germanique, généralement religieux et philosophique, s'appliqua surtout à répandre des idées et à stimuler le patriotisme par des moyens moraux; le second, profondément empreint du cachet méridional, et recouvert du voile mystérieux d'une multitude de formalités et de cérémonies bizarres, visait au contraire à l'action. Le rôle du *Tugendbund*, qui comptait parmi ses initiés un grand nombre d'hommes très influents dans leur patrie, d'hommes d'état même, finit en quelque sorte lors de l'évacuation du sol germanique par les armées françaises; celui du carbonarisme, au contraire, dont il a été traité en détail (*voy.* CARBONARI et CALDERARI), n'acquit une grande importance historique qu'en entrant, après 1815, dans une phase d'activité toute nouvelle. A son but primitif, qui avait été aussi le renversement de la puissance napoléonienne, succéda le bouillonnement des idées de liberté, d'indépendance et d'unité nationale, qui se manifesta dans la péninsule par les révolutions de Naples et du Piémont, et par les troubles fréquents de l'État de l'Église (*voy.* ITALIE).

La vivacité non moins grande des tendances libérales, les répugnances et les mécontentements nombreux soulevés par le gouvernement vacillant de la Restauration, provoquèrent en France, avec une force nouvelle, la résurrection des sociétés secrètes. L'organisation du carbonarisme leur servit en partie de modèle, et quand, à partir des années 1820 et 1821, l'absolutisme triomphant fit son possible pour étouffer, dans toute l'Italie, cette association formidable, un grand nombre de ses membres, réfugiés en France, se mirent en communication avec les libéraux français, et finirent par s'associer entièrement à leur cause. Paris devint ainsi le principal foyer de la charbonnerie, à laquelle se rallièrent peu à peu toutes les autres sociétés déjà existantes, et qui s'empreignit dès lors d'un caractère essentiellement français. Le vaste réseau de son organisation mystérieuse s'étendit avec rapidité sur presque tous les départements, et poussa quelques ramifications jusque dans les rangs de l'armée, ainsi que le prouva le procès du général Berton, celui des quatre sous-officiers de La Rochelle, celui de Trolé et autres officiers de la garnison de Strasbourg. Les initiés étaient répartis en *ventes* (de l'italien *vendita*), dont chacune ne pouvait renfermer que 30 membres tout au plus. Ceux-ci s'appelaient entre eux *bons cousins*, et désignaient sous le nom de *pagani* (payens) tout ce qui ne leur était point affilié. Les députés de 20 ventes formaient collectivement une *vente centrale*, et ces dernières ventes communiquaient à leur tour, par délégués, avec la *haute vente*, dans le rayon provincial ou départemental de laquelle elles se trouvaient comprises. Au sommet de toute l'organisation figurait la *vente suprême*, espèce de comité directeur (dénomination célèbre sous la Restauration), qui avait son siége à Paris, et transmettait ses ordres aux hautes ventes, par l'organe de ses émissaires. Pour mieux garantir le secret, la charbonnerie avait pour règle de ne jamais rien confier de ses projets au papier, et de procéder uniquement par des communications verbales. Ordinairement chaque carbonaro ne connaissait que les membres de la vente à laquelle il appartenait. Tous s'engageaient, par serment, à ne rien divulguer des secrets de l'association, et le parjure devait être frappé de mort de la main d'un bon cousin que le sort désignait. Chaque membre était tenu d'avoir des armes, et, depuis le mois de septembre 1820 jusqu'au 16 mars 1821, il y eut même un comité spécialement chargé de la direction des entreprises militaires, dont les fonctions consistaient à ordonner des prises d'armes et des exercices réguliers. Cependant l'impulsion réactionnaire que la politique intérieure du cabinet français reçut par suite de l'intervention victorieuse de ses armes en Espagne, porta un coup très sensible à la charbonnerie, qui n'osa plus dès lors se montrer directement agressive en face du gouvernement. Malgré son affaiblissement, elle continua pourtant à travailler l'esprit de la na-

tion dans un sens libéral et révolutionnaire, jusqu'en 1830. Mais, en général, il faut reconnaître que la propagande des idées et des résolutions libérales en France s'exerça bien plus efficacement par l'intermédiaire des associations politiques, procédant ouvertement et dans un but avoué, comme, par exemple, la société *Aide-toi, le Ciel t'aidera*, que par les sociétés secrètes.

Pendant qu'en France le libéralisme sapait les fondements du trône mal affermi de la branche aînée des Bourbons, un peuple longtemps opprimé, mais peu à peu revenu au sentiment de ses droits en recueillant les souvenirs d'un passé glorieux, les Grecs, s'était soulevé, en Orient, contre la tyrannie musulmane. Une célèbre association, l'Hétérie (*voy.*), fondée à Vienne, en 1814, sur le modèle du *Tugendbund*, dans le but de propager davantage les lumières du christianisme et de fortifier le sentiment religieux et national chez les enfants de la Grèce, avait de loin préparé l'insurrection. En Pologne aussi, le sentiment de la nationalité humiliée produisit, dès l'année 1817, au sein de la jeunesse, diverses associations secrètes; mais la police impériale étant parvenue à les découvrir pour la plupart, elles se fondirent presque toutes en une seule, l'*Association patriotique*. Dans les années 1823 et 1824, celle-ci se mit en rapport avec une autre société, la *Ligue secrète*, qui avait ses principales ramifications en Russie même, dans les provinces du sud-ouest[*]. L'avortement de la conspiration qui éclata à Saint-Pétersbourg, après la mort de l'empereur Alexandre (*voy.* cet art., ainsi que NICOLAS et CONSTANTIN PAVLOVITCH), entraîna la dissolution de la société patriotique polonaise; mais, en 1828, une autre association, formée dans le même but, et qui avait son foyer dans l'école militaire de Varsovie, la remplaça. Cette dernière parvint à tromper la vigilance de la police, et c'est d'elle, comme auparavant de l'Hétérie, en Grèce, que partit, en 1830, le signal d'une lutte héroïque, dont l'issue malheu-

(*) Sur les sociétés secrètes en Russie, *voir* le *Rapport de la commission d'enquête* (trad. fr., Pétersb., 1826, p. 8 et suiv. S.

reuse priva la Pologne de sa nationalité.

En Allemagne, où les besoins et les désirs de liberté et d'unité reparurent à l'ordre du jour après le triomphe de la cause sacrée de l'indépendance territoriale, les associations qu'enfanta cette nouvelle tendance prirent surtout racine dans les universités. Nous en avons traité, et notamment de la grande *Burschenschaft*, au mot ÉTUDIANTS. Cette dernière, sur laquelle il serait superflu d'entrer dans de nouveaux détails, maintint dans son esprit, sinon dans ses fins et dans son objet, les principes et le mode d'action qui avaient autrefois animé et dirigé le *Tugendbund*. Elle ne prit qu'incidemment un caractère politique, qui ne fut d'ailleurs jamais avoué par la totalité de ses membres. Néanmoins les attaques et les incriminations multipliées contre elle par des champions trop fougueux des intérêts absolutistes et nobiliaires qu'elle menaçait, irritèrent l'exaltation de quelques jeunes gens jusqu'au fanatisme, et les portèrent à des attentats aussi coupables qu'irréfléchis. Tels furent l'assassinat de Kotzebue (*voy.*) par l'étudiant Sand, à Manheim, et quelques autres tentatives isolées du même genre, qui donnèrent lieu, en vertu des décrets de Carlsbad, à l'exercice des poursuites les plus rigoureuses contre une partie de la jeunesse académique, sous la présidence de la commission centrale d'enquête établie à Mayence. Cependant, malgré les défenses et les arrêts fulminés contre elle, la *Burschenschaft* ne s'éteignit pas encore; on la vit se relever, à diverses époques, avec des tendances analogues, quoiqu'elle adoptât en partie des formes et des noms différents; mais on ne saurait pourtant, jusqu'à la révolution de juillet, lui imputer aucune entreprise tendant d'une manière ostensible au renversement de la constitution politique de l'Allemagne.

Par la révolution de 1830, le but immédiat des sociétés politiques, secrètes et autres, nées en France sous la Restauration, se trouva temporairement atteint. Cependant, du fait accompli de l'établissement d'une charte et d'une dynastie nouvelles ne pouvait immédiatement résulter une harmonie telle qu'on vit s'effacer les mécontentements des partisans de la branche déchue et les prétentions de la fraction la plus bouillante des libéraux victorieux, qui aurait voulu suivre le principe démocratique jusque dans ses conséquences extrêmes, et ne tarda pas à rompre tout-à-fait avec la majorité, sincèrement attachée au gouvernement de son choix. Une situation pareille, compliquée de tant de mécomptes, de passions et d'espérances téméraires, contenait en elle le germe d'associations nouvelles. Il s'en forma d'abord au sein du parti légitimiste, et il est certain qu'à l'époque des tournées secrètes de Mme la duchesse de Berry en France, il existait plusieurs sociétés de cette couleur, surtout répandues dans les départements du midi. Mais elles eurent moins d'éclat et furent, en général, beaucoup moins redoutables au gouvernement que celles qu'on vit bientôt surgir dans le parti républicain. Le carbonarisme ressuscita sous le nom de la *charbonnerie démocratique*. Les principes professés par cette nouvelle association, qui comptait parmi ses chefs l'octogénaire Buonarotti (mai 1837), ancien et sincère partisan des idées de Babeuf (*voy.*), ont été développés par un de ses membres les plus influents, M. C. Teste, dans l'écrit intitulé : *Projet d'une constitution républicaine*. On y retrouve les mêmes théories égalitaires sur lesquelles Babeuf avait autrefois essayé de fonder son système, mais qu'ici l'auteur ne poursuit pas jusque dans leurs dernières conséquences, en élaguant tout ce qui lui paraît impraticable dans l'état actuel. Cependant les républicains les plus jeunes et les plus fougueux, pour gagner de l'influence sur les masses, préféraient le moyen des réunions publiques à celui de l'association secrète. Une des principales de ces sociétés, formées sans déguisement, fut celle des *Amis du peuple*, qui naquit peu de temps après la révolution de juillet. L'interdiction de ses assemblées occasionna la création de la fameuse société *des Droits de l'homme* (*voy.* T. VIII, p. 591), qui se divisa en sections pour se dérober à l'application de la loi. Mais le gouvernement l'ayant rendue, au contraire, de plus en plus rigoureuse, force fut à la société des Droits de l'homme de masquer une partie de son organisation et de ses projets. Ainsi se forma un comité secret, dit *section d'action*, composé des hommes les plus déterminés du parti. Mais, après les événements de Lyon et de Paris du mois d'avril 1834, troubles qui, dans la première de ces villes, avaient été principalement l'œuvre des *mutuellistes*, ouvriers associés pour se soustraire à la dépendance de leurs chefs d'atelier, ce comité fut dissous en même temps que la société des Droits de l'homme, lorsque le gouvernement, profitant de sa double victoire sur le parti républicain, parvint enfin à assurer l'exécution de la nouvelle loi sur les associations. Aujourd'hui il paraît certain que toutes les sociétés politiques sont à peu près mortes en France.

L'écho que la révolution de Juillet trouva chez les patriotes italiens réveilla l'activité du carbonarisme, dont le foyer principal se transporta, sur la fin de la même année, dans le canton du Tessin, puis, à la suite des réclamations de l'Autriche, à Genève et dans le canton de Vaud. Vers la fin de 1833, une partie des réfugiés italiens présents à Paris se rallièrent à la nouvelle charbonnerie française; mais bientôt le mécontentement qu'ils éprouvaient de l'inaction de cette société fut cause qu'ils s'en détachèrent de nouveau, et la fâcheuse issue de l'équipée de Savoie, dont nous avons parlé à l'art. *États* SARDES, rendit la scission complète, en 1834. Déjà celle-ci avait produit une nouvelle association secrète, la *Jeune Italie*. A son exemple, d'autres réfugiés polonais, allemands, etc., concoururent, en France et en Suisse, à former, des hommes de leur nation respective, des sociétés pareilles, qui, en s'alliant étroitement avec la précédente, prirent le nom de la *Jeune Europe* (*voy.*). Car, en Allemagne, la *Burschenschaft*, rappelée par la révolution de juillet à son rôle politique, n'avait pas mieux réussi que le carbonarisme, dans la Péninsule. Enhardie par la chute de Varsovie, la diète fédérale avait même, dès le 15 juillet 1832, étendu l'application des mesures de rigueur, adoptées par elle en 1819 à l'égard des universités, à toutes les associations et assemblées politiques quelconques. Une nouvelle commission centrale, installée à Francfort, en vertu d'une résolution de la diète du 20 juin 1833, fut chargée de poursuivre les promoteurs de l'agitation et de sévir contre eux, tandis que les fugitifs cherchèrent en grand nombre un asile en France, ou fixèrent leur séjour en Suisse, où ils se lièrent étroitement avec les réfugiés des autres nations. Les représentations des cabinets finirent par décider les autorités cantonnales à se prononcer pour la dispersion de cette association.

En Espagne, en Portugal, et dans les pays d'Amérique qui ont longtemps dépendu de ces deux couronnes, c'est l'ordre maçonnique qui, depuis le rétablissement du trône de Ferdinand VII, a toujours le plus influé sur la marche des révolutions. En outre, il faut mentionner, en Espagne, l'association des *communeros* (*voy.*), qui gagna de nombreux partisans dans les rangs inférieurs de l'armée, et se trouva presque continuellement en lutte avec les francs-maçons. Assez semblable dans la forme au carbonarisme, elle disparut avec la défaite du parti constitutionnel; mais, lors du retour des patriotes exilés, après la mort de Ferdinand VII, ses débris entrèrent dans différentes associations nouvelles.

Il nous reste à dire un mot de quelques associations britanniques qui ont joué un rôle dans les derniers temps, c'est-à-dire des loges orangistes (*voy.*), formées par les adversaires les plus véhéments de l'émancipation de l'Irlande et des projets d'O'Connell (*voy.*), et de la vaste association du *Repeal* ou société pétitionnaire du rappel de l'union, fondée par le célèbre tribun irlandais. Quoique désapprouvées par le gouvernement, elles se sont pourtant en général contenues l'une et l'autre dans les limites de la légalité. Il n'en fut pas de même des *chartistes* anglais, association radicale et turbulente d'ouvriers mécontents, dont un Irlandais, M. Fergus O'Connor, fut un des principaux meneurs, et qui se portèrent, en 1839, à des désordres et à des excès graves, dont les lots ont ensuite fait justice. Ces perturbateurs tiraient leur nom du projet de charte démocratique dont ils avaient réclamé l'adoption par le parlement. Quant aux *rebeccaïtes*, ces petits fermiers dans la principauté de Galles, dont les chefs se montrent en costume de femme et prennent tous le nom de Rebecca, nous ne saurions décider jusqu'à quel point il existe entre eux une association proprement dite, qui dirige leurs audacieux coups de main.   Ch. V.

SOCIÉTÉ (RÈGLE DE), *voy.* COMPAGNIE (*règle de*).

SOCIÉTÉ (ILES DE LA), archipel de l'océan Pacifique (*voy.* ce mot et OCÉANIE), situé entre les 16° et 18° de lat. S. et les 150° et 156° de long. occid., comprenant les îles de Taïti, de Tethuroa, d'Eimeo, de Maitea, de Huahine, de Raiatea ou Ulietéa, de Tahaa, de Borabora, de Maupiti et de Tubai. Découvert par Cook, en 1769, et peut-être déjà par Quiros, cet archipel est un des plus fréquentés de l'Océanie par les Européens. A l'exception des Mariannes, il est aussi le premier dont les habitants aient renoncé à l'idolatrie. Depuis 1815, ils ont presque tous embrassé le christianisme que des missionnaires anglicans leur avaient apporté. Ils paraissent déjà assez avancés dans la civilisation, surtout ceux de Taïti, de Raiatea, d'Huahine, et d'Eimeo, où sont établies des écoles et des imprimeries. Les missionnaires ont fondé à Eimeo une académie dite *de la mer du Sud*, pour l'instruction supérieure. Soumises presque toutes, il y a quelques années, au roi Pomaré II, les îles qui composent ce groupe sont aujourd'hui partagées entre plusieurs chefs.

TAÏTI (*Tahiti* ou *Otahiti*), la principale île de cet archipel, et l'une des plus étendues de la Polynésie, a environ 100 milles carr. anglais de circonférence (30 milles de long sur 20 de large). Elle en possède aussi le point le plus élevé après les pics de l'île Hawaï (*voy.* SANDWICH). Située sous le 17° 45' de lat. S., elle se compose de l'île proprement dite, et de la presqu'île de Taïarabou, qu'un isthme y joint. Les lieux les plus remarquables, surtout à cause de leur mouillage, sont : Pari (Paré), Papaoa (Papava), Matavae (Matavai), Papéiti, Papara, Aitipeha.

Le nom d'Otahiti réveille les souvenirs les plus agréables qui soient consignés dans l'histoire des voyages. Comblée de tous les dons de la nature, cette île enchanteresse parut un paradis terrestre aux navigateurs français et anglais qui la visitèrent les premiers. Qui n'a lu avec le plus vif intérêt les récits pleins de charme que Cook fait du climat et de la végétation de l'île, des mœurs douces et aimables des insulaires? Une température chaude, un sol bien arrosé, coupé de montagnes et de vallées, et disposé toute l'année à se couvrir des plus belles productions tropicales, un ombrage délicieux, des fruits savoureux, une mer abondante en poissons et en crustacés, un climat salubre, voilà ce que la nature a donné aux habitants. Elle les a dispensés des travaux pénibles par lesquels l'homme arrache ailleurs à la terre sa subsistance. Les fruits de quelques arbres joints aux taros, aux patates, aux yarus et à des coquillages suffisent à la nourriture du Taïtien; son pain est suspendu aux branches des arbres, son lait et son huile sont renfermés dans la noix de coco. Il n'a besoin ni de semer ni de labourer; les frimats ne le font point trembler pour sa récolte future, l'intempérie des saisons n'interrompt jamais les travaux des champs. Point de maisons maçonnées et fermées, point de précautions contre les attaques nocturnes et contre le vol. Un toit de larges feuilles, soutenu par des poteaux à l'ombre des bananiers et des cocotiers, voilà l'habitation du Taïtien. Cet abri léger ne comporte ni meubles ni décoration de luxe : la verdure suffit pour l'embellir. C'est sous le doux ombrage de ses arbres que l'insulaire se livre aux travaux faciles qui l'occupent dans la journée, respirant un air embaumé par la végétation. Le spectacle enivrant des danses des femmes de cette île, nymphes à la peau olivâtre, la faisait déjà regarder à Cook comme une seconde Cythère. Aussi Bougainville lui a-t-il donné ce nom. «Qu'il y a loin, s'écrie le voyageur anglais, du caractère aimable et enjoué des Otahitiens à la férocité des habitants d'autres archipels! —Otahiti, ajoute-t-il, dut paraître aux voyageurs le séjour des plaisirs, de la paix et du vrai bonheur. » Malheureusement il y a un revers au tableau séduisant tracé par Cook : le peuple sensuel de cette île se livrait, sans rougir, aux vices les plus honteux ; la prostitution était générale parmi les femmes, et à l'arrivée des Européens elle fut, par cupidité, encouragée de la part des pères, des frères et des maris. Une religion superstitieuse effrayait de ses terreurs mystérieuses l'esprit faible des insulaires ; les *moraïs* (tombeaux de famille), dont on comptait plus d'une centaine dans l'île, étaient fréquemment souillés du sang des victimes humaines. Une sorte de féodalité pesait sur la population : les *aréoï* formaient la haute aristocratie, et disputaient le pouvoir aux rois ; ces vassaux, dont les terres se transmettaient sans partage, avaient au-dessous d'eux des *tavanas*, espèce de barons et d'arrière-vassaux qui combattaient pour eux, et faisaient aussi la guerre pour leur propre compte. Les chefs de Taïti et des îles voisines se livraient des guerres acharnées ; ils opprimaient les femmes, partageaient le pouvoir avec des jongleurs fanatiques ; la caste aristocratique mettait sans scrupule à mort les enfants nouveau-nés du sexe féminin. Bref, la cruauté et la débauche dégradaient une race pour laquelle la nature avait tout fait, et que l'on pouvait regarder comme une des plus favorisées du globe.

Depuis que des relations se sont établies entre l'Europe et Taïti, l'état moral et matériel de cette île a beaucoup changé ; elle présente maintenant un spectacle peu satisfaisant, et même affligeant jusqu'à un certain point. La population, autrefois de 100,000 âmes, est réduite, par suite de maladies affreuses, à 6 ou 7,000. Les insulaires n'ont plus cette naïveté enjouée qui a charmé les premiers voyageurs. Ils essaient de s'affubler de vêtements européens, d'imiter les usages des blancs ; ils s'enivrent ; la prostitution, quoique prohibée, a lieu comme par le passé, mais moins ouvertement. Les missionnaires, qui y ont 66 églises, interdisent le tatouage, la danse, et forcent ces insulaires, jadis si gais, si insouciants, à la rigide observation du culte, et surtout à écouter de longs sermons, à chanter force psaumes. La cupidité est éveillée par les bénéfices que leur offre le commerce des viandes de porc salé, du sucre, de l'arrow-root, de la nacre, qu'ils échangent contre des métaux, des étoffes, du tabac, des boissons fortes, ou contre des espèces.

Leur langage est doux et sonore ; il fut le premier idiome polynésien fixé par l'écriture ; les missionnaires ont traduit les saintes Écritures et divers autres ouvrages dans cette langue.

Taïti est restée inconnue aux Européens jusqu'au XVIIIe siècle, car on peut douter que ce soit cette île que le navigateur espagnol Quiros ait visitée au XVIIe siècle et à laquelle il avait donné le nom de *Sagittaria*. Quoi qu'il en soit, les premiers navigateurs, Wallis, Cook et Bougainville, trouvèrent à Taïti un roi nommé Amo en possession du pouvoir, non seulement sur cette île, mais encore sur les îles voisines. Après ce roi, un chef nommé Otou, qui dans la suite prit le nom de Pomaré, s'empara du trône, aidé dans cette entreprise par les présents et les armes qu'il avait reçus des navigateurs européens. En 1803, son fils lui succéda, sous le nom de Pomaré II. Le règne de ce prince est remarquable par la révolution tant politique que religieuse qui s'opéra dans l'île. Dix-huit missionnaires méthodistes anglais étaient venus, en 1797, s'y établir ; ils y eurent d'abord très peu de succès, et lorsque, vers 1809, une révolte des chefs força Pomaré à se réfugier dans l'île d'Eimeo, les missionnaires le suivirent. C'est alors que, lui faisant espérer le secours du Dieu des chrétiens, ils réussirent à l'amener peu à peu au christianisme : il abjura le culte du dieu Oro, en 1812, et, l'année suivante, aidé d'un parti dans l'île, il vint reprendre possession de son trône. Le parti païen s'arma contre lui : une bataille sanglante fut livrée, Pomaré resta vainqueur, et, d'après le conseil des missionnaires, il fit grâce aux vaincus. Cette clémence eut un effet prodigieux pour augmenter les conversions. Dès lors les missionnaires établirent publiquement le culte chrétien, et devinrent très puissants. Après la mort de Pomaré II, ils firent élire son fils, et rédigèrent une espèce de constitution qui fut adoptée dans une assemblée générale, et qui, mêlant le sacré et le profane, se ressentait de l'inexpérience des missionnaires dans les affaires de gouvernement. Pomaré III étant mort jeune, en 1827, sa sœur Aïmata a été appelée à lui succéder sous le nom de Pomaré-Vahiné.

Conquis à la civilisation par des missionnaires anglais, qui n'oublient jamais leur patrie, convaincus d'ailleurs eux-mêmes de leur insuffisance, les chefs indigènes de Taïti demandèrent au roi de la Grande-Bretagne de les prendre sous sa protection immédiate et de leur accorder le pavillon anglais. Canning était alors ministre des affaires étrangères. L'amirauté consultée émit l'avis que l'accession de cet archipel à l'empire Britannique serait une charge plus onéreuse que profitable à l'état; en conséquence le ministère répondit par un refus à l'offre des Taïtiens. En 1823, l'île proclama son entière indépendance et adopta pour pavillon un drapeau rouge surmonté d'une étoile blanche. Mais, en 1842, les Français ayant pris possession des îles Marquises, l'amiral Dupetit-Thouars se présenta devant Taïti pour réclamer des indemnités en faveur de ses nationaux, victimes de toutes sortes d'injustices, annonçant qu'il était prêt à user de la force pour les obtenir. La reine, effrayée, consentit alors, pour se libérer, à mettre son pays sous la protection de la France. Le 9 septembre, elle signa avec l'amiral un traité par lequel elle acceptait le protectorat du roi des Français. Un gouvernement provisoire fut établi, et l'amiral fit flotter sur l'île un pavillon protecteur, signe de notre souveraineté extérieure. Le roi ratifia ce traité, et l'amiral, revenu à Papéiti le 1er novembre 1843, notifia cette acceptation à la reine ainsi qu'aux consuls étrangers. Mais depuis son départ de cet archipel, les dispositions de la reine avaient bien changé. « J'étais bien convaincu à l'avance, dit l'amiral dans son rapport officiel, que notre position aux Marquises entraînerait les officiers de la marine britannique à chercher à s'établir à Taïti; et on ne peut douter que sans le pavillon du protectorat le leur eût été arboré sur cette île avant que le roi eût eu la faculté de se prononcer. » En effet, dans le mois de janvier 1843, une corvette anglaise arriva à Taïti, et, trouvant la France installée, le commandant s'efforça de souffler la discorde; bientôt un missionnaire consul, nommé Pritchard, débarqua dans l'île et fit tout pour l'enlever à notre influence. La reine, espérant le secours de l'Angleterre, chercha dès lors à revenir sur ce qu'elle avait fait. Elle déclara que sa signature lui avait été pour ainsi dire arrachée. Une lettre fut écrite en son nom à la reine d'Angleterre afin d'implorer son secours; un pavillon de fantaisie fut arboré sur l'habitation de la princesse, etc. A la vue de tant de signes de mauvais vouloir, l'amiral Dupetit-Thouars demanda formellement à Pomaré-Vahiné d'amener sans retard son pavillon, qu'il regardait comme le symbole d'une résistance organisée par des agents anglais. Sur son refus, il descendit à terre, et prit possession de Taïti le 6 novembre. Mais le gouvernement français a désavoué son amiral et déclaré vouloir s'en tenir au traité de protectorat. — *Voir* Ellis, *Polynesian Researches* (1829, 2 vol.); Barrow, *Otaheite and Pitcairne's Island*; Stewart, *Visit to the South seas*; Dumont d'Urville, *Voyage autour du monde*; H. Lutteroth, *O-Taïti, Histoire et Enquête* (Paris, 1843, in-8°), etc.

Du royaume de Taïti dépend aussi l'île de *Tethuroa*, qui est composée de cinq îlots enfermés dans un récif: ce petit pays est renommé pour la salubrité de l'air qu'on y respire. Suivant le capitaine Beechey, plusieurs îles de l'archipel Pomotou seraient tributaires du roi de Taïti. *Eimeo* (Moorea), autre île du groupe de la Société, est remarquable par sa fertilité, ses paysages, ses deux beaux ports, sa fabrique de cotonnades, son atelier de charpente, son collège, etc. Elle possède un des plus hauts pics de la Polynésie. Elle était autrefois soumise à un chef nommé Mahiné. *Maitea* (peut-être la Dezena de Quiros, l'Osnabruck de Wallis, le Boudoir ou le Pic de la Boudeuse de Bougainville) est une île petite, haute et d'un aspect agréable; les huîtres perlières abondent sur ses côtes. *Huahine* (Wahine) a un bon port et des montagnes volcaniques, ainsi que *Tabouai-Manou. Raiatéa* ou *Ulietéa* a de bons ports, est bien peuplée, et ses habitants sont assez avancés dans la civilisation. *Tahaa* (Otaha) est entourée du même récif que Raïatéa; elle a cependant quelques ports dans lesquels on pénètre par des ouvertures que laisse le récif. *Borabora* est une petite île, mais des plus belles et jouissant du meilleur port, nommé Vatapé. On y voit une montagne escarpée. *Maupiti* (Maurua) est remarquable par son pic. Enfin, *Tubai* (Motou-iti), la plus septentrionale, est composée d'îlots très bas et boisés. La pêche y est très abondante. **D-G.**

SOCINIENS, nom donné aux partisans des opinions religieuses de LÉLIUS et de FAUSTE SOCIN. Le premier, de l'illustre famille des *Sozzini*, naquit à Sienne, en 1525. Il embrassa la carrière du barreau, dans laquelle il acquit de la réputation; mais il quitta l'étude de la jurisprudence pour celle de la théologie. Bientôt des doutes s'élevèrent dans son esprit sur différents dogmes de la religion. Poussé par le désir de s'instruire, Lélius Socin voyagea en Suisse et en Allemagne afin de consulter quelques-uns des réformateurs les plus célèbres de cette époque, et il se fixa à Wittenberg, où il passa près de trois ans à étudier les langues orientales. Ses talents et son zèle lui gagnèrent l'amitié de Mélanchthon; il est vrai qu'il dissimulait alors ses opinions hétérodoxes. De Wittenberg, il se rendit en Pologne où il se lia avec plusieurs personnes qui pensaient secrètement comme lui. Malgré le soin qu'il mettait à cacher ses sentiments, il fut soupçonné d'hérésie, et il ne put échapper aux persécutions qui le menaçaient qu'en s'enveloppant d'un mystère plus profond encore. Il passa les dernières années de sa vie à Zurich, où il mourut en 1561 (*Voir* Illgen, *Vita Lælii Socini*, Leipz., 1826), léguant ses manuscrits et ses opinions à son neveu, Fauste Socin.

Né à Sienne en 1539, Fauste, à l'âge de 20 ans, avait dû quitter sa ville natale, soupçonné d'opinions hérétiques, et s'était retiré à Lyon. Ce ne fut cependant qu'après la mort de son oncle qu'il commença à répandre ses sentiments dans quelques brochures pseudonymes. Menacé par l'inquisition, il s'enfuit de Florence où il avait passé plusieurs an-

nées à la cour du grand-duc, et alla chercher un asile à Bâle. Il se rendit ensuite dans la Transylvanie, où il trouva beaucoup de partisans, ainsi qu'en Pologne. Ces deux pays comptaient déjà un grand nombre de communautés unitaires, mais elles professaient des opinions différentes des siennes sur plusieurs points, et elles ne voulurent pas l'admettre dans leur sein. Il lui fallut donc réunir ses sectateurs en église particulière. Persécuté par toutes les autres communions, il mourut en Pologne en 1604. Ses œuvres se trouvent dans la *Bibliotheca fratrum Polonorum*, t. I et II. On en a récemment publié un choix en français.

Fauste Socin fut le précurseur du rationalisme (*voy.* ce mot). Il rejetait non-seulement tout ce qui est contraire aux lois de la raison, mais encore tout ce qui est au-dessus, et ne voulait admettre comme vérité dogmatique que ce que cette orgueilleuse peut comprendre. Il ne croyait donc ni à la divinité de Jésus-Christ ni à la Trinité. Dans les premiers siècles du christianisme, Paul de Samosate, Sabellius et d'autres, et à l'époque même de la réforme, Hezzer, Campanus et Servet avaient professé les mêmes opinions anti-trinitaires. En Italie, en Suisse, en France, en Allemagne, s'étaient déjà présentés de hardis novateurs qui attaquaient avec une violence égale les confessions de foi de l'Église catholique et de l'Église évangélique, et qui avaient fondé une foule de sectes dissidentes, s'éloignant sans doute les unes des autres en beaucoup de points de leurs doctrines, mais s'accordant sur d'autres, et principalement dans leurs efforts pour tout expliquer. Cette opposition à tout ce qu'il y a d'incompréhensible, de surnaturel dans la religion, reçut alors le nom général de *socinianisme*. Poursuivis avec acharnement par les protestants comme par les catholiques, les *sociniens* ou *unitaires*, comme ils aimaient à s'appeler, ne trouvèrent de tolérance qu'en Transylvanie et en Pologne où plusieurs seigneurs, et même le roi Étienne Bathori, les prirent sous leur protection. Malgré la variété de leurs confessions de foi, ils ne purent jamais parvenir à en formuler une qui réunît tous les suffrages, et ils restèrent divisés en une multitude de petites communautés sans lien commun. Leurs docteurs les plus célèbres furent, dans le xvii⁰ siècle, Jean Crell, Christophe Osterod, Jonas Schlichting, Valentin Schmalz, Jean Vœlkel, M. Ruarus, Jean-Louis baron de Wollzogen, et surtout André Wissowatius. Pour se donner une apparence d'orthodoxie, ils calquaient en général leur symbole sur celui des apôtres. Rarement ils avouèrent franchement et hautement leurs véritables opinions, et presque toujours ils attachaient un sens détourné aux expressions dont ils se servaient. Quelques-uns même se permirent d'altérer les confessions de foi qui avaient été rangées au nombre de leurs livres symboliques. La plupart de leurs écrits dogmatiques et apologétiques ont été publiés à Rakow, en Pologne (palatinat de Sandomir), où ils avaient établi une imprimerie et un séminaire. Le catéchisme de cette ville (le grand, 1605, le petit, 1629) donne une idée assez claire, quoique incomplète, de leur doctrine. Dans le xviii⁰ siècle, les opinions sociniennes se répandirent dans quelques universités d'Allemagne, mais elles furent bientôt extirpées. En Pologne aussi les sociniens finirent par être en butte à beaucoup de persécutions; cependant on ne parvint pas à les anéantir entièrement. Aujourd'hui ils comptent encore un assez grand nombre de communautés florissantes dans la Transylvanie, où ils sont tolérés sous le nom d'unitaires. *C. L.*

SOCRATE, le plus grand nom peut-être du monde antique, le réformateur de la philosophie grecque, l'auteur de la révolution morale qui a préparé de loin la révolution chrétienne.

Socrate naquit à Athènes, la 4⁰ année de la lxxvii⁰ olympiade, ou l'an 470 avant notre ère, le 6⁰ jour du mois thargélion, qui répond à peu près au milieu de mai. Son père, Sophronisque, était sculpteur, et sa mère, Phénarète, sage-femme. Né dans la pauvreté, la tradition rapporte qu'il apprit d'abord le métier de son père, et, selon Pausanias, on voyait à l'entrée de la citadelle d'Athènes un de ses ouvrages, les statues des Grâces voi-

lées; le scoliaste d'Aristophane les place derrière la Minerve de Phidias. Peut-être dut-il à ces habitudes de sa jeunesse le goût du beau qu'il conserva toute sa vie, et qui fut un des sentiments directeurs de sa conduite. D'un autre côté, il fait lui-même, dans le *Theœtète* de Platon, une allusion ingénieuse aux habitudes d'esprit qu'il contracta, comme par imitation, du métier de sa mère; il se donne pour l'accoucheur des âmes. Cependant Criton, riche Athénien, qui l'aida de ses conseils et de ses secours, le décida à quitter la carrière d'artiste pour se livrer à l'étude des sciences. L'histoire de sa vie, peu féconde en événements, est tout entière dans le développement de ses idées, dans l'influence qu'il exerça sur ses contemporains, et en particulier sur la jeunesse. Cette époque était celle du règne des sophistes, de ces rhéteurs, habiles artisans de phrases et dialecticiens subtils, qui improvisaient sans préparation sur tous les sujets, et enseignaient à soutenir indifféremment le pour et le contre. On conçoit les ravages que devaient faire dans les esprits leurs promesses fallacieuses, au milieu de l'anarchie intellectuelle et sociale où la Grèce se trouvait alors plongée, et dans un temps où le talent de la parole était l'unique source du pouvoir et de la fortune. Les plus célèbres de ces sophistes, Gorgias de Léontium, Protagoras d'Abdère, Prodicus de Céos, Hippias d'Élis, Polus d'Agrigente, Thrasymaque de Chalcédoine, Euthydème de Chios, affluaient à Athènes où ils trouvaient de nombreux disciples et un théâtre ouvert à toutes les spéculations de la philosophie et de la politique. Quel effet les leçons de ces maîtres d'erreur, de ces apôtres du scepticisme, durent-elles produire sur un esprit sain, avide de pénétrer les secrets du monde physique et intellectuel? Plus on les écoutait, plus on voyait crouler les bases de toute certitude. Il est donc naturel que la première tâche entreprise par Socrate ait été de combattre ce Protagoras, qui soutenait l'impossibilité, pour l'homme, de parvenir à la connaissance de la vérité; ce Gorgias, qui employait les ressources d'une éloquence éblouissante et d'une dialectique captieuse à démontrer que rien n'existe, et que s'il existe quelque chose, nous sommes dans l'impossibilité de le prouver ; ce Prodicus, qui présentait la vie comme un présent funeste fait à l'homme par la nature, et le retour au néant comme la délivrance la plus désirable ; enfin tous ces sophistes qui, comme Polus et Thrasymaque, niaient toute différence entre le bien et le mal, entre le juste et l'injuste. Une circonstance qui contribua puissamment à le détourner de cette fausse sagesse et à chercher la lumière dans une voie nouvelle, ce fut la méditation profonde qu'il fit de la célèbre inscription du temple de Delphes : *Connais-toi toi-même.* Conformément à ce précepte du dieu, il commença à rentrer en lui-même, à réfléchir sur les phénomènes intimes de sa conscience, et surtout sur les lois qui président à nos actions. Il prit dès lors la résolution de consacrer sa vie à éclairer ses concitoyens sur l'intérêt le plus élevé des êtres intelligents, et de travailler sans cesse à cultiver en eux la nature morale. Ce plan de conduite le constituait en état de guerre avec les sophistes. Pour les combattre, il employa une méthode dont le double procédé est célèbre dans l'antiquité, sous les noms d'*ironie* et d'*induction socratiques.* Pour amener ses adversaires à dévoiler eux-mêmes la fausseté de leurs principes, et leur arracher l'aveu des contradictions et des absurdités qui étaient la conséquence rigoureuse de ces principes, il s'adressait à eux avec toute l'humilité de l'ignorance ; il interrogeait ces présomptueux docteurs comme pour s'instruire, et de questions en questions il les réduisit à se condamner eux-mêmes par leurs propres réponses, et à avouer leur défaite en présence de ce jeune auditoire que leurs idées fausses risquaient de pervertir. Cette méthode même de Socrate, et sa manière de philosopher, lui étaient en quelque sorte imposées par le genre d'adversaires qu'il voulait démasquer et par les habitudes de ses compatriotes qu'il voulait instruire. On sait que les Athéniens passaient leur vie sur les places publiques, dans les gymnases et les jardins qui environnaient la ville. Dans son projet de fonder l'enseignement populaire de la morale et d'obéir à la mission qu'il croyait avoir reçue comme maître de la sagesse pratique, Socrate se rendait donc tous les jours sur les places publiques et dans les lieux de réunion les plus fréquentés. Il entrait dans les boutiques des marchands et des artisans, et il s'entretenait avec ceux qu'il rencontrait sur tous les rapports de la vie sociale ; sur les relations de famille, les devoirs de la religion et toutes les questions de morale. Avec les jeunes gens, comme avec les gens du peuple, avec les esprits peu exercés à penser, il s'efforçait de se mettre à leur portée, en rattachant ses leçons aux idées qui leur étaient habituelles. De là ces images familières, ces exemples empruntés à la vie usuelle, ces comparaisons tirées des métiers de forgeron, de cordonnier, de corroyeur, par lesquelles il savait attirer leur attention. Mais une haute sagesse se cachait sous cette écorce grossière, et plus on pénétrait dans le sens de ses paroles, plus l'âme se sentait captivée. Qu'on lise, dans le *Banquet de Platon*, l'admirable éloge qu'Alcibiade y fait de l'enseignement de Socrate, et la puissance avec laquelle il remuait le cœur de ses jeunes auditeurs. C'est ainsi, comme on l'a dit, qu'il a fait descendre la philosophie du ciel sur la terre, en s'appliquant à lui donner toujours une direction pratique.

Ce dédain qu'il témoignait pour les spéculations qui n'avaient aucun rapport avec le perfectionnement moral de l'homme, il ne l'avait conçu qu'après s'être livré sérieusement à l'étude des mathématiques, de l'astronomie et de la physique. Il avait eu pour maître Théodore de Cyrène, le plus célèbre des géomètres de cette époque. Il avait aussi consacré beaucoup de temps à l'examen des théories cosmologiques d'Anaxagore et d'Archélaüs. On a mis en doute qu'il eût connu personnellement Anaxagore ; mais du moins avait-il étudié ses écrits, et il eut le mérite de compléter ce qu'Anaxagore avait commencé. Ce qui assure en effet la gloire de ce dernier, c'est d'avoir aperçu la nécessité d'une intelligence souveraine, et de l'avoir, le premier d'entre les physiciens, mise à la tête de la cosmogonie. Mais en donnant à cette intelligence suprême les attributs de la sagesse, de la justice et de la bonté, Socrate fit faire un pas immense à la science morale et à la théologie : ce pas marque une époque décisive dans l'histoire de l'idée de Dieu.

Socrate eut des idées non moins saines et non moins élevées sur l'âme humaine. Il la regardait comme d'origine divine et d'une nature entièrement différente du corps, mais en rapport avec la divinité par la raison et la faculté de penser. Il distinguait en effet une âme sensible et une âme raisonnable, et il prétendait que les passions étaient implantées avec l'âme dans le corps, vers lequel elles s'efforçaient de la ramener. Il croyait fermement à l'immortalité de l'âme, et les motifs de cette croyance étaient tirés de la dignité même de l'âme, de l'état de rêve, de l'idée d'une existence antérieure, et de la nature de l'être divin, dont l'âme est issue. Il regardait la mort comme un passage à une vie meilleure, du moins pour les gens de bien, et dans son *Apologie* il parle avec une certitude calme de ses espérances; il se sent doucement ému à la pensée de se trouver réuni avec les hommes les plus vertueux des siècles passés; il s'apprête à paraître sans peur devant des juges incorruptibles, et il espère trouver dans le séjour des bienheureux la récompense d'avoir ici-bas cherché la verité et lutté pour la vertu. Les âmes des méchants au contraire sont plongées dans un lieu de supplices, pour y être améliorées et épurées par les châtiments.

Socrate fonda sa morale sur sa doctrine religieuse. C'est pour obéir à la volonté de Dieu que l'homme doit conformer sa conduite à la règle du bien. On peut regarder comme le principe de sa morale la loi suivante : « Fais ce que la divinité te commande. » Il disait que la vertu est la vraie sagesse, et que le penchant au mal ne diffère pas de la folie. Il prétendait que l'homme qui connaît le bien, le fait aussi, parce que l'homme agit d'ordinaire en vertu de ce qu'il sait.

Il était âgé d'environ 30 ans, lorsqu'il prit la résolution de consacrer sa vie au culte de la sagesse et à combattre les corrupteurs de la morale. Si nous le considérons comme citoyen, nous trouverons qu'il remplit avec une scrupuleuse exac-titude tous les devoirs qui lui étaient imposés. Il ne sortit d'Athènes que lorsqu'il était requis pour le service militaire, et une fois pour se rendre aux jeux isthmiques. Trois fois il fut appelé pour porter les armes : la première fois à l'âge de 39 ans, la première année de la guerre du Péloponnèse, au siége de Potidée, en Thrace; il y surpassa tous ses compagnons par la constance avec laquelle il supporta les fatigues d'une campagne d'hiver; il s'y distingua par sa bravoure, y sauva la vie à Alcibiade, et abandonna à ce jeune homme le prix que sa valeur avait mérité. Sept ans plus tard, en 424, il porta les armes à Délium, et fut le dernier à se retirer devant l'ennemi; là encore il sauva la vie au jeune Xénophon. Enfin, en 430, il servit avec Cléon contre Amphipolis, en Thrace : ce fut la dernière fois qu'il prit les armes. Toujours il apporta la même exactitude et le même zèle à remplir ses devoirs de citoyen. Sa conduite en effet ne fut pas moins exemplaire, lorsque dans la 65e année de son âge, sous le gouvernement des Trente, il fut élu par le sort membre du conseil des Cinq-Cents, et porté aux fonctions d'épistate : c'était celui des membres qui, le jour où il remplissait ces fonctions, présidait l'assemblée du peuple et gardait la clef de la citadelle et du trésor public. Alors les dix généraux de l'armée étaient accusés de crime capital, parce qu'après la bataille navale des Arginuses, la tempête les avait empêchés de remplir le devoir sacré d'ensevelir les morts. Les ennemis des généraux innocents faisaient jouer toutes les ressources de l'intrigue pour obtenir du peuple une condamnation à mort contre eux. Déjà ils avaient fait dissoudre plusieurs assemblées du peuple, parce qu'ils avaient vu la majorité disposée à les absoudre. Enfin une assemblée eut lieu le jour même où Socrate était épistate. Les démagogues, voyant les passions populaires soulevées, proposèrent avec perfidie une forme inusitée et irrégulière de jugement, qui aurait infailliblement entraîné leur condamnation. Les collègues de Socrate, effrayés des menaces de la populace, approuvaient déjà cette violation des formes légales ; Socrate seul, intrépide au milieu des clameurs, refusa de violer le serment qu'il avait prêté, et persista à voter conformément à la loi. Il obtint ainsi ce triomphe digne d'envie, de pouvoir, dans son propre jugement, rappeler à ses ennemis que lui seul avait sauvé ces dix innocents de leur perte imminente.

Il est aisé de concevoir combien d'ennemis durent lui susciter sa courageuse intégrité, sa véracité incorruptible, sa persévérance à démasquer l'hypocrisie, la présomption, l'ignorance et les vues intéressées. Les sophistes qu'il avait discrédités, les poëtes comiques dont il blâmait la licence, les démagogues qu'il avait si souvent convaincus de sottise, n'eurent pas de peine à le faire considérer comme un sophiste aussi subtil et aussi habile, mais plus dangereux que tous ceux qu'il avait combattus et décriés; comme un corrupteur de la jeunesse, qu'il jetait dans le doute, et à laquelle il inspirait de l'aversion pour les institutions du pays. Déjà les poëtes comiques, Aristophane dans les *Nuées*, Amipsias dans son *Connus*, et Eupolis dans les *Baptes*, avaient dirigé contre Socrate les attaques les plus mordantes. On sait que la représentation des *Nuées* est antérieure de 24 ans au procès de Socrate. Cependant les griefs articulés contre le sage sont les mêmes, et rédigés dans les mêmes termes que les accusations dirigées contre lui par Aristophane : on lui reproche en effet de ne pas reconnaître les dieux de l'état, d'introduire de nouvelles divinités et de corrompre la jeunesse. De plus, Socrate n'avait jamais dissimulé sa pensée sur les funestes conséquences des formes démocratiques du gouvernement d'Athènes, où, par une passion excessive de l'égalité, la loi faisait dépendre du sort l'élection des juges et des magistrats de tous les ordres. Comme la plupart des hommes supérieurs de son pays, il avait laissé apercevoir sa prédilection pour l'aristocratie, comme beaucoup plus favorable à la direction des affaires publiques. Un de ses disciples, Critias, avait été un des principaux membres du gouvernement des Trente, établi à Athènes par Lacédémone, à la fin de la guerre du Péloponnèse. Un autre de ses disciples, Alcibiade, avait été déclaré ennemi public. Anytus,

citoyen riche et partisan de la démocratie, qui avait été persécuté par les trente tyrans, prêta son appui aux ennemis de Socrate; en les secondant, il servit à la fois sa haine personnelle et la vengeance du parti populaire. Mélitus, jeune poëte obscur et sans talent, présenta au second archonte une dénonciation contre Socrate, comme ayant introduit des divinités nouvelles, sous le nom de génies, et corrompu la jeunesse d'Athènes. Cette accusation concluait à la peine de mort; elle était soutenue par Anytus, et par Lycon, un des orateurs qui avaient alors le plus de crédit auprès de la multitude. Socrate, fort de sa conscience, dédaigna de recourir aux moyens qu'employaient ordinairement les accusés pour se rendre les juges favorables, tels que des harangues artistement composées, les sollicitations de ses amis, les larmes de sa femme et de ses enfants. Il refusa de se servir d'un discours touchant que Lysias, le plus éloquent des orateurs de son temps, avait préparé pour lui, et il répondit à Hermogène, qui le conjurait de travailler à sa défense : « Je m'en suis occupé toute ma vie. » Il pensait en effet que sa vie entière, passée sous les yeux de ses concitoyens, devait être un témoignage suffisant de son innocence. C'est dans ces dispositions qu'il comparut devant le tribunal des héliastes, composé de cinq à six cents juges ou jurés, car ils étaient choisis par le sort dans les dix tribus. Il repoussa les accusations intentées contre lui en peu de mots et avec un noble orgueil, et il rappela ses services. Les juges, au nombre de 556, ayant été aux voix, 281 suffrages contre 275 le déclarèrent coupable. Trois voix de plus en sa faveur eussent donc suffi pour l'absoudre. Il est évident que la plus légère démarche faite pour fléchir ses juges, ou moins de fierté dans sa défense, aurait amené ce résultat. Quand la loi ne déterminait pas la peine, on laissait au condamné la faculté d'indiquer lui-même celle qu'il s'imposait. Socrate pouvait donc faire substituer à la peine de mort proposée par Mélitus, un exil, ou la prison, ou une amende. Socrate, ne voulant pas sans doute se reconnaître coupable en s'infligeant lui-même un châtiment, déclara que pour s'être voué tout entier au service de sa patrie, pour avoir travaillé sans cesse à rendre ses concitoyens vertueux, pour avoir dans cette vue négligé ses affaires domestiques et tous ses intérêts, il se condamnait à être, le reste de ses jours, nourri dans le Prytanée (*voy.*) aux frais de la république. Cette justice qu'il se rendait à lui-même parut le comble de l'arrogance, et acheva d'indisposer les juges, déjà blessés des leçons qu'il leur avait faites : 80 des voix qui lui avaient été favorables passèrent contre lui, et il fut condamné à boire la ciguë. Il reçut la sentence avec le même calme, et se rendit en prison avec une sérénité inaltérable. Il consola ses amis affligés, et leur fit remarquer que dès le jour de sa naissance la nature l'avait condamné à mourir. Le jour même où il entra dans la prison, le vaisseau sacré chargé de porter des offrandes au temple d'Apollon à Délos partit d'Athènes. Or une ancienne loi défendait de mettre à mort les condamnés pendant l'absence de ce vaisseau. Ce précieux délai fut mis à profit par le sage et par ses disciples. Tous les matins, ses amis se réunissaient auprès de lui, et il se livrait avec eux à ses entretiens habituels sur le vrai, le beau, le bien, sur la justice, sur toutes les questions de la morale. Platon, dans deux de ses beaux dialogues, le *Phédon* et le *Criton*, a recueilli la substance de ces précieux entretiens. Socrate prouvait par son exemple que le strict accomplissement du devoir assure à l'homme le calme intérieur, le véritable bonheur qu'il lui est donné de connaître sur la terre. Cependant ses amis étaient inconsolables à l'idée de sa perte prochaine, et le projet de le délivrer de sa prison ne pouvait manquer de venir à leur pensée. Un d'eux, Simmias le Thébain, était prêt à fournir autant d'argent qu'il en aurait fallu pour gagner le gardien : mais naturellement ils n'osèrent rien entreprendre sans le consentement de leur maître, et, d'après sa manière de voir, bien connue d'eux-mêmes, il y avait peu de chances qu'il se rendît à leurs prières. Ils voulurent du moins en faire l'essai. Son ancien et fidèle ami Criton se chargea de le tenter. La veille du jour où Socrate devait boire la ciguë, Criton entra de bonne heure dans sa prison ; le juste dormait encore. Après avoir attendu son réveil, Criton lui soumit la prière de ses amis, en y joignant les motifs que pouvaient suggérer la position particulière de Socrate et le soin de sa famille. Celui-ci le remercia de cette preuve d'amitié, mais il déclara que cette fuite ne pouvait s'accorder avec les préceptes qu'il avait enseignés toute sa vie, et que l'injustice même dont il était victime ne pouvait le dispenser de rester fidèle à ses principes et de remplir jusqu'au bout tous ses devoirs de citoyen. Toute cette scène est représentée en détail dans le dialogue de *Criton*. Le vaisseau fatal étant de retour à Athènes, les magistrats annoncèrent à Socrate qu'il devait mourir le jour même et lui firent ôter ses fers. Ses amis entrèrent ensuite, et il fit retirer sa femme Xanthippe, qui s'abandonnait au désespoir, et bientôt commença ce célèbre entretien où le sage, instruisant pour la dernière fois ses disciples, s'attacha à leur prouver que l'âme est immortelle. Lorsqu'il prit la coupe de poison pour la porter à ses lèvres, ses amis fondirent en larmes. « Que faites-vous, leur dit-il, ô mes amis! j'ai toujours ouï dire qu'il fallait mourir avec de bonnes paroles : montrez donc plus de fermeté. » Sentant ses jambes s'appesantir, il se coucha sur le dos. L'homme qui lui avait donné le poison avertit les amis de Socrate que tout serait fini dès que le froid aurait gagné le cœur. Déjà tout le bas-ventre était glacé, lorsqu'il dit à Criton : « Nous devons un coq à Esculape. » Ce furent ses dernières paroles. Il regardait la mort comme la guérison de tous les maux. Il mourut à 70 ans, l'an 470 av. J.-C. Bientôt après, les Athéniens reconnurent son innocence et lui érigèrent une statue en bronze, ouvrage de Lysippe.

Il ne reste aucun écrit de Socrate, si ce n'est le début d'un hymne à Apollon, cité par Diogène Laërce, et l'une des fables d'Ésope qu'il avait mises en vers. Les ouvrages de Xénophon, notamment ses *Mémoires sur Socrate* et les dialogues de Platon (*voy.* leurs art.), sont les sources principales où l'on peut chercher la connaissance de sa doctrine.

En résumé, Socrate a été le missionnaire du spiritualisme dans les temps antiques. Ce qui lui a conquis l'admiration des siècles, c'est ce noble et ardent esprit de prosélytisme qui l'anime, c'est ce sentiment d'apostolat qu'ont éprouvé tous les hommes qui ont exercé une grande influence sur leurs semblables, et qui le soutient lorsqu'il se présente devant ses juges le front levé, bravant la perspective du martyre, et forçant en quelque sorte sa condamnation lorsqu'il déclare que la mort seule pourra le contraindre au silence. * A-D.

SOCRATE, surnommé *le Scolastique*, auteur d'une Histoire ecclésiastique importante, en VII livres, continuation de celle d'Eusèbe (*voy.*) et s'étendant de 306 à 439. On sait qu'il naquit à Constantinople vers l'an de J.-C. 380; mais les détails de sa vie nous sont d'ailleurs presque inconnus. Son ouvrage, préparé avec soin, composé avec sagesse et une certaine indépendance (*voir* Tillemont, *Histoire des empereurs*, t. VI, p. 119 et suiv.), a été imprimé le plus souvent avec celui de Sozomène, autre historien ecclésiastique, avec lequel il a les plus grands rapports : aussi renvoyons-nous à ce nom pour l'appréciation de leur mérite respectif, dévolue à un helléniste de la plus haute autorité. S.

SODIUM, *voy.* Soude.

SODOME et **GOMORRHE**, villes de la vallée de Siddim, sur la côte sud-ouest de la mer Morte (*voy.*). La *Genèse* (ch. XIX) raconte que leurs habitants ayant attiré la colère céleste par la corruption de leurs mœurs, Dieu fit pleuvoir sur elles du soufre et du feu, et les détruisit, ainsi qu'Adama, Zéboïm et Zoar, les trois autres villes de la Pentapole. Cette contrée qui, du temps d'Abraham et de Loth (*voy.*), était aussi fertile, aussi peuplée, aussi bien cultivée que l'Égypte (*Gen.*, XIII, 10), n'offre plus aujourd'hui la moindre trace de végétation; les rochers mêmes, noirs et arides, semblent porter encore l'empreinte d'une catastrophe terrible. On sait que la femme de Loth y fut enve-

(*) La Vie de Socrate a été écrite par F. Charpentier (3e éd., Amst., 1699); par J.-G. Cooper (Lond., 1749; trad. fr., 1751); par Wigger (2e éd., Rostock, 1811), et par Delbruck (Cologne, 1816).

loppée par sa désobéissance, étant changée, dit la *Genèse*, en statue de sel. X.

SŒUR, *voy.* Parent, Frère. — Sœurs de la charité, Sœurs grises, etc., *voy.* Charité (*frères et sœurs de la*), Hospitaliers (*ordres*).

SOFFARIDES, *voy.* Perse, T. XIX, p. 443.

SOFYS (les) ou Sophis (Sefewiés) de Perse, dynastie qui régna de 1505 à 1722, *voy.* Perse, T. XIX, p. 444-445. Il ne faut pas confondre cette dynastie célèbre avec la secte des souphis à laquelle nous consacrons plus loin un article.

SOGDIANE, province de l'ancienne Perse (*voy.* T. XIX, p. 436), formant aujourd'hui la Grande-Boukharie (*voy.* ce dernier mot).

SOGUR, *voy.* Islandaises (*lang. et litt.*), T. XV, p. 112.

SOIE, Soieries. La soie est un fil délié et brillant, produit par un insecte nommé *ver à soie*. Laissant pour ce mot tout ce qui concerne l'histoire naturelle de cet insecte et la manière dont se forme la soie, nous n'aurons à parler ici que de l'éducation que le ver reçoit dans les établissements appelés *magnaneries*; nous dirons ensuite les diverses espèces de soie qu'on en tire, et enfin nous passerons rapidement en revue les différentes étoffes en soierie que l'industrie livre au commerce.

Les *magnaneries* (mot qui vient du nom de *magnan*, qu'on donne en Languedoc au ver à soie) doivent être vastes et bien aérées; les mieux exposées sont sur des plateaux élevés, et ont leurs fenêtres au levant et au couchant, garnies de toiles pour préserver l'intérieur contre les rayons du soleil. Une étendue de 14m de long sur 5 de large suffit à 400,000 vers; il faut 4m de hauteur pour avoir 7 étages de claies que l'on pose sur des tasseaux fixés le long des montants de bois qui vont du sol au plafond; le rez-de-chaussée est réservé au dépôt des feuilles, au calorifère, au ventilateur et à l'étuve où l'on fait éclore les œufs. Le premier étage, nommé *atelier* est entièrement occupé par les vers et doit être divisé par une cloison en deux parties, dont l'une, plus petite, est destinée aux quatre premiers âges, tandis que l'autre, d'une étendue à peu près double, recevra les deux tiers de la totalité des vers, au commencement du cinquième âge. Au milieu de la cloison qui sépare ces deux parties, on réserve un cabinet carré qui communique avec le rez-de-chaussée par une trappe, au moyen de laquelle on fait monter les feuilles et descendre la litière des vers ; il est de la plus grande importance pour la santé de ceux-ci d'entretenir une température constante et appropriée à leur âge : c'est environ 26° Réaumur qu'il faut pour les cinq premiers jours, et 20° pour le reste de l'éducation ; l'hygromètre, destiné à régler l'emploi du ventilateur, devra toujours marquer 70 à 85.

Le mobilier d'une magnanerie se borne aux objets suivants : les boîtes à faire éclore les œufs dans l'étuve, les claies sur lesquelles on pose les vers éclos, de petites tables à trois rebords pour transporter les vers, des filets pour le délitement et le dédoublement au fur et à mesure que les vers se développent, de petits fagots pour la montée quand les vers se préparent à filer, et enfin des chevalets pour la ponte ; ces derniers consistent en deux tables posées en chevalets, couvertes d'un linge sur lequel les femelles déposent leurs œufs, et d'où on les enlève en plongeant le linge dans l'eau tiède et en passant dessus avec un racloir en os ; outre cela il faut des couteaux pour couper les feuilles qu'on donne aux vers pendant leur premier âge, des balais pour nettoyer les claies, des échelles, etc.

L'éducation du ver à soie dans la magnanerie dure 24 jours et se divise en 5 âges ; pendant cet espace de temps 400,000 vers (produit approximatif de 320 grammes de graine) consomment 10,000 kilogr. de feuilles ; le 24e jour de son éducation, le ver a atteint une longueur de $0^m.085$, et se dispose à filer son cocon qu'il achève en 3 jours ; alors il faut *déramer*, c'est-à-dire déplacer les feuilles et détacher les cocons. On met ensuite de côté les mieux conformés pour la reproduction, et on dépose les autres sur des claies jusqu'au moment d'étouffer les chrysalides. Cette dernière opéra-

tion, qui doit se faire sans délai, afin de ne pas laisser aux papillons le temps de percer leurs cocons, consiste à introduire ces derniers dans des tubes de zinc hermétiquement fermés, qu'on tient plongés pendant quelques heures dans l'eau bouillante.

Avant de procéder au dévidage, on se livre encore à plusieurs triages préliminaires. D'abord on sépare des autres les cocons qui sont tachés ou proviennent de vers morts : c'est ce qu'on appelle *chique* ; ensuite on met de côté les *doupions*, c'est-à-dire ceux formés par deux vers réunis, et enfin on choisit les *cocons satinés*. La première opération que la soie ait à subir est celle du *dévidage*, soit *domestique*, soit *industriel* : le premier se fait, dans la magnanerie même, par des femmes assises devant une bassine en métal remplie d'eau chaude et placée en face du *tour* qui sert à tirer la soie ; la fileuse jette plusieurs cocons dans cette bassine pour détremper la matière gommeuse qui entoure et colle le fil ; puis elle étire la première couche formée d'un fil grossier nommé *côtes* ; quand elle est arrivée à la soie pure, elle commence à dévider en croisant le fil, et c'est à cet état que celui-ci passe à la *tourneuse* qui le met sur le dévidoir et en fait des écheveaux, tout en enlevant les *finesses*, les *mariages*, les *bouchons* et autres défectuosités qui ont échappé à la fileuse. La bonne soie ne doit pas donner plus de 1 à 2 p. $^0/_0$ de déchet après cette dernière opération. Mais avec le procédé que nous venons de décrire, on est loin d'obtenir un résultat aussi satisfaisant qu'avec l'appareil Gensoul, qui applique au tirage de la soie le chauffage à la vapeur et offre plusieurs avantages importants, parmi lesquels il faut citer ceux de maintenir l'eau de la bassine à une température toujours égale, de renouveler sans cesse une eau très pure, puisqu'elle est distillée, et de donner ainsi à la soie un plus grand éclat, d'offrir une économie notable dans le combustible, et de mettre l'atelier à l'abri de la fumée et des vapeurs du charbon.

Après le tirage, les soies sont transférées sur des bobines dites *rochets*, ensuite on les passe au *moulinage*, qui donne au fil la force de résister au tissage.

Nous allons examiner quelques-unes des principales espèces de soie qui circulent dans le commerce. La soie *grége* ou *écrue* est la soie à l'état où elle sort des mains du filateur. On la distingue en soie *ferme* et en soie *fine* : la première se compose de 12 à 20 cocons et se divise en 4 qualités qui servent à la fabrication des gazes, des crêpes et des rubans ; la seconde, dite *grége blanche* ou *jaune de France*, est formée de 3 à 10 cocons, et, ouvrée en trame et organsin, elle sert à la fabrication des gazes, baréges, rubans, etc. La *soie plate* ou *grége commune* est de 24 à 25 brins, et sert dans la tapisserie. Les *gréges sina*, par leur éclat et leur blancheur, sont les seules propres aux lilas, aux roses et généralement aux teintes pâles, et s'appliquent sans préparation artificielle à la fabrication des blondes et du *cordon* qui fait les dessins dans les gazes et les étoffes de soie brochées. Les gréges du Levant, dites *brousse* ou *mestoup*, les gréges de Valence, de Vérone et de Reggio sont employées en soies à coudre, cordonnets et soies plates. La soie grége devient *soie ouvrée* quand elle a reçu la préparation déterminée par sa destination.

La seconde opération qu'on fait subir à la soie est le *poil*, qui consiste à réunir plusieurs fils de soie grége par une torsion à la mécanique, de manière à en faire une spirale ; la soie grége mise en poil, à petits tours, sans apprêt, dévidée et remise en écheveaux d'un guindage plus petit, sert de chaine dans la fabrication des baréges et du crêpe. On appelle *poil d'Alais* une soie grége à un seul bout qui a subi un tors au moulin et qui sert à la rubannerie, la broderie et la passementerie.

La *trame* est la réunion de deux fils de soie grége en poil, tordus l'un sur l'autre ; elle s'emploie au tissage comme bout. La *trame double*, formée de 2 ou 3 bouts, n'a reçu qu'un léger tors et sert de trame pour les étoffes, la passementerie, la bonneterie ; on a encore une trame double dite *nankin*, d'un blanc natif supérieur, formée comme la précédente et servant à la fabrication des blondes. Ce qu'on appelle *soie tordue*, organsin ou *chaine*, est le fil de soie tout prêt pour le tissage et destiné à former la chaine des étoffes : l'*organsin* se compose de 2 ou d'un plus grand nombre de fils réunis par une double torsion afin de produire un fil élastique et assez fort pour résister à l'action du peigne ; il est tressé par des machines nommées *moulins*, qui font marcher un grand nombre de bobines et mettent le fil en petits écheveaux nommés *courts tours*. Les organsins montés en France, dans le Vivarais, se nomment *organsins de pays*.

On distingue encore plusieurs espèces de soies dans le commerce ; tels sont : l'*ovale*, qui sert à la fabrication des lacets, à la broderie, à la couture des gants ; la *grenadine*, dont on fait les effilés, les grosses dentelles et les blondes noires ; la *grenade* ou *rondelettine* et la *demi-grenade*, qui servent dans la passementerie et dont la dernière se fait avec les douppions dont il a été question dans le courant de cet article ; la *fantaisie fine* et la *fantaisie commune* sont employées dans la bonneterie, la passementerie, la tapisserie et dans la fabrication des châles de fantaisie ; le *fleuret monté de Piémont* ou *galette* sert dans la passementerie et forme la chaine des galons d'or et d'argent.

En Europe, ce sont l'Italie, la France, l'Espagne et le Portugal, la Grèce, etc., qui produisent le plus de soie. Les magnaneries françaises peuvent en fournir jusqu'à 1,500,000 kilogr., mais la consommation va beaucoup au-delà. La Turquie d'Asie, la Perse et la Chine en produisent aussi de grandes quantités. On suppose que la consommation de l'Europe est de 6 à 7 millions de kilogr.

La soie ayant la propriété d'absorber une certaine quantité d'eau, qui augmente son poids d'une manière très sensible, d'où il pourrait résulter de grandes pertes pour l'acheteur, on a imaginé de former des établissements qui, sous la surveillance des chambres du commerce, procèdent à la dessiccation de la soie avant qu'elle soit offerte au fabricant : ces établissements se nomment *conditions des soies* ; créés d'abord à Turin, en 1750, ils furent importés plus tard à Lyon, etc. Un collaborateur illustre que la mort nous a enlevé, le baron de Gérando, leur â consacré un art. spécial dans cet ouvrage.

Le fil de soie, comme nous l'avons dit plus haut, est couvert d'un enduit glutineux qu'on enlève avant de livrer ce fil à la teinture; cette préparation s'appelle *cuite* ou *décreusage*, et consiste dans un lavage à l'eau bouillante chargée de savon : la soie y perd 25 p. 100 de son poids et doit subir un nouveau dévidage. Voilà donc un double déchet assez important; mais il est inévitable, car on ne saurait obtenir un tissu moelleux et brillant avec du fil teint sur écru. Toute soie destinée à la teinture doit, au préalable, être doublée en trame ou en chaîne. Lyon, qui a su reconnaître et mettre à profit les principes colorants des eaux de ses deux fleuves, a possédé les premiers ateliers de teinture.

Il ne nous reste plus qu'à donner une énumération succincte des étoffes de soie comprises sous le nom de *soieries*, qu'on distingue en *unis* et *façonnés*, ainsi que nous l'avons déjà dit plus en détail dans notre art. ÉTOFFES.

Les *unis* sont opérés par le croisement des fils de chaîne et de trame et s'exécutent par 2 à 8 lisses; c'est par les diverses combinaisons de ces lisses qu'on obtient les *armures*, petits dessins nommés ainsi parce que l'ouvrier, pour les produire, attache telle lisse à telle marche, et appelle cela *armer* son métier. La catégorie des unis comprend le *taffetas*, le *satin* et le *sergé*.

Le *taffetas* est tissé ordinairement et de préférence en chaîne organsin de France; les étoffes armures-taffetas servent à la fabrication des chapeaux de dame, robes, mantilles, doublures, gilets, cravates, parapluies, rideaux, reliures, etc.; les taffetas, suivant la grosseur et le nombre des bouts de la trame ou la quantité de la chaîne, produisent les *gros de Naples, de Tours, d'Orléans* et *d'Afrique*, les *foulards*, les *pou-de-soie*, les *crêpes*, les *marcelines*, et tant d'autres étoffes que la mode adopte et rejette tour à tour.

Le *satin* se fabrique exclusivement à Lyon. La trame est en qualité ordinaire de France, la chaîne apparaît à l'endroit comme une peau unie. Il sert pour robes, chapeaux de femme, gilets, cravates, habits de cour et de théâtre, etc.

Le *sergé* est en seconde qualité d'organsin et de trame de France ou d'Italie; sa côte est en biais, et, suivant ses variétés, il devient *lévantine, virginie* ou *batavia*; on en fait des robes et surtout des doublures.

Les *façonnés* sont des étoffes de soie sur lesquelles on voit des dessins formés par la combinaison des fils de chaîne et de trame mêlés d'or, d'argent, de laine, de coton, de duvet de cygne, etc. On emploie les façonnés en chapeaux de femme, en robes, doublures, boutons, gilets, robes de chambre, meubles de palais, ornements d'église, etc.; on classe aussi dans les façonnés les crêpes de Chine, les châles en bourre de soie ou Thibet, les châles de Lyon et de satin broché, les châles satin uni, les velours frisés, brochés, ciselés, simulés, larmés, etc. Les plus beaux velours unis se font à Lyon; c'est aussi de cette ville que viennent les velours façonnés appelés *velours à cantres*, fabriqués sur le métier à la Jacquard (*voy.*) : ces derniers s'emploient en gilets, habits de cour et de théâtre.

Les pays où l'on fabrique le plus de soieries sont la France, l'Angleterre, l'Italie, la Suisse et l'Allemagne. On trouve dans l'ouvrage de M. Schnitzler, intitulé *De la création de la Richesse, ou des Intérêts matériels en France*, t. Ier, p. 95, 272, 379 et suiv., et t. II, p. 140, 156 et suiv., des détails intéressants sur les valeurs des produits de l'industrie séricicole dans notre pays. On y voit que la soie, avec les produits qu'elle sert à fabriquer, est l'article le plus important de tout le commerce extérieur français. En 1840, il a donné lieu à un mouvement commercial de plus de 380 millions de fr., importation et exportation réunies. En voici le détail :

IMPORTATION :	
	fr.
Soies en laine à consommer dans le pays.............	53,731,536
Soies en laine à transiter....	40,134,301
Tissus de soie et de fleuret à consommer dans le pays..	5,299,490
Tissus de soie et de fleuret à transiter..............	37,204,483
TOTAL...	136,369,810

	fr.
Soies en laine de production française...............	3,738,103
Id. de prod. étrangère.	47,491,154
Tissus de soie et de fleuret faits en France.............	141,924,906
Tissus de soie et de fleuret faits en pays étrangers........	50,732,723
TOTAL...	243,886,886

Dès 1830, il existait en France 65,000 métiers occupés au tissage de la soie pour étoffes, et 80,000 pour rubans. En moyenne, chaque métier consomme environ 30 kilogr. de matière première. Lyon est le principal siége de la première industrie, Saint-Étienne et Saint-Amand le sont de la seconde. Sans avoir la même vogue, la fabrication des soieries est encore plus considérable en Italie, où la Lombardie est au premier rang : Milan, Bergame, Brescia, Vicence, etc., sont les principaux siéges de cette industrie. En Angleterre, ce sont Spitalfields et Manchester ; en Suisse, c'est Bâle, etc. En Turquie, les manufactures de soieries sont à peu près les seules florissantes.

Ce fut en Chine qu'on éleva les premiers vers à soie, et l'on croit généralement que l'industrie séricicole est originaire de ce pays où l'on cultivait le mûrier sous le nom d'*arbre d'or*.

Le mot latin *sericum* (étoffe de soie) paraît avoir pour étymologie le nom de la Sérique, province au nord-ouest de la Chine, à l'est de la Scythie asiatique, (*voy.* T. XX, p. 241), où, dès les temps les plus reculés, cette industrie avait été portée à un haut degré de splendeur. Pline dit que les habitants de l'île de Cô s'y sont livrés avec beaucoup de succès, et l'on vit plus tard le commerce des soieries fleurir sous le règne de Justinien, dans les principales villes de la Grèce, d'où Roger, roi de Sicile, rapporta cette industrie dans son pays.

Lyon commença en 1450 à produire des soieries; Tours fut la seconde ville de France qui se livra à ce genre de fabrication, en 1470; après elles vinrent Avignon, Nîmes, Saint-Chamond, Saint-Étienne, et enfin Paris et la Picardie. Le métier Jacquard a, au commencement de ce siècle, imprimé une nouvelle vie à cette fabrication.　　　　C-B-S.

SOIES, *voy.* POILS, COCHON et BLAIREAU.

SOIF, appétition des liquides. En état de santé, l'homme satisfait ce besoin sans qu'il lui soit commandé d'une manière bien impérieuse. Mais dans certains cas exceptionnels ou dans certaines maladies, la sensation produite par la soif sur nos organes devient parfois un cruel tourment. Une irritation douloureuse se fait sentir d'abord dans la bouche et dans la gorge, qui deviennent sèches, arides et chaudes, puis dans les conduits alimentaire et aérien, et enfin dans l'estomac et dans les poumons. Le cerveau, sollicité par cet appel des voies digestives, augmente ou diminue ce supplice, en raison du plus ou moins de facilité qu'il voit à le faire cesser. C'est cette corrélation entre cet organe et celui de l'estomac qui a donné à penser aux physiologistes modernes que le siége de la soif, comme celui de la faim, pourrait bien exister dans l'encéphale. Quoi qu'il en soit, les modifications de la soif, dans l'état de santé, s'expliquent par la différence de la déperdition du fluide nécessaire à notre organisme. Or cette différence vient, la plupart du temps, d'un excès d'exercice du corps ou de l'esprit poussé jusqu'à la fatigue.

Il est à remarquer que plus on avance dans la vie et moins la soif devient impérieuse; elle semble aussi moins vive chez l'homme que chez la femme, chez les personnes lymphatiques que chez les gens nerveux, abstraction faite toutefois des modifications apportées par le genre de vie, les goûts, les professions, etc. On cite des hommes qui éprouvent ce besoin à un si imperceptible degré qu'ils peuvent passer plusieurs mois sans boire; mais ce sont là des exceptions dont la physiologie ne saurait rendre compte. La médecine place la soif au nombre des signes caractéristiques de la fièvre et des maladies aiguës. On l'observe aussi dans les maladies chroniques et dans les affections accompagnées de sécrétions excessives, par exemple de fortes sueurs, comme la chaleur en occasionne. La cessation de cet impérieux besoin est souvent aux yeux des médecins un signe funeste.

Du langage physiologique, le mot *soif*

a passé naturellement dans le langage figuré, où il est toujours pris, dans son acception extrême, pour désigner un besoin ou un désir immodéré : c'est ainsi que l'on dit d'un homme qu'il a *soif* de gloire, d'honneurs, de richesses, de vengeance, etc. L'Évangile a dit : *Bienheureux ceux qui ont faim et soif de la justice.* D. A. D.

SOL (du latin *solum*), *voy.* TERRE, TERROIR.

SOL (monnaie), *voy.* SOU.

SOLAIRE, *voy.* SOLEIL, ANNÉE (T. Iᵉʳ, p.787), CADRAN, CYCLE, SPECTRE, etc.

SOLANÉES, famille de végétaux dicotylédones, à corolle monopétale hypogyne. Le nom de ce groupe est dû au genre *solanum* (vulgairement *morelle*), qui renferme la pomme de terre, la tomate, la mélongène et la douce-amère; néanmoins la plupart des solanées contiennent des poisons à la fois âcres et narcotiques : telles sont, parmi les espèces indigènes, les jusquiames, les mandragores, la belladone et la stramoine; parmi les exotiques, le tabac (*voy.* ces mots) en est un exemple bien notoire. Les solanées abondent dans la zone torride, et la proportion numérique des espèces diminue des tropiques vers les pôles; les régions arctiques en offrent à peine quelques rares transfuges. ED. SP.

SOLDAT, traduction du mot *stipendiarius*, militaire recevant une *solde* journalière, appelée aussi *paye* ou prêt. La solde augmente en proportion du grade, et elle varie, en divers pays, suivant les circonstances : elle est plus élevée dans certaines garnisons que dans d'autres, en temps de guerre qu'en temps de paix, etc. *Voy.* ARMÉE, MILITAIRE (*administration*), etc.

SOLE (*solea*), *voy.* PLEURONECTES.

SOLÉCISME. L'étymologie de ce mot vient de la ville de Soles, en Cilicie, fondée par Solon, dont les habitants oublièrent peu à peu la langue de la métropole. *Parler comme un colon de Soles*, ou *faire des solécismes*, c'était à Athènes manquer aux règles de la grammaire et de l'usage; de même à Rome (*voir* Quintilien, *Inst. orat.*, I, 5). Dans toutes les langues fixées par des grammaires, un solécisme est une faute con-

tre les règles grammaticales (*voy.* BARBARISME). Figurément et par plaisanterie, c'est une faute quelconque. F. D.

SOLEIL (en latin *sol*, *solis*), astre du jour, le plus éclatant de tous ceux qui se montrent à nous sur la voûte céleste, globe immense jouissant d'une lumière à lui propre qu'il dispense à tous les corps composant son système. Placé à l'un des foyers des orbes elliptiques que décrivent les planètes (*voy.*) dans l'espace, le soleil exerce sur elles la plus grande influence, ses rayons les échauffent et les éclairent. Sa lumière est si vive que l'œil de l'homme n'en peut supporter la vue qu'en s'abritant derrière un verre coloré. Les rayons du soleil sont la source vitale de presque tous les mouvements qui ont lieu sur la surface de la terre. « Par son action vivifiante, dit sir J. Herschel, les végétaux sont élaborés dans le sein de la matière inorganique, et deviennent à leur tour le soutien de l'homme et des animaux ; par elle, les eaux de la mer se transforment en vapeurs pour circuler dans l'air, arroser la terre et produire les sources et les rivières. Elle est la cause de toutes les perturbations de l'équilibre chimique entre les éléments de la nature qui, par une série de compositions et de décompositions, donnent lieu à de nouveaux produits. » (*Voy.* l'art. LUMIÈRE.)

De la terre, le soleil paraît affecté de deux mouvements qui ne sont que des illusions d'optique par suite desquelles nous lui prêtons les révolutions qui appartiennent au globe sur lequel nous vivons, à peu près comme nos yeux croient voir marcher les objets situés sur les bords d'une route ou d'un fleuve que nous parcourons en voiture ou dans un bateau. Le premier de ces mouvements apparents du soleil est celui qu'on nomme *commun*, parce qu'il appartient à toute la sphère céleste, qui fait une révolution complète autour de la terre, en 24 heures, d'orient en occident : ce mouvement est dû à la rotation de la terre sur son axe; il cause le jour et la nuit et produit le lever et le coucher du soleil, et sa marche au-dessus et au-dessous de l'horizon. L'autre mouvement apparent du soleil, qu'on nomme son mouvement *propre*, n'est pas plus réel, et résulte évidemment de la marche de la terre autour de cet astre. En effet, par suite de cette révolution de la terre, le rayon mené de notre œil au centre du soleil change continuellement de direction et va marquer dans le ciel, parmi les étoiles fixes, un point sans cesse différent. Ainsi, dans le cours d'une révolution complète, de 365j 6ʰ 9ᵐ 10ˢ.5, le soleil paraît avoir décrit d'occident en orient un grand cercle de la voûte céleste, suivant l'orbite même que parcourt la terre (voy. ÉCLIPTIQUE). Comme l'axe de la terre est incliné sur le plan de son orbite, il s'ensuit qu'elle présente diversement les différents points de sa surface à l'action solaire pendant cette révolution : de là vient l'inégalité périodique de longueur des jours et des nuits, la succession des saisons et les différences de zones et de climats que l'on remarque sur la terre.

Ce n'est point ici le lieu de nous arrêter sur cette prétendue marche du soleil que les anciens regardaient comme réelle et qui a faussé une foule de locutions usitées dans l'astronomie. Mais comme toutes les apparences dues au mouvement de la terre ont leur utilité, il se trouve qu'on a particulièrement besoin de connaître à chaque instant le *lieu* du soleil, c'est-à-dire le point du grand cercle de la sphère céleste où le projette une ligne menée de notre œil à son centre. Pour cela on suppose la terre immobile au foyer de l'ellipse que le soleil semble parcourir dans le ciel, et on transporte même à l'astre les vitesses variables du mouvement de notre globe. Cela admis, si l'orbite du soleil était un cercle et qu'il le parcourût d'un mouvement uniforme, il suffirait de connaître sa situation à un instant déterminé, pour trouver immédiatement celle qu'il occuperait à un moment quelconque; mais il n'en est pas ainsi; l'observation a fait voir que la vitesse angulaire de son mouvement varie continuellement, et que, dans le même espace de temps, il décrit des arcs différents suivant l'époque de l'année où l'on se trouve. Il est donc nécessaire de savoir ramener le mouvement moyen et uniforme que l'on prend pour base des calculs au mouvement réel et inégal : c'est

à cet usage que servent les *tables du soleil*. D'abord, de la durée de l'année sidérale, temps dans lequel le soleil parcourt les 360° de l'écliptique, on tire facilement la grandeur de l'arc qu'il franchit en un temps donné, la vitesse étant supposée uniforme (59' 8''.33 par jour); en sorte que le lieu du soleil se trouvant indiqué pour un point initial qu'on nomme l'*époque* (partant ordinairement du minuit, temps moyen, qui sépare l'année de la précédente), le lieu de l'astre s'obtient naturellement en ajoutant la quantité de ces arcs qu'il a dû parcourir depuis. Cependant on n'a point ainsi le lieu vrai du soleil; pour cela il faut encore réduire le mouvement circulaire qu'on a supposé en mouvement elliptique, puis tenir compte des diverses perturbations qui résultent de l'attraction mutuelle des planètes. Tous ces éléments du calcul solaire se trouvent dans les tables.

Le diamètre apparent du soleil variant continuellement de grandeur, on en a conclu que cet astre est tantôt plus près et tantôt plus éloigné de la terre. Son excentricité a été trouvée égale à 0.016794, le demi grand axe de l'ellipse qu'il parcourt étant pris pour unité. La mesure de la parallaxe (voy.) solaire, évaluée à environ 8''.6, donne pour distance moyenne du soleil à la terre 23,984 fois la longueur du rayon terrestre, ou à peu près 152,000,000 de kilom. Pour se faire une idée de cette énorme distance, on n'a qu'à songer qu'une locomotive de chemin de fer qui marcherait avec une vitesse continuelle de 32 kilom. à l'heure mettrait 500 ans pour arriver au soleil ! Cette distance une fois connue, on a pu trouver les dimensions propres du soleil, en la combinant à l'angle qui mesure son diamètre apparent. C'est ainsi que le diamètre réel du soleil a été évalué 109.93[*] fois celui de la terre, ou 1,400,000 kilom. (près de 4 fois la distance de la terre à la lune). Le volume de ce corps *prodigieux équivaut donc à 1,326,480 fois celui de la terre, c'est-à-dire que les*

(*) Ce chiffre est celui de l'*Ann. du Bur. des long.* M. Biot dit ailleurs 111 fois 1/48; sir J. Herschel met 111 1/2; ce qui produit naturellement quelques légères variantes dans les chiffres qui suivent.

volumes réunis de toutes les planètes sont bien loin d'en approcher. La masse du soleil, déduite de la théorie de l'attraction, est représentée par le nombre 354,936, celle de la terre étant prise pour unité. En comparant la masse au volume, on voit que la densité moyenne du soleil est à celle de la terre seulement comme 0.2543 est à 1, ou à peu près le quart.

Lorsqu'on observe le soleil avec des télescopes d'un pouvoir amplifiant suffisant, et garnis de verres colorés, on découvre souvent à sa surface des taches noires de formes irrégulières et changeantes, entourées généralement d'une sorte de pénombre ou bordure moins sombre. Dans un temps plus ou moins long, ces taches s'élargissent, se resserrent et disparaissent même entièrement. Les plus persistantes semblent traverser le disque solaire dans l'espace d'environ 14 jours; arrivées à l'un des bords de l'astre, elles cessent d'être visibles pour reparaître au bord opposé après un égal intervalle de temps. Quelquefois, auprès des grandes taches, on observe de larges espaces couverts de raies plus lumineuses que la masse entière, et qui ont reçu le nom de *facules*. Les grandes taches se montrent à peu près toujours dans une région comprenant une soixantaine de degrés : c'est au milieu de cet espace qu'on a placé l'équateur solaire; et, expliquant le mouvement apparent de translation des taches par la rotation du soleil sur son axe, incliné de 87° 30′ sur le plan de l'écliptique, on a conclu de la durée uniforme de la marche révolutive de ces taches, que l'astre tourne sur lui-même, d'orient en occident, dans une période de 25j.0115, suivant Delambre, de 25j.5, suivant l'*Ann. du Bur. des long.* Indépendamment de ce mouvement sur lui-même, W. Herschel a cru reconnaitre dans les étoiles (*voy.*) un petit déplacement qui semblerait indiquer un mouvement extrêmement lent du soleil vers la constellation d'Hercule, et qui pourrait faire croire à des révolutions des systèmes stellaires les uns autour des autres.

La découverte des taches du soleil avait été attribuée jusqu'ici à Galilée; mais M. Arago, dans sa savante *Analyse* historique et critique de la vie et des travaux de sir *W. Herschel* (insérée dans l'*Ann. du Bur. des long.* pour 1842), la revendique pour J. Fabricius, qui en parla dans un ouvrage dont l'épître dédicatoire porte la date du 13 juin 1611, tandis que la première publication de Galilée où il en soit question est seulement de 1612. Le judicieux secrétaire perpétuel de l'Académie des Sciences pense que Galilée avait aperçu vaguement quelques taches au soleil lorsque Fabricius les observa avec assez de fidélité. C'est encore à l'astronome allemand que M. Arago adjuge la priorité de l'observation de la rotation du soleil, soupçonnée par Jordan Bruno et Kepler; mais il reconnaît que Galilée découvrit les grandes facules, et le jésuite Scheiner les petites, c'est-à-dire les points lumineux, les *rides* dont le soleil est parsemé dans toute l'étendue de sa surface. On trouvera dans le même ouvrage une énumération complète des diverses opinions des anciens et des modernes sur la constitution physique du soleil et sur la nature des taches qui paraissent à sa surface. On sait que les astronomes sont encore loin d'être d'accord à ce sujet. Quelques-uns ont imaginé que le soleil est un corps en combustion, et que les taches obscures ne sont que des scories qui viennent nager à sa surface. Les facules, au contraire, seraient dues à des sortes d'éruptions volcaniques. D'autres pensèrent que la masse solaire était recouverte d'une matière lumineuse soumise à certains flux et reflux, par suite desquels d'énormes portions rocheuses étaient mises à nu. Wilson, le premier, supposa, en 1774, que le soleil était composé d'un noyau solide et obscur entouré d'une sorte d'atmosphère lumineuse. Sir W. Herschel interposa, entre cette atmosphère phosphorique et le noyau, une autre atmosphère compacte, beaucoup moins lumineuse, ou même ne brillant que par réflexion. Dans cette hypothèse, la plus généralement admise aujourd'hui, l'apparition des taches s'explique par des échancrures produites dans les atmosphères, au moyen desquelles on aperçoit le noyau du soleil; la pénombre est l'extrémité de l'atmosphère obscure moins largement échancrée que l'atmosphère lumineuse, et entourant l'ouverture qui laisse voir le noyau. Pour rendre compte de l'agitation produite dans la masse lumineuse du soleil, Herschel supposait qu'un fluide élastique, d'une nature inconnue, se formait incessamment à la surface du corps obscur et s'élevait dans les hautes régions de l'atmosphère solaire, à cause de sa faible pesanteur spécifique, en déchirant dans son passage les diverses enveloppes de l'astre. De l'activité de ce courant naissent les différentes apparences lumineuses qui frappent nos yeux, et auxquelles le grand astronome de Slough donne les noms d'*ouvertures*, lorqu'on voit le noyau obscur; de *bas-fonds*, quand il y a seulement dépression de la matière lumineuse; de *chaînes*, quand, au contraire, cette matière s'élève au-dessus de la surface moyenne des nuages solaires lumineux; les *nodules* sont pour lui des petites places lumineuses extrêmement élevées; les *corrugations* se composent d'élévations et de dépressions; les *dentelures* sont les parties obscures des corrugations; enfin, les *pores* sont les parties basses des dentelures. « Si cette théorie de la formation des taches solaires était fondée, dit M. Arago, il faudrait s'attendre à trouver que le soleil n'émettrait pas constamment les mêmes quantités de chaleur et de lumière. De grands noyaux, de larges pénombres, des *rides*, des *facules* indiqueraient l'existence de courants ascendants très actifs, et, dès lors, une abondante émission lumineuse et calorifique. L'absence de ces divers genres de taches, au contraire, signalerait une diminution d'activité dans la combustion solaire, une certaine rareté dans les nuages lumineux.» On sait que l'idée d'une influence des taches solaires sur les températures terrestres se présenta, en effet, de bonne heure aux physiciens. Herschel, manquant d'observations météorologiques suffisantes, et sans se dissimuler ce qu'il pouvait y avoir d'erroné dans une semblable appréciation, s'avisa de comparer l'apparition des taches au soleil avec le prix moyen du blé : il trouva que les récoltes étaient d'autant meilleures que le soleil avait plus de taches. Une hypo-

thèse de M. Brewster (art. *Astronomie* de l'*Edinb. Encyclop.*) pourrait servir à corroborer ce fait. Ce savant imagine que les rayons de calorique non lumineux qui forment une partie constituante de la lumière solaire sont émis par le noyau obscur du soleil, tandis que les rayons visibles, colorés, proviennent de la matière lumineuse dont le noyau est entouré. De là, dit-il, la raison pour laquelle la lumière et la chaleur paraissent être toujours combinées, l'une des émanations ne pouvant être obtenue sans l'autre. On comprendrait alors pourquoi il ferait plus chaud quand il y a plus de taches, car la chaleur du noyau nous arriverait sans avoir été affaiblie par l'atmosphère qu'elle traverse ordinairement; mais, ajoute l'auteur lui-même, le fait de l'excès de chaleur pendant l'apparition des taches n'est pas certain.

Herschel pensait aussi, après d'autres philosophes, que le soleil pouvait bien être habité. Pour le prouver, il chercha à démontrer que le noyau solaire peut n'être pas très chaud malgré l'incandescence de l'atmosphère, et que la réaction chimique lumineuse pouvait s'opérer à un assez grand éloignement de la surface solide pour n'y produire que l'apparence de nos aurores boréales. D'ailleurs, les couches nébuleuses intermédiaires peuvent être douées d'un assez grand pouvoir réflecteur pour protéger efficacement le corps solaire contre son atmosphère lumineuse, dont l'état d'ignition peut bien être mis en question. Quoi qu'il en soit, on en est encore réduit à des conjectures sur la nature du soleil. Cependant il résulte d'observations aussi délicates qu'ingénieuses que la matière incandescente du soleil ne peut être ni solide ni liquide, mais gazéiforme, attendu que les rayons lumineux émanés d'une sphère solide ou liquide en incandescence jouissent des propriétés de la polarisation, tandis que ceux qui s'échappent des gaz incandescents en sont privés, ainsi que Fourier s'en était aperçu. Or M. Arago a reconnu que la lumière du soleil était dans le même cas, ce qui paraît prouver qu'elle émane d'une sorte d'atmosphère. L'expérience qui conduit à ce résultat montre en même temps que la lumière des bords du soleil est aussi vive que celle du centre, d'où il résulte que le soleil n'a point d'atmosphère au delà de la matière lumineuse; car, s'il en était autrement, la lumière des bords en ayant une plus forte couche à traverser, se trouverait plus affaiblie. D'un autre côté, M. Pouillet s'étant proposé de déterminer quelle peut être la température des rayons solaires évaluée d'après les effets qu'ils produisent sur la terre, a cru pouvoir l'élever à 1,200° en moyenne.

Telles sont en résumé les notions que la science a acquises touchant le globe magnifique qui nous éclaire et qui paraît être la source de toute vie; astre qui a dû être adoré des hommes avant aucun autre, qui a reçu primitivement leur culte (voy. BAAL, OSIRIS, PHÉBUS, etc.), et qui méritait cet hommage, si on le considère comme une des plus belles créations de l'Auteur des choses. Et pourtant, trompé par les apparences, on a longtemps fait rouler ce char de feu autour de la terre en l'assujettissant à ses lois. Mais cette erreur a fini par faire place à des opinions plus rationnelles. Des esprits hardis ont proclamé la fixité de cet astre immense par rapport à nous (voy. PLANÈTES); la science a dessillé nos yeux et ravi au ciel la connaissance de ses lois; c'est alors qu'un grand poëte, le chantre de la Henriade, a pu retracer le système de l'univers en ces vers admirables :

Dans le centre éclatant de ces orbes immenses
Qui n'ont pu nous cacher leur marche et leurs distances,
Luit cet astre du jour, par Dieu même allumé,
Qui tourne autour de soi sur son axe enflammé.
De lui, partent sans fin des torrents de lumière;
Il donne, en se montrant, la vie à la matière,
Et dispense les jours, les saisons et les ans,
A des mondes divers autour de lui flottants.
Ces astres asservis à la loi qui les presse
S'attirent dans leur course et s'évitent sans cesse,
Et servant l'un à l'autre et de règle et d'appui
Se prêtent les clartés qu'ils reçoivent de lui.
Au delà de leur cours et loin de cet espace
Où la matière nage et que Dieu seul embrasse
Sont des soleils sans nombre et des mondes sans fin.
....
Par delà tous ces cieux le Dieu des cieux réside!...

L. L.

SOLEIL (COUPS DE), voy. ÉRYSIPÈLE et INSOLATION.

SOLEIL (bot.), voy. HÉLIANTHE.

SOLEIMAN, khalife, voy. OMMÉYADES. Du reste, pour ce même nom, voy. SOLIMAN.

SOLEURE, 10e canton de la Confédération suisse (voy.), dans laquelle il entra avec Fribourg en 1481, est borné au nord par le canton de Bâle, à l'ouest par la France, au sud par le canton de Berne, et à l'est par celui d'Argovie. Il a une superficie de 12 milles carrés géogr. et une population de 59,100 hab., tous catholiques, excepté les 4,350 réformés du bailliage de Bucheggberg. Le pays est coupé par quelques chaînons escarpés du Jura, dont le point culminant s'appelle Hasenmatte; cependant le sol est généralement fertile et bien cultivé, surtout sur les bords de l'Aar : aussi Soleure est-il le seul canton de la Suisse en état d'exporter du blé. On en exporte pareillement une assez grande quantité de lin et de fer, de la verrerie, de la poterie et beaucoup de kirschwasser. La constitution du 17 août 1814 ne reconnaît aucun privilége; cependant les habitants de la ville jouissent d'avantages considérables. La nomination des 2/3 des membres du grand conseil leur appartient. Ce grand conseil, composé de 101 membres, exerce la puissance législative, tandis qu'un petit conseil de 21 membres est chargé de tout ce qui concerne l'exécution des lois et l'administration. Une cour d'appel, formée de 13 membres choisis dans le grand conseil, décide en dernière instance les causes déférées aux tribunaux de canton. On évalue à 180,000 fr. le revenu public. Le contingent fédéral est fixé à 904 hommes, et la contribution à 18,000 fr.

Le chef-lieu du canton, Soleure, est situé dans une des plus belles contrées de la Suisse, au milieu de prairies dont des collines chargées d'arbres fruitiers et de bouquets de bois, ainsi que de jolies maisons de campagne, rompent la monotonie. Le voisinage du Jura donne au paysage un caractère alpestre. La ville elle-même est divisée par l'Aar en deux parties inégales que réunissent des ponts en bois. Elle compte 4,250 hab. Les rues ne sont ni droites ni égales, mais elles sont assez larges, fort propres, bordées de belles maisons et ornées de jolies fontaines. Les remparts forment de charmantes promenades. Parmi les édifices publics, on cite l'église de Saint-Ursin avec une tour de 190 pieds, un beau portail et un grand autel remarquable ; l'église des Jésuites, la maison de correction avec de nombreux trophées ; la caserne qui servait autrefois d'hôtel à l'ambassadeur français, et le théâtre. Soleure possède un lycée et un gymnase, cinq couvents, une bibliothèque de 8,000 vol., une maison d'orphelins, une grande manufacture de toile peinte, des fabriques de coton, de cuir, de tabac, de vinaigre de bois, une librairie et quelques imprimeries. Un important commerce de transit rend la ville fort vivante. A une demi-lieue, on va visiter l'ermitage de Sainte-Vérone.   *C. L.*

SOLFATARE, *voy.* Soufre.

SOLFÉGE, SOLMISATION. Ces deux mots, dont le premier est tiré des notes *sol fa*, et le second des notes *sol mi*, sont synonymes, mais ne s'emploient pas toujours indifféremment l'un pour l'autre. Le mot *solfége* désigne proprement une pièce de musique sans texte, destinée à être chantée, en nommant chacune des notes qui la composent avec l'intonation et le rhythme convenables. C'est par abus que l'on a quelquefois appelé solféges des pièces destinées à être chantées sur l'une des voyelles de l'alphabet : ces sortes de morceaux se nomment *vocalises* (*voy.* Voix, Vocalisation). On nomme encore solfége le recueil de pièces de ce genre destiné à l'usage des élèves. Dans ces deux sens, on n'emploie jamais le mot *solmisation* qui sert spécialement à désigner l'action de *solfier* ou de *solmiser*, mais dans ce sens on peut aussi se servir du mot solfége, et dire *l'art, l'étude du solfége.*

Les anciens Grecs se servaient à cet effet des syllabes τα, τη, τω, τε, qui se reprenaient pour chaque tétracorde ; si le tétracorde était conjoint, au lieu du τε, on nommait immédiatement le τα. Cet usage passa sans doute chez les Romains avec la musique grecque ; mais on ne trouve plus aucune trace du solfége dans le moyen-âge jusqu'à l'époque de Guido d'Arezzo. Ce musicien justement célèbre fournit pour la lecture du plain-chant une méthode mnémotechnique qui consistait à retenir par cœur un hymne ou pièce quelconque, dont ensuite on opérait le rapprochement avec le morceau qu'on voulait exécuter. L'hymne de saint Jean-Baptiste offrait à cet égard un avantage particulier ; la première strophe en est ainsi conçue :

> Ut queant laxis
> Resonare fibris
> Mira gestorum
> Famuli tuorum ;
> Solve polluti
> Labii reatum,
> Sancte Joannes !

Or, dans le chant de cette pièce, la première syllabe de chaque vers marche de degré en degré, le semidiaton se trouvant du troisième au quatrième ; il était facile, pour s'habituer à lire d'autres morceaux, de les confronter avec cet hymne appris d'abord par cœur. On étendit ensuite cette pratique, et l'on prit l'habitude de nommer les notes par les syllabes initiales indiquées comme moyen de reconnaître l'intonation. Mais comme dans ce système six degrés seulement portaient un nom, il fallait, lorsque le chant dépassait l'hexacorde, trouver un moyen pour exprimer le demi-ton : de là le système des *muances*, qui consistait à ramener l'appellation *mi-fa* autant de fois que se présentait le semidiaton employé alors sous les seules formes *mi-fa, la-si* ♭, *si* ♮*-ut* ; on solfiait ainsi par *nature*, par *bémol* et par *bécarre*. Les Italiens, qui furent les derniers à se servir de cette méthode, ont aussi été les derniers à la quitter. L'invention de la syllabe *si*, indiquant le second semidiaton de l'octave, la fit d'abord abandonner en France, en même temps que les Allemands adoptaient pour solfier les lettres de l'alphabet. Quantité de modifications ont été proposées dans la dénomination des syllabes destinées à la solmisation ; la seule qui ait été reçue en assez grand nombre de pays consiste à substituer *do* à *ut*, comme étant plus sonore, et par conséquent plus commode à prononcer.

Dans le plain-chant, on a quelquefois nommé en solfiant le *si* ♭ *za*, et le *mi* ♮ *ma*, mais dans l'usage ordinaire, en musique comme en plain-chant, les notes ne changent pas de nom lorsqu'elles sont affectées du dièse ou du bémol, et par conséquent élevées ou abaissées du semidiaton; pour parer à cette anomalie, on a longtemps employé une méthode qui ne faisait au fond que substituer un inconvénient à un autre. Toute musique, quelle que fût l'armure de la clef, était ramenée aux modes d'*ut majeur* ou *la mineur:* on sent que de cette manière l'on n'obtenait plus le véritable degré du son et que l'on donnait à une chose le nom d'une autre; d'ailleurs l'irrégularité à laquelle on avait voulu porter remède subsistait à l'égard des notes altérées accidentellement, et cette méthode n'offrait pour l'élève qu'une facilité apparente; de plus, il fallait en solfiant ainsi *par transposition* lire dès le commencement sur toutes les clefs. Quoi qu'il en soit, longtemps ce système a été usité en France et ailleurs, où on l'appelait solmisation *à la française.*

On peut dire qu'au fond il importe peu quel nom l'on donne aux notes, pourvu qu'on les entonne juste et qu'on leur conserve la durée nécessaire, car là est véritablement tout l'art et tout l'avantage de la solmisation.

Quantité de professeurs de chant ont publié des solféges plus ou moins estimables. Le recueil connu sous le nom de *Solfége d'Italie* ne baissera jamais dans l'estime des connaisseurs, car il est dû aux plus beaux génies de l'ancienne école napolitaine. Le *Solfége du Conservatoire* (de Paris) renferme aussi un assez grand nombre de morceaux recommandables. Le *Solfége de Rodolphe*, quoique d'assez mauvais style, est encore le plus répandu. J. A. DE L.

SOLIDE, Corps, Volume. On donne ces noms, en géométrie, à l'étendue (*voy.*) considérée dans ses trois dimensions, longueur, largeur et épaisseur ou profondeur. Néanmoins le mot solide s'emploie plutôt relativement à la forme, à la figure d'un corps, et celui de volume quant à sa mesure. On distingue deux sortes de solides, suivant qu'ils sont terminés par des surfaces planes ou par des surfaces courbes. Les premiers se nomment aussi *polyèdres* (*voy.* l'art.); parmi les seconds, la géométrie élémentaire ne s'occupe guère que de la *sphère*, du *cylindre* et du *cône*, auxquels nous consacrons des art. particuliers. On a dit au mot Révolution ce qu'on entend par *solides de révolution.* Il a été question des corps *réguliers* à l'art. Polyèdre : ajoutons seulement ici que la sphère, qu'on suppose limitée par un nombre infini de polygones, peut encore être considérée comme telle. On appelle *solides semblables* ceux dont les volumes peuvent être différents, mais dans lesquels la relation des limites est la même. Par exemple, deux polyèdres sont semblables lorsque tous leurs angles solides sont égaux et semblablement placés, et que leurs faces situées de la même manière sont semblables. Les solides réguliers de même nom jouissent naturellement de cette propriété. Deux polyèdres semblables sont entre eux comme les cubes de leurs côtés homologues.

Pour mesurer les solides, on les rapporte à un autre solide d'une étendue déterminée : un cube (*voy.*) sert ordinairement d'unité comparative; c'est-à-dire que pour mesurer les solides, on cherche combien de fois ils contiennent le volume d'un cube dont le côté est connu, ayant, par exemple, 1 mètre de longueur. Ce cube prend le nom de mètre cube. La capacité d'un autre cube s'obtient en multipliant deux fois son côté par lui-même ou en l'élevant à la 3e puissance, dite aussi puissance cube. Pour bien comprendre ceci, supposons un carré de 3^m de côté; posons dessus, le long d'un côté d'abord, des cubes en forme de gros dés, ayant chacun 1^m de côté : il y en aura 3 ; il en faudra encore 6 autres semblables pour couvrir l'aire de ce carré; maintenant, mettons une autre couche de 9 cubes sur celle-là, puis encore une autre sur celle-ci : à présent, si nous mesurons en hauteur le côté du nouveau cube que nous venons d'élever, il est bien évident qu'il aura également 3^m, puisqu'il résulte de la superposition de 3 cubes de 1^m chacun. Eh bien! si nous comptons le nombre des plus petits cubes qui composent le plus grand, nous en trouverons 3 fois 9 ou 27 : un cube de 3^m de côté aura donc 27 mètres cubes, c'est-à-dire que ce dernier nombre résultera de la multiplication du carré par sa racine ou de la multiplication une fois répétée du produit du côté par lui-même. Supposons encore qu'une autre couche de 9 dés soit ajoutée sur les trois autres ; nous aurons un prisme ayant 4^m de hauteur et 3^m sur la base : 36 cubes de 1^m y seront renfermés ; ce nombre résultera de la multiplication de l'aire de la base 9, par la hauteur 4, ou de la multiplication successive des diverses arêtes les unes par les autres. Aussi, en règle générale, peut-on dire que le volume d'un solide s'obtient en mesurant avec l'unité linéaire les trois dimensions du solide et en les multipliant successivement, la longueur par la largeur pour avoir l'aire de la base, et celle-ci par la hauteur pour avoir le volume. Cette loi reçoit quelques modifications pour plusieurs figures ; mais elle est exacte pour tous les parallélipipèdes.

Ce que nous venons de dire est suffisant pour faire comprendre comment on mesure le volume de tout solide qu'il est possible de décomposer en prismes ou en pyramides, puisque, ainsi que nous l'avons dit à ce mot, celles-ci peuvent être considérées comme le tiers d'un prisme de même base et de même hauteur ; mais, dans la pratique, les corps dont les surfaces sont remplies d'inégalités offrent des difficultés souvent insurmontables : on se contente alors généralement d'une valeur approximative. Cependant, lorsqu'il s'agit de corps très petits, les physiciens emploient un moyen assez simple : ils le jettent dans un vase contenant un liquide, et mesurent la quantité de celui-ci qu'il a déplacée, lorsqu'il n'est ni trop léger ni spongieux.

En physique, on donne le nom de solides aux corps qui ont de la consistance et dont les parties demeurent naturellement dans la même situation, et qui ont, en outre, une fermeté capable de résister au choc d'un autre corps.   L. L.

SOLILOQUE, *voy.* MONOLOGUE.

SOLIMAN I-III, sulthans turcs dont nous avons déjà parlé à l'art. OTHOMAN (*empire*), T. XIX, p. 46 et suiv., ainsi que de Soliman-Chah (*voy. ib.*, p. 45). Nous ne reviendrons ici que sur la vie du principal d'entre eux, Soliman II.

Cet empereur, surnommé *Kanouni*

ou le Législateur par ses sujets, et le Magnifique par les écrivains chrétiens, naquit en 1496, et régna de 1520 à 1566. Fils unique de Sélim Ier, à qui il succéda, il n'avait pas été élevé comme l'étaient ordinairement les princes turcs, mais il avait été initié à tous les secrets de la politique. Dès son avénement au trône, il donna une preuve éclatante de son amour de la justice, en rendant leurs biens à tous ceux qui les avaient perdus sous le gouvernement de son père, en relevant la considération des tribunaux et en ne nommant aux emplois que des personnes capables. Il força à la soumission le gouverneur de Syrie, Gazeli-Beg, qui s'était déclaré contre lui et avait entraîné dans sa révolte une partie de l'Égypte ; détruisit les Mamelouks et conclut une trève avec la Perse. Tournant ensuite ses armes contre l'Europe, il assiégea et prit Belgrade en 1521. L'année suivante, il conçut le dessein de s'emparer de l'île de Rhodes, qui était depuis 213 ans entre les mains des chevaliers de Saint-Jean-de-Jérusalem. Il leur écrivit une lettre pleine de fierté où il les somma de se rendre, s'ils ne voulaient être tous passés au fil de l'épée. Cette conquête lui coûta beaucoup de monde ; mais enfin la ville, réduite aux dernières extrémités, fut obligée de capituler le 26 déc. 1522. Le vainqueur envahit ensuite la Hongrie, où il gagna, en 1526, la fameuse bataille de Mohacs (*voy.*). Il prit Bude en 1529, et marcha sur Vienne. Il livra vingt assauts en vingt jours à cette capitale ; cependant il se vit contraint d'en lever le siége, avec une perte de 80,000 hommes. En 1534, Soliman II passa en Orient et conquit la Tauride, mais il fut battu par Nadir-Chah, et, en 1565, il éprouva le même sort devant l'île de Malte. En 1566, il se rendit maître de l'île de Chios, et il termina sa glorieuse carrière, le 30 août, devant les murs de Szigeth en Hongrie, quatre jours avant la prise de cette place. Les marais qui l'entourent lui avaient suscité une fièvre maligne. Ses armes victorieuses le firent également craindre en Europe et en Asie. Son empire s'étendait d'Alger à l'Euphrate, et du fond de la mer Noire jusqu'à la côte occidentale de la Grèce et de l'Épire.

Soliman était aussi propre aux affaires de la paix qu'à celles de la guerre. Il avait une activité surprenante ; il était exact observateur de sa parole, ami de la justice et attentif à la faire rendre. Aussi l'amour passionné qu'il éprouvait pour Roxelane, esclave italienne selon les uns, russe selon M. de Hammer, mais assurément pas sœur du roi de Pologne, qu'il épousa et perdit au mois d'avril 1558, put seul l'entraîner à faire égorger les enfants qu'il avait eus précédemment, pour assurer le trône au fils de cette sulthane. Du reste, il était cruel, et il ternit l'éclat de sa gloire, après la bataille de Mohacs, en faisant ranger en cercle 1,500 prisonniers de distinction et en les faisant décapiter en présence de l'armée. Soliman ne croyait pas que rien fût impossible lorsqu'il ordonnait. Il se servit de son pouvoir sans bornes pour établir l'ordre et la sûreté dans ses états. Il divisa l'empire en districts dont chacun devait fournir un nombre déterminé de soldats. Une partie des revenus de chaque province fut destinée à l'entretien des troupes, et il surveilla lui-même constamment avec la plus grande attention tout ce qui concernait l'armée. Il introduisit dans son empire un système d'administration financière, et pour que les impôts ne fussent pas trop lourds, il s'imposa dans ses dépenses la plus sévère économie. Il fut sans contredit le plus grand des sulthans othomans. Sous son règne, les Turcs atteignirent à l'apogée de leur puissance ; avec lui disparut le bonheur constant qui jusque-là avait accompagné leurs armes. Ambitieux et actif au suprême degré, il signala chaque année de son gouvernement par quelque entreprise considérable. Observateur consciencieux des préceptes du Coran, il fut moins corrompu et beaucoup plus instruit que ses prédécesseurs. Il aimait les mathématiques et surtout l'histoire. En un mot, il eut toutes les qualités d'un grand prince, mais il n'eut pas celles d'un bon roi. Son successeur fut le fils de Roxelane, Sélim II. *C. L.*

SOLIN (C. Julius Solinus), écrivain du temps de Septime ou d'Alexandre-Sévère, a donné, sous le titre de *Polyhistor*, une sorte de revue de tous les pays plus ou moins connus des anciens. Ce n'est guère qu'une compilation inintelligente de tout ce qu'il a trouvé de merveilleux dans Pline le naturaliste. Son livre, traité avec une juste sévérité par les savants mêmes qui l'ont commenté, n'a guère d'intérêt que pour un éditeur de Pline, qu'il peut aider, par comparaison, dans la critique du texte. Ce livre, sans aucune valeur scientifique et sans mérite littéraire, reçut pourtant de l'impatience des contemporains une publication prématurée. Nous l'avons tel qu'il fut plus tard publié par l'auteur, et nous ne pouvons expliquer son succès que par la rareté des livres et la cherté du grand ouvrage de Pline. S. Jérôme et Priscien sont à peu près les seuls auteurs qui l'aient cité. On prétend que le judicieux Ammien n'a pas dédaigné de s'en servir ; cependant il ne l'a jamais nommé. Au moyen-âge, un moine a fait un abrégé de cet abrégé, et l'on assure qu'un autre moine l'avait mis en vers.

On attribue à Solin un fragment de 22 vers, très prétentieux et remplis d'imitations fort peu déguisées, sur les productions de la mer.

Solin a été imprimé pour la première fois à Venise, par Nicolas Janson, en 1473. Le meilleur texte est celui de Saumaise, publié avec ses études sur Pline, Paris, 1629, 2 vol. in-fol., et mieux Utrecht, 1689. L'édition de Reyher, Gotha, 1665, est pourvue d'un bon index. Solin est compris dans la collection de Deux-Ponts, ainsi que dans celles de Panckoucke et de Nisard. *J. R.*

SOLIPÈDES (de *solus*, seul, et *pes*, pied), famille de l'ordre des pachydermes, *voy.* ce mot.

SOLIS (don Juan Diaz de), *voy.* Rio de la Plata, T. XX, p. 517.

SOLIS (don Antonio de), poëte et historien espagnol, naquit à Plasencia, dans la Vieille-Castille, le 18 juillet 1610. Son goût pour l'art dramatique se développa de bonne heure : il fit jouer plusieurs pièces qui eurent un grand succès, entre autres *El Alcazar del secreto* et la *Gitanilla de Madrid*. Il mit aussi des prologues (*loas*) à plusieurs pièces de Calderón. La réputation qu'il acquit comme poëte dramatique, jointe à la variété de ses connaissances, fit nommer Solis membre de la chancellerie d'état et historiographe des Indes. Après de longues études, il écrivit son éloquente *Histoire de la conquête du Mexique* (Madr., 1684, in-fol.; 1783, 2 vol. in-4°; Lond., 1809, 3 vol. in-8°), le dernier ouvrage classique de l'Espagne en ce genre. Il entra plus tard dans les ordres, et mourut à Madrid, le 19 avril 1686. *C.L.*

SOLITAIRE, *voy.* Monastère, Ermite, etc.

SOLITAIRE (ver), *voy.* Vers intestinaux.

SOLLICITOR, Sollicitor general, *voy.* Attorney.

SOLLING (forèt de), *voy.* Hanovre et Brunswic.

SOLMISATION, *voy.* Solfége.

SOLMS (maison de). On fait descendre la maison de Solms, jadis immédiate de l'Empire, de la même souche que celle de Nassau (*voy.*), ce que semble confirmer la situation respective des possessions de ces deux familles et l'analogie de leurs armes (la porte et le lion). Toutefois ce n'est qu'à dater de 1129 qu'on voit figurer les comtes de Solms dans l'histoire. Cette maison acquit en des temps fort reculés des possessions considérables dans la Wettéravie; mais elle se divisa de bonne heure en plusieurs branches, dont deux fleurissent encore aujourd'hui sous le nom de lignes de Bernard et de Jean.

1° *Ligne de Bernard*. Bernard, fondateur de cette ligne, était le fils aîné du comte Othon, qui mourut en 1409. A la mort de son 4ᵉ descendant, Conrad, en 1592, il se forma trois nouvelles branches : celle de *Braunfels*, qui s'éteignit le 30 juillet 1693; celle de *Hungen*, qui ne subsista que jusqu'en 1678, et celle de *Greifenstein*, qui recueillit l'héritage des deux autres. Cette dernière avait été fondée par le comte Conrad; son petit-fils, Guillaume-Maurice, héritier de ses collatéraux, prit, en 1693, le titre de Solms-Braunfels. Son fils, Frédéric-Guillaume, fut élevé, le 22 mars 1742, par l'empereur Charles VII, à la dignité de prince d'Empire. Le chef actuel de cette ligne, qui professe la religion réformée, est le prince Frédéric-Guillaume-Ferdinand, né le 14 déc.

1797 et neveu du roi de Hanovre.

2° *Ligne de Jean*. Jean, fondateur de cette ligne, était le second fils d'Othon. Il obtint en partage les bailliages de Lich et de Laubach, auxquels, par son mariage avec Élisabeth de Kronberg, il ajouta Rœdelheim. Cette ligne ne tarda pas à se diviser en deux branches : celle de *Solms-Lich* et celle de *Solms-Laubach*. En 1590, la première se subdivisa en deux rameaux : *Solms-Lich* et *Hohensolms*; mais, Hermann-Adolphe-Maurice, comte de Lich, étant mort sans postérité en 1718, Frédéric-Guillaume de Hohensolms, mort le 17 janv. 1744, hérita de ses possessions. Son fils, Charles-Chrétien (m. le 22 mars 1803), fut élevé, par l'empereur François II, le 14 juillet 1792, à la dignité de prince d'Empire. Le prince de Hohensolms actuel, Louis, est né le 24 janv. 1805. Il professe aussi le culte réformé. La seconde branche, celle des comtes de Solms-Laubach, qui appartiennent à l'Église luthérienne, se divisa plusieurs fois en un grand nombre de rameaux, dont quelques-uns fleurissent encore aujourd'hui, comme la branche de *Solms-Sonnerwalde*, à laquelle se rattachent la maison de *Solms-Leype*, en Silésie, et celle de *Solms-Baruth*, souche des familles de *Solms-Rœdelheim*, dont le représentant actuel, Charles-Frédéric-Louis-Chrétien-Ferdinand, est né le 15 mai 1790; de *Solms-Wildenfels*, qui a pour chef Frédéric-Magnus, né le 17 sept. 1777, et de *Solms-Wildenfels-Laubach*, représentée par le comte Othon, né le 1ᵉʳ oct. 1799.

Les possessions de la maison de Solms, d'une superficie totale d'environ 22 milles carr. géogr., avec une population de 60 à 65,000 âmes, ont été médiatisées. Elles sont dispersées dans la Prusse, la Hesse, la Saxe et le Wurtemberg. La partie la plus considérable et la plus compacte est située dans la Prusse rhénane. C'est là que se trouvent les deux bailliages de Braunfels et de Greifenstein qui appartiennent au prince de Solms-Braunfels, et celui de Hohensolms, que possède le prince de Solms-Lich et Hohensolms. E. H-g.

SOLO, mot italien qui signifie *seul*

et désigne un morceau de musique joué par un seul instrument ou chanté par une seule voix, avec ou sans accompagnement. Il est l'opposé de *tutti*, tous, et a pour corrélatifs les mots *duo*, *trio*, *quatuor*, etc. *Voy.* SYMPHONIE.

SOLOGNE, petit pays de l'Orléanais (*voy.*), subdivision de l'ancienne Beauce (*voy.*), ayant pour chef-lieu Romorantin. La Sologne est connue pour son aridité. Nous en avons suffisamment parlé à l'art. LOIR-ET-CHER. *Voy.* aussi CHER.

SOLON, législateur d'Athènes et l'un des sept sages (*voy.*), naquit dans l'île de Salamine, l'an 638 av. J.-C. Son père descendait du roi Codrus, et par sa mère, aïeule de Platon, il était parent de Pisistrate. Après avoir recueilli, dans le commerce et par ses voyages, de la fortune et beaucoup d'observations sur les mœurs et les institutions des peuples; après s'être exercé aux sciences de la politique et de la philosophie dans les réunions des sages de la Grèce, il revint se fixer dans sa patrie. Athènes était alors en proie aux dissensions et dépouillée de Salamine par les Mégariens. Solon, par son esprit conciliant, par son courage, parvint si heureusement à rétablir l'ordre, à reprendre Salamine, que ses concitoyens reconnaissants lui offrirent le souverain pouvoir. Il repoussa cette offre et n'accepta que la dignité d'archonte, avec la mission de réformer les abus des différents services de l'état et d'organiser un nouveau code de législation. Le premier acte de son autorité fut d'abolir les dettes pour mieux rétablir l'égalité, pour rendre surtout la multitude favorable à ses nouvelles institutions. Le peuple fut divisé en 4 classes, suivant le revenu : les 3 premières pouvaient seules entrer dans les magistratures; la 4e, trop pauvre, n'eut que le droit de voter dans les assemblées et les jugements. Ainsi, cet homme d'état, mêlant habilement la démocratie à l'aristocratie, offrit à tous les citoyens des garanties et des droits. Dans l'intérêt des mœurs, qui sont la force d'une république, il accrut l'autorité de l'aréopage, en lui conférant les devoirs de la censure sur chaque famille. Enfin, aux lois de Dracon (*voy.*), dont il ne garda que celles contre les meurtriers, il substitua un code sage, modéré, en harmonie avec le caractère national. Quand ces réformes dans la constitution furent accomplies, quand les nouvelles lois furent promulguées, Solon fit prêter aux Athéniens le serment d'y être fidèles pendant un siècle; puis il résigna ses fonctions de législateur. C'est alors qu'il visita l'Égypte, alla chez Crésus (*voy.*), qu'il convainquit de l'instabilité de la fortune, et, après 10 ans d'absence, il revint à Athènes; mais telle fut sa douleur de la voir près de tomber sous le joug de Pisistrate (*voy.*) et de ne pouvoir empêcher son asservissement, que, désespérant de la liberté, il se retira des affaires et se réfugia en Cypre; il y mourut dans sa 80e année (l'an 558 av. J.-C.).

Solon, qui s'est tant illustré comme législateur, comptait aussi parmi les meilleurs poètes. De ses poésies élégiaques et gnomiques, il ne reste plus que des fragments recueillis dans les *Analecta* de Brunck, dans les *Poetæ gr. minores* de Gaisford et dans la *Sylloge* de M. Boissonade.　F. D.

SOLSTICE (*solstitium, solis statio*, point d'arrêt du soleil). Ce nom a été donné au temps où le soleil, dans sa course sur l'écliptique, se trouve le plus éloigné de l'équateur et touche à l'un des deux tropiques (*voy.* ces mots), parce que, durant quelques jours, cet astre, à cette époque, semble comme stationnaire, conservant à peu près la même hauteur méridienne, et que les jours avant et après le solstice sont de la même longueur : cela vient de ce que la portion de l'écliptique que le soleil parcourt alors est presque parallèle à l'équateur. On se rappelle que la ligne suivie en apparence autour de la terre par le soleil, ou l'écliptique, est inclinée d'environ 23° sur l'équateur, cercle terrestre dont tous les points sont également éloignés des pôles. Lors donc que le soleil a quitté un des deux points équinoxiaux, où les deux cercles se coupent, pour aller rejoindre l'autre, il décrit sur l'un des deux hémisphères une courbe qui s'éloigne chaque jour de l'équateur et se rapproche de l'un des tropiques, cercles parallèles à l'équateur. Arrivé à ce point culminant, qui est le solstice, il redescend par une courbe semblable vers l'équateur, le traverse, et passe sur l'hémisphère opposé, pour exécuter le même mouvement. Ainsi dans sa révolution annuelle apparente autour de la terre, le soleil touche deux fois les tropiques, comme il coupe deux fois l'équateur; il y a donc deux solstices: l'un, quand le soleil entre dans le signe du cancer, qui est le point où l'écliptique touche le tropique auquel ce signe donne son nom; l'autre, quand l'astre paraît au premier point du capricorne, point où l'écliptique touche au côté opposé le tropique de ce nom. C'est à la première de ces époques, vers le 21 juin, que commence notre été : aussi nommons-nous le solstice qui y correspond *solstice d'été*; les jours sont alors les plus longs de l'année pour nous; à l'autre solstice, vers le 21 décembre, commence notre hiver : on l'appelle *solstice d'hiver*; nous avons alors les jours les plus courts. On conçoit facilement que le contraire a lieu pour les peuples de l'hémisphère austral (*voy.* Saisons). Le grand cercle qui, passant par les pôles et l'équateur, réunit les deux *points solsticiaux*, s'appelle le *colure (voy.) des solstices*. On a donné un nom particulier à ce méridien, parce qu'il sert à mesurer l'obliquité de l'écliptique.　　　　　L. L.

SOLUTION, Solubilité. En général, on nomme *solution* (*solutio*, de *solvere*, délier) le dénoûment d'une difficulté, d'un problème. Une question *soluble* est celle qui peut être résolue, dont on peut donner la réponse. En termes de chimie, on entend par *substances solubles* celles qui ont la propriété de se fondre dans un liquide, de s'y résoudre en particules invisibles, comme le sucre et une grande quantité de sels dans l'eau, etc. On dit alors que cette eau renferme du sucre ou tel sel en solution ou dissolution. La *solution* est donc l'opération par laquelle un corps solide se fond dans un liquide; la *solubilité* est la qualité de ce qui est soluble. *Voy.* Divisibilité.　　　　　Z.

SOMERSET (comtes et ducs de). Ils tirent leur nom d'une des provinces occidentales de la Grande-Bretagne, située au sud du canal de Bristol. Le premier de ces titres appartint d'abord à la famille de *Mohun*, et le second à celle de *Beaufort*, dont les fils le portent encore[*]. Mais, dans l'intervalle, il fut illustré par Édouard Seymour (*voy.*), protecteur du royaume sous le règne d'Édouard VI, son neveu. Beau-frère de Henri VIII, par suite du mariage de ce prince avec sa sœur Jeanne Seymour (*voy.*), il s'était déjà fait connaître, pendant ce règne, sous le titre de comte de Hertford. Créé duc de Somerset, le 11 févr. 1548, comte-maréchal le 17 du même mois, puis enfin gouverneur du roi et protecteur du royaume le 12 mars suivant, il jouit d'abord d'un pouvoir presque illimité. Ses succès militaires en France et en Écosse, sa partialité pour les Communes, lui avaient valu une grande popularité. C'était plus qu'il n'en fallait pour lui attirer des ennemis puissants dans le sein de l'aristocratie. Le premier de tous fut son frère Thomas Seymour (*voy.*), grand-amiral, dont la mort lui fut imputée. Les comtes de Southampton et de Warwick se mirent à la tête d'une ligue contre lui. Somerset, envoyé à la Tour et dépouillé de ses biens en octobre 1549, réussit, au mois de février suivant, à ressaisir son pouvoir et son influence sur l'esprit du jeune roi. Mais, en octobre 1551, Warwick, qui venait d'être créé duc de Northumberland, les lui fit perdre de nouveau, en l'accusant de projets d'assassinat et de complot. La première de ces accusations ayant été admise par les juges, Somerset fut décapité à Tower-Hill, le 22 janv. 1552.

Édouard-Adolphe Seymour, 11e duc de Somerset, né le 24 févr. 1775, fait partie de la Chambre des pairs depuis 1793. L'aîné de ses fils, lord Seymour, né le 20 déc. 1804, a épousé une petite-fille de Sheridan. Depuis longtemps membre de la Chambre des communes, il appartient au parti whig, qui, lorsqu'il parvint au pouvoir, le fit nommer (1835) un des lords de la Trésorerie.

Robert Carr, vicomte de Rochester, puis comte de Somerset, né en Écos-

(*) Le lieutenant général lord Robert-Édouard-Henri Somerset, et lord Granville Charles-Henri Somerset, premier et second fils du duc de Beaufort actuel, font partie de la Chambre des communes.

se, d'une famille noble, fut quelque temps favori du roi Jacques Ier, auquel il avait plu par son extérieur séduisant. Mais cette faveur dura peu (1613-1615), et bientôt ses liaisons avec la comtesse d'Essex, qu'il épousa après l'avoir fait divorcer, la part qu'il prit à l'empoisonnement de sir Thomas Overbury, son ami, lui aliénèrent l'esprit du roi, et le fameux Villiers, duc de Buckingham (*voy.*), le remplaça dans la confiance de l'inconstant monarque. Somerset, sauvé par sa clémence du dernier supplice, mena une vie obscure et misérable jusqu'en 1638, époque où l'on croit qu'il mourut. R-Y.

SOMKHET, *voy.* GÉORGIE.

SOMMAIRES (MATIÈRES ET JUGEMENTS). En termes de pratique, on nomme *matières sommaires* les affaires qui, par leur nature ou leur faible importance, exigent une procédure et une décision plus promptes et moins dispendieuses que celles des affaires ordinaires. On appelle *jugements sommaires* ceux qui sont rendus dans certaines contestations qui requièrent célérité, mais qui cependant ne sont pas soumises à la procédure établie pour les affaires sommaires.

Les affaires sommaires sont en général dispensées du préliminaire de la conciliation. Elles doivent être communiquées au ministère public, dans les mêmes cas où le seraient les affaires ordinaires. Les parties ne peuvent plus, comme autrefois, plaider seules leurs causes sommaires : elles ont besoin de l'assistance de leurs avoués. E. R.

SOMMATION, action de sommer, c'est-à-dire de signifier, de déclarer à quelqu'un, dans les formes établies, qu'il ait à faire telle ou telle chose, sinon qu'on l'y obligera. Un général somme une ville de se rendre avant de l'attaquer. L'autorité doit faire des sommations avant d'employer la force armée pour dissiper les attroupements (*voy.*). Ce mot se dit particulièrement des actes par écrit contenant une sommation faite en justice. Dans les cas de mariage, on nomme *sommation respectueuse* un acte extra-judiciaire qu'un fils âgé de plus de 25 ans ou une fille majeure de 21 ans sont tenus, d'après le Code civil, de signifier à leur père et à leur mère ou à leurs aïeul et aïeule, lorsque ces parents refusent leur consentement à l'union projetée (*voy.* MARIAGE). Z.

SOMME (math.), *voy.* ADDITION. *Somme*, du latin *summa*, substance, résumé, est aussi le titre de quelques ouvrages, de certains livres qui traitent en abrégé de toutes les parties d'une science, d'une doctrine, etc. (*voy.* S. THOMAS).

SOMME (DÉPARTEMENT DE LA). Borné à l'est par les dép. de l'Aisne et du Nord, au midi par ceux de la Seine-Inférieure et de l'Oise, à l'ouest par la Manche, et au nord par le dép. du Pas-de-Calais (*voy.* ces noms), il est traversé de l'est à l'ouest par la rivière qui lui donne son nom, et qui, venant de Fons-Somme auprès de Saint-Quentin, se jette dans la Manche après avoir reçu dans le dép. la rivière d'Avre et la Celle; elle est longée par un canal commençant dans le dép. de l'Aisne et appelé *canal de la Somme*. Ce canal, commencé depuis un siècle, a été terminé dans ces derniers temps: il a coûté près de 30 millions de fr. La rivière d'Authie, à peu près parallèle à la Somme, et qui débouche également dans la Manche, forme dans son cours inférieur la limite entre ce dép. et celui du Pas-de-Calais, de même qu'au sud-ouest la Bresle le sépare de celui de la Seine-Inférieure. Le bassin de la Somme forme une vallée tourbeuse et d'une grande fertilité. Il en est de même de la partie littorale appelée *Marquenterre*, comprise entre les embouchures de la Somme et de l'Authie. Le nord-est a des collines d'environ 150m de haut. Sur une superficie de 614,287 hectares, ou près de 311 lieues carrées, le dép. a plus des deux tiers, savoir 476,362 hect. de terres labourables, 15,432 de prés, et 51,207 de bois, dont 4,660 appartiennent à l'état. La plus belle forêt est celle de Crécy. On cultive beaucoup de plantes oléagineuses, du houblon, du chanvre, du lin, et des pommiers à cidre dont le produit est d'environ 200,000 hectol. Une industrie particulière dans la vallée de la Somme est celle des *hortillons* ou *maraîchers* qui, dans des aires séparées par des rigoles, cultivent des légumes, des fleurs et divers fruits, et les exportent en bateaux aux marchés d'Amiens. On évalue à plus de 800,000 fr. le produit annuel de leur vente; cette industrie fait vivre un millier d'individus. En été, une centaine de bateaux partent chaque jour des hortillons avec des chargements de denrées. L'extraction de la tourbe occupe beaucoup de bras, et fournit un combustible employé surtout dans les campagnes. On ne connaît point de mines; cependant il y a quelques sources d'eaux minérales, entre autres à Saint-Christ. A une agriculture bien entendue et favorisée par l'excellente qualité du sol le départem. joint plusieurs branches d'industrie manufacturière assez importantes, surtout le filage et le tissage des laines du pays, dont on recueille plus de 750,000 kilogr. par an. Amiens et Abbeville se distinguent, depuis le règne de Louis XIV, par leurs fabriques d'étoffes et lainages. On tisse beaucoup de toiles de lin et de chanvre; environ 1,500 métiers servent au tissage des toiles de coton. On fabrique des velours d'Utrecht, et au moins 60,000 pièces de velours de coton. Il y a un grand nombre de fabriques de savon noir, de sucre de betterave, de produits chimiques, de papiers, de tapis, de machines, ainsi que des corroieries et tanneries.

Le département avait, en 1841, une population de 559,680 habitants; en 1836, on en comptait 552,706, présentant le mouvement suivant : 14,415 naissances (7,549 masc., 6,866 fém.), dont 1,076 illégitimes; 11,812 décès (5,937 masc., 5,875 fém.); 4,472 mariages. Il se partage dans les cinq arrondissements d'Amiens, Doullens, Montdidier, Péronne et Abbeville, comprenant 41 cantons et 831 communes. Pour l'élection de sept députés, nommés par 4,226 électeurs (9 juillet 1842), Amiens et Abbeville sont divisées en villes et arrondissements; le dép. appartient à la 16e division militaire, dont Lille est le quartier général; il forme le diocèse d'Amiens; ses tribunaux sont du ressort de la cour royale, et ses écoles dépendent de l'académie universitaire de la même ville; il y a aussi une église consistoriale et une école secondaire de médecine.

Après le chef-lieu, *Amiens*, auquel nous avons consacré un art. spécial, la principale ville du dép. est Abbeville, sur la Somme, ancienne capitale du comté de Ponthieu (*voy.*), avec une population de 18,247 hab. Elle est bien bâtie et renferme plusieurs édifices remarquables, tels que l'église gothique de Saint-Vulfran, le palais de justice et la grande caserne; ses fabriques de laine, parmi lesquelles celle que le Hollandais Van-Robais fonda sous les auspices de Colbert, en 1669, est la plus célèbre et occupe plus de 500 ouvriers, fournissent, outre les draps, des moquettes et bouracans. Le nom d'Abbeville lui vient, dit-on, de ce qu'elle fut, à son origine, une maison de campagne de l'abbé de Saint-Riquier (*abbatis villa*). Saint-Riquier, qui avait autrefois une grande abbaye de bénédictins, est en effet à deux lieues d'Abbeville; elle a 1,513 hab. Des deux côtés de l'embouchure de la Somme on voit, d'abord sur la rive droite, le petit port du Crotoy (1,248 hab.), et puis, sur la rive gauche, Saint-Valery, ancien chef-lieu du Vimeux, dont le port est fréquenté annuellement par environ 400 bâtiments qui y apportent des vins, des eaux-de-vie et des denrées coloniales, ou prennent les productions ou marchandises du nord de la France. Ce commerce d'entrepôt est la principale ressource des 3,285 hab. On sait que c'est de ce port, autrefois plus considérable, que partit la flotte normande de Guillaume-le-Bâtard pour la conquête de l'Angleterre. Sur la haute Somme, au-dessus d'Amiens, il faut citer Corbie (*voy.*), ville de 2,635 hab., autrefois célèbre par son abbaye dont il ne reste que l'église, et Péronne (4,119 hab.), place forte sur la rive droite de la Somme, qui a soutenu plusieurs siéges, entre autres un en 1536 contre les Impériaux, commandés par Henri de Nassau, prince d'Orange; on y remarque l'hôtel-de-ville, l'ancien château, l'église gothique et les boulevards. Sur la rive gauche de la même rivière, Ham, petite ville de 2,185 hab., est remarquable par son château massif, flanqué de grosses tours, qui sert maintenant de prison d'état. Doullens, ville de 3,912 âmes, sur l'Authie, est au nombre des places fortes du dép. Montdidier, ayant une population de 3,790 hab., est mal bâti, mais on y voit quelques édifices, tels que le collége, l'église Saint-Pierre et l'Hôtel-Dieu. La ville de Roye (3,800 hab.), sur l'Avre, est située dans le pays fertile de Santerre. Des batailles célèbres ont été livrées à Saucourt, Crécy (*voy.*) et Noyelle, et on a signalé des emplacements d'anciens camps romains à Picquigny, l'Étoile et Liercourt. On trouve aussi de vastes souterrains qui paraissent avoir servi de refuge aux habitants dans les guerres d'invasion. — *Voir* Dusevel, *Description historique et pittoresque du dép. de la Somme*, Amiens, 1836, 2 vol. in-8°. D-ɢ.

SOMMEIL (*somnus*). C'est un état périodique de l'organisme vivant, caractérisé par la suspension plus ou moins complète des fonctions de relation et une diminution marquée de l'activité de diverses fonctions de la vie organique. L'exercice plus ou moins actif, pendant l'état de veille, des fonctions des organes des sens, de l'intelligence et du mouvement, en amène naturellement la fatigue et appellent le sommeil, qui est surtout le repos du système nerveux. L'absence de tout excitant externe, tel que toute préoccupation forte, une position dans laquelle la plupart des muscles soient dans un état de relâchement, l'influence de la nuit, une chaleur modérée sont les conditions les plus favorables au sommeil. Certaines substances, comme l'opium (*voy.* Narcotiques), y provoquent et sont appelées pour cette raison *somnifères*. On nomme *somnolence* l'état de torpeur prolongée qui accompagne quelques maladies, où, sans *dormir* profondément, on n'est pas éveillé et l'on n'a pas sa connaissance. Le moindre bruit réveille; mais à peine a-t-il cessé qu'un nouvel assoupissement vient continuer le même état et priver encore le malade de l'usage de ses sens. Un sommeil plus profond avec suspension, au moins apparente, des fonctions vitales est la *léthargie*, dont nous avons traité séparément.

Les *rêves* ou *songes* sont un des phénomènes les plus remarquables qu'offre le sommeil : ils consistent dans certains actes intellectuels, dans certains mouvements automatiques qui se lient d'ordinaire aux impressions ou aux habitudes de l'état de veille. La souffrance de quelque organe, la gêne qu'éprouvent certaines fonctions dans leur accomplissement, sont les causes qui exercent la plus grande influence sur la production des rêves. Le plus ordinairement, la raison ne coordonne pas les idées disparates qui constituent cet accident du sommeil; mais d'autrefois on voit, sous l'influence de cet état, certaines facultés de l'intelligence prendre un développement insolite, et réaliser les merveilles du somnambulisme (*voy.* ce mot).

Quelques philosophes se sont, à propos du sommeil, posé cette question : L'esprit dort-il avec les sens, durant cet état? et quelques-uns d'entre eux, Jouffroy entre autres, l'ont résolue dans le sens négatif. Assurément l'esprit ne dort pas pendant le rêve, et peut-être cette activité qu'il déploie évidemment pendant l'engourdissement des sens, la déploie-t-il toujours, seulement nous n'en avons pas la conscience. Quoi qu'il en soit de cette question, le sommeil, en reposant les organes, renouvelle leur aptitude à l'accomplissement régulier des fonctions dont ils sont chargés dans l'état de veille, et devient ainsi une condition essentielle de la permanence de la vie. M. S-ɴ.

Sommeil des Plantes, *voy.* Lumière (*influence de la*) et Feuilles.

Pour le sommeil d'hiver propre à certains quadrupèdes, reptiles, etc., *voy.* Hibernation.

www.ingramcontent.com/pod-product-compliance
Lightning Source LLC
Chambersburg PA
CBHW071048280326
41928CB00050B/1684